Prof. Dr. Eckart Koch
Fachhochschule München



# Grundzüge des Rechts

**Bürgerliches Recht und Zivilprozessrecht**
**Ein Lern- und Arbeitsbuch**

unter Mitarbeit von
Rechtsanwältin Monika Franz

14. Auflage

Bestellnummer 00430

Bildungsverlag EINS
a Wolters Kluwer business

Abbildungen: Digital Grafik, Bad Homburg vor der Höhe; Erich Schmidt Verlag, Berlin;
Globus Infografik GmbH, Hamburg

**www.bildungsverlag1.de**

Bildungsverlag EINS
Sieglarer Straße 2, 53842 Troisdorf

ISBN 978-3-441-**00430**-1

# Vorwort

Die *Grundzüge des Rechts* sind eine umfassende, leicht verständliche Einführung in die folgenden Rechtsgebiete: Bürgerliches Recht, einschließlich Familien- und Erbrecht, Aufbau unseres Rechtswesens, Teile des Zivilprozessrechts sowie zentrale Fragen des Mahnverfahrens und der Zwangsvollstreckung. Das Buch kann überall dort eingesetzt werden, wo Recht im Unterricht oder der Lehre behandelt wird. Gleichzeitig erhalten diejenigen, die sich einen systematischen oder exemplarischen Einblick in wichtige Bereiche unseres Rechts verschaffen möchten, mit diesem Buch die Möglichkeit, sich dieses Wissen im Selbststudium zu erarbeiten.

Aus Gründen der Übersichtlichkeit beschränkt sich die Darstellung auf die wesentlichen Sachverhalte des Rechts. Auf eine rechtlich abschließende Darstellung, auf einzelne Feinheiten und Besonderheiten musste in der Regel verzichtet werden.

Ein wichtiges Ziel dieses Buches ist es, die aktive Erarbeitung des Stoffes zu fördern. Dafür ist es unbedingt notwendig, zusätzlich die zugrunde liegenden Rechtsquellen, insbesondere das *Bürgerliche Gesetzbuch (BGB)*, sowie die weiteren angegebenen, einschlägigen Gesetzestexte heranzuziehen. Die weit über 250 Aufgaben sowie die vielen Beispiele, ergänzenden Artikel, Schaubilder und Tabellen sollen den aktiven Lernprozess unterstützen.

Ein wichtiger Hinweis: Aus Vereinfachungsgründen wurde bei Berufsbezeichnungen und Ähnlichem auf die Nennung beider Geschlechter verzichtet.

Die vorliegende ***vierzehnte Auflage*** wurde vollständig durchgesehen und stellenweise überarbeitet. Insbesondere wurden Beispiele, Aufgaben und Tabellen aktualisiert, einige Texte ergänzt sowie die Änderungen der Gerichts- und Anwaltsgebühren berücksichtigt. Bedanken möchte ich mich bei Rechtsanwältin Monika Franz aus Emmendingen, Rechtsanwalt Dr. Zuleger aus Pocking und Ministerialrat Dr. Agena aus Hannover, die mir wertvolle Hinweise gaben und mir bei der Überarbeitung behilflich waren. Trotzdem können kleine Fehler nie ganz ausgeschlossen werden. Ich freue mich daher auch weiterhin über (kritische) Anmerkungen, Ergänzungen und didaktische Verbesserungsvorschläge.

München, im Frühjahr 2007 *Eckart Koch*

# Inhaltsverzeichnis

## Teil I
## Einführung in das Recht



## Teil II
## Einführung in das Bürgerliche Recht

# Teil III
## Recht und Schuldverhältnisse

## Teil IV
## Sachenrecht

## Teil V
## Familienrecht

## Teil VI
## Erbrecht



## Teil VII
## Gerichtsorganisation und Prozessrecht

# Einführung in das Recht

## 1 Begriffserklärungen

Dieses Buch soll Sie mit den Grundzügen eines für Sie wahrscheinlich völlig neuen Fachgebietes vertraut machen, mit dem Recht. Um den Einstieg zu erleichtern, beginnen wir gleich mit etwas für diesen Bereich Typischem: mit einem Fall, der Sie gleich mitten in die Problematik hineinführt.

Die 20-jährige Mareike hat eine größere Erbschaft gemacht. Als leidenschaftliche Autofahrerin möchte sie sich einen englischen Sportwagen zulegen. Sie kauft diesen bei einem deutschen Händler für 24.500,00 EUR, bezahlt ihn und bekommt ihn auch gleich geliefert. Zu ihrem Schrecken stellt sie jedoch fest, dass dieser, wie in England üblich, mit einer Rechtssteuerung ausgerüstet ist, mit der sie auch nach mehreren Anläufen überhaupt nicht zurechtkommt. Sie möchte den Wagen daher umtauschen. Ist das möglich?

Wir wollen nun nicht nach der Regelung dieses Falls mithilfe des Gesetzbuches fragen, das wäre noch zu früh; vielmehr überlegen Sie sich bitte, wie Sie den Fall ohne Rechtskenntnisse, nur mit Ihrem **Rechtsgefühl** lösen würden.

**Aufgabe**
(1) Lösen Sie diesen Fall mithilfe Ihres Rechtsgefühls.

Wenn Sie jetzt Ihre Lösungen miteinander vergleichen, so werden Sie vermutlich feststellen, dass sie sich voneinander unterscheiden, zum Teil aber auch übereinstimmen. Ihr Rechtsgefühl, also das subjektiv unterschiedliche Gefühl dafür, was als richtig anzusehen ist, kann sehr unterschiedlich sein. Da aber ein solcher Fall gerechterweise überall in der Bundesrepublik Deutschland gleich entschieden werden muss, sollten hierfür objektive, allgemeine und möglichst auch allgemein anerkannte Regelungen bestehen.

### 1.1 Rechtsnormen

Diese Regelungen sind in Gesetzbüchern niedergeschrieben und werden als **Rechtsnormen** oder **Rechtssätze** bezeichnet. Einfach ausgedrückt versteht man unter einer Rechtsnorm eine hoheitliche Anordnung, die für eine unbestimmte Vielzahl von Personen allgemein verbindliche Regelungen festlegt und deren Einhaltung von hierzu beauftragten Sanktionsinstanzen (Gerichten) kontrolliert wird. Es sind also Vorschriften für ein bestimmtes äußeres menschliches Verhalten.

Rechtsnormen werden im Allgemeinen vom Gesetzgeber, der Legislative, verabschiedet und sind deshalb für alle verbindlich. Dabei sollte darauf geachtet werden, dass diese Rechtsnormen auch dem Rechtsgefühl der Bevölkerung entsprechen. Da es aber, wie Sie oben gesehen haben, immer unterschiedliche Rechtsgefühle gibt, wird eine Rechtsnorm auch im Idealfall immer nur dem Rechtsgefühl der großen Mehrheit eines Volkes entsprechen.

**HINWEIS**

Die in diesem Buch zitierten Paragraphen (§) aus dem Bürgerlichen Gesetzbuch, abgekürzt BGB, werden im Folgenden **ohne** den Zusatz BGB zitiert. Die Zitier- und Schreibweise soll am Beispiel des § 565 verdeutlicht werden.

Der Paragraph hat 5 Absätze, der erste Absatz hat 3 Ziffern. Die Absätze können wie folgt zitiert werden: § 565 Abs. 1 **oder** § 565I **oder** § 565.1

HINWEIS

In diesem Buch wird die letzte Schreibweise verwendet, also § 565.1.

Der zweite Satz des zweiten Absatzes wird nun wie folgt zitiert: § 565.2 (2).

Die Ziffer 3 des 1. Absatzes wird folgendermaßen zitiert: § 565.1 Ziff. 3.

Wir unterscheiden zwei Arten von Rechtsnormen im Bereich des bürgerlichen Rechts (BGB): Definitionen und Tatbestände.

### 1.1.1 Definitionen (Festlegungen)

Definitionen legen den Inhalt von Begriffen exakt fest. So wird z. B. in § 90 festgelegt, dass unter Sachen nur körperliche Gegenstände verstanden werden. Der **Umkehrschluss**, der nun nirgends mehr aufgeschrieben sein muss, da er sich zwangsläufig aus dieser Definition ergibt, lautet: Nicht-körperliche Gegenstände sind keine Sachen im Sinne des Gesetzes.

Diese Definition erscheint so einleuchtend, dass man sich unwillkürlich fragt, ob es notwendig sei, dies in einem Paragraphen festzulegen. Hierzu ein Beispiel:

Ein findiger Techniker kam eines Tages auf die Idee, dass es eigentlich überflüssig sei, für den Strom, der ja doch ständig fließt, Gebühren zu bezahlen. Er zapfte die Stromleitung vor seinem Zähler an und bekam nun den Strom gratis frei Haus geliefert.

Als er entdeckt wurde und verurteilt werden sollte, gab es nur den § 242 StGB (Strafgesetzbuch), der bestimmt, dass derjenige, der eine fremde bewegliche Sache wegnimmt, mit einer Freiheitsstrafe wegen Diebstahls zu bestrafen sei.

**Aufgabe**

(2) Welches Problem ergab sich nun, wenn man bedenkt, dass auch für das Strafgesetzbuch die Definition des § 90 gilt?

Tatsächlich konnte der Techniker nicht verurteilt werden, da es hier eine Gesetzeslücke gab. Für Nachahmer fügte der Gesetzgeber nun aber einen Zusatzparagraphen, den § 248c StGB, ein, der speziell die Entziehung elektrischer Energie unter Strafe stellt.

### 1.1.2 Tatbestand und Rechtsfolge

Neben den Definitionen unterscheidet man Rechtsnormen, die sich in zwei Teile gliedern: den Tatbestand und die Rechtsfolge. Der Tatbestand gibt die Voraussetzungen an und die Rechtsfolge ist die Konsequenz, die dann gezogen wird, wenn die Voraussetzungen vorhanden sind. Oder anders ausgedrückt: Diese Rechtsnormen stellen eine **Wenn-dann-Beziehung** dar: **Wenn** der Tatbestand vorliegt, **dann** tritt die betreffende Rechtsfolge ein.

Beispiel

**§ 138.1.: Der Tatbestand bzw. die Voraussetzung lautet: Es liegt ein Rechtsgeschäft vor, das gegen die guten Sitten verstößt. Die Rechtsfolge lautet: Ein solches Rechtsgeschäft ist nichtig. Oder: *Wenn* ein Rechtsgeschäft gegen die guten Sitten verstößt, *dann* ist es nichtig.**

Lesen Sie sich den § 119.1 durch!

Wir unterscheiden hier insgesamt drei Bedingungen, von denen zwei alternativ vorliegen müssen und eine dritte zusätzliche Voraussetzung ist. Die Rechtsfolge ist dann die Möglichkeit, diese Erklärung anzufechten.

**Aufgabe**
(3) Nennen Sie die drei Bedingungen.

Unter der Voraussetzung, dass man bei der Abgabe der Erklärung im Irrtum war (Tatbestand 1) bzw. eine solche Erklärung überhaupt nicht abgeben wollte, und unter der zweiten Voraussetzung, dass man eine solche bei Kenntnis der Sachlage bzw. bei verständiger Würdigung nicht abgegeben hätte (Tatbestand 2), tritt die Rechtsfolge ein: die Möglichkeit, diese Erklärung anzufechten.

Die Aufteilung in Tatbestand und Rechtsfolge kennen wir natürlich auch in anderen Gesetzen, insbesondere im Strafgesetz:

- Wer eine andere Person körperlich misshandelt oder deren Gesundheit schädigt, wird mit Freiheitsstrafe bis zu fünf Jahren oder mit Geldstrafe bestraft (§ 223 Strafgesetzbuch).
- Wer mit Betäubungsmitteln (z. B. Marihuana) unerlaubt Handel treibt, wird mit Freiheitsstrafe bis zu fünf Jahren oder mit Geldstrafe bestraft (§ 29.1 Betäubungsmittelgesetz).

Im BGB sind Tatbestand und Rechtsfolgen nicht immer so leicht zu erkennen. Versuchen Sie einmal bei den folgenden Paragraphen Tatbestand und Rechtsfolge ganz klar zu unterscheiden:
§§ 21, 105.1, 110, 433.1, 823.1

**Aufgabe**
(4) Versuchen Sie selbst Normen zu erstellen! Stellen Sie drei wichtige Wenn-dann-Beziehungen für ein Ballspiel (z. B. Fußball) auf.

Nachdem Sie nun den Aufbau der Rechtsnormen kennengelernt haben, fragen wir uns, wie man bei **Lösung eines Falles** vorgeht: Zuerst schaut man sich den gegebenen Fall genau an, dann überlegt man, welche Rechtsnormen für den Fall grundsätzlich in Frage kommen. Hat man diese zunächst mithilfe des Inhaltsverzeichnisses und des Stichwortverzeichnisses des BGB für sich beantwortet, so prüft man, ob der Fall mit dem Tatbestand des Paragraphen zusammenpasst, ob sich der Fall dem Paragraphen unterlegen **(subsumieren)** lässt. Dieser Prozess der **Subsumtion** ist ganz entscheidend für die richtige Lösung des Falls, hier werden später die meisten Fehler gemacht. Es kommt hierbei nämlich darauf an, den Fall genau so, wie er vorgegeben ist, zu subsumieren, nicht aber ihn so zu verändern, dass er anschließend unter eine bestimmte Rechtsnorm passt, die man sich herausgesucht hat, die aber nichts mit dem Fall zu tun hat.

Hat man nun schließlich den Fall richtig subsumiert, so ist es anschließend leicht, die Konsequenz zu ziehen, also die richtige Rechtsfolge zu finden.

Wir wollen dies zunächst nur an einem Beispiel üben.

**Aufgabe**
(5) Schauen Sie noch einmal den ersten Fall an und vergleichen Sie ihn mit § 119!
a) Lässt sich der Fall unter den Tatbestand des § 119.1 subsumieren? Begründung!
b) Welche Rechtsfolge ergibt sich also daraus?

Weiter unterscheidet man noch Anspruchsnormen, Formvorschriften und Fristbestimmungen, auf die hier jedoch nicht weiter eingegangen werden soll.

## 1.2 Rechtssubjekt – Rechtsobjekt

Jeder Mensch ist **Rechtssubjekt**. Rechtssubjekt zu sein heißt einerseits, Träger von Rechten sein zu können, die aus einer Rechtsnorm abgeleitet werden können; andererseits heißt dies aber auch, Träger von Pflichten zu sein, die sich aus einer Rechtsnorm ergeben.

Bei-spiel

**Der einjährige Max (= Rechtssubjekt) ist Eigentümer eines vom Großvater geschenkten Grundstückes. Das Grundstück (s. o.) ist Rechtsobjekt.**

**Rechtsobjekte** dagegen sind körperliche und unkörperliche Gegenstände, also etwa Möbel, Autos, aber auch Forderungen und Rechte eines Rechtsverhältnisses, auf das sich das Recht eines Rechtssubjektes bezieht.

Bei-spiel

**Das Grundstück (s. o.) ist Rechtsobjekt.**

**Aufgabe**

(6) Was ist in unserem Sportwagenbeispiel Rechtssubjekt und Rechtsobjekt?

## 1.3 Objektives Recht – Subjektives Recht

Recht kann eine **objektive** und eine **subjektive** Bedeutung haben. Unter **objektivem Recht** versteht man entweder das Recht in seiner Gesamtheit oder bestimmte Untergruppen rechtlicher Vorschriften, wie z. B. das für die Bundesrepublik Deutschland geltende Recht, das Straf- oder das Arbeitsrecht. Objektives Recht gilt für jedermann und regelt das Verhalten der Menschen untereinander und zum Staat.

Von **subjektivem Recht** spricht man dagegen, wenn sich aus dem objektiven Recht für den Einzelnen bestimmte Berechtigungen (Ansprüche) ergeben. So hat der Verkäufer das Recht auf Bezahlung des Kaufpreises oder der Eigentümer das Recht, über sein Eigentum zu verfügen. Mit dem subjektiven Recht wird dem Einzelnen eine bestimmte Rechtsmacht verliehen, die er notfalls auf dem Klageweg durchsetzen kann.

Den subjektiven Rechten entsprechen meist auch bestimmte **Rechtspflichten**, so ist etwa auch der Verkäufer zur Herausgabe der Ware verpflichtet.

## 1.4 Die Rechtsordnung

Wir haben gesehen, dass das Recht verschiedene wichtige Aufgaben in einer Gesellschaft zu erfüllen hat. Inwieweit diese Aufgaben in der Wirklichkeit aber auch erfüllt werden können, hängt in entscheidendem Maße davon ab, ob die Mitglieder der Gemeinschaft sich auch an die Rechtsvorschriften halten. Da man kaum davon ausgehen kann, dass dies aus Einsicht und freiwillig stets geschieht, besitzt der Staat das Recht, die Einhaltung dieser Regeln zu erzwingen bzw. diejenigen, die sich nicht an die Regeln halten, zu bestrafen.

Da die Durchsetzung des Rechts also staatlich erzwingbar ist, steht es in einem engen Zusammenhang mit staatlicher Macht, die wiederum durch hierzu entsprechend legitimierte Organe, vor allem die Justiz und die Polizei, ausgeübt wird.

Recht verpflichtet und berechtigt also durch Gebote und Verbote jeden einzelnen Bürger und droht ihm negative Sanktionen an, die den Zweck haben, ihn von einer Gesetzesmissachtung abzuhalten bzw. ihm beizubringen, in Zukunft die Gesetze besser zu beachten.

**Recht ohne Macht** bedeutet Ohnmacht: Recht kann nicht durchgesetzt werden (Michael Kohlhaas), ein häufiges Problem im internationalen (zwischenstaatlichen) Recht.

**Macht ohne Recht** ist dagegen auch und gerade in unserer heutigen Zeit eine übliche Begleiterscheinung totalitärer Staaten.

In demokratischen Staaten fallen **Recht und Macht** zusammen. Der Staat ist mit der Macht ausgestattet, die Durchsetzung von Recht zu erzwingen. Allerdings hängt die Notwendigkeit, Macht anzuwenden, auch in entscheidendem Maße davon ab, inwieweit die Rechtsnormen dem Rechtsgefühl der Bürger entsprechen. Je weiter sich die Rechtsnormen vom Rechtsgefühl entfernen, umso eher muss der Staat mit negativen Sanktionen reagieren. Trotzdem ist der Staat nicht in allen Fällen in der Lage, Rechtsbrüche negativ zu sanktionieren. So ist bei manchen Delikten die Dunkelziffer, also die Anzahl der nicht aufgeklärten Rechtsbrüche, um ein Vielfaches höher als die Anzahl der aufgeklärten Delikte.

**Übersicht**

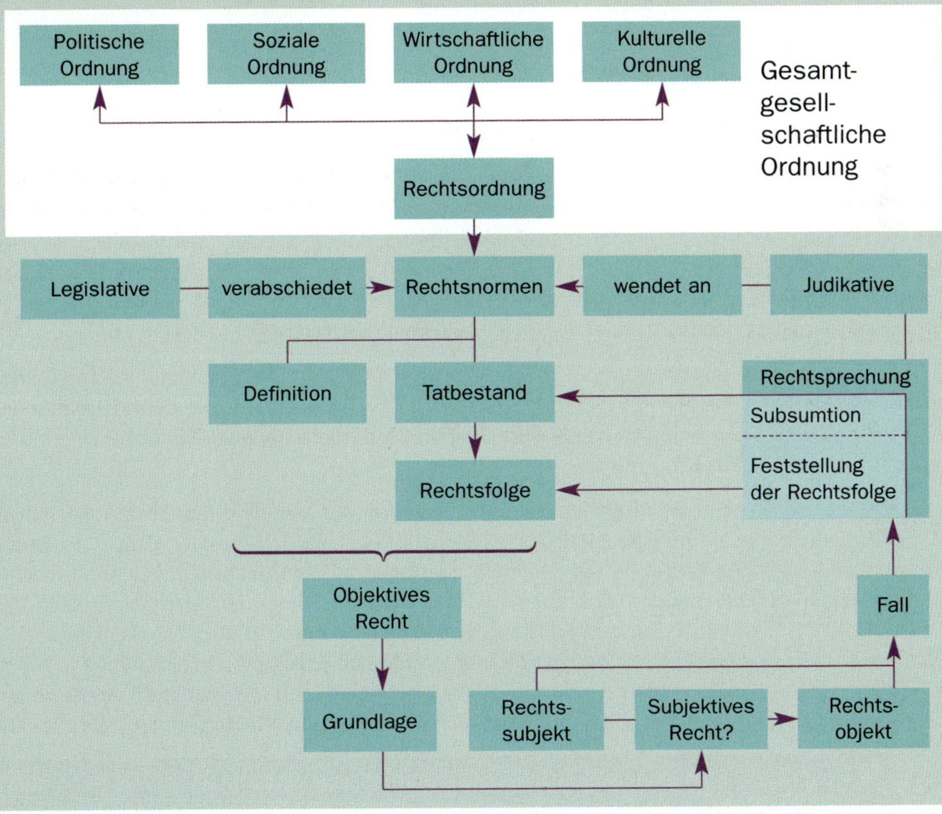


Selbstverständlich sind der staatlichen Gewalt und der Anwendung von Zwang in einem Rechtsstaat Grenzen gesetzt, da diejenigen, die die Gewalt ausüben, selbst wieder dem Gesetz unterworfen sind.

**Aufgaben**

(7) Begründen Sie, warum der Staat das Recht unter Umständen mit Gewalt durchsetzen muss.
(8) Nennen Sie verschiedene Arten des staatlichen Zwanges.

Die **Rechtsordnung** ist im Übrigen nicht unabhängig von der Gesellschaft, sondern auf vielfältige Weise mit ihr verbunden. Sie spiegelt in gewisser Weise ein allgemeines Rechtsgefühl wider und passt sich langsam an geändertes Rechtsempfinden an.

Beispiel

**Ende der Siebzigerjahre wurde das Scheidungsrecht reformiert. Insbesondere trat an die Stelle des Verschuldensprinzips das Zerrüttungsprinzip, das davon ausgeht, dass grundsätzlich beide Ehepartner für das Scheitern der Ehe verantwortlich sind.**

Die Rechtsordnung ist also Teil unserer gesamtgesellschaftlichen Ordnung und auf das Engste mit den anderen Teilsystemen verknüpft. Rechtsordnung, Wirtschaftsordnung, soziale Ordnung, politische Ordnung und kulturelle Ordnung beeinflussen sich so wechselseitig.

**Aufgabe**

(9) Erklären Sie die folgenden Begriffe: Rechtsgefühl, Rechtsnorm, Definition, Rechtsfolge, Subsumtion, Rechtssubjekt, Rechtsobjekt, subjektives Recht, objektives Recht, Rechtsordnung.

# 2 Funktionen des Rechts

Welche Funktionen, welche Aufgaben hat das Recht? Warum gibt es Rechtsregeln?

Menschen leben seit je in Gruppen zusammen. Um den inneren Zusammenhalt einer solchen Gruppe zu gewährleisten, ist es notwendig, dass sich die Mitglieder dieser Gruppe an bestimmte Regeln halten. Diese Regeln oder Normen werden entweder in Abstimmungsprozessen (demokratisch) oder einseitig von dem Gruppenleiter (autoritär) festgelegt, oder aber sie ergeben sich sozusagen automatisch aus dem Zusammenleben dieser Gruppe. Immer aber sind solche Normen, ob sie nun geschrieben (kodifiziert) oder ungeschrieben sind, ein wichtiges Element gesellschaftlicher Strukturen.

Lediglich „Ein-Mann-Gesellschaften", wie etwa Robinson Crusoe auf seiner einsamen Insel, benötigen keine derartigen Regeln. Doch schon als Robinson sein Leben mit dem Eingeborenen Freitag teilte, akzeptierten beide gewisse Regeln, etwa, sich nicht gegenseitig umzubringen oder sich die Arbeit auf der Insel zu teilen.

Das Besondere an solchen **Normen** ist die Tatsache, dass auf Verstöße mit Bestrafung reagiert wird. Dies unterscheidet sie vor allem auch von den in einer Gesellschaft üblichen Bräuchen. Strafen als Reaktionen gegen Normverstöße werden auch als **negative Sanktionen** bezeichnet. **Rechtsnormen** zeichnen sich nun dadurch aus, dass die Gesellschaft auf ihre Einhaltung besonderen Wert legt, was durch die Einrichtung besonderer **Sanktionsinstanzen** belegt wird. Die Sanktionen werden also nicht mehr von den unmittelbar Betroffenen ergriffen, hierfür sind nun unabhängige Richter und Gerichte zuständig. Die Sanktionsinstanzen können entweder vom Betroffenen selbst angerufen werden (Privatrecht) oder der Staat ist selbst an ihrer Einhaltung interessiert (z. B. Strafrecht).

Beispiele

- **Kommt ein Schuldner seiner Leistungsverpflichtung nicht nach, so hat der Gläubiger das Recht, diese Leistung durch ein Gerichtsverfahren und Urteil durchzusetzen.**
- **Der Staat ist andererseits direkt daran interessiert, diejenigen, die z. B. andere vorsätzlich verletzen (schwere Körperverletzung), zu bestrafen. Er lässt daher durch die Staatsanwaltschaft Anklage erheben.**

Rechtsnormen werden daher oft im Gegensatz zu Kann- und Sollnormen als Mussnormen bezeichnet, sie stellen überwiegend verbindliche Handlungsvorschriften dar, sind i. d. R. in Gesetzen festgelegt und haben vor allem folgende Aufgaben.

## 2.1 Ordnungsfunktion

Rechtsnormen haben einmal die Aufgabe, das gesellschaftliche Leben so zu regeln, dass es möglichst wenig Konfliktstoff gibt, dass alles reibungslos läuft.

So ist zum Beispiel ein Straßenverkehr, bei dem jeder Verkehrsteilnehmer selbst entscheiden kann, ob er rechts oder links fährt, nur schwer vorstellbar. Ebenso lässt sich eine Gesellschaft, in der jeder Bürger frei darüber entscheiden kann, wie viel Steuern er zahlt oder ob er Verträge einhält, kaum vorzustellen. Wenn solche Regeln fehlen würden, entstünde vermutlich ein Chaos.

Eine wichtige Aufgabe des Rechts ist es, eine grundsätzliche, für alle verbindliche Ordnung herzustellen. Mit diesen Ordnungsregeln sind im Allgemeinen noch keine Wertvorstellungen verbunden. Sie sind wertfrei und dienen lediglich dazu, die Ordnung herzustellen und aufrechtzuerhalten.

Problematisch werden solche Regeln erst dann, wenn sie als Selbstzweck angesehen werden, wenn es nicht mehr darauf ankommt, die Ordnung für die Menschen, die in dieser Gemeinschaft leben, aufrechtzuerhalten, sondern wenn das Einhalten einer Ordnung zum obersten Ziel wird. Vertreter einer solchen Richtung sprechen häufig von „Gesetz und Ordnung" (law and order), meinen damit aber, dass die Anpassung an die Ordnung wichtiger sei als die kritische Auseinandersetzung und Weiterentwicklung dieser Ordnung.

In unseren modernen Industriegesellschaften existiert eine Vielzahl von verschiedenartigen Beziehungen, die durch das Recht geregelt werden.

**Aufgabe**

(1) Nennen Sie für die nachfolgenden Beziehungen Beispiele dafür, wie das Recht bestimmte Bereiche dieser Beziehungen regelt.
   a) Bürger – Staat: z. B. Straßenverkehrsordnung,
   b) Bürger – Bürger: z. B. Kaufrecht,
   c) Bürger – Gemeinde: z. B. Wahl des Gemeinderats,
   d) Bund – Länder: z. B. Mitsprache durch den Bundesrat bei der Gesetzgebung.

Häufig wird kritisiert, dass wir in unserem Staat zu viele Gesetze hätten. Dies stimmt zum Teil schon, auf der anderen Seite muss man aber auch bedenken, dass das Recht umso bedeutender wird, je größer, differenzierter und anonymer eine Gesellschaft ist. In einer solchen Gesellschaft, wie sie beispielsweise unsere bundesdeutsche Gesellschaft darstellt, bei der auf einem kleinen Raum viele Menschen zusammenleben, die sich gegenseitig kaum noch kennen, lässt sich über viele Fragen kaum noch eine Übereinkunft erzielen, sodass an die Stelle von selbst gesetzten Regeln des Zusammenlebens das von oben gesetzte Recht treten muss.

Es ist leicht einzusehen, dass mehr Ordnungsregeln benötigt werden, wenn in einem Land auf einem Quadratkilometer durchschnittlich tausend Personen wohnen, als wenn hier nur eine Person lebte.

## 2.2 Sicherheitsfunktion

Eng verknüpft mit der Ordnungsfunktion ist die Sicherheits- und Sicherungsfunktion des Rechts. Während das Recht im Rahmen der Ordnungsfunktion lediglich die Beziehungen in einer Gesellschaft ordnen und regeln soll, hat es im Rahmen der Sicherheitsfunktion die weiter gehende Aufgabe, die Rechte der in diesem Staat lebenden Personen, aber auch die Rechte des Staates selbst zu schützen. Zwar ist das Recht nicht in der Lage, jedem zu garantieren, dass seine Rechte nicht verletzt werden, es sieht jedoch Sanktionen für jedermann vor, der Rechte anderer verletzt. Es hat damit eher vorbeugenden Charakter.

### 2.2.1 Schutz der Bürger vor Rechtsbrechern

Das Recht soll den Bürger vor anderen Bürgern schützen, indem es beispielsweise diejenigen, die andere bedrohen, verletzen oder beleidigen, mit Strafe bedroht und die rechtliche Handhabe für die Gewährung von Schadensersatz bietet.

### 2.2.2 Schutz der Bürger vor Übergriffen des Staates

Da ein Staat wie jede andere machtausübende Institution dazu neigt, seine Machtfülle zu vergrößern und damit den Freiheitsspielraum des Einzelnen zu verkleinern, hat das Recht auch die Aufgabe, die Bürger vor der Willkür des Staates zu schützen.

**Aufgabe**
(2) Nennen Sie hierfür einige Beispiele.

Damit das Recht seine Sicherheitsfunktion erfüllen kann, muss es jedoch selbst geschützt werden. So muss z. B. das rechtmäßige Zustandekommen der Gesetze, der ordnungsgemäße gerechte Verlauf eines Gerichtsverfahrens wiederum durch das Recht abgesichert sein und durch das Recht geschützt werden. Diese **„Rechtsstaatlichkeit"** ist ein politisches Strukturprinzip unseres Staates. Es fordert vom Staat, dass alle Entscheidungen rechtlich begründet werden und von unabhängigen Organen kontrolliert werden können.

Folgende Beispiele zeigen diese institutionalisierte Absicherung des Rechts:

- Die im Grundgesetz festgelegten Grundrechte sind immer gültig. Gegen sie darf keine gesetzliche Maßnahme verstoßen.
- Der Staat darf nur dann handeln, wenn ein rechtmäßig zustande gekommenes Gesetz es ihm erlaubt.
- Alle Tätigkeiten des Staates sind gerichtlich überprüfbar.
- Das demokratische Prinzip der Gewaltenteilung bestimmt, dass die politische Macht in unserem Staate auf Legislative, Exekutive und Judikative verteilt ist und dass sich diese Gewalten gegenseitig kontrollieren.
- Der Bundestag wird in freier, gleicher, geheimer Wahl gewählt.
- Die Gerichte sind unabhängig und frei.

### 2.2.3 Schutz des Staates vor den Bürgern

Schließlich hat auch der Staat ein Bedürfnis, sich vor den Bürgern zu schützen, die ihn zerstören wollen oder auch nur daran hindern wollen, dass er seine Aufgaben richtig erfüllt.

**Aufgabe**
(3) Nennen Sie hierfür Beispiele.

Die Rechtsstaatlichkeit wird durch verschiedene Gruppen kontrolliert, und zwar durch das Parlament, die Gerichte, die kritischen und aufgeschlossenen Staatsbürger und durch die Medien, also die Zeitungen, den Rundfunk und das Fernsehen. In der Praxis spielen die unabhängigen Medien eine besonders wichtige Rolle bei der Aufdeckung von Missständen in unserem Rechtswesen. Erst durch sie wird die Bevölkerung in vielen Fällen aufmerksam und kann so unter Umständen auch die Beseitigung dieser Mängel erreichen.

## 2.3 Ausgleichsfunktion (Gerechtigkeitsfunktion)

Hierunter verstehen wir auch eine gewisse Genugtuungsfunktion, die dem Recht heute, da wir kein Faustrecht mehr kennen, zukommt. In jeder Gesellschaft gibt es stets einander gegenüberstehende „sich widerstreitende" Interessen.

Beispiele

- Der wohlhabende Kunstmaler Flux besitzt ein großes unbebautes Seegrundstück am Bodenseeufer, das er mit einem hohen Zaun vor der Allgemeinheit geschützt hat. Andererseits haben viele Spaziergänger ein Interesse daran, am Seeufer spazieren zu gehen. Im Augenblick sind sie zu einem großen Umweg gezwungen.
- Der 12-jährige Schüler Ferno schießt mit einer selbst gebastelten Schleuder die drei Kellerfenster des Nachbarn kaputt.

**Aufgabe**

(4) a) Was haben die beiden Fälle gemeinsam?
b) Wie würden Sie den jeweiligen Streit beenden?
c) Welche Aufgabe hat das Recht in beiden Fällen?

Das Recht hat also zu regeln, wer welche Interessen verfolgen darf. Das Recht hilft damit, Interessen gegen andere zu schützen, aber auch, nachdem die verschiedenen Interessen gegeneinander abgewogen wurden, einen Ausgleich zwischen den Interessen herbeizuführen.

In der Ausgleichsfunktion schlägt sich insbesondere auch die Idee einer „ausgleichenden Gerechtigkeit" nieder, die verkörpert wird durch die Justitia, die Göttin der Gerechtigkeit. Diese Dame, deren Augen verbunden sind, hält in der einen Hand das Schwert, in der anderen Hand eine Waage, mit der sie Schuld und Sühne, Leistung und Gegenleistung sorgfältig gegeneinander abwägt.

Der Interessenausgleich kann entweder durch ein Gerichtsurteil herbeigeführt werden oder durch den Verwaltungsakt einer Behörde oder auch durch eine Einigung der beiden Personen, etwa durch einen gerichtlichen bzw. außergerichtlichen Vergleich.

## 2.4 Herrschaftssicherung

Rechtsregeln, die ja durch den Staat oder staatliche Organe aufgestellt werden, haben immer auch die Aufgabe, die bestehenden Verhältnisse abzusichern und zu stabilisieren. Diejenigen, die Macht besitzen, wollen diese behalten und gegen Dritte schützen. Dies gilt im Besonderen für totalitäre Staaten, trifft aber auch auf demokratische Gesellschaften zu, in denen die auf Parlamentsmehrheiten gestützten Regierungen ebenfalls ein Interesse daran haben, die Verhältnisse innerhalb des gegebenen Rahmens ihren Vorstellungen entsprechend zu verändern bzw. zu stabilisieren. Wiederum trifft es auch auf Gruppen innerhalb der Gesellschaft zu, die versuchen, das Recht entsprechend ihren Interessen zu verändern bzw. nicht zu reformieren, um ihren Besitzstand zu wahren oder auch zu verbessern.

Um diese Vorstellungen durchsetzen zu können, benötigen diese Gruppen Macht und Einfluss, über die in einer Gesellschaft im Allgemeinen nur die herrschende Schicht oder sehr große Gruppen verfügen. Jede Rechtsordnung spiegelt damit die bestehende Herrschaftsordnung wider und dient gleichzeitig dazu, diese zu stützen. Damit erhält Recht normalerweise eine konservierende Funktion und verlangsamt Reformbestrebungen.

Andererseits kann in einer pluralistischen Gesellschaft nicht davon ausgegangen werden, dass sich nur eine Rechtsauffassung oder ein bestimmtes Interesse durchsetzt. Recht stellt daher immer einen Kompromiss zwischen verschiedenen und unterschiedlich starken Interessen dar. Gleichzeitig kommt es auch nur durch Kompromisse zustande.

**Aufgabe**

(5) Überlegen Sie, warum im Bundestag ein Gesetz nur durch einen Kompromiss zustande kommen kann.

Gesetze können somit angesehen werden als Resultanten der in jeder Rechtsgemeinschaft einander gegenübertretenden und um Anerkennung ringenden Interessen (P. Heck).

Betrachtet man diese Bemerkung etwas sorgfältiger, so stellen sich jedoch gleich mehrere Fragen:

- Welche unterschiedlichen Interessen bestehen in unserer Gesellschaft überhaupt?
- Wer hat diese Interessen?
- Werden diejenigen, die unsere Gesetze machen, von den Interessengruppen beeinflusst?
- In welcher Form können die Gesetzgeber beeinflusst werden?
- Welche Interessen werden sich wahrscheinlich schließlich durchsetzen?
- Welche Bedeutung hat in diesem Zusammenhang die Zusammensetzung des Bundestages?

**Aufgaben**

(6) Welche Bedeutung hat das Recht für die Absicherung von Herrschaft?

(7) Informieren Sie sich bitte über die Begriffe Hearing und Lobby sowie über die Bedeutung der Verbände und die Zusammensetzung des Bundestages.

## Was ist ein „Hearing"?

Wie verhält es sich eigentlich mit jenen radioaktiven Abfällen aus Kernkraftwerken, die man so lagern muss, dass die erst nach Jahrhunderten verlöschende gefährliche Strahlung die Menschheit nicht tödlich trifft? Oder: Lässt sich wirklich und zuverlässig voraussagen, wie die Steuerentlastung für den Bürger zur gewünschten Ankurbelung der Konjunktur führt? Und schließlich: Wie stellt man Doping im Hochleistungssport fest, muss angesichts der zunehmenden Verwendung von leistungsbeeinflussenden Mitteln nicht der Gesetzgeber etwas mehr tun?

Diese drei Themen haben nur scheinbar nichts miteinander zu tun. In Wirklichkeit handelt es sich um drei von Hunderten von Problemen, mit denen sich die Bundestagsabgeordneten zu plagen haben. Und die Parlamentarier müssen darüber befinden, ob die Bundesregierung richtig handelt, und darüber entscheiden, mit welchen Gesetzen man Probleme am besten lösen kann. Aber wie?

Die Abgeordneten wissen viel, aber sie müssen und können nicht alles wissen. Auch die Fachleute unter ihnen stützen sich auf wissenschaftliche Mitarbeiter in ihren Büros und Fraktionen; es gibt die Bundestagsausschüsse, in denen jedes Problem, jeder Gesetzentwurf so lange gedreht und gewendet wird, bis die Sachlage hinreichend klar erscheint – gleich, wie man sich aus parteipolitischen Gründen später entscheidet. Dennoch bleiben häufig Wissens- oder Informationslücken, führt sachlicher Meinungsstreit zu der Erkenntnis: Das hätte man vor der Entscheidung gern noch genauer gewusst.

Hier liegen die Wurzeln für ein Instrument des Bundestages, das unter dem Namen „Hearing", zu Deutsch: Anhörung, bekannt geworden ist. Die englische Bezeichnung kommt nicht von ungefähr: In der angelsächsischen Parlaments- und Gerichtspraxis dienen „Hearings" seit Langem dazu, schwierige Sachverhalte durch das Anhören und Befragen von Regierungsmitgliedern, Beamten, Sachverständigen, Interessenvertretern oder Zeugen aufzuklären. Besonders im amerikanischen Kongress sind solche Hearings zuweilen sehr gefürchtet. Als Bonner Parlamentarier kurz nach der Gründung der Bundesrepublik in den Jahren 1949/50 die USA besuchten, um sich mit den dort gültigen Spielregeln des Parlamentsbetriebs vertraut zu machen, brachten sie die Grundidee des „Hearings" mit zurück.

So steht seit 1952 in der Geschäftsordnung des Bundestages, dass jeder Bundestagsausschuss vom Prinzip der nichtöffentlichen Beratung dann abweichen kann, wenn er es für notwendig hält, Sachverständige, Interessenvertreter und andere Auskunftspersonen einzuladen, damit sie in „öffentlichen Informationssitzungen" zur Durchleuchtung eines Gegenstandes der Ausschussberatung beitragen können.

Die Hearings haben sich bewährt. Aber es gibt auch Bedenken. Nutzt die Opposition vielleicht das eine oder andere Hearing, um öffentliche Rechthaberei zu betreiben und Gesetzesvorhaben zu verzögern? Oder legen es umgekehrt die Regierungsfraktionen hin und wieder darauf an, der Opposition öffentlich mangelnde Kompetenz nachweisen zu können? Sind Bundestagsabgeordnete überhaupt in der Lage, den Fachleuten die richtigen Fragen zu stellen? Sind diese Experten, jedenfalls soweit es sich um Interessenvertreter handelt, vor der Versuchung gefeit, die Bundestagsabgeordneten in eine ganz bestimmte Richtung zu führen? Und haben die angehörten Ministerialbeamten nicht immer die Routine für sich?

Nichts ist perfekt, auch das Instrument der Anhörung nicht. Aber man hat inzwischen gelernt, Hearings zweckmäßig einzusetzen. Das Ergebnis einer Anhörung im Bundestag führt nie zum Entscheidungszwang im politischen Sinne. Nur: Wer mehr weiß, und darauf kommt es den Bundestagsabgeordneten an, kann seine endgültige Entscheidung mit einem gründlichen Überlegungsprozess verbinden.

*Quelle: Pressedienst des Bundestages*

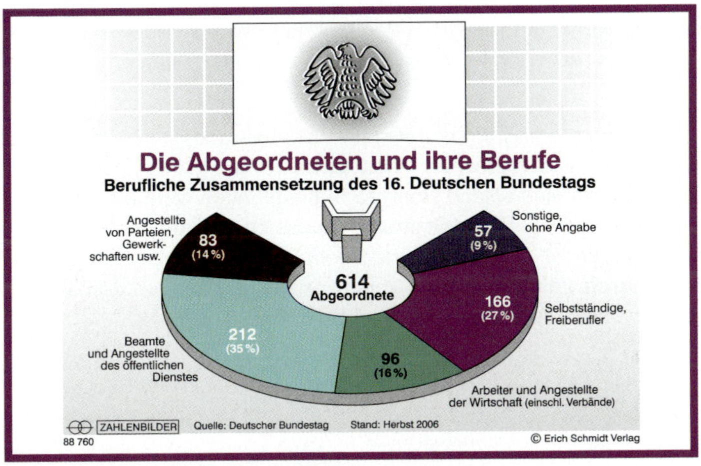


## Einfluss auf Regierung und Verwaltung

Lebhafter „Lobbyismus" setzt ein bei jeder Kabinettsbildung in Bund und Ländern, und dieser Kampf um Ministersessel und leitende Positionen in der Ministerialbürokratie beschneidet die verfassungsrechtliche Kompetenz des designierten Kanzlers oder Ministerpräsidenten zur Zusammenstellung der Regierungsmannschaft.
Der Verbandseinfluss auf die Bürokratie vollzieht sich nicht allein über Anhörung und Beratung, sondern auch in Form der Ämterpatronage, das heißt „der Einstellung, Beförderung und Abberufung von Beamten, also die Personalpolitik im öffentlichen Dienst, aufgrund wirksamen Einflusses nichtzuständiger Personen, Parteien und Verbände im weitesten Sinne …" (Theodor Eschenburg).
Ganze Ministerien können auf diese Weise von den Verbänden „erobert" werden. Eine rege Tätigkeit haben der Bund der Vertriebenen und der Bauernverband bei der Personalbesetzung der Vertriebenen- und Agrarministerien, die Ärzteorganisationen im Gesundheitsministerium, die Gewerkschaften bei der Besetzung bestimmter Schlüsselpositionen in den Innenministerien von Bund und Ländern entfaltet. In der Ämterpatronage, die ihren Ansporn aus dem wachsenden Ermessensspielraum der Bürokratie gewinnt, offenbart sich ein unmittelbarer Herrschaftsanspruch der Interessenverbände, der verfassungsrechtliche Ermächtigungen weit übersteigt.

*(Quelle: Informationen zur politischen Bildung Nr. 145. Hrsg.: Bundeszentr. für polit. Bild., Bonn)*

# 3 Soziale Ordnungen neben dem Recht

Rechtsnormen sind für unsere Gesellschaften besonders wichtig. Daneben gibt es jedoch auch andere gesellschaftliche Normen, die beispielsweise auf Anstand und Sitte oder auf Bräuche und Konventionen zurückzuführen sind. In unterschiedlichen Gemeinschaften existieren unterschiedliche typische Verhaltensweisen, wofür es eine Vielzahl von Gründen gibt.

**Aufgabe**

(1) Stellen Sie sich vor, Sie säßen mit ihren Verwandten bei einem festlichen Abendessen, etwa anlässlich einer Hochzeit, zusammen. Welche typischen Verhaltensweisen werden die am Essen teilnehmenden Personen wahrscheinlich zeigen?
Stellen Sie sich nun eine ähnliche Situation bei einer Nomadengruppe in Nordafrika oder einer Dorfgemeinschaft in Asien vor. Worin werden sich die Verhaltensweisen wahrscheinlich unterscheiden?

Warum verhalten sich aber nun Menschen in bestimmten Situationen gleichförmig? Grundsätzlich wohl deswegen, weil es für den Einzelnen einfacher ist, sich in gleichartigen Situationen immer gleich (oder ähnlich) zu verhalten, als sich jedes Mal neue Verhaltensweisen zu überlegen, gleichzeitig ist es einfacher, sich auf gleiche oder ähnliche Verhaltensweisen und Reaktionsmuster anderer einzustellen.

Diese sich herausbildenden typischen Verhaltensweisen werden, je häufiger man sie antrifft, auch immer verbindlicher. Solche verbindlichen Verhaltensregelmäßigkeiten bezeichnet man als gesellschaftliche **Normen**. Wenn eine solche Norm nicht eingehalten wird, erfolgt meist eine **negative Sanktion**, also eine Bestrafung. Diese Bestrafung muss keineswegs immer so stark sein wie eine Verurteilung durch ein Gericht, wenn man eine Rechtsnorm nicht eingehalten hat. Sie kann einen aber dennoch empfindlich treffen, denn sie kommt immer gerade von den Menschen, mit denen wir häufiger zusammen sind, von Freunden, Nachbarn, Eltern usw.

**Aufgabe**

(2) Versuchen Sie einige negative Sanktionen zu finden,
  a) wenn Sie Tischsitten nicht einhalten,
  b) wenn Sie einem Freund die Bitte, ihm 5,00 EUR zu leihen, abschlagen,
  c) wenn Sie als Schüler grundsätzlich barfuß zur Schule kommen.

## 3.1 Normen der Sitte

Die Sittennormen regeln das Verhalten des Einzelnen nach außen. Sie haben die Aufgabe, das Leben in einer Gemeinschaft einfacher, überschaubarer und damit für die einzelnen Mitglieder der Gesellschaft auch berechenbarer zu machen. Sittennormen sind vorwiegend Konventionen, gesellschaftliche Abmachungen, die das äußere Verhalten bestimmen. Beispiele hierfür sind etwa Briefformeln, Tischsitten, Umgangsformen, Regeln des guten Benehmens.

**Aufgabe**

(3) Nennen Sie weitere Beispiele für Sittennormen.

Sitten und Bräuche sind grundsätzlich *rechtlich unverbindlich*. Da aber bei Missachtung negative gesellschaftliche Sanktionen drohen, bilden sie eine Art Vorstufe des Rechts.

Daneben existieren jedoch auch solche Sittennormen, die *rechtliche Verbindlichkeit* erlangen. Meist sind diese Sitten aber nicht eigens formuliert, vielmehr spricht der Gesetzgeber hier allgemein nur von **Verkehrssitte**.

Beispiel

**Bietet ein Kaufmann oder Handwerker einem privaten Käufer eine Ware zu einem bestimmten Preis an, so darf dieser nach der Verkehrssitte davon ausgehen, dass dieser Preis die Mehrwertsteuer enthält, gleichgültig ob sie im Preis auch tatsächlich berechnet wurde.**

Vergleiche hierzu die §§ 157 und 242!

**Aufgabe**

(4) Beurteilen Sie die rechtliche Verbindlichkeit.

a) Die Tante, die Ihnen jedes Jahr ein Weihnachtsgeschenk gemacht hat, vergisst es dieses Jahr. Ist sie verpflichtet, dies nachzuholen?

b) Die Schenkung, die Inhalt eines gemäß § 516 ff. geschlossenen Schenkungsvertrages ist.

c) Die Vertragsklauseln: „Die Preise verstehen sich frei Hamburg“, die Verpackung wird „brutto für netto“ berechnet.

Zusammenfassung

Die Sittennormen regeln das äußere Verhalten der Mitglieder einer Gemeinschaft. Sie sind damit vergleichbar den Rechtsnormen, auch diese regeln vorwiegend das äußere Verhalten. Im Abweichungsfalle wird von der Gesellschaft mit negativen Sanktionen reagiert. Handelt es sich um rechtlich bedeutsame Sittennormen, so findet sich in der Regel die Formulierung „Verkehrssitte“ im Gesetzbuch.

## 3.2 Normen der Sittlichkeit

Lesen Sie zunächst den § 1601!

**Erläuterung:** Unter Verwandten in gerader Linie versteht man Eltern und Großeltern auf der einen und Kinder und Enkel auf der anderen Seite.

**Aufgabe**

(5) a) Welche Verpflichtung haben die Eltern ihren Kindern gegenüber?

b) Allerdings nur unter welchen Umständen? (Lesen Sie dazu § 1601 ff.)

c) Welche Verpflichtungen hat andererseits das Kind seinen Eltern gegenüber?

d) Welche Verpflichtung hat nun aber ein wohlhabender Bruder seiner Not leidenden Schwester gegenüber?

Wenn Sie die Fragen beantwortet haben, werden Sie festgestellt haben, dass hier keine rechtliche, wohl aber eine moralisch-sittliche Verpflichtung besteht. In beiden Fällen liegen zwar sittliche Verpflichtungen, Sittlichkeitsnormen, vor, nur im Fall des § 1601 hat sich der Gesetzgeber jedoch dazu entschlossen, diese Norm auch rechtlich verbindlich zu regeln.

Wir können hieraus zwei Dinge erkennen:

- Das Recht regelt keineswegs alle unsere Handlungen, vielmehr gibt es neben dem Gesetz noch ein allgemein verbindliches „Gesetz der Sittlichkeit“, auch **Sittengesetz** genannt.
- Das Sittengesetz schlägt sich zwar zum Teil wieder im Gesetz nieder, andererseits regelt es aber auch unser Verhalten weit über das Gesetz hinaus. Es bestimmt das Verhalten, das uns unsere Moral oder unser Gewissen befiehlt.

Schon Platon und Aristoteles waren Begründer einer wissenschaftlichen Sittenlehre, deren Gegenstand die **innere Einstellung** der Menschen ihrer Umwelt gegenüber ist. Kernstücke dieser Ethik waren Begriffe wie Treue, Tugend und Menschlichkeit, die starken Einfluss auf die christliche Lehre hatten. Andererseits werden Sittlichkeitsnormen in hohem Maße von religiösen Grundsätzen beeinflusst.

Das Sittengesetz hat seine Bedeutung insbesondere in dem Bereich der sehr engen Lebensbeziehungen, wie z. B. Familie, Freundschaft und Nachbarschaft. Hier fordert die Sittlichkeit etwa anständiges, faires, rücksichtsvolles Verhalten. All dies sind aber Verhaltensweisen, die nicht sinnvoll durch Paragraphen geregelt und insbesondere auch nicht überprüft und bewiesen werden können. Hierzu kommt es auf die innere Einstellung zu anderen Menschen an, Recht dagegen ist lediglich etwas, wozu man von außen verpflichtet wird. Zwar wäre es auch für das Recht sehr positiv, wenn es sich mit der allgemeinen inneren Einstellung decken würde, dennoch ist zu vermuten, dass man sich häufig nur deswegen an die Gesetze hält, weil ein Abweichen mit Strafe bedroht wird. Zudem haben große Bereiche des Rechts lediglich Ordnungscharakter und damit mit innerer Einstellung nur wenig zu tun.

Wenn sich die Sittlichkeitsnormen im Gesetz niederschlagen, so geschieht dies häufig in der allgemeinen Formulierung: **gute Sitten.**

Das Sittengesetz ist zwar in seinem Kern sehr alt, aber es wandelt sich auch ständig und passt sich neueren gesellschaftlichen Auffassungen und Entwicklungen an. So verstößt beispielsweise Prostitution nach Auffassung des Berliner Verwaltungsgerichts grundsätzlich nicht mehr gegen die guten Sitten. Das Gericht entschied, dass einer Bordellbetreiberin die Gaststättenlizenz 1999 zu Unrecht entzogen worden sei. Das Bezirksamt hatte die Lizenz widerrufen, da durch die Anbahnungsgespräche mit Prostituierten der Unsittlichkeit Vorschub geleistet würde. Das Verwaltungsgericht stellt nun fest, dass sich die Einstellung der Gesellschaft gegenüber der Prostitution in den vergangenen Jahren gewandelt habe, sodass diese nicht mehr als sittenwidrig bezeichnet werden könne (Az.: VG 35 A 570.99).

**Aufgabe**

(6) Lesen Sie nun bitte die folgenden Paragraphen durch: §§ 138, 817, 826, 226. Überlegen Sie bitte, worin jeweils ein solcher Verstoß gegen die guten Sitten bestehen könnte.
Beziehen Sie dabei die folgende Definition in Ihre Überlegung mit ein: „Sittenwidrigkeit liegt dann vor, wenn gegen das Anstandsgefühl aller gerecht und billig Denkenden verstoßen wird.“ (Palandt)

Es besteht im Übrigen durchaus auch die Möglichkeit, dass das jeweils geltende positive Recht gegen Sittlichkeitsnormen verstößt. Dies war beispielsweise der Fall, als unter der nationalsozialistischen Diktatur im Dritten Reich Rassengesetze erlassen wurden, wie das „Gesetz zum Schutz des deutschen Blutes und der deutschen Ehre“ (1935), das Ehen zwischen Juden und „Ariern“ verbot, oder das „Gesetz zur Änderung von Familien- und Vornamen“ (1938), das für Juden nur noch bestimmte Vornamen zuließ. Auch der Schießbefehl an der Mauer zwischen der ehemaligen DDR und Westberlin verstieß gegen die Normen der Sittlichkeit.

**Aufgabe**

(7) Diskutieren Sie nun die im Folgenden vertretenen Auffassungen im Hinblick auf derzeitig gültige Sittlichkeits- und Sittennormen.

**Gibt es noch allgemein gültige Regeln für das Zusammenleben von Menschen?**

Gegenüber dem 19. Jahrhundert, das im mitmenschlichen Bereich von Werten wie Moral, Anstand, Würde und Sittlichkeit gekennzeichnet war, zeichnet sich unsere heutige Zeit durch Toleranz, Das Leben Einsichtsverhalten, antiautoritäres sowie partnerschaftliches Verhalten aus. In Familien und Betrieben ist beobachtbar, dass Rollen nicht nur vertauscht werden, sondern vernünftigerweise auch abgebaut oder durch besseres Handeln ersetzt werden. Dadurch ergeben sich bessere Beziehungen und durch Kritik zumeist auch bessere Leistungen. Die Menschen haben sich verändert, die Regeln gewandelt.

*Gerda Gugel, 20 Jahre*

Irgendwelche Regeln, die das Zusammenleben von Menschen beeinflussen, hat es wohl schon immer gegeben und wird es auch immer geben. Nur sind diese Regeln den jeweiligen Zeitumständen unterworfen. Dadurch, dass sich die Rolle der Frau in der Gesellschaft geändert hat, haben sich auch die Regeln für das Zusammenleben von Mann und Frau geändert. Für mich ist beim Zusammenleben wichtig, dass Meinungen anderer respektiert werden und dass jeder Rücksicht auf seine Umwelt nimmt. Dazu gehören alte Leute, Behinderte und Kinder genauso wie Pflanzen und Tiere. Es ist aber nicht immer leicht, sich im Alltag auch entsprechend zu verhalten.

*Birgit Hansen, 19 Jahre*

Ich glaube, unsere Welt wäre ein Stück lebenswerter, würden sich mehr Menschen nach folgendem Motto richten: „Ich kehre vor meiner eigenen Tür." Denn allgemein gültige Regeln kann es nur geben, wenn eine Autorität (beispielsweise der Staat) diese vorschreibt. Aber wozu? Schließlich muss jeder sein eigenes Leben leben.

*Bernhard Lehner, 16 Jahre*

Das Leben ermöglicht für jeden in der Gesellschaft Entfaltung und Interessen in jede Richtung. Nicht mehr Alter und Beruf sind ausschlaggebend für die Richtigkeit einer Aussage, sondern die Korrektheit einer Aussage an sich, gleich von welchem Gruppenmitglied sie kommt. Selbst Knigges Lehren wirken weiter – sie werden zwar freizügiger praktiziert als noch vor 50 Jahren, jedoch helfen sie dabei, das Zusammenleben als angenehm zu empfinden.

*Maria Ölscher, 20 Jahre*

Es gibt sie und es wird sie immer geben. Auf einen Nenner gebracht besagen diese Regeln: „Handle so, wie du möchtest, dass man an dir handelt."

*Evelyn Arnold, 16 Jahre*

Man muss differenzieren zwischen Regeln, die uns der Staat auferlegt (Gesetze), und Regeln, die für jeden persönlich gelten (Grundsätze des Einzelnen). Da die Gesetze gewissermaßen von oben, das heißt ohne direkten Einfluss des Einzelnen gemacht werden, sollten sie nur das unbedingt Notwendige regeln, damit die Freiheit des Einzelnen gewährleistet bleibt. Von dem Grundsatz, den ich in meinem Leben für den wichtigsten halte, wünsche ich mir, er wäre allgemein gültig, würde für eine größere Anzahl von Menschen zur Regel für das Zusammenleben werden. Denn würden mehr Menschen ihr Leben nach dem Bibelwort „Liebe deinen Nächsten wie dich selbst" ausrichten, könnten meiner Meinung nach viele Probleme, die wir heute haben und die teilweise von unserer Unvernunft und Rücksichtslosigkeit herrühren, gelöst werden. Zu den oben genannten Problemen würde ich unter anderem das Wettrüsten, die Ungerechtigkeiten der Einkommensverhältnisse zwischen der 1. und 2. Welt, das Energieproblem, das zu starke (inhumane) Leistungsdenken in der Schule, das rücksichtslose Abschieben der „Alten" ins Altersheim und das schlechte Wiedereingliedern von „auf die schiefe Bahn Geratenen" in unserer Gesellschaft zählen.

*Ralf Elett, 17 Jahre*

*Quelle: Die Zeit, Zeitlupe 20 – Meinungen von Lesern bis zum Alter von 20 Jahren*

**Übersicht: soziale Ordnungen**

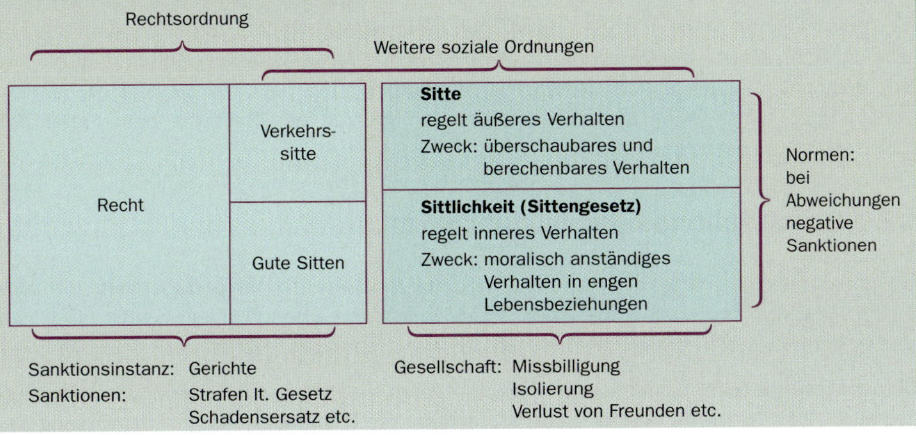

Zusammenfassung

- Es gibt rechtliche Normen, die nichts mit Sittlichkeit oder Sitten und Bräuchen zu tun haben, wie etwa das Rechtsfahrgebot in den meisten westlichen Ländern oder in Satzungen geregelte städtische Bebauungspläne.
- Es gibt rechtliche Normen, die unseren sittlichen Vorstellungen entsprechen: Das Gebot „Du sollst nicht töten" schlägt sich in den Paragraphen 211 und 212 des Strafgesetzbuches nieder. Daneben gibt es bestimmte moralische Normen, die wir in unserer Rechtsordnung nicht wiederfinden, wie etwa das sittliche Verbot des Ehebruchs.
- Schließlich findet sich die überwiegende Anzahl der Sitten und Bräuche nicht in unserer Rechtsordnung wieder, lediglich in ausgewählten Fällen wird auf die herrschenden Sitten (die Verkehrssitte) Bezug genommen.

## 4 Rechtsquellen

Unter Recht im objektiven Sinne verstehen wir die Gesamtheit aller Rechtsvorschriften. Diese Rechtsregeln können ausdrücklich durch den Gesetzgeber gesetzt werden (geschriebenes oder gesetztes Recht) oder sie haben sich durch langjährige Übung (Gewohnheit) gebildet und sind dadurch als Recht akzeptiert. Damit gelten sowohl geschriebenes als auch ungeschriebenes Recht als Rechtsquellen.

### 4.1 Gewohnheitsrecht

Gewohnheitsrecht ist ungeschriebenes Recht. Voraussetzung für die Entstehung von Gewohnheitsrecht ist einerseits ein tatsächliches langjähriges Verhalten. Andererseits muss sich aufgrund dieses langjährigen Verhaltens die allgemeine Überzeugung von der Rechtmäßigkeit dieses Verhaltens gebildet haben: Das Verhalten wird dann als verbindliche Rechtsnorm anerkannt.

Heute ist Recht vorwiegend das Resultat staatlicher Entscheidungen, während das Gewohnheitsrecht praktisch bedeutungslos geworden ist. Der soziale Wandel, die industrielle Arbeitsteilung und die Anonymität des menschlichen Zusammenlebens erzeugen zudem einen ständig steigenden Regelungsbedarf, sodass ein weiteres quantitatives Anwachsen geschriebener gesetzlicher Regelungen absehbar ist.

Trotzdem bedarf das Recht der Weiterentwicklung, da es nicht für alle denkbaren Fälle passende Lösungen bereithalten kann. Diese Lücke wird durch **Richterrecht** geschlossen.

Hierunter versteht man von den Gerichten aufgestellte Rechtssätze (höchstrichterliche Entscheidungen), die aus der Verallgemeinerung von Einzelfallentscheidungen entstanden sind. Diese Grundsatzentscheidungen der Bundesgerichtshöfe binden die untergeordneten Gerichte zwar nicht, jedoch kann gegen abweichende Urteile jederzeit bei Vorliegen bestimmter Voraussetzungen Revision eingelegt werden.

### 4.2 Geschriebenes (gesetztes) Recht

Geschriebenes Recht sind alle Rechtsnormen, die als **Gesetze, Verordnungen** oder **autonome Satzungen** vom Gesetzgeber in einem formalen Verfahren beschlossen wurden. Gesetze stellen hierbei den weitaus bedeutendsten Anteil des geschriebenen Rechts.

Das **materielle Recht** umfasst alle Rechtsnormen, die allgemein verbindliche Verhaltensregeln enthalten. Das **formelle Recht** dagegen umfasst die Rechtsnormen, die der Durchsetzung des

Rechts dienen. Zum materiellen Recht zählt der größte Teil des Rechts, wie beispielsweise das bürgerliche Recht oder das Strafrecht. Das formelle Recht ist dagegen im Wesentlichen Verfahrensrecht, wie die Zivilprozessordnung oder das Strafprozessrecht, aber auch Teile anderer Gesetze.

Weiter unterscheidet man Recht, das durch die Beteiligten geändert werden kann, nachgiebiges oder **dispositives** Recht, und **zwingendes** Recht. Während das Schuldrecht, und hier insbesondere das bereits ausführlich besprochene Vertragsrecht, von den Vertragsparteien grundsätzlich abänderbar ist (dispositives Recht), gilt dies grundsätzlich für das Sachen-, Familien- und Erbrecht und vor allem für das Verfahrensrecht nicht, diese Regelungen sind für die Parteien verbindlich.

### 4.2.1 Gesetze

**SPD-Mehrheit blockiert Gesetze**

**Fast alle Regierungsentwürfe landen im Vermittlungsausschuss**

Die mehrheitlich SPD-regierten Länder und die Bonner Koalition aus Union und SPD stehen vor einer neuen Konfrontationsrunde im Gesetzgebungsverfahren. Der Bundesrat lehnte am Freitag in Bonn reihenweise die Entwürfe der Koalition ab. Nun muss darüber im Vermittlungsausschuss von Bundestag und Bundesrat beraten werden. Zu den gescheiterten Plänen der Koalition gehören die Kürzungen bei der Arbeitslosenhilfe und bei den Leistungen für Asylbewerber. Auch der Streit mit dem Bundestag über die ehemaligen Mauergrundstücke in Ostdeutschland und das vom Bundestag bereits beschlossene Gesetz zur Krankenhausfinanzierung landeten im Vermittlungsausschuss.
Die Einflussmöglichkeiten des Bundesrates auf die jetzt abgelehnten Gesetze sind unterschiedlich. Das Asylbewerberleistungsgesetz und die Pläne zur Krankenhausfinanzierung können laut Bundesrat-Pressestelle nicht ohne Zustimmung der Länderkammer in Kraft treten. In diesen Fällen rief die Bundesregierung den Vermittlungsausschuss an, wie das zuständige Gesundheitsministerium mitteilte. Beim Arbeitslosenhilfe-Gesetz und der Regelung für die Mauergrundstücke kann sich die Koalition dagegen mit ihrer Mehrheit im Bundestag über den Einspruch des Bundesrats hinwegsetzen. Bei diesen Themen beantragte der Bundesrat Beratungen im Vermittlungsausschuss …

*Quelle: Süddeutsche Zeitung vom 02.03.1996*

Gesetze sind von der Legislative in der verfassungsmäßig vorgeschriebenen Form beschlossene und verkündete Rechtssätze (Rechtsnormen). Unser nationales Recht umfasst das **Grundgesetz** sowie **Bundes-, Landes-** und **kommunales Recht**. Daneben gelten z. T. noch frühere Reichs- und Landesgesetze, entweder als Bundes- oder als Landesrecht, soweit sie nicht gegen das Grundgesetz verstoßen.
Das **Grundgesetz**, die Verfassung, legt die Grundordnung des Staates fest. Alle anderen Rechtsnormen müssen sich an der Verfassung ausrichten und dürfen den von ihr gesetzten Rahmen nicht überschreiten. Verfassungsänderungen bedürfen, soweit sie überhaupt zulässig sind, einer Zweidrittelmehrheit des Bundestags und des Bundesrats. Daneben besitzen die einzelnen Bundesländer eigene **Landesverfassungen**.
**Bundesgesetze** regeln allgemeine Sachverhalte verbindlich und gelten für alle Bundesbürger, wie beispielsweise das Bürgerliche Recht, das Strafrecht oder das Handelsrecht. Gesetzgeber des Bundes ist der Deutsche Bundestag unter Beteiligung des Bundesrats, der Ländervertretung. Das **Gesetzgebungsverfahren** wird mit einem Einbringen eines Gesetzentwurfs beim Bundestag eingeleitet. Das Recht, Gesetzentwürfe einzubringen, das sogenannte **Initiativrecht**, haben neben der Bundesregierung, also den Bundesministerien, alle Bundestagsabgeordneten und der Bundesrat.
Die Gesetzentwürfe werden im Bundestag in **drei Lesungen** beraten. Durch einen entsprechenden Beschluss des Bundestages nach der dritten Lesung wird der in der Zwischenzeit möglicherweise überarbeitete Entwurf zum Gesetz verabschiedet, wenn nicht der Bundesrat seine Zustimmung verweigert bzw. Einspruch einlegt.

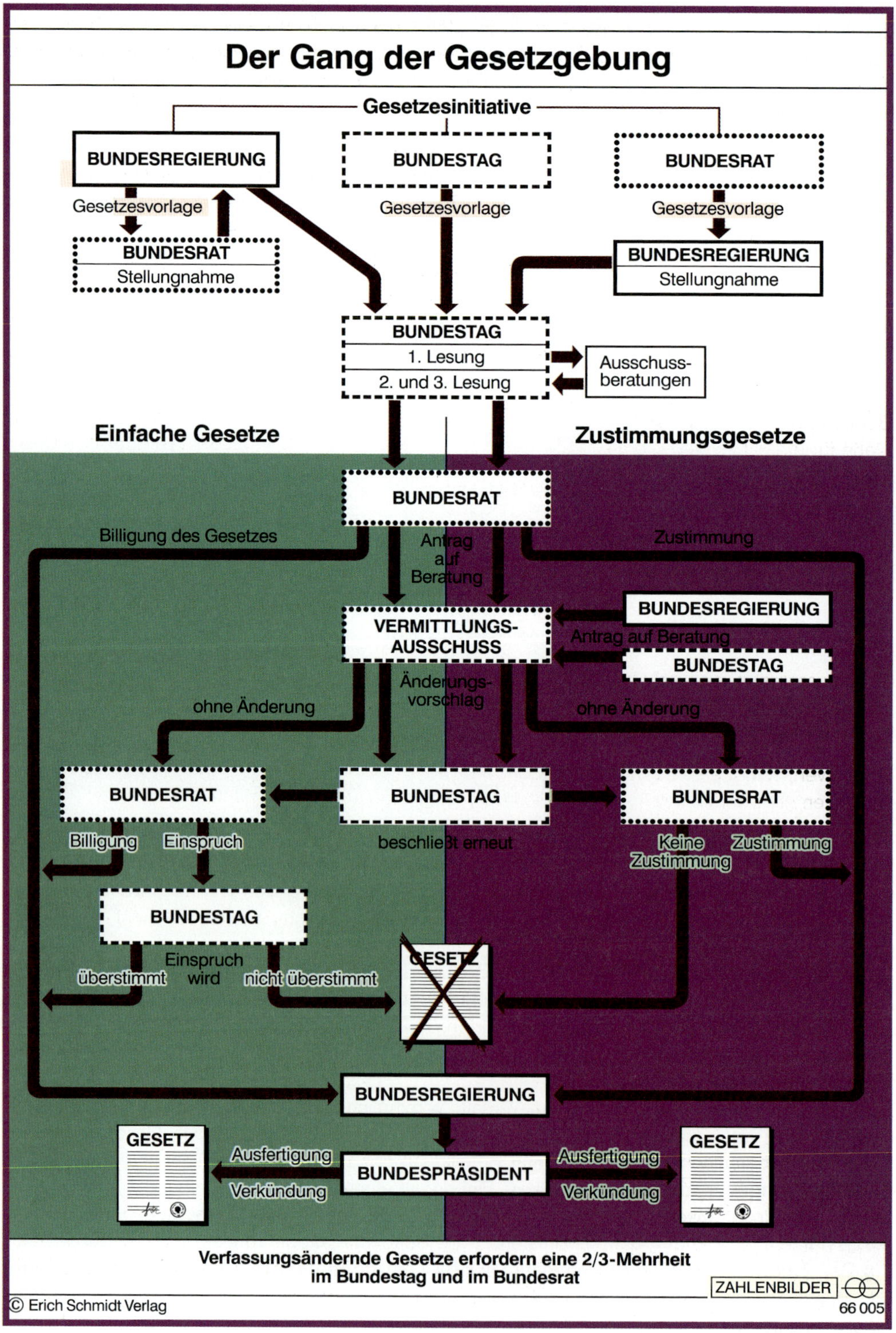
Der Gang der Gesetzgebung
Gesetzesinitiative
BUNDESREGIERUNG
BUNDESTAG
BUNDESRAT
Gesetzesvorlage
BUNDESRAT
Stellungnahme
Gesetzesvorlage
Gesetzesvorlage
BUNDESREGIERUNG
Stellungnahme
BUNDESTAG
1. Lesung
2. und 3. Lesung
Ausschuss-beratungen
Einfache Gesetze
Zustimmungsgesetze
BUNDESRAT
Billigung des Gesetzes
Antrag auf Beratung
Zustimmung
VERMITTLUNGS-AUSSCHUSS
BUNDESREGIERUNG
Antrag auf Beratung
BUNDESTAG
ohne Änderung
Änderungs-vorschlag
ohne Änderung
BUNDESRAT
BUNDESTAG
BUNDESRAT
Billigung
Einspruch
beschließt erneut
Keine Zustimmung
Zustimmung
BUNDESTAG
Einspruch wird
überstimmt
nicht überstimmt
GESETZ
BUNDESREGIERUNG
GESETZ
Ausfertigung
Verkündung
BUNDESPRÄSIDENT
Ausfertigung
Verkündung
GESETZ
Verfassungsändernde Gesetze erfordern eine 2/3-Mehrheit im Bundestag und im Bundesrat
ZAHLENBILDER
66 005
© Erich Schmidt Verlag

Bei *Zustimmungsgesetzen*, verfassungsändernden Gesetzen oder Gesetzen, die die Interessen der Länder in besonderem Maße berühren, ist die Zustimmung des Bundesrats zwingend erforderlich. Bei nichtzustimmungspflichtigen Gesetzen *(einfachen Gesetzen)* kann der Bundesrat lediglich Einspruch einlegen, den der Bundestag allerdings mit der Merheit seiner Mitglieder überstimmen kann.

Kommt das Gesetz zustande, wird es vom zuständigen Minister und dem Bundeskanzler unterzeichnet, dem Bundespräsidenten zur Ausfertigung zugeleitet und im Bundesgesetzblatt verkündet.

**Landesgesetze** werden vom Landtag des jeweiligen Bundeslandes beschlossen, vom Ministerpräsidenten des Landes unterzeichnet und im Gesetzblatt des jeweiligen Landes veröffentlicht. Landesrecht sind beispielsweise Schulrecht und Polizeirecht. **Kommunales Recht** wird als Satzung von den legislativen Organen der Gemeinde verabschiedet.

Mit der wachsenden politischen und wirtschaftlichen Integration vieler Länder nimmt die Bedeutung von **supranationalem Recht** laufend zu. Dies gilt beispielsweise in besonderem Maße für die Mitglieder der *Europäischen Union*. Europäisches Recht in Form von *Verordnungen* oder *Richtlinien* wird vom *Rat der Europäischen Union*, auch als Ministerrat bezeichnet, *und dem Europäischen Parlament* erlassen. Während Verordnungen unmittelbar geltendes nationales Recht werden, müssen Richtlinien von den Mitgliedsländern in nationales Recht umgesetzt werden. Die Einflussmöglichkeiten der nationalen Gesetzgeber auf die inhaltliche Gestaltung sind hierbei erheblich eingeschränkt.

### 4.2.2 Rechtsverordnungen

Rechtsverordnungen sind ebenfalls allgemeine Regelungen (z. B. Ge- und Verbote), die für jedermann gelten. Sie sind **Rechtssetzungsakte der Exekutive**, die aufgrund einer in einem Gesetz enthaltenen Ermächtigung erlassen werden durften; vgl. hierzu Art. 80 GG.

Rechtsverordnungen sind Gesetzen gegenüber untergeordnet, sie dürfen nur im Einklang mit den Gesetzen stehen. Eine Rechtsverordnung, die gegen ein Gesetz verstößt, ist nichtig.

Beispiele

**Schulordnung, Regelunterhaltsverordnung, Durchführungsbestimmungen zu den Steuergesetzen**

HINWEIS

Einzelne Genehmigungen der Verwaltung sind dagegen keine Verordnungen, da sie nur Einzelfälle regeln, hier spricht man von Verwaltungsakten.

Dagegen sind Verwaltungsordnungen Anordnungen höherer Dienststellen für untergeordnete Behörden, sie gelten damit nur im inneren Dienstbetrieb des Staates und sind streng von den oben genannten Verordnungen zu trennen.

Verordnungen müssen veröffentlicht werden, und zwar wie folgt:

| Rechtsverordnungen aufgrund eines Beschlusses vom: | Veröffentlichung in: |
|---|---|
| Bund | Ministerialblatt |
| Land | Amtsblatt (z. B. Kultus und Unterricht) |
| Kreis, Stadtkreis | Tageszeitung (z. B. Südkurier) |

### 4.2.3 Autonome Satzungen

Öffentlich-rechtliche Körperschaften, wie z. B. Kirchen, Gemeinden, Hochschulen oder Handelskammern, haben die gesetzliche Ermächtigung, ihre eigenen Angelegenheiten und Aufgaben durch eine selbst erstellte Satzung zu regeln. So ist beispielsweise das Recht der Gemeinden, Ortsrecht zu setzen, verfassungsrechtlich gewährleistet (Art. 28.2 GG), z. B. Gemeindestatut, Gebührenordnungen für Müllabfuhr, Erschließungskosten. Satzungen werden von den entsprechenden legislativen Organen verabschiedet und veröffentlicht.

| Satzungen für: | Aufstellung durch: | Verkündung durch: | Veröffentlichung in: |
|---|---|---|---|
| Kreis<br>Gemeinde | Kreistag<br>Gemeinderat | Landrat<br>Bürgermeister | Tageszeitungen<br>Ortsüblichen<br>Gemeindeblättern |

Privatrechtliche Vereine schaffen im Gegensatz zu den öffentlich-rechtlichen Körperschaften mit ihren Vereinssatzungen kein objektives Recht. Nur die freiwilligen Vereinsmitglieder werden hier von der Wirkung der Satzung betroffen.

Beispiel

**Satzung der Stadt Starnberg zur Änderung der Satzung für die Erhebung einer Hundesteuer Vom 29. November 2001**

Aufgrund von Art. 3 Abs. 1 des Kommunalabgabegesetzes (KAG) (BayRS 2024-1-I) in der Fassung der Bekanntmachung vom 4. April 1993 (GVBl S. 264), zuletzt geändert durch Gesetz vom 24. Juli 1998 (GVBl S. 424) erlässt die Stadt Starnberg folgende

SATZUNG:

§ 1

Die Satzung für die Erhebung einer Hundesteuer vom 22. Juli 1982 wird wie folgt geändert:

§ 5 Satz 1 erhält folgende Fassung:

„Die Steuer beträgt

für den ersten Hund 25,56 EUR
für den zweiten Hund 30,68 EUR
für jeden weiteren Hund 35,79 EUR ."

§ 2

Diese Satzung tritt am 1. Januar 2002 in Kraft.

Starnberg, 29. November 2001

STADT STARNBERG
H. Thallmair, Erster Bürgermeister

## 4.3 Positives Recht

Unter **positivem Recht** versteht man eigentlich das Recht, das vom Staat oder anderen Hoheitsträgern gesetzt (positum, lat. = gesetzt) wurde. Im Weiteren und heute eher gebräuchlichen Sinne wird unter diesem Begriff jedoch alles Recht, das vom Staat durch seine Organe garantiert und geschützt wird, verstanden. Das bedeutet, dass unter dem Begriff positives Recht heute neben dem geschriebenen auch überliefertes Gewohnheitsrecht und Richterrecht zusammengefasst werden.

Die Theorie des **Rechtspositivismus** betrachtet nur das von der jeweiligen staatlichen Macht gesetzte Recht als Recht und nur das als Unrecht, was von dieser als Unrecht angesehen wird. Positives Recht, das auf formal einwandfreiem Weg zustande gekommen ist, sei daher auch gerecht, der Staat könne daher auch vom Bürger diesbezüglich Gehorsam verlangen.

Der Tatsache, dass Gesetze, die ja von Menschen gemacht sind, auch fehlerhaft, unpraktikabel oder sogar unmoralisch oder verbrecherisch sein können, wird damit nicht Rechnung getragen. Es ist damit offensichtlich, dass diese Rechtsauffassung in hohem Maße mitverantwortlich ist für die problematische Rolle der Justiz zur Zeit der nationalsozialistischen Gewaltherrschaft.

## 4.4 Naturrecht

Im Gegensatz zu den Rechtspositivisten sind die Vertreter eines **Naturrechts** der Auffassung, dass auch positives Recht Unrecht sein könne. Es gebe daher eine Art „überpositives Recht", das sich aus der **Natur des Menschen** ableite, damit ein **„natürliches Recht"** des Menschen sei und das die Menschen aufgrund ihrer Vernunft erkennen könnten. Diese natürlichen Rechte, die die Würde und Freiheit des Menschen prägen und garantieren, seien dem Menschen von Natur aus eigen und würden ihm daher auch nicht durch eine irdische Macht verliehen.

Es sind dies allgemeine, unantastbare, unveränderbare und unveräußerliche Rechte, die auf folgenden Kerngedanken beruhen:

a) Da der Mensch ein besonderes Lebewesen ist, besitzt er eine besondere Würde.

b) Alle Menschen sollen gleich behandelt werden.

c) Gerechtigkeit soll oberstes Gebot staatlichen und individuellen Handelns sein.

Damit hebt sich das Naturrecht deutlich von dem wandelbaren und nur auf Zeit geltenden positiven Recht ab. Naturrecht kann sich im positiven Recht niederschlagen und ist dann identisch mit diesem. Es kann diesem aber auch kontrovers sein. In diesem Falle ist das positive Recht zwar möglicherweise legal (äußere Rechtmäßigkeit), nicht aber legitim (innere Rechtmäßigkeit).

In besonderem Maße schlägt sich das Naturrecht in den Verfassungen und in den allgemeinen **Menschenrechten** nieder. Beide, sowohl die Verfassung (das Grundgesetz) als auch die allgemeine Erklärung der Menschenrechte, stellen in der Bundesrepublik Deutschland geltendes Recht dar. Die hier aufgeführten Naturrechte binden also die staatliche Gewalt.

Insbesondere in neuerer Zeit sind aufgrund der Erfahrungen mit totalitären Systemen naturrechtliche Überlegungen durch die Anerkennung allgemein gültiger unveräußerlicher Grund- und Menschenrechte wieder in den Vordergrund getreten. Eine Gruppe oder auch ein Volk beruft sich vor allem dann auf das Naturrecht, wenn es seinen Freiheits- oder Abwehrwillen besonders zum Ausdruck bringen will.

Beispiele

- **Die *Petition of Rights* (1628) schützt den Bürger vor willkürlicher Verhaftung.**
- **Die *Habeas-Corpus-Akte* (1679) ergänzt durch die *Bill of Rights* (1791) nennt Freiheiten der Untertanen, die vom Herrscher ohne Einwilligung des Parlaments nicht angetastet werden durften.**
- **In der *Virginia Bill of Rights* (1776) fand die Menschenrechtsidee erstmals ihren verfassungsrechtlichen Niederschlag, hier heißt es: Alle Menschen sind von Natur aus gleichermaßen frei und unabhängig und besitzen angeborene Rechte ... nämlich das Recht auf Leben und Freiheit und dazu die Möglichkeit, Eigentum zu erwerben und zu besitzen und Glück und Sicherheit zu erstreben und zu erlangen.**
- **In der *Erklärung der Bürger- und Menschenrechte der Französischen Revolution* (1789) werden die natürlichen Menschenrechte wie Freiheit, Eigentum, Sicherheit und Widerstandsrecht mit den Staatsbürgerrechten, die eine Mitwirkung an der Ausübung der Staatsgewalt festschreiben, verbunden.**
- **Der Artikel 1 der *Allgemeinen Erklärung der Menschenrechte* der UNO-Kommission für Menschenrechte von 1948 lautet: Alle Menschen sind frei und gleich an Würde und Rechten geboren. Sie sind mit Vernunft und Gewissen begabt und sollen einander im Geiste der Brüderlichkeit begegnen.**

Beispiele

■ In der *Enzyklika „Friede auf Erden"* Papst Johannes XXIII. werden u. a. folgende natürliche Rechte aufgeführt:

Allen Menschen ohne Ausnahme wird feierlich ihre Würde als Person zugestanden.
Jeder Mensch hat das Recht, frei die Wahrheit zu suchen.
Jeder hat das Recht auf freie Verfolgung der Normen der Moral.
Jeder besitzt das Recht auf Gerechtigkeit.

Es ist schwierig, den Konflikt zwischen Rechtspositivismus und Naturrechtslehre eindeutig zu lösen. Dennoch hat insbesondere unsere deutsche Vergangenheit gezeigt, dass es Zeiten gibt, in der der Kernsatz des Positivismus, geschriebenes Recht sei besser als gar kein Recht, nicht mehr gilt. Wenn das positive Recht im Dienst des absoluten Unrechts steht, kann positives Recht eindeutig Unrecht sein, sodass ihm die Geltung, also der Rechtscharakter, abgesprochen werden muss (Radbruch).

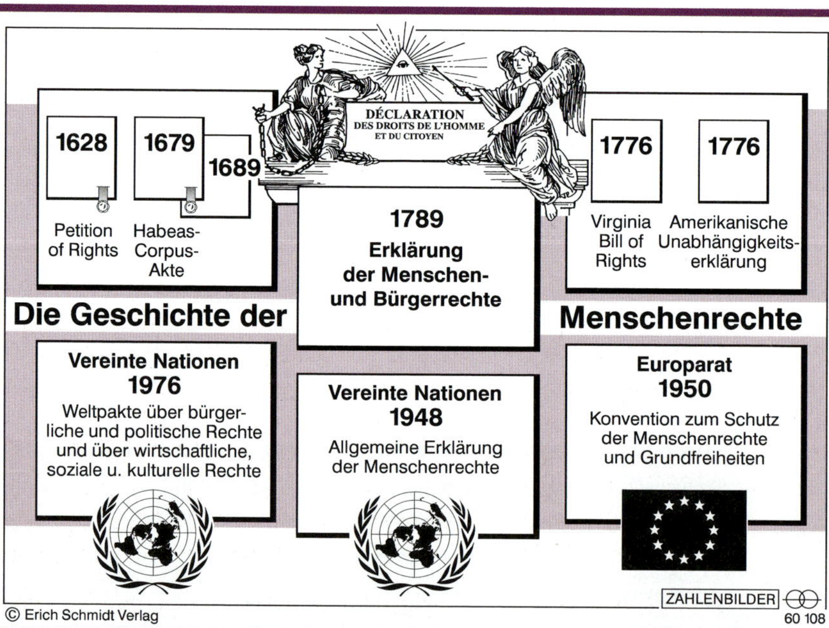


**Übungsaufgaben**

1. Unser Zusammenleben wird entscheidend durch die existierende Rechtsordnung bestimmt.
   a) Beschreiben Sie die Sicherheitsfunktion als eine der grundlegenden Aufgaben des Rechts!
   b) Neben dem Recht wird unser Zusammenleben auch durch die Sittlichkeitsnormen bestimmt. Zeigen Sie Unterschiede zwischen Recht und Sittlichkeit auf!
2. Wählen Sie vier verschiedene Paragraphen aus dem Allgemeinen Teil und erläutern Sie, ob es sich um Definitionen oder um Tatbestands-Rechtsfolge-Paragraphen handelt!
3. Welche Bedeutung hat das Recht in unserer Gesellschaft und inwiefern unterscheidet es sich von anderen sozialen Ordnungen?
4. Erläutern Sie, was man unter „subsumieren" versteht!
5. Welche Beziehung besteht zwischen Recht und staatlichem Zwang?

# Einführung in das Bürgerliche Recht

## 1 Privatrecht und Öffentliches Recht

Das BGB ist zwar ein sehr umfangreiches Gesetz, dennoch stellt es nur einen kleinen Ausschnitt aus unserem Recht dar, da viele andere Bereiche unseres Lebens ebenfalls regelungsbedürftig sind. So muss etwa geregelt werden, wie viel Steuern der einzelne Bürger zu zahlen hat, wie etwa die Einziehung zum Wehrdienst zu geschehen hat oder wie die Leitung einer Aktiengesellschaft auszusehen hat. Je nachdem, ob mit dem Gesetz Angelegenheiten zwischen Privatpersonen (z. B. durch das BGB) oder eine Angelegenheit zwischen dem Staat und einer Privatperson (z. B. im Rahmen des Baurechts) geregelt werden sollen, ordnet man es unterschiedlichen Rechtsbereichen zu.

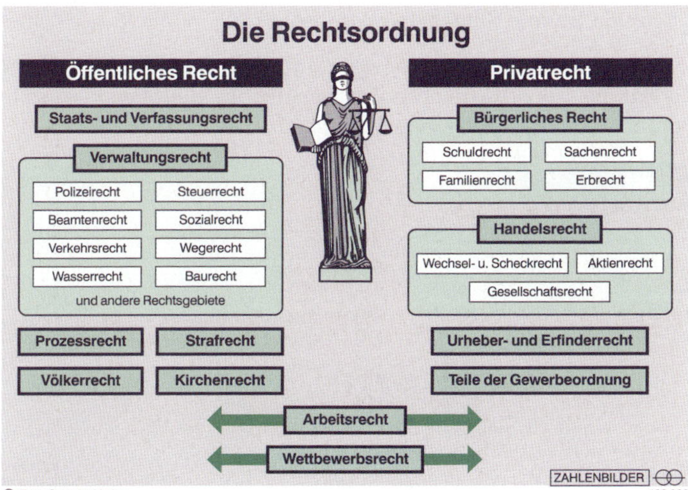



### 1.1 Privatrecht (Zivilrecht)

Im Privatrecht werden die **Rechtsansprüche von Privatpersonen gegeneinander** geregelt. Die Personen, die ihre Rechtsansprüche gegeneinander durchsetzen wollen, sind **gleichrangig**, gleichgeordnet.

**Übersicht**

| Zum Beispiel<br>Angestellte<br>Herta Flutsch | ⟵⟶<br>(Beide stehen sich gleichrangig gegenüber) | Zum Beispiel<br>Direktor<br>Willi Reibert |
|---|---|---|

Weiter findet das Privatrecht noch Anwendung bei Rechtsgeschäften zwischen Privatpersonen und dem Staat, jedoch nur dann, wenn dieser fiskalisch (nicht hoheitlich) handelt.

Beispiel: **Das Innenministerium kauft beim Autohändler einen Pkw für die Polizei.**

Das Kernstück des Privatrechts ist das BGB mit seinen fünf Büchern. Daneben sind noch die besonderen Rechtsgebiete des Handels- und Wirtschaftsrechts wichtiger Bestandteil.

Zuständig für privatrechtliche Streitigkeiten sind **Zivilgerichte** und **Arbeitsgerichte**.

## 1.2 Öffentliches Recht

Beispiel

**Die Stadt Stuttgart erlässt eine Abbruchverfügung gegen Evelin Lange, weil diese trotz Ablehnung eines Bauantrags gebaut hat.**

Das Öffentliche Recht regelt das **Verhältnis des einzelnen Bürgers zum Staat** und seinen Organen und umgekehrt. Die Beziehung zwischen den beiden Kontrahenten ist damit nicht gleichrangig wie beim Privatrecht, sondern hierarchisch, es besteht also ein **Über-Unterordnungs-Verhältnis**, der Einzelne ist dem Staat untergeordnet.

Wenn Öffentliches Recht angewandt wird, besitzt **mindestens ein Beteiligter hoheitliche Gewalt**, das heißt, er hat das Recht, auch ohne Zustimmung des Betroffenen einseitige Maßnahmen (etwa Verfügungen, Erlasse, Genehmigungen) zu treffen.

**Übersicht**

**Staat**
(z. B. Oberschulamt)

↓ (Es besteht ein Über-Unterordnungs-Verhältnis)

**Bürger**
(z. B. Schüler Max Weber)

Zudem ist das Öffentliche Recht ein **Sonderrecht des Staates** durch das Träger öffentlicher Gewalt und ihre Organe berechtigt und verpflichtet werden. Damit findet es auch Anwendung auf Streitigkeiten zwischen Trägern hoheitlicher Gewalt, auch wenn in diesem Fall kein Über-Unterordnungs-Verhältnis besteht. Sehr häufig steht beim öffentlichen Recht ein Interesse der Allgemeinheit im Vordergrund, z. B. die Notwendigkeit der Verteidigung (Wehrrecht), die Notwendigkeit der Finanzierung der Staatsaufgaben (Steuerrecht) oder die Beachtung der notwendigen Ordnungsvorschriften (Straßenverkehrsordnung, Strafrecht), denen sich der Einzelne unterzuordnen hat. Tut der Bürger dies nicht, so hat er gegebenenfalls mit Zwangsmaßnahmen, wie der im Beispiel erwähnten Abbruchverfügung, zu rechnen.

Andererseits umfasst das öffentliche Recht auch das Recht des Bürgers, gegen seiner Ansicht nach ungerechtfertigte Entscheidungen von Behörden vorzugehen. Diese Möglichkeit ist beispielsweise im Verwaltungsrecht und im Sozialrecht verankert.

Zuständig für Streitigkeiten, die in den Bereich des öffentlichen Rechts fallen, sind die **allgemeinen** und die **besonderen Verwaltungsgerichte** sowie ausnahmsweise die ordentlichen Gerichte und das Bundesverfassungsgericht.

Zwar ist das Öffentliche Recht dem Einzelnen nicht so bekannt wie das Privatrecht, dennoch ist es umfangreicher als das Privatrecht. Mit der Ausweitung des Sozialstaates besteht zudem noch die Tendenz, es beständig weiter auszudehnen.

# 2 Der Aufbau des BGB

Nachfolgend wird die Systematik des BGB behandelt.

Bei-
spiel

**Sie gehen in ein CD-Fachgeschäft, hören sich zwei CDs an und beschließen, sich eine der beiden zu kaufen.**

**Aufgabe**
(1) Beschreiben Sie alle Tätigkeiten, die mit dem Kaufvorgang zusammenhängen.

Indem Sie der Verkäuferin mitteilen, dass Sie diese bestimmte CD kaufen möchten, und sie Ihren Antrag akzeptiert, wird ein Kaufvertrag abgeschlossen. Lesen Sie hierzu die §§ 433.1 (1) und 433.2. Sie werden bemerken, dass Sie durch den Vertrag selbst nicht im Besitz der Ware sind, vielmehr werden durch diese Bestimmungen die Vertragspartner lediglich zu etwas **verpflichtet**.

**Aufgabe**
(2) Wozu werden die beiden Vertragspartner verpflichtet? Was ist bei dem CD-Kauf außer der Verpflichtung beider Vertragspartner, die Ware zu übergeben und das Eigentum daran zu verschaffen, bzw. die Ware zu bezahlen und diese auch mitzunehmen, sonst noch passiert?
Lesen Sie nun § 929 (1).

Sie sind Eigentümer der CD und der CD-Händler ist Eigentümer des Geldes geworden. Um das Eigentum an einer Sache zu erwerben, genügt also nicht nur ein formloser Kaufvertrag, es muss zusätzlich noch die betreffende Sache übergeben werden und schließlich müssen sich beide darüber einig sein, dass der andere Eigentümer werden soll.

Neben dem **Kaufvertrag** gemäß § 433, der beide Seiten lediglich zu bestimmten Handlungen verpflichtet, sind also noch **zwei Übereignungsverträge** gemäß § 929 geschlossen worden mit dem Ziel, dass der andere nach **Einigung und Übergabe** Eigentümer der jeweiligen Sache (CD bzw. Geld) werden soll.

Immer dann, wenn eine Einigung nicht erfolgt, wird der andere auch nicht Eigentümer.

**Aufgabe**
(3) Überlegen Sie sich hierfür ein Beispiel.

Man bezeichnet Vereinbarungen, bei denen Vertragspartner nur zu etwas verpflichtet werden, als **Verpflichtungsgeschäfte**. Verpflichtungsgeschäfte schaffen eine **rechtliche Beziehung zwischen zwei Personen**, nämlich die Verpflichtung, etwas zu tun, zu unterlassen oder zu dulden.

**Aufgabe**
(4) Schauen Sie im Inhaltsverzeichnis Ihres BGB nach, in welchem Buch sich der § 433 befindet!

Im **Schuldrecht** (§§ 241 bis 853) werden rechtliche Beziehungen zwischen Personen geregelt.

Vereinbarungen, bei denen sich die rechtliche Verfügungsmacht an Gegenständen, also z. B. das Eigentum an Sachen oder Forderungen ändert, bezeichnet man als **Verfügungs-** oder **Erfüllungsgeschäfte**. Verfügungsgeschäfte (Erfüllungsgeschäfte) schaffen oder ändern eine **rechtliche Beziehung zwischen einer Person und einer Sache**. Voraussetzung dafür, dass ein Verfügungsgeschäft vorgenommen werden kann, ist im Allgemeinen ein vorangegangenes Verpflichtungsgeschäft. Dieses ist dann das „Grundgeschäft“, es ist der Grund für das nachfolgende Verfügungsgeschäft.

**Aufgabe**
(5) In welchem Buch befindet sich der § 929?

Im **Sachenrecht** (§§ 854 bis 1296) werden rechtliche Beziehungen zwischen Personen und Sachen geregelt.

Anhand der folgenden Fälle sollen Sie die etwas komplizierte Aufteilung eines simplen Rechtsgeschäfts in unterschiedliche Verträge noch einmal üben.

**Beispiel 1**

**Tante Adelheid möchte ihrer Nichte Eva einen gebrauchten VW-Golf schenken, und da Eva dies will, lässt sie diese Schenkung notariell beurkunden. Eva, die gerade dabei ist, den Führerschein zu machen, nimmt das Angebot natürlich an und brennt darauf, das Auto möglichst bald in Empfang zu nehmen.**

**Aufgabe**
(6) Beantworten Sie nun folgende Fragen.
- Ist hier ein Kaufvertrag abgeschlossen worden?
- Liegt ein Verpflichtungsgeschäft vor? (Vgl. § 516 ff.)
- Ist Eva schon Eigentümerin?

**Beispiel 2**

**Der 19-jährige Freerk hat zur bestandenen Abschlussprüfung 500,00 EUR erhalten, für die er sich ein Mountainbike kaufen möchte. In einem Fahrradgeschäft entdeckt er ein preiswertes Rad. Er macht mit dem Verkäufer den Kaufvertrag gleich perfekt, anschließend geht er nach Hause, um das Geld zu holen.**
**Zurzeit des Verkaufsgesprächs befand sich noch ein weiterer Kunde im Laden, der auch dieses Mountainbike kaufen möchte. Da das gerade verkaufte jedoch das letzte Exemplar war, bietet er einen höheren Preis. Der Verkäufer willigt ein, der Kunde bezahlt und nimmt das Rad mit.**

**Aufgabe**
(7)
- Wozu haben sich Freerk und der Verkäufer nach Abschluss des Kaufvertrages verpflichtet?
- Wer ist nach Abschluss des geschilderten Falles Eigentümer des Mountainbikes und warum?

Wir sehen also, dass der § 433 keineswegs verbietet, sich zweimal für dieselbe Sache zu verpflichten, allerdings ist der Händler in diesem Fall gemäß §§ 280, 281 zum Schadensersatz verpflichtet. Eigentümer kann Freerk jedoch nicht mehr werden.

**Beispiel 3**

**Die 18-jährige Ilona kauft bei einem Händler ein gebrauchtes, schon sehr rostiges Mofa für 80,00 EUR. Der Händler schließt jegliche Gewähr für eventuelle Mängel (Schäden) aus. Ilona unterschreibt den Kaufvertrag, bezahlt und braust davon. Durfte der Händler in diesem Fall jegliche Gewährleistung ausschließen?**

Schauen Sie sich zunächst § 311 an. Dieser Paragraph drückt in etwas umständlichem Juristendeutsch aus, dass jeder mit jedem Verträge schließen darf und dadurch ein Rechtsverhältnis begründet wird. Hier wird also die grundsätzliche Vertragsfreiheit festgelegt. Andere Paragraphen stehen einer solchen Vereinbarung nicht im Wege, sodass hier ein gültiger Kaufvertrag zustande kommt.

**Beispiel 4**

**Ein arabischer Student heiratet eine Deutsche. Da die junge Frau jedoch nicht weiß, ob es nicht zu Problemen führen wird, wenn sie später mit ihm nach Saudi-Arabien geht, schließen sie einen Vertrag, in dem sie festlegen, dass sie sich nach zwei Jahren – wenn ihr Mann mit dem Studium fertig ist und nach Hause zurückkehrt – wieder scheiden lassen wollen.**

**Aufgabe**

(8) Ist der Vertrag gültig? Gemäß § 311, der eine grundsätzliche Vertragsfreiheit zugesteht, wäre der Vertrag gültig. Schlagen Sie jedoch nun § 1353 auf. Was regelt dieser Paragraph?
Schauen Sie nun nach, in welchem Buch der letzte Paragraph steht.

**Übersicht: Aufbau des BGB**

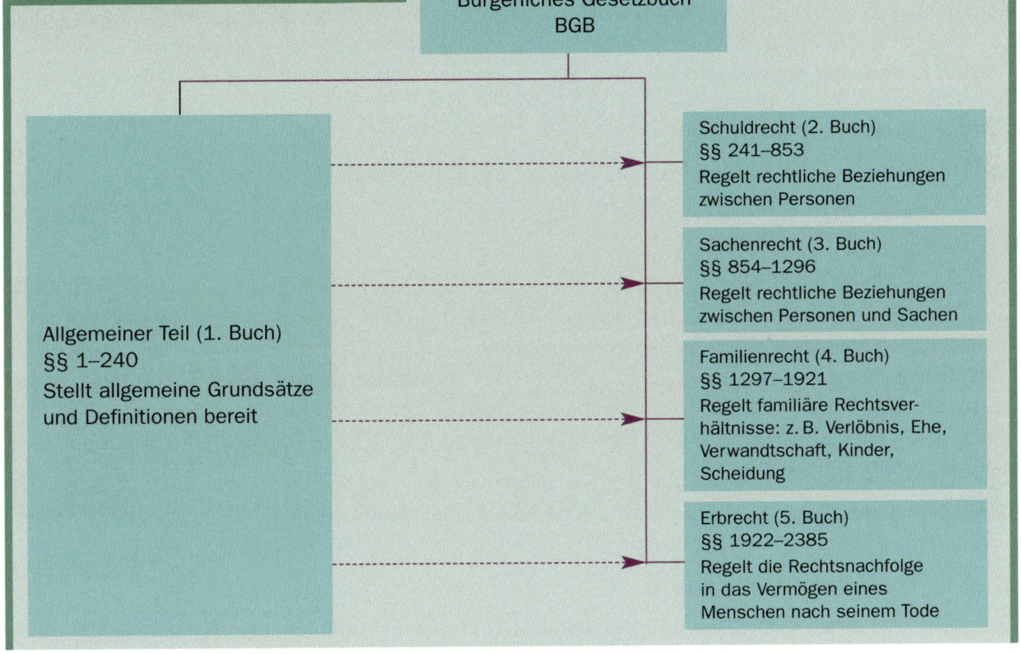


Das **Familienrecht** umfasst die Paragraphen 1297–1921.

Der Vertragsfreiheitsparagraph befindet sich jedoch im Schuldrecht.

Aus den letzten beiden Fällen lässt sich Folgendes schließen:

**Generell gelten die Paragraphen des BGB nur in den Büchern, in denen sie sich befinden.**

Allerdings gibt es hiervon Ausnahmen. So ergänzen etwa die sachenrechtlichen Regelungen über den Besitz das Erbrecht. Auch ist eine strikte Trennung zwischen Schuld- und Sachenrecht nicht immer möglich. Das Grundprinzip wurde also nicht immer in vollem Umfang durchgehalten.

Der **Allgemeine Teil**, das erste Buch des BGB, **gilt jedoch prinzipiell für das gesamte Bürgerliche Recht**, soweit in den anderen Büchern keine Sonderregelung getroffen worden ist.

Das **Familienrecht**, das vierte Buch des BGB, enthält Vorschriften über das Verlöbnis, die Ehe, Verwandtschaft usw. Das **Erbrecht** regelt schließlich die Rechtsnachfolge in das Vermögen eines Menschen nach seinem Tode. Damit folgt das BGB dem natürlichen Lebenszyklus von der Geburt (§ 1) bis zum Tod.

# 3 Rechtssubjekte

Dies sind Personen oder Vereinigungen (natürliche oder juristische Personen), die subjektive Rechte und Pflichten aus dem objektiven Recht für sich ableiten können.

## 3.1 Natürliche Personen

Als natürliche Personen bezeichnet man im Gegensatz zu den künstlich geschaffenen Personen (juristische Personen) alle Menschen.

### 3.1.1 Rechtsfähigkeit

Jeder Mensch besitzt gemäß § 1 Rechtsfähigkeit ab Geburt. Die Rechtsfähigkeit endet mit dem Tod.

Rechtsfähig zu sein bedeutet, **Träger von Rechten und Pflichten** sein zu können. So kann beispielsweise auch ein Säugling erbberechtigt und im Falle einer Erbschaft steuerpflichtig werden. Er kann Eigentümer werden und ist parteifähig, kann also klagen und beklagt werden.

### 3.1.2 Handlungsfähigkeit

Im Gegensatz zur passiven Rechtsfähigkeit steht die aktive Handlungsfähigkeit. Das ist die rechtliche Fähigkeit, selbstständig (alleine) Rechte und Pflichten zu begründen. Sie umfasst die Geschäfts- und Deliktsfähigkeit.

#### 3.1.2.1 Geschäftsfähigkeit

Während die Rechtsfähigkeit des Menschen mit seiner Geburt beginnt, wird jeder Mensch erst dann voll geschäftsfähig, wenn angenommen werden kann, dass er die Konsequenzen seines wirtschaftlichen Handelns voll übersehen und für die rechtlichen Folgen einstehen kann. Diese Einengung des Kreises der Geschäftsfähigen gegenüber den nur rechtsfähigen Personen schützt alle am Rechts- und Geschäftsleben Beteiligten, insbesondere jedoch die noch nicht geschäftsfähigen Jugendlichen selbst.

Unter Geschäftsfähigkeit versteht man die rechtliche Fähigkeit, wirksame Rechtsgeschäfte (RG) selbstständig abschließen zu können.

##### 3.1.2.1.1 Geschäftsunfähigkeit

Gemäß § 104 sind sowohl Kinder unter sieben Jahren sowie Personen, die an einer dauerhaften Störung der Geistestätigkeit leiden, geschäftsunfähig. Gemäß § 105 sind Willenserklärungen von Geschäftsunfähigen grundsätzlich nichtig. Ein Geschäftsunfähiger kann daher unter keinen Umständen ein Geschäft abschließen, auch nicht mit Zustimmung eines gesetzlichen Vertreters.

Da die Geschäftsunfähigkeit bei Volljährigen nicht unbedingt erkennbar ist, lässt der Gesetzgeber jedoch mit § 105 a eine Ausnahme zu, um den reibungslosen Geschäftsverkehr nicht zu stören. So kann ein volljähriger Geschäftsunfähiger sogenannte Geschäfte des täglichen Lebens wirksam tätigen, wenn sie mit geringen Mitteln bewirkt werden können und die Gegenleistung voll erbracht wird.

Beispiele

**Kauft der 6-jährige Max im Lebensmittelladen eine Tafel Schokolade für 0,70 EUR, so kommt kein rechtswirksames Geschäft zustande. Tut dies jedoch ein 20-jähriger Geschäftsunfähiger, so ist das Geschäft rechtswirksam.**

##### 3.1.2.1.2 Beschränkte Geschäftsfähigkeit

Die beschränkte Geschäftsfähigkeit ist in den §§ 106 bis 113 geregelt. Gemäß § 106 ist ein **Minderjähriger,** der das siebte Lebensjahr vollendet hat, in der Geschäftsfähigkeit beschränkt.

Gemäß § 107 bedarf er grundsätzlich der Einwilligung seines gesetzlichen Vertreters, wenn er eine Willenserklärung abgibt, durch die er nicht lediglich einen **rechtlichen Vorteil** erlangt.

**Erläuterung:** Rechtliche Vor- und Nachteile sind streng zu trennen von materiellen Vor- und Nachteilen. Während sich ein materieller Vor- oder Nachteil durch eine Saldierung von Aufwand und Ertrag ergibt, besteht ein rechtlicher Nachteil schon dann, wenn eine Verpflichtung Voraussetzung für das Zustandekommen des RG bzw. dessen Folge wird, oder aber wenn dem überlassenen Gegenstand eine Verpflichtung immanent ist, z. B. Hergabe auch eines wertlosen Tauschobjekts oder Verpflichtung zur Steuerzahlung.

Ist ein Vertrag ohne Einwilligung abgeschlossen worden, so ist er gemäß § 108 als **schwebend unwirksam** anzusehen, die Wirksamkeit wird erst durch eine nachträgliche Genehmigung erreicht. Fordert der Vertragspartner den gesetzlichen Vertreter zur Abgabe einer Genehmigungserklärung auf, so kann diese gemäß § 108.2 nur innerhalb von zwei Wochen abgegeben werden.

**Übersicht**

**Zustimmung** (§ 182)

- (Vorher) **Einwilligung** (§ 183)
- (Nachher) **Genehmigung** (§ 184)

***Besonderheiten***

(1) **Wir merken uns als Ausnahme** zur beschränkten Geschäftsfähigkeit:
Einer Zustimmung bedarf es nicht, wenn der beschränkt Geschäftsfähige gemäß § 107 nur einen rechtlichen Vorteil erlangt.

(2) Wird dem Minderjährigen (7–18 Jahre) jedoch **Geld (Taschengeld) zur freien Verfügung** überlassen, so geben die gesetzlichen Vertreter dadurch zum Ausdruck, dass er damit in einem **bestimmten Rahmen** Rechtsgeschäfte (i. d. R. wohl Kaufverträge) abschließen kann, vgl. § 110 (sog. Taschengeldparagraph). Damit liegt also keine eigentliche Ausnahme zu den eben erläuterten Grundsätzen der beschränkten Geschäftsfähigkeit vor. Vielmehr ist in der Zurverfügungstellung von Taschengeld eine **generelle Einwilligung** zu sehen.

In einem **„bestimmten Rahmen"** bedeutet, dass die genannte Einwilligung nicht jede Art von Rechtsgeschäft umfasst, sondern lediglich solche, die Minderjährige gewöhnlicherweise tätigen. Der erlaubte Rahmen ist individuell zu bestimmen. Weiß der Minderjährige, dass die Eltern z. B. etwas gegen Alkohol oder Zigaretten haben, so kann er mit seinem Taschengeld solche Sachen nicht wirksam erwerben. Einer ausdrücklichen Einschränkung bedarf es nicht. Die generelle Einwilligung kann auch angesparte Summen betreffen.

Hieraus ergibt sich:

- Kein Dritter kann einem Minderjährigen Taschengeld zur freien Verfügung stellen, auch nicht die Großeltern. Die Erziehungsberechtigten müssen solche Geldgeschenke in die o. g. generelle Einwilligung mit einbeziehen, sonst sind damit getätigte RG schwebend unwirksam. Entsprechendes gilt auch für Arbeitsentgelte.
- Die generelle Einwilligung gilt nur für Bargeschäfte **(keine Verträge über Ratenzahlungen)**.
- Der Minderjährige kann über die mit dem Taschengeld erworbenen Gegenstände nicht weiter verfügen. Um dies wirksam tun zu können, müssten auch die Gegenstände in die generelle Einwilligung mit einbezogen sein, davon kann man aber nicht grundsätzlich ausgehen.

**Beispiele**

**Mit dem Taschengeld kann der Minderjährige ein Los für 5,00 EUR kaufen, aber mit dem Gewinn kein Motorrad erwerben.**
**Er kann mit dem Angesparten grundsätzlich einen MP3-Player kaufen, diesen aber nicht weiterverkaufen.**

- Der Minderjährige kann auch nicht über das selbst verdiente Geld frei verfügen (beachte aber § 113).

(3) Ist der Jugendliche gemäß § 112 zur selbstständigen Betriebsführung ermächtigt, so ist er für alle hiermit zusammenhängenden Geschäfte **voll geschäftsfähig**.

(4) Das Gleiche gilt gemäß § 113, wenn der Jugendliche zur Eingehung eines Arbeitsverhältnisses ermächtigt worden ist. Diese Ermächtigung schließt allerdings nicht automatisch die freie Verfügung über das Arbeitsentgelt ein. In der Praxis besteht jedoch häufig eine stillschweigende Einwilligung der gesetzlichen Vertreter.

(5) Eine weitere Ausnahme ist im Sozialrecht geregelt (vgl. hierzu § 36.1 (1) Sozialgesetzbuch): Jugendliche, die das 15. Lebensjahr vollendet haben, dürfen Anträge auf Sozialleistungen stellen, diese Anträge verfolgen und die Sozialleistungen schließlich auch entgegennehmen. Damit sind sie für solche Willenserklärungen voll geschäftsfähig. Für jene Sozialleistungen, die ihnen auch rechtliche Nachteile einbringen, bedürfen sie jedoch weiterhin der Zustimmung ihres gesetzlichen Vertreters.

Am 1. Januar 1992 ist das Gesetz zur Reform der Vormundschaft und Pflegschaft (Betreuungsgesetz) in Kraft getreten. Damit entfällt der früher mit einer Entmündigung verbundene Verlust bzw. die Einschränkung der Geschäftsfähigkeit. Allerdings kann das Vormundschaftsgericht unter bestimmten Voraussetzungen einen **Einwilligungsvorbehalt** für unter **Betreuung stehende Personen** gemäß § 1903 anordnen. Dies bedeutet, dass der Betreute für bestimmte Willenserklärungen die Zustimmung des Betreuers benötigt. Damit hängt die Wirksamkeit eines Rechtsgeschäfts ebenso wie bei einem Minderjährigen von der Genehmigung des Betreuers ab, der Vertrag ist schwebend unwirksam. Eine Zustimmung ist nicht erforderlich, wenn das Rechtsgeschäft dem Betreuten lediglich einen *rechtlichen Vorteil* bringt und üblicherweise auch dann nicht, wenn es sich auf *geringfügige Angelegenheiten des täglichen Lebens* bezieht (vergleichbar dem Taschengeldparagraphen 110).

### 3.1.2.1.3 Volle Geschäftsfähigkeit

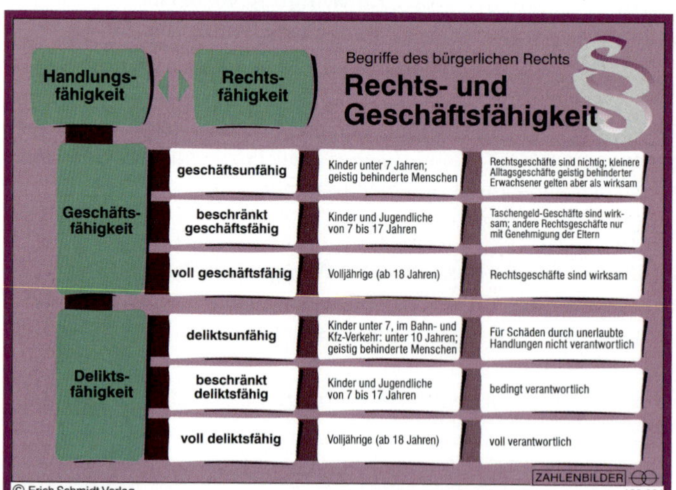


Die volle Geschäftsfähigkeit beginnt mit der Volljährigkeit (vgl. § 2).

**Aufgaben**

(1) Der steinreiche Baron Waldemar hat keine Kinder. Er möchte seinen Schäferhund Waldux als Alleinerben einsetzen. Ist das möglich?

(2) Der 6-jährige Lauritz ist leidenschaftlicher Briefmarkensammler. Eines Tages kommt er stolz mit einer wertvollen Marke nach Hause, die er für eine wertlose eigene Marke eingetauscht hat. Der Vater genehmigt den Tauschvertrag sofort. Zwei Tage später bemerkt der Tauschpartner jedoch den Irrtum und fordert die Marke zurück. Zu Recht?

(3) Zwei Jahre später macht Lauritz noch einmal ein ähnliches Geschäft mit der 20-jährigen Nina. Auch sie fordert die Marke zurück. Bekommt sie sie,
- a) wenn der Vater dem Geschäft nachträglich zustimmt?
- b) wenn der Vater dem Geschäft nicht zustimmt?

(4) Der Patenonkel Theo schenkt dem 12-jährigen Axel zum Geburtstag einen Pudel und ein Fahrrad. Der Vater, der Theo nicht ausstehen kann, versagt die Zustimmung. Kann Axel die Geschenke trotzdem annehmen?

(5) Die Nachbarin verspricht der 17-jährigen Greta monatlich eine ständige Zahlung von 20,00 EUR. Dafür erbittet sie sich aber von ihr eine gelegentliche Mitarbeit in ihrem Haushalt. Der Vater verbietet Greta das Geschäft mit dem Hinweis auf ihre miserablen schulischen Leistungen. Darf Greta das Geld trotzdem annehmen?

(6) Die 16-jährige Kathrin kauft sich von dem Weihnachtsgeschenk ihrer Tante (500,00 EUR) eine Pelzjacke. Ist der Kaufvertrag gültig?

(7) Der 17-jährige Jens erhält ein monatliches Taschengeld von 50,00 EUR; hiervon hat er schon 250,00 EUR zusammengespart.
- a) Sein Freund Tim bietet ihm seinen uralten Motorroller für 250,00 EUR an. Kann Jens zugreifen, wenn sein Vater zustimmt?
- b) Tim besitzt auch noch ein neueres Mofa, das er Jens für 50,00 EUR Anzahlung und 10 Monatsraten à 40,00 EUR verkaufen möchte. Kann Jens dieses Angebot ohne Zustimmung seiner Eltern annehmen?

(8) Die 15-jährige Carmen möchte sich einen CD-Player kaufen. Der Verkäufer fragt schriftlich bei ihren Eltern an, ob sie mit dem Kauf einverstanden sind. Diese geben jedoch keine Antwort. Wie ist die Rechtslage?

(9) Die 17-jährige Isa erhält von ihrer verwitweten Mutter mit Zustimmung des Vormundschaftsgerichts die Erlaubnis, die Drogerie ihres Vaters selbstständig weiterzuführen. Darf sie die Verkäuferin V entlassen?

(10)
- a) Der 17-jährige Max wohnt und arbeitet mit Zustimmung seiner Eltern als Autoschlosser in Frankfurt, während seine Eltern in Karlsruhe wohnen. Max muss sich in Frankfurt ein Zimmer nehmen. Kann er dieses ohne besondere Zustimmung seiner Eltern wechseln?
- b) Max kauft sich von seinem verdienten Geld einen Farbfernseher. Ist der Kaufvertrag wirksam?
- c) Max kauft sich ein Lotterielos für 5,00 EUR. Er gewinnt ein Auto, das er verkauft, um sich ein schnelles Motorrad zu kaufen. Wie ist die Rechtslage?
- d) Wie ist Fall a zu entscheiden, wenn Max von zu Hause fortgelaufen ist und ohne Wissen seiner Eltern in Frankfurt arbeitet?

(11) Der 17-jährige Oliver betreibt auf Wunsch seiner Mutter und mit Genehmigung des Vormundschaftsgerichts den Industriebetrieb seines verstorbenen Vaters selbstständig. Nach kurzer Zeit entnimmt er dem Betrieb einen Teil des erwirtschafteten Gewinns und kauft sich ein Ferienhaus auf Rügen. Die Mutter missbilligt dies und möchte wissen, ob der Vertrag wirksam ist.

| Alter | Geschäftsfähigkeit | Deliktsfähigkeit |
|---|---|---|
| 0 bis 6 Jahre | (Absolut) geschäftsunfähig | Deliktsunfähig, beachte aber: § 829 |
| 7 bis 17 Jahre | Beschränkt geschäftsfähig, beachte aber: §§ 104, 107, 110, 112, 113 | Bedingt deliktsfähig, beachte aber: §§ 827, 829 |
| ab 18 Jahre | Voll geschäftsfähig, beachte aber: § 104 | Voll deliktsfähig, beachte aber: §§ 827, 828.2 |

### 3.1.2.2 Deliktsfähigkeit

**Feuerzeug gehört nicht in die Hosentasche**

Wenn ein 4-jähriges Kind dem Vater ein Feuerzeug aus der Hosentasche holt, damit eine Kerze entzündet und das Haus in Brand setzt, hat der Vater für den Schaden aufzukommen (OLG Hamm v. 13.01.95 30 U 194/94).

Das brandstiftende Kind war nämlich in den kritischen Minuten, so das Gericht, nicht nur schlecht, sondern überhaupt nicht beaufsichtigt worden, weil der Vater nach der Nachtschicht morgens geschlafen oder aber ferngesehen habe. Er hätte in beiden Fällen diesen Mangel einer ordnungsgemäßen Aufsicht kompensieren müssen dadurch, dass er das Feuerzeug sicher verwahrt hätte. Da ein Kind nicht unentwegt beaufsichtigt werden könne, müssten eben die Gefahrenquellen ausgeschlossen werden.

Dadurch jedoch, dass der Vater das Feuerzeug in seiner Hosentasche beließ, also an einer dem Kind nicht unzugänglichen Stelle, sei der Missbrauch möglich geworden und hätte in Betracht gezogen werden müssen. Erzieherische Maßnahmen allein verhinderten nicht zuverlässig verbotene Handlungen eines Kindes, sondern könnten es eher neugierig machen und zu Übertretungen reizen.

Zwar räumt das OLG Hamm ein, dass das Verschulden des Vaters nicht besonders schwer sei. Doch reiche dieses Verschulden sicherlich zur Bejahung seiner Haftung aus. Stattdessen das Schadensopfer leer ausgehen zu lassen, wäre nicht zuletzt deshalb unbillig, weil der Vater sich gegen die Folgen seiner Versäumnisse durch eine Haftpflichtversicherung schützen konnte, was er ja auch getan habe.

*Quelle: Handelsblatt vom 28. 02. 1996*

Wie bei der Geschäftsfähigkeit festgestellt, muss man für die rechtlichen Folgen einer rechtsgeschäftsfähigen Handlung einstehen. Daneben muss man natürlich auch für die straf- und zivilrechtlichen Folgen von Handlungen einstehen, bei denen Dritte geschädigt werden, und zwar dann, wenn schuldhaft gehandelt wurde. Solche Handlungen nennt man unerlaubte Handlungen, die **zivilrechtliche Verantwortung** wird als **Deliktsfähigkeit** bezeichnet. Konkret heißt dies, dass der **Deliktsfähige**, der einem anderen schuldhaft Schaden zufügt, diesem den Schaden zu ersetzen hat.

Es ist wichtig, den zivilrechtlichen Begriff der Deliktsfähigkeit streng von dem strafrechtlichen Begriff der Strafmündigkeit zu trennen.

Ob eine Person deliktsfähig ist, hängt von verschiedenen Umständen ab.

#### 3.1.2.2.1 Deliktsunfähigkeit

Gemäß § 828.1 sind Kinder unter sieben Jahren, also bis zu ihrem 7. Geburtstag, deliktsunfähig. Bei ihnen nimmt der Gesetzgeber an, dass sie nicht für Schäden, die sie angerichtet haben, zur Verantwortung gezogen werden können. Eine gewisse Ausnahme stellt die Billigkeitshaftung (vgl. § 829 und Abschnitt 3.2.2.4) dar, von dieser Regelung wird allerdings nicht häufig Gebrauch gemacht.

Weiterhin sind gemäß § 827 diejenigen Personen deliktsunfähig, die zum Zeitpunkt der Tat bewusstlos waren oder deren Geistesfähigkeit krankhaft gestört ist, sofern sie ihren Zustand nicht selbst verschuldet haben.

#### 3.1.2.2.2 Bedingte Deliktsfähigkeit

Beispiel

**Die Eltern des 7-jährigen Marc haben diesem (vor Zeugen) mehrfach ausdrücklich verboten, mit einer Schleuder zu schießen, und ihn eindringlich auf die Folgen hingewiesen. Marc leiht sich trotzdem von einem Freund eine Schleuder und verletzt einen Mitschüler am Auge. Muss er für den Schaden aufkommen?**

Zwischen ihrem 7. und 18. Geburtstag sind Kinder und Jugendliche bedingt deliktsfähig, ebenso taubstumme Personen. Gemäß § 828.2 ist eine bedingt deliktsfähige Person nur dann für ihr Handeln und die daraus entstehenden Schäden verantwortlich, wenn angenommen werden kann, dass sie die Schädlichkeit ihres Handelns erkennen konnte. Damit ist also die **Einsichtsfähigkeit** des Handelnden von entscheidender Bedeutung. Diese Frage muss im Einzelfall von einem Gericht überprüft werden, wobei individuelle Beurteilung und allgemeine Erfahrungssätze berücksichtigt werden. Generell kann aber gesagt werden, dass angenommen werden kann, dass mit zunehmendem Alter die Einsichtsfähigkeit und damit auch die Fähigkeit, Verantwortung zu tragen, zunimmt.

Jedoch gibt es auch hier wieder Ausnahmen. Für bestimmte Fälle hat der Gesetzgeber die Voraussetzungen für eine Haftung von Minderjährigen verschärft. Sie haften selbst dann nicht, wenn die Einsichtsfähigkeit vorhanden ist, sondern erst, wenn sie vorsätzlich gehandelt haben. Diese Regelung gilt gem. § 828.2 für Kinder zwischen dem 7. und 10. Lebensjahr, wenn sie einen Unfall mit einem Kraftfahrzeug (einer Schienenbahn oder einer Schwebebahn) verursacht haben. Für diese Fälle wird die bedingte Deliktsfähigkeit also eingeschränkt.

Beispiel

**Kinder haften für Fehler im Straßenverkehr erst ab dem zehnten Geburtstag. Das gilt nicht, wenn sie z. B. beim Spielen parkende Fahrzeuge beschädigen. Der Bundesgerichtshof entschied, dass die Kleinen für Schäden, die sie im sogenannten ruhenden Verkehr anrichten, bereits ab dem achten Lebensjahr die Verantwortung übernehmen können (VI ZR 335/03, VI ZR 365/03). Eltern sollten für ihren Nachwuchs daher eine Haftpflichtversicherung abschließen.**

**Aufgaben**

(12) Muss Marc (s. o.) für den Schaden aufkommen?

(13a) Der 12-jährige Sonderschüler Bastian wirft auf dem Spielplatz mit Steinen um sich. Ist er für den dadurch entstandenen Schaden haftbar zu machen?

(13b) Der 9-jährige Daniel biegt mit seinem Fahrrad von der Hauptstraße ohne ein Zeichen zu geben nach links in eine Toreinfahrt ein. Beim Abbiegen kollidiert er mit dem Pkw des Nachbarn Schmidt. Bei dem Unfall entsteht an dem Auto ein Schaden in Höhe von 2.000,00 EUR. Max erleidet glücklicherweise nur einige Schürfwunden. Haftet Max?

#### 3.1.2.2.3 Volle Deliktsfähigkeit

Ab 18 Jahren hat man i. d. R. voll für seine Taten einzustehen.

#### 3.1.2.2.4 Die Aufsichtspflicht über Deliktsunfähige und bedingt Deliktsfähige

Beispiel

**Rosi A. fährt mit ihrer 4-jährigen Tochter Petra zum Einkaufen in die Kreisstadt. Auf der Bundesstraße, kurz vor einer Tankstelle, geht ihr das Benzin aus. Während sie mit einem Reservekanister zur Tankstelle läuft, befreit sich Petra aus ihrem Kindersitz und öffnet die linke hintere Wagentür. Damit zwingt sie einen überholenden Autofahrer zu einem Ausweichmanöver, in dessen Folge sich ein Unfall ereignet. Hat Rosi A. ihre Aufsichtspflicht verletzt?**
**Ja, Rosi hätte ein 4-jähriges Kind nicht allein im Auto zurücklassen dürfen.**

Kinder unterstehen i. d. R. bis zu ihrem 18. Lebensjahr der Aufsicht ihrer Eltern, wie auch andere deliktsunfähige und bedingt deliktsfähige Personen der Aufsicht eines Erwachsenen unterstehen. Gemäß § 832.1 haften **Aufsichtspflichtige**, sehr häufig also die Eltern, dann für den von dem Deliktsunfähigen oder bedingt Deliktsfähigen widerrechtlich verursachten Schaden, wenn sie ihre Aufsichtspflicht verletzt haben, also insofern schuldhaft gehandelt haben. Gerade bei Deliktsunfähigen stellt der Gesetzgeber hohe Anforderungen an die Aufsichtspflicht.

Beispiel

**Ein 3-jähriges Kind hatte schon einmal bei einem Besuch in einer anderen Wohnung versucht, den Elektroherd einzuschalten. Bei einem zweiten Besuch gelang ihm dies nun und es entstand ein Brandschaden. Das OLG Düsseldorf entschied, dass eine Ermahnung seitens der Mutter nicht ausreiche und eine Verletzung der Aufsichtspflicht vorliege (Az.: 22 U 19/00).**

Auch wenn die Eltern für ihre Kinder grundsätzlich aufsichtspflichtig sind, so kann die Aufsichtspflicht (evtl. vorübergehend) auch anderen Personen übertragen werden. Dies können Lehrer, Ausbilder, Kindermädchen oder Erzieher sein, so wie alle anderen Erwachsenen, die sich gegenüber den Eltern verpflichtet haben, die Aufsichtspflicht zu übernehmen.

Beispiel

**Die Eltern der 6-jährigen Ann-Katrin haben mehrere Kinder zum Geburtstag ihrer Tochter eingeladen. Der ebenfalls 6-jährige Florian wirft während eines Spiels einen Tennisball auf den Esstisch, sodass ein auf dem Tisch stehendes Glas zerspringt und ein Splitter unglücklicherweise das Auge eines anderen eingeladenen Kindes verletzt. Die Eltern von Ann-Kathrin wurden wegen Verletzung ihrer Aufsichtspflicht zur Zahlung von Schadensersatz und Schmerzensgeld verurteilt (OLG Celle, NJW-RR 1987, 1384).**

In bestimmten Fällen können auch mehrere Aufsichtspflichtige gemeinsam haften, wie das folgende Beispiel zeigt:

## Kinder-Unfug

Wenn eine Gruppe Kinder beim Spielen Schäden anrichten, haften die Beteiligten, beziehungsweise deren Eltern, unter Umständen gemeinsam. Dabei kommt es in Einzelfällen nicht darauf an, wer welchen Unfug getrieben hat. Das geht aus einem Urteil des Oberlandesgerichts Koblenz hervor. In dem Fall waren drei Zehnjährige auf dem Gelände einer Kiesgrube mit einem Radlader herumgekurvt und in einem Schlammteich gelandet. Der Eigentümer des Fahrzeugs verlangte 25.000,00 EUR Schadensersatz. Obwohl strittig blieb, wer den Radlader versenkt hatte, haften laut Gericht alle drei Jungen.

*Quelle: SZ vom 05.02.2004*

**Übersicht**

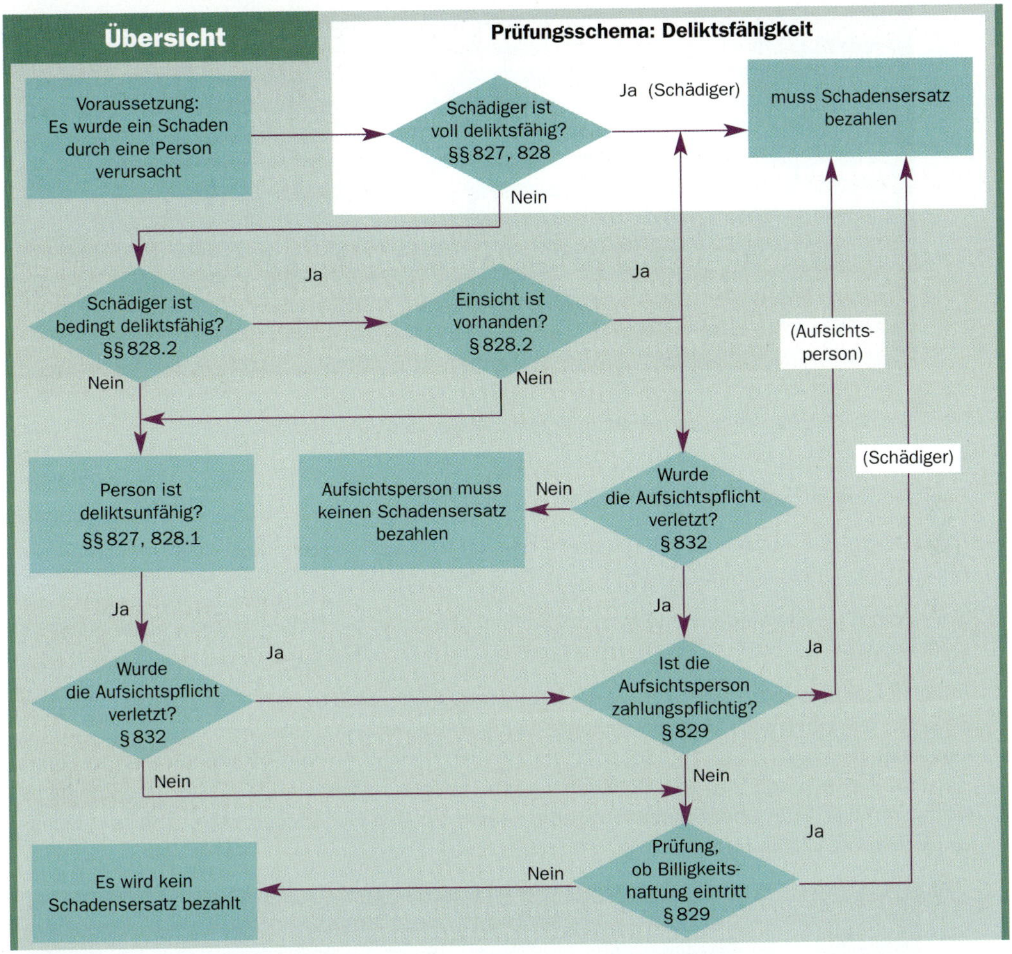


**HINWEIS**

Wenn der Aufsichtspflichtige zahlungsunfähig ist und der Beaufsichtigte aus § 829 in Anspruch genommen wird, hat dieser einen Anspruch gegen den Aufsichtspflichtigen auf Rückzahlung (vgl. § 840.2).

Wenn dagegen die Aufsichtspersonen ihre Aufsichtspflicht erfüllt haben, trifft sie an der Schadensentstehung keine Schuld, somit haften sie auch nicht. Dies ist immer dann der Fall, wenn sie das tun, was von einem *verständigen Aufsichtspflichtigen* nach den Umständen des Einzelfalls erwartet werden kann. Nach einem Urteil des BGH von 1986 richtet sich das gebotene Maß elterlicher Aufsicht danach, was nach Alter, Eigenart und Charakter des Kindes und den von ihm ausgehenden Gefahren zum Schutze Dritter erforderlich und von den Eltern nach ihren Verhältnissen zumutbar ist.

**Beispiel**

**Der 7-jährige Michael S. spielt auf einem Spielplatz mit einem Stock. Die Mutter sitzt auf einer Bank und unterhält sich mit einer Freundin. Als Michael ausholt, um den Stock wegzuwerfen, trifft er mit der Stockspitze die 3-jährige Ines, die unbemerkt hinter ihn getreten war.**

**Hier wurde die Aufsichtspflicht nicht verletzt, da Jungen in diesem Alter mit Stöcken spielen dürfen, ohne dass die Eltern ständig eingreifen müssen (BGH, NJW 1980, 1044). Hätte dagegen der Junge schon mehrfach nach anderen Kindern mit Stöcken geworfen oder ist der Mutter seine Neigung, außerordentlich unachtsam zu sein, bekannt, hätte sie ihn von dem Spielen mit dem Stock abhalten müssen. Sie hätte in diesem Fall also ihre Aufsichtspflicht verletzt.**
**Ein fünfeinhalbjähriges Mädchen war in Begleitung seiner Eltern auf dem Radweg mit einer Radlerin zusammengestoßen. Diese verletzte sich beim Sturz erheblich. In ihrer Klage machte sie geltend, die Eltern hätten ihre Aufsichtspflicht verletzt. Zu Unrecht, so das Landgericht Saarbrücken (Az: 10 O 4/02) denn: „Selbst bei besonders sorgfältiger Ausübung der Aufsicht lässt sich ein Schaden nicht immer verhindern, wenn Kinder spontan die gebotene Sorgfalt außer Acht lassen.“**

Bei der Beurteilung der Schadensersatzpflicht ist Folgendes zu unterscheiden:

1. Der Deliktsunfähige oder nur bedingt Deliktsfähige schädigt einen Dritten und konnte die Schädlichkeit seines Tuns **nicht** erkennen.

   *Rechtsfolge:* Der Aufsichtspflichtige haftet dem Geschädigten gegenüber allein, wenn er seine Aufsichtspflicht verletzt hat.

2. Der bedingt Deliktsfähige schädigt einen Dritten, obwohl er die Schädlichkeit seines Handelns erkennen konnte.

   *Rechtsfolge:* Der Schädiger **und** der Aufsichtspflichtige haften dem Geschädigten für den Schaden gemeinsam als Gesamtschuldner (vgl. § 840), wenn die Aufsichtspflicht verletzt wurde. Das heißt aber nicht, dass der Geschädigte zweimal den Ersatz des Schadens verlangen kann. Es steht ihm lediglich frei, den Schaden von demjenigen zu fordern, den er für den Zahlungskräftigsten hält, oder aber er kann von jedem einen Teil des Schadensersatzes, beispielsweise von jedem die Hälfte, fordern.

Beispiel

**Der 13-jährige Jens spielt auf einer Nebenstraße mit seinen Freunden Fußball. Im Eifer des Spiels bemerkt Jens einen Radfahrer nicht und stößt mit diesem zusammen, als er gerade einen Torschuss vorbereitet. Der Radfahrer wird schwer verletzt. Haben die Eltern die Aufsichtspflicht verletzt?**
**Ja, die Eltern hätten das Fußballspiel auf der Straße verhindern müssen, sie haben also ihre Aufsichtspflicht verletzt und haften nun neben Jens, der als bedingt Deliktsfähiger durchaus die Schädlichkeit seines Tuns hätte erkennen müssen, für den Schaden (BGH, Urteil vom 19.09.61).**

Schließlich ist § 829 **(Billigkeitshaftung)** zu prüfen, wenn:

- keine Deliktsfähigkeit des Schädigers vorliegt **und keine** Aufsichtspflichtverletzung gegeben ist **oder**
- der Schädiger zwar nicht deliktsfähig, aber zahlungsfähig ist und der Aufsichtspflichtige seine Aufsichtspflicht verletzt hat, aber – evtl. vorübergehend – **nicht zahlungsfähig** ist und
- der Schädiger **erheblich** vermögender ist als der Geschädigte.

Da im letzten Fall der Aufsichtspflichtige allein für den Schaden einzustehen hätte, sieht § 840.2 vor, dass der deliktsunfähige, aber zahlungsfähige Schädiger, nachdem er den Schaden bezahlt hat, den gezahlten Schadensersatz vom Aufsichtspflichten zurückfordern kann, wenn dieser wieder zu Geld gekommen ist. Allerdings wird der § 829 im Allgemeinen sehr restriktiv ausgelegt, sodass ihm in der Praxis keine große Bedeutung zukommt.

## Eltern müssen Kinder mit Neigung zum Zündeln „engmaschig beaufsichtigen“

Kinder mit einer Neigung zum Zündeln müssen von ihren Eltern nach einem Urteil des Bundesgerichtshofs (BGH) „engmaschig“ überwacht werden. Dies gelte auch für berufstätige und alleinerziehende Elternteile, selbst wenn eine Beaufsichtigung dieses Umfangs nur schwer zu realisieren sei. Die Zumutbarkeit von Aufsichtsmaßnahmen richte sich nämlich stets nach dem Ausmaß der Gefahr für außen stehende Dritte, entschied der VI. Zivilsenat. Bei „außergewöhnlichen Gefahren“ wegen der Eigenart und des Charakters eines Kindes, etwa einer starken Zündelneigung, sei auch ein „außergewöhnliches Maß an Aufsicht“ gefordert.

In dem Prozess ging es um die Haftung fürden Brandschaden eines Papier verarbeitenden Unternehmens im Landkreis Rastatt in Höhe von 1,5 Millionen Mark, den jetzt wohl die Haftpflichtversicherung der Mutter des Zündel-Kindes bezahlen wird. Der 10-jährige Bub, der schon zweimal auf dem Balkon und in der Wohnung gezündelt hatte, hatte das im Freien lagernde Papier der Firma zum Brennen gebracht und einen Brand der Produktionshalle verursacht.

Das geschädigte Unternehmen verklagte Mutter und Kind auf Schadensersatz. Es verlor zunächst vor dem Landgericht Baden-Baden und vor dem Oberlandesgericht Karlsruhe. Letzteres verneinte eine Haftung des Kindes, weil ihm infolge psychischer Störungen die erforderliche Einsichtsfähigkeit gefehlt habe. Die Mutter müsse nicht zahlen, weil ihr eine Verletzung der Aufsichtspflicht nicht vorzuwerfen sei. Demgegenüber bekräftigte der BGH seine strengeren Anforderungen beim Problemkreis „Kind und Feuer“. Diese hätten sowohl für die Belehrung über die Gefahren des Feuers als auch für die Überwachung eines möglichen Umgangs mit Zündmitteln zu gelten.

Schon im Oktober 1995 hatte der BGH verlangt, dass sich der Umfang der gebotenen Aufsicht nach Alter, Eigenart und Charakter des Minderjährigen zu richten habe. Danach könne zwar eine „Überwachung auf Schritt und Tritt und eine regelmäßige Kontrolle, etwa in halbstündigen Abständen, unangemessen sein“. Dies gelte aber nur für normal entwickelte Kinder im Alter von etwa sieben bis zehn Jahren. Das besondere Schadensrisiko von Kindern mit starker Zündelneigung dürfe nicht dem Geschädigten aufgebürdet werden.

(Az: VI ZR 86/95)

*Quelle: Süddeutsche Zeitung vom 29. 02. 1996*

**Aufgaben**

(14) Der 10-jährige Wolfgang wirft aus Spaß mehrere Fensterscheiben eines Ferienhauses ein. Wer kommt für den Schaden auf?

(15) Die 5-jährige Cordula ist mit ihren Eltern in den Ferien auf einem Bauernhof. Beim Spielen auf den Wiesen und Feldern lässt sie ein Gatter offen. Zwei Kühe laufen auf die nahe gelegene Bundesstraße und werden von einem Lkw getötet. Von wem kann der Bauer Schadensersatz fordern?

(16) Siehe Fall 2, aber: Nicht eine 5-Jährige, sondern eine 7-Jährige, die mit ihren Eltern in der Großstadt wohnt, begeht in den Ferien die Tat. Ändert sich die Rechtslage?

(17) Siehe Fall 3, aber: Jetzt begeht ein 12-jähriger Realschüler die Tat. Ändert sich die Rechtslage?

(18) Siehe Fall 3. Zusätzlich wird jedoch angenommen: Die Eltern haben die Aufsichtspflicht grob verletzt, sind aber vermögenslos. Das Mädchen ist jedoch Erbe eines größeren Vermögens. Wie ist die Rechtslage?

(19) Der 16-jährige Schüler Frank besucht das Berufskolleg. Zum Geburtstag hat er von seinem Vater ein Luftgewehr bekommen. Nach den ersten Zielübungen auf die Zielscheibe im elterlichen Garten entdeckt er im Nachbargarten den Hund des Nachbarn. Er zielt, schießt und trifft den Hund tödlich. Von wem kann der Nachbar Schadensersatz verlangen?

(20) Der 19-jährige elternlose Sven leidet an einer krankhaften Störung der Geistestätigkeit. Er wohnt bei seinem Vormund, dem Landwirt Thiel, auf dem Lande. Während eines Spazierganges mit Thiel wirft Sven eine brennende Zigarette fort, die Scheune des Nachbarn wird vernichtet. Von wem kann der Nachbar Ersatz des entstandenen Schadens fordern?
Ändert sich an der Beurteilung etwas, wenn Sven von seinem verstorbenen Vater ein größeres Vermögen geerbt hat, das der mittellose Vormund verwaltet?

(21) Die 7-jährige Anna zündet die Scheune des Nachbarn an. Müssen die Eltern Schadensersatz leisten, wenn sich herausstellt, dass diese die Streichhölzer, mit denen ihre Tochter das Feuer gelegt hat, nicht sicher genug verwahrt hatten?

(22) Der 5-jährige Ulf besucht mit seinen Eltern und deren Bekannten ein Restaurant. Während einer angeregten Unterhaltung lassen die Eltern Ulf etwa eine Viertelstunde ohne Aufsicht. Der Junge nutzt die Zeit, um ein fabrikneues Auto mit Steinen zu bewerfen. Er richtet damit einen erheblichen Sachschaden an. Müssen die Eltern zahlen?

(23a) Die 11-jährige Kathrin hat keine Lust, einen Sonntagsausflug mit ihren Eltern zu machen. Als diese das Haus verlassen haben, nimmt sie die Gelegenheit wahr, ein ausgiebiges Vollbad zu nehmen. Im Anschluss daran vergisst sie, den Wasserhahn wieder zuzudrehen. Die Badewanne läuft über und durchfeuchtet die Zimmerdecke der darunter liegenden Wohnung. Wer ist für diesen Schaden haftbar zu machen?

(23b) Ein geistig behinderter junger Mann hat am Donnerstag in Pasing ein Auto entwendet und sich ein Rennen mit der Polizei geliefert. Der 22-Jährige entdeckte den Ford Fiesta gegen 21.20 Uhr vor einer Eisdiele – der Besitzer hatte den Zündschlüssel stecken lassen. Der junge Obermenzinger verstand dies offenbar als Einladung zu einer Spritztour, startete und gab Gas. Dabei rammte der 22-Jährige einen geparkten Opel. (Quelle: SZ vom 18.05.2002.) Muss der Mann für den Schaden haften?

### 3.1.3 Strafmündigkeit (Straffähigkeit)

Strafmündigkeit ist ein Begriff aus dem Jugendstrafrecht und bezeichnet die strafrechtliche Verantwortlichkeit des Menschen. Gesetzesgrundlage ist das Jugendgerichtsgesetz. **Strafunmündig** ist, wer zur Tatzeit noch keine 14 Jahre alt war, er ist damit strafrechtlich nicht verantwortlich.

**Bedingt strafmündig** ist, wer zur Tatzeit das 14., aber noch nicht das 18. Lebensjahr vollendet hat. Der Jugendliche ist dann strafrechtlich verantwortlich und wird nach dem Jugendstrafrecht bestraft, wenn er fähig ist, das Unrecht seiner Tat einzusehen und nach dieser Einsicht zu handeln.

**Voll strafmündig** ist der mindestens 18 Jahre alte Täter. Bei Tätern zwischen 18 und 21 Jahren (Heranwachsende) kann das Gericht Jugendstrafrecht anwenden, wenn es sich um eine typische Jugendverfehlung handelt und der Täter in seiner sittlichen und geistigen Entwicklung noch als Jugendlicher anzusehen ist.

### 3.1.4 Eidesfähigkeit

Gemäß § 393 Zivilprozessordnung und § 60 Strafprozessordnung kann ab dem 16. Lebensjahr jeder als Zeuge seine Aussage vor dem Gericht beschwören müssen.

### 3.1.5 Parteifähigkeit

Parteifähigkeit umfasst die Fähigkeit zu klagen und beklagt zu werden. Jeder, der rechtsfähig ist, ist auch parteifähig. Dies gilt auch für juristische Personen (siehe nächstes Kapitel) (vgl. § 50 ZPO).

### 3.1.6 Prozessfähigkeit

Jeder, der voll geschäftsfähig ist, ist auch prozessfähig, d. h., er darf selbstständig einen Prozess führen. Besteht Anwaltszwang, wie beispielsweise vor dem Landgericht und in vielen Fällen auch vor dem Familiengericht, muss ein Anwalt mit der Prozessführung beauftragt werden (vgl. § 51 ZPO).

Ist der Jugendliche gemäß §§ 112, 113 von seinen Eltern ermächtigt worden, ein Dienstverhältnis einzugehen bzw. ein Erwerbsgeschäft selbstständig zu führen, so ist er im Rahmen dieser Geschäfte schon zu diesem Zeitpunkt prozessfähig. Außerdem können Minderjährige nach dem Sozialgerichtsgesetz ab dem 15. Lebensjahr in eigenen Angelegenheiten prozessfähig sein.

HINWEIS

Eine **Strafanzeige**, d. h. die Mitteilung des Verdachts einer Straftat, kann von jedermann gestellt werden (bei der Polizei, der Staatsanwaltschaft, den Amtsgerichten).

Ein **Strafantrag**, die Erklärung, dass eine Strafverfolgung gewünscht wird, dies ist bei bestimmten Delikten erforderlich, kann dagegen erst mit Erreichen der Volljährigkeit gestellt werden. Vorher kann dies nur der gesetzliche Vertreter bzw. Sorgeberechtigte tun.

### 3.1.7 Testierfähigkeit

Derjenige, der ein rechtsgültiges Testament errichten kann, ist testierfähig.

**Nicht testierfähig** sind Personen unter 16 Jahren.

**Beschränkt testierfähig** sind Personen, die 16 und 17 Jahre alt sind. Diese können ein Testament nur durch mündliche Erklärung vor einem Notar oder durch Übergabe einer offenen Schrift an den Notar errichten.

**Voll testierfähig** wird man mit 18 Jahren, wenn man sich im Vollbesitz seiner geistigen Kräfte befindet. Die Testamentserrichtung ist möglich durch Übergabe einer offenen oder geschlossenen Schrift an einen Notar, durch mündliche Erklärung vor diesem oder durch eine eigenhändig geschriebene und unterschriebene Erklärung. Vgl. hierzu: §§ 2229, 2232, 2233, 2247.

### 3.1.8 Ehemündigkeit

Dies ist die Fähigkeit einer Person, eine Ehe rechtswirksam schließen zu können. Jeder ist ab 18 Jahren ehemündig, wenn er nicht geschäftsunfähig ist.

Wer mindestens 16 Jahre alt ist und die Einwilligung seines gesetzlichen Vertreters besitzt, kann ebenfalls eine Ehe eingehen, wenn der Ehepartner volljährig ist.

### 3.1.9 Religionsmündigkeit

Ist der Jugendliche 12 Jahre alt, kann eine Änderung der Religionszugehörigkeit nicht gegen seinen Willen erfolgen, ab 14 Jahren hat der Jugendliche das Recht, über seine Zugehörigkeit zu einer Religionsgemeinschaft frei zu bestimmen.

**Übersicht: Rechte natürlicher Personen**

| Alter | Rechte |
|---|---|
| Ab Geburt | Rechtsfähigkeit, Parteifähigkeit |
| Ab 7 Jahre | Beschränkte Geschäftsfähigkeit<br>Bedingte Deliktsfähigkeit |
| Ab 12 Jahre | Keine Religionszugehörigkeitsänderung gegen den Willen des Kindes |
| Ab 14 Jahre | Bedingte Strafmündigkeit<br>Religionsmündigkeit |
| Ab 15 Jahre | Bedingte Prozessfähigkeit (Sozialgericht) |

| Alter | Rechte | |
|---|---|---|
| Ab 16 Jahre | Eidesfähigkeit<br>Beschränkte Testierfähigkeit<br>Beschränkte Ehemündigkeit<br>Besuch von Gaststätten, Discos, Kinos etc. bis 24:00 Uhr | Rauchen und Alkoholkonsum in der Öffentlichkeit erlaubt<br>Wahl zur betrieblichen Jugend- und Azubi-Vertretung |
| Ab 18 Jahre | Volle Geschäftsfähigkeit<br>Volle Testierfähigkeit<br>Volle Deliktsfähigkeit<br>Volle Strafmündigkeit (evtl. noch Heranwachsender)<br>Ehemündigkeit | Prozessfähigkeit<br>Aktives und passives Wahlrecht bei allgemeinen Wahlen (Art. 38 GG) sowie zum Beriebs- oder Personalrat<br>Ende der Berufsschulpflicht |

## 3.2 Juristische Personen

Neben den natürlichen Personen (den Menschen) kennt das Gesetz auch die **juristischen Personen** (JP). Das sind Zusammenschlüsse von Personen (Körperschaften) einerseits und Vermögensmassen (Stiftungen, Anstalten) andererseits, die eine vom Gesetz zuerkannte rechtliche Selbstständigkeit besitzen.

Beispiele

- **Drei Personen gründen mit einem Stammkapital von 60.000,00 EUR eine GmbH mit dem Ziel, die Produktion von neuartigen Datenträgern aufzunehmen. Als Kapitalgesellschaft ist die Gesellschaft eine juristische Person.**
- **Die Industrie- und Handelskammer Hochrhein-Bodensee mit Sitz in Konstanz, die die Aufgabe hat, die Interessen der ihr zugehörigen Gewerbetreibenden wahrzunehmen, ist als Körperschaft des öffentlichen Rechts eine juristische Person.**

Die JP ist, losgelöst von ihren Mitgliedern, als selbstständige Person zu behandeln. So ist die JP selbst Eigentümerin – und nicht etwa der Vorstand bzw. die Mitglieder – des Gesellschaftsvermögens.

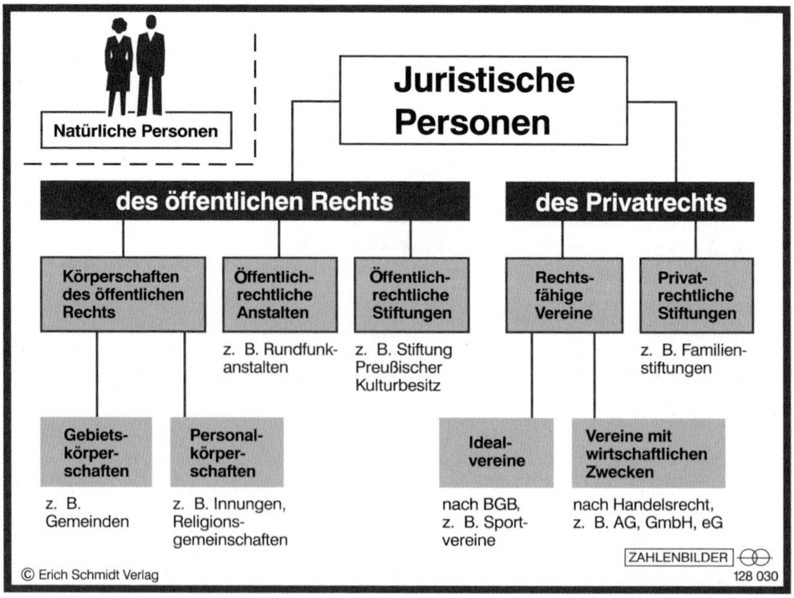

Die JP selbst ist nicht handlungsfähig. Ihre Organe handeln für sie als gesetzliche Vertreter. Vergleichen kann man dies etwa mit einem Minderjährigen, für den auch seine gesetzlichen Vertreter (Eltern) handeln. Schließt der Vertreter für die JP ein Rechtsgeschäft, z. B. kauft der Vorstand ein Grundstück für seinen Verein, so wird der Verein Eigentümer. Begeht der Vorstand in Ausführung der ihm zustehenden Verrichtung eine unerlaubte Handlung, so wird diese dem Verein zugerechnet, der den Schaden zu bezahlen hat (§ 31). Unter Umständen muss der Vorstand im **Innenverhältnis** jedoch dem Verein den bezahlten Betrag zurückerstatten.

Die JP ist parteifähig, jedoch nicht prozessfähig (s. o.).

Natürlich kann die JP jedoch keine höchstpersönlichen RG abschließen, wie z. B. eine Ehe eingehen, auch kein Testament errichten, da sie nicht stirbt, sondern aufgelöst wird, allerdings kann sie erben. Höchstpersönliche RG sind den natürlichen Personen vorbehalten.

Grundsätzlich unterscheidet man juristische Personen des Privatrechts und des öffentlichen Rechts.

### 3.2.1 Juristische Personen des Privatrechts

Eine JP des Privatrechts entsteht durch Eintragung in ein Register. Hierdurch erlangt sie Rechtsfähigkeit, genau wie eine natürliche Person ihre Rechtsfähigkeit durch die Geburt erlangt. Während ihres „Lebens" kann die JP Verträge abschließen, Eigentum besitzen, erben usw.

Die Rechtsfähigkeit erlischt nach ihrer Auflösung, so wie die Rechtsfähigkeit natürlicher Personen durch deren Tod erlischt.

#### 3.2.1.1 Rechtsfähige Vereine

Rechtsfähige Vereine unterteilen sich wiederum in **Idealvereine** und **Vereine mit wirtschaftlichem Zweck**.

Ein Verein führt einen einheitlichen Namen, ist auf Dauer angelegt und vom Wechsel der Mitglieder unabhängig.

***Idealvereine***

Die Rechtsfähigkeit erlangt ein nicht wirtschaftlicher Verein (Idealverein) gemäß §§ 21, 55 durch Eintragung ins Vereinsregister. Verzichtet er auf die Eintragung, bleibt er gemäß § 54 ein nicht rechtsfähiger Verein und ist somit keine JP. Der eingetragene Verein erhält gemäß § 65 den Zusatz e. V.

Beispiel

**Sportvereine, Gesangsvereine, Kegelclubs, Sportfischervereinigungen**

Voraussetzung für eine Eintragung ist gemäß § 56 eine Zahl von mindestens sieben Mitgliedern. Ferner müssen Vereinszweck, Name und Sitz sowie andere wichtige Bestimmungen gemäß §§ 57, 58 in einer Satzung festgelegt worden sein. Die Mitgliederversammlung bestellt den Vereinsvorstand, der den Verein nach außen vertritt und gemäß § 26.2 die Stellung eines gesetzlichen Vertreters einnimmt.

Gemäß § 31 schließlich haftet der Verein mit seinem Vermögen für Schäden, die Vertreter des Vereins einem Dritten zufügen. Die Haftung gilt auch dann, wenn der Vertreter die ihm satzungsgemäß zugestandenen Vertretungsrechte überschreiten sollte, sofern dies anderen gegenüber nicht deutlich erkennbar war.

Für **nicht rechtsfähige** Vereine gelten grundsätzlich die Vorschriften über die BGB-Gesellschaft (vgl. § 705 ff.), da jedoch nicht alle Vorschriften hier passen, wendet die Rechtsprechung auch auf die nicht rechtsfähigen Vereine das Recht der rechtsfähigen Vereine an. Einen wichtigen Unterschied stellt die Haftungsregelung dar: Grundsätzlich haftet hier nicht der Verein für Schäden, die ein Vertreter verursacht, der Handelnde wird hier gemäß § 54 persönlich zur Rechenschaft gezogen.

**Vereine mit wirtschaftlichem Zweck**

Vereine mit wirtschaftlichem Zweck sind überwiegend Wirtschaftsunternehmen in der Rechtsform einer Kapitalgesellschaft. Nur Kapitalgesellschaften und Genossenschaften, nicht aber Personengesellschaften sind JP, die mit der Eintragung ins Handelsregister bzw. Genossenschaftsregister Rechtsfähigkeit erlangen.

Beispiel: **Aktiengesellschaften, Gesellschaften mit beschränkter Haftung (GmbH), Genossenschaften**

Wenn keine der in Spezialgesetzen (z. B. Aktiengesetz, GmbH-Gesetz, Genossenschaftsgesetz) geregelten Sondervorschriften anwendbar ist, so erlangt ein wirtschaftlicher Verein gemäß § 22 Rechtsfähigkeit durch staatliche Verleihung (Konzessionssystem).

Beispiel: **Funktaxizentralen, Sparvereine, Privatärztliche Verrechnungsstellen, Erzeugergemeinschaften**

#### 3.2.1.2 Privatrechtliche Stiftungen

Unter einer **Stiftung** versteht man eine von einem Stifter auf Dauer zweckbestimmte verselbstständigte Vermögensmasse mit eigener Rechtspersönlichkeit. Die Stiftung wird durch die schriftliche Willenserklärung des Stifters geschaffen. Es handelt sich hierbei also um eine juristische Person, die gegründet wurde, um eine bereitgestellte Geldsumme für einen bestimmten gemeinnützigen oder erwerbswirtschaftlichen Zweck zu verwenden. Eine gleichzeitig aufgestellte Satzung enthält u. a. Angaben über den Namen, den Sitz, die Organe (den Vorstand) und den Stiftungszweck. Damit eine rechtsfähige Stiftung entsteht, ist außerdem eine staatliche Genehmigung des jeweiligen Bundeslandes erforderlich.

Beispiel: **Stiftung Volkswagenwerk, Deutsche Bank Stiftung „Hilfe zur Selbsthilfe“, Fritz-Thyssen-Stiftung, Bertelsmann-Stiftung**

Die Bezeichnung Stiftung ist rechtlich nicht geschützt, sodass es eine Vielzahl von Vereinigungen gibt, die sich zwar „Stiftung“ nennen, denen aber das Stiftungsvermögen fehlt und die damit auch nicht als Stiftung anerkannt sind, z. B. Stiftung Warentest, Friedrich-Ebert-Stiftung.

### 3.2.2 Juristische Personen des Öffentlichen Rechts

Diese JP erfüllen hoheitliche oder gemeinwirtschaftliche Aufgaben. Hierzu gehören beispielsweise die Bundesländer, Rundfunkanstalten oder die IHK. Entstehung und Organisation der JP des öffentlichen Rechts sind durch Rechtsnormen des öffentlichen Rechts geregelt.

Man unterscheidet **Körperschaften** des öffentlichen Rechts, öffentlich-rechtliche **Anstalten** und öffentlich-rechtliche **Stiftungen**.

#### 3.2.2.1 Körperschaften

**Körperschaften** des öffentlichen Rechts sind JP, die verbandsmäßig organisiert sind und damit im Wesentlichen auf die Mitgliedschaft der ihnen zugehörigen Personen aufgebaut sind. Die Mitgliedschaft kann freiwillig sein (Kirchen) oder auf Zwang beruhen (Bundesversicherungsanstalt für Angestellte, Ärzte- und Rechtsanwaltskammern).

Man unterscheidet Körperschaften, in denen Personen aufgrund ihrer regionalen Zugehörigkeit zusammengeschlossen sind. Beispiele für diese **Gebietskörperschaften** (Regionalkörperschaften) sind Gemeinden, Gemeindeverbände oder Landkreise.

In **Personalkörperschaften** (Vereinskörperschaften) dagegen sind Mitglieder freiwillig oder aufgrund ihrer Berufs- oder Religionszugehörigkeit oder sonstiger Interessen zusammengeschlossen.

Beispiele für Personalkörperschaften sind Sozialversicherungsträger, wie gesetzliche Krankenkassen (AOK) oder die Bundesversicherungsanstalt für Angestellte, Handwerksinnungen und -kammern (IHK), Kirchen, Hochschulen und Universitäten.

#### 3.2.2.2 Anstalten

**Anstalten** des öffentlichen Rechts sind öffentlich-rechtliche Verwaltungseinrichtungen, die einem bestimmten Nutzungszweck dienen und nichtmitgliedschaftlich organisiert sind. Die Nutzer sind damit also keine Mitglieder, die Rechtsbeziehungen werden durch eine öffentlich-rechtliche oder privatrechtliche Anstaltsordnung geregelt. Bei vollrechtsfähigen Anstalten, wie z. B. dem Mitteldeutschen Rundfunk oder dem ZDF, handelt es sich um rechtlich selbstständige Institutionen der mittelbaren Staatsverwaltung, die das Recht haben, Satzungen aufzustellen und sich selbst zu verwalten. Nicht rechtsfähige Anstalten des öffentlichen Rechts, wie z. B. kommunale Verkehrsbetriebe, sind zwar organisatorisch selbstständig, besitzen aber keine eigene Rechtspersönlichkeit.

#### 3.2.2.3 Öffentlich-rechtliche Stiftungen

**Stiftungen des öffentlichen Rechts** verwalten öffentliche Vermögensbestände, die vom Stifter einem bestimmten gemeinwohlorientierten Zweck gewidmet wurden.

Beispiel

**Stiftung Preußischer Kulturbesitz, Berlin**

## 3.3 Verbraucher und Unternehmer

Durch die Schuldrechtsreform vom 1. Januar 2002 hat die Unterscheidung zwischen **Verbraucher** und **Unternehmer** eine entscheidende Bedeutung bekommen. Ziel dieser neuen abgrenzenden Begriffe ist es, den Verbraucher stärker zu schützen. So können – im Gegensatz zu einem Kaufvertrag zwischen Unternehmen oder zwischen Privatleuten – bestimmte gesetzliche Regelungen bei einem Kaufvertrag zwischen einem Verbraucher und einem Unternehmer nicht vertraglich abgeändert werden. Ein solcher Vertrag wird im Übrigen gemäß § 474 als **Verbrauchsgüterkauf** bezeichnet.

So gilt z. B. bei dem Verkauf einer beweglichen Sache von einem Unternehmer an einen Verbraucher die (neue) Regelverjährungsfrist von zwei Jahren zwingend. Anders als bei Verträgen zwischen Unternehmern kann diese nicht auf ein Jahr verkürzt werden. Schließen Private einen Vertrag, so kann die Gewährleistungspflicht im Übrigen ganz ausgeschlossen werden. Es muss daher immer genau geprüft werden, ob eine Person als Unternehmer oder als Verbraucher handelt.

Ein **Verbraucher** ist gemäß § 13 jede natürliche Person, die ein Rechtsgeschäft zu einem Zweck abschließt, der weder einer gewerblichen noch einer selbstständigen beruflichen Tätigkeit zugerechnet werden kann.

Ein **Unternehmer** ist gemäß § 14 eine natürliche oder juristische Person – oder auch eine rechtsfähige Personengesellschaft –, die bei Abschluss eines Rechtsgeschäfts in Ausübung ihrer gewerblichen oder selbstständigen beruflichen Tätigkeit handelt. Unternehmer sind damit beispielsweise Rechtsanwälte, Ärzte, Einzelhändler oder Handwerker.

Beispiel

**RA Schlau kauft für seine Familie zur privaten Nutzung einen Pkw. Hierbei handelt RA Schlau als Verbraucher i. S. des § 13. Es liegt ein Verbrauchsgüterkauf vor. Kauft RA Schlau den Pkw für seine Kanzlei, so ist er Unternehmer.**

**Aufgaben**

(24) Nennen Sie jeweils drei Ihnen bekannte Idealvereine und wirtschaftliche Vereine.
(25) Nennen Sie drei Beispiele für eine JP des öffentlichen Rechts.

(26) Bestimmen Sie, um welche JP es sich bei den folgenden Beispielen handelt: ZDF, Universität Leipzig, Mechanik GmbH, Jenoptik AG, Gesangverein Frischauf, Deutsche Stiftung für internationale Entwicklung.

(27) Der Anglerverein „Aal und Forelle" plant ein Preisangeln. Hierzu werden vom Vorstand Charly Dorsch Preise im Wert von 200,00 EUR beim Kaufhaus Allkauf eingekauft, die innerhalb von 14 Tagen bezahlt werden müssen.
Am Tag des Preisangelns kommen jedoch nur wenige Teilnehmer, sodass durch die Meldegebühren die Kosten für die Preise nicht gedeckt werden können. Die Veranstaltung wird abgesagt.
a) Dorsch möchte die Preise zurückgeben, das Kaufhaus nimmt sie jedoch nicht an. Wer muss den Kaufpreis zahlen?
b) Ändert sich am Sachverhalt etwas, wenn der Name des Vereins gelautet hätte: „Forelle und Aal e. V."?

(28) Michael Müller und zehn gute Freunde gründen den Kegel-Club „Hau-ruck e. V.". Vorstand Michael schließt daraufhin mit dem Wirt des Vereinslokals einen Mietvertrag über ein Jahr ab. Nach vier Wochen geraten die Clubmitglieder in Streit, lösen den Club auf und bezahlen keine Miete mehr.
a) Von wem kann der Wirt die Miete bis zum Vertragsende verlangen? (Vgl. §§ 21, 26, 27, 31, 41, 47, 48, 49, 54, 56)
b) Ändert sich etwas an der Beurteilung, wenn der Verein es versäumt hätte, sich ins Vereinsregister eintragen zu lassen?

(29) Bei einem Skirennen, das vom Skiclub „Abfahrt e. V." veranstaltet wird, gerät die nichts ahnende Spaziergängerin Jana in die Abfahrtsstrecke, wird angefahren und schwer verletzt. Es wird festgestellt, dass der mit der Absperrung beauftragte Sportwart des Vereins vergessen hatte, den Weg abzusperren oder besonders zu kennzeichnen.
Von wem kann Jana Schadensersatz erlangen? (Vgl. auch §§ 31, 249, 823, 847)

(30) Der Sportwart verkauft bei dem Skirennen auf eigene Rechnung und ohne vom Verein hierzu beauftragt zu sein, Tee und Kaffee. Durch ein Versehen kippt der Kochtopf mit dem heißen Wasser um, wodurch ein Hund verbrüht wird, der an den Verletzungen eingeht.
Von wem kann die Hundebesitzerin Schadensersatz verlangen?

# 4 Rechtsobjekte

Das BGB kennt den Begriff des **Rechtsobjekts** nicht, er soll jedoch hier als Gegenbegriff zum Rechtssubjekt verwendet werden. Rechtsobjekte sind die Objekte, auf die sich die Rechtsnormen beziehen, die **Gegenstände des Rechtsverkehrs**.

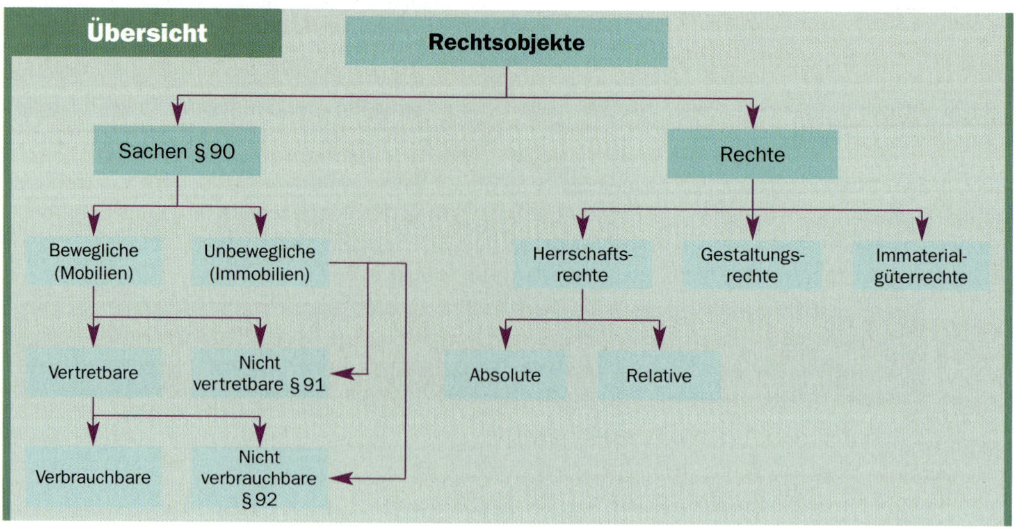

## 4.1 Sachen

Zu den Rechtsobjekten gehören gemäß § 90 die Sachen, also körperliche Gegenstände. Obwohl Tiere gemäß § 90a keine Sachen im Sinne des Gesetzes sind, werden auf sie im Wesentlichen die für Sachen geltenden Vorschriften angewandt.

Sachen unterteilen sich in **bewegliche Sachen (Mobilien)** und **unbewegliche Sachen (Immobilien)**. Die beweglichen Sachen unterteilt man gemäß § 91 in **vertretbare und nicht vertretbare Sachen**. Unter vertretbaren Sachen versteht man dabei austauschbare Sachen, also Dinge, die in der gleichen Ausführung mehrfach vorhanden sind, wie zum Beispiel alle industriell hergestellten Dinge. Sie sind im Rechtsverkehr i.d.R. nach Maß, Zahl oder Gewicht bestimmt (§ 91). Den Kauf einer solchen vertretbaren Sache bezeichnet man betriebswirtschaftlich als Gattungskauf. Nicht vertretbare Sachen sind dagegen Einzelstücke, Originale, wie z.B. ein handgeknüpfter Teppich oder eine Bronzestatue. Einen solchen Kauf bezeichnet man als Stück- oder Spezieskauf. Im Allgemeinen sind Immobilien immer unvertretbare Sachen.

Weiter lassen sich bewegliche Sachen in **verbrauchbare und nicht verbrauchbare Sachen** unterteilen (§ 92). Verbrauchbare Sachen können ihrem Wesen nach nur einmal genutzt werden (Lebensmittel, Brennholz). Nicht verbrauchbare Sachen (Gebrauchsgüter) können längerfristig genutzt werden (Kleider, Maschinen). Immobilien, also unbebaute und bebaute Grundstücke, sind immer nicht verbrauchbare Sachen.

**Rechtliche Bedeutung der Unterscheidung:**

- Die Eigentumsübertragung vollzieht sich bei **beweglichen** und **unbeweglichen** Sachen unterschiedlich. Bewegliche Sachen können übergeben werden, unbewegliche nicht (vgl. 4.4.2).
- Ein wesentlicher Unterschied zwischen **vertretbaren** und **nicht vertretbaren** Sachen liegt beispielsweise darin, dass ein Schuldner eine vertretbare Sache, auch wenn sie ihm abhanden gekommen ist, immer noch schuldet, eine nicht vertretbare dagegen nicht. Der Grund liegt darin, dass er sich eine vertretbare Sache anderweitig noch besorgen kann, was bei einem Original nicht möglich ist.
- Wird beispielsweise eine **verbrauchbare** Sache einem anderen zur Nutzung überlassen, so wird dieser Eigentümer der Sache und muss demjenigen, der ihm die Nutzung gewährt hat, später den Wert der Sache ersetzen (vgl. § 1067). Wird dagegen eine **nicht verbrauchbare** Sache einem anderen zur Nutzung überlassen, so wird der Nutznießer nicht Eigentümer und muss dieselbe Sache nach Gebrauch zurückgeben.

### 4.1.1 Bestandteile

Sachen bestehen aus **wesentlichen** und **unwesentlichen Bestandteilen.** Wesentliche Bestandteile können nicht aus einer Sache herausgelöst werden, ohne dass die Sache zerstört oder in ihrem Wesen verändert wird.

Ein solcher wesentlicher Bestandteil kann gemäß § 93 nicht Gegenstand besonderer Rechte, wie etwa des Eigentumsvorbehaltes sein. Ein unwesentlicher Bestandteil ist gemäß § 93 (Umkehrschluss) ein Bestandteil, der von der Sache getrennt werden kann, ohne dass diese zerstört oder verändert wird.

**Aufgabe**

(1) Welche Dinge sind wesentliche, welche sind unwesentliche Bestandteile der jeweiligen Hauptsache? Lenkrad eines Autos, Autorad, Blumen in einer Vase, Sesselpolsterung, Kameratasche, Notebooktastatur, Fernsehbildschirm, Kugelschreibermine, Seiten eines Buches, Tischdecke.

Die oft nicht einfach zu beantwortende Frage, ob wir es mit einem wesentlichen oder unwesentlichen Bestandteil zu tun haben, ist dann von Wichtigkeit, wenn es darum geht, die Eigentumsverhältnisse zu bestimmen, besonders bei der **Frage des Eigentumsvorbehalts** (s. Abschnitt 4.3.3).

Wesentliche Bestandteile eines Grundstücks bezeichnet man als Grundstücksbestandteile (vgl. § 94.1). Ein solcher Bestandteil wird schon dadurch geschaffen, dass eine Sache mit dem Grund und Boden fest verbunden wird. Von einer „Wesensveränderung" oder „Zerstörung" wie bei § 93, ist hier keine Rede. § 94.2 betrifft die wesentlichen Bestandteile eines Gebäudes, wie z. B. Fenster und Heizkörper.

HINWEIS

Um feststellen zu können, ob es sich um eine feste Verbindung handelt, prüft die Rechtsprechung teilweise auch bei § 94, ob durch die Trennung eine bedeutende Schädigung der verbundenen Sache oder gar ihre Zerstörung herbeigeführt würde. Träfe Letzteres zu, dann wird ein wesentlicher Bestandteil angenommen. Liegt Letzteres nicht vor, würde die Trennung aber unverhältnismäßige Kosten verursachen, dann wird in diesem Fall auch ein wesentlicher Bestandteil angenommen. Liegt Letzteres nicht vor, würde die Trennung aber unverhältnismäßige Kosten verursachen, dann wird in diesem Fall auch ein wesentlicher Bestandteil angenommen.

§ 95 ist als Ausnahmeregelung zu § 94 zu verstehen. Wird eine Sache nur vorübergehend mit einem Grundstück oder Gebäude verbunden, spricht man von **Scheinbestandteilen**. Es kommt dabei nicht auf die Art der Verbindung an, sie kann genau so wie bei § 94 vorgenommen sein, sondern auf die Vorstellung desjenigen, der die Verbindung vornahm. Wollte man im **Zeitpunkt der Verbindung** die Sache nur vorübergehend verbinden, so entsteht ein Scheinbestandteil und kein wesentlicher Bestandteil!

Beispiel

**Eine Grundstückseigentümerin pflanzt Bäume in ihren Garten, die Bäume werden zu Grundstücksbestandteilen. Pflanzt dagegen eine Baumschule Bäume, die später verkauft werden sollen, so handelt es sich um Scheinbestandteile.**

### 4.1.2 Zubehör

Von den Bestandteilen einer Sache ist das Zubehör (§ 97) zu unterscheiden.

Es setzt eine Hauptsache voraus und besteht aus beweglichen Sachen, die dem wirtschaftlichen Zweck der Hauptsache dienen. Das Zubehör ist leicht lösbar mit der „Hauptsache" verbunden und kann **Gegenstand besonderer Rechte** sein. Zubehör ist beispielsweise die Einrichtung eines Restaurants, das Reserverad eines Autos oder der Lieferwagen eines Hotels.

Zur Unterscheidung zwischen einem unwesentlichen Bestandteil und Zubehör ist es wichtig, ob eine Sache im Rechtsverkehr als Zubehör angesehen wird. Wird sie das nicht, ist sie auch nicht als solches zu behandeln.

Die Frage, ob eine Sache Zubehör ist oder nicht, ist besonders beim Verkauf der Hauptsache von Bedeutung. Im Zweifel gehört auch das Zubehör dazu (§ 926). Das Zubehör **kann** jedoch Gegenstand besonderer Rechte sein.

### 4.1.3 Früchte und Nutzungen

Früchte einer Sache sind die Erzeugnisse einer Sache bzw. die Ausbeute, die aus dieser Sache ihrer Bestimmung gemäß gewonnen wird, z. B. Eier, Eisenerz, Honig, Äpfel. Früchte eines Rechts sind die Erträge, die das Recht gewährt, z. B. Zinsen, Miete, Pacht.

Grundsätzlich ist der Eigentümer der „Muttersache" auch Eigentümer der Früchte (vgl. §§ 99, 953). Ausnahme: Der Pächter eines Hofes wird Eigentümer der Feldfrüchte.

Nutzung ist ein weitergehender Begriff. Man versteht hierunter nicht nur die Früchte, sondern zusätzlich auch die Vorteile, die der Gebrauch der Sache oder des Rechts gewährt, z. B. das Bewohnen einer Wohnung oder das Fahren eines Dienstfahrzeugs (§ 100).

**Aufgaben**

(2) Was sind die folgenden Dinge? Fahrstuhl im Hochhaus, Feuerlöscher im Fahrstuhl, Austauschmotor eines VW-Polo, Etui einer Sonnenbrille, Spitzendecke auf einem Tisch, Uhrzeiger einer alten Taschenuhr, Belichtungsmesser eines Camcorders.

(3) A beauftragt den Maurermeister Moratz mit der Erstellung eines Wochenendhauses. Nachdem durch eine Baufirma das Fundament gegossen worden ist, teilt A Herrn Moratz mit, er sei zahlungsunfähig. Moratz möchte nun das Fundament, für das er schon insgesamt 5.000,00 EUR an Material aufgewendet hat, wieder herausreißen. Wie ist die Rechtslage?

(4) Der Gemüsehändler Lauch verkauft im Frühjahr seine Blumenkohlfelder an den Hobbylandwirt Schneider. Mitte August kommt Lauch zu Schneider und erklärt diesem, er wolle nun die Felder abernten. Wie ist die Rechtslage?

## 4.2 Rechte

Unter **Rechten** werden subjektive Rechte verstanden, die der Einzelne aufgrund eines bestimmten Anspruchs aus dem objektiven Recht für sich ableiten kann. Rechte sind damit wichtige Gegenstände des Rechtsverkehrs, die im Gegensatz zu Sachen aber „unkörperlich" sind.

**Das Vermögen einer Person besteht somit neben Sachen auch aus Rechten.**

### 4.2.1 Herrschaftsrechte

Herrschaftsrechte richten sich gegen jedermann, bestimmte Einzelpersonen oder Gruppen. Während sich **absolute Rechte** gegen **jedermann** richten, wie etwa Eigentums- oder Persönlichkeitsrechte, richten sich **relative Rechte** lediglich gegen **bestimmte Personen** oder Gruppen.

**Ansprüche** können sich auf absolute oder auf relative Rechte gründen und berechtigen den Anspruchsberechtigten, von anderen eine bestimmte Leistung (Tun, Dulden oder Unterlassen) zu verlangen.

Beispiele

- **Absolute Rechte: Recht auf Eigentum, Recht der elterlichen Sorge.**
- **Relative Rechte: Rechte aus einem Kaufvertrag oder gegen einen Schädiger.**

### 4.2.2 Gestaltungsrechte

Gestaltungsrechte verleihen dem Einzelnen das Recht, bestehende subjektive Rechte zu gestalten. Sie geben ihm also die Möglichkeit, ein bestimmtes Rechtsverhältnis zu verändern oder aufzulösen.

Beispiele

- **Das Recht, einen Kaufvertrag anzufechten.**
- **Das Recht, vom Vertrag zurückzutreten.**
- **Das Recht, einen Mietvertrag zu kündigen.**

### 4.2.3 Immaterialgüterrechte

Immaterialgüterrechte sind subjektive Rechte an unkörperlichen Gegenständen, die einen selbstständigen Vermögenswert haben.

Hierzu zählt beispielsweise das Urheberrecht. Der Schreiber eines Buches, also sein Urheber, hat lt. Urheberrechtsgesetz das Recht, sein Werk nach eigenen Gesichtspunkten zu verwerten. Dieses Verwertungsrecht erlischt erst 70 Jahre nach seinem Tod. Damit hat er natürlich auch das Recht, seine Rechte an einem Buch etwa an einen Verlag zu verkaufen.

Wird das Urheberrechtsgesetz verletzt, begründet dies für den Geschädigten Ansprüche auf Unterlassung und Schadensersatz oder sogar auf Strafverfolgung.

Weitere Immaterialgüterrechte sind z. B. der Geschmacksmusterschutz oder gewerbliche Schutzrechte. Dies ist unter anderem das Recht, aus einer Erfindung allein den Nutzen zu ziehen, beispielsweise durch die Vergabe von Lizenzen.

# 5 Das Rechtsgeschäft

## 5.1 Das Zustandekommen von Verträgen

Ein Rechtsgeschäft wird immer dann getätigt, wenn mit einer **bewussten Handlung ein bestimmter rechtlicher Erfolg** herbeigeführt werden soll. Hierbei kann es genügen, wenn nur eine Person dies will, z. B. die Kündigung eines Wohnungsmieters, oder es sind hierzu zwei Personen notwendig, z. B. beim Abschließen eines Kaufvertrages. Wenn mehrere Personen für das Zustandekommen eines Rechtsgeschäfts benötigt werden und „Willenserklärungen" abgeben, spricht man von einem **Vertrag**.

Ein **Vertrag** ist die durch **übereinstimmende Willenserklärungen erzielte Einigung zweier oder mehrerer Personen über die Herbeiführung eines bestimmten rechtlichen Erfolges.** Jede Person will also mit ihrer Erklärung eine bestimmte rechtliche Wirkung erzielen.

Beispiele

**So möchte eine Person beispielsweise etwas kaufen und eine andere etwas verkaufen, eine Person möchte eine bestimmte Arbeit verrichten, eine andere Person benötigt diese Arbeitsleistung für sich.**

Wenn eine Person genau das anbietet, was die andere möchte, so sprechen wir von **zwei „übereinstimmenden" Willenserklärungen**.

Die erste Bitte um einen Vertragsabschluss bezeichnet man als **Antrag**, die positive Erwiderung als **Annahme**: Ein Vertrag kommt also durch Antrag und Annahme zustande (vgl. hierzu die §§ 145, 146, 154).

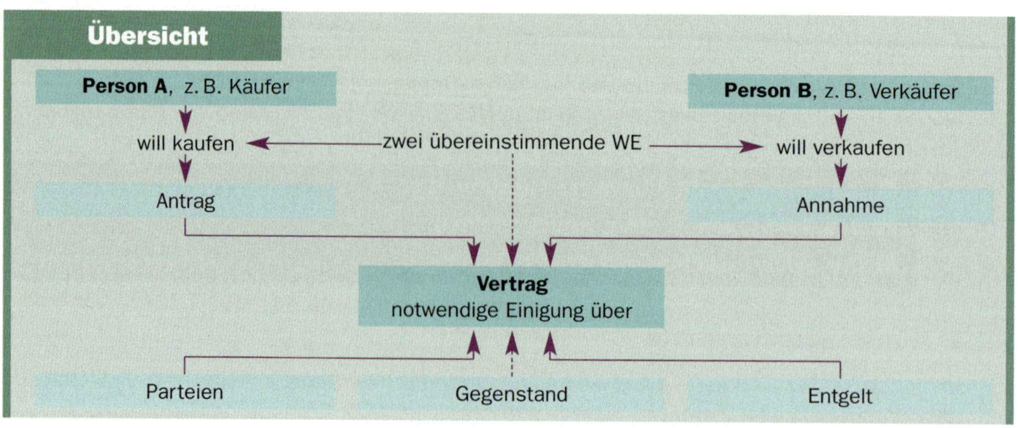

### 5.1.1 Die Willenserklärung

**Honorar für telefonische ärztliche Beratung?**

Ein Arzt lehnt einen Hausbesuch, um den er telefonisch gebeten wurde, ab, weil die beschriebenen Beschwerden harmlos scheinen. Daraufhin lässt sich der Patient in einer Klinikambulanz untersuchen und behandeln. Die Frage, ob in diesem Fall ein Honorar für telefonische Beratung fällig wird, hatte kürzlich ein Amtsgericht zu entscheiden.

Wird ein Arzt fernmündlich um einen Hausbesuch gebeten und lehnt er diesen ab, weil er nach Schilderung des Krankheitsbildes keine Gefahr mehr erkennen kann, so kann er für dieses Ferngespräch ein Honorar für *„telefonische Beratung"* jedenfalls dann nicht mehr verlangen, wenn der Patient aus nachvollziehbaren Gründen auf seinem Wunsch besteht und nach neuerlicher Ablehnung sogleich die Ambulanz eines Krankenhauses aufsucht. So hat das Amtsgericht Starnberg unter 6 C 1950/88 entschieden.

Wie jeder andere schuldrechtliche Vertrag setze auch der Arztvertrag ein entsprechendes Angebot und eine darauf gerichtete Annahme voraus. Unstreitig habe die Mutter – es ging in dieser Entscheidung um eine solche und ihr Kind – bei dem Telefongespräch deutlich zum Ausdruck gebracht, dass sie ihr Kind untersuchen lassen wolle. Das Angebot zum Abschluss eines Arztvertrages war deshalb nach Ansicht des Amtsgerichts auf einen Hausbesuch und eine Untersuchung gerichtet. Dieses Angebot habe der Arzt nicht angenommen, weil er der Überzeugung war, dass eine telefonische Beratung in diesem Falle ausreichend sei.

Einen Vertrag über telefonische Beratung habe die Mutter aber gerade nicht abschließen wollen. Dies werde schon daraus ersichtlich, dass sie sich mit der Auskunft nicht zufrieden gegeben und den Arzt wiederholt und nachdrücklich aufgefordert habe, das Kind zu untersuchen. Zwar liege es im Verantwortungsbereich des Arztes zu entscheiden, ob eine Untersuchung des Patienten erforderlich sei oder nicht. Dies bedeutet aber nicht etwa, dass in solchen Fällen automatisch ein Vertrag über eine Beratung zustande komme, wenn der Patient eine solche nicht haben wolle und dies auch deutlich zum Ausdruck bringe. Vielmehr liege ein offenbarer Einigungsmangel vor, der das Zustandekommen eines Vertrages verhindere.

Da auch weitere ärztliche Ansprüche vom Gericht abgelehnt wurden, blieb es dabei: Für eine telefonische Beratungsgebühr gab es keine Rechtsansprüche.

Antrag und Annahme werden rechtlich als Willenserklärungen (WE) bezeichnet.

Die WE muss auf einen **Rechtserfolg** zielen. Die „WE", es möge morgen schönes Wetter sein, ist keine WE im rechtlichen Sinn.

Antrag und Annahme werden erst dann wirksam, wenn sie dem jeweiligen Vertragspartner **zugegangen** sind. Eine WE, in meinem Zimmer ohne Zuhörer ausgesprochen, hat keine rechtliche Wirkung.

In einem Vertrag muss über die **wesentlichen Vertragsbestandteile** Einigung erzielt werden, unwesentliche dagegen brauchen nicht geregelt zu werden, strittige Punkte werden dann durch das Gesetz oder Auslegung geregelt.

Folgende drei Punkte können hier grundsätzlich als wesentlich angesehen werden und müssen daher geregelt werden:

(1) Wer sind die **Vertragsparteien**?

(2) Über welchen **Vertragsgegenstand** wurde der Vertrag abgeschlossen, was ist also Vertragsinhalt?

(3) Welches **Entgelt** wurde vereinbart?

(Ausnahmen: §§ 612, 632, 653. Hier wird beim Fehlen einer ausdrücklichen Vereinbarung über den Preis unterstellt, dass stillschweigend das **übliche** Entgelt vereinbart wurde.)

Einigen sich die Parteien nicht über diese drei Punkte, kommt ein Vertrag nicht zustande. Ob die Parteien über jeden einzelnen Punkt nacheinander Einigung erzielen oder en bloc (im Ganzen), ist rechtlich unerheblich. Letzteres ist z. B. bei einem vorformulierten Vertrag der Fall.

a) **Erklärung**
Eine **Willenserklärung** ist eine Äußerung, eine **Erklärung** (objektiver Tatbestand), in der ich meinen **Willen** (subjektiver Tatbestand) anderen gegenüber kundtue, um damit eine Rechtsfolge herbeizuführen. Die Erklärung kann in mündlicher oder schriftlicher Form, durch schlüssiges Verhalten und in Ausnahmefällen auch durch Schweigen ausgedrückt werden.

b) **Wille**
Der **Wille**, den ich beim Abgeben einer **Erklärung** habe, muss aus einem **Handlungswillen** und einem **Erklärungswillen** bestehen. Handlungswille bedeutet, dass ich mir darüber bewusst bin, dass ich überhaupt handle, ich will also handeln und eine Erklärung abgeben. Erklärungswille bedeutet, dass ich mir darüber bewusst bin, eine Erklärung abzugeben, die eine **Rechtsfolge** nach sich zieht.

Eine WE besteht somit aus **objektivem Tatbestand** (Erklärung) und **subjektivem Tatbestand** (Wille) mit den beiden Komponenten Handlungs- und Erklärungswille.

Hinzu kommt bei jedem unstrittigen Geschäft ein **Geschäftswille** als dritte Komponente des Willens. Der Geschäftswille ist der Wille des Handelnden, mit seinem Verhalten nicht nur irgendeine rechtliche Wirkung herbeizuführen, sondern einen ganz bestimmten gewünschten Erfolg, also beispielsweise eine bestimmte Sache zu kaufen oder zu verkaufen. Fehlt der Geschäftswille, so liegt zwar eine rechtlich wirksame WE vor, die jedoch später wegen Irrtums (§ 119) angefochten werden kann.

**Zusammenfassung**

(1) Die WE ist eine Erklärung (bewusstes Handeln), die auf eine bestimmte Rechtsfolge gerichtet ist.

(2) Entsprechen sich die Erklärung (objektiver Tatbestand) und der Wille des Erklärenden (subjektiver Tatbestand), sind sie also deckungsgleich, so kommt eine wirksame WE zustande.

(3) Fehlt entweder

- der **Handlungswille**
(z. B. Stefan reißt bei einer Versteigerung den Arm der neben ihm sitzenden Tante Kartini hoch),
- der **Erklärungswille**
(z. B. Stefan gibt der in den Versteigerungssaal eintretenden Karolin ein Zeichen, sich zu ihm zu setzen) oder
- die **Erklärung** selbst
(z. B. Evelin denkt: Ich werde mir heute endlich das City-Bike drüben bei Fahrrad-Meyer kaufen),

so liegt keine wirksame WE vor.

(4) Sind Erklärung und Wille vorhanden, entsprechen sich aber nicht, so **fehlt** der **Geschäftswille**, es besteht zwar eine **wirksame WE**, die aber mit diesem Inhalt nicht beabsichtigt war und angefochten werden kann (z. B.: Karla will eine Skihose bestellen. Sie vertippt sich jedoch, sodass auf dem Bestellschein nun „11“ steht).

**Übersicht**

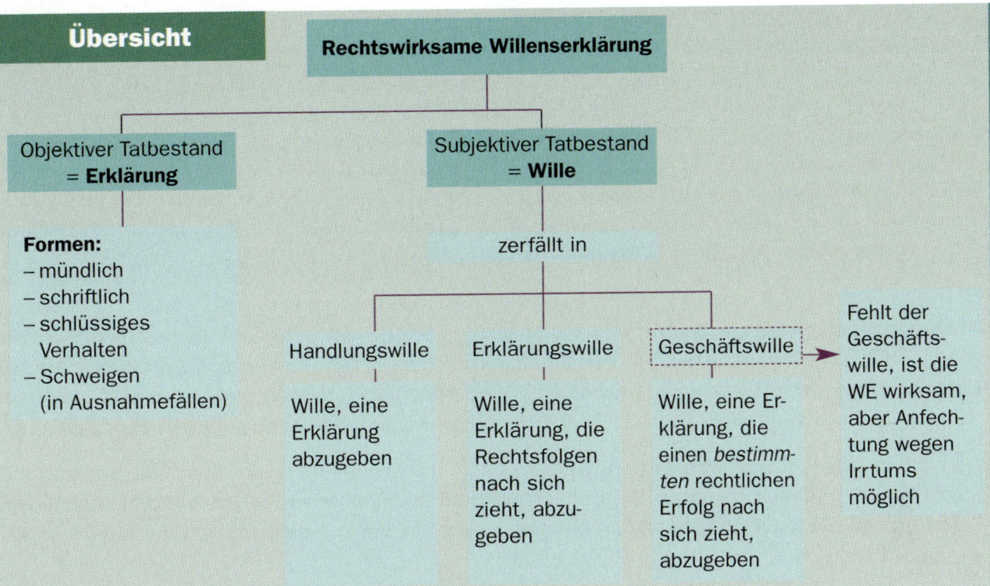


**Aufgabe**

(1) Beschreiben Sie eine „Willenserklärung“, bei der folgende Bestandteile fehlen:
a) Erklärung, b) Handlungswille, c) Erklärungswille, d) Geschäftswille

### 5.1.2 Form der Willenserklärung

Die Willenserklärung (objektiver Tatbestand) kann in verschiedenen **Formen** abgegeben werden. Sie kann **mündlich** oder durch **schlüssiges Verhalten** und in Ausnahmefällen auch durch **Stillschweigen** erfolgen. In vielen Fällen, vor allem im Wirtschaftsleben, werden Willenserklärungen **schriftlich** abgegeben, die in bestimmten Fällen zusätzlich öffentlich **beglaubigt** oder durch einen Notar **beurkundet** werden müssen.

Unter **schlüssigem Verhalten** versteht man, dass aus dem Verhalten (Handeln) des Vertragspartners auf seinen Willen, diesen Vertrag abzuschließen, geschlossen werden kann. **Schweigen** wird nur in Ausnahmefällen als Willenserklärung anerkannt, meist um den Geschäftsverkehr reibungslos zu gestalten, vgl. hierzu §§ 516 BGB und 362 HGB.

Beispiele

- **Legt eine Kundin in einem Supermarkt beispielsweise eine Tüte Gummibärchen auf das Band vor der Kasse, so kann die Kassiererin aus dem schlüssigen Verhalten der Kundin schließen, dass die Kundin diesen Artikel für den ausgezeichneten Preis von 0,99 EUR kaufen möchte.**
- **Tante Lis möchte ihrem Lieblingsneffen ein besonders schönes Geschenk machen. Als dieser sich auf einer Urlaubsreise befindet, lässt sie von einer Gartenbaufirma in dem Hintergarten des Reihenhauses des Neffen ein größeres Gartenhaus als Spielhaus für seine Kinder aufstellen. Schriftlich bittet sie ihn, er möge ihr doch unmittelbar nach dem Ende der Reise mitteilen, ob er das Häuschen haben möchte. Wenn der Neffe sich nicht fristgemäß meldet, hat er die Schenkung stillschweigend angenommen.**

Grundsätzlich besteht bei Verträgen **Formfreiheit**, so werden auch die meisten Verträge des täglichen Lebens mündlich oder durch schlüssiges Handeln abgeschlossen.

**Zeugen helfen bei mündlichen Zusagen**

Auch mündliche Geschäftsvereinbarungen müssen eingehalten werden. Was aber tun, wenn sich der Autoverkäufer nachher nicht an die vorher getroffene Abmachung halten will? Einfach einen Dritten mithören lassen, empfiehlt die Zeitschrift *Verkehrs-Rundschau*. Der kann dann später als Zeuge auftreten. Dies gilt auch bei telefonischen Zusagen. Das Oberlandesgericht Düsseldorf entschied, dass es rechtens ist, Dritte über einen Raum-Lautsprecher mithören zu lassen. Im vorliegenden Fall hatte der Autohändler am Telefon die Rücknahme eines mängelbehafteten Gebrauchtwagens zugesichert. Später wollte er aber nichts mehr davon wissen. (AZ.: 22 U 127/99)

Um die Vertragsparteien zu schützen, Rechtsunsicherheiten zu vermeiden und bei Streitigkeiten über Beweismittel zu verfügen, wird diese Formfreiheit in einigen Fällen durch den Gesetzgeber **eingeschränkt**. So ist beispielsweise für bestimmte Willenserklärungen bzw. Vertragsarten die Schriftform vorgeschrieben, in anderen Fällen eine öffentliche Beglaubigung oder eine notarielle Beurkundung.

a) Ist durch das Gesetz **Schriftform** gemäß § 126 vorgeschrieben, so muss die Erklärung in schriftlicher Form abgegeben werden und eigenhändig unterschrieben werden, bei einem Vertrag von beiden Vertragsparteien. Es genügt jedoch, wenn jede Partei ein Vertragsexemplar mit der Unterschrift der anderen Partei erhält.

   Bei einem eigenhändigen Testament gemäß § 2247 muss der Erblasser dagegen nicht nur eigenhändig unterschreiben, sondern den ganzen Inhalt eigenhändig niederschreiben.

Beispiele

**Schriftform ist beispielsweise bei einem Mietvertrag, der für mehr als ein Jahr abgeschlossen wird, bei der Bürgschaft oder bei einem Schuldversprechen vorgeschrieben, vgl. §§ 550, 766, 780.**

Wegen der Zunahme des elektronischen Handels wurden zusätzliche Regelungen notwendig. So sind nun gemäß §§ 126a und 126b auch Unterschriften in elektronischer Form möglich. Hierfür muss das betreffende Dokument mit einer qualifizierten elektronischen Signatur nach dem Signaturgesetz versehen werden.

b) Ist eine **öffentliche Beglaubigung** gemäß § 129 vorgeschrieben, muss die Erklärung schriftlich abgefasst und unterschrieben werden. Eine dafür zuständige öffentliche Stelle bestätigt dann mit einem Beglaubigungsvermerk, dass die Unterschrift auf dem Schriftstück von einer bestimmten Person stammt. Es wird hier also nicht der Inhalt, sondern lediglich die Echtheit der Unterschrift bestätigt.

Beispiele

**Eine öffentliche Beglaubigung ist beispielsweise Gültigkeitsvoraussetzung für Eintragungserklärungen gegenüber dem Grundbuchamt und dem Registergericht bei Eintragungen ins Vereins- und Handelsregister oder im Rahmen des Namensrechts, vgl. hierzu §§ 77, 371, 403, 1355 BGB und 312 HGB.**

c) In speziellen Fällen fordert der Gesetzgeber eine **notarielle Beurkundung** gemäß § 128 BGB und § 8 ff. Beurkundungsgesetz, um ein Höchstmaß an Rechtssicherheit bezüglich der Form und des Inhalts des Rechtsgeschäfts zu gewährleisten. In diesen Fällen nimmt der Notar eine Niederschrift vor, die die Personalien der Parteien, die von ihnen abgegebenen Willenserklärungen und Ort und Datum der Niederschrift enthalten muss.
   Der Notar ist verpflichtet, die Geschäftsfähigkeit der Parteien zu überprüfen, sie über die Tragweite ihrer Willenserklärungen zu belehren und darauf zu achten, dass unerfahrene Personen nicht benachteiligt werden. Nach der Niederschrift verliest der Notar den Text der Urkunde, der dann von dem oder den Beteiligten genehmigt und eigenhändig unterschrieben wird.

Bei-
spiele

**Grundstücksübereignungen, Schenkungsverträge, bestimmte Formen der Testamentserrichtung oder Erbverträge sind nur dann gültig, wenn sie notariell beurkundet worden sind, vgl. §§ 313, 518, 2231 f., 2276.**

**Aufgabe**

(2) Finden Sie für alle hier genannten Formen von Willenserklärungen ein Beispiel und begründen Sie, warum die von Ihnen gewählte Form zweckmäßig ist.

### 5.1.3 Arten von Rechtsgeschäften

#### 5.1.3.1 Mehrseitige Rechtsgeschäfte

Die häufigsten Rechtsgeschäfte sind mehrseitige Rechtsgeschäfte, d. h. mehrere, meist zwei Personen geben übereinstimmende Willenserklärungen ab.

Mehrseitige Rechtsgeschäfte (Verträge) gibt es auf den verschiedensten Gebieten. Man unterscheidet vier große Gruppen:

- schuldrechtliche Verträge (z. B. Kauf-, Miet-, Pachtvertrag usw.)
- dingliche Verträge (z. B. Einigung gemäß §§ 929 oder 873)
- erbrechtliche Verträge (z. B. Erbvertrag gemäß § 2274 ff.)
- familienrechtliche Verträge (z. B. Ehevertrag gemäß § 1408 ff.)

Von besonderer Bedeutung ist die Unterscheidung zwischen dem schuldrechtlichen **Verpflichtungsgeschäft** und dem sachenrechtlichen **Verfügungsgeschäft** (Erfüllungsgeschäft).

Unter (sachenrechtlichen) **Verfügungsgeschäften** versteht man Rechtsgeschäfte, bei denen sich die Verfügungsgewalt über Sachen oder Rechte (z. B. durch Einigung und Übergabe gemäß § 929) ändert. Nach unserer Rechtsordnung bedarf nun jedes Verfügungsgeschäft eines Grundes, der als solcher wiederum ein eigenes Rechtsgeschäft darstellt. Dieses wird als (schuldrechtliches) **Verpflichtungsgeschäft** bezeichnet. Es handelt sich hierbei um ein mehrseitiges Rechtsgeschäft mit ein- oder mehrseitiger Leistungsverpflichtung. Verpflichtungsgeschäfte bilden damit das **Grundgeschäft** für das oder die sich anschließende(n) Verfügungsgeschäft(e).

Bei einem **mehrseitig verpflichtenden Rechtsgeschäft** (gegenseitiger Vertrag) verpflichten sich meist zwei Vertragspartner jeweils eine Leistung zu erbringen. So muss bei einem Kaufvertrag gemäß § 433 normalerweise der Käufer den Kaufpreis bezahlen und der Verkäufer die Sache liefern, folglich werden im Anschluss an das Verpflichtungsgeschäft mindestens zwei Verfügungsgeschäfte abgeschlossen werden.

Bei einem **einseitig verpflichtenden Rechtsgeschäft** dagegen, wie etwa bei einer Schenkung gemäß § 516, verpflichtet sich nur ein Teil zu einer Leistung, sodass als Folge des Verpflichtungsgeschäfts nur ein Verfügungsgeschäft abgeschlossen wird.

Sollte einmal der Rechtsgrund für ein Verfügungsgeschäft fehlen, etwa weil das Grundgeschäft unwirksam war, so kann die schon übereignete Sache wieder herausverlangt werden (vgl. hierzu § 812 und den Abschnitt über *ungerechtfertigte Bereicherung*).

Beispiele

**Babette erwirbt bei einem Händler zwei „mindestens 50 Jahre" alte Teppiche, und zwar einen afghanischen Nomadenteppich und einen persischen Seidenteppich. Aufgrund des Verpflichtungsgeschäfts (Kaufvertrag gemäß § 433) werden die Teppiche übereignet und der Kaufpreis bezahlt.**

**Wenige Wochen später erfährt sie von einer Bekannten, die als Spezialistin für ein Teppichhaus arbeitet, dass der Seidenteppich höchstens fünf Jahre alt sei. Sie ficht den Kaufvertrag über diesen Teppich erfolgreich an. Im Anschluss daran muss sie den Teppich und der Händler den Kaufpreis wieder herausgeben (vgl. auch Teil III, Abschnitt 1.4.2).**

**Den Nomadenteppich möchte sie ihrer Nichte schenken. Der Schenkungsvertrag wird vor einem Notar abgeschlossen (vgl. §§ 516, 518). Damit liegt ein Schenkungsvertrag mit zwei übereinstimmenden WE vor, der allerdings nur Babette einseitig verpflichtet, den Teppich zu übereignen.**

### 5.1.3.2 Einseitige Rechtsgeschäfte

Einseitige Rechtsgeschäfte sind streng von einseitig verpflichtenden Rechtsgeschäften zu trennen. Bei den einseitigen Rechtsgeschäften ist nur eine Willenserklärung notwendig, z. B. bei einer Kündigung oder bei dem Aufsetzen des letzten Willens, des Testaments.
Einseitige Rechtsgeschäfte können nach der Empfangsbedürftigkeit der Willenserklärungen unterschieden werden. Bestimmte einseitige Rechtsgeschäfte sind **empfangsbedürftig**, d. h. sie kommen erst dann zustande, wenn derjenige, demgegenüber die Willenserklärung wirksam werden soll, diese auch empfangen hat.

Beispiel: **Kündigung, Vollmachterteilung, Anfechtung**

**Nicht empfangsbedürftige** Willenserklärungen sind auch dann rechtlich verbindlich, wenn sie dem oder den Empfänger(n) noch nicht zugegangen sind.

Beispiel: **Testament, Auslobung (§ 657 ff.)**

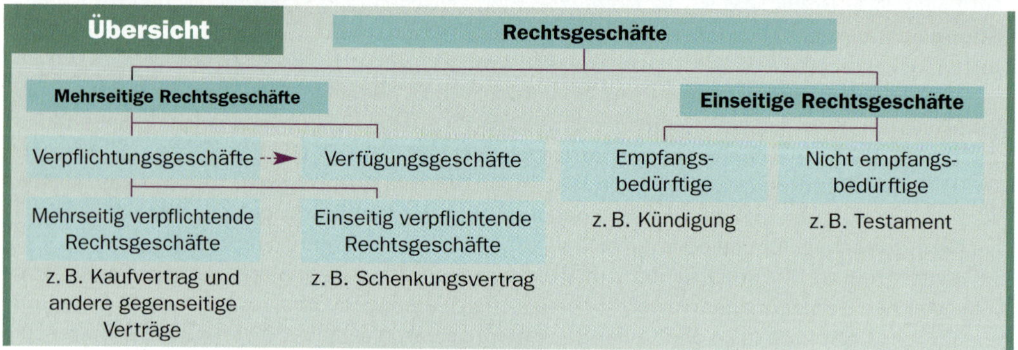


### 5.1.4 Der Zugang von Willenserklärungen

Eine Willenserklärung (WE) muss dem Empfänger rechtzeitig zugegangen sein, um rechtliche Wirkung zu entfalten! Hierbei ist zu unterscheiden, ob es sich um mündliche oder schriftliche Willenserklärungen handelt und ob der Empfänger bei der Abgabe der WE an- oder abwesend ist. Die verschiedenen Möglichkeiten sollen am Beispiel einer Kündigung durchgespielt werden.

**Kündigung ohne Zugang nicht wirksam**

Eine schriftliche Kündigung ist nur dann wirksam, wenn das Schreiben dem Mitarbeiter auch tatsächlich zugegangen ist. Nach einem am Donnerstag veröffentlichten Urteil des Landesarbeitsgerichts Rheinland-Pfalz gilt dies auch bei einem Einschreiben. Wenn der Postbote niemanden antreffe und daher eine Benachrichtigung zurücklasse, sei damit das Schreiben noch nicht zugegangen. Werde der Brief beim Postamt nicht abgeholt, so sei die Kündigung nicht wirksam. Etwas anderes gelte nur, wenn der Mitarbeiter mit der Kündigung rechnen musste (Az.: 10 Sa 949/ 00).
Das Gericht gab mit seinem Urteil der Klage eines Installateurs statt, dem schriftlich gekündigt worden war. Da der Postbote den Mann nicht angetroffen hatte, ließ er eine Benachrichtigung zurück. Der Kläger holte den Brief jedoch nicht ab. Nach Auffassung des Gerichts war er dazu auch nicht verpflichtet, denn er musste nicht mit einer Kündigung rechnen.

*Quelle: Handelsblatt vom 24.08.2001*

Der Zugang einer unter **Anwesenden** abgegebenen WE ist gesetzlich nicht geregelt. Eine *mündlich* ausgesprochene Kündigung ist augenblicklich gültig, allerdings nur dann, wenn der Empfänger sie akustisch verstehen konnte. Die *Überreichung eines Kündigungsschreibens* gilt als Erklärung unter Anwesenden, auch dann, wenn der Empfänger das Schreiben etwa ungelesen auf dem Tisch liegen lässt und den Raum verlässt. Ebenso wird eine *per Telefon* ausgesprochene Kündigung rechtlich wie die Abgabe einer WE unter Anwesenden behandelt. Wird die Erklärung auf einen *Anrufbeantworter* gesprochen, ist der Zugang in dem Zeitpunkt anzunehmen, in dem damit gerechnet werden kann, dass der Angerufene seinen Anrufbeantworter bzw. seine Mailbox abhört.

Eine gegenüber einem **Abwesenden** abgegebene WE gilt gemäß § 130 dann als zugegangen, wenn sie rechtzeitig in den „Machtbereich des Empfängers" gelangt ist, sodass dieser sich bei **normaler Gestaltung seiner Verhältnisse** Kenntnis von dem Inhalt der Erklärung verschaffen konnte und dies auch erwartet werden kann. Ob diese Kenntnisnahme dann auch tatsächlich erfolgte, ist unerheblich. So gilt eine schriftlich – per Brief – verschickte Kündigung zu dem Zeitpunkt als zugegangen, zu dem der Empfänger seinen Briefkasten üblicherweise leert.

Allerdings ist der **Nachweis des Zugangs** schwierig. Bestreitet der Empfänger, den Brief erhalten zu haben, muss der Absendende beweisen, dass, wie und wann das Kündigungsschreiben zugegangen ist. Hierfür reicht der Beweis, dass der Brief abgesandt wurde, etwa durch die Quittung für ein *Einschreiben*, nicht aus. Auch der Versand per *Einschreiben mit Rückschein* bietet keine Sicherheit, da der Rückschein nur nachweist, dass zu einem bestimmten Zeitpunkt ein Schreiben versandt und übergeben wurde, jedoch keine Auskunft über den Inhalt des Schreibens gibt. Der Empfänger könnte daher einwenden, er habe nur einen leeren Briefumschlag oder ein Schreiben anderen Inhalts erhalten.

Die WE sollte daher durch einen *Boten* überbracht werden, wobei dieser jedoch den Inhalt des Schreibens kennen muss. In diesem Fall gilt das Schreiben als zugegangen, wenn der Bote den Brief in den Briefkasten des Empfängers einwirft. Ob der Empfänger das Schreiben dann auch liest, ist ohne Bedeutung, da es wieder nur darauf ankommt, dass es in seinen Machtbereich gelangt ist.

Auch eine Kündigung per Fax ist möglich. Der Zugang erfolgt dann, wenn davon ausgegangen werden kann, dass der Empfänger das ausgedruckte Fax zur Kenntnis nimmt. Allerdings hat auch hier der Absender kaum eine Möglichkeit, den Zugang zu beweisen, da hierfür selbst ein Ergebnisprotokoll und ein O.K.-Vermerk nicht ausreichen.

### 5.1.5 Die Bindung an den Antrag

**Unternehmer ist an Angebot gebunden**

Ein Unternehmer bleibt bei einer Ausschreibung auch an ein zu niedrig kalkuliertes Angebot gebunden. Dies hat das Koblenzer Oberlandesgericht (OLG) in einem am Montag bekannt gewordenen Urteil entschieden. Der Unternehmer ist nach dem Richterspruch weder zur Anfechtung seines Angebots berechtigt noch muss der Bauherr die Kalkulation nachprüfen oder ihn auf mögliche Fehler aufmerksam machen. Eine Ausnahme gelte allenfalls dann, wenn der Fehler offenkundig sei, betonten die Richter (Az.: 1 U 2046/98).

Das Gericht wies mit seinem Urteil die Zahlungsklage eines Unternehmers ab. Die Firma hatte für eine Brückensanierung einen zu geringen Arbeitslohn angesetzt. Da sie etwa 25 % günstiger war als der nächste Bieter, erhielt sie den Auftrag. Als sich später der Kalkulationsirrtum herausstellte, verlangte die Firma eine Nachzahlung in Höhe von rund 69.000,00 EUR.
Das Landgericht gab der Klage zunächst statt. Das OLG stellte sich dagegen auf den Standpunkt, dass das Angebot verbindlich bleibe.

*Quelle: Handelsblatt vom 09.04.2002*

Wie Sie schon wissen, entsteht ein Vertrag durch Antrag und Annahme. Ein Kaufvertrag etwa kommt entweder durch ein Angebot und die entsprechende Bestellung des Käufers oder durch eine Bestellung ohne vorangegangenes Angebot und die entsprechende Bestellungsannahme zustande. Eine Anfrage ist ebenso rechtlich unverbindlich wie ein an die Allgemeinheit gerichtetes Angebot (z. B. eine Zeitungsanzeige), beide stellen Aufforderungen zur Abgabe eines rechtlich verbindlichen Antrags dar. Anders verhält es sich hingegen bei Internetauktionen. So hat der BGH in einem 2002 veröffentlichten Urteil festgestellt (BGH NJW 2002, S. 363 f.), dass das Freischalten einer Angebotsseite auf einer Internet-Auktionsplattform (eBay) eine verbindliche auf den Abschluss eines Kaufvertrags gerichtete Willenserklärung, im Regelfall ein Angebot, darstelle.
Ein Kaufvertrag kann somit grundsätzlich auf zwei unterschiedliche Arten geschlossen werden.

**Übersicht: Zustandekommen eines Kaufvertrags**

| | | | |
|---|---|---|---|
| Anfrage ↓ | An die Allgemeinheit gerichtetes allgemeines Angebot ↓ | Aufforderung zur Abgabe eines Antrags | Rechtlich unverbindlich (kann entfallen) |
| **Spezielles,** an eine Person (Firma) gerichtetes **Angebot** + **Bestellung** ↓ | **Bestellung** + **Bestellungsannahme** ↓ | **Antrag**<br>**Annahme** | **Rechtlich verbindlich** (Willenserklärung) |
| **Kaufvertrag** | | **Vertrag** | **Rechtsfolge** |

Der Antrag zum Abschluss eines Vertrags ist also grundsätzlich rechtlich verbindlich (vgl. § 145), genauso wie die Antragsannahme, durch die der Vertrag dann schließlich geschlossen wird.

Die rechtliche Verbindlichkeit von Willenserklärungen, wie Antrag und Annahme, soll Rechtssicherheit schaffen und damit einen raschen und reibungslos funktionierenden Wirtschaftsverkehr ermöglichen. Um dieses Ziel zu erreichen, ist es aber andererseits auch notwendig, diese allgemeine Verbindlichkeit unter gewissen Umständen wieder einzugrenzen.

So ist beispielsweise eine zeitliche Begrenzung der rechtlichen Bindung an den Antrag notwendig, um dem Anbieter die Möglichkeit zu geben, die Waren anderweitig zu verkaufen, wenn der Empfänger des Antrags nicht in einer angemessenen Frist reagiert. Bestellt der Empfänger verspätet oder ändert er den Antrag ab, so ist der Antragende nicht mehr an sein Angebot gebunden. Vielmehr stellt eine verspätete oder abgeänderte Bestellung nun wiederum einen neuen rechtlich verbindlichen Antrag dar, der angenommen oder abgelehnt werden kann. Schließlich kann auch der Antragende seine Bindung ausschließen, widerrufen oder zeitlich begrenzen.

Die Ausnahmen von der Bindung an den Antrag sind in der Übersicht auf Seite 67 zusammengestellt.

**Aufgaben**

Lösen Sie die folgenden Fälle, nachdem Sie sich die verschiedenen Ausnahmen eingeprägt haben. Prüfen Sie anhand der angegebenen Paragraphen, ob die Fälle unter die angegebenen Ausnahmen fallen, und ordnen Sie sie dann den Ausnahmen 1–6 zu.

(3) Die Firma Steiner und Co. KG bietet ihren Kunden an: 1.000 Stück Korbmöbel aus Indonesien mit dem Zusatz freibleibend und unverbindlich. Das Möbelhaus Freiser bestellt daraufhin zwei Stück. Ist durch diese Bestellung ein Kaufvertrag zustande gekommen?

(4) Wie oben, nur entfällt der Zusatz freibleibend und unverbindlich. Dafür erbittet Firma Steiner eine Zusage bis zum 5. Oktober. Der Einkaufsleiter des Möbelhauses Freiser bestellt am 7. Oktober.
Ist ein Kaufvertrag zustande gekommen?

(5) Steiner bietet die Korbmöbel am 1. Oktober an. Das Möbelhaus Freiser bestellt, da es erst noch andere Angebote prüft, am 1. November.
Ist ein Kaufvertrag zustande gekommen?

(6) Steiner bietet die Korbmöbel für 85,00 EUR pro Stück an. Freiser erscheint der Preis zu hoch. Er ordert 10 Stück zu 65,00 EUR pro Stück.
Kommt hierdurch ein Kaufvertrag zustande?

(7) Ein Vertreter der Firma Steiner erscheint bei Freiser und bietet die Möbel zu dem sensationell günstigen Preis von 70,00 EUR an. Freiser möchte sich das Geschäft noch überlegen, bestellt aber am nächsten Tag schriftlich 50 Stück.
Steiner lehnt die Ausführung der Bestellung ab. Wie ist die Rechtslage?

(8) Freiser ordert schriftlich bei Steiner 10 Korbtische. Am gleichen Tag fällt ihm ein, dass sein Einkaufsleiter eine Woche zuvor bei einer anderen Firma ebenfalls Korbtische bestellt hat.
Welche Möglichkeit hat Freiser, den Vertragsabschluss noch zu verhindern?

**Übersicht**

**Ausnahmen von der Bindung an den Antrag**

**Abhängig vom Annehmenden**

1. nach Ablauf einer gesetzten Frist, gemäß §§ 146, 148, 150.1
2. nach Ablauf einer angemessenen Frist (ca. eine Woche) für die Annahme, gemäß §§ 146, 147.2, 150.1
3. nach Abänderung des Antrags, gemäß § 150.2
4. bei nicht sofortiger Annahme durch Anwesende, gemäß §§ 146, 147.1, 150.1

**Abhängig vom Antragenden**

5. durch den Ausschluss der Bindung, gemäß § 145
6. durch rechtzeitigen Widerruf, gemäß § 130.1

## 5.2 Bedingungen und Fristen

### 5.2.1 Bedingte und befristete Verträge

Beispiele

**Die Großeltern Marianne und Werner K. geben vor dem Notar folgendes Schenkungsversprechen ab: Unser Enkelkind Janina soll einen VW Polo für den Fall erhalten, dass es die Fachhochschulreife bestehe.**
**Da Feldners Sekretärin schwer erkrankt ist, stellt er Cordula als Krankheitsvertretung ein. Im Arbeitsvertrag ist festgelegt, dass das Arbeitsverhältnis bis zur Rückkehr der Sekretärin an ihren Arbeitsplatz dauern solle.**

Verträge können so abgeschlossen werden, dass sie nur unter bestimmten Bedingungen wirksam werden oder nur eine bestimmte Zeit gelten sollen: Bei beiden Beispielen handelt es sich um **bedingte Verträge**, gemäß § 158.

Im ersten Beispiel handelt es sich um eine *aufschiebende* Bedingung. Mit dem Eintritt der Bedingung, Bestehen der Fachhochschulreife, wird der Schenkungsvertrag von alleine wirksam und Janina hat einen Anspruch an ihre Großeltern erworben.

Im zweiten Beispiel wurde eine *auflösende* Bedingung vereinbart. Mit dem Eintritt der Bedingung, der Genesung der Sekretärin, ist der abgeschlossene Arbeitsvertrag automatisch aufgelöst und der *frühere Rechtszustand* tritt wieder ein.

Bei einer aufschiebenden Bedingung entsteht das gewollte Rechtsverhältnis erst mit dem Eintritt der Bedingung. Bei einer auflösenden Bedingung ist es gerade umgekehrt: Hier entsteht das gewollte Rechtsverhältnis zunächst, erlischt aber mit Eintritt der Bedingung. Während sich im ersten Fall der Anfang des Rechtsverhältnisses nicht genau bestimmen lässt, lässt sich im zweiten Fall das Ende des Vertrages nicht exakt bestimmen.

Im Gegensatz dazu erlauben **befristete** Verträge gemäß § 163, Anfang und Ende eines Rechtsgeschäfts genau festzulegen. Der Abschluss befristeter Arbeitsverträge ist allerdings vom Gesetz eingeschränkt, vgl. Beschäftigungsförderungsgesetz.

Beispiel

**Feldner stellt Cordula wie oben als Krankheitsvertretung ein. Da er mit der Rückkehr seiner Sekretärin nach etwa drei Monaten rechnet, schließt er mit Cordula im März einen auf drei Monate befristeten Arbeitsvertrag ab. Der Vertrag soll am 1. April beginnen und am 30. Juni enden.**

Der Vertrag wurde wirksam am 20. März abgeschlossen, seine Wirkungen beginnen am 1. April und enden drei Monate später.

### 5.2.2 Fristen und Termine

Beispiel

**Carola ist am 31. Mai 1981 um 10:00 Uhr geboren. Kurz vor ihrem 18. Geburtstag schaut sie sich bei verschiedenen Gebrauchtwagenfirmen um, da sie möglichst bald ein eigenes Auto kaufen möchte. Am Morgen des 30. Mai 1999 wird ihr von einem befreundeten Autohändler ein italienischer Sportwagen zu dem günstigen Preis von 15.000,00 EUR angeboten. Er kann ihr nur eine Entscheidungsfrist bis zum 31. Mai morgens 10:00 Uhr einräumen, da ein weiterer guter Kunde das Auto ebenfalls kaufen wolle. Carola möchte das Angebot annehmen, da sie ja am 31. Mai volljährig und damit auch voll geschäftsfähig werde. Ihre Eltern, die gegen den Kauf sind, sind dagegen der Auffassung, sie sei erst am 1. Juni volljährig, während der Autohändler meint, da sie ja um 10:00 Uhr geboren sei, begänne auch ihre volle Geschäftsfähigkeit um 10:00 Uhr. Wer hat Recht?**

Das Beispiel zeigt die rechtliche Bedeutung von **Fristsetzung** und **Fristberechnung**. Wie schon besprochen ist der Verkäufer bis zum 31. Mai, 10:00 Uhr, an seinen Antrag gebunden, später kann er das Fahrzeug an einen anderen Kunden verkaufen. Kann Carola den Antrag erst am nächsten Tag annehmen, besteht das Risiko, dass sie das Auto nicht mehr bekommt.

Entscheidend ist hier also die Frage, wann die Frist für ihre volle Geschäftsfähigkeit beginnt. Gemäß § 187.2 wird der Tag der Geburt bei der Berechnung der Volljährigkeit nicht mitgezählt. Damit ist Carola am 31. Mai 1999, 00:00 Uhr volljährig und kann den Antrag zum Kauf des Autos auch ohne die Zustimmung der Eltern annehmen.

**Fristen sind genau einzuhalten**

Gesetzliche Fristen sind ohne Ausnahme auf die Minute genau einzuhalten. Das geht aus einem am Mittwoch veröffentlichten Urteil des Landesarbeitsgerichts Frankfurt hervor. Damit verlor der Insolvenzverwalter eines Maschinenbauunternehmens jetzt einen Prozess, weil er einen Schriftsatz per Telefax eine Minute zu spät bei Gericht einreichte (Az.: 2 Sa 222/01).

Der in einem Kündigungsschutzprozess beklagte Insolvenzverwalter hatte die schriftliche Begründung seiner Berufung gegen ein erstinstanzliches Urteil nachts per Telefax an das Gericht geschickt. Das Papier wies als Ankunftsuhrzeit 00:01 Uhr auf. Mit Ablauf des vorangegangenen Tages war die einmonatige Frist jedoch abgelaufen. Wie das Gericht feststellte, besitzen Richter bei verspätet eingehenden Schriftsätzen „keinen Ermessensspielraum", sondern müssen die Klagen von Amts wegen in jedem Fall zurückweisen. Dies gelte auch dann, wenn es sich nur um eine äußerst geringfügige Verspätung von wenigen Minuten handele.

*Quelle: Handelsblatt vom 07.06.2001*

## Fristablauf auch während Urlaub

Die Frist zur Einlegung eines Rechtsmittels gegen eine gerichtliche Entscheidung kann endgültig ablaufen, auch wenn eine Partei wegen eines mehrwöchigen Urlaubs keine Kenntnis von der Entscheidung haben konnte. Dies hat das Oberlandesgericht Zweibrücken entschieden (Az.: 3 W 52/01). Der Betroffene war in den Urlaub gefahren, obwohl das Gericht ihm vorher schriftlich mitgeteilt hatte, dass seine Entscheidung bevorstehe. Nach seiner Rückkehr war die Beschwerdefrist bereits abgelaufen – und zwar endgültig und ohne die Möglichkeit einer Wiedereinsetzung, wie das Gericht befand: Wem die Wahrung seiner Rechte „mehr oder weniger gleichgültig" sei, falle nicht unter den Schutz der Wiedereinsetzungsregelung.

*Quelle: Handelsblatt vom 15.10.2001*

Eine **Frist** ist ein bestimmter oder bestimmbarer **Zeitraum**, innerhalb dessen bestimmte Handlungen vorgenommen werden müssen, um fristgerecht zu erfolgen. **Gesetzliche Fristen** werden durch das Gesetz bestimmt, **richterliche Fristen** dagegen kann der Richter von Fall zu Fall festlegen.

Beispiele

- **Die gesetzliche Einspruchsfrist bei einem Mahnverfahren beträgt zwei Wochen,**
- **die gesetzliche Kündigungsfrist bei Angestellten vier Wochen zum Monatsende bzw. zum 15. eines Monats und**
- **die gesetzliche Berufungsfrist in Zivilprozessverfahren einen Monat ab Zustellung des Urteils, sie beginnt aber spätestens fünf Monate nach der Urteilsverkündung, während**
- **die Verjährungsfrist für Sachmängelansprüche aus Kaufverträgen zwei Jahre beträgt.**
- **Das Gericht setzt eine Frist von einer Woche zur Beibringung einer Prozessvollmacht oder zur Stellungnahme auf eine Klageerwiderung.**

Die **Berechnung der Fristen** richtet sich nach § 186 ff. Eine gesetzliche Frist beginnt grundsätzlich am Tage nach dem Eintritt des betreffenden Ereignisses, während die richterliche Frist gemäß § 187.1 am Tag nach der Zustellung des jeweiligen Schriftstückes beginnt. Gemäß § 188 endet eine nach Tagen berechnete Frist mit dem Ablauf des letzten Tages der Frist, Wochen-, Monats- und Jahresfristen werden von Wochentag zu Wochentag bzw. Datum zu Datum berechnet. Würde eine Frist an einem Samstag, Sonntag oder gesetzlichen Feiertag enden, so tritt an die Stelle dieses Tages der nächste Werktag.

Beispiele

- **A wurde durch eine unerlaubte Handlung geschädigt. Ist der Täter bekannt, beginnt die 3-jährige Verjährungsfrist am Tag nach der Schädigung, vgl. §§ 823, 195.**
- **An einem Mittwoch wird ein Vollstreckungsbescheid zugestellt, die Frist läuft am Mittwoch nach zwei Wochen um 24:00 Uhr ab (der Zustellungstag wird nicht mitgerechnet).**

Beispiele

- **Wird ein Urteil am 31. Mai zugestellt, läuft die Berufungsfrist einen Monat später am 30. Juni (dem entsprechenden Monatstag) um 24:00 Uhr ab.**
- **Erfolgt die Zustellung am 25. November und beträgt die Frist einen Monat, so läuft die Frist wegen der beiden gesetzlichen Weihnachtsfeiertage am 27. Dezember ab, fällt dieser Tag auf einen Samstag, endet die Frist erst am 29. Dezember.**

In bestimmten Fällen beginnt der Lauf einer Frist bereits mit Beginn des Tages. In diesen Fällen endet die Frist gemäß § 187.2 mit Ende des entsprechenden vorhergehenden Tages, etwa bei einem befristeten Arbeitsvertrag oder einem befristeten Mietvertrag.

Beispiele

- **Der befristete Arbeitsvertrag für Feldners Aushilfssekretärin Cordula (s. o.) beginnt am 1. April und endet am 30. Juni.**
- **Der Hauseigentümer K. entschließt sich, im Frühjahr 2005 für drei Jahre als Entwicklungshelfer in Südostasien zu arbeiten. Am 10. Mai 2005 schließt er mit einer 4-köpfigen Wohngemeinschaft einen befristeten 3-jährigen Mietvertrag, der am 1. Juni 2005 beginnen und am 31. Mai 2008 enden soll.**

Ein **Termin** ist ein bestimmter **Zeitpunkt**, der nach Tag und gegebenenfalls nach Stunde bestimmt ist und an dem etwas geschehen soll bzw. eine Wirkung eintritt. So kann beispielsweise das Gericht von Amts wegen (vgl. § 216 Zivilprozessordnung) Termine anberaumen, aufheben, vertagen oder verlegen. Ausnahmsweise können diese Termine auch an Samstagen, Sonntagen oder Feiertagen anberaumt werden.

Beispiel

**Es wurde ein Termin zur Beweiserhebung außerhalb des Gerichts anberaumt. Der klägerische Anwalt ist plötzlich erkrankt. Der Beweistermin wird vom Gericht entweder aufgehoben oder auf einen späteren Termin verlegt, wenn feststeht, dass der Anwalt teilnehmen kann.**

## 6 Vertragsarten

Der Kaufvertrag ist nur einer von vielen Verträgen. Wenn Sie ins Inhaltsverzeichnis Ihres BGB (2. Buch, 8. Abschnitt) hineinsehen, werden Sie feststellen, dass es daneben noch viele andere Vertragsarten gibt.

Sie sollen jetzt anhand der folgenden Fälle verschiedene Vertragsarten kennenlernen. Stellen Sie daher für jeden der folgenden Fälle fest, um welchen Vertragstyp es sich handelt und welche Hauptverpflichtungen sich für die Vertragspartner aus dem jeweiligen Vertrag ergeben!

**Aufgaben**

(1) Jörg Schmidt sucht für sich und seine Freundin eine Wohnung. Er gibt deswegen in seiner Tageszeitung eine Anzeige auf. Kurz darauf wird er von dem Hausbesitzer Wummerich zur Besichtigung einer Wohnung eingeladen. Nach einer Besichtigung der Wohnung und einer kurzen Besprechung unterzeichneten Schmidt und Wummerich einen Vertrag.
Nachdem das junge Paar ein halbes Jahr in der Wohnung gewohnt hat, ist der Ölofen reparaturbedürftig. Jörg teilt dies sofort Herrn Wummerich mit, der sich am nächsten Tag auch den Schaden ansieht, es jedoch ablehnt, für eine Instandsetzung zu sorgen. Er ist der Meinung, Jörg habe für den Schaden aufzukommen. Vgl. §§ 535 ff.; 581 ff.; 598 ff.; 611 ff.!

(2) Dirk Eiler besitzt einen größeren Bauernhof, der ihm, da er schon 62 Jahre alt ist, eine immer größere Last ist. Der Sohn seines Nachbarn Frank Wiemann ist bereit, den Hof zu bewirtschaften, da ihn Eiler noch nicht verkaufen, sondern ihn seinem Neffen vererben möchte.

Sie vereinbaren eine Nutzungszeit von 10 Jahren bei einem monatlichen Zins von 500,00 EUR. Der Vertrag wird von beiden Seiten auch eingehalten, nur einmal gibt es Probleme, als Eiler einen Teil von der Ernte fordert, was ihm Wiemann jedoch nicht zugestehen möchte (vgl. §§ 535 ff.; 581 ff.; 598 ff.; 611 ff.).

(3) Der 18-jährige Bernd möchte eine Radtour durch Deutschland machen. Da er kein geeignetes Tourenrad besitzt, bittet er seinen Freund Ulf, ihm das seine zu überlassen. Ulf ist damit einverstanden, bittet Bernd aber, vorsichtig damit umzugehen.

Am Ende seiner Ferien gibt Bernd das Fahrrad wieder zurück. Obwohl alles in Ordnung ist, bemängelt Ulf, dass die Reifen zu stark abgefahren seien, dafür solle ihm Bernd eine angemessene Entschädigung zahlen (vgl. §§ 535 ff.; 581 ff.; 598 ff.; 611 ff.).

(4) Die 20-jährige Anke leiht sich von ihrem Onkel Reino 1.000,00 EUR, um sich eine Fotoausrüstung zu kaufen. Onkel Reino gibt ihr zwar das Geld, verlangt dafür aber 10 % Zinsen.
Zwei Monate, nachdem sich Anke die Fotoausrüstung gekauft hat, kommt sie in Geldschwierigkeiten und kann die geplante Reise, für die sie den Fotoapparat gebraucht hat, nicht antreten. Anke möchte nun Onkel Reino statt des Geldes die Fotoausrüstung überlassen. Dieser lehnt dies allerdings ab und fordert von ihr die 1.000,00 EUR plus Zinsen (vgl. §§ 535 ff.; 58 ff.; 598 ff.; 611 ff.; 91; 607 ff.).

(5) Die SMV der Kaufmännischen Schule hat einen Faschingsball organisiert und dafür eine Musikgruppe engagiert. Diese verpflichtet sich, von 09:00 Uhr bis 12:00 Uhr für einen Pauschalbetrag von 300,00 EUR zu spielen.
Wegen der guten Stimmung spielen die Musiker fast eine Stunde länger. Bei der Abrechnung fordern sie außer den 300,00 EUR noch eine zusätzliche Vergütung (vgl. §§ 611 ff.; 631 ff.).

(6) Studienrat Karsten Krull zieht um und muss nun seine alte Wohnung renovieren lassen. Ein bekannter Anstreicher erklärt sich bereit, die Wohnung zu streichen, wenn Krull ihm die notwendige Farbe bereitstelle.
Als der Anstreicher nach Beendigung der Arbeiten von Krull den vereinbarten Lohn fordert, zeigt sich Krull zwar zufrieden mit der Arbeit, möchte jedoch erst in 6 Wochen zahlen, da er zurzeit in Geldschwierigkeiten sei (vgl. §§ 611 ff.; 631 ff.).

(7) Die Schreinerei Viktor Mölle in Radolfzell verpflichtet sich, der Gemüsegroßhandlung Albert Schütz OHG in Steißlingen 150 Gemüseholzkisten der Größe B3 bis zum 15. des nächsten Monats zu liefern. Welcher Vertragstyp liegt hier vor und welche Besonderheiten weist er auf? Vgl. §§ 433 ff.; 631 ff.; 651; 91.

(8) Tante Elfriede schenkt ihrer Nichte Klara zum Geburtstag 700,00 EUR, damit diese sich einen lang gehegten Reisewunsch erfüllen kann. Nach der Rückkehr von ihrer Reise besucht Klara ihre Tante, um ihr ausführlich davon zu erzählen. Dabei erfährt sie, dass die Tante nun aber von ihr auch erwarte, dass sie regelmäßig ihren Rasen mähe, da das wohl eine angemessene Gegenleistung sei. Als Klara das ablehnt, erleidet die Tante einen Herzanfall wegen dieser „Undankbarkeit" und fordert anschließend von ihrer Nichte das Geld zurück. Vgl. §§ 433 ff.; 516 ff.; 611 ff.

Die Lösungen, die Sie herausgefunden haben, geben Ihnen einen Überblick über die wichtigsten Vertragsarten, daneben gibt es noch andere Vertragstypen, die in der Praxis zwar auch häufig vorkommen, in diesem Zusammenhang aber nicht weiter erörtert werden sollen.

**Zusammenfassung**

Der **Kaufvertrag** unterscheidet sich vom **Werkvertrag** im Wesentlichen dadurch, dass beim Werkvertrag der Besteller den Stoff, aus dem das zu fertigende Werk hergestellt werden soll, bereitstellt. Im Gegensatz zum **Werklieferungsvertrag** bestimmt beim Kaufvertrag der Verkäufer die wesentlichen Eigenschaften, beim Werklieferungsvertrag dagegen der Besteller, während der Hersteller auch den Stoff beschafft. Da bei vertretbaren Sachen ein Grenzfall vorliegt, gilt hier das Kaufrecht.

## Übersicht: Vertragsarten

| Fall | Vertragsart | Vertragsinhalt | Vertragspartner | Vertragsverpflichtungen |
|---|---|---|---|---|
| – | Kaufvertrag § 433 ff. | Entgeltliche Veräußerung von Sachen oder Rechten | Verkäufer, *Käufer* | Lieferung und Eigentumsverschaffung *Zahlung (und evtl. Abnahme der Ware)* |
| 1 | Mietvertrag § 535 ff. | Überlassung von Sachen zum Gebr. gegen Entgelt | Vermieter *Mieter* | Überlassung u. Erhaltung des Zustandes *Zahlung der Miete und ordentliche Behandlung der Mietsache* |
| 2 | Pachtvertrag § 581 ff. | Überlassung von Sachen oder Rechten zum Gebrauch und Fruchtgenuss gegen Entgelt | Verpächter, *Pächter* | Überlassung und Gewährung des Fruchtgenusses *Zahlung der Pacht und Instandhaltung des Inventars* |
| 3 | Leihvertrag § 598 ff. | Überlassung von Sachen zum Gebrauch ohne Entgelt | Verleiher, *Entleiher* | Überlassung der Sache unentgeltlich *Rückgabe derselben Sache (nach ordentlicher Behandlung)* |
| 4 | Darlehensvertrag § 607 ff. | unentgeltliche oder entgeltliche Überlassung von Geld oder anderen vertretbaren Sachen zum Gebrauch gegen spätere Rückgabe von Sachen gleicher Art, Menge und Güte | Darleiher (Darlehensgeber), *Darlehensnehmer* | Überlassung der Sache *Rückgabe einer Sache gleicher Art und Güte* (Sachdarlehen oder Gelddarlehen) |
| 5 | Dienstvertrag § 611 ff. | Leistung von Diensten (Dienstleistung, Arbeit) gegen Entgelt zeitabhängig | Dienstleistender, *Dienstnehmer* | Erbringen der vereinbarten Dienstleistung *Bezahlung* |
| 6 | Werkvertrag § 631 ff. | Herstellung eines Werkes gegen Vergütung. Der Besteller liefert das Material – erfolgsabhängig | Hersteller, *Besteller* | Herbeiführung eines bestimmten Erfolges, Ablieferung des Werkes *Bereitstellung von Material, Bezahlung nach Herstellung, Abnahme* |
| 7 | Werklieferungsvertrag § 651 | Herstellung eines Werkes aus einem vom Hersteller zu beschaffenden Stoff | Hersteller, *Besteller* | Lieferung der Sache, Eigentumsverschaffung *Zahlung und Abnahme der Sache* |
| 8 | Schenkungsvertrag § 516 ff. | Unentgeltliche Zuwendung von Sachen oder Rechten, durch die der Beschenkte bereichert wird | Schenker, *Beschenkter* | Zuwendung der Sache ohne Gegenleistung *Keine* |

Der **Mietvertrag** ist wie der Pacht-, Leih- oder Darlehensvertrag ein zweiseitig verpflichtender Vertrag. Durch den Mietvertrag verpflichtet sich der Vermieter, dem Mieter die vermietete Sache gegen Entgelt zum Gebrauch zu überlassen. Die **Pacht** unterscheidet sich vom Mietvertrag dadurch, dass sie neben der Gebrauchsüberlassung auch die volle Nutzung des gepachteten Gegenstandes umfasst, während es sich bei der **Leihe** um die unentgeltliche Überlassung einer Sache zum Gebrauch handelt. Mietverträge können grundsätzlich formlos abgeschlossen werden; wenn sie aber die Miete von Häusern oder Wohnungen für länger als ein Jahr betreffen, bedürfen sie der Schriftform.

Bei einem **Dienstvertrag** verpflichtet sich der eine Vertragspartner zur Leistung von Diensten für einen bestimmten oder unbestimmten Zeitraum, der andere zur Bezahlung der Leistung. Wenn der Dienstverpflichtete durch den Vertrag als Arbeitnehmer in einen Betrieb aufgenommen und der Weisungsbefugnis des Arbeitgebers unterstellt wird, handelt es sich um einen Arbeitsvertrag, für den die besonderen Regeln des Arbeitsrechts gelten. Die entsprechenden Regeln des BGB werden darauf nur ergänzend angewandt.

Beim **Werkvertrag** soll dagegen ein bestimmter, zeitunabhängiger Tätigkeitserfolg gegen Bezahlung herbeigeführt werden. Der Werkunternehmer haftet dem Besteller u. a. dafür, dass das Werk die zugesagten Eigenschaften aufweist, fehlerfrei und gebrauchstauglich ist. Weist das Werk Mängel auf, stehen dem Besteller bestimmte Rechte zu.

# 7 Nichtigkeit und Anfechtbarkeit von Willenserklärungen

Für das Zustandekommen eines Vertrags bedarf es (wenigstens) zweier wirksamer Willenserklärungen. Ein wirksamer Vertrag kann also nicht zustande kommen, wenn mindestens eine der beiden Willenserklärungen nichtig ist. Eine solche Willenserklärung ist rechtlich ohne Wirkung. Folglich ist auch das betreffende Rechtsgeschäft **nichtig**.

Ist dagegen eine Willenserklärung fehlerhaft, etwa deswegen, weil sie nur wegen eines Irrtums über eine wesentliche Eigenschaft des Vertragsgegenstandes in dieser Weise ausgesprochen wurde, so kommt zwar ein gültiger Vertrag zustande, der aber von demjenigen, der die fehlerhafte Willenserklärung abgab, **angefochten** werden kann. Der Vertrag ist dann als von Anfang an nichtig anzusehen.

## 7.1 Nichtigkeit

Beispiel

**Die 5-jährige Verena leert ihre Spardose und kauft am Kiosk neben ihrem Wohnhaus sechs Tarzanhefte. Als sie stolz mit den Heften nach Hause kommt, ist ihre Mutter entsetzt und möchte die Hefte wieder zurückbringen. Ist der Händler verpflichtet, die Hefte zurückzunehmen und ihr das Geld zurückzugeben?**

Ein Vertrag ist dann nichtig, wenn die im BGB aufgeführten Voraussetzungen für die Nichtigkeit vorliegen. Wie wir bereits wissen, ist ein Kind, das das 7. Lebensjahr noch nicht vollendet hat, geschäftsunfähig, vgl. § 104. Die Willenserklärung eines geschäftsunfähigen Kindes ist damit nichtig, also rechtlich ohne Wirkung. Somit ist gar kein Kauf zustande gekommen. Die Mutter kann die Hefte zurückbringen und das Geld zurückverlangen.

Neben der Geschäftsunfähigkeit kennt das BGB noch weitere Nichtigkeitsgründe, von denen einige im Folgenden besprochen werden.

### a) Scheingeschäft

Beispiel

**Dominik verkauft seinem Freund Dirk ein Grundstück. Um Einkommens- und Grunderwerbssteuern sowie Gebühren zu sparen, vereinbaren beide einen Quadratmeterpreis von 300,00 EUR, obwohl tatsächlich ein Preis von 500,00 EUR gezahlt werden soll.**

Bei einem Scheingeschäft wird die Willenserklärung nur zum Schein abgegeben. Den vertragschließenden Parteien ist bekannt und sie sind zudem damit einverstanden, dass ein Geschäft dieses Inhalts gar nicht abgeschlossen werden soll. Ein solches Geschäft ist gemäß § 117 nichtig.

### b) Scherzgeschäft

Beispiel

**Detlev und Birgit machen eine Bergtour. Oben angekommen ruft Detlev: „Hundert Euro für ein Bier." Birgit greift in ihren Rucksack, holt ein Bier hervor *und* überreicht es Detlev und fragt: „Wo sind die hundert Euro?"**

Bei einem Scherzgeschäft geht derjenige, der eine scherzhafte Willenserklärung abgibt, davon aus, dass der andere Teil diese Willenserklärung auch als Scherz auffasst. Ein solches Rechtsgeschäft ist gemäß § 118 nichtig. Allerdings ist derjenige, der eine Erklärung im Scherz abgibt, dem anderen gemäß § 122 zum Ersatz des Schadens verpflichtet, den dieser im Glauben an die Ernsthaftigkeit der Erklärung erleidet.

In unserem Beispiel hätte Detlev Birgit also gegebenenfalls einen angemessenen Preis für das Bier zu zahlen.

### c) Verstoß gegen ein gesetzliches Verbot

Beispiel

**Michael beauftragt Frauke, für ihn fünf in Hongkong erworbene Handys durch den deutschen Zoll zu schmuggeln. Frauke soll dafür 100,00 EUR erhalten. Als Frauke die Geräte bei Michael in Deutschland abliefert, bedankt sich der rechtskundige Michael bei ihr, verweigert ihr jedoch mit Verweis auf § 134 die Zahlung.**

Die Vertragspartner können sich trotz Vertragsfreiheit nicht über bestehende gesetzliche Verbote hinwegsetzen. Ein Rechtsgeschäft, das den Verstoß gegen ein gesetzliches Verbot zum Inhalt hat oder gegen ein gesetzliches Verbot verstößt, das gerade zum Ziel hat, diese Art von Rechtsgeschäften zu verhindern, ist daher gemäß § 134 nichtig.

Michael muss Frauke also das vereinbarte Entgelt nicht zahlen.

Dies gilt allerdings nur dann, wenn der Verstoß gegen das Gesetz Hauptzweck des Vertrages war, nicht jedoch, wenn die Vertragsabwicklung „nur" mit einem Gesetzesverstoß einhergeht.

Beispiel

**Bauherr B schließt mit Architekt A einen Vertrag. Die Vergütung soll ohne Rechnungsstellung erfolgen. Der Vertrag ist gültig, auch wenn durch die Vereinbarung eine Steuerhinterziehung erleichtert werden soll.**

### d) Verstoß gegen die guten Sitten

Beispiel

**Corinna hat spätabends auf einer Landstraße einen Auffahrunfall verursacht, bei dem ihr Wagen schwer, der Wagen des nicht schuldigen Unfallgegners Franz jedoch nur wenig beschädigt wurde. Nach dem Austausch der Personalien bittet Corinna, deren Wagen nicht mehr fahrbereit ist, Franz, sie in die wenige Kilometer gelegene Kleinstadt zu fahren. Franz willigt ein, verlangt für diese Dienste jedoch ein Fahrgeld in Höhe von 200,00 EUR. Corinna willigt zunächst ein. Als Franz Corinna in der Stadt absetzt und den Fahrpreis verlangt, weigert sich Corinna zu zahlen.**

Gemäß § 138.1 ist ein Rechtsgeschäft, das gegen die guten Sitten verstößt, nichtig. Insbesondere ist ein Rechtsgeschäft dann nichtig, wenn es den Tatbestand des Wuchers erfüllt, vgl. § 138.2. Wucher liegt dann vor, wenn jemand die Notlage, die (rechtliche) Unerfahrenheit oder die Willensschwäche eines anderen in der Weise ausnutzt, dass er sich Vermögensvorteile verschafft, die in einem auffälligen Missverhältnis zur eigenen Leistung stehen.

Offensichtlich hat Franz die Notlage von Corinna ausgenutzt. Der Vertrag ist gemäß § 138.2 nichtig, Corinna braucht die 200,00 EUR also nicht zu zahlen, sondern lediglich einen angemessenen Fahrpreis.

**e) Verstoß gegen die vorgeschriebene Form**

Beispiel

**Tante Lis schreibt ihrem Lieblingsneffen Theo, der sich zurzeit im Ausland aufhält, „... wenn du im nächsten Jahr wieder nach Deutschland kommst, kaufe ich dir einen Sportwagen." Als Theo im darauf folgenden Jahr wieder in Deutschland ist und seine Tante dezent an ihr Versprechen erinnert, erfährt er zu seinem Leidwesen, dass diese ihre Meinung geändert hat. Als Theo daraufhin erbost mit dem Brief zum Rechtsanwalt geht, erläutert ihm dieser, dass es zur Gültigkeit eines Schenkungsversprechens einer notariellen Beurkundung bedarf.**

Gemäß § 125 ist ein Rechtsgeschäft, welches nicht in der vom Gesetz vorgeschriebenen Form abgeschlossen wird, nichtig. Vielfach führt der Formmangel allerdings nicht automatisch zur Nichtigkeit, in wieder anderen Fällen kann der Formmangel durch die Erfüllung des Vertrages *geheilt* werden.

Beispiele

- **Zwar muss gemäß § 550 ein Mietvertrag, der für mehr als ein Jahr gelten soll, schriftlich abgeschlossen werden, ist dies jedoch nicht der Fall, so gilt der Vertrag als für unbestimmte Zeit geschlossen.**
- **Zwar muss ein Vertrag, der die Eigentumsübertragung eines Grundstücks zum Gegenstand hat, notariell beurkundet werden, wird die Form jedoch nicht beachtet, wird der Vertrag gültig, wenn die Auffassung und die Eintragung in das Grundbuch erfolgt sind, vgl. § 313.**
- **Hätte Tante Lis Theo das Auto gekauft und erst hinterher ihre Meinung geändert, so wäre der Vertrag gemäß § 518.2 gültig gewesen.**
  **Vgl. auch Bürgschaftsversprechen gemäß § 766.**

**Aufgaben**

Prüfen Sie bei den folgenden Fällen die Rechtslage. Belegen Sie mithilfe von Paragraphen, ob es sich hier um gültige oder um nichtige Rechtsgeschäfte handelt.

(1) Der 20-jährige Rolf schließt mit dem gleichaltrigen Detlef einen Vertrag: „Rolf erhält 50,00 EUR, wenn er im Haus von Detlefs Ausbilder nachts mindestens zwei Fenster mit Steinen einwirft."

(2) Der Geldverleiher Senz bietet dem Landwirt Dillmann, der sich zurzeit wegen einer schlechten Ernte in einer Notlage befindet, ein Darlehen an: Höhe 50.000,00 EUR, Laufzeit 1 Jahr, rückzahlbar in einer Summe, einschließlich Zinsen: 80.000,00 EUR.
Nach Ablauf eines Jahres überweist Dillmann nur 50.000,00 EUR. Zwar verklagt Senz den Dillmann auf Zahlung der Restschuld von 30.000,00 EUR. Das Gericht gibt jedoch Dillmann recht. Wieso?

(3) Bauer Edward setzt seinen ältesten Sohn durch Erbvertrag als Hoferben ein. Allerdings muss der Sohn hierfür eine Bescheinigung unterschreiben, dass er sich innerhalb eines Jahres scheiden lasse.

(4) Meier vermietet eine Wohnung mit vier gleich großen Zimmern an zwei Deutsche, die jeweils 150,00 EUR für ein Zimmer zu zahlen haben. Die anderen zwei Zimmer vermietet er an zwei Kroaten für jeweils 300,00 EUR.

(5) Der 6-jährige Hans kauft einen Kugelschreiber für 2,00 EUR. Der Vater merkt dieses, geht zum Schreibwarengeschäft, legt den Kugelschreiber auf den Tisch und fordert die 2,00 EUR zurück.

(6) Der 17-jährige Peter kauft sich mit seinem Taschengeld einen gebrauchten CD-Player für 50,00 EUR. Der Vater verweigert seine Zustimmung.

(7) Ein Betrunkener verkauft im Vollrausch seine goldene Armbanduhr für ein kleines Pils. Am nächsten Morgen fordert er die Uhr zurück.

(8) Ein Grundstück wird zwischen zwei Freunden, um Grunderwerbsteuern zu sparen, zum Schein zu einem niedrigeren Preis (200.000,00 statt 300.000,00 EUR) verkauft. Der Vertrag wird notariell beurkundet. Die restlichen 100.000,00 EUR zahlt der Käufer am nächsten Tag dem Verkäufer.
(9) A kauft von B ein Grundstück, ohne dass der Kauf notariell beurkundet wird.
(10) Eine Ehe wird auf dem Campingplatz vor dem Platzwart geschlossen.
(11) Die 18-jährige Inge kommt nach einer Klassenarbeit auf den Pausenhof und ruft: „Einen Hunderter für eine Zigarette." Ihr Klassenkamerad Rolf nimmt ihr „Angebot" an.

**Übersicht: Anfechtung**

| Mangel in: | | Paragraphen |
|---|---|---|
| der **Geschäftsfähigkeit** | 1. Geschäftsunfähigkeit | § 104, § 105.1 |
| | 2. Beschränkte Geschäftsfähigkeit ohne Zustimmung der Eltern (Ausnahmen!) | § 106, § 107, § 108 |
| dem rechtsgeschäftsfähigen **Willen** | 3. Willenserklärungen, die im bewusstlosen Zustand oder bei vorübergehender Störung der Geistestätigkeit abgegeben werden | § 105.2 |
| | 4. Scheingeschäfte. Es besteht der übereinstimmende Wille, dass das Erklärte nicht gelten soll. | § 117.1 |
| | 5. Scherzgeschäfte. Es besteht die berechtigte Erwartung, dass der andere den Scherz erkennt. Allerdings ist derjenige, der eine solche Erklärung abgibt, dem anderen zum Ersatz des „Vertrauensschadens" verpflichtet. | § 118, § 122 |
| | 6. Wirksame Anfechtung (vgl. Abschnitt 1.4.2) | § 142 |
| dem **Inhalt** des Rechtsgeschäfts | 7. Verstoß gegen ein gesetzliches Verbot | § 134 |
| | 8. Verstoß gegen die guten Sitten. Das Richtmaß sind hier Treu und Glauben und die Verkehrssitte. | § 138.1, § 138.2 |
| der **Form** | 9. Verstoß gegen die vorgeschriebene Form<br>Ausnahmen: In drei Fällen heilt die Erfüllung die Nichtigkeit wegen Formmangels:<br>– Schenkungsversprechen<br>– Bürgschaftsversprechen<br>– Grundstücksveräußerung | § 125<br><br><br>§ 518<br>§ 766<br>§ 313 |

## 7.2 Anfechtbarkeit

Wie oben festgestellt, gibt es nichtige und fehlerhafte Willenserklärungen. Während nichtige Willenserklärungen von Anfang an keinerlei rechtliche Wirkung haben, sind fehlerhafte Willenserklärungen zunächst gültig. Das bedeutet aber auch, dass dann, wenn eine solche fehlerhafte Willenserklärung nicht angefochten wird, der Vertrag erfüllt und z. B. der Kaufpreis gezahlt werden muss.

Wird die fehlerhafte Willenserklärung jedoch wirksam angefochten, so wird der zunächst gültige Vertrag als von Anfang an unwirksam (nichtig) angesehen (§ 142). Man unterscheidet verschiedene Anfechtungsgründe.

## 7.2.1 Anfechtungsgründe

### 7.2.1.1 Irrtum

Ein Irrtum liegt dann vor, wenn die Erklärung und der Wille, also der objektive und der subjektive Tatbestand der Willenserklärung, unbewusst auseinanderfallen (vgl. Abschnitt 5.1.1). Grundsätzlich gibt es hier zwei Möglichkeiten:

- Der Erklärende irrt sich, d. h., Erklärung und Wille fallen unbewusst auseinander (§ 119).
- Eine dritte Person, die als Übermittler der Willenserklärung eingesetzt wurde, irrt sich (§ 120).

  Hier liegt offensichtlich kein Irrtum des Erklärenden vor: Was er wollte, hat er auch erklärt. Der Irrtum unterläuft einem anderen. Das Gesetz gibt dem Erklärenden in diesem Fall jedoch die gleichen Rechte wie bei einer nach § 119 (selbst) irrtümlich abgegebenen Erklärung. Die einzelnen Tatbestände sollen jetzt noch genauer erläutert werden.

a) **Irrtum über den Inhalt der Erklärung** (Inhaltsirrtum) gemäß § 119.1
Derjenige, der die Erklärung abgibt, wollte zwar die Erklärung abgeben, hat aber die Bedeutung der Erklärung verkannt, d. h. er hat ihr einen anderen Sinn beigemessen.

Beispiele

- **Arndt will einen Mietvertrag abschließen, unterschreibt aber einen Pachtvertrag.**
- **Marlies bestellt im Februar 1999 aus dem inzwischen überholten Katalog von 1998 zwei Lautsprecher mit Bestellnummer 1789 C. Diese Nummer wurde jedoch 1999 einem anderen Lautsprechertyp zugeordnet, was Marlies natürlich nicht bekannt war. Damit hat sie sich über den Inhalt ihrer Willenserklärung geirrt.**

b) **Irrtum in der Erklärung** (Erklärungsirrtum) gemäß § 119.1
Ein solcher liegt dann vor, wenn der Anfechtende sich bei der Abgabe der Erklärung versprochen oder verschrieben hat, also die Erklärung **so** nicht abgeben wollte.

Beispiel

**Kathrin möchte ihr gebrauchtes Mofa verkaufen und bietet es brieflich einer Freundin für 150,00 EUR an, sie wollte jedoch eigentlich 250,00 EUR schreiben.**

c) **Irrtum über eine verkehrswesentliche Eigenschaft** gemäß § 119.2
Der Erklärende befand sich in diesem Fall in einem Irrtum über eine Eigenschaft der Person oder Sache, die im Verkehr als wichtig angesehen wird.
Als Eigenschaften der Sache kommen in Betracht: Herkunft (Kunstwerk), Echtheit, Stoff, Größe, Baujahr, Bebaubarkeit eines Grundstücks, das Leistungsvermögen usw., **nicht** jedoch der **Wert (Preis)** einer Sache.
Als Eigenschaften von Personen gelten: Alter, Geschlecht, Konfession, Sachkunde, Zuverlässigkeit und Vertrauenswürdigkeit.

Beispiel

**Die Autovermietung Braun in Dresden sucht junge Leute mit Führerschein zur Überführung von Mietwagen nach Berlin. Florian K. bewirbt sich und erhält einen Einjahresvertrag. Wegen eines schon länger laufenden Strafverfahrens in einer Verkehrssache wird ihm jedoch schon nach wenigen Tagen sein Führerschein abgenommen. Nachdem Braun hiervor durch Zufall erfährt, kündigt er Florian wegen Irrtums über eine verkehrswesentliche Eigenschaft.**

Beispiel

**Katrin S. ist ausgebildete Balletttänzerin. Sie erhält eine Anstellung in dem professionellen Ballettensemble der Staatsoper. Allerdings ist sie im dritten Monat schwanger, wurde jedoch hiernach zufälligerweise nicht gefragt. Als sich zwei Monate später ihr Zustand nicht mehr verbergen lässt, wird ihr Vertrag wegen Irrtums über eine verkehrswesentliche Eigenschaft gekündigt.**

**Wichtig:** Wegen eines **Motivirrtums** kann eine Willenserklärung nach § 119 **nicht** angefochten werden, denn hier liegt kein unbewusstes Auseinanderfallen von Willen und Erklärung vor, sondern die **Vorstellung** des Erklärenden deckt sich nicht mit der Wirklichkeit.

Beispiel

**Florian stellt sich vor, dass mit „Allkauf-Aktien" viel Geld zu verdienen ist. Er kauft 100 Stück, anschließend fällt der Kurs wider Erwarten. Der mit der Bank geschlossene Vertrag kann nicht angefochten werden (etwa gemäß § 119), da hier ein Motivirrtum vorliegt.**

d) **Irrtum wegen falscher Übermittlung** gemäß § 120
In diesen Fällen ist eine Willenserklärung durch eine Person oder Anstalt falsch an den Empfänger weitergegeben worden.

Beispiel

**Verena bittet ihre Freundin Ute, ihr 15 Rosen vom Blumenhändler mitzubringen. Ute verhört sich und lässt von dem Blumenhändler 50 Stück liefern.**

#### 7.2.1.2 Arglistige Täuschung bzw. widerrechtliche Drohung

**Auf den Punkt gebracht: Urteile in aller Kürze**

Wenn der Mieter beim Abschluss des Mietvertrages auf Nachfrage des Vermieters angibt, Designer zu sein und gut zu verdienen, obwohl dies nicht zutrifft, kann der Vermieter den Vertrag anfechten. Grund: Ein solches Verhalten des Mieters ist eine arglistige Täuschung (Amtsgericht Saarlouis, Urteil vom 17. September 1999, 29 C 739/99)

*Quelle: Süddeutsche Zeitung vom 30.06.2000*

Wenn die Willenserklärung von dem Erklärenden nur abgegeben wurde, weil er von seinem Vertragspartner bewusst über eine wichtige Tatsache getäuscht wurde, dieser also etwas Unwahres gesagt oder etwas verschwiegen hat, so liegt **arglistige Täuschung** vor. Diese Täuschung muss für die Abgabe der Willenserklärung ursächlich gewesen sein.

Beispiel

**Cristina kauft von Vagt einen gebrauchten Volvo mit gültiger TÜV-Plakette. Vagt verkauft das Fahrzeug als „fahrbereit" und weist Cristina lediglich auf einen reparierten Totalschaden hin. Obwohl er es weiß, setzt Vagt Cristina jedoch nicht davon in Kenntnis, dass der Volvo nach dem Totalschaden nur „unsachgemäß" repariert wurde. Damit handelt er gemäß § 123 arglistig (OLG Koblenz, DAR 02, 169).**

Eine **widerrechtliche Drohung** i. S. d. § 123 liegt vor, wenn der Erklärende durch die Androhung eines Übels zur Abgabe der Willenserklärung bestimmt worden ist.

Beispiel

**Der Staubsaugervertreter Makno droht der gerade aus der Strafanstalt entlassenen Monika Rauchfuß, ihren Arbeitskolleginnen von ihren Vorstrafen zu erzählen, wenn sie sich nicht dazu entschließen könne, bei ihm einen Staubsauger zu bestellen. Monika unterschreibt den Vertrag.**

### 7.2.2 Voraussetzungen und Rechtsfolgen

Liegt einer der eben genannten Tatbestände (§§ 119, 120, 123) vor, so kann die Willenserklärung angefochten werden. Der Gesetzgeber lässt dem Erklärenden selbst bei § 123 die Möglichkeit, an dem Rechtsgeschäft festzuhalten, wenngleich man doch meinen sollte, dass solche Rechtsgeschäfte schlechthin nicht zu billigen sind. Überlegen Sie, warum der Gesetzgeber in den Fällen des § 123 der Anfechtbarkeit und nicht der Nichtigkeit den Vorzug gab.

Bei der Anfechtung handelt es sich um eine einseitige empfangsbedürftige Willenserklärung. Damit sie wirksam ist, muss sie dem Anfechtungsgegner (z. B. Verkäufer) **erklärt** werden (§ 143). Dabei ist es nicht notwendig, dass das Wort „Anfechtung" verwendet wird. (A gibt dem B zu verstehen, dass er sich geirrt habe und deshalb die Rechnung nicht bezahlen will).

Die Anfechtungserklärung muss **rechtzeitig** erfolgen:

- Eine **Anfechtung wegen Irrtums** (§§ 119, 120) muss **unverzüglich,** also ohne schuldhaftes Zögern erfolgen (§ 121).
- Wer also durch Krankheit z. B. daran gehindert ist, handelt auch dann unverzüglich, wenn er seine Willenserklärung erst nach Rückkehr aus dem Krankenhaus anficht.
- Bei **arglistiger Täuschung** und **widerrechtlicher Drohung** gemäß § 123 muss die Anfechtung **innerhalb eines Jahres** erfolgt sein (§ 124).

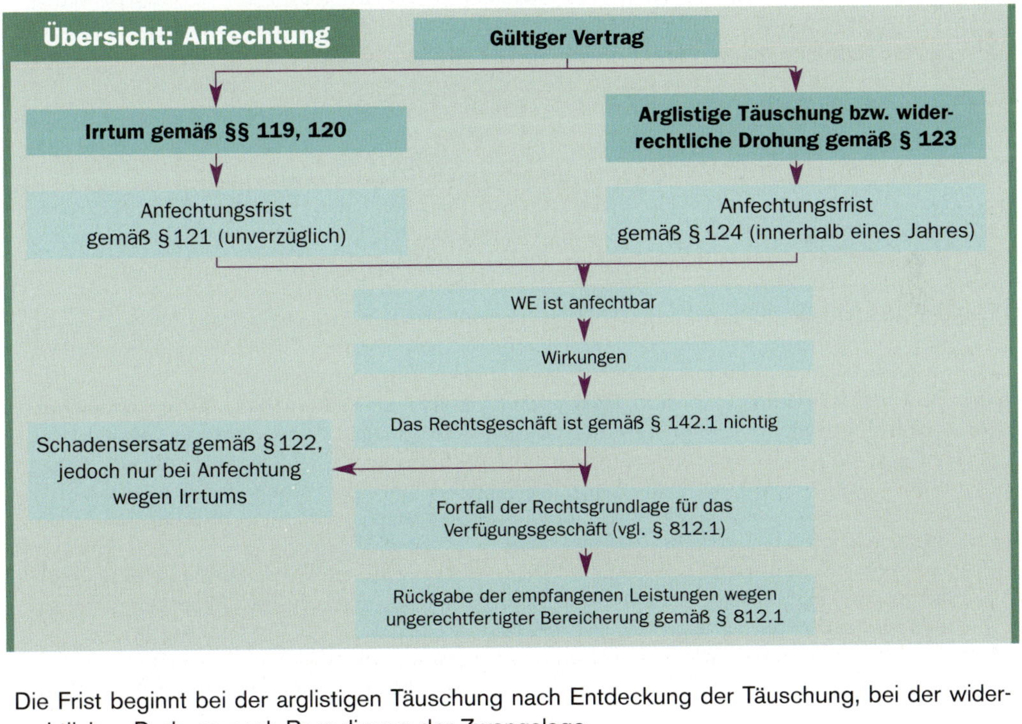


Die Frist beginnt bei der arglistigen Täuschung nach Entdeckung der Täuschung, bei der widerrechtlichen Drohung nach Beendigung der Zwangslage.

In allen Fällen ist die Anfechtung ausgeschlossen, wenn seit der Abgabe der Willenserklärung 30 Jahre verstrichen sind (vgl. §§ 121, 124).

#### *Rechtsfolgen*

Wird eine Willenserklärung wirksam angefochten, so ist sie als **von Anfang an nichtig** anzusehen. Das bedeutet, dass das Rechtsgeschäft, auf das sie gerichtet war, also beispielsweise der Kaufvertrag, gar nicht zustande gekommen ist.

Da es in der Praxis aber durchaus vorkommen kann, dass der Käufer schon bezahlt oder der Verkäufer die Ware schon geliefert hat, müssen beide Seiten nach erfolgter wirksamer Anfechtung die erhaltene Leistung zurückgeben (§ 812), denn ein Recht zum Behalten haben sie nur bei einem wirksamen Vertrag.

Wird eine Willenserklärung gemäß §§ 119, 120 (nicht § 123) angefochten, so muss der Anfechtende dem Anfechtungsgegner Ersatz des **Vertrauensschadens** leisten, § 122, auch „negatives Interesse" genannt.

Beispiel

**A bestellt bei B 11 Sporträder. A wollte jedoch nur eines haben (er hat sich vertippt, also Erklärungsirrtum).**
**A bemerkt seinen Irrtum, als der Spediteur ihm 11 Räder anliefert. Auch wenn A ein Rad behält und auf eigene Kosten 10 Räder zurückschickt, sind B durch Verpackung und (Hin-)Transport zusätzliche Kosten entstanden.**
**Daher muss A seinem Vertragspartner B diese Kosten (Schaden) ersetzen. Dieser Schaden ist nur deshalb eingetreten, weil B auf die Wirksamkeit der Willenserklärung (Bestellung) vertraut hat. Dagegen hat B normalerweise keinen Anspruch auf entgangenen Gewinn.**

HINWEIS

Wenn Sie § 142 aufmerksam durchlesen, stellen Sie fest, dass der ganze Vertrag nichtig ist, A also kein Recht hat, ein Rad zu behalten. Diese Rechtsfolge kann aber nicht immer richtig sein. § 142 ist deshalb folgendermaßen auszulegen: Der Anfechtende A muss das von ihm Gewollte auch abnehmen, vorausgesetzt, der Vertragspartner besteht darauf.

**Aufgaben**

(12) Eine Kioskbesitzerin will bei ihrem Lieferanten 10 Pakete Kaugummi bestellen. Bei der Lieferung stellt sie fest, dass ihr 100 Pakete geliefert worden sind. Auf ihre Frage prüft die Lieferfirma die Bestellung noch einmal nach und stellt fest, dass sie tatsächlich 100 Pakete bestellt hat. Wie ist die Rechtslage?

(13) Der Einkäufer der KUF-AG bestellt bei der Papier AG telefonisch 1.000 Kartons, Größe B 2. Die Sachbearbeiterin verhört sich jedoch und übermittelt 10.000 Kartons. Zwei Wochen später erhält die KUF-AG 10.000 Kartons geliefert. Kann der Vertrag angefochten werden?

(14) Der Landwirt Meier holt von einer Düngemittelfirma ein Angebot über Düng XL ein mit der Bitte, ihm die Antwort per E-Mail schnellstens zuzusenden. Er erhält eine E-Mail mit dem Preis für Düng XL: pro Sack 56,00 EUR. Als er daraufhin 20 Sack bestellt, teilt ihm die Firma mit, dass es sich hier um einen Übermittlungsfehler gehandelt haben müsse, der richtige Preis laute 65,00 EUR pro Sack. Ihm werden daraufhin 1.300,00 EUR in Rechnung gestellt. Meier überweist jedoch nur 1.120,00 EUR. Kann die Firma dies anfechten?

(15) Der Vertreter Effinger droht der Kundin Weber, sie wegen Steuerhinterziehung anzuzeigen, wenn diese nicht einen Bestellschein über zwei Farbfernsehgeräte unterschreibe. Weber unterschreibt, möchte aber den Vertrag anfechten. Hat sie Erfolg?

(16) Ein Textileinzelhandelsgeschäft hat sich zum Herbst mit einer großen Anzahl Regenmäntel eingedeckt, da ein regnerischer Herbst prophezeit wurde. Wider Erwarten war der Herbst jedoch sonnig und der Winter setzte früh ein.
Kann das Textilgeschäft den Vertrag mit dem Regenmantel-Hersteller anfechten, da es sich evtl. über eine „wesentliche Eigenschaft" geirrt hatte?

(17) Ein Vertreter überredet Frau Burger zum Kauf eines Autozubehörteils, wobei er sie durch ein offizielles Dokument überzeugt, aus dem hervorgeht, dass der Einbau dieses Teils ab 1. Januar nächsten Jahres gesetzlich vorgeschrieben ist.
Einige Tage später erfährt Frau Burger, dass das Dokument gefälscht gewesen sein muss, es existiert kein Gesetz, das diesen Einbau vorschreibt. Kann sie daraufhin den Vertrag anfechten?

# 8 Die Auslegung von Verträgen

Beispiel

**Schreinermeister Holzmann macht Frau Berndt ein mündliches Angebot über die Anfertigung eines Regals zum Preis von 800,00 EUR. Frau Berndt nimmt das Angebot sofort an. Als der Tisch vereinbarungsgemäß vier Wochen später geliefert wird, verlangt Holzmann 928,00 EUR und erklärt, bei dem zusätzlichen Betrag handele es sich um die Mehrwertsteuer. Berndt besteht auf Zahlung der vereinbarten 800,00 EUR. Wer hat Recht?**
**Nach der Rechtsprechung des Bundesgerichtshofes (BGH) muss ein Preis, der einem Endverbraucher genannt wird, die Mehrwertsteuer bereits enthalten, da dieser die Steuer nicht auf andere abwälzen kann. Berndt darf daher das Angebot dahingehend *auslegen*, dass die genannten 800,00 EUR den Endpreis darstellen. Es spielt dabei keine Rolle, dass Holzmann bei seiner Preisangabe den genannten Preis ohne Mehrwertsteuer verstand.**

Verträge sind grundsätzlich entsprechend ihres Vertragsinhalts zu erfüllen. Es kann jedoch in der Praxis die Möglichkeit bestehen, dass Vertragsformulierungen unklar und mehrdeutig sind, sodass dem Vertragstext nicht zweifelsfrei der tatsächliche Wille der Vertragspartner entnommen werden kann. Damit bedürfen Verträge in vielen Fällen der **Auslegung.**

Auslegen – im rechtlichen Bereich – bedeutet, den Sinn von Willenserklärungen (aber auch gesetzlichen Normen) zu deuten. Ziel der Auslegung ist es somit, den wirklichen Willen zu erforschen, der sich aus einem bestimmten Verhalten und den gesamten äußeren Umständen ergeben kann. Für die Auslegung von Verträgen stellt das BGB einige allgemeine Regeln bereit.

Gemäß § 133 ist der wirkliche Wille zu erforschen und nicht am buchstäblichen Sinne des Ausdrucks zu haften. So handelt es sich beispielsweise dann, wenn Geld „verliehen" wird, um einen Darlehensvertrag und wenn ich mein Auto gegen einen bestimmten Kilometerpreis „verleihe", um einen Mietvertrag.

Gemäß § 157 sind Verträge so *auszulegen* wie **Treu und Glauben** mit Rücksicht auf die **Verkehrssitte** es erfordern.

Diese beiden Paragraphen haben die Aufgabe, Grundsatzregeln bei nicht zweifelsfrei formulierten Verträgen festzulegen; da sie im 1. Buch, dem Allgemeinen Teil, stehen, gelten sie für alle anderen Bücher des BGB. Dagegen regelt der § 242, wie die schuldrechtliche Leistungserfüllung zu geschehen hat: Der Schuldner ist verpflichtet, die **Leistung so zu bewirken,** wie **Treu und Glauben** mit Rücksicht auf die **Verkehrssitte** es erfordern.

Was bedeuten nun diese beiden zentralen Grundsätze? Der **Grundsatz von Treu und Glauben** schützt den Glauben an die Redlichkeit des Geschäftsverkehrs, untersagt die missbräuchliche Ausübung eines Rechts und verweist auf das jeder rechtlichen Beziehung eigentümliche Vertrauensverhältnis. So darf der Schuldner beispielsweise nicht zu unüblicher Zeit die Leistung erbringen, er muss alles unterlassen, was den Erfolg verhindern könnte, er muss angemessene Auskunft über die Vertragsbedingungen und seine Absichten geben und gegebenenfalls die Ware in Verwahrung nehmen, wenn die Leistungserfüllung nicht möglich ist.

Der **Grundsatz der Beachtung der Verkehrssitte** führt dazu, dass allgemein anerkannte, im Geschäftsleben übliche Sitten und Gebräuche (geschäftliche Umgangsstandards) rechtliche Verbindlichkeit erhalten. Eine besondere Bedeutung hat dieser Grundsatz im Handelsrecht; so bestimmt etwa der § 346 HGB, dass unter Kaufleuten auf die im Handelsverkehr geltenden Gewohnheiten und Gebräuche Rücksicht zu nehmen ist.

Verträge sollten immer eindeutig formuliert werden, um Missverständnisse zu vermeiden. Ist eine Auslegung unumgänglich, so sind die genannten Regeln zu berücksichtigen, die die individuellen Umstände des Einzelfalls (Billigkeit) zur Geltung kommen lassen sollen.

# 9 Die Stellvertretung

Bisher wurde zumeist davon ausgegangen, dass eine Willenserklärung persönlich abgegeben wird. Es ist jedoch unter bestimmten Voraussetzungen auch möglich, sich bei der Abgabe der Willenserklärung durch einen **Stellvertreter** vertreten zu lassen.

Eine **wirksame Stellvertretung** liegt vor, wenn jemand erkennbar eine **eigene Willenserklärung im Namen des Vertretenen** abgibt und ihm die **Vertretungsmacht** zusteht. Gemäß § 164 ff. trifft dann die Wirkung der vom Stellvertreter abgegebenen Willenserklärung direkt den Vertretenen. Rechtlich wird ein entsprechender Fall so betrachtet, als habe der Vertretene selbst gehandelt.

Beispiel

**Bettina A. erhält von Franziska D. die Vollmacht, einen Kaufvertrag über 10 neue Schreibtische abzuschließen. Beim Abschluss des Kaufvertrages durch die Vertreterin erwirbt nicht diese einen Anspruch auf Übereignung der Sache, sondern die Vertretene, also Franziska D., ebenso wird nicht die Vertreterin, sondern die Vertretene zur Bezahlung des Kaufpreises verpflichtet.**

Mit Ausnahme von höchstpersönlichen Rechtsgeschäften wie Eheschließung (§ 13 EheG) oder Testamentserrichtung (§ 2064 BGB) können alle Rechtsgeschäfte durch einen Stellvertreter abgeschlossen werden.

Wenn ein Stellvertreter eine Willenserklärung **abgibt,** wird dies als *aktive Stellvertretung* bezeichnet. § 164.1 findet aber auch dann Anwendung, wenn eine Willenserklärung durch einen Vertreter **entgegengenommen** wird: Mit der Übergabe an den Stellvertreter gilt die Willenserklärung als an den Vertretenen zugestellt *(passive Stellvertretung)*. Der Vertreter braucht in diesem Fall seinen Vertretungswillen nicht besonders zu erkennen zu geben, dieser ergibt sich schon aus der Entgegennahme der Willenserklärung.

## 9.1 Arten der Stellvertretung

Man unterscheidet zwei Arten der Stellvertretung, die offene und die verdeckte Stellvertretung.

### 9.1.1 Offene (unmittelbare) Stellvertretung

Nur die offene Stellvertretung wird durch das BGB geregelt, vgl. § 164 ff. Voraussetzung für eine wirksame Stellvertretung ist eine **Vollmacht** des Vertretenen, durch die der Vertreter die Vertretungsmacht erhält, im Rahmen der Vollmacht Geschäfte im Namen des Vertretenen abzuschließen. Der Vertreter gibt eine **eigene Willenserklärung** ab, dabei handelt er offen erkennbar **im Namen des Vertretenen**. Das Geschäft wird dann im Namen und auf Rechnung des Vertretenen abgeschlossen. Damit treffen auch die **Rechtsfolgen** den Vertretenen direkt: Bei einem Kaufvertrag beispielsweise erwirbt er den Anspruch auf Übergabe und Eigentum und ist verpflichtet, den Kaufpreis zu leisten. Da der Stellvertreter immer einen gewissen Entscheidungsspielraum hat, also selbstständig handelt, muss er **mindestens beschränkt geschäftsfähig** sein.

Beispiel

**Körner erteilt Bellbaum die Vollmacht, mit Dose einen Vertrag über den Kauf eines gebrauchten Lkw abzuschließen. Bellbaum schließt im Namen von Körner mit Dose den Kaufvertrag ab. Körner erwirbt den Anspruch auf Übereignung des Lkw; er wird aber auch Geldschuldner gegenüber Dose.**

**Übersicht**

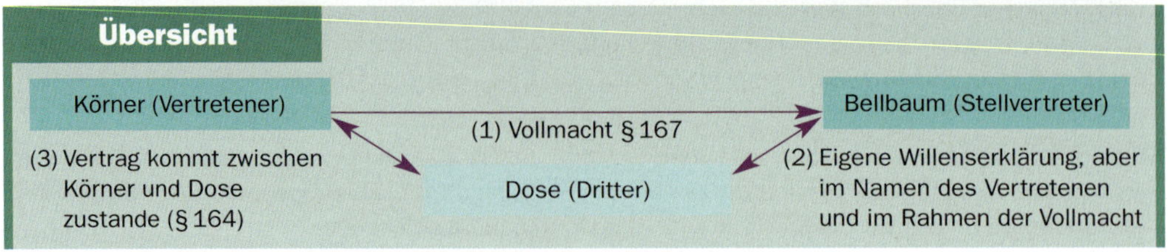

Während der Vertreter Entscheidungsspielraum besitzt, fehlt dieser bei einem Boten. Ein **Bote** ist kein Vertreter, sondern lediglich Überbringer einer fremden Willenserklärung. Er besitzt also keine Vollmacht, sondern führt i. d. R. lediglich einen Auftrag aus. Da ein Bote keine eigene Willenserklärung abgibt, kann er sogar **geschäftsunfähig** sein. Bei einer falschen Übermittlung durch einen Boten kann der Auftraggeber gemäß § 120 anfechten.

Bei-spiel

**Die Unternehmerin Sutanto erteilt ihrem Einkaufsleiter Töns die Vollmacht, Verträge bis zu einer Höhe von 50.000,00 EUR abzuschließen. Den Boten Hamp beauftragt sie, ein Vertragsangebot bei einem Geschäftsfreund abzugeben.**

### 9.1.2 Verdeckte (mittelbare) Stellvertretung

Handelt der Vertreter in fremdem Namen, macht dies jedoch dem Dritten gegenüber **nicht** deutlich, so handelt es sich um eine **verdeckte** Stellvertretung. Der „Vertreter" wird hier so behandelt, als ob er das Rechtsgeschäft in eigenem Namen abschließen wollte. Einer solchen verdeckten Stellvertretung liegt üblicherweise auch ein Auftragsverhältnis gemäß § 662 zugrunde, der Auftraggeber will bei dem Rechtsgeschäft jedoch **nicht** in Erscheinung treten: Der Geschäftspartner des Stellvertreters soll also nicht erfahren, dass das Rechtsgeschäft für den Auftraggeber abgeschlossen wird. Der „mittelbare" Stellvertreter handelt damit also im Interesse eines anderen, aber im eigenen Namen.

Im **Innenverhältnis** (Auftrag) ist der Auftraggeber verpflichtet, dem Vertreter alle Auslagen zu erstatten (z. B. Kaufpreis, Fahrtkosten), der Vertreter ist verpflichtet, das im Zusammenhang mit der Abwicklung des Auftrages Erlangte herauszugeben bzw. zu übertragen (z. B. Übereignung der gekauften Sache). Im **Außenverhältnis** kommt ein Vertrag zwischen dem „Stellvertreter" und dem anderen Vertragspartner zustande. Musterbeispiele hierfür sind Kommissionäre, Treuhänder oder Strohmänner.

Eine erhebliche Ausnahme erfährt das eben aufgezeigte Prinzip bei **Barkäufen des täglichen Lebens**.

Bei-spiel

**Ein Kommissionär (Strohmann) kauft im Auftrag eines bekannten Großaktionärs und Industriellen Aktien eines Unternehmens auf, sodass dieser eine Sperrminorität erhält.**

Beispiel

**Belinda bittet ihre Schulkameradin Sylvia, für sie „Grundzüge des Rechts" zu kaufen. Obwohl es bei solchen Geschäften nicht üblich ist, dem Verkäufer zu erklären, dass das Rechtsgeschäft für einen Dritten abgeschlossen wird, der Verkäufer auch kein Interesse daran hat, zu wissen, wer wirklich Eigentümer der Sache sein wird (er hat ja den Kaufpreis erhalten), treffen bei solchen Bargeschäften die Rechtswirkungen unmittelbar den Vertretenen, im Beispiel also Belinda. Man unterstellt dem Händler, dass er das Buch nicht unbedingt an Sylvia verkaufen und übereignen will, sondern an den, der es wirklich haben will.**

***Rechtsfolge***

Da Sylvia für Belinda das Buch kaufen will, erwirbt Belinda das Eigentum am Buch im Augenblick der Übergabe durch den Buchhändler an Sylvia. **Rechtlich** liegt somit in diesen Fällen eine unmittelbare Stellvertretung vor. Bei der mittelbaren Stellvertretung wird zuerst der Vertreter Eigentümer einer gekauften Sache und überträgt diese dann an seinen Auftraggeber.

## 9.2 Erlangung der Vertretungsmacht

Grundsätzlich kann Vertretungsmacht auf zwei Arten entstehen: durch **Gesetz** und durch **Rechtsgeschäft**. So besteht beispielsweise eine gesetzliche Vertretungsmacht der Eltern gegenüber ihren Kindern (vgl. § 1629), des Vormundes gegenüber seinem Mündel (vgl. § 1793), der Ehegatten untereinander (vgl. § 1357) und des Vereinsvorstandes (vgl. §§ 26.2, 29).

Andererseits kann die Vertretungsmacht durch ein Rechtsgeschäft, durch eine **Vollmacht**, begründet werden (vgl. § 166.2 ff.). Eine Vollmacht ist eine **einseitige empfangsbedürftige Willenserklärung**, die im Normalfall gemäß § 167.2 an keine Form gebunden ist (vgl. aber auch § 172 ff.). In der Regel wird sie durch eine Erklärung gegenüber dem Bevollmächtigten, beispielsweise gegenüber einem Mitarbeiter oder einem Rechtsanwalt, erteilt. Sie kann aber auch durch eine Erklärung gegenüber dem Dritten, dem gegenüber die Vertretung erfolgen soll, oder durch öffentliche Bekanntmachung erfolgen, vgl. §§ 167, 171.

Der Umfang der Vollmacht ergibt sich entweder aus der Vollmachtsurkunde oder der mündlichen Erklärung des Vollmachtgebers. Sie kann zeitlich begrenzt oder unbegrenzt sein, für ein einzelnes Rechtsgeschäft **(Spezialvollmacht)**, für bestimmte Arten von Rechtsgeschäften **(Artvollmacht)** oder für alle Arten von Rechtsgeschäften **(Generalvollmacht)** gelten. Wenn eine Person nur mit einer anderen gemeinsam handeln kann, liegt eine **Gesamtvollmacht** vor, wenn einer allein handeln kann, wird dies als Einzelvollmacht bezeichnet. Es liegt also im Ermessen des Vollmachtgebers, in welchem Umfang er die Vollmacht erteilt. Eine Ausnahme hierzu bildet die vom Gesetz genau beschriebene Vollmacht. Hier legt der Gesetzgeber den Umfang fest. Über die Erteilung entscheidet aber der Vollmachtgeber. Man unterscheidet hier also die **gesetzliche Vertretungsmacht** vom **gesetzlich bestimmten** Umfang der Vertretungsmacht.

Beispiel

**Der Kaufmann erteilt einem Angestellten Prokura. Ob er diese erteilen will, ist seine Angelegenheit. Erteilt er sie, so richtet sich deren Umfang nach dem Gesetz (hier nach § 49 HGB).**

Die Vollmacht **erlischt** schließlich durch Widerruf oder mit dem Ende des Rechtsverhältnisses, das ihr zugrunde liegt.

Beispiel

**Die Einkaufssachbearbeiterin Inge E. verliert ihre Artvollmacht, für ihre Firma Einkäufe zu tätigen, wenn sie aus dem Betrieb ausscheidet, da die Vollmacht mit dem Arbeitsvertrag verknüpft ist.**

**Übersicht: Erlangung der Vertretungsmacht**

**Vertretungsmacht** aufgrund

- einer **gesetzlichen Bestimmung**
  - Eltern (§ 1629)
  - Vormund (§ 1793)
  - Ehegatte (§ 1357)
  - Vereinsvorstand (§ 26)
- eines **Rechtsgeschäfts**
  - Vollmacht (einseitige empfangsbedürftige WE)
    - Umfang:
      - Spezialvollmacht
      - Artvollmacht
      - Generalvollmacht
    - Befugnis:
      - Einzelvollmacht
      - Gesamtvollmacht
    - Wirkungsbereich: Außen- und Innenverhältnis

Die **Vollmacht** ist ein einseitiges Rechtsgeschäft, sie regelt das **Außenverhältnis** zwischen dem Vertreter und Dritten und sie berechtigt den Stellvertreter, gegenüber Dritten als Vertreter aufzutreten. Demgegenüber wird das **Innenverhältnis** zwischen Auftraggeber und Vertreter i. d. R. durch einen **Auftrag**, einen **Geschäftsbesorgungs-** oder **Arbeitsvertrag** geregelt (vgl. §§ 662 ff., 675, 611 ff.). Der Auftrag ist ein Vertrag, der den Ausführenden zu einer bestimmten Tätigkeit verpflichtet. Im Gegensatz zum Geschäftsbesorgungs- und Arbeitsvertrag erhält der Ausführende i. d. R. gemäß § 662 kein Entgelt, jedoch gemäß § 670 Ersatz seiner Auslagen. Vollmacht und Auftrag sind scharf zu unterscheiden.

Beispiel

**Die Geschäftsführerin Kathrin K. beauftragt den Boten Markus S., ein Schreiben zu überbringen (Auftrag ohne Vollmacht), erteilt dem Abteilungsleiter Tom P. eine Artvollmacht, Einkäufe bis zu einem Einzelauftragswert in Höhe von 100.000,00 EUR zu tätigen (Vollmacht ohne Auftrag), und beauftragt ihre Rechtsanwältin Iris T., für sie ein Grundstück zu kaufen (Vollmacht und Auftrag).**

## 9.3 Vertretung ohne Vertretungsmacht

Beispiel

**Die Eigentümerin einer Gemüse-Boutique erteilt ihrem Mitarbeiter Michael Müller die Vollmacht, auf dem Großmarkt 10 Kisten Apfelsinen zum Kistenpreis von maximal 20,00 EUR zu kaufen. Müller kauft die Kisten zum Durchschnittspreis von 30,00 EUR ein.**

Mit dem Kauf der Kisten zu einem höheren Preis hat Müller offensichtlich das ihm gegebene Limit überschritten, er bewegt sich nicht mehr in dem ihm durch die Vollmacht gegebenen Rahmen, damit handelt er als **Vertreter ohne Vertretungsmacht**. Vertritt jemand eine andere Person, ohne von dieser bevollmächtigt zu sein, oder überschreitet er die Grenzen der Vollmacht, so hängt die Wirksamkeit des Vertrages von der (nachträglichen) **Genehmigung** des unberechtigterweise Vertretenen ab, vgl. § 177. Bis zur Genehmigung bzw. Nichtgenehmigung ist der Vertrag **schwebend unwirksam**. Genehmigt der „Vertretene" den Vertrag, wird er ihm gegenüber wirksam. Verweigert er die Genehmigung, so ist der Vertrag unwirksam. Der Dritte kann nun von dem **Vertreter ohne Vertretungsmacht** gemäß § 179.1 wahlweise die Erfüllung des Vertrages oder Schadensersatz wegen Nichterfüllung verlangen, dies ist allerdings nicht möglich, wenn er das Fehlen der Vertretungsmacht kannte.

Diese Regelung gilt bei mehrseitigen Rechtsgeschäften, bei **einseitigen Rechtsgeschäften** ist eine Vertretung ohne Vertretungsmacht gemäß § 180 grundsätzlich unzulässig. Allerdings ist hier zu unterscheiden:

- **Nicht empfangsbedürftige** Willenserklärungen sind gemäß § 180 (1) nichtig und nicht genehmigungsfähig.
- Bei einer **empfangsbedürftigen einseitigen** Willenserklärung, beispielsweise einer Kündigung, ist die Willenserklärung unwirksam, wenn derjenige, der die Erklärung entgegennehmen sollte, das Fehlen der Vertretungsmacht beanstandet, vgl. § 180 (2).

  Beanstandet er das Fehlen jedoch nicht oder ist er mit dem Fehlen der Vertretungsmacht sogar einverstanden, so gelten die Vorschriften über mehrseitige Rechtsgeschäfte, also die §§ 177 bis 179 analog: Die Erklärung ist also bis zur Genehmigung durch den unrechtmäßig Vertretenen **schwebend unwirksam**. Stimmt dieser nicht zu, ist die Willenserklärung des Vertreters ohne Vertretungsmacht unwirksam.

**Übersicht: Vertretung ohne Vertretungsmacht**

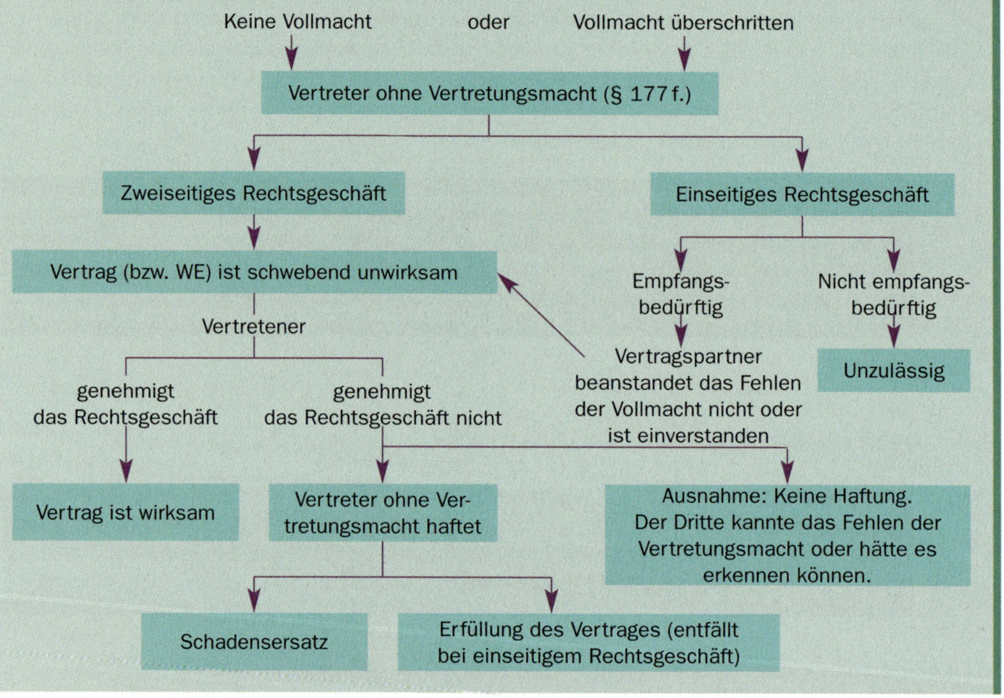


Beispiel

**Dieter V. erteilt seiner Frau Margret Generalvollmacht für alle im täglichen Leben normalerweise anfallenden Rechtsgeschäfte. Eine längere Urlaubsreise ihres Mannes nutzt sie dazu, sein Arbeitsverhältnis zu kündigen, da sie für ihn keine Aufstiegsmöglichkeiten in der Firma sieht.**
**Die erteilte Vollmacht bezog sich offensichtlich nicht auf die Kündigung des Arbeitsverhältnisses: Margret handelt daher als Vertreter ohne Vertretungsmacht. Normalerweise wird der Arbeitgeber die Kündigung daher zurückweisen. Beanstandet er das Fehlen der Vollmacht jedoch nicht, so ist die Kündigung durch Margret V. schwebend unwirksam. Teilt Dieter V. seinem Arbeitgeber nun mit, dass er die Willenserklärung seiner Frau nicht genehmige, so ist die Willenserklärung unwirksam.**

**Aufgaben**

(1) Sabine liegt krank im Bett. Sie bittet ihre Freundin Brigitte, ihr zwei Illustrierte mitzubringen. Brigitte kauft daraufhin an einem Kiosk die „Grüne“ und die „Rote“ ausdrücklich im Namen von Sabine. Als sie die Hefte ihrer Freundin gibt, erklärt diese, dass sie gerade diese beiden nicht ausstehen könne. Kann sie die Hefte wieder zurückgeben?

(2) Bei einem Geschäftsbesuch in der Firma des G. Schulte entdeckt ein Lieferant mehrere gebrauchte Aktenschränke, die wohl ausrangiert werden sollen. Er fragt den zufällig anwesenden Sohn von Schulte, ob er ihm diese nicht verkaufen könne. Ohne dass Schulte etwas davon erfährt, verkauft Sohn Heinz die Schränke. Erst nach Zahlungseingang erfährt der Vater von dem Verkauf. Kann er das Geschäft rückgängig machen?

(3) Willi S. soll für seine Firma einen preisgünstigen Lieferwagen beschaffen. Bei einem Gebrauchtwagenhändler findet er einen Wagen für 6.000,00 EUR. Bei Vertragsabschluss erwähnt er jedoch nicht, dass er diesen im Namen des Firmeninhabers kaufen möchte. Als Zahlungsziel werden vier Wochen vereinbart, dann soll auch der Wagen geliefert werden.
Innerhalb der vier Wochen geht die Firma jedoch Konkurs, der Chef, dem Willi noch nichts von dem Kauf erzählt hat, flüchtet ins Ausland. Nach vier Wochen verlangt der Händler von Willi den vereinbarten Rechnungspreis. Zu Recht?

(4) Formulieren Sie eine Vollmacht für Ihren 20-jährigen Bruder, Ihnen ein gebrauchtes Mofa für einen Preis von maximal 200,00 EUR zu kaufen.

(5) Der grippekranke Theodor Füssinger erteilt seiner Frau Gertrud Generalvollmacht für alle Rechtsgeschäfte. Gertrud, der die Firma, in der ihr Mann (und viele hübsche Sekretärinnen) arbeiten, schon lange nicht mehr passt, kündigt kurz entschlossen seinen Arbeitsvertrag. Rechtslage?

(6) Studienrat Thilo K. möchte seiner Mutter zwei Tassen ihres Lieblingsservice Modell „Schorndorf", die ihr beim Abwaschen kaputtgegangen sind, ersetzen. Da das Service nur noch in Antiquitätengeschäften ihrer Heimatstadt erhältlich ist, erteilt K. einer Schulfreundin seiner Mutter, Annemarie M., die Vollmacht, zwei einwandfreie Stücke zu kaufen. Wenige Tage später teilt Annemarie Thilo telefonisch mit, sie habe die gewünschten Tassen gekauft, K. möge sie doch bei ihr abholen.
Als K. die Tassen in Augenschein nimmt, entdeckt er mehrere Sprünge und diverse Brennfehler, sodass er die Tassen zurückgeben möchte. Rechtslage?

**Übungsaufgaben**

1. Das Möbelhaus Karrer hat eine Polstergarnitur zum Mitnahmepreis von 960,00 EUR ausgezeichnet. Als Frau Zweigle nach dem Preis fragt, nennt ihr Karrer versehentlich 690,00 EUR. Unter diesen Voraussetzungen wird ein Kaufvertrag geschlossen. Frau Zweigle lässt die Polstergarnitur von einem Spediteur abholen. Als Karrer einige Tage später die Rechnung schreibt, bemerkt er seinen Fehler.
   a) Ist ein Kaufvertrag rechtswirksam abgeschlossen worden?
   b) Wer ist im Augenblick Eigentümer der Polstergarnitur?
   c) Kann Karrer den Vertrag anfechten?
   d) Nennen Sie die Rechtsgrundlage für eine Rückforderung der Polstergarnitur nach einer erfolgreichen Anfechtung durch Karrer.
   e) Wer müsste im Falle der rechtmäßigen Rücknahme der Polstergarnitur die Speditionskosten zur Wohnung der Frau Zweigle tragen?
2. Herr Wuhl verspricht dem Schachklub „Dame" zum Jubiläum eine Vereinsfahne. Als er an sein Versprechen erinnert wird, erklärt er, er sei zu nichts verpflichtet. Hat Wuhl Recht?
3. Elfriede Wiehler wird nach einem Unfall bewusstlos in ein Krankenhaus eingeliefert. Dr. Kobler behandelt sie. Auf welche Rechtsvorschriften muss er sich berufen, wenn er seine Dienste berechnet?
4. Dr. Thoma, ein leidenschaftlicher Kunstsammler, besucht eine Auktion. Während der Versteigerung eines Gemäldes winkt er seiner Frau zu und erhält den Zuschlag. Er will das Gemälde nicht haben und weigert sich zu zahlen. Ist er im Recht?
5. Der Grundstücksmakler Jochen Vollert erfährt aus vermeintlich sicherer Quelle, dass seine Heimatgemeinde eine Umgehungsstraße durch einen Vorort plant. Er kauft daraufhin eine dort gelegene, bislang unrentable, freie Tankstelle. Wenige Tage nach der Beurkundung stellt sich heraus, dass die Umgehungsstraße nicht an dieser Tankstelle vorbeiführen wird. Vollert will nun den Kaufvertrag anfechten, und zwar für alle Fälle mit doppelter Begründung:
   a) Er habe sich über den zu erwartenden Umsatz geirrt,
   b) er habe sich in einem Irrtum über den Wert des Grundstücks befunden, auf dem die Tankstelle steht.
   Prüfen Sie, ob ihn sein (doppelter) Irrtum zur Anfechtung berechtigt!
6. Dagmar hat von Margret ein Buch im Wert von 30,00 EUR geliehen und es zu diesem Preis an ihre Freundin Margot verkauft. Margot geht fest davon aus, dass Dagmar auch Eigentümerin des Buches war. Wer ist nun Eigentümer?

7. Unternehmer Klein ist ein leidenschaftlicher Sammler von Kunstgegenständen. Der Sachverständige Vogel soll ihm eine alte Holzfigur besorgen. Vogel kauft die Holzfigur im Namen von Klein bei Antiquitätenhändlerin Molinari. Kann Molinari von Vogel Zahlung verlangen, wenn Klein nicht zahlen kann?
8. Alfred gibt sich wahrheitswidrig als Angestellter der Antiquitätenhändlerin Altemeier aus und kauft bei Bauer eine alte Truhe für 1.500,00 EUR. Es wird Barzahlung bei Abholung der Truhe vereinbart. Altemeier, die nach wenigen Tagen zum Abholen der Truhe und zur Zahlung des Kaufpreises aufgefordert wird, weiß von nichts.
   a) Kann Altemeier trotzdem die Truhe abholen?
   b) Was kann Bauer unternehmen, wenn Altemeier unwissend ist?
   c) Was kann Bauer unternehmen, wenn Altemeier kein Interesse hat?
   d) Muss Altemeier erfüllen, wenn sie Bauer vor einiger Zeit schriftlich mitgeteilt hat, dass Alfred bevollmächtigt sei, Alfred aber inzwischen, bevor dieser mit Bauer den Vertrag schloss, wegen Untreue entlassen hat, ohne Bauer dies mitzuteilen?
9. Entscheiden Sie, welche der nachstehenden Rechtsgeschäfte bzw. Willenserklärungen von Anfang an gültig (rechtswirksam), schwebend unwirksam, anfechtbar oder nichtig (rechtsunwirksam) sind! Begründen Sie Ihre Ansicht anhand des Gesetzestextes unter Angabe der Paragraphen.
   a) Die 6-jährige Kathrin kauft ohne Wissen ihrer Eltern von ihrem Taschengeld ein Püppchen für 10,00 EUR.
   b) Der 9-jährige Florian kauft sich von seinem Taschengeld gegen den Willen der Eltern ein Taschenbuch für 4,80 EUR.
   c) Onkel Dirk schenkt zu Weihnachten gegen den Willen der Eltern dem 14-jährigen Neffen eine Kamera und der 6-jährigen Nichte eine wertvolle Puppe. Die Kinder nehmen die Schenkung an.
   d) Die 17-jährige Petra tritt einem Buchclub bei und verpflichtet sich damit zur monatlichen Abnahme eines Buches im Wert von mindestens 10,00 EUR.
   e) ■ Die 16-jährige Verena geht nach ihrer Prüfung ein Arbeitsverhältnis als Drogistin ein. Der Arbeitsvertrag wird von ihr, ihren Eltern sowie dem Drogisten schriftlich abgeschlossen.
      ■ Nach vier Monaten gefällt ihr die Stelle nicht mehr; sie kündigt ohne Einwilligung ihrer Eltern.
      ■ Ohne Wissen ihrer Eltern geht sie ein neues Arbeitsverhältnis als Verkäuferin in einem Reformhaus ein.
   f) Die 18-jährige Joana schließt mündlich einen Mietvertrag über ein möbliertes Zimmer auf die Dauer von zwei Jahren ab.
   g) Der 15-jährige Tim hat seine Kamera mit Zustimmung seiner Eltern an seinen volljährigen Freund Jens verkauft. Die Kamera soll in drei Raten bezahlt werden. Als Tim erfährt, dass Jens schwer verunglückt ist, erlässt er ihm die letzte Rate.
10. Der Zigarrenfabrikant Grasse schickt dem Arzt Dr. Hel eine Kiste Zigarren mit der Bitte, die Kiste im Falle des Nichtinteresses zurückzusenden, anderenfalls betrachte er das Einverständnis des Kunden als gegeben. Dr. Hel, völlig überrascht von einer solchen Zusendung, bewahrt die Zigarrenkiste in seinem Schreibtisch auf.
    a) Muss der Arzt bezahlen?
    b) Ist der Fall anders zu entscheiden, wenn der Arzt aus Neugierde eine Zigarre raucht?
11. Der 16-jährige Paul erhält ohne Wissen seiner Eltern von seiner Tante Ursula 500,00 EUR geschenkt. Am nächsten Tag kauft er sich ohne Wissen der Eltern und der Tante von dem Geld ein Fahrrad. Prüfen Sie, ob a) die Schenkung, b) der Kaufvertrag rechtswirksam sind.
12. Otto Wolf hatte Karl Reich seinen Gebrauchtwagen für 4.500,00 EUR verkauft. Aufgrund dieses Kaufvertrages lehnt Otto Wolf ein Kaufgesuch des Paul Andreas über 4.000,00 EUR ab. Noch vor der Übergabe des Wagens ficht Karl Reich den Kaufvertrag wegen Irrtums rechtswirksam an. Otto Wolf kann den Gebrauchtwagen jetzt nachweislich nur noch für 4.200,00 EUR verkaufen. Otto Wolf verlangt daher 300,00 EUR Schadensersatz von Karl Reich. Dieser lehnt die Zahlung jedoch ab. Wie ist die Rechtslage?

13. Klaus Werner ist als Vertreter für den Möbelfabrikanten Ernst Jung tätig. Er hat Vollmacht, Einkäufe bis zu 10.000,00 EUR abzuschließen. Obwohl der Holzgroßhändler Lord von dieser Vollmachtseinschränkung nachweislich Kenntnis hat, schließt er mit Klaus Werner einen Kaufvertrag über eine Holzlieferung in Höhe von 15.000,00 EUR ab. Der Vertretene, Ernst Jung, weigert sich, den Vertrag zu erfüllen. Hat Lord dennoch irgendwelche Ansprüche an Jung beziehungsweise Werner?
14. a) Definieren Sie Rechts-, Geschäfts- und Deliktsfähigkeit.
    b) Geben Sie an, welche Art von juristischer Person vorliegt:
       - Stadt Konstanz
       - IHK
       - Universität Münster
    c) Geben Sie je ein Beispiel für ein
       - empfangsbedürftiges einseitiges Rechtsgeschäft,
       - nicht empfangsbedürftiges einseitiges Rechtsgeschäft.
       - Unterscheiden Sie positives Recht und Naturrecht.
15. Der 17-jährige Auszubildende Horst kauft am 1. Februar beim Zweiradhändler Radel ein gebrauchtes Rennrad zu 450,00 EUR, das ihm sofort übergeben wird. Das Geld dafür hat er ohne Wissen seiner Eltern von seiner Großmutter geschenkt bekommen. Dem Händler gegenüber erklärt er aber, dass er das Rad mit ausdrücklicher Zustimmung seines Vaters erwerbe.
    a) Charakterisieren Sie das Fahrrad im juristischen Sinne.
    b) Prüfen Sie, ob zwischen Horst und Radel ein wirksamer Kaufvertrag abgeschlossen wurde.
    c) Untersuchen Sie, ob Horst Eigentümer des Kaufgegenstandes geworden ist.
    d) Um sicherzugehen, dass es mit dem Kaufvertrag auch tatsächlich seine Ordnung hat, fordert Radel den Vater am 3. Februar auf, ihm mitzuteilen, ob er mit dem Kauf einverstanden sei. Bis zum 20. Februar antwortet der Vater nicht. Welche rechtliche Wirkung hat das Schweigen des Vaters?
    e) Ein anderer Interessent bietet Radel für das Rennrad, das er im Januar schon im Geschäft gesehen hat, 500,00 EUR. Daraufhin erklärt Radel am 11. Februar gegenüber Horst, dass er von dem Vertrag mit ihm nichts mehr wissen wolle und das Rad schleunigst herausverlange. Horst gibt es ihm jedoch nicht zurück; vielmehr erklärt sein Vater am 28. Februar, dass er nun doch mit dem Kauf einverstanden sei. Radel verlangt jedoch die Herausgabe des Fahrrads. Welche rechtliche Wirkung hat die Erklärung des Vaters?
    f) Prüfen Sie, ob Radel von sich aus den Vertrag lösen kann.
    g) Horst ist über den Ärger mit dem Händler sehr empört. Voller Wut zerstört er deshalb eines Abends gemeinsam mit seinem 13-jährigen Bruder die Schaufensterscheiben des Zweiradgeschäftes. Radel zeigt die Brüder bei der Polizei an. Untersuchen Sie, ob Radel Schadensersatzansprüche geltend machen kann, obwohl die Brüder noch minderjährig sind.
    h) Werden die Brüder mit einer strafrechtlichen Verfolgung ihrer Tat rechnen müssen?
16. a) Grenzen Sie die Begriffe Privatrecht – Zivilrecht – bürgerliches Recht – Handelsrecht gegeneinander ab.
    b) Erläutern Sie die folgenden Begriffe und geben Sie die jeweiligen Altersgrenzen an: Testierfähigkeit, Ehemündigkeit, Strafmündigkeit.
    c) Wie vollzieht sich die Übertragung von Eigentum und Besitz an einem Kugelschreiber und an einem Bauplatz?
    d) Begründen Sie, warum das Fehlen des Geschäftswillens lediglich Anfechtungsgrund sein kann, nicht aber die Nichtigkeit der WE zur Folge hat.

# Recht der Schuldverhältnisse

## 1 Die Entstehung von Schuldverhältnissen

### 1.1 Schuldbegriffe

Der Begriff der **Schuld** hat im Recht eine zentrale Bedeutung. Nur in bestimmten Fällen überlappt er sich jedoch mit der moralischen Schuld, also der sittlich begründeten Leistungsverpflichtung.

Beispiel

**A hilft B mit einem größeren zinslosen, nicht abgesicherten Darlehen aus einer finanziellen Notlage. Als es B geschäftlich wieder besser geht, zahlt er das Darlehen zurück, empfindet darüber hinaus aber auch eine moralische Verpflichtung (moralische Schuld), seinem Freund das Entgegenkommen zu vergelten.**

Allgemein bedeutet Schuld im rechtlichen Sinne, dass einem anderen eine **„bestimmte Leistung noch erbracht werden muss"**. Der Schuldner steht also in einem **Schuldverhältnis**, dessen rechtliche Grundlage im **Schuldrecht** liegt, zum Gläubiger. Der Gläubiger wiederum leitet sein subjektives Recht auf diese Leistung aus dem objektiven Recht, in diesem Falle dem Schuldrecht, ab.

Schuldverhältnisse im engeren Sinn werden im 2. Buch des BGB näher geregelt. Alle Schuldverhältnisse werden dort jedoch nicht erfasst. Ein Schuldverhältnis im weiteren Sinn ist jedes Rechtsverhältnis, das für eine (oder auch beide) Partei(en) Pflichten begründet. So zählen beispielsweise die sich aus dem Familienrecht ergebenden Pflichten (z. B. Unterhaltspflichten der Eltern gegenüber Kindern und umgekehrt) zu den Schuldverhältnissen im weiteren Sinne.

Gemäß § 241 ist der Gläubiger kraft des Schuldverhältnisses berechtigt, vom Schuldner eine Leistung zu verlangen. Grundlage einer jeden zu erbringenden Leistung kann deshalb nur ein Schuldverhältnis sein.

**Wichtig:** Ohne ein wirksam bestehendes Schuldverhältnis besteht kein Anspruch auf eine Leistung!

Leistungen können wie folgt unterteilt werden:

- **Tun:** z. B. Eigentum übertragen an Sachen, ein Werk erstellen, einen Auftrag ausführen, den Besitz an einer Sache überlassen
- **Unterlassen:** Beispielsweise wird ein Mitarbeiter durch eine Konkurrenzklausel in seinem Arbeitsvertrag dazu verpflichtet, es zu **unterlassen**, nach dem Ausscheiden aus seinem Betrieb eine bestimmte Zeit bei einem Konkurrenzunternehmen zu arbeiten.
- **Dulden:** Bei einem bestehenden Wegerecht muss man die Überfahrt des Berechtigten auf eigenem Grundstück **dulden**.

Ganz allgemein wird durch § 242 (Generalklausel) bestimmt, **wie** eine Leistung zu erbringen ist. In der Regel bedeutet dies, dass der Schuldner alles in seiner Möglichkeit Stehende zu tun hat, um die Leistung zu erbringen. Er **haftet** grundsätzlich für die Erbringung der Leistung mit seinem ganzen Vermögen. Die Haftung kann jedoch durch Vertrag oder Gesetz eingeschränkt sein (z. B. § 419).

Wenn eine Person etwas **zu vertreten hat**, so bedeutet dies, dass sie für eine Handlung Verantwortung trägt und für deren Folgen einstehen muss. Dies muss noch nicht bedeuten, dass die oder der Betreffende etwas verschuldet haben muss, dies muss gegebenenfalls gesondert geprüft werden (vgl. §§ 325, 276).

Im Folgenden sollen verschiedene Entstehungsmöglichkeiten für Schuldverhältnisse dargestellt werden. Grundsätzlich kann ein Schuldverhältnis durch Vertrag oder aufgrund gesetzlicher Bestimmungen entstehen.

**Übersicht**

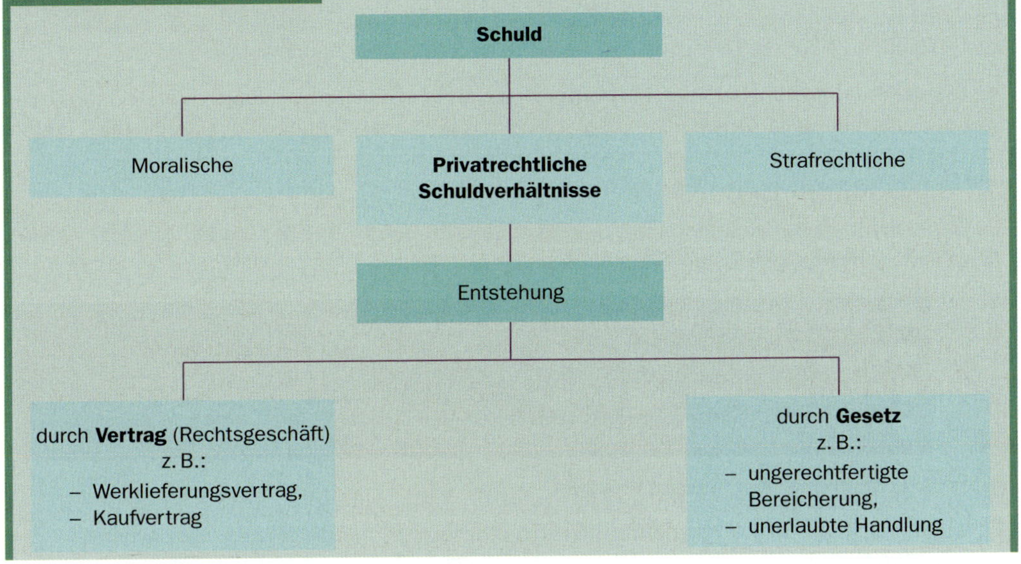


## 1.2 Rechtsgeschäftliche Schuldverhältnisse

Ein rechtsgeschäftliches Schuldverhältnis entsteht in den meisten Fällen aufgrund eines Vertrages. Ein Vertrag schafft gegenseitige Leistungspflichten, die dann erlöschen, wenn die Vertragspartner ihre Verpflichtungen erfüllt haben. Allerdings können Leistungsstörungen auftreten, wenn etwa einer der Vertragspartner seine Pflichten nicht, nicht vollständig oder nicht rechtzeitig erfüllt.

**Aufgabe**
(1) Wählen Sie drei verschiedene Vertragsarten und bestimmen Sie hieraus die Schuldverhältnisse.

## 1.3 Gesetzliche Schuldverhältnisse

Ein gesetzliches Schuldverhältnis entsteht durch das Gesetz. So ist beispielsweise derjenige, der das Eigentum eines anderen beschädigt hat, verpflichtet, dem Geschädigten Schadenersatz zu leisten. Ein anderes Beispiel: Wenn eine Person sich beispielsweise ungerechtfertigt bereichert hat, so muss sie das unrechtmäßig Erworbene zurückgeben. Andererseits kann ein gesetzliches Schuldverhältnis auch dadurch entstehen, dass jemand für die Risiken aus einer Gefahrenquelle in seinem Verantwortungsbereich einstehen muss.

### 1.3.1 Ungerechtfertigte Bereicherung

Eine ungerechtfertigte Bereicherung liegt immer dann vor, wenn jemand durch die Leistung eines anderen oder in sonstiger Weise auf dessen Kosten etwas erhalten hat, ohne dass hierfür ein rechtlicher Grund vorhanden war. Ebenso ist jemand ungerechtfertigt bereichert, wenn zwar zum Zeitpunkt der Übergabe ein rechtlicher Grund, ein Verpflichtungsgeschäft, vorlag, dieser Grund jedoch später wegfällt, etwa dadurch, dass dieses Verpflichtungsgeschäft durch Anfechtung nichtig geworden ist. Vgl. §§ 812, 142!

Im Vordergrund dieser Regelung steht die Absicht, dem Bereicherten das ungerechtfertigt Erlangte wieder zu nehmen. Dieser Gedanke kommt in § 818.3 zum Ausdruck: Die Verpflichtung, das Erlangte (oder dessen Wert) herauszugeben, ist weggefallen, wenn der Empfänger nicht mehr bereichert ist, etwa weil er mit dem erlangten Geld eine Weltreise machte. Hätte er sich dafür ein Auto gekauft, so wäre die Bereicherung – zwar in anderer Form – noch vorhanden.

Die Bereicherung beruht auf der **Leistung** eines anderen. Unter Leistung versteht man jede bewusste und auf einen Zweck gerichtete Handlung zur Vermehrung des Vermögens eines anderen. So ist hierunter jede Vermögenszuwendung durch den „Entreicherten", etwa die Eigentums- oder Besitzübergabe oder ein Schuldanerkenntnis zu verstehen.

Der Bereicherte erlangt also durch die „ungerechtfertigte Bereicherung" eine für ihn allein vorteilhafte Vermögenslage auf Kosten eines anderen.

Beispiele

- **A erlangt Besitz (Eigentum) an einer Sache.**
- **B gebraucht eine fremde Sache.**
- **C wird von einer Schuld befreit.**
- **D ist Nutznießer einer fremden Arbeitsleistung.**

Man ist also dann ungerechtfertigt bereichert,

(1) wenn man etwas **ohne rechtlichen Grund** erhalten hat, beispielsweise dann, wenn das Erfüllungsgeschäft erfolgt ist, der Kaufvertrag jedoch etwa infolge Geschäftsunfähigkeit nichtig war.

Das nichtige Verpflichtungsgeschäft macht das erfolgte Verfügungsgeschäft ja i. d. R. noch nicht automatisch hinfällig (Ausnahme z. B. § 138), lediglich die rechtliche Voraussetzung (eben das Verpflichtungsgeschäft) ist nichtig geworden. Damit geht das Eigentum nicht automatisch an den alten Besitzer zurück, vielmehr erhält dieser lediglich einen rechtlichen Anspruch gemäß § 812.

Beispiel

**Die 17-jährige Petra kauft beim Fahrradhändler ein Rad. Da dieser die Familie gut kennt, überlässt er es ihr sofort (rechtliche Übereignung = Verfügungsgeschäft). Wider Erwarten verweigern die Eltern jedoch die Genehmigung des Kaufvertrags. Der Kaufvertrag ist gemäß § 108.1 unwirksam, das Verfügungsgeschäft bleibt gemäß § 107 wirksam, denn der bloße Erwerb des Eigentums an dem Fahrrad ist ein rechtlicher Vorteil, für den Petra keine Genehmigung brauchte.**
**Hier ist das Verfügungsgeschäft wirksam, das Verpflichtungsgeschäft dagegen unwirksam. Es fehlt also der rechtliche Grund für das Erbringen der Leistung.**

Man ist ebenfalls ungerechtfertigt bereichert, wenn der **rechtliche Grund später wegfällt**. Dies ist etwa beim Eintritt einer auflösenden Bedingung oder nach einer erfolgreichen Anfechtung der Fall. Auch hier ist die rechtliche Vorschrift, nach der die schon übereignete Sache zurückgefordert werden kann, der § 812.1.

(2) Die Bereicherung kann auch **„auf sonstige Weise"** erfolgt sein. Hierbei handelt es sich um jene Fälle, in denen sich der Bereicherte den vermögensrechtlichen Vorteil aus fremdem Gut selbst verschafft oder sich ein solcher Vorteil aufgrund eines Naturereignisses ergibt. In beiden Fällen entspricht die Vermögensverschiebung nicht dem Willen des „Entreicherten".

**Beispiel** **Die Kühe des A fressen das Gras auf der Wiese des B, weil A sie dorthin getrieben hat (A verschafft sich den Vorteil), weil die Kühe den Zaun durchbrachen.**

Ein ungerechtfertigt Bereicherter ist demjenigen, der durch diesen Vorgang entreichert worden ist, zur Herausgabe verpflichtet:

(1) Er muss einmal die Sache selbst herausgeben (§ 818.1). Besitzt er diese nicht mehr, ist er dem Entreicherten zum Ersatz des Wertes verpflichtet (§ 818.2).

(2) Zum Zweiten muss er auch die Nutzungen, die er aus der Sache gezogen hat, zurückgeben (§ 818.1). Dies sind beispielsweise geerntete Früchte, es sind Zinsen aus Forderungen oder aber das Kalb einer ungerechtfertigt erworbenen Kuh.

(3) Wie oben schon angedeutet, ist der Anspruch des Entreicherten ausgeschlossen, wenn die Bereicherung weggefallen ist, (§ 818.3). Dies gilt jedoch dann nicht, wenn der Bereicherte bösgläubig war, d. h., er wusste, dass ihm das Erlangte nicht zustand.

**Übersicht**

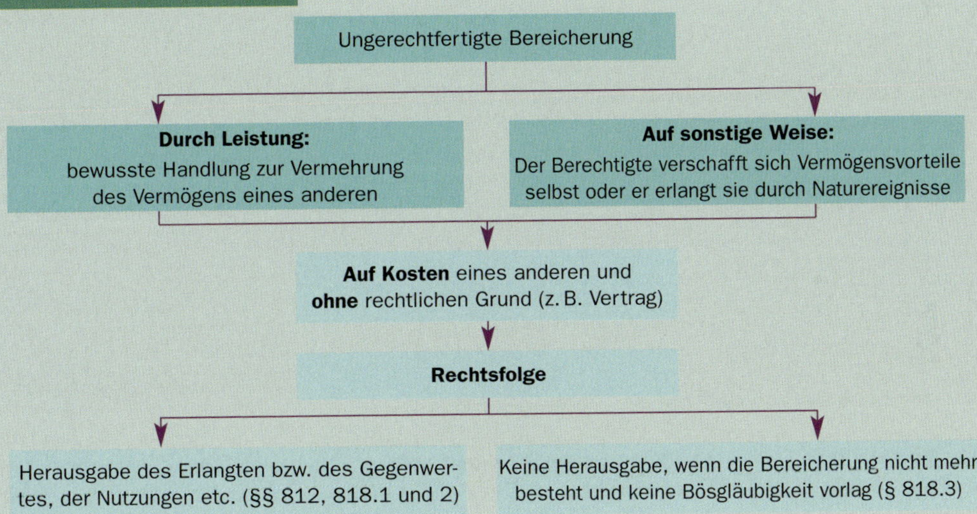


**Aufgaben**

(1) Wählen Sie drei verschiedene Vertragsarten und bestimmen Sie hieraus die Schuldverhältnisse.

(2) Der 17-jährige Florian kauft ein neues Mofa für 1.500,00 EUR. Der Vater verweigert jedoch die Zustimmung zum Kauf. Wie kommt der Händler wieder an das schon gelieferte Mofa?

(3) Bei der Lohnabrechnung unterläuft dem Arbeitgeber ein Fehler. Dadurch erhält Arbeiter A 150,00 EUR zu viel. Das Versehen wird erst einen Monat später entdeckt. Der Arbeitgeber fordert von A das Geld zurück.

a) A hat den Fehler nicht gesehen und freut sich lediglich über die Lohnerhöhung.
- A erklärt dem Arbeitgeber, dass er die 150,00 EUR nicht zurückbezahlen könne, da er sie mit einem anderen Betrag zusammen fest auf fünf Jahre angelegt habe.
- A kann das Geld nicht zurückgeben, da er seine Arbeitskameraden an einem Abend freigehalten und dabei das Geld ausgegeben hat.

b) Der Arbeiter hatte den Fehler entdeckt, das Geld jedoch trotzdem wie unter (1) und (2) ausgegeben. Wie ist die Rechtslage?

### 1.3.2 Unerlaubte Handlungen

**Hausbesitzerin schlug Mieterin nieder und ließ sie hilflos liegen**

**Radolfzell (zz). „Unmenschlicher geht es kaum mehr", meinte das Arbeitsgericht Radolfzell zu einem Streit zwischen einer Hausbesitzerin aus Ludwigshafen am Bodensee und ihrer Mieterin. Erst schlug die 60-jährige Vermieterin Johanna G. ihre Mieterin, die 51 Jahre alte Martha K., an der Wohnungstüre nieder. Dann kümmerte sie sich fünf Tage lang nicht um die Hilferufe der Frau, die nicht mehr laufen konnte. Martha K. wäre fast verdurstet. Dann erst rettete sie ein Bekannter. Heute lebt die Mieterin in Freiburg, die Hausbesitzerin wurde jetzt vom Amtsgericht Radolfzell wegen fahrlässiger Körperverletzung und unterlassener Hilfeleistung zu 1.170,00 EUR Geldstrafe verurteilt.**

Der Streit hatte kurz vor Ostern an der Wohnungstüre der Mieterin begonnen. Die Hausbesitzerin versetzte Martha K. einen Schlag. Diese stürzte und zog sich unter anderem eine Oberschenkelfraktur zu. Schon vorher war die Frau geh- und sehbehindert. Die 51-Jährige konnte sich noch ins Bett schleppen. Dann war es ihr nicht mehr möglich, sich zu bewegen. Sie konnte weder an den Kühlschrank noch auf die Toilette.
Fünf Tage lang rief Martha K., schließlich dem Verdursten nahe, um Hilfe. Jedes Mal, wenn sie die Hausbesitzerin Johanna G. im Treppenhaus hörte, flehte sie ihre Kontrahentin an, sie möge doch um Gottes Willen den Arzt, das Rote Kreuz oder die Polizei benachrichtigen. Doch die Hausbesitzerin weigerte sich. Heute meint sie, sie hätte eben nichts gehört. Nur einmal hatte Johanna G. Erbarmen. Da warf sie ihrer Mieterin durch ein kleines Fenster zwei Milchtüten ins Bett.
Schließlich hörten Nachbarn die Hilferufe, scheuten aber ein Telefonat mit der Polizei. Erst am fünften Tag ihres Martyriums kam ein Bekannter Martha K. besuchen. Er fand die Frau in einem erbarmungswürdigen Zustand (im eigenen Kot liegend) im Bett vor. Die 51-Jährige kam sofort in das Krankenhaus und wurde ein Vierteljahr stationär behandelt.
Über die aus Siebenbürgen stammende Hausbesitzerin konnten die Zeugen wenig Gutes berichten. Die 60-jährige Johanna G. rechtfertigte sich: Alles sei ein gegen sie geschmiedetes Komplott. Noch in der Verhandlung lachte sie die Zeugen höhnisch aus.
Das Urteil für die unmenschliche Handlungsweise lautete auf 1.170,00 EUR Geldstrafe. Doch damit ist die Sache nicht erledigt. Auf die rabiate Hausbesitzerin kommen zivilrechtliche Verpflichtungen zu, die sich auf mindestens weitere 10.000,00 EUR belaufen. Nur einem glücklichen Umstand hat es die Mieterin zu verdanken, dass sie noch am Leben ist.

*Quelle: Badische Zeitung, verändert*

Die Verurteilung zu einer Geldstrafe geschah wegen einer strafbaren Handlung, also nach dem Strafgesetzbuch (StGB) §§ 230 und 330c. Damit ist aber der angerichtete Schaden in keiner Weise wiedergutgemacht. Martha K. wird vielmehr in einem Zivilprozess die Hausbesitzerin auf **Schadensersatz** verklagen. Wir wollen im Folgenden nun untersuchen, welche rechtliche Grundlage es hierfür gibt.

Aus unerlaubten Handlungen resultiert i. d. R. ein gesetzliches Schuldverhältnis, d. h. der/die Geschädigte hat aufgrund der unerlaubten Handlung meist ein Recht auf Schadensersatz.

**Unerlaubte Handlungen** sind festgelegt in den §§ 823 bis 826, diese bezeichnen wir daher bei einer Schadensersatzforderung auch als **Anspruchsgrundlage**. Insbesondere sind hier die §§ 823.1 und 826 von besonderer Bedeutung.

#### 1.3.2.1 Verletzung von absoluten Rechten

Gemäß § 823.1 ist derjenige zum Schadensersatz verpflichtet, der **schuldhaft**, d. h. vorsätzlich oder fahrlässig, das **Leben**, die **Gesundheit**, die **Freiheit**, das **Eigentum** oder ein sonstiges **absolutes Recht** eines anderen **widerrechtlich** verletzt hat. Die Voraussetzungen für die Haftung sollen im Folgenden etwas genauer untersucht werden:

(1) Es muss ein **absolutes Recht** verletzt worden sein. Dies sind gegen jedermann wirkende Rechte, wie die aufgezählten Rechte auf Leben, Unversehrtheit des Körpers, Gesundheit und Freiheit und das Eigentumsrecht. Zu den sonstigen absoluten Rechten gehören u. a. Persönlichkeitsrechte, wie z. B. das Recht auf Privatsphäre, das Urheberrecht oder das Patentrecht.

(2) Der Schaden muss durch die Handlung des Schädigers direkt **verursacht** worden sein.

(3) Die schädigende Handlung muss **widerrechtlich** gewesen sein.

Auch wenn durch die Handlung ein Schaden verursacht wurde, besteht die Möglichkeit, dass sie aus verschiedenen Gründen nicht widerrechtlich war.

Man unterscheidet folgende Rechtfertigungsgründe:

- **Einwilligung**

Ein Eingriff in die Rechte eines Dritten ist dann nicht widerrechtlich, wenn dieser zu der „schädigenden" Handlung seine Einwilligung ab. Dies ist beispielsweise bei ärztlichen Eingriffen, aber auch bei üblichen Sportverletzungen der Fall, wenn die Spielregeln eingehalten wurden.

- **Notwehr oder Nothilfe (§ 227)**

Eine schädigende Handlung ist nicht widerrechtlich, wenn sie aus Notwehr geschah. Unter Notwehr versteht man die Abwehr eines gegenwärtigen rechtswidrigen Angriffs durch eine andere Person auf die eigene Person (Körper, Freiheit, Eigentum, Ehre) oder auf eine andere Person (Nothilfe). Der Angriff braucht nicht verschuldet zu sein und er muss noch andauern. Die Verteidigung muss ihrer Art nach erforderlich sein, um den Angriff abzuwehren.

*Ausnahmen:* Wenn das erforderliche Maß an Notwehr (oder Nothilfe) überschritten wurde, liegt **Notwehrexzess** (Notwehrüberschreitung) vor. Wenn dagegen die Abwehr in der irrigen Annahme vorgenommen wurde, die Voraussetzungen für Notwehr seien gegeben, liegt vermeintliche Notwehr, so genannte **Putativnotwehr**, vor. Bei **Notwehrexzess und Putativnotwehr besteht Schadensersatzpflicht**, wenn die Schädiger vorsätzlich oder fahrlässig, also schuldhaft, gehandelt haben. Bei entschuldbarem Irrtum wiederum besteht keine Schadensersatzpflicht.

Beispiel

**Gustav H. wird von einem angetrunkenen Mann auf offener Straße angegriffen. Bei der Abwehr des Angreifers erleidet dieser einen Armbruch. Hier handelt es sich um (nicht widerrechtliche) Notwehr.**
**Hätte Gustav auf den inzwischen wehrlos am Boden liegenden Angreifer weiter eingeschlagen, läge Notwehrexzess vor. Gustav wäre gegebenenfalls schadensersatzpflichtig.**

- **Notstand (§§ 228, 904)**

Erfolgt ein Angriff von einer Sache oder einem Tier, so liegt keine Notwehr, sondern Notstand vor, denn nur Menschen können eine rechtswidrige Handlung (Angriff) vornehmen. Liegt **Verteidigungsnotstand** (defensiver Notstand) gemäß § 228 vor, so handelt der Schädiger nicht widerrechtlich und ist somit auch nicht schadensersatzpflichtig. Verteidigungsnotstand ist dann gegeben, wenn jemand eine fremde Sache beschädigt oder ein Tier verletzt, um die von der Sache oder dem Tier ausgehende drohende Gefahr für die eigene oder fremde Personen zu beseitigen.

Beispiel

**Verena verletzt einen Hund, der versucht, ihre kleine Tochter zu beißen, durch mehrere Fußtritte. Die Handlung ist nicht widerrechtlich, der Hundebesitzer kann also von ihr keinen Ersatz für die Tierarztrechnungen fordern.**

**Übersicht: Rechtfertigungsgründe (gemäß §§ 227, 228, 229, 904)**

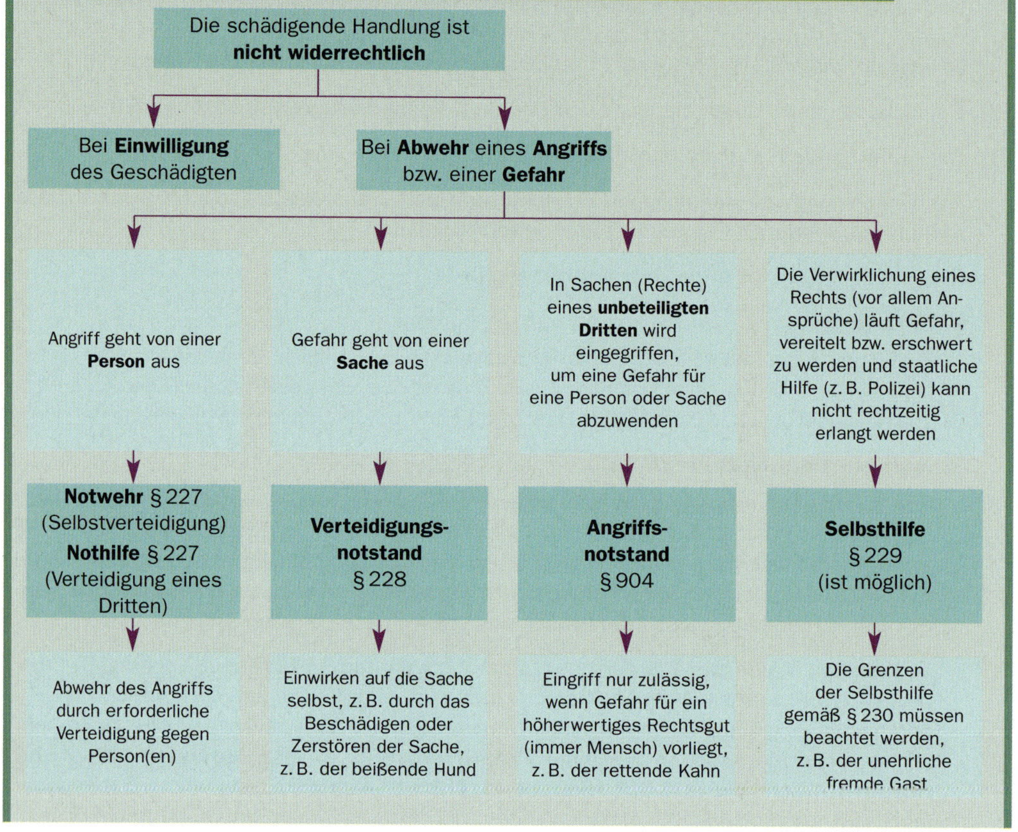


- Liegt dagegen **Angriffsnotstand** (aggressiver Notstand) gemäß § 904 vor, so ist der Handelnde zum Schadensersatz verpflichtet, obwohl die Handlung nicht widerrechtlich ist. Angriffsnotstand ist dann gegeben, wenn eine fremde Sache beschädigt oder zerstört wird, um hierdurch ein höherwertiges Rechtsgut, etwa das Leben oder die Gesundheit eines Menschen, zu schützen. Im Gegensatz zu § 228 geht von dieser Sache keine Gefahr aus.

Beispiel

**Georg rettet ein kleines Kind, das in den Fluss gefallen ist, mithilfe eines fremden Ruderbootes, das bei dieser Aktion beschädigt wird. Der Eigentümer des Bootes kann Schadensersatz fordern.**

- **Selbsthilfe (§§ 229, 230, 231)**

Selbsthilfe ist dann gegeben, wenn man einen eigenen Anspruch durch persönliches Vorgehen durchsetzt oder sichert, sie ist unter folgenden Voraussetzungen **nicht widerrechtlich**: Wenn ein gerichtlich durchsetzbarer Anspruch besteht, die zur Durchsetzung des Anspruchs notwendige rechtsstaatliche Hilfe nicht rechtzeitig zu erlangen ist und die Gefahr besteht, dass der Anspruch durch ein Nichteingreifen nicht oder kaum noch verwirklicht werden kann. Schließlich muss die vorgenommene Selbsthilfehandlung auch tatsächlich zur Sicherung des Anspruchs erforderlich sein, vgl. auch §§ 561, 704. **Selbsthilfeexzess** (§ 230) und **Putativselbsthilfe** (§ 231) führen dagegen zu Schadensersatzansprüchen, wenn schuldhaft gehandelt wird.

Beispiel

**Mieter Speidel will ohne seine noch ausstehende Miete zu bezahlen ausziehen, Vermieter Beck bemerkt dies und nimmt Speidel seinen gepackten Koffer weg, bevor dieser das Haus verlassen hat. Hier handelt es sich um angemessene Selbsthilfe, Beck hat nicht widerrechtlich gehandelt.**

(4) Außerdem muss der Schädiger die Handlung **verschuldet** haben. Voraussetzung hierfür ist zunächst volle oder bedingte *Deliktsfähigkeit* (vgl. §§ 827, 828, 832 und 829). Schuldhaftes Handeln liegt gemäß § 276 vor, wenn *vorsätzlich* oder *fahrlässig* gehandelt wurde.

- Jemand handelt **vorsätzlich**, wenn er in voller Absicht handelt und sich dabei bewusst ist, dass er rechtswidrig handelt. Es ist einerlei, ob das Ziel des Handelns der rechtswidrige Erfolg ist **(direkter Vorsatz)** oder ob der rechtswidrige Erfolg lediglich in Kauf genommen wird **(bedingter Vorsatz)**.
- **Fahrlässigkeit** liegt vor, wenn die im Verkehr übliche Sorgfalt außer Acht gelassen wurde. Kannte der Handelnde die Gefährlichkeit seines Tuns, hoffte aber, es werde kein Schaden eintreten, so spricht man von *bewusster Fahrlässigkeit*; bemerkte er die Gefährlichkeit seines Tuns nicht, so liegt *unbewusste Fahrlässigkeit* vor.

  Regelmäßig haftet der Schuldner schon bei leichter Fahrlässigkeit. In bestimmten Fällen ist die Haftung allerdings auf grobe Fahrlässigkeit beschränkt. Diese liegt dann vor, wenn die erforderliche Sorgfalt in ungewöhnlich grobem Maße verletzt wurde und nicht beachtet wurde, was „jedem hätte einleuchten müssen".

Beispiele

**Armin stößt mit voller Absicht einen Blumentopf von der Fensterbank, um jemanden damit zu verletzen. Der Topf verletzt die Fußgängerin Beate am Kopf. Hier handelt es sich um eine vorsätzliche Handlung (direkter Vorsatz).**
**Armin stößt unabsichtlich einen Blumentopf von der Fensterbank, mit dem gleichen Erfolg wie oben. Hier war zwar die Handlung nicht gewollt, Armin hat aber die übliche Sorgfalt außer Acht gelassen und damit fahrlässig gehandelt (unbewusste Fahrlässigkeit).**
**Armin wirft absichtlich einen Blumentopf hinunter, da er die Pflanze nicht leiden kann, hat aber keineswegs die Absicht, jemanden zu verletzen. Unglücklicherweise wird die unten vorbeilaufende Beate verletzt. Zwar war der schädigende Erfolg nicht gewollt, sodass kein Vorsatz vorliegt, dennoch hat Armin aber fahrlässig gehandelt (bewusste Fahrlässigkeit).**

(5) Der Schadensersatzanspruch hängt von dem **Schadensumfang** ab (vgl. auch Teil III Abschnitt 2). Grundsätzlich besteht hier das Prinzip der Naturalherstellung gemäß § 249. Demnach ist der Geschädigte so zu stellen, als ob die Schädigung nicht eingetreten wäre.

- Bei einem Sachschaden ist im Wesentlichen die Vermögensminderung des Geschädigten auszugleichen.
- Bei einer Verletzung des Körpers und der Gesundheit sind u. a. Krankenhauskosten, Folgekosten und Verdienstausfall (vgl. § 842) zu berücksichtigen.
- In der Regel besteht auch ein Anspruch auf Schmerzensgeld gemäß § 253.
- Grundsätzlich führt ein Mitverschulden des Geschädigten gemäß § 254 zu einer Minderung des Schadensersatzes.

Schließlich ist zu beachten, dass Ansprüche aus unerlaubten Handlungen nach drei Jahren **verjähren**.

## Übersicht

**Prüfungsschema: Schadensersatz wegen unerlaubter Handlung**

**Voraussetzung:** Schädiger hat das Leben, den Körper, die Gesundheit, die Freiheit, das Eigentum oder ein sonstiges absolutes Recht eines anderen verletzt.

(1) Der Geschädigte könnte nun einen **Anspruch auf Schadensersatz** gegen den Schädiger haben. Die **Anspruchsgrundlage** wäre in diesem Fall § 823.1 BGB.

Nach der Klärung der Frage, ob der Schädiger überhaupt **deliktsfähig** war (vgl. hierzu S. 42 ff.) und ob eventuell eine Einwilligung vorlag, sollte bei der **Prüfung, ob Schadensersatz wegen unerlaubter Handlung** verlangt werden kann, wie folgt vorgegangen werden.

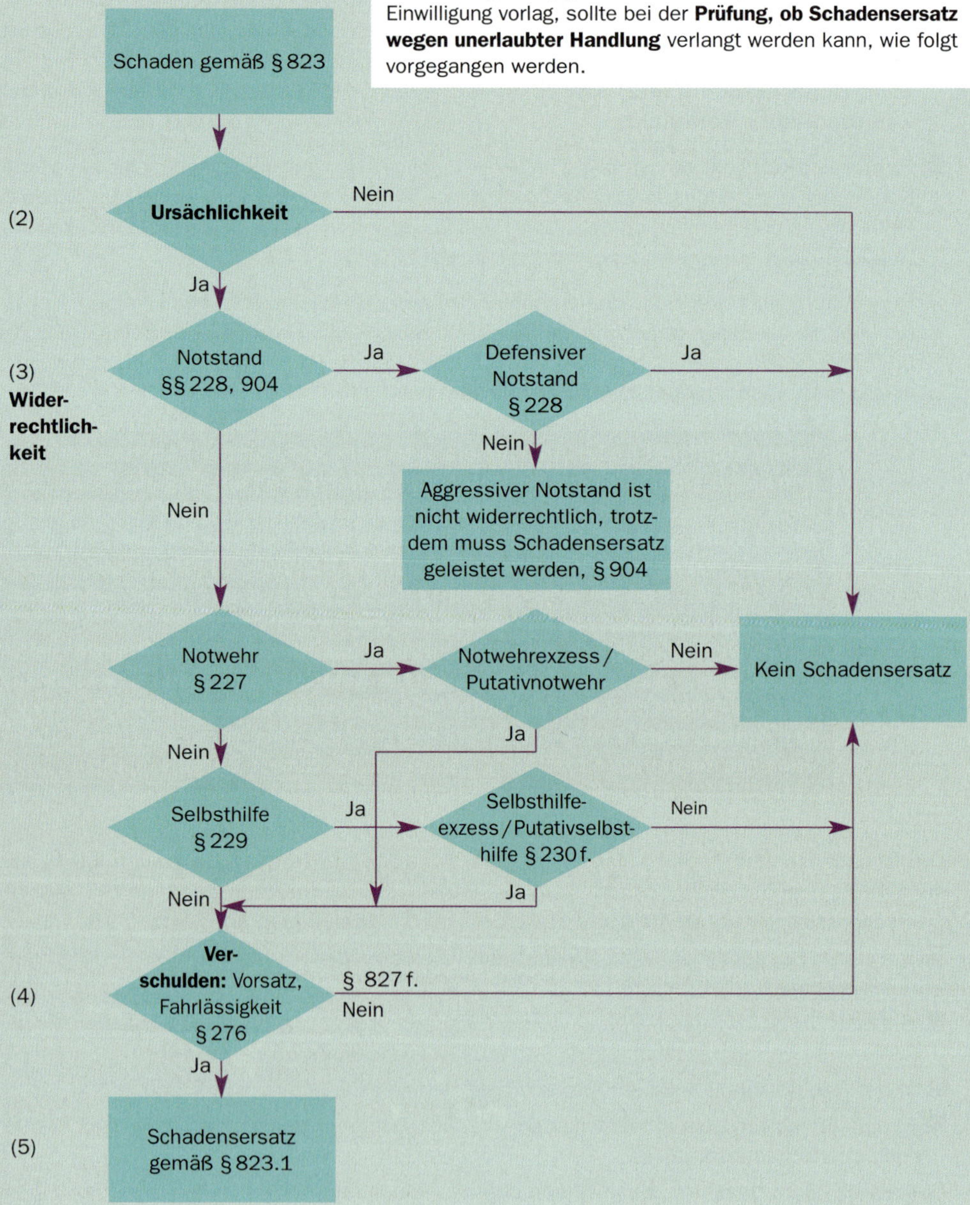

Um festzustellen, ob ein Schadensersatzanspruch wegen der Verletzung eines der im § 823 aufgeführten Rechtsgüter besteht, muss nun geprüft werden, ob alle Voraussetzungen gegeben sind. Die Prüfung erfolgt nach dem folgenden **5-Punkte-Schema**:

***Prüfung***

1. Feststellen der genauen **Anspruchsgrundlage**, gemäß §§ 823 bis 826 (z. B. Verletzung des Körpers gemäß § 823.1), aufgrund derer ein Schadensersatz gefordert werden kann.
2. Feststellen, ob das Handeln des Schädigers den Schaden auch tatsächlich **verursacht** hat.
3. Feststellen, ob die Handlung **widerrechtlich** war. Dies beinhaltet eine Untersuchung, ob eventuell Einwilligung, Notwehr (Nothilfe), Notstand oder Selbsthilfe als Rechtfertigungsgründe vorliegen. Dabei muss beachtet werden, dass Notwehrexzess, Putativnotwehr, Selbsthilfeexzess und Putativselbsthilfe widerrechtlich sind. Angriffsnotstand ist zwar nicht widerrechtlich, begründet aber trotzdem einen Schadensersatzanspruch.
4. Prüfung, ob ein **Verschulden** des Schädigers vorliegt, ob dieser also vorsätzlich oder fahrlässig gehandelt hat.
5. Prüfung des Schadenumfangs und der daraus ableitbaren Höhe des **Schadensersatzes**.

Es ist empfehlenswert, bei der Lösung von Fällen grundsätzlich nach dem 5-Punkte-Schema vorzugehen!

Wir sind bisher davon ausgegangen, dass der Tatbestand des § 823 nur durch aktives Tun verwirklicht wird. Schadensursache kann aber auch ein **pflichtwidriges Unterlassen** sein. Dies liegt dann vor, wenn eine Pflicht zum Handeln besteht, aber nicht entsprechend gehandelt wurde. Die wichtigsten Pflichten zum Handeln ergeben sich aus der allgemeinen Überlegung, dass jeder, der eine Gefahrenquelle schafft, die erforderlichen Maßnahmen zum Schutze anderer zu ergreifen hat. Dies wird als **allgemeine Verkehrssicherungspflicht** bezeichnet.

### Streupflicht nur auf Überwegen

Kommunen müssen Kreuzungsbereiche nur auf den regulären Überwegen streuen. Wer eine Abkürzung nutze, tue dies auf eigene Gefahr und erhalte bei einem Sturz keinen Schadensersatz, urteilte jetzt das Oberlandesgericht (OLG) Schleswig (Az.: 11 U 171/98).
Mit seiner Entscheidung hob das OLG ein anders lautendes Urteil des Landgerichts Lübeck auf.
In dem vorliegenden Fall war eine Frau auf eisglatter Straße gestürzt. Sie hatte den markierten und von Schnee geräumten Fußgängerweg verlassen, um die Kreuzung auf kürzestem Wege zu überqueren.
Laut Urteilsbegründung muss ein Fußgänger jedoch stets Fußgängerüberwege benutzen, wenn er die Fahrbahn überquert.

*Quelle: Handelsblatt vom 08.01.2001*

### Morgens um sieben ist der Bürgersteig rutschig

Rutscht eine Fußgängerin um 7 Uhr früh auf einem Bürgersteig in einer Wohngegend auf nassem Laub aus und bricht sich ein Bein, so hat sie keinen Anspruch auf Schadensersatz, da dem Hausbesitzer nicht zugemutet werden kann, schon zu dieser Zeit nach dem Rechten zu sehen, und die Fußgänger selbst aufpassen müssen (Landgericht Frankfurt am Main, 2/23 O 368/93).

Jeder, der Straßen, Verkehrsmittel oder Grundstücke für andere zugänglich macht oder den öffentlichen Verkehr auf einem seiner Verfügung unterstehenden Grundstück duldet, hat die Pflicht, die nötigen Vorkehrungen zum Schutz Dritter zu schaffen, er hat für einen verkehrssicheren Zustand zu sorgen. So ist der Betreffende unter anderem verpflichtet, Straßen und Wege in ordnungsgemäßem Zustand zu erhalten, also diese zu beleuchten oder bei Glatteis zu streuen, Baustellen zu beaufsichtigen bzw. ordnungsgemäß abzusichern oder Treppenhäuser mit Geländer zu versehen und zu beleuchten.

Besteht eine Pflicht zur Gefahrenabwehr, so haftet der jeweils Verfügungsberechtigte, der im Übrigen nicht unbedingt Eigentümer zu sein braucht, aus unerlaubter Handlung gemäß § 823.1. Die Prüfung erfolgt nach dem 5-Punkte-Schema. Die Rechtsgutverletzung erfolgt jedoch durch pflichtwidriges Unterlassen, nicht durch eine konkrete rechtswidrige Handlung.

Beispiel

**Während einer Kellerparty rutscht ein Gast, Karin K., auf der unbeleuchteten Kellertreppe so unglücklich aus, dass sie mit einer schweren Gehirnerschütterung mehrere Tage im Krankenhaus verbringen muss. Da der Gastgeber (bzw. seine Eltern) die Verkehrssicherungspflicht verletzt hat, hat Karin K. gemäß § 823.1 einen Anspruch auf Schadensersatz gegen den Gastgeber.**
**In den meisten Gemeinden haben die Anlieger eine Streupflicht auf den Gehsteigen im Winter. Die Anliegerin Hilde Seidler hat keine Lust, dieser Verpflichtung nachzukommen. An einem Wintermorgen gegen 10:00 Uhr bricht sich die Postbotin auf dem vereisten Gehweg vor ihrem Haus den Knöchel. Auch hier kann Frau Seidler gemäß § 823.1 wegen Verletzung der Verkehrssicherungspflicht auf Schadensersatz in Anspruch genommen werden.**

**Aufgaben**

(4) Prüfen Sie nun bitte den Schadensersatzanspruch von Martha K.!

(5) Bei einem Wortwechsel schlägt der 20-jährige Alfred dem gleichaltrigen Berthold so heftig ins Gesicht, dass diesem das Nasenbein bricht. Welche Ansprüche kann Berthold gegen Alfred geltend machen?

(6) A, der mit der Textilunternehmerin B verfeindet ist, verleumdet B bei dem Vorstand des Versandhauses Monopol, mit dem er persönlich befreundet ist. Daraufhin bricht Monopol die Geschäftsbeziehungen zu B ab, diese kommt in Absatzschwierigkeiten und erleidet einen Schaden. Kann B von A Ersatz verlangen?

(7) Frau Bruch, 53 Jahre, geht in der Hauptgeschäftsstraße von Alphatown spazieren. Plötzlich sieht sie ihren früheren Freund, der sie vor 30 Jahren verlassen hat, erleidet einen Ohnmachtsanfall und fällt in eine Schaufensterscheibe. Hat der Ladenbesitzer einen Schadensersatzanspruch?

(8) Bei einem Spaziergang mit seinem 6-jährigen Sohn rutscht der Vater auf einer von Schnee verdeckten Eisenplatte so unglücklich aus, dass er ohnmächtig liegen bleibt. Währenddessen zerkratzt der Sohn mit einem herumliegenden Eiszapfen mehrere geparkte Autos. Von wem können die Autobesitzer Schadensersatz verlangen?

(9) A will B mit dem Auto überfahren; B, der immer eine Pistole bei sich trägt, zerschießt mit gezielten Schüssen die Reifen des Autos von A. A verlangt daraufhin von B Schadensersatz. Zu Recht?

(10) Der badische Boxmeister im Halbschwergewicht wird abends nach einem Barbesuch von dem 17-jährigen schmächtigen Klaus bedroht. Der Boxer streckt Klaus mit zwei Schlägen nieder. Wie ist die Rechtslage?

(11) Studienrat Vogt schlägt den 17-jährigen Rolf nieder, als dieser ihm seine Entschuldigung überreichen will, da er der Meinung war, Rolf wollte ihm wegen der letzten Zeugnisnote tatkräftig seine Meinung sagen. Wie ist die Rechtslage?

(12) A verletzt einen ihn angreifenden Hund so schwer, dass dieser kurz darauf eingeht. Muss er dem Hundebesitzer den Schaden ersetzen?

(13) Die 20-jährige Michaela wird von zwei hinter ihr laufenden Männern verfolgt. Nach einer Wegbiegung bricht sie daher eine nur ungenügend verschlossene Gartentür auf und versteckt sich hinter der Hecke, bis die beiden Männer vorbei sind. Muss sie den dabei entstandenen Schaden (an Gartentür und Blumenbeet) ersetzen?

(14) Der Stadtstreicher A hat in einem guten Lokal gut gegessen, zahlen kann er jedoch nicht. Als der Wirt ihn festhalten will, um ihn der Polizei zu übergeben, zerreißt er ihm dabei die Jacke. Ist der Wirt A gegenüber schadensersatzpflichtig?

#### 1.3.2.2 Sonstige schädigende Handlungen

**a) Verletzung von Schutzgesetzen**

Die in § 823.1 aufgezählten Rechte werden durch § 823.2 auf weitere Rechte und Rechtsgüter ausgedehnt. Damit ist ebenso derjenige zum Schadensersatz gemäß § 832.2 verpflichtet, der gegen ein Gesetz verstößt, das den Schutz bestimmter Personen oder Personenkreise bezweckt **(Schutzgesetz)**. Schutzgesetze sind zahlreiche Vorschriften des Strafgesetzbuchs, der Straßenverkehrsordnung, des Jugendschutzgesetzes oder der Verordnungen der Bau-, Feuer- oder Wasserschutzpolizei usw. Der Geschädigte hat damit einen Schadensersatzanspruch aus § 823.2 in Verbindung mit dem jeweiligen Schutzgesetz.

Beispiele

**Körperverletzung (§ 223 StGB); Betrug (§ 263 StGB); unerlaubtes Entfernen vom Unfallort (Fahrerflucht § 142); Sachbeschädigung (§ 303 StGB); üble Nachrede (§ 186).**

**b) Sittenwidrige Schädigung**

Außerdem ist noch derjenige gemäß § 826 schadensersatzpflichtig, der andere vorsätzlich in **sittenwidriger Weise** schädigt (siehe hierzu Teil I, 2.2.2). Eine solche Schädigung kann anderen dadurch entstehen, dass wissentlich eine falsche Auskunft erteilt, dass die eigene wirtschaftliche Machtstellung ausgenutzt wird oder dadurch, dass sie arglistig getäuscht werden.

Beispiel

**Einem wegen Diebstahls entlassenen Bankangestellten wird vom Arbeitgeber Zuverlässigkeit bescheinigt. Der Entlassene erlangt in einem anderen Unternehmen aufgrund des guten Zeugnisses eine Vertrauensstellung, in der er seinen neuen Arbeitgeber auf die gleiche Weise schädigt.**

### 1.3.3 Die Haftung für den Gehilfen

#### 1.3.3.1 Die Haftung für den Erfüllungsgehilfen

Beispiel

**Gabi A. hat von dem Autoverleih Zarkasi übers Wochenende einen Sportwagen geliehen, Rückgabetermin ist Montag, 10:00 Uhr. Am Montagmorgen bittet sie ihren Freund Stefan, den Wagen zurückzubringen. Dieser macht zunächst eine kleine Spritztour und bringt den Wagen erst drei Stunden zu spät zurück. Da der Wagen vorbestellt war, erleidet Zarkasi einen Einnahmeausfall. Von wem kann Zarkasi Schadensersatz fordern?**

Im Wirtschaftsleben hat häufig derjenige, der eine vertragliche Leistung schuldet, diese nicht persönlich zu erbringen. So bedient sich der Unternehmer zur Erfüllung seiner vertraglichen Verpflichtungen vor allem seiner Mitarbeiter (Angestellte und Arbeiter), aber auch anderer Personen, die in keinem Abhängigkeitsverhältnis zu ihm stehen (Firmen, freie Mitarbeiter usw.). Es liegt auf der Hand, dass der Einsatz von **Gehilfen** für den Leistungs**schuldner** einen Vorteil darstellt.

Damit dieser Vorteil des Schuldners aber nicht zu einem Nachteil des Gläubigers wird, bestimmt § 278, dass der Schuldner ein Verschulden der Person, derer er sich zur Erfüllung seiner Verbindlichkeiten bedient (Erfüllungsgehilfe), in gleicher Weise zu vertreten hat wie eigenes Verschulden.

Diese Regelung gilt auch dann, wenn ein gesetzlicher Vertreter (z. B. Eltern, Vormund) für den Vertretenen (z. B. Kind) Verpflichtungen erfüllt.

Beispiel

**Der 3-jährige Werner hat ein Haus geerbt. Die Eltern lassen notwendige Reparaturarbeiten ausführen, vergessen aber die Rechnung zu zahlen. Der Unternehmer verlangt Verzugszinsen. Der 3-Jährige, der rechtlich Vertragspartner ist (vertreten durch seine Eltern), hat den Verzug nicht verschuldet (§ 285). Nun gilt aber § 278. Der 3-Jährige muss die Verzugszinsen aus seinem Vermögen zahlen. Eventuell hat er aber einen Anspruch gegen seine Eltern im Innenverhältnis.**

Bei der Vorschrift des § 278 handelt es sich um eine Ausnahme von dem Grundsatz, dass jeder nur für sein **eigenes Handeln** verantwortlich ist, also nur für die Fehler haftet, die er selbst gemacht hat. Bei der Haftung für einen Erfüllungsgehilfen haftet der Schuldner für **fremde Handlungen** und **fremdes Verschulden** im Rahmen eines Schuldverhältnisses (also nicht bei unerlaubten Handlungen): Der Schuldner hat also die von dem **Erfüllungsgehilfen verschuldete Vertragsverletzung wie eigenes Verschulden** (eigene Vertragsverletzung) zu vertreten.

Der Fall, dass der Aufsichtspflichtige (Eltern) für einen Schaden des zu Beaufsichtigenden (Kind) einzustehen hat, ist anders gelagert: Zwar hat der Aufsichtspflichtige den Schaden nicht eigenhändig verursacht, durch die schuldhafte Verletzung der Aufsichtspflicht den Schadenseintritt aber erst ermöglicht. Der Schaden ist **ursächlich auf eigenes Verhalten** zurückzuführen.

**Folgende Voraussetzungen müssen nun geprüft werden:**

a) Erfüllungsgehilfe ist jeder, der mit **Wissen und Wollen** des anderen für diesen tätig wird, das bedeutet, er braucht nicht in einem Arbeitsverhältnis oder sonstigen Abhängigkeitsverhältnis zu diesem zu stehen. Auch ein beauftragter Freund kann daher Erfüllungsgehilfe sein.

b) Der Gehilfe hilft seinem Auftraggeber bei der **Erfüllung eines Vertrages** einem Dritten gegenüber. Der Erfüllungsgehilfe erbringt also statt des Vertragspartners, an dessen Stelle, eine vertraglich vereinbarte Leistung.

c) Die Haftung tritt dann ein, **wenn eine Vertragspflicht verletzt wurde**, die vertragliche Leistung also nicht wie abgemacht oder wie üblich erbracht wurde. Diese Vertragsverletzung muss von dem Gehilfen gemäß § 276 **verschuldet** worden sein, er muss also fahrlässig oder vorsätzlich gehandelt haben.

Wenn jemand einem anderen also mit dessen **Wissen und Wollen** bei einer **Vertragserfüllung** hilft, hierbei eine **Vertragsverletzung** verursacht und diese selbst **verschuldet**, haftet der Vertragspartner für seinen Erfüllungsgehilfen.

Der § 278 ist jedoch **keine** (selbstständige) **Anspruchsgrundlage** wie etwa der § 823. Vielmehr muss für die schädigende Handlung/Unterlassung eine andere Vorschrift gesucht werden, aufgrund derer sich der Schuldner **selbst** schadensersatzpflichtig gemacht hätte, hätte er die Handlung selbst ausgeführt.

**Der Schuldner haftet damit aus einer Anspruchsgrundlage (Vertragsverletzung) in Verbindung mit § 278.**

Als Anspruchsgrundlage kommen vor allem folgende gesetzliche Vorschriften in Betracht, jeweils in Verbindung mit § 278: §§ 280, 281, 325, 633, 651, 521, 523, 536 und 599.

Gegebenenfalls hat der Auftraggeber die Möglichkeit, von dem Gehilfen den geleisteten Schadensersatz zurückzufordern (Innenverhältnis).

Beispiel

**Der Autoverleih Wagner schließt mit Leoni Zimmermann einen Mietvertrag über einen Leihwagen. Wagner sichert Zimmermann dabei zu, dass er Zimmermann den gewünschten Mercedes bis Mittwoch, 08:00 Uhr vor ihr Haus stellen werde.**

**Als Zimmermann am Mittwoch um 08:10 Uhr in den Wagen steigen möchte, um zu einer wichtigen geschäftlichen Besprechung zu fahren, findet sie zwar den Wagen vor, jedoch springt dieser nicht an, da der Angestellte von Wagner, der ihn am Abend vorher dort abgestellt hat, über Nacht das Licht brennen ließ.**
**Da Zimmermann nun den Termin nicht einhalten kann und einen finanziellen Verlust erleidet, fordert sie gemäß §§ 536, 537, 538 von Wagner Schadensersatz. Dieser lehnt jedoch ab, da er selbst den Schaden nicht verursacht habe. Wie ist die Rechtslage?**
**Wagner ist hier im Unrecht. Da der Mietvertrag zwischen ihm und Zimmermann geschlossen wurde, haftet er auch persönlich, hier zwar nicht für eigenes Verschulden, wohl aber für das Verschulden seines Erfüllungsgehilfen gemäß § 278. Da Wagner für das fremde Verschulden einer Vertragsverletzung wie für eigenes Verschulden einstehen muss, haftet er nun gemäß § 537 f. in Verbindung mit § 278.**

**Aufgaben**
(15) Für welches Verschulden haftet der Auftraggeber? Begründung.
(16) Welche Bedeutung hat in diesem Zusammenhang die Deliktsfähigkeit von Auftraggeber und Gehilfe?
(17) Warum kann der § 278 keine selbstständige Anspruchsgrundlage sein?
(18) Unter welchen Voraussetzungen ist jemand Erfüllungsgehilfe?
(19) Von wem kann Zarkasi aus unserem Einführungsbeispiel Schadensersatz fordern?

#### 1.3.3.2 Die Haftung für den Verrichtungsgehilfen

Beispiel

**Malermeister Engelkamp beauftragt seine beiden erfahrenen Gesellen mit dem Aufbau eines Gerüsts am Haus des Kunden Seidler. Unglücklicherweise entgleitet dem Gesellen Paul eines der Bretter und beschädigt das Auto der Hanne M. Kann Hanne von Meister Engelkamp Schadensersatz verlangen?**

Wir haben bei der Besprechung des Erfüllungsgehilfen festgestellt, dass die Haftung nur dann eintritt, wenn eine Vertragspflicht im Rahmen eines bestehenden Vertrages verletzt wurde. In unserem Beispiel ist dies offensichtlich nicht der Fall, da zwischen Malermeister Engelkamp und der Kundin Hanne M. kein Vertrag bestand. Damit scheidet eine Haftung für den Erfüllungsgehilfen aus.

Paul handelt hier als **Verrichtungsgehilfe** gemäß § 831. Es ist demnach zu prüfen, ob Engelkamp für seinen Verrichtungsgehilfen Paul haften muss. Die Haftung für den Verrichtungsgehilfen ist von der Haftung für den Erfüllungsgehilfen deutlich zu unterscheiden. Gemäß § 831 kann derjenige, der einen Gehilfen mit der Verrichtung einer Arbeit beauftragt hat, zur Verantwortung gezogen werden, wenn folgende Voraussetzungen vorliegen:

(1) Der Gehilfe beging eine **unerlaubte Handlung** gemäß § 823 ff. Ob der Geschädigte zu demjenigen, der den Gehilfen mit der Verrichtung betraut hat, in einem Vertragsverhältnis (z. B. Käufer – Verkäufer) stand, spielt hier keine Rolle.

(2) Die Handlung braucht von dem Gehilfen **nicht verschuldet** worden zu sein. Wenn sie jedoch von diesem verschuldet wurde, haftet er natürlich gemäß § 823 ff. auch selbst, u. U. gemeinsam mit seinem Geschäftsherrn.

(3) Der Gehilfe muss zur Verrichtung **bestellt** worden sein, dies bedeutet, dass zwischen dem Geschäftsherrn und seinem Gehilfen ein **Abhängigkeitsverhältnis** bestehen muss. Diese Voraussetzung ist beispielsweise immer dann erfüllt, wenn zwischen beiden ein Arbeitsvertrag besteht.

Ein Arbeitsverhältnis ist jedoch nicht unbedingt Voraussetzung. So reicht es schon aus, wenn der Geschäftsherr jederzeit Einfluss auf die Tätigkeit des Gehilfen nehmen kann. In jedem Fall spielt es keine Rolle, ob der Gehilfe für seine Tätigkeit bezahlt wird.

(4) Der Schaden muss in **Ausführung der Verrichtung** verursacht worden sein, d. h., er steht in einem **inneren Zusammenhang** mit der auszuführenden Arbeit. Er darf also nicht nur gelegentlich (anlässlich) der Verrichtung erfolgt sein.

**Aufgaben**

Prüfen Sie, ob der Schaden in einem inneren Zusammenhang mit der Verrichtung steht!

(20) Ein Malergeselle stiehlt bei der Ausführung einer Malerarbeit dem Kunden die Geldbörse.

(21) Derselbe Geselle verletzt beim Leitertransport den Wohnungsbesitzer am Kopf.

(22) Schließlich fängt er mit dem Hausbesitzer Streit an und zerschmettert dessen Kinn.

Immer dann, wenn diese Voraussetzungen vorliegen, besteht die Möglichkeit, dass der Geschäftsherr für den von seinem Verrichtungsgehilfen angerichteten Schaden haftet. Er haftet also dann für einen **Schaden**, den ein **anderer verursacht** hat.

Allerdings haftet der Geschäftsherr hier gemäß § 831 für **eigenes Verschulden**:

- Er haftet entweder dafür, dass er den Gehilfen nicht mit der notwendigen Sorgfalt ausgewählt oder beaufsichtigt hat oder dafür,
- dass er ihm ungeeignete Arbeitsmittel zur Verfügung gestellt hat.

Damit stellt der § 831 eine **selbstständige Anspruchsgrundlage** dar.

Der Geschäftsherr **haftet** jedoch gemäß § 831.1 (2) **nicht**, wenn er nachweisen kann,

- dass er den Verrichtungsgehilfen mit der für diese Arbeit erforderlichen Sorgfalt ausgewählt und kontrolliert hat und
- er ihm die geeigneten Arbeitsgeräte zur Verfügung gestellt hat oder
- wenn der Schaden auch bei Anwendung der notwendigen Sorgfalt entstanden wäre.

Liegen diese Entlastungsgründe vor, kann er sich **exkulpieren** (Exkulpation bedeutet Befreiung von der Schuld), er haftet also nicht, gegebenenfalls haftet dann allerdings der Gehilfe allein.

**Erläuterung:** Eine Exkulpation ist auch für den Aufsichtspflichtigen gemäß § 832 (2) möglich. Dieser haftet nicht, wenn er der Aufsichtspflicht genügt hat oder der Schaden auch trotz ausreichend ausgeübter Aufsichtspflicht eingetreten wäre. Bei der Haftung für den Erfüllungsgehilfen ist eine Entlastung dagegen nicht vorgesehen, da ja für fremdes Verschulden gehaftet wird.

## Arbeitgeber muss Schäden ersetzen

Ein Bauunternehmer muss für den Schaden aufkommen, den ein betrunkener Baggerfahrer angerichtet hat. Das hat das Amtsgericht München in einem Schadensersatzprozess entschieden. Wie das Gericht am Montag mitteilte, hatte der Angestellte mit 1,3 Promille Alkohol im Blut bei Straßenbauarbeiten mit dem Bagger ein geparktes Auto demoliert. Der Schaden betrug rund 2.900,00 EUR. Der Bauunternehmer weigerte sich, für die entstandenen Schäden einzustehen.

Der Richter sah dies jedoch anders und verurteilte den Unternehmer, die Schäden zu ersetzen. Dem Unternehmer sei bekannt gewesen, dass der Führerschein des bei ihm angestellten Baggerfahrers eingezogen worden war.

Damit habe der Angestellte nicht mehr als zuverlässig gelten können, erklärte das Gericht. Den Unternehmer treffe ein sogenanntes Auswahlverschulden, weil er den Baggerfahrer nicht ordnungsgemäß ausgewählt und beaufsichtigt habe.

*Quelle: Handelsblatt vom 08.01.2002*

## Prüfungsschema: Verrichtungsgehilfe

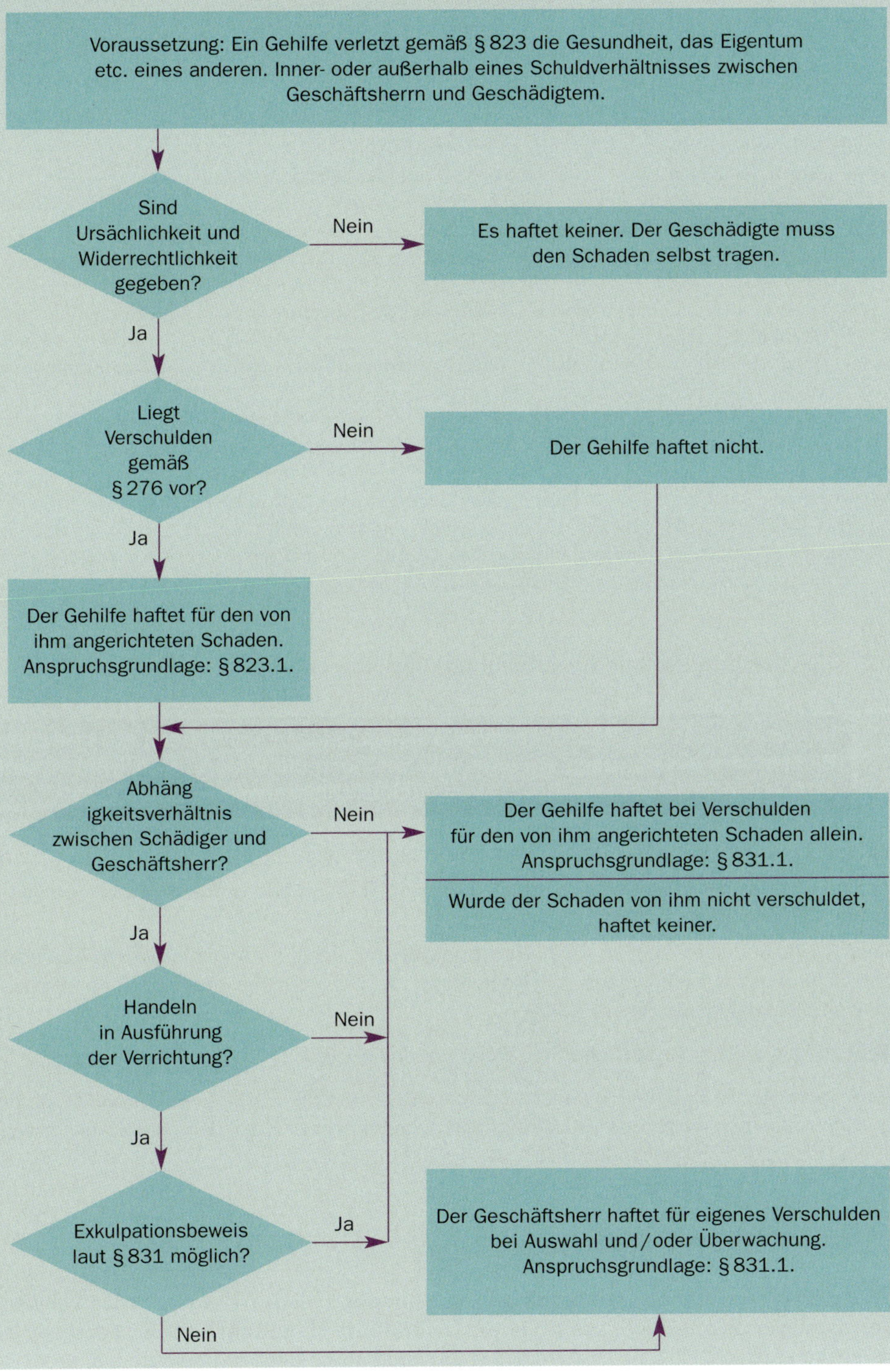

**Aufgaben**

(23) Die Arbeiter einer Baufirma sind damit beauftragt worden, ein Gerüst abzubauen. Einer der Arbeiter wirft dabei ein Brett so lässig herab, dass es einen Passanten erheblich verletzt. Gegen wen hat der Passant Ansprüche?
Da es sich um eine unerlaubte Handlung handelt, muss zunächst geprüft werden, ob der Schädiger selbst haftet.

*Haftet der Schädiger selbst?*

a) Welches Recht (vgl. § 823) wurde hier verletzt?
b) Prüfen Sie bitte nach dem 5-Punkte-Schema, ob der Schädiger haftet!
c) Damit haftet also der Gehilfe, einer der Arbeiter, gemäß § 823. Anschließend prüfen wir nun die **Haftung des Geschäftsherrn** (Auftraggebers) gemäß § 831.
d) Es ist einerlei, ob ein Vertragsverhältnis zwischen dem Bauunternehmer und dem Geschädigten bestand. Liegt hier ein Vertrag vor?
e) Es ist in diesem Zusammenhang ebenso nicht von Bedeutung, ob die Tat von dem Gehilfen verschuldet wurde. Wurde sie verschuldet?
f) Besteht ein Abhängigkeitsverhältnis (z. B. Arbeitsverhältnis) zwischen Geschäftsherrn und Gehilfen?
g) Entstand der Schaden in Ausführung der Verrichtung, zu der der Gehilfe bestellt war?

(24) Kann Hanne M. in unserem Einführungsbeispiel von Meister Engelkamp Schadensersatz verlangen?

(25) Oberstudienrat Endres beauftragt seine Werkstatt mit dem Einbau eines Katalysators in seinen Pkw. Der Lehrling Florian, der mit dieser Arbeit von dem Werkstatteigentümer Schober beauftragt wird, geht dabei so ungeschickt vor, dass das Auto an der Wagenaußenseite beschädigt wird. Kann Endres von Schober Schadensersatz aus § 831 verlangen?

### 1.3.3.3 Gleichzeitige Haftung für Erfüllungs- und Verrichtungsgehilfen

Beispiel

**Der Angestellte des Blumenhändlers Villinger bringt Familie Reeg die bestellten Blumen. Als er Frau Reeg erklären will, wie hoch die Pflanze noch werden wird, trifft er die Brille der Frau Reeg so unglücklich, dass diese zu Bruch geht.**

In diesem Fall besteht die Besonderheit darin, dass es sich hier

- um eine **unerlaubte Handlung** gemäß § 823 handelt, denn hier wurde offensichtlich das Eigentum der Frau Reeg verletzt.
- Gleichzeitig handelt es sich um eine **Leistungsstörung**, denn der Angestellte führt die vertragliche Lieferungsverpflichtung aus dem Kaufvertrag zwischen Villinger und Frau Reeg offensichtlich wenig sorgfältig aus (§§ 433, 929).

Wir **prüfen** nun, welche **Ansprüche** Frau Reeg haben könnte:

Da der Angestellte die Brille selbst beschädigt hat, liegt es auf der Hand, zuerst zu prüfen, ob Frau Reeg einen **Anspruch gegen den Angestellten** geltend machen kann, denn nur ausnahmsweise haftet ein Dritter für fremde Handlungen.

**Aufgabe**

(26) Prüfen Sie hier bitte entsprechend dem 5-Punkte-Schema, ob gemäß § 823 ein Anspruch besteht.

Frau Reeg könnte auch einen **Anspruch gegen Villinger** haben. Wir wissen, dass Voraussetzung eines möglichen Anspruchs aus § 831 eine **unerlaubte Handlung** ist. Oben haben wir eine solche soeben festgestellt. Eine Prüfung des § 831 drängt sich deshalb geradezu auf.

(1) Anspruch gegen Villinger aus der Haftung für seinen **Verrichtungsgehilfen**:

**Aufgabe**
(27) Prüfen Sie hier die Ansprüche gemäß dem obigen Ablaufschema: Kann Villinger sich nun exkulpieren? Wann wäre dies möglich?

Wenn Villinger sich exkulpieren kann, haftet er nicht. Gelingt ihm dies nicht, haftet er gemäß § 831 für seinen Verrichtungsgehilfen.

(2) Da es sich hier um eine Vertragsverletzung handelt, muss auch geprüft werden, ob Villinger für seinen **Erfüllungsgehilfen** haften muss.

Da der Angestellte mit **Wissen und Wollen** seines Arbeitgebers diesem bei der **Vertragserfüllung** behilflich war und die Vertragsverletzung von dem Angestellten auch **verschuldet** wurde, handelte er fahrlässig gem. § 276. Damit lässt sich der Sachverhalt unter den § 278 subsumieren.

Der § 278 ist jedoch, wie Sie schon wissen, **keine** selbstständige Anspruchsgrundlage, sondern nur eine Zurechnungsnorm, eine Anspruchsgrundlage ergäbe sich erst im Zusammenhang mit im Gesetz geregelten Anspruchsgrundlagen des Vertragspartners bei Leistungsstörungen.

In diesem Fall liegt eine solche Leistungsstörung vor und zwar handelt es sich hier um die Verletzung einer sog. „nicht leistungsbezogenen Nebenpflicht" aus dem Kaufvertrag (siehe hierzu ausführlich Abschnitt 4.6.3) gem. § 241.2. Diese wurde in diesem Fall durch die unerlaubte Handlung des Gehilfen verursacht.

Immer dann, wenn eine unerlaubte Handlung bei der Vertragserfüllung vorliegt, einerlei, ob diese durch den Vertragspartner selbst oder durch einen Gehilfen verschuldet und der Leistungsempfänger oder sein Eigentum in irgendeiner Weise geschädigt wurde, kann (aufgrund der Schuldrechtsreform) gem. § 280 Schadensersatz gefordert werden. Frau Reeg hat daher einen weiteren Anspruch auf Schadensersatz gegen Villinger und zwar gem. §§ 278, 241.2 und 280.

Damit haben wir nunmehr drei Anspruchsgrundlagen festgestellt:

- § 823: unerlaubte Handlung des Schädigers, also des Gehilfen;
- § 831: Haftung des Geschäftsherrn für seinen Verrichtungsgehilfen, falls keine Exkulpation möglich ist, und
- §§ 278, 241.2, 280: Haftung für die Verletzung einer Nebenpflicht aus dem Kaufvertrag.

Es steht Frau Reeg nun frei, sich eine der Anspruchsgrundlagen auszuwählen. Möchte sie für den Schlag ins Gesicht auch Schmerzensgeld fordern, so wird sie § 831 den Vorzug geben, da Villinger wohl zahlungskräftiger ist als sein Angestellter und sie aus der vertraglichen Pflichtverletzung keinen Anspruch auf Schmerzensgeld ableiten kann.

| | Erfüllungsgehilfe (§ 278) | Verrichtungsgehilfe (§ 831) |
|---|---|---|
| | Wer mit Wissen und Wollen des Geschäftsherrn für diesen eine Tätigkeit ausübt. | |
| Entstehen des Schuldverhältnisses | Der Gehilfe verletzt eine **vertragliche** Verpflichtung. §§ 104, 107, 110, 112, 113 (die Verletzung kann u. U. gleichzeitig eine unerlaubte Handlung darstellen). | Der Gehilfe begeht eine **unerlaubte Handlung** gemäß § 823 ff. |

| | Erfüllungsgehilfe (§ 278) | Verrichtungsgehilfe (§ 831) |
|---|---|---|
| Voraussetzungen | 1. Es besteht ein Vertrag zwischen dem Geschädigten und dem Geschäftsherrn (Schulder). | 1. Ein Vertrag ist nicht Voraussetzung. (Besteht jedoch ein Vertrag, so hat der Geschädigte grundsätzlich neben der Anspruchsgrundlage aus § 831 auch einen Anspruch aus positiver Vertragsverletzung und damit die Wahl der Anspruchsgrundlage.) |
| | 2. Der Erfüllungsgehilfe muss dem Geschäftsherrn gegenüber nicht weisungsgebunden sein. (Eine Weisungsgebundenheit kann allerdings vorliegen.) | 2. Der Verrichtungsgehilfe ist dem Geschäftsherrn gegenüber weisungsgebunden. Es besteht i. d. R. eine gewisse (soziale) Abhängigkeit, etwa im Rahmen eines Arbeitsverhältnisses. |
| | 3. Der Erfüllungsgehilfe kann selbstständiger Unternehmer oder Freiberufler oder nicht selbstständiger Arbeitnehmer oder Beauftragter sein. | 3. Ein Verrichtungsgehilfe ist grundsätzlich ein nicht selbstständiger Arbeitnehmer oder Beauftragter. |
| | 4. Die schädigende Handlung muss in Erfüllung der Verbindlichkeit oder bei der Vertragsanbahnung erfolgt sein. | 4. Die schädigende Handlung muss in Ausführung der Verrichtung erfolgt sein. |
| | 5. Der Erfüllungsgehilfe muss die Vertragsverletzung gemäß § 276 verschuldet haben. | 5. Ein Verschulden des Verrichtungsgehilfen ist nicht Voraussetzung. (Hat er jedoch die unerlaubte Handlung verschuldet, so haftet er gegebenenfalls neben dem Geschäftsherrn.) |
| Haftung | 1. Der Geschäftsherr haftet für **fremdes** Verschulden. (Trifft den Geschäftsherrn eigenes Verschulden, so findet § 278 keine Anwendung.) | 1. Der Geschäftsherr haftet für **eigenes** (vermutetes) Verschulden. |
| | 2. Eine Exkulpation (Entlastung) ist **nicht** möglich. | 2. Der Geschäftsherr kann sich gegebenenfalls exkulpieren. |
| | 3. Es kann Schadensersatz gemäß § 249 ff. geltend gemacht werden. | 3. Es kann Schadensersatz gemäß § 249 ff. geltend gemacht werden. |
| | 4. Es besteht **kein** Anspruch auf Schmerzensgeld. | 4. Gegebenenfalls kann Schmerzensgeld beansprucht werden. |

**Zusammenfassung**

Wenn im **Rahmen eines Schuldverhältnisses** von einem Gehilfen eine schuldhafte unerlaubte Handlung begangen wird, besteht die Möglichkeit, dass der Geschäftsherr für seinen Gehilfen haftet, und zwar:

- wegen der Verletzung einer vertraglichen Nebenpflicht gem. § 278 (Erfüllungsgehilfe) in Verbindung mit §§ 241.2, 280 und zusätzlich
- gemäß § 831 (Verrichtungsgehilfe), hier aber ist Exkulpation möglich.

In der Regel haftet der Schädiger auch selbst aus § 823.

**Aufgaben**

(28) Der Klempner Sorg schickt seinen 15-jährigen Azubi L. (1. Lehrjahr) zu einem Kunden, um Leitungsrohre aufzutauen. L. tut sein Bestes, trotzdem kann er nicht verhindern, dass es zu einem Brand kommt. Der Kunde macht Ansprüche auf Schadensersatz gegen Sorg und L. geltend. Zu Recht?

(29) Wie Fall 28, Sorg schickt jedoch den erfahrenen Gesellen G.
Prüfen Sie die Schadensersatzansprüche des Kunden Karrer! Der vom Kfz-Meister mit der Vergaserreparatur beauftragte Geselle beschädigt bei der Reparatur die Benzinpumpe so stark, dass sie ersetzt werden muss. Gegen wen hat Karrer Ansprüche?

(30) A hält sich oft in der Reparaturwerkstatt des W auf. Da er sich als Schüler schon ausführlich mit mechanischen Problemen befasste, wird er von W ab und zu mit einer kleinen Verrichtung betraut. Eines Tages macht er – auf Bitte des W – einen Reifenwechsel und vergisst, die Radmuttern anzuziehen. Es kommt dadurch zu einem Unfall. An einem anderen Tag – als W gerade auf einer Probefahrt war – wäscht er ein Auto und vergisst, ein Fenster zu schließen. Dadurch beschädigt er ein auf dem Rücksitz liegendes Bild des Kunden. Welche Ansprüche haben die Kunden in beiden Fällen?

(31) Eine Raumpflegerin, die dem alleinstehenden Wilhelm Enderlein die Wohnung reinigt, lässt im Flur den Staubsauger so ungeschickt liegen, dass der in die Wohnung hereingebetene Teppichhändler Marder stolpert und sich ein Bein bricht. Gegen wen hat Marder einen Schadensersatzanspruch?

(32) Die Arbeiter des Bauunternehmers Konrad beschädigen beim Ausladen von Baumaterialien den Gartenzaun des Käufers. Prüfen Sie, gegen wen der Käufer einen Schadensersatzanspruch haben könnte.

(33) Wie Fall 32, nur verletzt der Arbeiter Menrad beim Ausladen den Passanten Pauli fahrlässig. Prüfen Sie die Ansprüche des Pauli!

(34) Wie Fall 32. Zusätzlich verprügeln die beiden Arbeiter den Käufer, da dieser ihnen nach dem Ausladen kein Bier spendieren möchte. Prüfen Sie die Ansprüche des Käufers.

### 1.3.4 Gefährdungshaftung

Unser Zivilrecht kennt zwar grundsätzlich nur die **Verschuldenshaftung**, eine Ausnahme von diesem Prinzip haben wir aber schon mit der Billigkeitshaftung kennen gelernt. Aber auch andere Tatbestände wie z. B. die Haftung der Gastwirte gemäß § 701 gehören hierzu. Eine weitere Ausnahme stellt die **Gefährdungshaftung** dar.

**Bei der Gefährdungshaftung spielt das Verschulden keine Rolle.** Hier besteht der Grundsatz, dass derjenige, der eine Gefahrenquelle in den Verkehr bringt, die er beherrschen sollte und aus der er in irgendeiner Weise Nutzen zieht, für diese auch das Risiko übernimmt. Man könnte daher die Gefährdungshaftung auch als eine Risikohaftung bezeichnen.

**Wann ein Tierhalter haftet**

Thema Nummer 1: Tiere im Straßenverkehr. Der Sachverhalt: Weidende Rinder durchbrechen die Zäune ihrer Weiden und gelangen so auf die Autobahn oder Landstraße. Ein mit hoher Geschwindigkeit fahrendes Auto kann nicht rechtzeitig bremsen, und es kommt zu einem Unfall. Die Gerichte sind hier der Meinung, dass an den nach § 833 an sich möglichen Entlastungsbeweis (Rinder sind Haustiere und dienen normalerweise der Erwerbstätigkeit und dem Unterhalt ihres Halters) strenge Anforderungen gestellt werden müssen. „Unklarheiten, ob das Tier sich selbst befreien konnte oder von Unbefugten ausgelassen worden ist, gehen zu Lasten des Halters.“ Das heißt: im Zweifel haftet der Halter:
Thema Nummer 2: Tierische Sexualität oder der Deckakt als Schadensfall. Bei den Entscheidungen geht es darum, dass ein weibliches Tier gegen den Willen seines Halters von einem männlichen Tier gedeckt wird und dabei Schaden entsteht. In einem

vom Oberlandesgericht Oldenburg entschiedenen Fall war ein weibliches Rind wiederholt in eine benachbarte Bullenweide eingedrungen und hatte unter den dort weidenden Mastbullen beträchtliche Unruhe ausgelöst. Ein Bulle brach sich dabei das rechte Hinterbein, und die anderen erreichten während der Weidesaison wegen der dauernden Unruhe nicht die erwartete Gewichtszunahme. Ergebnis des Schadensersatzprozesses: Der Halter der Mastbullen bekam sowohl wegen des Beinbruchs des einen Bullen als auch wegen des Gewichtsverlustes der anderen Schadensersatz.
Fallgruppe 3 betrifft Unfälle von Reitern. Solche Reitunfälle haben der Rechtsprechung in den letzten Jahren erhebliche Schwierigkeiten gemacht. Die Gerichte schwankten mit der Zuerkennung von Schadensersatz vor allem deshalb, weil jeder Reiter „in Kenntnis der spezifischen Tiergefahr“ sich freiwillig in Gefahr begebe und der „Schutzbereich“ des § 833 BGB solche Fälle möglicherweise nicht erfasse. Die jüngste Entscheidung des BGH klärt diese Frage. Grundsätzlich muss danach der Pferdehalter im Rahmen seiner Tierhaltung die *normalen* von seinem Pferd ausgehenden Gefahren tragen. *Besondere* darüber hinausgehende Risiken – die erkennbare Bösartigkeit eines Pferdes etwa, die erhöhten Gefahren beim Springreiten oder beim Reiten von Fuchsjagden – gehen aber zu Lasten des Reiters.

*Eva Marie von Münch*

*Quelle: Die Zeit*

Das BGB kennt nur wenige Sachverhalte der Gefährdungshaftung, so z. B. die Haftung des **Tierhalters** gemäß § 833.

Grundsätzlich haftet der Tierhalter deswegen, weil er eine prinzipiell gefährliche Sache in den Verkehr bringt, ein Verschulden für den von dem Tier verursachten Schaden braucht damit also nicht vorzuliegen. Der Tierhalter haftet gemäß § 833 (1). Der Geschädigte hat gegen den Tierhalter einen Anspruch auf Schadenersatz gemäß § 249 und auf Schmerzensgeld gemäß § 253, wenn er durch das Tier einen Schaden erleidet.

Handelt es sich bei dem Tier gemäß § 833 (2) um ein Nutztier, also ein Haustier, „das dem Berufe, der Erwerbstätigkeit oder dem Unterhalt des Tierhalters zu dienen bestimmt ist“, so haftet der Tierhalter bei einem durch das Tier verursachten Schaden nicht „automatisch“ gemäß § 833 (1), sondern nur dann, wenn ihn ein Verschulden trifft. Ein Verschulden wird dann angenommen, wenn er versäumt hat, das Tier sorgfältig zu beaufsichtigen, oder der Schaden auch trotz entsprechender Beaufsichtigung entstanden wäre. Unabhängig hiervon hat der Geschädigte jedoch in jedem Fall einen Anspruch auf Schmerzensgeld gemäß § 253.

Beispiel

**Ein dem Eigentümer eines kleinen Reitstalls gehörendes Reitpferd verletzt einen unbeteiligten Dritten. Es muss nun geprüft werden, ob der Tierhalter das Tier sorgfältig genug beaufsichtigt hat oder ob der Schaden trotzdem entstanden wäre. Trifft den Tierhalter kein Verschulden, so hat der Geschädigte keinen Anspruch auf Schadenersatz. Ein Anspruch auf Schmerzensgeld besteht jedoch weiterhin.**

### Kind darf großen Hund nicht allein ausführen

**Nürnberg** (dpa) – Kinder dürfen nicht mit einem Schäferhund „Gassi“ gehen. Wer das Tier dennoch in Begleitung eines Kindes auf die Straße schickt, verletzt seine Aufsichtspflicht als Hundehalter. Dies hat das Oberlandesgericht Nürnberg entschieden. Ist der Hund ohne Maulkorb im Freien, muss der Halter in jedem Fall dafür Sorge tragen, dass das Tier keinen Schaden anrichtet. Mit dieser Begründung wurde ein Landwirt zur Zahlung von 15.000,00 DM Schmerzensgeld verurteilt. Beim Spaziergang mit der 14-jährigen Tochter des Bauern hatte der angeleinte Haushund ein Nachbarsmädchen angefallen und schwer verletzt. Das Gericht betonte, ein Kind könne mangels körperlicher Kräfte einen größeren Hund nicht ausreichend beaufsichtigen. Auch wenn ein Wachhund bislang völlig friedfertig gewesen sei und keinen Anlass zur größeren Vorsicht gegeben habe, dürfe er nie ohne genügende Beaufsichtigung ins Freie (Az. 2 U 2011/94).

*Quelle: Süddeutsche Zeitung vom 16.06.1995*

Eine ähnliche Regelung gilt, wenn die Aufsicht über ein Tier durch einen anderen übernommen wird. Gemäß §834 haftet der Tieraufseher grundsätzlich nur dann, wenn er das Tier nicht sorgfältig beaufsichtigt hat oder der Schaden trotz dieser Beaufsichtigung entstanden wäre.

**Weitere Fälle von Gefährdungshaftung:** Bei der Gefährdungshaftung haftet der Eigentümer einer potenziellen Gefahrenquelle wie erwähnt dafür, dass er diese Gefahrenquelle in den Verkehr bringt. So haftet gemäß § 7 Straßenverkehrsgesetz der Kfz-Halter für die *Betriebsgefahr* seines Autos. Auch ohne Verschulden haftet er für Personen- und Sachschäden, die durch dieses Fahrzeug verursacht wurden, auch wenn diese für ihn unabwendbar waren.

Einzige Ausnahme: Es liegt „höhere Gewalt“ (Erdbeben, Überschwemmung etc.) vor (vgl. hierzu § 7.2 Straßenverkehrsgesetz), dies ist jedoch außerordentlich selten.

Grundsätzlich hat der Geschädigte nun einen Anspruch auf Ersatz des Schadens sowie auf Schmerzensgeld. Die Betriebsgefahr ist im Übrigen der entscheidende Grund für die gesetzliche Verpflichtung zum Abschluss einer Kfz-Haftpflichtversicherung gemäß § 29 a StVZO.

Auch bei unvorsichtigem Verkehrsverhalten von Kindern sind Autofahrer nicht automatisch von der Haftung befreit. Mit einem Grundsatzurteil verschärfte der BGH 1989 die gesetzliche Gefährdungshaftung bei Unfällen mit Kindern. Danach entfällt eine Haftung nur dann, wenn ein „ganz beträchtliches“ und „überdurchschnittliches“ Verschulden eines Kindes zum Unfall geführt hat.

Auch Betreiber von Kraftwerken und Eisenbahnen, Eigentümer von Flugzeugen oder von Leitungsanlagen für Gas und Elektrizität haften für Schäden auch ohne eigenes Verschulden.

Die Schadenszurechnung ist keine Zurechnung zur Tat, sondern zum Verantwortungsbereich des Ersatzpflichtigen; sie besagt nichts über einen Handlungszusammenhang, sondern nur etwas über einen Gefahren- und Haftungszusammenhang. Das Gesetz spricht von dem „Betriebsunternehmer“ sowie dem „Halter“ des Tieres oder eines Kraftfahrzeugs. Es legt ihm die Verantwortlichkeit für die Gefahren auf, die mit einem derartigen Betrieb, mit der Tierhaltung oder mit dem Betrieb eines Kraftfahrzeugs für andere generell verbunden ist, weil es sozial gerecht erscheint, dass das Schadensrisiko von ihm und nicht von demjenigen getragen wird, bei dem ein Schaden dieser Art „zufällig“ eingetreten ist. Dem liegt der Gedanke zugrunde, dass, wer die Vorteile gewinnt, auch die für andere damit verbundenen Nachteile auf sich nehmen muss. Man kann sagen, dass derjenige, der erlaubterweise etwas unternimmt, was eine Gefahrenquelle für andere schafft oder aufrechterhält, damit eine besondere Verantwortung auf sich lädt, der zufolge er für die Gefahr einstehen muss. Somit handelt es sich bei der Gefährdungshaftung um eine gesteigerte soziale Verantwortung für einen bestimmten Gefahrenbereich …

*Quelle: K. Larenz, Lehrbuch des Schuldrechts, Bd. 2*

Beispiele

- **Ein Pkw-Fahrer fährt mit Richtgeschwindigkeit auf der Autobahn. Plötzlich und für ihn nicht vorhersehbar taucht ein neunjähriges Kind mit dem Rad auf der Fahrbahn auf. Kommt es zu einem Unfall, muss der Halter zu 100 % haften (ADAC Motorwelt 8/2002).**
- **Ein Autofahrer erleidet am Steuer einen Schwächeanfall. Er kommt von der Fahrbahn ab und fährt einen Fußgänger an. Obwohl ein Verschulden nicht vorliegt, muss der Autofahrer für den Ersatz des Schadens aufkommen sowie Schmerzensgeld leisten.**
- **Eine ältere Frau weicht auf dem Gehweg einem Radfahrer aus, stolpert, gerät auf die Fahrbahn, fällt vor ein langsam heranfahrendes Auto und erleidet schwere Kopfverletzungen. Der Radfahrer ist verschwunden und für den Autofahrer war der Unfall unabwendbar. Dennoch hat die Frau gegen ihn Schadenersatz- und Schmerzensgeldansprüche.**

- **Ein Fußgänger überquert die Straße, übersieht ein Auto, stürzt und kommt zu Schaden. Hier haftet der Autofahrer zumindest zum Teil wegen der von seinem Fahrzeug ausgehenden Betriebsgefahr.**
- **Nach einem Eisenbahnunfall haben die Geschädigten einen Anspruch gegen die Bahn-AG auf Schadenersatz und Schmerzensgeld, auch wenn dieser kein Verschulden nachgewiesen wird. Sie haftet aufgrund der Betriebsgefahr des Schienenfahrzeugs (Gefährdungshaftung).**

**Aufgaben**

(35) Die 18-jährige Sabine hat zum Geburtstag einen Schäferhund bekommen. Gleich am dritten Tag reißt sich der Hund von der Leine los und läuft auf den Radweg vor das Fahrrad einer Frau. Diese stürzt so schwer, dass sie sich mehrere Verletzungen zuzieht. Muss Sabine für den Schaden aufkommen?

(36) Die einzige Milchkuh des Bauern B bekommt einen Koller, durchbricht das Gatter, läuft auf die Straße und erschreckt den 70-jährigen Radfahrer R so stark, dass dieser in den Straßengraben fährt und sich ein Bein bricht. Das Fahrrad hat nur noch Schrottwert. Gegen wen hat der Radfahrer welche Ansprüche?

(37) Die Autofahrerin Veronika Orsicht gerät infolge eines Defekts am Bremssystem von der Fahrbahn ab und rammt ein parkendes Auto. Orsicht verweigert die Bezahlung des Schadens, da sie keine Schuld an dem Vorfall habe. Rechtslage?

## Gefährdungshaftung für die Schnellfahrer

Nach der reinen, vom Verschulden unabhängigen Gefährdungshaftung hat der VI. Zivilsenat des Bundesgerichtshofs einen zulässigerweise schnell fahrenden Autofahrer grundsätzlich zum materiellen Schadensersatz für die Schäden verurteilt, die zwei andere Autofahrer hatten. Die schriftliche Urteilsbegründung liegt noch nicht vor (AZ VI ZR 62/91 und 63/91 vom 17. 3. 1992).

Vor dem Unfall fuhr ein Porsche-Fahrer bei guten Sichtverhältnissen auf der linken Spur der 3-spurigen Autobahn mit einer vom Sachverständigen ermittelten Geschwindigkeit zwischen 140 und 183 km/h. Unvermittelt bog ein auf der Mittelspur fahrender BMW auf die linke Fahrspur aus. Der Porsche-Fahrer unternahm eine Vollbremsung. Sein Wagen geriet ins Schleudern und stieß auf der äußersten rechten Spur gegen ein dort fahrendes Caravangespann. Dessen Anhänger riss sich los und prallte gegen einen Pkw, der mit einer technischen Panne auf der Standspur repariert wurde. Die beiden Urlauber in diesem Pkw sind schwer verletzt worden. Der möglicherweise schuldige Fahrer des BMW beging Unfallflucht. Er ist niemals ermittelt worden. Die beiden verletzten Urlauber machten daher den Porsche-Fahrer mithaftbar für ihre Schäden.

Der BGH unterscheidet in seinem Urteil zwischen der Verschuldenshaftung nach § 823 BGB und der Gefährdungshaftung nach § 7 StVG (Straßenverkehrsgesetz). Die mündliche Urteilsbegründung des BGH erklärt die Richtgeschwindigkeit von 130 km/h nicht für verbindlich, sondern setzt sie nur als Risikogrenze. Wer schneller fährt, setzt sich der entsprechenden Gefahr aus und ist dafür verantwortlich.

Der BGH verneint eine Haftung des Porsche-Fahrers aus Verschulden. Bei seiner Fahrt auf der linken Fahrspur genoss der Porsche-Fahrer auch bei mehr als 130 km/h den Vertrauensschutz, wonach ein unmittelbares Einbiegen des roten BMW in seine Fahrspur nicht zu erwarten war.

Anders beurteilt der BGH die Betriebsgefahr, für die der Porsche-Fahrer grundsätzlich einstehen muss. Diese Gefährdungshaftung nach § 7 StVG geht dem BGH zufolge erheblich hinaus über die Haftung aufgrund „der im Verkehr erforderlichen Sorgfalt" (§ 276 BGB).

Der § 7 StVG setzt dem BGH zufolge nämlich einen „normalen Maßstab" für unverschuldete Unfälle, bei denen sich die Betriebsgefahr eines Autos manifestiert. Vorausgesetzt wird vom BGH dabei ein Idealfahrer, der besonderen Anforderungen auch in vermeintlich kritischen Situationen genüge und der mit einem „Sicherheitspolster" fahre. Dieses Polster liege in der Richtgeschwindigkeit.

Danach stellt der Richtwert 130 km/h eine besondere Schwelle bei den Erwägungen dar, wonach der Verkehr fließen muss, Unfälle mit wesentlich schwereren Folgen vermieden, die Reaktionsträgheit und das Verhalten der Mitfahrer beachtet werden.
Zwar könnte der haftende Autofahrer sich im weiteren Prozess damit exkulpieren, dass der Unfall auch bei Tempo 130 eingetreten wäre. Jedoch ist dieser Nachweis schwer zu führen, wie der BGH hinzufügt.
An seiner Entscheidung sieht sich der BGH nicht dadurch gehindert, dass die Richtlinie über die Geschwindigkeiten keine Strafsanktionen enthält und keine verbindlichen Werte vorschreibt. Hier gehe es allein um die Betriebsgefahr.

*Quelle: Handelsblatt vom 19.03.1992; verändert*

# 2 Schadensersatz

**Handreichungen sind Pflicht**

Selbst die kleinen Handreichungen, die ein Ehemann seiner Frau im Haushalt leistet, sind kein persönlicher Gefallen, sondern seine Pflicht und Schuldigkeit. Das gilt jedenfalls dann, wenn die Frau infolge Berufstätigkeit den Haushalt nur in eingeschränktem Maße versorgen kann. Das Oberlandesgericht Bamberg sprach deshalb einer berufstätigen Witwe, die ihren Mann bei einem Verkehrsunfall verloren hatte, Anspruch auf 40,00 EUR Monatsrente durch den Schädiger zu. Mit diesen 40,00 EUR sollen die Handreichungen entgolten werden, die der Ehemann seiner Frau geleistet hatte: „Beschaffung des Heizmaterials und Beheizung der ehelichen Räume, Pflege des Autos seiner Frau, Blumenpflege, Vornahme kleiner Reparaturen." (5 U 41/76)

*Quelle: Südkurier*

Ein Geschädigter hat Anspruch auf Schadensersatz, wenn er durch andere einen Schaden erlitten hat. Grundlage hierfür ist eine gesetzliche oder vertragliche Anspruchsgrundlage. Der Schadensersatz soll den Geschädigten für den erlittenen Schaden entschädigen. Es ist also immer zunächst der Schaden und dann die Anspruchsgrundlage festzustellen, aufgrund derer Schadensersatz verlangt werden kann. Für die Berechnung des Schadensersatzes sind verschiedene Schadensformen und Schadensersatzformen zu unterscheiden.

## 2.1 Schadensformen

Ein Schaden ist jede in Geld messbare Einbuße, die jemand an einem seiner Rechtsgüter, also z.B. an seinem Körper oder seinem Eigentum, erleidet.

Hierbei kann es sich um einen **unmittelbaren** oder um einen **mittelbaren** Schaden handeln. Unter einem unmittelbaren Schaden versteht man die direkte Schädigung eines Rechtsguts. Ein mittelbarer Schaden ist Folgeschaden eines Ereignisses, das durch den Schädiger verursacht wurde. Der Schadensersatzanspruch umfasst grundsätzlich beide Schadensarten, vgl. hierzu §§ 252, 842, 843, 844.

Beispiele

- **Unmittelbare Schäden: A beschädigt bei einem Autounfall die Seitentür eines anderen Pkw; B bricht sich bei einem Unfall einen Arm; die wertvolle Mingvase des C wird durch Fremdeinwirkung zerstört.**
- **Mittelbarer Schaden: D kann infolge eines Autounfalls einen Monat nicht arbeiten, wodurch es ihm nicht möglich ist, mehrere gewinnbringende Verträge abzuschließen.**

Weiter unterscheidet man **materielle** und **immaterielle** Schäden. Unter einem **materiellen Schaden** versteht man einen Vermögensschaden, also einen Verlust an Vermögenswerten, der beispielsweise auch durch die Kosten für die Wiederherstellung der Gesundheit entstehen kann.

Ein materieller Schaden umfasst sowohl unmittelbare wie mittelbare Schäden. Ein **immaterieller Schaden** ist dagegen ein ideeller Schaden, der keinen Vermögensverlust darstellt. Während der materielle Schaden grundsätzlich ersetzt werden muss, wird bei einem immateriellen Schaden nur dann eine Entschädigung in Geld gewährt, wenn dies ausdrücklich im Gesetz steht, vgl. § 253.1. Die Anspruchsgrundlage ist dann in Verbindung mit § 253.1 zu nennen.

***Schmerzensgeld***

Von praktischer Bedeutung ist hier vor allem der Anspruch auf Schmerzensgeld gemäß § 253.2. Während vor der Neuregelung des Schadenersatzrechts im August 2002 ein Geschädigter Schmerzensgeld nur bei unerlaubten Handlungen gemäß § 823 ff. und nur bei Verschulden des Schädigers geltend machen konnte, ist dies nun auch bei Schäden aus einem Vertragsverhältnis oder aufgrund von Gefährdungshaftung möglich.

Der Anspruch auf Schmerzensgeld ist ein zusätzlicher Anspruch. Hat der Verletzte aus unerlaubter Handlung, Gefährdungshaftung oder einem Vertragsverhältnis einen Schadensersatzanspruch wegen Verletzung eines der Lebensgüter, wie z. B. Verletzung des Körpers, der Gesundheit, der Freiheit oder der sexuellen Selbstbestimmung, hat er neben dem Anspruch auf Ersatz des Vermögensschadens einen weiteren Anspruch für den erlittenen **immateriellen Schaden**.

Hierdurch soll der Geschädigte einen Ausgleich für die erlittenen körperlichen, seelischen und geistigen Schäden erhalten. Dabei sollen die Art der Verletzung, die damit verbundenen Schmerzen, die Länge des Heilungsprozesses, die Spätfolgen sowie die persönlichen Lebensumstände berücksichtigt werden. Zudem soll der Geschädigte auch eine Genugtuung für den erlittenen Schaden erhalten. Deshalb fällt das Schmerzensgeld im Allgemeinen bei grobem Verschulden höher aus als bei leichter Fahrlässigkeit.

Der Anspruch auf Schmerzensgeld ist ein selbstständiger Anspruch neben dem Anspruch auf Ersatz des Vermögensschadens und nicht etwa ein bloßer Rechnungsposten innerhalb der Gesamtansprüche. Zudem ist er unabhängig davon, ob der Schädiger eine Haupt- oder Nebenpflicht verletzt. Entscheidend für die Entstehung des Schmerzensgeldanspruches ist daher nicht die Anspruchsgrundlage, wie das Delikt oder die Vertragsverletzung, sondern alleine der Umstand, dass eines der in § 253.2 BGB benannten Lebensgüter verletzt ist.

Schmerzensgeld steht im Übrigen nur dem Geschädigten selbst zu, hierauf haben auch nahe Angehörige keinen Anspruch. Ausnahmen gibt es nur bei der Tötung des Ehepartners oder wenn ein Kind einen Elternteil verliert, nicht aber, wenn Eltern durch die gewaltsame Tötung ihres Kindes einen Schock erleiden (OLG Koblenz Az.: 3 U 131/00).

## 2.2 Berechnung des Schadensersatzes

### Unfallopfer erhält eine halbe Million EUR

Erstmals hat in Deutschland ein Opfer eines Verkehrsunfalls ein Schmerzensgeld in Höhe von einer halben Million EUR zugesprochen bekommen. Dies teilte das Landgericht München mit (Az.: 19 0 8647/00).

Das Unfallopfer ist durch einen Verkehrsunfall verursachtes Schädelhirntrauma kaum ansprechbar, kann nicht frei sitzen und muss über eine Sonde ernährt werden. Der 48-Jährige war im Oktober 1998 mit seinem Auto auf seiner Straßenseite mit einem anderen Wagen frontal zusammengestoßen. Dessen Fahrer hatte in einer langgezogenen Kurve überholt, er kam bei dem Unfall ums Leben. Da das Leben des Opfers „weitgehend zerstört“ sei, sprach das Gericht eine deutlich über den bisher üblichen Schmerzensgeldgrenzen zu und berücksichtigte dabei auch die Entwicklung der allgemeinen Lebenshaltungskosten. Die Haftpflichtversicherung des Unfallverursachers muss jetzt einmalig 375.000,00 EUR sowie eine monatliche lebenslange Rente von 750,00 EUR zahlen.

*Quelle: Handelsblatt vom 25.04.2001*

## Schadensersatz für erlittenen Hörschaden

Besucher eines Popkonzerts steht grundsätzlich Schmerzensgeld zu, wenn sie nach der Veranstaltung unter Hörschäden leiden. Dies entschied das Koblenzer Oberlandesgericht (OLG) in einem am Montag veröffentlichten Urteil. Denn jeder Besucher dürfe sich darauf verlassen, dass der Veranstalter die Musik auf einen Geräuschpegel begrenze, der zu keinen gesundheitlichen Schäden führe (Az.: 5 U 1324/00). Unerheblich sei dabei, dass sich die Klägerin ihren Platz direkt vor den Boxen selbst ausgesucht hatte. Allein dadurch treffe sie nicht der Vorwurf eines Mitverschuldens, heißt es in dem Urteil.

*Quelle: Handelsblatt vom 09.10.2001*

Das BGB kennt zwei Formen des Schadensersatzes: den Naturalersatz und den Geldersatz. Nach dem **Grundsatz der Naturalherstellung** muss gemäß § 249.1 grundsätzlich der Zustand wiederhergestellt werden, der bestehen würde, wenn das schädigende Ereignis nicht eingetreten wäre.

Beispiele

- **Ausbessern eines mit einer Zigarette in eine Jacke gebrannten Lochs durch eine Kunststopferei.**
- **Ersatzlieferung für eine Lieferung zerbrochener Schokoladenosterhasen.**
- **Die Vernichtung heimlich gemachter Bild- oder Tonbandaufnahmen.**

Verlangt der Geschädigte einen **Ersatz in Geld** oder ist eine Naturalherstellung nicht möglich, was häufig der Fall ist, so soll gemäß § 249.2 eine Entschädigung in Geld gewährt werden. Hierbei ist zu beachten, dass die Umsatzsteuer nur dann gewährt wird, wenn sie tatsächlich auch angefallen ist und eine entsprechende Rechnung vorliegt.

Bei einem *mittelbaren Schaden*, also etwa bei entgangenem Gewinn (vgl. § 252), ist ebenfalls nur eine Entschädigung in Geld denkbar.

Beispiele

- **Wird ein wertvolles antikes Einzelstück zerstört, so kann der Schädiger nur einen Schadensersatz in Geld leisten und der Geschädigte hat nur einen Anspruch auf Ersatz in Geld. Wollte er die Antiquität weiterverkaufen, steht ihm zusätzlich ein Ausgleich für den entgangenen Gewinn zu.**
- **Wird ein fremdes Auto bei einem Unfall beschädigt, so kann der Betroffene die Reparaturwerkstatt frei wählen und die Begleichung der Rechnung in Geld verlangen. Ist der Verkehrswert des Unfallwagens auch nach der Reparatur geringer als vorher, kann die Differenz als Schadensersatz geltend gemacht werden.**
- **Wurde die Reparatur selbst oder in Schwarzarbeit ausgeführt, hat der Geschädigte natürlich keinen Anspruch auf Ersatz der Mehrwertsteuer.**

Ein entstandener Schaden ist grundsätzlich **konkret** zu berechnen. Der Schadensersatzanspruch ergibt sich dann aus der Differenz der Vermögenslage vor und nach Eintritt des schädigenden Ereignisses.

Beispiele

- **Der Wert eines Pkw wird auf 10.000,00 EUR geschätzt. Bei einem Unfall erleidet er einen leichten Karosserieschaden. Die Reparaturkosten betragen 2.000,00 EUR, der Verkehrswert des Unfallwagens ist etwa um 1.000,00 EUR geringer als der Wert eines unfallfreien Fahrzeugs. Der konkret berechnete Schaden beträgt damit 3.000,00 EUR.**
- **Ein Kaufmann hat fest zum 1. Dezember Ware bestellt, die jedoch nicht geliefert wird. Er nimmt daher bei Vorliegen der gesetzlichen Voraussetzungen einen Deckungskauf vor. Der konkret berechenbare Schaden lässt sich anhand der Mehrkosten berechnen.**

Ausnahmsweise ist auch eine **abstrakte** Schadensberechnung zulässig, allerdings nur dann, wenn dies durch das Gesetz vorgesehen ist.

Beispiele

- **So kann der Geldgläubiger bei Verzug des Schuldners gemäß § 288.1 in jedem Fall fünf Prozentpunkte über dem Basiszinssatz fordern. Er braucht nicht konkret nachzuweisen, dass ihm ein Schaden in dieser Höhe entstanden ist.**
- **Bei einem Fixgeschäft unter Kaufleuten gemäß § 376.2 HGB kann der Warengläubiger bei Verzug des Schuldners den Verzugschaden aus der Differenz zwischen dem Marktpreis der zu liefernden Ware und dem vereinbarten Kaufpreis berechnen, ohne dass er einen Deckungskauf vornehmen muss.**

Eine abstrakte Schadensberechnung ist darüber hinaus von der Rechtsprechung in einigen anderen Fällen anerkannt, wie z. B. bei entgangenen Gebrauchsvorteilen, wie der Nutzung des eigenen Autos während der Reparatur und in besonderen Fällen bei entgangenem Gewinn.

Da die Berechnung des Schadensersatzes bei der Verletzung von Immaterialgüterrechten, also etwa des Urheberrechts, sehr schwierig ist, ist der Geschädigte in diesem Fall berechtigt, den erzielten Gewinn oder die Zahlung einer Lizenzgebühr vom Schädiger zu verlangen.

## 2.3 Mitverschulden

Bei eindeutigem Verschulden haftet der Verursacher des Schadens in vollem Umfang! Dies kann sowohl der Schädiger sein wie auch der Geschädigte, der durch sein Verhalten den Schaden für sich selbst herbeigeführt hat.

Beispiel

**Autofahrer Amhold fährt bei Rot über die Kreuzung und verursacht einen Frontalzusammenstoß mit dem Auto des Brauner. Amhold ist Schädiger und hat dem Geschädigten Brauner Schadenersatz zu leisten. Auch Amhold erleidet einen Schaden, hat aber, da er den Unfall verursacht hat, keinen Anspruch auf Schadenersatz gegen Brauner.**

In vielen Fällen ist zwar ein Beteiligter Hauptverursacher des Schadens, andere müssen sich jedoch gemäß § 254 ein **Mitverschulden** zurechnen lassen.

Auch dann, wenn der Schädiger Hauptverursacher des Schadens ist, kann der **Geschädigte** zu einem gewissen Teil mitverantwortlich für das Entstehen oder die Höhe des Schadens sein. Dies ist dann der Fall, wenn er durch sein eigenes Verhalten zur Entstehung des Schadens beigetragen hat oder es unterlassen hat, drohenden Schaden abzuwenden. Ein Mitverschulden liegt immer dann vor, wenn der Geschädigte sich objektiv pflichtwidrig verhalten hat und die Schadensursache, etwa den Unfall, bei pflichtgemäßem Verhalten hätte vermeiden oder die Folgen abschwächen können.

*Pflichtwidrig* handelt beispielsweise jeder, der gesetzliche Vorschriften verletzt oder eine gebotene Sorgfalt außer Acht lässt. Wenn dieses Verhalten für die Schadensursache oder den Schaden bzw. die Höhe des Schadens *ursächlich* war und der Betreffende auch *schuldfähig* ist, so hat der Geschädigte gegen die eigenen Interessen verstoßen und haftet zu einem gewissen Teil mit. Die Ersatzpflicht des Schädigers verringert sich.

Auch **Dritte** müssen sich gegebenenfalls ein Mitverschulden zurechnen lassen. Meist sind dies die gesetzlichen Vertreter bei Minderjährigen oder mit einer Arbeit beauftragte Erfüllungsgehilfen.

Beispiel

**Der 8-jährige Klaus fährt mit seinem Fahrrad auf der Straße und biegt ohne Handzeichen nach links in eine Garageneinfahrt ein. Hierbei stößt er mit dem Auto des Nachbarn Müller zusammen. Klaus wird schwer verletzt und muss mehrere Wochen ins Krankenhaus. Trotz seines eindeutigen Fehlverhaltens ist Klaus ein Vorsatz gemäß § 828.2 nicht nachzuweisen, er ist daher deliktsunfähig und haftet für den entstandenen Schaden auch nicht mit. Damit haftet Müller aus der Betriebsgefahr seines Kraftfahrzeugs (s. u.). Jedoch haben möglicherweise die Eltern von Klaus ihre Aufsichtspflicht verletzt, sodass sie sich ein Mitverschulden gemäß § 254 BGB anrechnen lassen müssen.**

Liegt aufseiten des Geschädigten eine für den Schaden ursächliche Betriebsgefahr vor, die bei ihm zu einer Haftung bei einer Schadensverursachung geführt hätte, so wird diese Betriebsgefahr als Mitverschulden gemäß § 254.2 gewertet. Seine Schadensersatz- bzw. Schmerzensgeldforderung wird daher entsprechend reduziert. Eine solche Betriebsgefahr geht beispielsweise gemäß § 7 Straßenverkehrsordnung grundsätzlich von einem Kraftfahrzeug aus (vgl. Abschnitt 1.3.4 zur Gefährdungshaftung).

Beispiel

**Ein Radfahrer fährt auf ein langsam fahrendes Auto auf. Das Auto wird beschädigt, der Fahrer erleidet einen Schock. Zwar hat der Radfahrer den Unfall verschuldet, er hätte rechtzeitig bremsen müssen. Dennoch muss sich der Autobesitzer ein Mitverschulden wegen der von seinem Auto ausgehenden Betriebsgefahr bei der Bemessung sowohl des Schadensersatzes wie des Schmerzensgeldes zurechnen lassen.**

Da ein Mitverschulden bei allen Schadenersatzansprüchen, gleichgültig auf welchem Rechtsgrund sie beruhen, möglich ist, muss bei der Feststellung des Schadens nach § 249 ff. immer auch § 254 geprüft werden.

## 2.4 Positives und negatives Interesse

Der Begriff des **positiven** bzw. **negativen Interesses** gehört zu den Rechtsgeschäften und findet Anwendung, wenn bei einem Vertrag eine Leistungspflicht verletzt wurde und der Schuldner deshalb Schadensersatz leisten muss.

Das **positive Interesse** wird auch als **Erfüllungsinteresse** bezeichnet. Der Geschädigte soll hier so gestellt werden, als ob der Vertrag erfüllt worden wäre. Immer dann also, wenn ein Vertrag nicht erfüllt worden ist, kann ein Schadensersatz bis zum Erfüllungsinteresse gefordert werden. Dies schließt in aller Regel einen entgangenen Gewinn mit ein.

Typische Vorschriften für das positive Interesse sind z. B. die § 280 ff.

Beim **negativen Interesse**, das auch als **Vertrauensinteresse** bezeichnet wird, soll der Geschädigte so gestellt werden, wie er ohne das Vertrauen auf einen gültigen Vertragsabschluss stehen würde, d. h. praktisch so, als ob für ihn keine vertragliche Verpflichtung existiert hätte. Damit kann i. d. R. auch kein entgangener Gewinn geltend gemacht werden.

Das negative Interesse ist in der Regel geringer als das positive Interesse. Ausnahmsweise kann dieses jedoch auch das positive Interesse übersteigen. Hierbei ist jedoch zu beachten, dass das negative Interesse durch das positive Interesse begrenzt wird, vgl. hierzu §§ 122, 179.2.

Beispiel

**Nach der Rechtsprechung des BGH ist bei Erteilung einer falschen Auskunft durch eine Behörde das negative Interesse zu ersetzen. Das heißt konkret: Der Geschädigte soll so gestellt werden, als ob ihm die richtige Auskunft erteilt worden wäre.**

## Geld, das Schmerzen lindert

Im Bürgerlichen Gesetzbuch steht, dass jeder, der schuldlos von einem anderen verletzt wird, Anspruch auf Schadensersatz und Schmerzensgeld hat. Damit soll dem Opfer finanzieller Ausgleich, aber auch Genugtuung geboten werden. Welche Summen angemessen sind – darüber wird oft jahrelang vor Gericht gestritten. Denn es geht immer um Einzelschicksale, bei denen sehr viele Faktoren zu berücksichtigen sind, wie z. B. spezielle Schuld des Schädigers, Art der Verletzung, Alter des Opfers sowie mögliche Mitschuld. Die spielt vor allem bei Unfällen im Straßenverkehr eine Rolle. In sehr unterschiedlichen Verletzungsfällen haben die Gerichte folgende Schmerzensgelder zugesprochen:

**1.000 €:** Trümmerbruch des Schlüsselbeins. Zwölf Tage Klinik, sechs Wochen Physiotherapie. Dem Mann wurden $^3/_5$ Mitschuld angerechnet, sonst hätte er 2.500 € erhalten (OLG Hamm, Az. 27 U 86/02).

**1.200 €:** Brustkorbprellungen, Quetschungen an Knie und Ellbogen, drei Wochen arbeitsunfähig. Eine Radfahrerin war einem Auto ausgewichen und gestürtzt (AG Schwerin, Az. 16 C 2962/01).

**1.500 €:** Schulter- und Schultereckgelenkssprengung, HWS-Schleudertrauma, multiple Prellungen, vier Wochen arbeitsunfähig (AG Westerstede, Az. 25 C 615/00, VII).

**5.000 €:** Schwere offene Unterschenkelfraktur führte bei einem Mann zu dauerhaft eingeschränkter Beweglichkeit ($^1/_3$) und knapp drei Monaten Arbeitsunfähigkeit nach der Operation. Wegen zögerlichem Regulierungsverhalten der Versicherung wurde das Schmerzensgeld erhöht (AG Königstein i. T., Az. 21 C 816/94).

**10.000 €:** Ein Mann, der von einem losrollenden Auto an die Garagenwand gedrückt wurde und der dabei Beckenfraktur, Riss von Innenband und beiden Kreuzbändern am Knie sowie eine Gehirnerschütterung erlitt, hat seitdem 40 % Minderung der Erwerbsfähigkeit (MdE). Er musste dreimal für insgesamt 87 Tage ins Krankenhaus (LG Hildesheim, Az. 3 O 202/98).

**10.000 €:** Wegen Vollbremsung des Busses stürzte eine Mitfahrerin und brach sich den 2. und 3. Lendenwirbel. Drei Wochen Klinik, fünf Wochen Reha, MdE seitdem 30 % (LG München I, Az. 19 O 1761/02).

**14.316 €:** Ein Kundendienstmitarbeiter war nach Bruch von drei Zehen links und Teilamputation der 3. Zehe links siebeneinhalb Monate ganz oder größtenteils arbeitsunfähig. Dauerhafte MdE: zehn Prozent (LG München I, Az. 19 O 15711/01).

**15.000 €:** Mehrfachfraktur des linken Oberschenkels mit Beinverkürzung um vier Zentimeter. Der 28-jährige Fahrschullehrer war ein halbes Jahr zu 100 % erwerbsunfähig und ist dauerhaft zu 30 % beeinträchtigt (KG Berlin, Az. 12 U 7113/96).

**20.000 €:** Einer Motorradfahrerin wurde bei einem Unfall die Kniescheibe zertrümmert, sie erlitt Schulter- und Schlüsselbeinbruch, Schleudertrauma und Zahnverlust. Ihr bleiben dauerhafte Beschwerden beim Gehen (OLG Düsseldorf, Az. 1 U 65/03).

**20.000 €:** Komplette Unterarmfraktur links mit Nervenschädigung von linker Hand und Unterarm. Das bedeutet für einen 29-jährigen Werkzeugmacher zehn Prozent MdE (LG München I, Az. 19 O 9859/00).

**20.000 €:** Unterarmbruch und verschobener Oberschenkeltrümmerbruch: Die beim Unfall 19-jährige Handelsschülerin war drei Jahre später noch in Bewegung und sportlichen Aktivitäten eingeschränkt, musste ihren Berufswunsch Friseurin aufgeben und zur Industriekauffrau umschulen (OLG Hamm, Az. 13 U 73/00).

**22.500 €:** Traumatische Kniegelenksverletzung mit Riss von Seitenband, Kreuzbändern und Innenmeniskus. Die 42-jährige Musiklehrerin für Klavier und Blockflöte kann nur noch 3,5 Stunden pro Woche unterrichten – 40 % MdE (KG Berlin, Az. 12 U 1762/00).

**25.000 €:** Schwere Kopfverletzungen, mehrere Tage künstliches Koma. Der Geschädigte konnte wochenlang keine feste Nahrung zu sich nehmen und wird für immer unter chronischen Kopf- und Kieferschmerzen sowie Entstellungen im Gesicht leiden (LG Braunschweig, Az. 4 O 898/01).

**30.000 €:** Trümmerbruch am linken Fuß, Fraktur der großen Zehe. Der 32-jährige Elektrotechniker muss mit starken Einschränkungen und dauerhafter Erwerbsminderung von 10 bis 20 % leben (LG München I, Az. 19 O 15423/00).

**30.000 €:** Ein Schädelhirntrauma 3. Grades, multiple Quetschungen. Die Chefsekretärin, die als Radlerin schuldlos mit einer Inline-Skaterin zusammenstieß, ist zu 50 % erwerbsunfähig (OLG Hamm, Az. 6 U 63/00).

**35.000 €:** Oberschenkelhalsbruch mit massiver Wundinfektion, Unterarmfraktur und Wirbelsäulenquetschung machen einen Maurer lebenslang zu 20 % erwerbsunfähig, er musste umschulen (LG Leipzig, Az. 03 O 6542/98).

**40.000 €:** Eine junge Frau wurde als Beifahrerin auf einem Motorrad bei einem Unfall am Bein so schwer verletzt, dass ihr rechter Unterschenkel amputiert werden musste (OLG Hamm, Az. 13 U 136/98).

**45.000 €:** Schweres Schädelhirntrauma und weitere vielfältige schwere Verletzungen. Schmerzensgelderhöhend wirkten sich die verzögernde Schadenregulierung durch die Versicherung und auch ihr diffamierendes Verhalten gegenüber dem Unfallopfer aus (OLG Naumburg, Az. 4 U 136/03).

**50.000 €:** Oberschenkelamputation. Ein 33-jähriger kann nicht mehr als Autolackierer arbeiten, 70 % MdE (KG Berlin, Az. 12 U 6048/95).

**60.000 €:** Unterschenkelamputation rechts, Rippenfrakturen, Schädelhirntrauma und multiple Prellungen. Der 49-jährige Küchenangestellte ist zu 80 % erwerbsunfähig (LG Nürnberg-Fürth, Az. 8 O 2881/00).

**190.000 €** plus 225 € monatliche Rente: Schädelhirntrauma und spastische Teillähmung. Der 8-jährige war als Fußgänger vom Auto angefahren worden, sitzt seitdem im Rollstuhl und ist in seiner Entwicklung eingeschränkt (OLG Hamm, Az. 6 U 169/01):

**200.000 €** plus 375 € monatliche Rente: Ein 32-jähriger erlitt eine komplette Querschnittslähmung ab dem 7. Halswirbel (OLG München, Az. 24 U 15/01).

**500.000 €** plus 500 € monatliche Rente: Ein dreieinhalbjähriges Kind wurde bei einem Verkehrsunfall so schwer verletzt, dass es ab dem ersten Halswirbel gelähmt bleibt (LG Kiel, Az. 6 O 13/03).

*Elisabeth Schneider*

*Quelle: ADAC Motorwelt 11/2004; verändert*

# 3 Die Leistungspflicht des Schuldners

## 3.1 Der Begriff der Leistung

Der Gläubiger kann vom Schuldner eine Leistung in Form eines konkreten Handelns **(Tun)** verlangen, wie z. B. der Lieferung einer Ware. Die Leistung kann ferner auch in einem **Unterlassen** bestehen, z. B. während einer bestimmten festgelegten Zeit nach dem Ausscheiden aus einem Unternehmen bei einer Konkurrenzfirma zu arbeiten. Schließlich kann eine Leistung in einem **Dulden** bestehen, wie z. B. das Benutzen einer Durchfahrt, um zu einem Parkplatz zu gelangen (vgl. auch Teil III, Abschnitt 2.1).

**Aufgabe**
(1) Finden Sie noch weitere Beispiele für die verschiedenen Arten einer Leistung!

## 3.2 Leistungsarten

Die Art der geschuldeten Leistung richtet sich im Allgemeinen nach Art und Inhalt des geschlossenen Vertrags. Während bei Kaufverträgen der Verkäufer eine Ware (Sache) schuldet, wird bei einem Dienstvertrag eine nach der Zeit bestimmte Dienstleistung und bei einem Werkvertrag ein bestimmter Erfolg geschuldet. Der Vertragspartner hat seine Leistung hingegen meist in Form von Geld zu erbringen.

Bei Warenschulden wird zwischen **Stückschuld** und **Gattungsschuld** unterschieden. Bei einer **Stückschuld** (Speziesschuld) wird eine nicht vertretbare, genau *spezifizierte* Sache geschuldet. Wirtschaftlich hat die Stückschuld nur noch Bedeutung bei Grundstücken, bei Kunst und Antiquitäten sowie im Gebrauchtwaren- und Tierhandel. Geht eine solche Sache vor der Lieferung unter, kommt der Schuldner von der Leistungspflicht frei, hat aber gegebenenfalls andere Rechtsfolgen zu tragen.

In der heutigen Warengesellschaft spielen **Gattungsschulden**, vertretbare Sachen (vgl. § 91), eine weitaus größere Rolle. Bei solchen Waren handelt es sich durchaus um genau spezifizierte Artikel, wie etwa ein Markenhemd aus bestimmten Materialien oder einen Videorekorder mit genau definierten Leistungseigenschaften. Da diese Waren jedoch aus einer Serienfertigung stammen, wird hier nicht ein genau bezeichnetes Einzelstück, sondern lediglich ein dem Typ nach bezeichnetes Produkt aus der laufenden Produktion geschuldet. Dieses muss gemäß § 243 von mittlerer Art und Güte sein. Der Gattungsschuldner bleibt daher auch grundsätzlich zur Leistung verpflichtet, wenn die für die Lieferung vorgesehene Sache zerstört wurde oder verloren gegangen ist. Da er in diesem Fall jederzeit eine andere gleichartige Ware besorgen kann, kommt er von der Leistungspflicht nicht frei.

Die häufigste Gattungsschuld ist im Übrigen die **Geldschuld**, vgl. § 244 ff.

**Erläuterung:** Ob eine Gattungsschuld oder eine bestimmte Sache (Stückschuld) geschuldet wird, hängt im Zweifelsfall davon ab, was vereinbart wurde. So können auch individuelle Sachen gattungsmäßig geschuldet werden, z. B. fünf nicht einzeln bezeichnete antiquarische Stiche, und typische Gattungssachen können als Stückschuld geschuldet werden, z. B. ein in einem Händlerverkaufsraum genau bezeichnetes fabrikneues Auto.

Beispiele

- **Gattungsschuld: Natur- und Serienprodukte wie die Lieferung von 10 kg Granny-Smith-Äpfeln oder eines Pro-Tec-Camcorders, Art.-Nr. B 13C1.**
- **Stückschuld: gebrauchte Serienprodukte oder Einzelanfertigungen (Originale), wie z. B. ein bestimmter Gebrauchtwagen, ein Maßanzug oder ein nach speziellen Kundenwünschen montiertes Mountainbike.**

## 3.3 Leistungszeit

a) Ist eine Leistungszeit nicht bestimmt, so kann der Gläubiger diese Leistung sofort verlangen, der Schuldner kann sie sofort bewirken, § 271.1.

b) Ist eine bestimmte Leistungszeit jedoch abgemacht, so kann der Gläubiger die Leistung zwar nicht vorher verlangen, im Zweifel kann der Schuldner sie jedoch vorher erbringen, § 271.2 (s. a. § 299).

c) Unter einem **Fixkauf** (Begriff des HGB) bzw. **Fixgeschäft** (Begriff des BGB) versteht man einen Kauf zu einem bestimmten, festgelegten Zeitpunkt, wobei die Einhaltung dieses fixen Termins für die Erfüllung des Vertrags wesentlich ist. Dies drückt sich u. a. darin aus, dass die Wörter „fix“, „fest“ oder „spätestens bis“ im Vertragstext auftauchen. In manchen Fällen kann sich die Tatsache, dass die feste Einhaltung des Liefertermins für die Vertragserfüllung wesentlich ist, auch schon aus den Umständen ergeben.

Beispiel

**Irmgard bestellt für eine Reisegruppe 10 Kurz-Reiseführer für Indonesien. In dem Bestellschreiben erwähnt sie, dass die Flüge für den 1. Juli gebucht seien.**

Durch die Verwendung des Wortes „fix“, „fest“ oder ähnlicher Ausdrücke allein wird der Kauf jedoch nicht zum Fixkauf, wenn der Käufer die gekaufte Sache auch später noch verwenden kann. Vgl. auch die §§ 186 bis 193.

## 3.4 Leistungsort (Erfüllungsort)

Beispiel

**Inge Eck aus Radolfzell bestellt bei „Südostasienversand“ München eine Spezialgewürzmischung zum Preis von 24,80 EUR. Als sie das Paket öffnet, entdeckt sie, dass die feste Versandverpackung beschädigt ist und die Gewürzmischung verunreinigt ist. Wer muss den Schaden tragen?**

Der Leistungsort oder Erfüllungsort ist der Ort, an dem die Leistung zu bewirken ist, an dem z. B. der Warenschuldner die Ware dem Käufer zur Verfügung zu stellen (vgl. § 269) und der Geldschuldner zu zahlen hat (vgl. § 270).

Der Leistungsort hat im Wesentlichen Bedeutung für den Übergang der Transportgefahr und den Gerichtsstand. Wir unterscheiden vor allem den gesetzlichen Erfüllungsort und den vertraglichen Erfüllungsort.

### 3.4.1 Der gesetzliche Erfüllungsort

Der gesetzliche Erfüllungsort gilt nur dann, wenn keine vertragliche Vereinbarung über einen Erfüllungsort getroffen wurde, wenn sich aus den Umständen nichts anderes ergibt und wenn er nicht schon **ausdrücklich** im Gesetz festgelegt wurde (siehe z. B. § 697).

Es ist dann der **Ort, an dem der Schuldner seinen Wohnsitz hat**.

a) Nach dem Gesetz sind **Warenschulden** grundsätzlich **Holschulden**, im Geschäftsverkehr allerdings entsprechend der Verkehrssitte häufig Schickschulden (vgl. § 447), wenn eine Ware bei einem Versandhaus oder beim Hersteller bestellt wird. In beiden Fällen ist der Sitz des Schuldners der Erfüllungsort. Der **Warenschuldner** hat also seine vertraglichen Pflichten erfüllt, wenn er an seinem Wohnort die Ware dem Käufer oder einer Spedition bzw. dem Frachtführer übergeben hat. War ein bestimmter Liefertermin vereinbart, so hat der Warenschuldner seine Verpflichtung erfüllt, wenn er die Ware bis zu diesem Zeitpunkt zum Versand gebracht hat. Bei der Warenschuld ist der Erfüllungsort auch gleichzeitig der Ort des **Gefahrenübergangs**: Grundsätzlich geht die Gefahr eines zufälligen Untergangs der Ware (z. B. Zerstörung, Abhandenkommen) gemäß § 446.1 mit der Übergabe der Ware an den Käufer (oder seinen Erfüllungsgehilfen) auf diesen über.

   Wurde ein **Versendungskauf** gemäß § 447.1 vereinbart, so geht die Gefahr mit der Übergabe an den Spediteur bzw. die mit der Auslieferung beauftragte Person auf den Käufer über. Der Verkäufer hat damit also seine Verpflichtungen aus dem Kaufvertrag in vollem Umfang erfüllt, auch wenn die Ware auf dem Transport beschädigt wird oder untergeht.

   Nach der Bereitstellung der Ware hat der Käufer auch die **Transportkosten** zu zahlen (§ 448). Sollte ein Versendungskauf vereinbart worden sein, bei dem der Warenschuldner sich verpflichtet hat, die Transportkosten zu zahlen, so bedeutet dies alleine **noch keine Änderung** für den Zeitpunkt des Gefahrenübergangs, dieser verbleibt grundsätzlich beim Erfüllungsort, vgl. § 269.3.

b) Auch der **Geldschuldner** hat seine vertraglichen Pflichten erfüllt, wenn er das Geld an seinem Wohnort bezahlt bzw. überwiesen hat, vgl. § 269! Er hat also dann fristgemäß gezahlt, wenn er das Geld zum Zahlungstermin auf seiner Bank bzw. Post einzahlt oder es von seinem Konto abbuchen lässt. Bezüglich der Risikotragung hat die Geldschuld jedoch eine Sonderstellung: Da Geldschulden **Schickschulden** sind, trägt der Geldschuldner (im Gegensatz zum Warenschuldner) auch nach der Leistung der Geldschuld am Erfüllungsort das Transportrisiko, also die Gefahr, dass das Geld auf dem Post- oder Überweisungsweg verloren geht, vgl. § 270.1.

Beispiel

**Ein Unternehmer zahlt die Beiträge zur Sozialversicherung für seine Angestellten per Verrechnungsscheck, den er in den Briefkasten der Krankenkasse einwirft. Ein Unbekannter entwendet den Scheck aus dem an der Außenseite des Gebäudes angebrachten Briefkasten. Das zuständige Landessozialgericht entschied in diesem Fall, dass allein der Geldschuldner, also der Unternehmer, das Risiko dafür trage, dass die in den Briefkasten eingeworfenen Schecks auch in die Verfügungsgewalt des Geldgläubigers, der Krankenkasse, kämen.**

### 3.4.2 Der vertragliche Erfüllungsort

Vertraglich kann weitgehend jeder Ort als Erfüllungsort bestimmt werden (das gilt auch für den Ort des Gefahrenübergangs). Zu beachten ist jedoch: Die vertragliche Bestimmung über den Erfüllungsort darf nicht mit den tatsächlichen Gegebenheiten in Widerspruch stehen.

Wenn A in Adorf auf seinem Grundstück ein Haus errichten lässt, kann als Erfüllungsort **nicht** der Wohnort des Maurermeisters B in Bdorf vertraglich vereinbart werden, weil dieser in Widerspruch zu den tatsächlichen Gegebenheiten stünde.

Wenn keine vertraglichen Vereinbarungen getroffen wurden, aber der Leistungsort durch die Natur des Schuldverhältnisses bestimmt ist, handelt es sich um einen **natürlichen** Erfüllungsort.

Beispiel

**Die Rentnerin Ulla Endres bestellt 3.000 Liter Heizöl, ohne mit dem Lieferanten einen Erfüllungsort zu vereinbaren.**

Hier handelt es sich um eine **Bringschuld**, der Schuldner muss die Leistung beim Gläubiger erbringen. Damit ist das Grundstück bzw. der Öltank von Frau Endres Erfüllungsort.

Die Klausel „Erfüllungsort **und** Gerichtsstand für beide Teile ist …" ist jedoch nur unter Kaufleuten und juristischen Personen des öffentlichen Rechts erlaubt, da der **Gerichtsstand**, der Ort, an dem jemand verklagt werden kann, **grundsätzlich der Wohnort des Beklagten** ist (§ 29 ZPO).

**Übersicht**

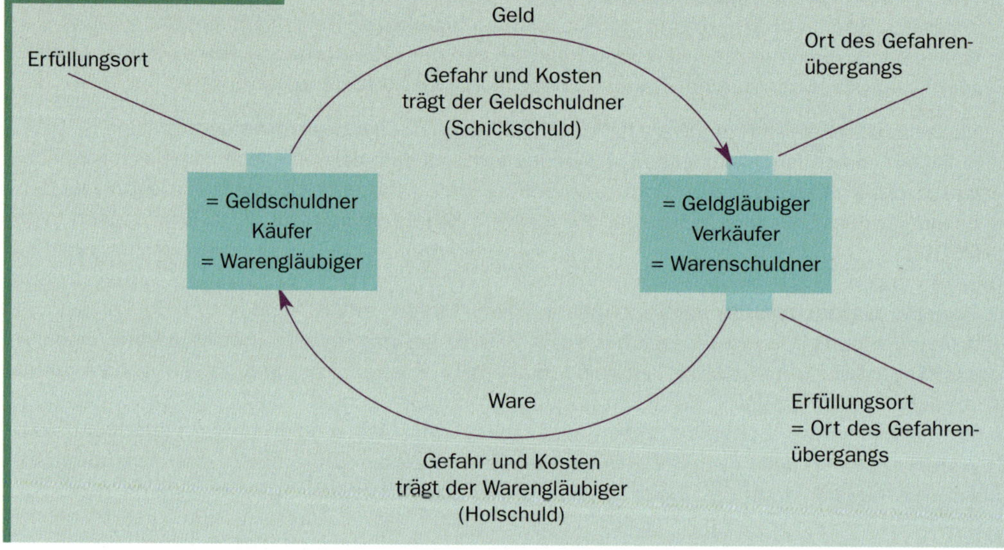


**Aufgaben**

(2) Wer muss den Schaden in unserem Einführungsbeispiel tragen?

(3) Die EXIKON GmbH, Leipzig, macht der Computerfirma Dülfer in Rostock folgendes Angebot: Lieferung von 10 PC Taipeh entsprechend der beiliegenden Spezifikation, zum Stückpreis von 600,00 EUR frei Haus. Wo ist der Erfüllungsort für die Waren- und die Geldschuld?

(4) Firma Daumann, Dresden, bestellt bei der Einrichtungs AG, Stuttgart, auf ein spezielles Angebot dieser Firma am 10. Oktober zwei Norm-Wandregale zum Stückpreis von 350,00 EUR mit der Bitte, so bald wie möglich zu liefern.

a) Welche Leistungen werden von den Vertragspartnern geschuldet?
b) Wann darf die Einrichtungs AG die Regale frühestens liefern?
c) Welche Erfüllungsorte gelten in diesem Fall?
d) Geben Sie den jeweiligen Ort des Gefahrenübergangs an.
e) Daumann weigert sich, die Transportkosten zu zahlen. Zu Recht?
f) Als Zahlungsbedingung war ausgemacht: innerhalb von 6 Tagen abzüglich 3 % Skonto, innerhalb von 14 Tagen netto Kasse. Daumann ist daher der Meinung, dass sie bis spätestens zum 6. Tage nach der Lieferung ihrer Bank den Überweisungsauftrag gegeben haben müsse, um das Skonto in Anspruch nehmen zu können.
g) Wo könnte Daumann die Einrichtungs AG gegebenenfalls verklagen?

## 3.5 Forderungsabtretung und Schuldübernahme

### 3.5.1 Forderungsabtretung (Gläubigerwechsel)

Beispiel

**Der Eigentümer E eines Heimwerkermarktes hat eine Forderung in Höhe von 5.500,00 EUR gegenüber dem Großkunden G, zahlbar in drei Monaten. Zur Absicherung eines in Anspruch genommenen Lieferantenkredits tritt er die Forderung an seinen Holzlieferanten H ab und setzt G davon in Kenntnis. G wird die Forderung nun bei Fälligkeit direkt an H zahlen.**

Üblicherweise erfüllt der Schuldner seinen Vertrag, indem er an den Schuldner direkt (oder einen Erfüllungsgehilfen) leistet. Findet jedoch ein **Gläubigerwechsel** statt, erfüllt der Schuldner den Vertrag durch Leistung an den neuen Gläubiger. Ein Gläubigerwechsel wird meist durch einen **Vertrag** zwischen dem alten und dem neuen Gläubiger herbeigeführt.

Im Rahmen eines Zwangsvollstreckungsverfahrens kann jedoch auch ein Gericht einen Gläubigerwechsel durch einen sogenannten **Pfändungs- und Überweisungsbeschluss** beschließen. Das Gericht verpflichtet in diesem Fall einen Schuldner, nicht mehr an seinen Gläubiger, der seinen Verpflichtungen gegenüber einem Dritten nicht nachgekommen ist, zu leisten, sondern direkt an den Dritten zu zahlen.

Vertraglich wird eine Forderungsabtretung im Rahmen eines **Zessionsvertrags** zwischen dem alten und dem neuen Gläubiger geregelt, vgl. § 398. Die dem neuen Gläubiger abgetretene Forderung dient diesem gegenüber sehr häufig als Kreditsicherung. Grundsätzlich können alle Forderungen abgetreten werden, mit **Ausnahme** von höchstpersönlichen Forderungen, wie z. B. dem Anspruch auf Schmerzensgeld oder Unterhalt, oder solchen Forderungen, bei denen vertraglich eine Übertragung ausgeschlossen wurde. So sind beispielsweise bestimmte Abonnements oder Dauerfahrtausweise „nicht übertragbar“.

Da der Schuldner bei der Forderungsabtretung i. d. R. nicht mitwirkt, er braucht nicht gefragt zu werden und erhält u. U. auch keine Mitteilung, wird er durch folgende Regelungen geschützt:

- Er kann mit befreiender Wirkung an den alten Gläubiger leisten, solange er nichts von der Forderungsabtretung weiß, vgl. § 407.1.
- Er kann gegen den neuen Gläubiger alle berechtigten Einwendungen geltend machen, z. B. Anfechtung, Sachmängelrüge, Verjährung.

**Übersicht**

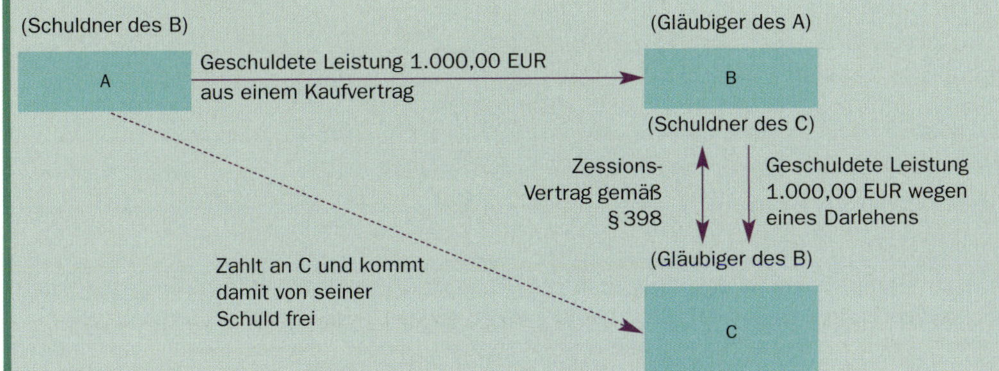

Forderungsabtretungen gewinnen im Wirtschaftsleben in der Form des **Factoring** immer größere Bedeutung. Beim Factoring verkauft beispielsweise ein Lieferant seine Forderungen an ein Factoring-Unternehmen, das ihm sofort den (abgezinsten) Gegenwert der Forderungen, abzüglich einer Factoring-Provision, gutschreibt. Der Vorteil für den Alt-Gläubiger, den Lieferanten, liegt darin, dass er sofort über **liquide Mittel** verfügt, die er beispielsweise seinerseits zum Ausnutzen von Lieferantenskonti oder zur Ablösung teurer Kredite nutzen kann. Darüber hinaus verringert sich für den Alt-Gläubiger der **Arbeitsanfall**, etwa in Bezug auf die Debitorenbuchhaltung und das Betreiben von außergerichtlichen und gerichtlichen Mahnverfahren. Hierfür erhält das Factoring-Unternehmen eine Provision.

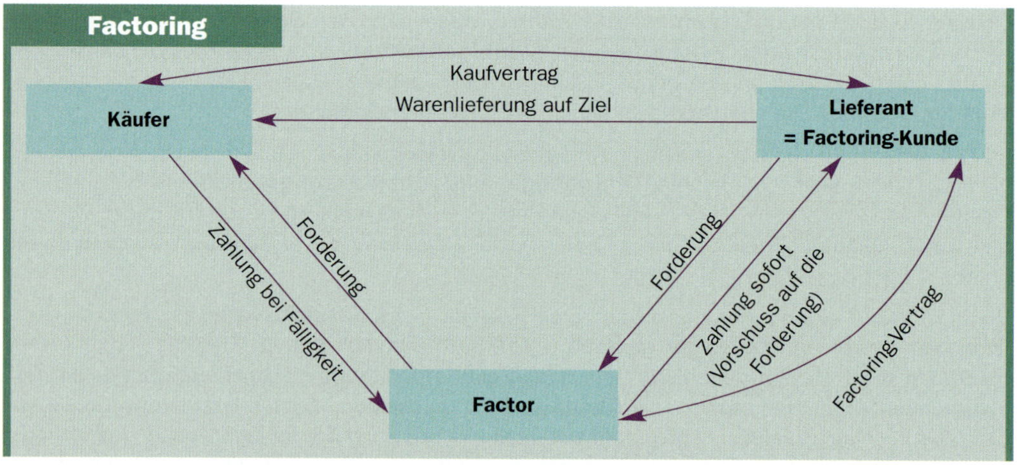


**Beim Factoring-Geschäft werden verschiedene Varianten unterschieden:**

Üblich ist in Deutschland das echte Factoring, auch *Standard-Factoring* genannt. Hierbei kauft der Factor von einem Lieferanten, dem Factoring-Kunden, sämtliche Forderungen an dessen Warenkunden. Sobald der Factor von seinem Kunden eine zu zahlende Rechnung erhält, bevorschusst er diese zu 80 % bis 90 %, der restliche Betrag wird erst nach Zahlungseingang durch den Käufer gezahlt. Mit dem Kauf der Forderung übernimmt der Factor auch das Risiko, dass die Forderung nicht erfüllt wird (Delkredere-Risiko), sowie üblicherweise die Debitorenbuchhaltung für den Factoring-Kunden.

Beim **Fälligkeits-Factoring** bevorschusst der Factor die eingereichten Rechnungen nicht, sondern zahlt erst nach Fälligkeit der Rechnung, also etwa nach 90 Tagen.

Das **Export-Factoring** läuft ähnlich wie das echte Factoring ab, nur arbeitet der Export-Factor hier mit einem Import-Factor im Ausland zusammen. Der Import-Factor prüft die Kreditwürdigkeit des Endabnehmers im Bestimmungsland und setzt ein Kreditlimit fest. Er ist auch dafür verantwortlich, die Forderung einzutreiben. Der Factoring-Kunde erhält sein Geld vom Export-Factor, der es seinerseits vom Import-Factor erhält.

Das **unechte Factoring**, bei dem der Factor das Delkredere-Risiko nicht übernimmt, spielt heute keine Rolle mehr.

Bei der **Forfaitierung** handelt es sich um ein Finanzierungsinstrument, das vorwiegend bei Exportgeschäften eingesetzt wird. Hierbei kauft der Forfaiteur auch Forderungen unterschiedlicher Fristigkeit und gegenüber wechselnden Kunden und übernimmt neben dem Delkredere-Risiko auch das politische, das Transfer- und das Währungsrisiko.

### 3.5.2 Schuldübernahme (Schuldnerwechsel)

Während beim Gläubigerwechsel der Schuldner keinen Einfluss hat, muss beim **Schuldnerwechsel** der Gläubiger mitwirken.

Eine Schuldübernahme ist möglich

- entweder durch einen Vertrag zwischen dem Gläubiger und dem neuen Schuldner (§ 414)
- oder durch einen Vertrag zwischen dem alten und neuen Schuldner mit Genehmigung des Gläubigers (§ 415).

**Aufgabe**

(5) Überlegen Sie, warum beim Gläubigerwechsel der Schuldner kein Mitspracherecht hat, beim Schuldnerwechsel der Gläubiger jedoch den Schuldnerwechsel genehmigen muss.

Neben der vollen Schuldübernahme unterscheidet man noch den Schuldbeitritt. In diesem Fall haften der alte Schuldner und der neue Schuldner zusammen als Gesamtschuldner. Der Gläubiger ist nach § 421 nun berechtigt, von jedem Schuldner nur einen Teil, aber auch die ganze Leistung zu fordern.

# 4 Leistungsstörungen im Schuldrecht

## 4.1 Allgemeine Einführung

### 4.1.1 Die Schuldrechtsreform

Das *Gesetz zur Modernisierung des Schuldrechts* vom 26. November 2001, kurz: die Schuldrechtsreform, die zum 1. Januar 2002 in Kraft trat, war die erste grundlegende Änderung des deutschen Schuldrechts seit über 100 Jahren. Äußerer Anlass war die Pflicht zur Umsetzung von drei europäischen Richtlinien, der *Verbrauchsgüterkaufrichtlinie*, der *Zahlungsverzugsrichtlinie* und der *E-Commerce-Richtlinie*, die im Zuge des weiteren Ausbaus des europäischen Binnenmarktes von allen Staaten der Europäischen Union bis zum 1. Januar 2002 in nationales Recht umgesetzt werden mussten.

Die Schuldrechtsreform geht jedoch weit über diese Richtlinien hinaus und ordnet das gesamte Schuldrecht neu. Sie beseitigt damit bestehende Probleme, wie die Unterschiedlichkeit des Leistungsstörungsrechts bei Kauf- und Werkverträgen oder die Zersplitterung des Verbraucherschutzrechts, und verbessert den Verbraucherschutz. Sie trägt ferner wichtigen Veränderungen, wie technisch komplexen Konsumgütern oder dem Kauf über das Internet, Rechnung. Zudem wurden zentrale durch Richterrecht gesetzte Rechtsnormen, wie die „positive Vertragsverletzung" oder das Verschulden bei Vertragsabschluss (culpa in contrahendo), in das geschriebene Recht übernommen. Zudem wurden das *Verjährungsrecht* harmonisiert sowie bislang ausgegliederte Sondergesetze zum Verbraucherschutz, wie das *AGB-Gesetz*, das *Haustürwiderrufsgesetz*, das *Verbraucherkreditgesetz* und das *Fernabsatzgesetz* in das BGB integriert.

### 4.1.2 Pflichtverletzungen

Durch einen Vertrag werden die Vertragspartner gemäß § 241 zu bestimmten Leistungen verpflichtet. So hat beispielsweise der Verkäufer einer beweglichen Sache gemäß § 433 die Verpflichtung, die Sache dem Käufer zu übergeben und ihm das Eigentum daran zu verschaffen, während der Käufer die Verpflichtung hat, den Kaufpreis zu zahlen und die Ware auch abzunehmen. Erfüllt einer der Vertragspartner seine Leistungen nicht oder nicht vollständig, so spricht man von **Leistungsstörungen**.

Mit der Schuldrechtsreform wurde u. a. das bisherige Recht der Leistungsstörungen umfassend neu gestaltet. So wurde der Oberbegriff der **„Pflichtverletzung"** neu eingeführt, unter dem nun sämtliche dem Schuldner zuzurechnende Leistungsstörungen gemäß § 280, zum Teil mit neuen Bezeichnungen, zusammen gefasst werden. Pflichtverletzungen sind

- die **Nichtleistung** bzw. Unmöglichkeit: der Schuldner kann die Leistung nicht (mehr) erbringen, obwohl er sich vertraglich dazu verpflichtet hat,
- die **Spätleistung** oder Nicht-Rechtzeitig-Lieferung bzw. der (Schuldner-)Verzug: der Schuldner leistet also nicht zum vereinbarten Zeitpunkt, sowie die
- **Schlechtleistung** oder mangelhafte Lieferung, die nun neben Sach- und Rechtsmängeln, einschließlich der Falsch- und Zuweniglieferung, auch Fälle der früheren positiven Forderungsverletzung (positive Vertragsverletzung) umfasst.

Hinzu kommen noch sonstige (Neben-)Pflichtverletzungen.

Da nach § 311.2 bereits die Aufnahme von Vertragsverhandlungen und die *Vertragsanbahnung* ein Schuldverhältnis begründen, ist deren Verletzung ebenfalls als Pflichtverletzung im Sinne des § 280 anzusehen. Damit ist der bisher schon gewohnheitsrechtlich anerkannte rechtliche Sachverhalt „culpa in contrahendo" (Verschulden beim Vertragsabschluss) nunmehr gesetzlich geregelt.

## 4.1.3 Anspruch auf Schadensersatz

### 4.1.3.1 Allgemeine Voraussetzungen

Trotz einer Pflichtverletzung des Schuldners hat der Gläubiger grundsätzlich den Anspruch auf Erfüllung der Vertrages. Ist dies aus verschiedenen Gründen jedoch nicht (mehr) möglich, kann der Gläubiger unter bestimmten Voraussetzungen Schadensersatz verlangen und/oder vom Vertrag zurücktreten. **Schadensersatzansprüche** bestehen aufgrund einer Pflichtverletzung gemäß § 280, entweder unmittelbar oder in Verbindung mit anderen Vorschriften. Natürlich kann dieser nur dann gefordert werden, wenn dem Gläubiger auch ein Schaden tatsächlich entstanden ist. Zudem muss der Schuldner die Pflichtverletzung auch verschuldet haben: Gemäß § 276 hat er also fahrlässig oder sogar vorsätzlich gehandelt (vgl. hierzu Teil III, Abschnitt 1.1 und 1.3.2.1).

Im Gegensatz zum früheren Recht kann jetzt gemäß § 325 Rücktritt und Schadensersatz zugleich verlangt werden. Allerdings besteht ein Rücktrittsrecht gemäß § 323 ff. nur bei **gegenseitigen** Verträgen, wie Kauf-, Werk-, Dienst- oder Mietverträgen, nicht aber bei einseitig verpflichtenden Verträgen, wie Schenkung, Bürgschaft, Auftrag oder Leihe. Bei Schlechtleistung (mangelhafte Lieferung) oder Verzug (Nicht-Rechtzeitig-Lieferung) muss dem Schuldner grundsätzlich zuvor eine angemessene Frist zur Nacherfüllung gesetzt werden, erst wenn diese ergebnislos verstrichen ist, ist er berechtigt, Schadensersatz und/oder Rücktritt zu fordern.

**Zusammenfassend** ergeben sich folgende Voraussetzungen für eine Schadensersatzforderung wegen einer Pflichtverletzung gemäß § 280.1:

(1) Es besteht ein (ein- oder gegenseitiges) Schuldverhältnis gemäß § 241.1.

(2) Es liegt eine Pflichtverletzung (Nicht-, Spätleistung/Nicht-Rechtzeitig-Lieferung oder Schlechtleistung/mangelhafte Lieferung, Nebenpflichtverletzung) vor (§ 280).

(3) Der Schuldner hat die Pflichtverletzung zu vertreten (§ 276).

(4) Dem Gläubiger ist durch die Pflichtverletzung ein Schaden entstanden.

#### 4.1.3.2 Schadensersatz neben der Leistung

Unter bestimmten Voraussetzungen kann der Schuldner Schadensersatz fordern, auch wenn er weiterhin auf der Leistung besteht bzw. obwohl diese bereits ganz oder zum Teil erfüllt wurde.

Dies ist insbesondere dann der Fall, wenn die Ware verspätet geliefert wurde, sich der Schuldner also im Verzug befand, und der Gläubiger nach wie vor an der Leistung interessiert ist, vgl. § 280.2 in Verbindung mit § 286. In diesem Fall hat der Gläubiger einen Anspruch auf Ersatz des Verzugsschadens (Verzögerungsschaden).

Hat der Schuldner eine nicht auf die Leistung bezogene Nebenpflicht im Sinne des § 241.2 (z. B. Schutzpflichten) verletzt, will aber die Leistung selbst weiterhin erhalten, so hat er gemäß §§ 280.1, 282 ebenfalls grundsätzlich einen Anspruch auf Schadensersatz.

#### 4.1.3.3 Schadensersatz statt der Leistung

Üblicherweise wird der Gläubiger einen Anspruch auf Schadensersatz „statt der Leistung" (früher: Schadensersatz wegen Nichterfüllung) gemäß 280.3 haben, wenn die zusätzlichen Voraussetzungen der §§ 281, 282 oder 283 erfüllt sind. Er hat hierauf einen Anspruch, wenn

- er an einer verspäteten Lieferung kein Interesse mehr hat und er dem Schuldner eine angemessene Nachfrist setzte (§ 281.1 Satz 1),
- der Schuldner nur eine Teilleistung erbrachte (§ 281.1 Satz 2),
- der Schuldner die Leistung nicht wie vereinbart erbrachte (§ 281 Satz 3),
- der Schuldner eine wichtige Nebenpflicht, wie die Pflicht zur Rücksicht auf die Rechte oder Interessen des Gläubigers, verletzte und dem Gläubiger aus diesem Grund die Annahme der Leistung nicht mehr zuzumuten ist (§§ 282, 241.2), oder wenn
- der Schuldner von seiner Leistungspflicht befreit ist (Unmöglichkeit, unzumutbarer Aufwand) (§§ 283, 275).

Beim Schadensersatz *„statt der Leistung"* tritt der Schadensersatz an die Stelle der nicht erbrachten Leistung. So kann hier beispielsweise der entgangene Gewinn (§ 252) beansprucht werden, weil ein Anschlussgeschäft wegen des Ausbleibens der ursprünglich vereinbarten Leistung nicht zustande gekommen ist, oder es können die Kosten für die Ersatzbeschaffung in Anrechnung gebracht werden.

#### 4.1.3.4 Schadensersatz statt der ganzen Leistung

**HINWEIS:** Ein Sonderfall ist die *anfängliche Unmöglichkeit* (vgl. Abschnitt 4.2).

**Beispiel:** **Der von A beauftragte Maler M streicht die Wohnung von A und beschädigt dabei einen wertvollen antiken Teppich. A hat nun einen Anspruch auf Schadensersatz neben Leistung gemäß § 280.1. Wenn die weitere Leistungserbringung für A unzumutbar ist, kann er Schadensersatz statt Leistung gemäß § 282 verlangen.**

Unter bestimmten Umständen hat der Gläubiger trotz der ganzen oder teilweisen Lieferung einen Anspruch auf Schadensersatz *„statt der ganzen Leistung"*. Der Schadensersatz statt der ganzen Leistung ist als Sonderfall des Schadensersatzes statt der Leistung anzusehen. Beim Schadensersatz „statt der Leistung" wird Schadensersatz nur anstelle der Leistung geschuldet, die noch nicht erbracht wurde. Hierunter fällt etwa der entgangene Gewinn (§ 252), weil ein Anschlussgeschäft wegen des Ausbleibens der ursprünglich vereinbarten Leistung nicht zustande kommt. Demgegenüber entspricht der Schadensersatz „statt der ganzen Leistung“ dem früheren „großen Schadensersatz“.

Er kann verlangt werden, wenn

- der Schuldner nur eine Teilleistung erbringt, der Käufer aber hieran kein Interesse mehr hat, etwa weil er sich inzwischen anderweitig mit Ware eindecken musste, vgl. § 281.1 (2), oder
- der Schuldner die Leistung schlecht oder unvollständig erbracht hat und wenn es sich dabei um eine **erhebliche** Pflichtverletzung handelt, vgl. § 281.1 (3), oder
- wenn der Schuldner aufgrund von Unmöglichkeit von der Leistungspflicht gemäß § 275.1 bis 3 befreit ist, der Gläubiger kein Interesse an der Lieferung mehr hat oder es sich um eine erhebliche Pflichtverletzung handelt, vgl. §§ 283(2), 281.1(2) und (3).

Hat der Käufer Schadensersatz „statt der ganzen Leistung“ verlangt, so verliert er gemäß § 281.4 seinen Anspruch auf Leistung und muss dem Verkäufer gemäß §§ 281.5, 346, 347, 348 das bisher Geleistete zurückerstatten.

**Zusammenfassung**

- „Schadensersatz neben der Leistung“ wird zum einen als Verzögerungsschaden wegen Verzugs geschuldet (§ 280.2 in Verbindung mit § 286) und zum anderen als Ersatz des Schadens wegen einer Nebenpflichtverletzung gemäß § 280.1.
- „Schadensersatz statt der Leistung“ wird grundsätzlich wegen Nichterfüllung gemäß § 280.1 und 3 in Verbindung entweder mit § 281, § 283 oder § 282 geschuldet.
- „Schadensersatz statt der ganzen Leistung“ kann der Schuldner immer dann fordern, wenn er Schadensersatz „statt der Leistung“ verlangen kann und er an der restlichen Leistung kein Interesse mehr hat oder die Pflichtverletzung erheblich ist, vgl. § 281.1(2) und (3).

### 4.1.4 Recht auf Rücktritt

Ein Schadensersatzanspruch besteht grundsätzlich bei allen Verträgen. Bei den gegenseitigen Verträgen, die beide Vertragsseiten verpflichten, gelten besondere Rechte, meist zusätzlich zu den Rechten, die allgemein für Leistungsstörungen gelten.

Beim Kaufvertrag, einem typischen gegenseitigen Vertrag, stehen sich gemäß § 433 folgende Hauptleistungspflichten gegenüber: Der Verkäufer ist verpflichtet, dem Käufer die Sache zu übergeben und das Eigentum an ihr zu verschaffen, während der Käufer verpflichtet ist, den Kaufpreis zu zahlen und die Ware abzunehmen. Hinzu kommen Nebenpflichten, wie beispielsweise die Abnahmepflicht des Käufers (§ 433.2).

Wenn der Schuldner seine Leistung nicht oder nicht vertragsgemäß erbracht hat, steht dem Käufer nun i. d. R. neben dem Schadensersatzanspruch noch ein **Rücktrittsrecht** gemäß §§ 323.1, 325 zu. Voraussetzung ist, dass der Gläubiger dem Schuldner erfolglos(!) eine angemessene Frist zur Leistung oder Nacherfüllung gesetzt hat und selbst nicht für den Umstand, der ihn zum Rücktritt berechtigt, verantwortlich ist.

Eine Fristsetzung ist gemäß § 323.2 dann nicht erforderlich, wenn

- der Schuldner die Leistung „ernsthaft und endgültig“ verweigert,
- der Schuldner die Leistung nicht termingemäß erbracht hat und der Gläubiger im Vertrag deutlich gemacht hat, dass er nur an einer rechtzeitigen Lieferung Interesse hat, oder
- besondere Umstände vorliegen, die unter Abwägung beider Interessen den sofortigen Rücktritt rechtfertigen.

Der Rücktritt muss gemäß § 349 durch Erklärung gegenüber dem anderen Teil erfolgen. Dann entfällt die Leistungspflicht und die bereits ausgetauschten Leistungen müssen zurückgewährt werden. Ein Rücktritt ist auch bei bereits erfolgter Teilleistung möglich, wenn der Gläubiger kein Interesse an einer Teilleistung mehr hat (§ 323.5 Satz 1).

Generell ist ein Rücktrittsrecht ausgeschlossen, wenn der Gläubiger gemäß § 323.6 für die Rücktrittsursache überwiegend oder allein verantwortlich ist oder wenn die weder vom Schuldner noch vom Gläubiger zu vertretende Ursache zu einer Zeit eintritt, zu welcher der Gläubiger im Annahmeverzug ist.

## Monitor und PC bilden Einheit

Ein schadhafter Monitor kann den Käufer berechtigen, auch den gleichzeitig gekauften PC samt Zusatzteilen und die dazugehörige Software zurückzugeben. Dies hat das Oberlandesgericht Düsseldorf in einem kürzlich veröffentlichten Urteil entschieden (Az.: 22 U 122/99).

Der Käufer hatte im konkreten Fall die Geräte im Paket gekauft. Als sich herausstellte, dass der Monitor schadhaft war, wollte er auch den PC und die Software nicht mehr haben und verlangte vom Verkäufer, den gesamten Kaufvertrag rückgängig zu machen.

Zu Recht, wie die Richter entschieden: Beim Kauf einer vollständigen, hochwertigen PC-Anlage sei davon auszugehen, dass Kaufgegenstand die gesamte Anlage als „technische Einheit“ gewesen sei.

*Quelle: Handelsblatt vom 14.09.2000*

## Übersicht: Schadensersatz bei Pflichtverletzung

Es besteht ein **Schuldverhältnis** (§ 241)

↓

**Pflichtverletzung** des Schuldners (§ 280) → Nichtleistung; Spätleistung (Nicht-Rechtzeitig-Lieferung); Schlechtleistung (mangelhafte Lieferung); Nebenpflichtverletzung

↓

Schuldner hat die Pflichtverletzung zu **vertreten** (§ 276)

↓

Dem Gläubiger ist ein **Schaden** entstanden

↓

Anspruch auf Schadensersatz → Schadensersatz **„neben der Leistung“**
- Verzögerungsschaden (§§ 280.2, 286)
- Verletzung von Nebenpflichten (§§ 241.2, 280.1)

↓

Schadensersatz **„statt der Leistung“**

*Alternative Voraussetzungen:*
- kein Interesse an der Erfüllung und angemessene Nachfrist (§ 281.1)
- kein Interesse an der restlichen Leistung (§ 281.1)
- Schuldner hat die Leistung nicht wie vereinbart erbracht (§ 281.1)
- Schuldner hat wichtige Interessen des Gläubigers verletzt (§§ 282, 241.2)
- Schuldner ist von der Leistungspflicht befreit (§§ 275, 283)

*Sonderfall:* Schadensersatz **„statt der ganzen Leistung“**
- Gläubiger hat bei Teilleistung kein Interesse an der weiteren Leistung (§ 281.1 (2)) oder
- es handelt sich um eine erhebliche Pflichtverletzung (§ 281.1 (3))

## 4.2 Anfängliche Unmöglichkeit

Beispiel

**Tanja E. löst ihre Wohnung auf, da sie für mehrere Jahre in Südostasien leben wird und sich dort neu einrichten möchte. An ihre Freundin Margarete K. verkauft sie unter anderem ihren nur wenige Monate alten Schäferhund Tira, den sie aus einer wertvollen Zucht erworben hat. Beide wissen jedoch nicht, dass Tira am Vormittag des gleichen Tages von einem Auto überfahren worden ist und zum Zeitpunkt des Vertragsschlusses gar nicht mehr lebt.**

Bei der anfänglichen Unmöglichkeit (früher: ursprüngliche Unmöglichkeit) kann der Schuldner seine vertragliche Verpflichtung aufgrund eines **Leistungshindernisses** von Anfang an nicht erbringen. Es wird ein Rechtsobjekt verkauft, das zum Abschluss des Kaufvertrags gar nicht mehr vorhanden ist, die Erfüllung des Vertrages ist unmöglich geworden.

Gemäß 275.1 ist damit **keine Leistungspflicht** entstanden. Damit liegt auch keine Pflichtverletzung gemäß § 280 vor, die der Schuldner evtl. zu vertreten hätte. Trotzdem ist gemäß § 311a.1 der Vertrag wirksam. Grundlage hierfür ist die Tatsache, dass auch vor dem Vertragsschluss schon ein *vorvertragliches Schuldverhältnis* gemäß § 311.2 begründet wurde, das wiederum eigenständige Pflichten, wie die Informationspflicht über die Erfüllungsfähigkeit, beinhaltet. Der Schuldner kann daher gemäß § 311a.2 **Schadensersatz „statt der vertraglichen Leistung"** verlangen, jedoch nur dann, wenn der Schuldner das Leistungshindernis kannte bzw. seine Unkenntnis zu vertreten hat.

Da der Schuldner von der Leistungspflicht befreit ist, ist auch der Käufer gemäß § 326.1 Satz 1 von der *Pflicht zur Zahlung befreit* und kann, falls er den Kaufpreis schon bezahlt haben sollte, diesen gemäß § 326.4 nach den Rücktrittsregeln der §§ 346 bis 348 zurückfordern. Nur dann, wenn der Gläubiger ausnahmsweise das Leistungshindernis zu vertreten hätte, was i. d. R. kaum der Fall sein dürfte, behielte der Schuldner das Recht auf Gegenleistung gemäß § 326.2. Das Rücktrittsrecht kann entweder zusätzlich zu dem Verlangen nach Schadensersatz oder alternativ zu diesem geltend gemacht machen.

HINWEIS

Die frühere Unterscheidung zwischen objektiver und subjektiver Unmöglichkeit wird im neuen Schuldrecht nicht mehr gemacht. Der Vertrag ist nun auch bei anfänglicher „objektiver" Unmöglichkeit wirksam, während er früher nichtig war. Auch wenn der Schuldner nicht leisten kann, wird er jetzt unter bestimmten Voraussetzungen schadensersatzpflichtig.

*Prüfungsschema für Schadensersatzforderung*

(1) Es besteht ein (ein- oder gegenseitiges) Schuldverhältnis gemäß §§ 241.1, 280.1.

(2) Es liegt ein Leistungshindernis bereits zum Zeitpunkt des Vertragsschlusses vor (§§ 275, 311a.1):
- entweder ist die Leistung gemäß § 275.1 objektiv oder subjektiv unmöglich oder
- dem Schuldner steht gemäß § 275.2 oder 3 ein Leistungsverweigerungsrecht zu, da der Aufwand für die Erbringung der Leistung unangemessen hoch ist.

(3) Der Schuldner wusste zum Zeitpunkt des Vertragsabschlusses, dass die Erfüllung des Vertrags unmöglich sein würde, oder er hätte dies wissen müssen, hat diese also zu vertreten (§§ 311a.2, 276.1).

(4) Durch die Nichtleistung entsteht dem Gläubiger ein Schaden.

Auch wenn es bei der bereits vor Vertragsschluss vorliegenden anfänglichen Unmöglichkeit keine Pflichtverletzung gibt, kann der Schuldner unter bestimmten Voraussetzungen Schadensersatz „statt der ganzen Leistung" verlangen. Dies ist insbesondere dann der Fall, wenn die „gedachte Pflichtverletzung" der Nichtlieferung bzw. nicht vollständigen Lieferung für den Käufer *erheblich* ist, vgl. §§ 311a.2 Satz 3, § 281.1 (2) und (3).

Zusätzlich hat der Gläubiger in einem gegenseitigen Vertrag noch ein **Rücktrittsrecht** gemäß §§ 326.5, 323, das ihm neben dem Anspruch auf Schadensersatz zusteht (§ 325). Nur dann, wenn der Gläubiger ausnahmsweise das Leistungshindernis zu vertreten hätte, was i. d. R. kaum der Fall sein dürfte, wäre ein Rücktritt gemäß § 323.6 ausgeschlossen. Die übliche Fristsetzung kann unter den Voraussetzungen des § 323.2 entfallen (vgl. Abschnitt 4.1.3).

Beispiel

**Verkäufer V und Käufer K haben einen Kaufvertrag über einen gebrauchten „Rover Vitesse" abgeschlossen. Dieser wird nach Vertragsschluss, aber vor der Lieferung gestohlen.**
**V wird gemäß § 275 von seiner Lieferpflicht gemäß § 433.1 frei, muss aber nach §§ 280.1 und 3, 283 Schadensersatz leisten. Auch K wird von seiner Leistungspflicht, der Zahlung des Kaufpreises (§ 433.2) gemäß § 326.1 (1), befreit. Falls K den Rover bereits bezahlt hat, kann er das Geleistete gemäß § 326.4 nach den Rücktrittsregeln der §§ 346 bis 348 zurückfordern.**

**Übersicht: anfängliche Unmöglichkeit**

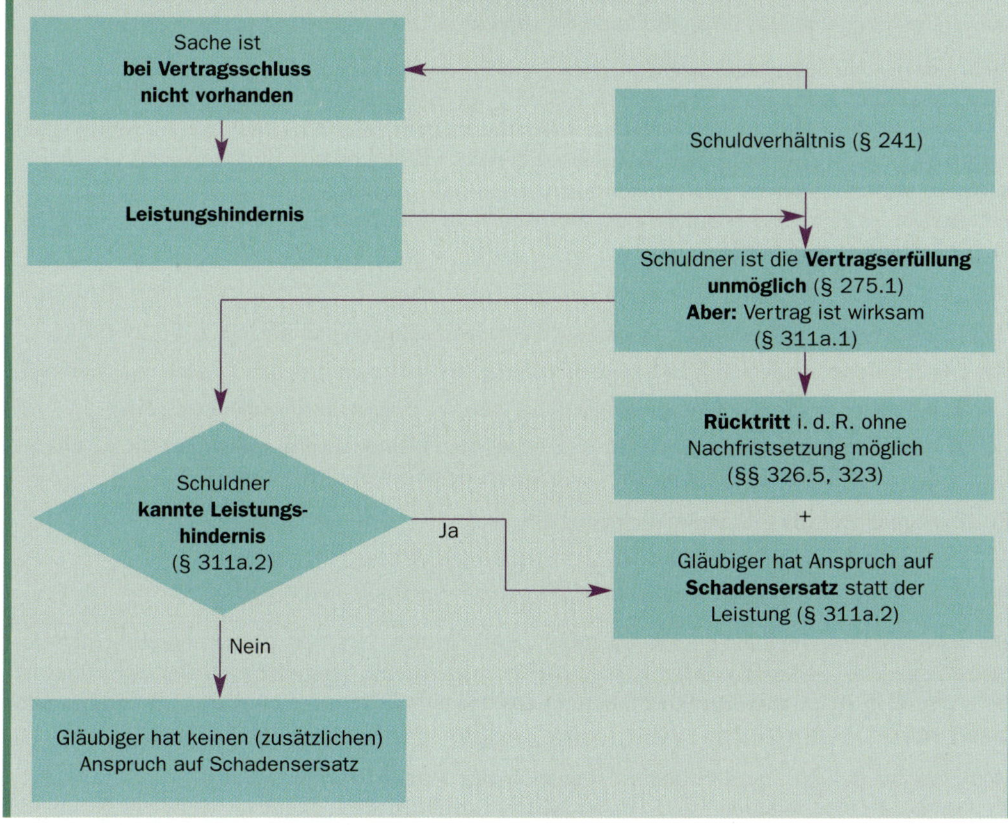

**Aufgaben**

(1) Prüfen Sie, unter welchen Voraussetzungen Margarete (s. Einführungsbeispiel) Schadensersatz verlangen kann.

(2) Katharina verkauft ihrem Bekannten Gerhard den wertvollen Rassehund Gaja. Allerdings gehört der Hund zum Zeitpunkt des Vertragsschlusses ihrem Freund Dirk, der ihn Katharina während eines längeren Auslandsaufenthalts zur Pflege überlassen hat. Am Tag nach dem Vertragsschluss kommt Dirk zurück und holt den Hund ab, wenig später erscheint Gerhard und verlangt „seinen" Hund. Wie ist die Rechtslage?

## 4.3 Nachträgliche Unmöglichkeit

Beispiel

**Tanja verkauft Gerhard ihren Rassehund Hasso, der zum Zeitpunkt des Vertragsschlusses noch lebt. Die Übergabe soll drei Tage später erfolgen. Am Tag vor der Übergabe wird Hasso aber – ohne Tanjas Verschulden – von einem Auto überfahren.**

Bei der **nachträglichen Unmöglichkeit** existiert die Sache zum Zeitpunkt des Vertragsschlusses noch und befindet sich auch im Eigentum des Verkäufers. Nach Vertragsschluss, jedoch vor der Übergabe (§ 929), geht die Sache aber unter, so dass dem Schuldner die Übergabe (Leistung) gemäß § 275.1 unmöglich wird. Damit liegt hier eine „Pflichtverletzung" vor. Der Schuldner kann nun Schadensersatz gemäß § 280.1 und 3 in Verbindung mit § 280.3 und § 283 verlangen. Anstelle des Schadensersatzes statt der Leistung kann der Gläubiger auch den Ersatz seiner Aufwendungen gemäß §§ 280, 283 und 284 verlangen.

Auch bei der nachträglichen Unmöglichkeit ist der Warengläubiger, da der Schuldner von der Leistungspflicht befreit ist, gemäß § 326.1 Satz 1 von der *Pflicht zur Zahlung befreit* und kann, falls er den Kaufpreis schon bezahlt haben sollte, diesen gemäß § 326.4 nach den Rücktrittsregeln der §§ 346 bis 348 zurückfordern. Nur dann, wenn der Gläubiger ausnahmsweise das Leistungshindernis vertreten müsste oder er sich dann, wenn das Leistungshindernis von keiner Partei zu vertreten ist, im Annahmeverzug befindet (vgl. Abschnitt 4.5), behält der Schuldner das Recht auf Gegenleistung gemäß § 326.2.

*Prüfungsschema für Schadensersatzforderung*

(1) Es besteht ein (ein- oder gegenseitiges) Schuldverhältnis gemäß §§ 241.1, 280.1.

(2) Der Schuldner ist gemäß § 275 an der Erfüllung des Vertrages gehindert (Leistungshindernis):
- entweder ist die Leistung gemäß § 275.1 objektiv oder subjektiv unmöglich oder
- dem Schuldner steht gemäß § 275.2 oder 3 ein Leistungsverweigerungsrecht zu, da der Aufwand für die Erbringung der Leistung unangemessen hoch ist.

(3) Die Unmöglichkeit tritt nach Vertragsschluss ein.

(4) Der Schuldner hat die Pflichtverletzung zu vertreten (§§ 280.1(2), 276).

(5) Dem Gläubiger ist durch die Pflichtverletzung ein Schaden entstanden.

Bei teilweiser Leistung kann gemäß §§ 280.2 und 3, 283(2), 281.1(3) „Schadensersatz statt der ganzen Leistung" verlangt werden, soweit die Pflichtverletzung wesentlich ist. Der Schuldner ist dann gemäß § 281.5 auch zur Rückforderung des von ihm Geleisteten nach den §§ 346 bis 348 berechtigt.

Wie oben ausgeführt, hat der Käufer ein zusätzliches **Rücktrittsrecht** gemäß §§ 326.5, 323.1, das ihm neben dem Anspruch auf Schadensersatz zusteht (§ 325). Nur dann, wenn der Gläubiger ausnahmsweise für das Leistungshindernis verantwortlich wäre oder er sich zu dem Zeitpunkt, in dem die von keiner Partei zu vertretende Unmöglichkeit eintritt, im Annahmeverzug befände, wäre ein Rücktritt gemäß § 323.6 ausgeschlossen. Die übliche Fristsetzung kann unter den Voraussetzungen des § 323.2 entfallen (vgl. Abschnitt 4.1.3).

**Übersicht: nachträgliche Unmöglichkeit**

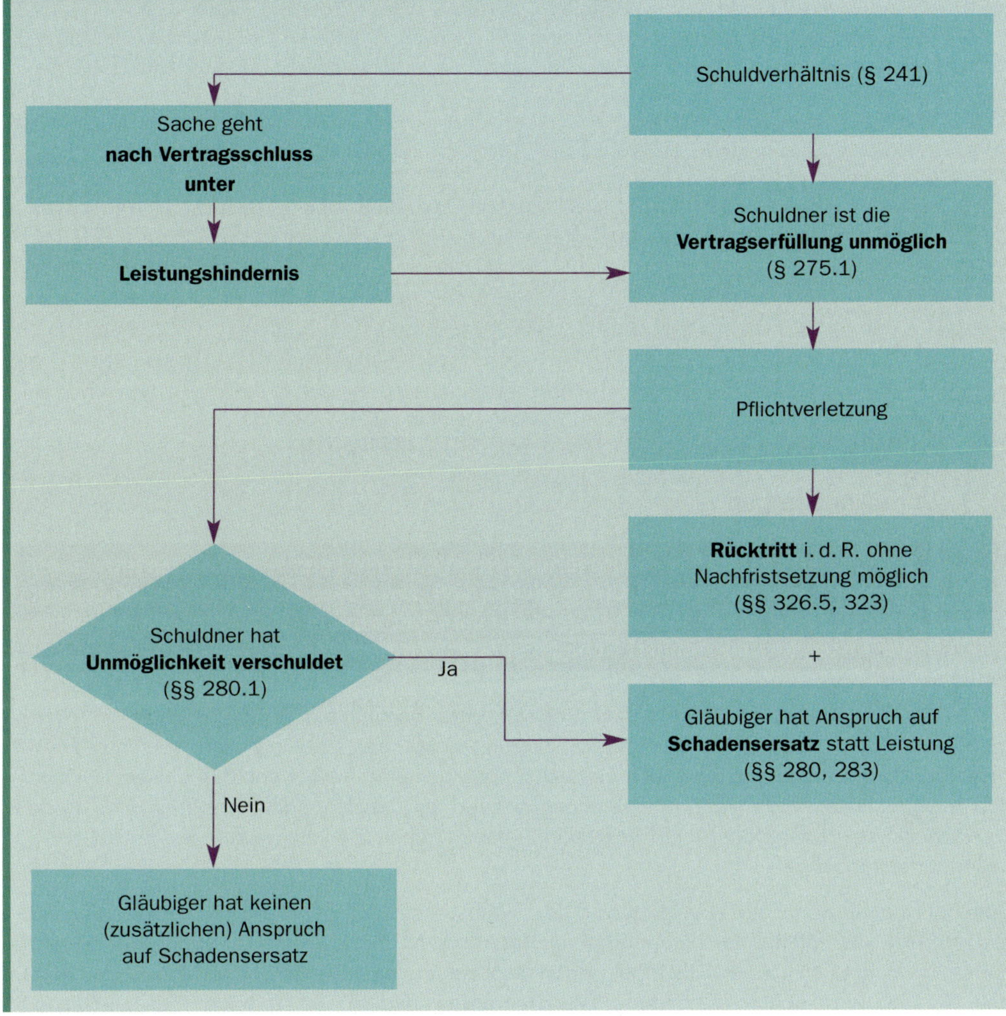


**Aufgaben**

(3) Wie ist die Rechtslage in dem obigen Beispiel?

(4) Wie Beispiel, nur, dass Tanja am Tag vor der Übergabe mit dem Tier einen letzten Spaziergang durch die Berliner Innenstadt unternimmt, ohne es an die Leine zu nehmen. Hasso wird von einem Auto überfahren und erleidet tödliche Verletzungen. Worin unterscheidet sich die Rechtslage?

(5) Anne kauft im Geschäft des Alois Brunner eine sehr große Bodenvase, die sie am nächsten Tag abholen will (Übereignung). Bevor sie das Geschäft verlässt, schaut sie die Vase noch einmal an und stößt sie dabei um. Die Vase zerbricht.

(6) Fuchs verkauft Wolf ein Grundstück mit Wohnhaus in der Hauptstraße Nr. 15.
  a) Das Haus gehört Fuchs. Rechtslage?
  b) Das Haus gehört Reichelt, der nicht verkaufen will. Rechtslage?
  c) Das Haus existiert gar nicht, es handelt sich hier lediglich um ein baureifes Grundstück. Rechtslage?

(7) Der gutgläubige Obelix kauft von Listix ein gestohlenes Moped. Obelix verkauft das Moped weiter an Asterix. Hiervon erfährt der ehemalige Eigentümer Kunzix und verlangt das Moped zurück. Wer erhält das Moped? Welche Ansprüche hat Asterix gegen Obelix (vgl. hierzu auch § 935).

(8) Der Kanarienzüchter Ükötter verkauft dem Vogelliebhaber Meiser sein schönstes Vogelpärchen, Lieferungstermin eine Woche später. Fünf Tage nach Vertragsschluss entdeckt Ükötter, dass gerade dieses Pärchen infolge einer unabwendbaren Vogelkrankheit eingegangen ist. Rechtslage?

(9) Wie Fall 3. Nur: Ükötter verkauft zwei nicht näher bestimmte Kanarienvögel. Fünf Tage nach Vertragsabschluss entdeckt er, dass die zwei Vögel, die er für den Verkauf vorgesehen hat, eingegangen sind. Rechtslage?

(10) Schulze verkauft an Klein am 10. Januar eine ganz bestimmte echte haitianische Holzmaske für 150,00 EUR, die am 25. Januar mit dem Schiff eintreffen soll. Klein gibt Schulze das Geld bei Vertragsabschluss. Am 15. Januar erfährt Schulze von der Reederei, dass das Schiff am 8. Januar nach einer Kollision untergegangen sei. Welche Rechte hat Klein?

(11) Wie Fall 5, nur, dass das Schiff erst am 12. Januar gesunken ist. Wie verändert sich hierdurch die Rechtslage?

## 4.4 Schuldnerverzug/Nicht-Rechtzeitig-Lieferung

### 4.4.1 Voraussetzungen

Beispiel

**Bea Schierl bestellt bei der Konditorei Reeder für die Feier zum 6. Geburtstag ihrer Tochter Laura, die um 15 Uhr beginnen soll, zwei besondere Geburtstagstorten. Reeder liefert auch, allerdings genau einen Tag zu spät. Bea lehnt die Annahme der Torten ab und verlangt Schadensersatz. Zu Recht?**

Leistet der Schuldner zu spät, so befindet er sich unter bestimmten Voraussetzungen in Verzug (Schuldnerverzug oder „Nicht-Rechtzeitig-Lieferung"). Mit der Leistung sind sowohl Waren-, Dienst-, Werkleistungen etc. wie auch Geldleistungen gemeint. Auch wenn das Gesetz zwischen den verschiedenen Arten nicht unterscheidet, so wird auf die Besonderheiten beim Verzug des Geldschuldners oder bei der Nicht-Rechtzeitig-Zahlung (früher: Zahlungsverzug) in Abschnitt 4.4.3 gesondert eingegangen.

Befindet sich der Schuldner in Verzug, wird der Gläubiger entweder weiterhin an der Leistung interessiert sein oder infolge der Verspätung sein Interesse an der Erfüllung des Vertrages verloren haben. Im ersten Fall hat der Gläubiger neben der Leistung einen Anspruch auf Ersatz des durch den Verzug verursachten Schadens (Verzögerungsschaden), im zweiten Fall entfällt die Leistungspflicht und der Gläubiger kann Schadensersatz „statt der Leistung" (Nichterfüllungsschaden) verlangen.

#### Fälligkeit

Zunächst muss jedoch eindeutig festgestellt werden, **ob** sich der Schuldner überhaupt in Verzug befindet. Hierfür muss die Leistung fällig gewesen sein. Der *Fälligkeitstermin* ergibt sich in aller Regel aus dem zwischen den Parteien abgeschlossenen Vertrag. Haben die Parteien keinen besonderen Fälligkeitstermin vereinbart, so kann der Gläubiger die Leistung gemäß § 271.1 sofort verlangen.

### Beginn des Verzugs

Grundsätzlich muss der Schuldner, obwohl er bei Fälligkeit der Ware nicht geleistet hat, an seine Leistungspflicht erinnert werden. Dies geschieht üblicherweise durch die Setzung einer angemessenen Nachfrist gemäß § 280.1. Es kann aber dann, wenn der Gläubiger weiterhin an der Lieferung interessiert ist, auch in Form einer *Mahnung* erfolgen, mit der eine eindeutige Aufforderung zur Leistungserbringung verbunden ist (vgl. § 286.1). Erst wenn der Schuldner trotz Fristsetzung bzw. Mahnung zu spät liefert, kommt er durch die Fristsetzung bzw. Mahnung in Verzug.

Einer Mahnung oder Fristsetzung bedarf es nicht, wenn

- der Schuldner die Leistung vor oder nach Fälligkeit ernsthaft und endgültig *verweigert*, etwa weil er der Meinung ist, es sei kein Vertrag zustandegekommen,
- die Leistung zu einem *kalendermäßig bestimmbaren* Termin erbracht werden soll (§ 286.2 Ziff. 1 bzw. 2) oder
- aus besonderen Gründen unter Abwägung der beiderseitigen Interessen der *sofortige Eintritt des Verzugs* gerechtfertigt ist (vgl. §§ 281.2, 286.2 Ziff. 3 und 4).

Beispiele

- **Für kalendermäßig bestimmbare Termine:**
  **Bis Ende Juni 2007, im Laufe des Monats Juni 2007, Mitte des laufenden Monats, in der 50. Kalenderwoche, in der dritten Woche nach Pfingsten, bis Ende 2006.**
- **Für nicht kalendermäßig bestimmbare Termine:**
- **Rechnung zahlbar 2 Wochen nach Lieferung, Lieferung zwei Wochen nach Abruf, Lieferung in einem Monat.**

Möchte der Gläubiger die Leistung weiterhin erhalten, jedoch zusätzlich Ersatz für den erlittenen **Verzögerungsschaden** erhalten (Schadensersatz „neben der Leistung"), so kann an die Stelle einer Mahnung auch eine Klage auf Leistung oder die Zustellung eines Mahnbescheids im Rahmen eines außergerichtlichen Mahnverfahrens treten (vgl. § 286.2).

### Verschulden

Gemäß §§ 280.1, 286.4 kommt der Schuldner nicht in Verzug, wenn er den Verzug nicht zu vertreten hat, also nicht verschuldet hat, den Verzug also nicht vorsätzlich oder fahrlässig herbeigeführt hat.

Beispiel

**Ein Fahrradhändler schließt einen Kaufvertrag über ein Fahrrad ab, das er zunächst bei seinem Lieferanten bestellen muss. Da er dessen Lieferzeit mit berücksichtigen muss, trägt er auch das Risiko, dass das Fahrrad zum versprochenen Zeitpunkt geliefert wird, und kann sich nicht damit entschuldigen, dass das Werk nicht pünktlich geliefert hat.**

## 4.4.2 Rechtsfolgen

Liegt Schuldnerverzug vor, so kann der Gläubiger folgende Rechte geltend machen:

(1) Er kann auf **Erfüllung des Vertrages** bestehen.

(2) Er kann auf **Erfüllung des Vertrages** bestehen und zusätzlich Ersatz für den **Verzögerungsschaden**, der ihm möglicherweise durch die Nicht-Rechtzeitig-Lieferung entstanden ist, gemäß §§ 280.2, 286 verlangen, falls er gemäß § 286.1 nach einer *Mahnung* nicht leistet (Voraussetzungen und Ausnahmen s. o.).

(3a) Ist der Gläubiger nicht mehr an der Leistung interessiert, entfällt die Leistungspflicht für den Schuldner. Der Gläubiger kann gemäß §§ 280.1 und 3 sowie 281.1 **Schadensersatz statt der Leistung** (Nichterfüllungsschaden) verlangen, falls er gemäß § 281.1 auch nach Ablauf einer *angemessenen Nachfrist* nicht leistet (Voraussetzungen und Ausnahmen s. o.).

(3b) Anstelle des Schadensersatzes „statt der Leistung" kann der Gläubiger gemäß § 284 auch den **Ersatz der Aufwendungen** verlangen, die er im Vertrauen auf den Erhalt der Leistung gemacht hat, also beispielsweise alle mit dem Vertragsabschluss in Beziehung stehenden Kosten.

(4) Zusätzlich oder alternativ zum Schadensersatz „statt der Leistung" hat der Gläubiger bei einem gegenseitigen Vertrag ein **Rücktrittsrecht**, wenn die Voraussetzungen des § 323.1 vorliegen, also wenn eine *angemessene Nachfrist* erfolglos verstrichen ist. Einer Nachfrist bedarf es gemäß § 323.2 nicht, wenn der Schuldner die Leistung verweigert, wenn sie zu einem kalendermäßig bestimmbaren Termin nicht erfolgte oder wenn besondere Umstände vorliegen, die den sofortigen Rücktritt rechtfertigen. Ferner muss das nicht rechtzeitige Erbringen der Leistung gemäß § 323.5 Satz 2 eine erhebliche Pflichtverletzung darstellen.

(5) Während des Verzugs besteht eine **erweiterte Haftung** des Schuldners. Er hat nun gemäß § 287 jede, auch leichte, Fahrlässigkeit zu vertreten; und er haftet auch, wenn die Leistung durch Zufall unmöglich wird, etwa durch Brand, Unfall oder Überschwemmung, es sei denn, der Schaden wäre auch bei rechtzeitiger Lieferung eingetreten (vgl. § 287 Satz 2).

*Prüfungsschema für Ersatz des Verzögerungsschadens („neben der Leistung")*

(1) Es besteht ein (ein- oder gegenseitiges) Schuldverhältnis gemäß §§ 241.1, 280.1.

(2) Der Schuldner leistet nach Eintritt der Fälligkeit nicht und begeht damit eine Pflichtverletzung gemäß § 280.1, es liegt jedoch kein Leistungshindernis gemäß § 311.a.1 vor.

(3) Alternativen:

- Der Schuldner leistet auch nach Mahnung nicht (§ 286.1).
- Es war ein kalendermäßig bestimmbarer Fälligkeitstermin vereinbart (§ 286.2 Ziff. 1 bzw. Ziff. 2.
- Der Schuldner verweigert die Leistung vor oder nach Fälligkeit ernsthaft und endgültig (§ 286.2 Ziff. 3).
- Aus besonderen Gründen und unter Abwägung der beiderseitigen Interessen ist der sofortige Eintritt des Verzugs gerechtfertigt (vgl. § 286.2 Ziff. 4).

(4) Der Schuldner hat die Nichtleistung zu vertreten (§§ 286.4, 276).

(5) Dem Gläubiger ist ein Schaden entstanden, den er neben der Leistung als Verzögerungsschaden verlangen kann.

*Prüfungsschema für Schadensersatzforderung wegen Verzugs „statt der Leistung"*

(1) Es besteht ein (ein- oder gegenseitiges) Schuldverhältnis gemäß §§ 241.1, 280.1.

(2) Der Schuldner leistet nach Eintritt der Fälligkeit nicht (§ 281.1), es handelt sich um eine Pflichtverletzung gemäß § 280.1 und es liegt kein Leistungshindernis gemäß § 311.a.1 vor.

(3) Alternativen:

- Der Schuldner leistet auch nach Ablauf einer ihm gesetzten angemessenen Frist nicht (§ 281.1). Eine Fristsetzung ist auch bei kalendermäßig bestimmbaren Terminen erforderlich!

- Der Schuldner verweigert die Leistung vor oder nach Fälligkeit ernsthaft und endgültig (§ 281.2).
- Es liegen besondere Gründe vor, die unter Abwägung der beiderseitigen Interessen die sofortige Geltendmachung des Schadensersatzanspruches rechtfertigen (§ 281.2).

(4) Der Schuldner hat die Nichtleistung zu vertreten (§§ 280.1, 276).

(5) Der Gläubiger hat durch die Pflichtverletzung einen „Nichterfüllungsschaden" erlitten (§ 280.1 Satz 1).

(6) Wird Schadensersatz geltend gemacht, verliert der Gläubiger den Anspruch auf die Leistung (§ 281.4).

Im Falle des Verzugs mit einer Teilleistung kann der Gläubiger Schadensersatz „statt der ganzen Leistung" beanspruchen, wenn die Folgen der Pflichtverletzung erheblich sind (§ 281.1 Satz 3). Der Schuldner kann dann im Gegenzug bisherige Teilleistungen gemäß § 281.5 zurückfordern.

Beispiel

**Die 18-jährige Schülerin Alexandra schließt mit dem Motorradhändler Zimmermann einen Kaufvertrag über einen fabrikneuen Motorroller Vespa BLX 125 zum Sonderpreis von 2.100,00 EUR, gemäß §§ 433, 24. Der Motorroller soll in etwa drei bis vier Wochen geliefert werden. Nach fünf Wochen ist das die Maschine immer noch nicht geliefert. Alexandra setzt ihm gemäß § 281.1 eine Nachfrist von einer Woche.**
**Liefert Zimmermann nun innerhalb dieses Zeitraums nicht, befindet er sich in Verzug. Ist Alexandra ein nachweisbarer Schaden entstanden, kann sie von Zimmermann Schadensersatz statt der Leistung gemäß §§ 280.1 und 3 und 281.1 verlangen.**

## Übersicht: Schuldnerverzug

Es besteht ein Schuldverhältnis (§ 241)

↓

Leistung ist **fällig** ← Lt. Vertrag. Falls nicht geregelt, ist die Leistung sofort fällig

↓

Schuldner befindet sich in **Verzug** i. d. R. ab Mahnung bzw. Fristsetzung ←
*Alternative Voraussetzungen:*
Mahnung (§ 286.1)
Fristsetzung (§ 280.1)
Schuldner verweigert Leistung
Es liegen besondere Gründe vor

↓

**Rechte des Warengläubigers**

- **Vertragserfüllung**
- Vertragserfüllung + **Verzögerungsschaden** (§§ 280.1, 286.1)
  *Statt Mahnung möglich:*
  – Klage auf Leistung
  – zugestellter Mahnbescheid
  – kalendermäßig bestimmter Termin
- **Schadensersatz** statt der Leistung (§ 280.1, 3) oder Aufwendungsersatz (§ 284) + **Rücktritt** (§ 323.1) *wenn:* erhebliche Pflichtverletzung

**Aufgaben**

(12) Wie sieht die Rechtslage in unserem Einführungsbeispiel aus?

(13) Käufer K verlangt aufgrund einer Nicht-Rechtzeitig-Lieferung des L von diesem die Vertragserfüllung sowie den Ersatz des Verzögerungsschadens. Wann kann K auf eine Mahnung verzichten?

(14) Der Händler Handschuh liefert nicht rechtzeitig und hat dies auch zu vertreten. Der Käufer K verlangt nach erfolglosem Ablauf einer Nachfrist Rücktritt und Schadensersatz statt der Leistung. Kann K beide Rechte gleichzeitig in Anspruch nehmen?

(15) Kleinunternehmer K und Händler H schließen einen Kaufvertrag über die Lieferung von 20 PCs „demnächst auf Abruf". Wenige Tage später bietet ein anderer Käufer D dem H einen deutlich höheren Preis unter der Bedingung, dass sofort geliefert werde. Als K am Tag darauf die Lieferung abruft, verweigert H die Leistung. Da K sich die Ware nun anderweitig zu einem höheren Preis besorgen muss, fordert er von H Schadensersatz. Rechtslage?

(16) Die TecGmbH in Dresden hat mit der PlastekoAG aus Erfurt einen Just-in-time-Vertrag über die regelmäßige Lieferung von Distanzstücken geschlossen. Demzufolge hat Plasteko zu bestimmten festgelegten Zeitpunkten zu liefern, sodass bei einem Minimum an Lagerkosten die Produktion fortgesetzt werden kann. Als eine Lieferung ausbleibt, kommt es zu einem vorübergehenden Produktionsstillstand. Kann die TecGmbH sofort Schadensersatz statt Leistung verlangen?

### 4.4.3 Besonderheiten bei Nicht-Rechtzeitig-Zahlung

Mit der Verabschiedung des *„Gesetzes zur Beschleunigung fälliger Zahlungen"*, das am 1. Mai 2000 in Kraft trat, sowie der Schuldrechtsreform wurde die frühere Regelung, nach der „Zahlungsverzug" von einem kalendermäßig bestimmten Zahlungstermin bzw. dem Zugang einer Mahnung abhing, durch eine Neuregelung ersetzt.

Zahlt der Schuldner bei Fälligkeit nicht, muss er grundsätzlich gemahnt werden. Bleibt die Mahnung erfolglos, so gerät er, wie der Warenschuldner, gemäß § 286 mit der Mahnung in Verzug. Einer Mahnung bedarf es dann nicht, wenn

- 30 Tage seit **Fälligkeit und Zugang der Rechnung** vergangen sind,
- der Schuldner die Zahlung *verweigert*,
- ein *kalendermäßig bestimmbarer* Termin vereinbart wurde oder
- sonstige *besondere Gründe* vorliegen.

Diese Regelungen gelten für alle Geldforderungen aus Geschäften, die im BGB geregelt sind, also beispielsweise für Kauf-, Werk- oder Dienstleistungsverträge, gegenüber einem *Verbraucher* jedoch nur dann, wenn er auf die Regelungen des § 286 zuvor besonders hingewiesen wurde. Ist der Zeitpunkt des Zugangs der Rechnung unsicher, so kommt der Schuldner, der *nicht Verbraucher* ist, 30 Tage nach Fälligkeit und Empfang der Gegenleistung in Verzug.

Bei **wiederkehrenden Geldleistungen**, also insbesondere im Rahmen von Miet- und Pachtverträgen, befindet sich der Schuldner abweichend von dieser Regelung schon im Verzug, wenn er zu dem kalendermäßig bestimmten Zeitpunkt nicht zahlt.

Befindet sich der Geldschuldner im Verzug, so hat der Gläubiger grundsätzlich die **gleichen Rechte** wie beim allgemeinen Schuldnerverzug. Er kann also die Zahlung verlangen und zusätzlich Verzögerungsschaden fordern, er kann Schadensersatz statt Leistung bzw. Ersatz vergeblicher Aufwendungen fordern und/oder vom Vertrag zurücktreten.

Im Allgemeinen wird er jedoch die **sofortige Bezahlung**, also die Erfüllung der Vertragsverpflichtung und die Zahlung von **Verzugszinsen**, als Ersatz des Verzögerungsschadens, verlangen. Die

Zinsen werden ab Beginn des Verzugs berechnet. Die Höhe der Verzugszinsen ist in § 288 geregelt und abhängig von dem von der Europäischen Zentralbank festgesetzten Basiszinssatz:

- Ist einer der beiden Vertragspartner Verbraucher, so liegt der Verzugszinssatz 5 % über dem Basiszinssatz. Beträgt der Basiszinssatz also beispielsweise 2,9 % so belaufen sich die gesetzlichen Verzugszinsen auf 7,9 %.
- Bei Rechtsgeschäften, an denen kein Verbraucher beteiligt ist, liegt der Zinssatz 8 % über dem Basiszinssatz.

Zudem kann der Gläubiger u. U. gemäß § 288.3 auch noch höhere Zinsen fordern.

Kleinere Mängelrügen berechtigen den Kunden bei Werkverträgen künftig nicht mehr, die Zahlung ganz abzulehnen. Er darf jedoch den dreifachen Betrag, der für die Mängelbeseitigung anfallen würde, zunächst vom Rechnungsbetrag abziehen.

Wenn der Gläubiger vom Schuldner keine Zahlung mehr erwarten kann, aber die Möglichkeit besteht, die gelieferte Ware zurückzuerhalten, kann er auch von seinem Rücktrittsrecht gemäß § 326.1 Gebrauch machen.

**Aufgaben**

(17) Die Studentin Schick kauft von dem Privatmann Röder ein Gebrauchtfahrzeug gegen Anzahlung, die Restsumme ist zahlbar nach einem Monat. Wenige Tage später ersteht sie bei der Firma PCM einen Laserdrucker gegen Rechnung. In beiden Fällen vergisst Schick jedoch rechtzeitig zu zahlen. Beide Gläubiger fordern von ihr daher u.a. die Zahlung von Verzugszinsen. Wie viel Prozent können (a) Röder und (b) PCM fordern?

(18) Die TecGmbH liefert der Firma PCM 50 PCs, PCM erhält die Rechnung am 14. April.
(a) Irrtümlicherweise enthält die Rechnung kein Zahlungsziel. Ab wann befindet sich PCM in Zahlungsverzug, wenn keine Mahnung verschickt wird? Ab wann besteht Zahlungsverzug, wenn am 24. April eine Mahnung verschickt wird?
(b) Als Zahlungsziel wurde genannt: „Innerhalb von 14 Tagen". Am 2. Mai erhält PCM eine Mahnung. Ab wann befindet sich PCM in Zahlungsverzug?

## 4.5 Verzug des Gläubigers (Annahmeverzug)

### 4.5.1 Voraussetzungen des Annahmeverzugs

Der Gläubiger kommt dann in Annahmeverzug, wenn er die bestellte und ihm **ordnungsgemäß angebotene** bzw. gelieferte Leistung (Ware bzw. Geld) nicht annimmt oder eine notwendige Mitwirkungshandlung unterlässt, vgl. § 293. Ein Verschulden des Gläubigers muss nicht vorliegen.

Die Leistung wurde **ordnungsgemäß angeboten**, wenn folgende Bedingungen erfüllt sind:

a) Die Sache muss zur Vertragserfüllung **geeignet sein**.

Beispiel: **Wer ein Rennpferd zu liefern hat, leistet nicht ordnungsgemäß, wenn er einen Ackergaul anbietet.**

b) Die Leistung muss am **richtigen Ort** angeboten worden sein.

Beispiel: **Bei einer Bringschuld muss der Schuldner die Sache auch wirklich am Wohnsitz des Gläubigers angeboten haben.**

c) Die Leistung muss zur **richtigen Zeit** angeboten worden sein.

Beispiel

**Wurde vereinbart, dass der Schreiner die Türen nach der Fertigstellung des Rohbaus zu liefern hat, so darf er diese nicht schon auf der Baustelle abliefern, wenn erst das Fundament fertig gestellt ist.**

Ist **keine Leistungszeit vereinbart** worden, kann der Schuldner **sofort** leisten. Gemäß § 271.2 darf der Schuldner, wenn Zweifel über die vereinbarte Zeitbestimmung bestehen, auch schon vorher leisten.

d) Die Leistung muss in der **richtigen Art und Weise** angeboten worden sein. Dies ist dann der Fall, wenn sich der Schuldner an die im Geschäftsverkehr übliche Form (Verkehrssitte) hält, vgl. § 294.

Beispiel

**Bier muss in Flaschen, Dosen oder Fässern geliefert werden, eine Geldschuld hingegen darf nicht in Centstücken beglichen werden.**

e) Die Leistung muss **tatsächlich** angeboten werden, und zwar so, wie sie vereinbarungsgemäß zu erbringen ist, vgl. § 294. Das Angebot hat also so zu erfolgen, dass der Gläubiger nur noch zugreifen muss.

**Ausnahme:** Wenn der Gläubiger vereinbarungsgemäß die Ware abzuholen hat (Holschuld), so muss sie ihm wörtlich vorher angeboten worden sein (mündlich oder telefonisch), vgl. § 295. Ein wörtliches Angebot ist nicht mehr nötig, wenn der Abholzeitpunkt kalendermäßig bestimmt war, vgl. § 296.

f) Der Gläubiger kommt **nicht** in Verzug, wenn der Schuldner zum Lieferungszeitpunkt gar nicht in der Lage ist, die vereinbarte Leistung zu erbringen (vgl. § 297). Ebenso kommt er nicht in Verzug, wenn er nur vorübergehend an der Annahme der Leistung gehindert ist (vgl. § 299) und eine Leistungszeit nicht vereinbart war.

**Aufgaben**

(19) Der Bauherr Obbens erteilt dem Handwerker Hendi den Auftrag, in dem zu errichtenden Hause die Verputzarbeiten zu übernehmen. Als Termin wird „Anfang April" genannt. Hendi rückt nun, da er gerade nichts zu tun hat, bereits im Februar an und will verputzen, obwohl noch kein Dach auf dem Haus ist. Obbens lehnt die Arbeit ab. Rechtslage?

(20) Das Einrichtungshaus „Wohncenter" hat Frau Sperber vertraglich zum 2. Juni die Lieferung von genähten Gardinen für das Wohnzimmerfenster zugesagt. Am 2. Juni fährt der Angestellte der Firma „Wohncenter" um 10:00 Uhr bei Sperbers vor, um mitzuteilen, dass die Gardinen erst am 5. Juni geliefert werden können. Er trifft Frau Sperber jedoch nicht an, teilt dies seinem Chef mit, worauf dieser Frau Sperber am Nachmittag telefonisch mitteilen lässt, sie befände sich im Annahmeverzug und hätte mit rechtlichen Konsequenzen zu rechnen. Rechtslage?

### 4.5.2 Folgen des Annahmeverzugs

#### 4.5.2.1 Ersatz von Mehraufwendungen

Der Schuldner hat durch die Nichtannahme des Gläubigers häufig zusätzliche Aufwendungen, diese Mehraufwendungen, die ihm durch das erfolglose Angebot entstanden sind, kann er sich vom Käufer ersetzen lassen, vgl. § 304.

Beispiel

**Nach Fertigstellung des Rohbaus liefert Schreinermeister A vertragsgemäß die Außentüren für den Neubau. Bauherrin B nimmt die Türen nicht an. A kann ihr nun die Mehrkosten, also wohl vorwiegend Fahrt- und Arbeitskosten, in Rechnung stellen.**

### 4.5.2.2 Haftungsminderung

Während des Gläubigerverzugs haftet der Schuldner nur bei Vorsatz und grober Fahrlässigkeit für die Beschädigung oder den Untergang der Ware, vgl. § 300.1.

**Erläuterung:** Liegt eine Gattungsschuld vor, so hat der Schuldner das für die Erbringung der Leistung seinerseits Erforderliche getan (vgl. § 243.2), wenn er die für den Gläubiger vorgesehene Ware entweder zur Abholung bereitgestellt (Holschuld) oder ihren Transport veranlasst hat (Bringschuld). Dadurch tritt eine Konkretisierung der Leistung auf die speziell ausgesonderte Ware ein. Aus der Gattungsschuld wird hierdurch rechtlich eine Stückschuld. Damit gelten für die Gattungsschuld grundsätzlich die gleichen Haftungsbedingungen wie bei der Stückschuld nach § 324.2.

Beispiel

**Bäcker Sommer schickt seine Angestellte Brause mit dem Fahrrad zu der Kundin Herbst, um ihr vereinbarungsgemäß um 17:00 Uhr fünf Brote à 2 kg für eine Party bringen zu lassen. Als Brause bei Herbst klingelt, öffnet niemand. Brause fährt daraufhin zur Bäckerei zurück. Bei der Fahrt über eine kleine Brücke rutschen die Brote aus dem Gepäckkorb und fallen in den Bach. Wer trägt den Schaden?**
**Frau Brause befindet sich im Annahmeverzug. Da es für vorsätzliches oder grob fahrlässiges Verhalten von Brause keine Hinweise gibt, hat Frau Herbst Bäcker Sommer die Brote zu bezahlen.**

### 4.5.2.3 Rechte des Warenschuldners

Die entscheidende Frage in vielen Fällen ist: Was passiert mit der Ware, wenn der Gläubiger die Annahme verweigert? Die diesbezüglichen Rechte des Schuldners richten sich danach, ob ein **bürgerlicher** Kauf, ein Kaufvertrag zwischen Nichtkaufleuten, oder ein **ein- oder zweiseitiger** Handelskauf vorliegt, bei dem ein oder beide Partner Kaufleute sind. Da es sich bei den meisten Käufen des täglichen Lebens um mindestens einseitige **Handelskäufe** handelt, bestimmen sich die Folgen teilweise nach § 373 HGB.

(1) **Hinterlegung**
Der Schuldner kann die Ware gemäß § 373.1 HGB hinterlegen, und zwar bei einer öffentlichen Hinterlegungsstelle, in einem öffentlichen Lagerhaus oder auf andere sichere Art und Weise, etwa in seinem eigenen Lager. Dies kann der Schuldner mit allen Waren tun, wenn es sich um einen Handelskauf handelt (vgl. das eingeschränkte Recht der Hinterlegung beim bürgerlichen Kauf gemäß § 372 BGB.) Die Lagerung erfolgt auf Kosten und Gefahr des Gläubigers.

(2) **Klage auf Abnahme**
Der Schuldner kann auf Abnahme klagen, allerdings nur bei **Sachen,** nicht bei sonstigen Leistungen, wie etwa Dienstleistungen.

Beispiel

**Schrotthändler A verkauft seinem bisherigen Konkurrenten, Schrotthändler B, sämtliche Altmetalle, da er auf seinem Gelände einen Parkplatz einrichten möchte, wovon er sich einen höheren Gewinn verspricht. Wenn B die Ware nun nicht zum vereinbarten Zeitpunkt abholen lässt, kann A ihn auf Abnahme der Ware verklagen. Handelt es sich bei der Abnahme der Leistung um eine *wesentliche Verpflichtung* aus dem Vertrag, kann A von B nach Setzung einer angemessenen Nachfrist gemäß § 326 Schadensersatz wegen Nichterfüllung verlangen bzw. vom Vertrag zurücktreten.**

### (3) Selbsthilfeverkauf

Schließlich hat der Schuldner bei allen Waren das Recht zum **Selbsthilfeverkauf** gemäß §§ 373.2 bis 373.5 HGB (vgl. hierzu auch § 383 ff. BGB.) Der Selbsthilfeverkauf erfolgt in jedem Fall auf Rechnung des Gläubigers, das bedeutet, dass dieser Mindererlöse ersetzen muss und Mehrerlöse zurückerstattet erhält.

#### *Formen des Selbsthilfeverkaufs*

a) Die übliche Form des Selbsthilfeverkaufs ist die **öffentliche Versteigerung** durch den Gerichtsvollzieher oder eine andere zur Versteigerung befugte Person.
Eine solche Versteigerung muss dem Gläubiger unter Wahrung einer angemessenen Frist **angedroht** werden. Außerdem muss ihm der genaue **Ort** und **Zeitpunkt** der Versteigerung frühzeitig bekannt gegeben werden.
Bei der Versteigerung können Schuldner und Gläubiger mitbieten.
Wird der Selbsthilfeverkauf nicht angedroht, kann der Schuldner dem Gläubiger schadensersatzpflichtig werden.

b) Besitzt die Ware einen Marktpreis, so kann sie auch **freihändig** durch einen zu solchen Verkäufen öffentlich ermächtigten Handelsmakler verkauft werden (vgl. § 385 BGB).

c) Handelt es sich um verderbliche Ware, so kann sie in einem **Notverkauf** verkauft werden, die Androhung des Verkaufs kann hier entfallen (vgl. § 384.1 BGB).

Nach erfolgtem Verkauf hat der Schuldner den Gläubiger unverzüglich zu benachrichtigen (vgl. § 384.2 BGB).

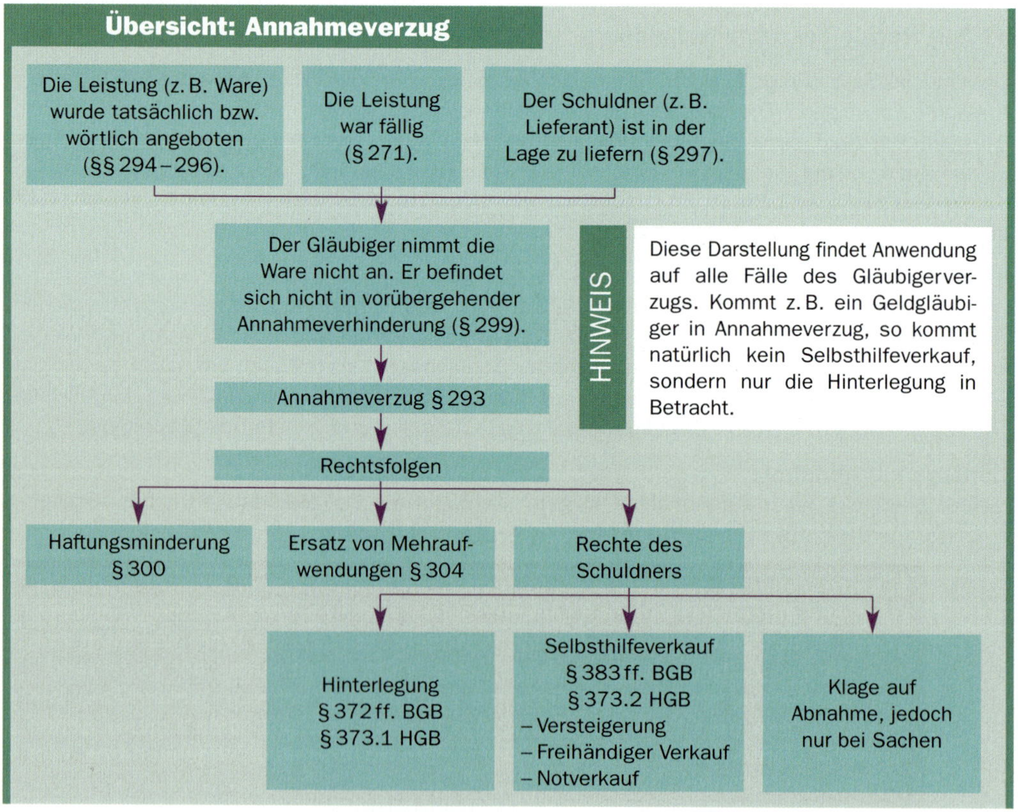

**Aufgaben**

(21) Wer trägt den Schaden in unserem Einführungsbeispiel (vgl. S. 141)?

(22) Der Käufer K. möchte Schreinermeister S. am Tage der Fälligkeit 10.000,00 EUR für die Anfertigung einer Wohnzimmereinrichtung bar bezahlen. S. ist gerade dabei, einen Lkw abzuladen, und will sich deshalb nicht um K. kümmern. Er solle morgen wieder vorbeikommen. Auf dem Heimweg wird K. das Opfer eines Raubs. Wie ist die Rechtslage?

(23) Wie ist die Rechtslage, wenn K. dem S. das Geld auf dem Jahrmarkt (Kirmes) angeboten hätte, wo die beiden sich zufällig trafen, und S. die Annahme unter dem Hinweis verweigert hätte, er ginge heute so schnell nicht nach Hause und möchte deshalb nicht so viel Geld bei sich haben. K. bleibt ebenfalls auf dem Jahrmarkt, wo ihm das Geld gestohlen wird.

## 4.6 Schlechtleistung und Sachmangelhaftung

### 4.6.1 Änderungen durch die Schuldrechtsreform

Wie wir gesehen haben, ist das Kaufrecht, als wesentlicher Teil des Schuldrechts, in erheblichem Maße von der Schuldrechtsreform betroffen. Dies gilt auch für die Definition und Rechtsfolgen von Schlechtleistung bzw. mangelhafter Leistung. Zunächst die wichtigsten Änderungen im Überblick:

(1) Sachmängel liegen nun auch vor bei falschen **Werbeaussagen**, fehlerhaften **Montageanleitungen** (Ikea-Klausel) oder **Montagefehlern** des Verkäufers (§ 434). Diese Mängel fielen früher unter die gesetzlich nicht geregelte „positive Forderungsverletzung".

(2) **Sach**- und **Rechtsmängel** sind nun gleichgestellt, die Rechte wurden vereinheitlicht.

(3) Es gibt vorrangige und nachrangige Käuferrechte:
- **Vorrangig** ist grundsätzlich die **Nacherfüllung** (Nachbesserung oder Neulieferung) (§ 439).
- **Nachrangig**, also erst anzuwenden, wenn die Nacherfüllungsfrist ergebnislos verstrichen ist, sind die Rechte auf Minderung, Rücktritt und/oder Schadensersatz.

(4) Der Käufer hat jetzt grundsätzlich einen **Schadensersatzanspruch**, nicht nur dann, wenn Mängel arglistig verschwiegen wurden oder eine zugesicherte Eigenschaft fehlt.

(5) **Rücktritt** und **Schadensersatz** können nun gleichzeitig verlangt werden, während sie früher nur alternativ gefordert werden konnten.

(6) Bei **unerheblichen Mängeln** hat der Käufer eingeschränkte Rechte.

(7) Die **Verjährungsfrist** wurde auf zwei Jahre verlängert und die Beweislast während der ersten 6 Monate umgekehrt (§ 438.1).

(8) Der **Endverkäufer** hat ein verstärktes Rückgriffsrecht auf seinen Lieferanten ohne Fristsetzung.

### 4.6.2 Mängel

Beispiele

- **Ferdinand schließt mit dem Händler Handschuh einen Kaufvertrag über ein neues Mofa. Kurz nach der Lieferung stellt Ferdinand fest, dass das Fahrzeug nicht einmal eine kleine Steigung schafft. Bei der Überprüfung beim Händler stellt sich heraus, dass ein gravierender Motorschaden vorliegt, dessen Beseitigung mindestens 250,00 EUR kosten wird.**
- **In einem anderen Fall liefert Handschuh an den Unternehmer Waldmann eine neue *Harley-Davidson*, die er auf einem Autoanhänger transportiert. Beim Abladen beschädigt er das Gartentor, geschätzte Reparaturkosten mindestens 400,00 EUR. Zusätzlich entstanden bei dieser Aktion erhebliche Kratzer am Tank und an den Schutzblechen des Motorrads.**

Im Kaufrecht ist die „Schlechtleistung" bzw. „mangelhafte Lieferung" die häufigste Leistungsstörung. Die Leistung wird zwar pünktlich erbracht, aber sie ist mit einem Mangel behaftet, sodass eine Haupt- oder Nebenpflicht aus dem Vertrag verletzt wird. Hierunter fallen sowohl Sachmängel (Beispiel 1) wie auch Fälle, die früher als „positive Vertragsverletzung oder Forderungsverletzung" nicht gesetzlich geregelt waren (Beispiel 2). Liegt ein Mangel vor, hat der Käufer wie bisher bestimmte Rechte. Es muss daher zunächst untersucht werden, ob ein Mangel vorliegt.

Gemäß § 433.1 Satz 2 hat der Verkäufer dem Käufer die Sache frei von Sach- und Rechtsmängeln zu übergeben, beide sind damit nun rechtlich gleichgestellt:

- Ein *Sachmangel* liegt grundsätzlich vor, wenn die verkaufte Sache nicht die vereinbarte oder üblicherweise erwartete Beschaffenheit hat.
- Der Verkäufer hat dem Käufer das lastenfreie Eigentum zu verschaffen. Um einen *Rechtsmangel* handelt es sich daher, wenn die verkaufte Sache mit Rechten Dritter belastet ist, wie Eigentums- oder Besitzrechten, Pfandrechten, Nießbrauchsrechten oder einer Hypothek oder Grundschuld).

Beispiel

**A verkauft dem B ein Auto, das C gehört.**

Sachmängel sind in § 434.1 definiert. Grundsätzlich liegt ein solcher Mangel vor, wenn die „Ist-Beschaffenheit" von der „Soll-Beschaffenheit" abweicht. Dies ist zunächst der Fall,

- wenn die Sache – zum Zeitpunkt des Gefahrübergangs – nicht die *vereinbarte* Beschaffenheit aufweist.
- Wurde keine bestimmte Beschaffenheit vereinbart, was üblich ist, so soll sich die Sache für die im Vertrag vorausgesetzte *Verwendung eignen*, bzw.
- es gilt die *Beschaffenheit* als vereinbart, die bei Sachen gleicher Art *üblich* ist und der Käufer nach der Art der Sache auch erwarten kann.

Beispiele

**In einem November 2000 veröffentlichten Urteil des OLG Frankfurt wird festgestellt, dass kein Mangel vorliege, wenn ein 16 Monate altes Neufahrzeug noch als „fabrikneu" verkauft wird. Voraussetzung sei allerdings, dass das Modell noch unverändert weiter gebaut werde und das Fahrzeug unbenutzt und unbeeinträchtigt von Witterungseinflüssen gelagert worden sei (Az.: 24 U 158/98).**

Hinzu kommt, dass der Verkäufer nach BGB § 434.1 Satz 3 jetzt auch für **Werbeaussagen** haftet. Er haftet dafür, dass die Sache auch die – konkreten und nachprüfbaren – Eigenschaften aufweist, mit denen öffentlich für diese geworben wurde. Einer besonderen „Zusicherung bestimmter Eigenschaften" von Seiten des Verkäufers bedarf es dabei nicht. Fehlen der Sache diese Merkmale, haftet der Verkäufer allerdings nur dann, wenn er diese Aussagen kennen musste, was allerdings wohl regelmäßig anzunehmen ist, und wenn hierdurch die Kaufentscheidung maßgeblich beeinflusst wurde.

Beispiel

**Der Benzinverbrauch eines Pkw oder die Kennzeichnung von Lebensmitteln als Bioprodukte.**

Ebenfalls zu den Sachmängeln zählen nun **Montagefehler** des Verkäufers bzw. **fehlerhafte Montageanleitungen**, sog. Ikea-Klausel (§ 434.2). Hierbei handelt es sich nicht um Fälle, bei denen eine Montageleistung im Mittelpunkt steht, sondern um Kaufverträge, bei denen die Montage zu den Hauptverpflichtungen des Verkäufers zählt.

Beispiel

**Bei einem fehlerhaften Anschluss für eine Waschmaschine wird die Maschine selbst beschädigt; ein Küchenhängeschrank wird falsch montiert.**

Eine Montageanleitung kann dann als fehlerhaft angesehen werden, wenn sie unverständlich ist bzw. wenn mit ihrer Hilfe ein Durchschnittskunde nicht in der Lage ist, die (zerlegte) Kaufsache ordnungsgemäß aufzubauen.

Schließlich wird nun auch gemäß § 434.3 die **Falsch**- oder **Zuweniglieferung** dem Sachmangel gleichgestellt.

Beispiel

**Statt des bestellten Weins Jahrgang 1999 wird Jahrgang 2000 geliefert; statt des ausgewählten Bildes Landschaft 1 liefert die Galerie Landschaft 2 desselben Künstlers.**

Allerdings kann der Käufer dann keine Rechte geltend machen, wenn er den Mangel bei Vertragsschluss kannte; kannte er den Mangel infolge grober Fahrlässigkeit nicht, kann er Rechte nur dann geltend machen, wenn der Verkäufer den Mangel arglistig verschwiegen oder eine Garantie für die Beschaffenheit übernommen hat, vgl. § 442.1.

Beispiel

**Ein Gebrauchtwagenhändler verschweigt dem Kunden gegenüber einen offensichtlichen Mangel des Fahrzeugs (Urteil des OLG Köln vom August 2001, Az.: 3 U 173/00).**

Die Haftung für Sachmängel kann grundsätzlich nach § 444 vertraglich ausgeschlossen oder beschränkt werden. Ein solcher Ausschluss ist jedoch dann unwirksam, wenn der Verkäufer den Mangel arglistig verschwiegen oder sogar eine Garantie für die Beschaffenheit der Sache übernommen hat. Zudem gilt die Ausschlussmöglichkeit dann nicht, wenn es sich um einen Verbrauchsgüterkauf handelt (vgl. Abschnitt 4.6.6).

**„Auf Treu und Glauben"**

Gebrauchtwagenhändler werden künftig ihre eigenen Zeitungsannoncen mit größerer Sorgfalt verfassen müssen. Dies ergibt sich aus einem Urteil des Oberlandesgerichts Köln. Die Richter hielten einen Händler für Schadensersatzpflichtig, weil er in einem Inserat falsche Angaben über die gefahrenen Kilometer seines Wagens gemacht hatte. Dabei war es nach Auffassung des Gerichts unerheblich, dass der Verkäufer von dem Fehler nichts wusste und der Kilometerstand im Kaufvertrag auch nicht ausdrücklich festgelegt wurde. Allein die Angaben in der Zeitungsanzeige seien bereits als „zugesicherte Eigenschaft" anzusehen, bei deren Fehlen der Käufer Ersatz verlangen dürfe, hieß es im Urteil.

In dem vorliegenden Fall sollte das verkaufte Auto eine Gesamtlaufleistung von 80.000 Kilometer aufweisen, davon 10.000 mit einem Austauschmotor. Tatsächlich war der Wagen 105.000 Kilometer gefahren, mit der Austauschmaschine bereits 35.000. Der Kilometerstand sei beim Kaufentschluss von erheblicher Bedeutung, sagten die Richter.

Dabei müsse der Erwerber den Angaben des Autohändlers vertrauen, weil ihm meist die erforderliche Sachkunde fehle und er nicht die Möglichkeit habe, beim vorherigen Eigentümer Erkundigungen einzuholen. Der Fachmann dagegen könne sich bei der Übernahme des Wagens ein wesentlich besseres Bild von dessen Zustand machen und eventuelle Manipulationen am Tachometer feststellen. Falsche Angaben in einera Zeitungsannonce lägen deshalb im „Risikobereich" des Händlers, so das Gericht. Der Verkäufer müsse sich von der Richtigkeit der Anzeige überzeugen und mögliche Fehler bei den Vertragsverhandlungen richtig stellen. Geschehe dies nicht, dürfe der Käufer „nach Treu und Glauben darauf vertrauen, dass die Angaben in der Anzeige zutreffend sind und der Verkäufer dafür die Gewähr übernehmen will".

*Quelle: Süddeutsche Zeitung*

### 4.6.3 Rechte des Käufers

Liegt nun Schlechtleistung in Form eines der genannten Mängel vor, kann der Käufer die in § 437 aufgeführten Rechte geltend machen.

### Vorrangige Rechte

Vorrangig ist das Recht auf **Nacherfüllung** gemäß § 439.1. Der Käufer hat hierbei ein Wahlrecht zwischen *Nachbesserung*, also der Beseitigung des Mangels durch Reparatur, oder *Neulieferung*, also der Lieferung einer mangelfreien Ware durch Umtausch, wobei der Verkäufer die hierfür erforderlichen Aufwendungen zu tragen hat. Diese Rechte hat der Käufer gegenüber dem Verkäufer, jedoch nicht gegenüber dem Hersteller der Ware. Dem Verkäufer muss zunächst die Möglichkeit der Nacherfüllung eingeräumt werden.

Beispiel

**Wenn ein Käufer sich direkt an den Hersteller wendet, dieser die Sache repariert und der Käufer dann die Reparaturkosten vom Verkäufer zurückverlangt, so kann dieser die Zahlung verweigern. Dies entschied das Amtsgericht Kempten in einem Streitfall, bei dem der Käufer eines defekten Navigationssystems die an den Hersteller entrichteten Reparaturkosten in Höhe von 213,00 EUR von seinem Händler erstattet haben wollte (Az: II C/225/02).**

Ist die vom Schuldner verlangte Form der Nacherfüllung mit unverhältnismäßigen Kosten verbunden, kann sie der Verkäufer verweigern und eine andere Form vorschlagen. Dies muss der Käufer akzeptieren, falls er hierdurch nicht erhebliche Nachteile erleidet. Sind alle Formen einer Nacherfüllung mit unverhältnismäßig hohen Kosten verbunden, kann der Verkäufer die Nacherfüllung insgesamt verweigern (vgl. § 439.3 Satz 3).

Liefert der Verkäufer zum Zwecke der Nacherfüllung eine mangelfreie Sache, so kann er gemäß § 439.4 vom Käufer die **Rückgabe** der mangelhaften Sache gemäß § 346 ff. fordern.

Nacherfüllung steht dem Käufer auch bei **geringfügigen Mängeln**, also bei Bagatellschäden, zu, nicht jedoch die nachrangigen Ansprüche auf Schadensersatz „statt der Leistung" und/oder Rücktritt.

Beispiel

**Allerdings ist es keineswegs eindeutig, was unter Bagatellschäden zu verstehen ist. Nach einer Entscheidung des OLG Celle vom April 2002 (Az.: 7 U 13/00) muss der Käufer eines Neuwagens es hinnehmen, wenn die Motorleistung um bis zu 10 % niedriger ausfällt, als im Kfz-Schein eingetragen ist. In einem früheren Urteil hatte der BGH festgestellt, dass eine 10 %ige Abweichung auch beim Kraftstoffverbrauch zu tolerieren sei.**

Zusätzlich zur Nacherfüllung kann der Gläubiger gemäß § 280.1 **Schadensersatz** („neben Leistung") beanspruchen, entweder zur Abdeckung des sog. „Mangelunwerts" oder wegen Verzögerung der geforderten Nacherfüllung. Dieser Anspruch besteht jedoch nur dann, wenn der Schuldner die mangelhafte Lieferung zu *vertreten* hat. Hier ist zu beachten, dass der Schuldner den Mangel in jedem Fall dann zu vertreten hat, wenn er eine Garantie übernommen hat oder wenn er den Mangel kannte oder wenn er bei der Prüfung der Ware fahrlässig gehandelt hat. Die Prüfpflicht ist dabei abhängig von der Gefährlichkeit der Ware, von den Fachkenntnissen und der wirtschaftlichen Zumutbarkeit einer solchen Prüfung.

Beispiel

**In unserem Eingangsbeispiel hat Ferdinand das Recht auf Nachbesserung und kann, falls ihm ein Schaden entstanden ist und der Verkäufer die Pflichtverletzung verschuldet hat, zusätzlich Schadensersatz fordern.**

#### *Nachrangige Rechte*

Wird der Mangel nicht behoben oder kann er nicht behoben werden, hat der Käufer weitergehende, aber nachrangige Rechte, die der Käufer im Regelfall nach erfolglosem Ablauf einer gesetzten Frist, ausnahmsweise aber auch ohne Fristsetzung in Anspruch nehmen kann.

**Nach Fristablauf** ist dies möglich, wenn die dem Verkäufer für die Nacherfüllung gemäß § 281.1 gesetzte Frist abgelaufen ist, ohne dass eine Nachbesserung erfolgt ist, oder wenn eine solche erfolglos geblieben ist. Dies wird grundsätzlich dann angenommen, wenn zwei Nachbesserungsversuche fehlgeschlagen sind vgl. (§ 440).

**Ohne Fristsetzung** kann der Käufer weitergehende Rechte geltend machen, wenn

- der Schuldner die Leistung verweigert oder Umstände vorliegen, die einen sofortigen Schadensersatzanspruch rechtfertigen (§§ 440 (1), 281.2),
- die Leistung zu einem kalendermäßig bestimmbaren Termin nicht erfolgt ist oder besondere Umstände vorliegen, die einen sofortigen Rücktritt rechtfertigen (§§ 440 Satz 1, 323.2),
- der Schuldner die Nacherfüllung verweigert, diese nicht möglich oder für den Käufer unzumutbar ist (§ 440).

Unter diesen Voraussetzungen hat der Käufer das Recht auf

- **Rücktritt** vom Vertrag gemäß §§ 440, 323, 326.5.
- Er kann ferner gemäß §§ 440, 280.1 und 3 und 281.1 zusätzlich oder neben dem Rücktritt **Schadensersatz** „statt Leistung" verlangen.
- Statt vom Vertrag zurückzutreten oder Schadensersatz zu verlangen, kann er gemäß § 441 **Minderung** des Kaufpreises beanspruchen, wobei die Voraussetzungen für Minderung weitgehend identisch sind mit den Voraussetzungen für den Rücktritt.
- Schließlich kann der Käufer gemäß §§ 280.1 und 3 und 284 anstelle von Schadensersatz auch den **Ersatz vergeblicher Aufwendungen**, die er im Vertrauen auf eine Leistung bereits getätigt hat, fordern.

Pflichtverletzungen in Form der „Schlechtleistung" können sich auf **Haupt- und Nebenleistungspflichten** beziehen, in beiden Fällen kann der Gläubiger Schadensersatz gemäß §§ 280.1, 281.1 verlangen. Die Hauptleistungspflicht bei einem Kaufvertrag über ein Auto besteht in der Lieferung des Fahrzeuges, eine Nebenleistungspflicht besteht beispielsweise darin, dass ein fabrikneues Auto auch in einwandfreiem äußeren Zustand, also nicht etwa erheblich verunreinigt, ausgeliefert wird. Die Voraussetzungen dieses Schadensersatzanspruchs sind ähnlich wie in den zuvor besprochenen Fällen der nachträglichen Unmöglichkeit und des Schuldnerverzugs.

*Prüfungsschema für Schadensersatz „statt der Leistung"*

(1) Es besteht ein (ein- oder gegenseitiges) Schuldverhältnis gemäß §§ 241.1, 280.1.

(2) Die Leistung wurde nicht wie geschuldet erbracht (§ 281.1).

(3) Alternativen:

- Der Schuldner hat auch nach Ablauf einer ihm gesetzten angemessenen Frist nicht nacherfüllt (§ 281.1) (Ausnahmen s. o.).
- Der Schuldner verweigert die Leistung vor oder nach Fälligkeit ernsthaft und endgültig (§ 281.2).
- Es liegen besondere Gründe vor, die unter Abwägung der beiderseitigen Interessen die sofortige Geltendmachung des Schadensersatzanspruches rechtfertigen (§ 281.2).

(4) Der Schuldner hat die Nichtleistung zu vertreten, das heißt, er handelt vorsätzlich oder fahrlässig (§§ 280.1, 276)

(5) Der Gläubiger hat durch die Schlechterfüllung einen „Nichterfüllungsschaden" erlitten (§ 280.1 (1)).

*Prüfungsschema für Rücktritt vom Vertrag*

(1) Es liegt ein Kaufvertrag gemäß § 433 vor,

(2a) die Kaufsache weist gemäß §§ 434, 323.1, 323.5 einen erheblichen(!) Mangel auf,

(2b) wird Minderung verlangt, kann der Mangel gemäß § 441.1 Satz 2 auch unerheblich sein,

(3) eine Nachbesserung erfolgte während der gesetzten Frist nicht bzw. eine Fristsetzung war wegen des Vorliegens der besonderen Umstände des § 323.2 entbehrlich.

Beim **Rücktritt** werden die empfangenen Leistungen zurückerstattet. Alternativ kann der Käufer Minderung verlangen (§ 441.1 (1)). Die Rechtsfolge der **Minderung** ist die Reduzierung des Kaufpreises. Falls bereits gezahlt wurde, besteht ein Anspruch auf Rückzahlung des zu viel Gezahlten gemäß § 441.4.

### *Nicht leistungsbezogene Nebenpflichten*

Von den vertraglichen Nebenleistungspflichten sind die **nicht leistungsbezogenen Nebenpflichten** zu unterscheiden. Leistungsbezogen ist eine Nebenpflicht, wenn sie sich auf die im Vertrag vereinbarten Leistungen bezieht, nicht leistungsbezogen sind dagegen Schutzpflichten, die durch § 241.2 definiert werden. Hierdurch werden auch bestimmte Fälle der früheren „positiven Vertragsverletzung" erfasst.

Auch wenn der Schuldner „bloß" eine nicht leistungsbezogene Nebenpflicht verletzt, kann der Gläubiger *Schadensersatz „statt Leistung"* gemäß §§ 280.1, 282 verlangen, wenn ihm ein Festhalten am Vertrag wegen des schuldhaften Verstoßes seines Vertragspartners gegen Nebenpflichten nicht zuzumuten ist. Auch bei Verletzung der Nebenpflichten ist *Rücktritt* sowohl alternativ wie auch zusätzlich zu Schadensersatz möglich.

Im Beispiel 2 (s. o.) wurde eine nicht leistungsbezogene Nebenpflicht verletzt, ein Anspruch auf Schadensersatz „statt der Leistung" ist hier jedoch zu verneinen. Es kann jedoch Aufwendungsersatz gemäß § 284 beansprucht werden. Zusätzlich kann der Gläubiger in allen Fällen der Nebenpflichtverletzung nach § 280.1 (1) Schadensersatz „neben der Leistung" verlangen, sofern der Schuldner den Schaden zu vertreten hat. Hinzu kommt selbstverständlich das Recht auf Nacherfüllung wegen der verschiedenen Kratzer.

## 4.6.4 Verjährungsfristen

Für alle Waren, die seit dem 1. Januar 2002 gekauft wurden, gilt nun eine neue längere Garantiezeit von **zwei Jahren** (früher 6 Monate), die mit der Übergabe bzw. der Lieferung der Ware beginnt. Während dieser Zeit kann sich der Verkäufer bei einer berechtigten Mängelrüge wegen eines Sach- oder Rechtsmangels nicht auf Verjährung berufen.

Beispiel

**Wird die Ware am 15. Oktober 2002 geliefert, beginnt die Verjährungsfrist am 16. Oktober 00:00 Uhr zu laufen und endet am 15. Oktober 2004 um 24:00 Uhr, vgl. §§ 187.1, 188.2.**

HINWEIS

Bei Ansprüchen wegen verspäteter Leistung etc. gilt dagegen die regelmäßige Verjährungsfrist von drei Jahren ab Ende des Kalenderjahres (vgl. Teil III, Abschnitt 7).

Vertraglich kann die Verjährung durch AGB (§ 305 ff.) und unter Berücksichtigung von § 475 gemäß § 202.1 verkürzt werden, wenn die Haftung nicht auf Vorsatz beruht. Bei einem Verbrauchsgüterkauf ist eine Verkürzung der Verjährung auf weniger als zwei Jahre jedoch nicht möglich. Eine Ausnahme gilt bei **gebrauchten Sachen**. Hier kann die Verjährungsfrist vertraglich verringert werden, sie darf jedoch ein Jahr nicht unterschreiten.

In Ausnahmefällen, etwa dann, wenn der Verkäufer den Mangel arglistig verschwiegen hat, gilt die regelmäßige Verjährungsfrist von drei Jahren (vgl. §§ 438.1 bis 3).

Eine weitere Ausnahme: Mängelansprüche beim Kauf (oder Bau) eines Hauses verjähren nun einheitlich nach 5 Jahren (vgl. §§ 200, 634a).

### 4.6.5 Anspruchkonkurrenzen

Ein Sachmangel kann zu unterschiedlichen Ansprüchen führen, die grundsätzlich alle geprüft werden müssen. Diese Ansprüche können miteinander konkurrieren oder sich ergänzen. Im ersten Fall muss der Gläubiger entscheiden, wie er seinen Anspruch begründen will, im zweiten Fall sind mehrere Ansprüche nebeneinander möglich.

Betrachten wir folgenden Fall: Händler Handschuh schließt mit der Kundin Jensen einen Kaufvertrag über einen acht Jahre alten Kleinwagen, gefahrene Kilometer lt. Tacho 60.000 km. Tatsächlich ist das Fahrzeug 160.000 km gelaufen und hat bereits einen Austauschmotor. Jensen entdeckt den Fehler und beansprucht ihre Rechte wegen des Sachmangels.

Zusätzlich ist nun jedoch noch zu prüfen, ob hier auch noch Anfechtungsgründe gegeben sind. Prinzipiell kommen hier zwei Anfechtungsgründe in Betracht:

- Der Vertrag könnte anfechtbar sein, wegen des Irrtums über eine verkehrswesentliche Eigenschaft, gemäß § 119.2. Diese Anfechtungsmöglichkeit ist bei Vorliegen eines Anspruchs wegen eines Sachmangels allerdings regelmäßig ausgeschlossen.
- Allerdings könnte hier eine Anfechtung wegen arglistiger Täuschung gemäß § 123.1 in Betracht kommen. Diese kann wahlweise anstelle eines Anspruchs aus der Sachmangelhaftung gewählt werden.

In Konkurrenz können Käuferrechte wegen Sachmängeln auch mit dem Schadensersatz wegen unerlaubter Handlung gemäß § 823 stehen. So kann arglistige Täuschung auch als Betrug gewertet werden. Dieser ist gemäß § 263 StGB strafbar und damit ein Schutzgesetz im Sinne des § 823.2. Der Käuferin steht daher nun zusätzlich ein Anspruch auf Schadensersatz wegen unerlaubter Handlung zu.

### 4.6.6 Sonderregeln beim Verbrauchsgüterkauf

Grundsätzlich wird bei allen obigen Überlegungen von einem **Verbrauchsgüterkauf** gemäß § 474 ausgegangen. Hierunter versteht man, wie erwähnt, einen Kaufvertrag über eine bewegliche Sache zwischen einem Verkäufer, der *Unternehmer* im Sinne des § 14 ist, und einem Käufer, der *Verbraucher* im Sinne des § 13 ist.

Hierbei sind folgende Bestimmungen besonders zu beachten:

#### *(1) Keine Einschränkung der Käuferrechte*

Gemäß § 475 dürfen keine Vereinbarungen getroffen werden, die den Käufer benachteiligen oder seine Rechte in irgendeiner Weise einschränken. Dies gilt sowohl für AGB-Bestimmungen wie auch für Individualabsprachen. So kann beispielsweise, anders als bei einem Vertrag zwischen Unternehmern oder zwischen Privatleuten, bei neuen Sachen die gesetzliche Gewährleistung von zwei Jahren nicht vertraglich verkürzt werden.

HINWEIS

**Ausnahme:**

Bei *gebrauchten Sachen* kann die Sachmangelhaftung auf ein Jahr verringert werden (vgl. § 475.2). Klauseln wie „gekauft wie gesehen" oder „unter Ausschluss jeglicher Gewährleistung" sind damit beim Verbrauchsgüterkauf nicht mehr möglich.

### *(2) Gefahrübergang beim Versendungskauf*

Normalerweise geht beim Versendungskauf die Gefahr mit der Auslieferung der Ware an den Transporteur auf den Käufer über (§ 447). Beim Verbrauchsgüterkauf geht die Gefahr dagegen erst dann, wenn die Sache beim Käufer eintrifft, auf diesen über (§ 474.2). Damit braucht der Käufer die Kaufsache nicht zu bezahlen, wenn sie auf dem Weg zu ihm zerstört werden sollte.

### *(3) Beweislastumkehr zugunsten des Verbrauchers*

Zeigt sich innerhalb von sechs Monaten nach der Übergabe auf den Verbraucher (genauer: Gefahrenübergang) ein Sachmangel, so wird vermutet, dass die Sache bereits zum Zeitpunkt der Übergabe fehlerhaft war, es sei denn, diese Vermutung ist mit der Art der Sache oder des Mangels unvereinbar (§ 476). Lehnt der Verkäufer die Mängelrüge ab, muss er nachweisen, dass der Käufer die Ware beschädigt hat. Nach Ablauf von sechs Monaten liegt die Beweislast beim Käufer.

HINWEIS

Eine unverzügliche Prüfungspflicht gibt es nur für Kaufleute bei einem *zweiseitigen Handelskauf*. Unterlässt der Käufer in diesen Fällen unmittelbar nach Erhalt der Ware eine Fehleranzeige, so gilt die Ware als genehmigt, eine Haftung für offene Mängel ist dann ausgeschlossen (§ 377 HGB).

### *Sonderbestimmungen für Garantien*

Eine Garantieerklärung muss gemäß § 477 einfach und verständlich abgefasst sein. Insbesondere muss sie Folgendes enthalten:

- einen Hinweis auf die gesetzlichen Rechte des Verbrauchers sowie darauf, dass diese durch die Garantie nicht eingeschränkt werden, und
- eine Garantie sowie alle wesentlichen Angaben, die für die Geltendmachung der Garantie erforderlich sind, insbesondere die Dauer und den räumlichen Geltungsbereich des Garantieschutzes sowie Namen und Anschrift des Garantiegebers.

Der Verbraucher kann verlangen, dass ihm die Garantieerklärung schriftlich oder auf einem anderen dauerhaften Datenträger zur Verfügung gestellt wird.

### *Rückgriffsrecht des Endverkäufers*

Bei neuen an einen Verbraucher verkauften Sachen hat der Endverkäufer nun ein verstärktes Rückgriffsrecht. Bei Vorliegen eines Mangels kann dieser auf den Verkäufer, der ihm die Sache verkauft hat, zurückgreifen (vgl. § 478 f.). Hierdurch soll der letzte Verkäufer, meist ein Einzelhändler, geschützt werden. Die Rechte des Endverkäufers ergeben sich zunächst aus dem Kaufvertrag mit seinen Lieferanten. Ihm steht aber gemäß § 478.3 ein unmittelbares Recht auf Rücktritt und Schadensersatz *ohne Fristsetzung* zu, ferner kann er die aufgrund der Nacherfüllung entstandenen Kosten verlangen.

Die Rückgriffsrechte des Endverkäufers verjähren gemäß § 479 ebenfalls nach zwei Jahren. Allerdings verlängert sich die Verjährungsfrist u.U. über die zwei Jahre hinaus, wenn er seinerseits Käuferansprüche erst gegen Ende der dem Käufer zustehenden zweijährigen Garantiezeit zu erfüllen hat. Die ihm zustehende Verjährungsfrist endet erst *zwei Monate,* nachdem er die Ansprüche des Verbrauchers erfüllt hat. Spätestens endet sie fünf Jahre nach dem Zeitpunkt, zu dem der Lieferant die Sache an den Endverkäufer geliefert hat (vgl. § 479.2).

**Übersicht: Schlechtleistung**

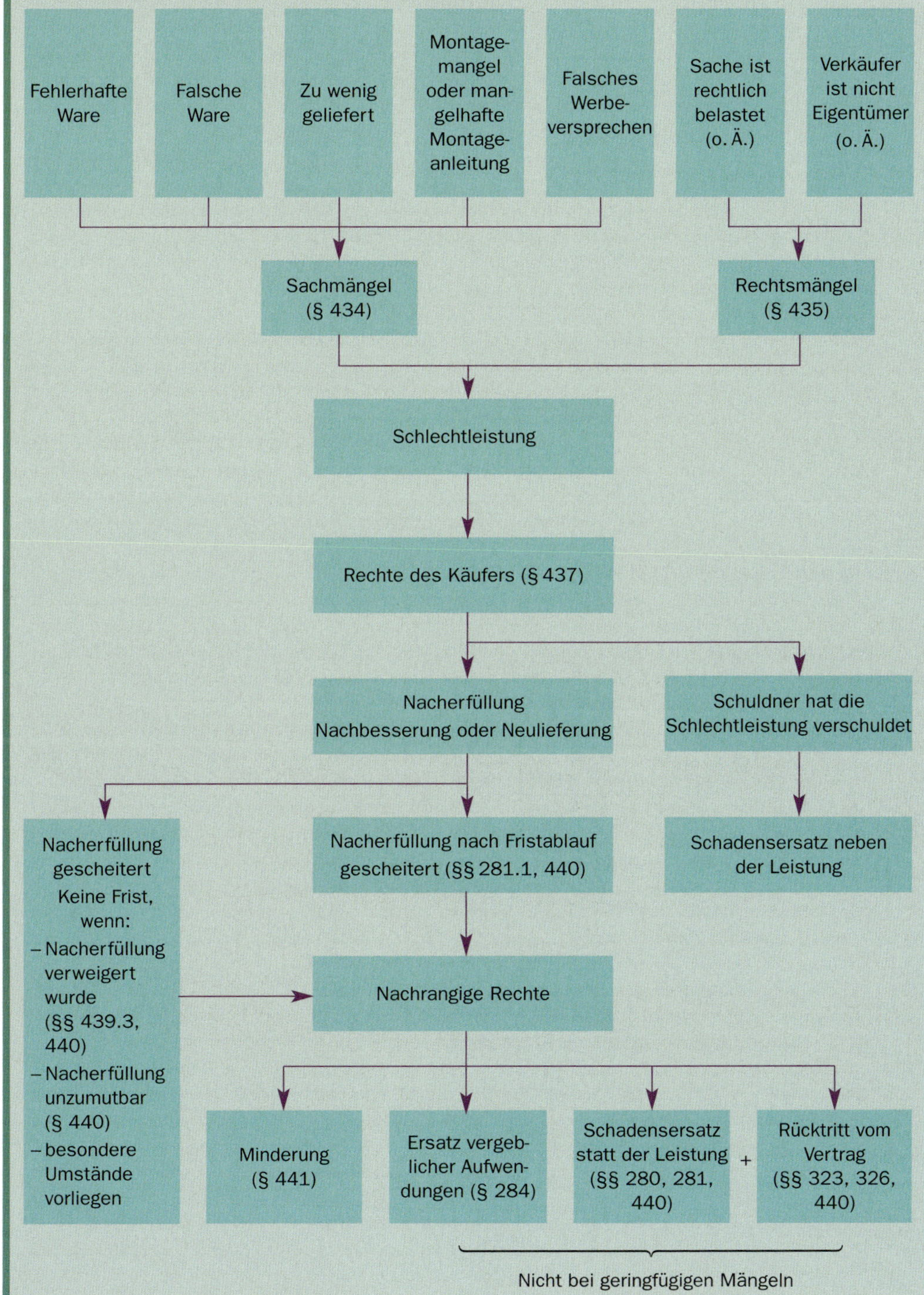

**Aufgaben**

(24) Ferdinand aus unserem Beispiel oben verlangt vom Händler Nacherfüllung in Form eines neuen Mofas. Der Händler besteht dagegen auf Nachbesserung. Wie ist die Rechtslage?

(25) Die Reparatur wird durchgeführt. Schon nach wenigen Tagen stellt Ferdinand jedoch ähnliche Probleme fest. Eine Überprüfung ergibt, dass trotz der Reparatur die eigentliche Ursache für die Störung nicht beseitigt wurde. Auf das Angebot des Händlers einer nochmaligen Reparatur will sich Ferdinand nun auf keinen Fall einlassen. Wie ist die Rechtslage?

(26) Anneliese K. kauft bei Möbelhaus Rosenbaum einen zusammengelegten Geschirrschrank, den sie zusammen mit ihrem Lebenspartner aufbaut. Wenige Stunden, nachdem sie ihr wertvolles ererbtes Geschirr eingeräumt hat, bricht der Schrank unter lautem Getöse zusammen. Nach dem sorgfältigen Studium der Montageanleitung stellt ein gemeinsamer Freund fest, dass diese fehlerhaft sei und eine einwandfreie Montage nach dieser Anleitung ohne Spezialkenntnisse unmöglich gewesen wäre. Wie ist die Rechtslage?

(27) Viola kauft einen neuen Monitor. Zu Haus stellt sie kleinere Kratzer an der Rückseite fest, die weder ihr noch dem Händler zuvor aufgefallen waren. Jedoch erst nach vier Monaten meldet sie dem Händler den Fehler und verlangt Nachbesserung. Der Händler weigert sich, u. a. mit der Begründung, es würde sich um „Minischaden“ handeln und sie müsse erst einmal beweisen, dass sie die Kratzer nicht selbst verursacht habe. Wie ist die Rechtslage?

(28) Käufer K kauft von Händler H einen neuen Pkw (Marke: Tornado), der in der Werbung durch den Slogan „Mit durchschnittlich 6 Litern pro 100 km sind Sie dabei“ beworben wird. Da K regelmäßig Buch über den Benzinverbrauch seines Autos führt, stellt er fest, dass der Durchschnittsverbrauch über 8 Liter liegt. Nach acht Monaten wendet K sich an den Händler und verlangt einen Neuwagen. Wie ist die Rechtslage?

(29) Der Privatmann P bittet den befreundeten Antiquitätenhändler A, nach einer älteren goldenen Halskette Ausschau zu halten. Wenig später kommt zwischen beiden ein Kaufvertrag über eine „echt goldene“ Halskette zustande. Kurz bevor P die Kette seiner Freundin zum Geburtstag schenken möchte, entdeckt er durch Zufall, dass die Kette lediglich aus vergoldetem Messing besteht. A versichert glaubhaft, hiervon nichts gewusst zu haben. Welche Rechte hat P?

(30) Judith erwirbt beim Fahrradhaus Wagner ein neues Mountainbike. Bei der ersten Fahrt versagen die Bremsen, Judith stürzt und erleidet Verletzungen, das Fahrrad ist stark reparaturbedürftig. Als sie bei Wagner Rechte geltend machen möchte, entgegnet dieser, dass es bei diesem Bremsentyp schon häufiger Probleme gegeben habe und dass sie dies hätte wissen müssen. Wie ist die Rechtslage?

(31) Kurz nach ihrem 18. Geburtstag kauft die Schülerin Christina bei dem Gebrauchtwagenhändler Gribowski einen Mini, Baujahr 1985. Hat sie nach 14 Monaten noch einen Anspruch wegen eines Mangels, obwohl vertraglich die Garantiezeit auf ein Jahr begrenzt wurde?

(32) Der Hühnerzüchter H liefert dem Privatmann P aus einem Gehege erkrankter Tiere ein Dutzend Leghornhennen und sichert ihm ausdrücklich zu, dass die Tiere „frei von Hühnerpest“ seien. Wenige Tage nach der Übergabe verenden die Tiere. Der Tierarzt stellt fest, dass die Tiere schon zum Zeitpunkt der Vertragsschließung mit Hühnerpest infiziert gewesen sein müssen. Wie ist die Rechtslage?

(33) Die Kundin Camilla erwirbt bei Computerhändler Claudius ein fehlerhaftes Textverarbeitungsprogramm. Ihren Anspruch auf Neulieferung weist Claudius mit dem Hinweis zurück, sie hätte ja den Fehler durch das im Internet kostenlos herunterladbare Update beseitigen können. Wie ist die Rechtslage?

(34) Autohändler Aufhäuser, der über eine eigene Werkstatt verfügt, verkauft der Käuferin Bollinger einen Pkw mit der Zusicherung, dieser sei „werkstattgeprüft“. Kurz nach der Übergabe versagen die Bremsen, Bollinger prallt mit dem Auto gegen eine Mauer und erleidet u. a. diverse Schnittverletzungen im Gesicht. Sie verlangt von Aufhäuser den Kaufpreis, Gutachtergebühren zur Feststellung des Mangels sowie Arztkosten. Wie ist die Rechtslage?

(35) Der Weinhändler Wiecha verkauft seiner Kundin, der Hausfrau Falter, 48 Flaschen Brunello eines bestimmten Jahrgangs für ein großes Familienfest. Am Morgen des Festes liefert er jedoch nur 24 Flaschen, verspricht aber die Lieferung der restlichen Menge zwei Wochen später. Wie ist die Rechtslage?

# 5 Ergänzende Bestimmungen zum Verbraucherschutz

## 5.1 Allgemeine Geschäftsbedingungen

Bei vielen Bestimmungen des Schuldrechts handelt es sich um dispositives, also abänderbares, Recht. Gemäß dem Prinzip der Vertragsfreiheit (vgl. § 311) kann der Unternehmer daher beispielsweise gesetzliche Regelungen, die dem Schutz des Käufers dienen, vertraglich ausschließen oder abändern. Dies geschieht in vielen Fällen durch **allgemeine Geschäftsbedingungen**, das sogenannte „Kleingedruckte".

Da die Rechte des Käufers hierdurch jedoch i. d. R. in allzu großem Maße eingeschränkt wurden, erließ der Gesetzgeber 1976 das „Gesetz zur Regelung des Rechts der Allgemeinen Geschäftsbedingungen", das AGBG, das vorwiegend die Aufgabe hatte, die Käuferrechte in größerem Umfang zu schützen. Dieses Gesetz wurde inzwischen in das BGB (§§ 305 bis 310) eingegliedert.

Gemäß § 305.1 versteht man unter **allgemeinen Geschäftsbedingungen** die für eine Vielzahl von Verträgen vorformulierten Vertragsbedingungen, die eine Vertragspartei (der Verwender der AGB) der anderen Partei praktisch einseitig auferlegt, unabhängig von der Form oder dem Umfang dieser Bedingungen.

In der Praxis ist daher das Prinzip der Vertragsfreiheit für den Käufer weitgehend aufgehoben, da Großunternehmen, Banken, Versicherungen, Kaufhäuser etc. Verträge nur auf der Grundlage ihrer AGB abschließen. Diese AGB sind vielfach von den Wirtschaftsverbänden normiert und werden von ihren Mitgliedern, den einzelnen Unternehmen, übernommen. Hier werden u. a. Regelungen über Lieferungs- und Zahlungsbedingungen, Gewährleistungsansprüche, Rücktrittsmöglichkeiten, Erfüllungsort und Gerichtsstand getroffen. Da sie meist einseitig auf die Interessen des wirtschaftlich Stärkeren abgestimmt sind und der Käufer im Allgemeinen keinen Verhandlungsspielraum besitzt, geht in vielen Fällen das Prinzip der Vertragsgerechtigkeit verloren. Hinzu kommt, dass die meisten Privatkunden das „Kleingedruckte" gar nicht erst lesen und so für sie unvorteilhafte Klauseln nicht einmal bemerken.

Die Bestimmungen zu den AGB regeln also die Bedingungen, unter denen die AGB Vertragsbestandteil werden, die Wirksamkeit bestimmter Klauseln und die Rechte des Käufers.

### 5.1.1 Voraussetzungen

Die Bestimmungen zu den AGB gelten gem. § 310 nicht für Verträge auf dem Gebiet des Arbeits-, Erb-, Familien- und Gesellschaftsrechts, darüber hinaus gelten wichtige Vorschriften dann nicht, wenn der Vertragspartner Kaufmann ist und er den Vertrag im Rahmen seines Handelsgewerbes abschließt.

Sind die Vertragsbedingungen zwischen den Vertragspartnern im Einzelnen ausgehandelt worden, liegen keine allgemeinen Geschäftsbedingungen, sondern individuelle Vertragsbedingungen vor, ebenso haben Individualabsprachen stets Vorrang vor den AGB (vgl. § 305.1, 305b).

AGB werden nur unter folgenden Voraussetzungen Bestandteil eines Einzelvertrages: Der Käufer muss **vor** Vertragsschluss

- **ausdrücklich** auf die AGB aufmerksam gemacht oder durch deutlich sichtbaren Aushang auf sie hingewiesen werden,
- sie zur Kenntnis nehmen können und
- sie schließlich – evtl. auch stillschweigend – akzeptieren (vgl. § 305.2).

Ferner muss das Erscheinungsbild des „Kleingedruckten" so beschaffen sein, dass es von einem normalen Vertragspartner noch mühelos und ohne Lupe gelesen werden kann. Es werden also gewisse Mindestanforderungen an Schriftgröße, Schriftbild und Kontrast gestellt.

Es genügt auch nicht, die AGB lediglich im Laden bzw. in den Verkaufsräumen an einer Stelle auszuhängen, wo sie nicht oder kaum gesehen werden können. Ebenso müssen die AGB gewissen Mindesterfordernissen im Erscheinungsbild entsprechen, hierzu ein Urteil des Bundesgerichtshofs (BGH):

„Die ungewöhnlich klein gedruckten Bedingungen – äußerlich kaum gegliedert und lediglich mit Absatzüberschriften versehen, die sich im fortlaufenden Text nur ganz geringfügig von den Klauseln selbst abheben – umfassen auf einer Seite A4 in zwei Spalten von je 9 cm Breite insgesamt 232 Zeilen. Der Text ist lediglich mit einem geübten Auge mühsam zu entziffern, im Zusammenhang dagegen ohne Zuhilfenahme einer Lupe kaum lesbar. Ein redlicher Kaufmann kann aber nach Treu und Glauben (§ 242 BGB) schlechthin nicht davon ausgehen, dass sich sein Vertragspartner durch die bloße widerspruchslose Entgegennahme eines derart schwer zu entziffernden Klauselwerkes mit dessen Inhalt einverstanden erklärt."

### 5.1.2 Allgemeine Bestimmungen

AGB werden gemäß § 305c dann nicht Vertragsbestandteil, wenn sie **überraschend** sind, wenn sie also so ungewöhnlich sind, dass der Vertragspartner nach den äußeren Umständen des Vertrages mit derartigen Regelungen nicht rechnen konnte.

Beispiel

**Enthalten AGB den Passus,**

- **dass bei einem Kaufvertrag über eine Kaffeemaschine zugleich die Lieferung einer bestimmten Menge von Kaffee vereinbart wird oder**
- **dass beim Kauf eines Öltanks gleichzeitig ein Vertrag über die Lieferung einer Mindestmenge von Heizöl geschlossen wird,**

**so ist dieser Passus gemäß § 305c unwirksam.**

Sind Klauseln **unklar** abgefasst, so geht dies gemäß § 305c.2 zu Lasten des Verwenders der AGB. Grundsätzlich sind Bestimmungen immer dann unwirksam, wenn sie **gegen Treu und Glauben verstoßen**, wenn sie also den Vertragspartner unangemessen benachteiligen, also einseitig nur die Interessen des Verwenders berücksichtigen. Eine solche Benachteiligung wird insbesondere angenommen, wenn die betreffende Regelung mit **wesentlichen** Grundgedanken der gesetzlichen Regelung, also beispielsweise des Kauf- oder Mietrechts, nicht zu vereinbaren ist. Hierbei ist zu unterscheiden zwischen **bedenklichen Klauseln** und **stets ungültigen Klauseln**.

### 5.1.3 Besondere Bestimmungen

**Drei Wochen Annahmefrist zu lang**

Möbelhändler dürfen sich gegenüber ihren Kunden nicht drei Wochen lang die Annahme des Auftrags vorbehalten. Eine entsprechende Klausel in den allgemeinen Geschäftsbedingungen eines Möbelhauses ist nichtig. Dies bestätigte der Bundesgerichtshof (BGH) in Karlsruhe in einem gestern verkündeten Urteil (Az.: VIII ZR 34/00). Zwar sei im Möbelhandel die Besonderheit zu berücksichtigen, dass der Verkäufer in der Regel erst beim Hersteller nachfragen muss, ob und in welcher Frist die bestellte Ware geliefert werden kann, so der BGH. Außerdem würden Möbelkäufe häufig durch Kredit finanziert, was eine Überprüfung der Bonität des Kunden nötig mache.

Dies rechtfertigt nach Ansicht des BGH jedoch nicht eine Annahmefrist von drei Wochen, wenn sich der Vertrag auf vorrätig gehaltene Ware oder gar Ausstellungsstücke bezieht. In einem solchen Fall entfalle das Interesse des Verkäufers an einer verlängerten Annahmefrist. Daher sei die Klausel insgesamt unwirksam.

*Quelle: Handelsblatt vom 14.09.2000*

### 5.1.3.1 Bedenkliche Klauseln

Bedenkliche Klauseln sind Bestimmungen des AGB, bei denen eine Wertungsmöglichkeit bezüglich ihrer Zulässigkeit oder Unzulässigkeit besteht; es müssen also die Umstände des Einzelfalls berücksichtigt werden. Diese Klauseln sind dann nicht wirksam, wenn sie den Kunden unangemessen benachteiligen. Entsprechende beispielhafte Fälle finden sich in § 308:

a) Zu lange oder zeitlich nicht abschätzbare **Annahme- oder Leistungsfristen** sind unangemessen (§ 308 Ziff. 1).

Beispiel

**Eine Holzfabrik verwendet folgende Klausel: „Die Lieferung wird so schnell wie möglich erfolgen."**
**Ein Versandhaus legt fest: „Der Kunde ist bis zum Eingang einer sachlichen Antwort der Versand AG an seine Bestellung gebunden."**

In beiden Fällen sind Fristen **nicht hinreichend bestimmt** und damit unwirksam. Damit gelten hier die allgemeinen gesetzlichen Vorschriften.

b) Zu lange oder nicht hinreichend bestimmte **Nachfristen** sind unangemessen (§ 308 Ziff. 2).

Beispiel

**Ein Fertighaushersteller möchte sich wie folgt vor einem Vertragsrücktritt bei Lieferungsverzug schützen: „Erfolgt die Lieferung nicht zum vereinbarten Termin, so kann der Käufer der Fertighaus KG nicht vor Ablauf von zwei Monaten eine Nachfrist setzen, die dann vier Wochen nicht unterschreiten darf. Erfolgt eine Lieferung bis zum Ablauf der Nachfrist nicht, ist der Käufer zum Rücktritt berechtigt."**

Nach der Rechtsprechung ist eine Nachfrist dann unangemessen lang, wenn sie erheblich länger bemessen wird als die Leistungs- und Lieferfrist für die Ware. Es muss in diesem Fall also geprüft werden, ob dies hier gegeben ist. Ist die Nachfrist unangemessen lang, so ist die Regelung unwirksam.

c) Ein jederzeitiger **Rücktrittsvorbehalt** ist unangemessen (§ 308 Ziff. 3).

Beispiel

**In den AGB eines Reiseveranstalters findet sich folgende Klausel: „Der Veranstalter ist berechtigt, die Reise jederzeit ohne Angabe von Gründen abzusagen."**
**Ein Handelshaus legt fest: „Der Käufer hat keinen Rechtsanspruch auf Lieferung der Ware."**

**Verträge sind einzuhalten.** Ein Rücktrittsrecht **ohne sachlichen** Grund ist daher unwirksam. Ist das Rücktrittsrecht dagegen an einen sachlichen Grund geknüpft, wie etwa eine Mindestteilnehmerzahl oder eine Mindestabnahmezahl, so ist ein vertraglich vereinbartes Rücktrittsrecht wirksam.

d) Unzumutbare **Änderungsvorbehalte** sind unangemessen (§ 308 Ziff. 4).

Beispiel

**Ein Autohändler ist der Meinung, die AGB-Klausel „Farbänderungen bleiben uns vorbehalten" würde ihn dazu berechtigen, Kunden statt eines bestellten roten Autos ein orangefarbenes zu liefern.**
**Eine Kfz-Reparaturwerkstatt sieht in ihren AGB vor, dass sie nicht vereinbarte Arbeiten ohne Zustimmung des Auftraggebers ausführen darf.**

Änderungsvorbehalte sind nur dann erlaubt, wenn sie dem Kunden **zumutbar** sind. Dies ist bei geringfügigen Farbabweichungen bei Gebrauchsgütern der Fall, bei Reiseveranstaltern ist die Klausel, dass die „Bereitstellung vergleichbarer Hotels" möglich ist, eng auszulegen. In den beiden o. g. Beispielen ist die Klausel für den Kunden in dieser Form unzumutbar.

e) Zu hohe **Nutzungsvergütungen** bei Vertragsauflösung sind unangemessen (§ 308 Ziff. 7).

Beispiel

**Ein Versandhaus behält sich in seinen AGB vor, dem Käufer auch bei berechtigtem Vertragsrücktritt grundsätzlich ein Nutzungsentgelt in Höhe von 30 % vom Warenwert zu berechnen.**

Wenn eine Ware vom Verbraucher genutzt wurde, bevor er von seinem Rücktrittsrecht berechtigterweise Gebrauch macht, so darf das Nutzungsentgelt nur den Vorteil ausgleichen, den der Verbraucher durch die Nutzung tatsächlich hatte. Hierbei ist bei neuen Geräten die Lebensdauer zu berücksichtigen. Bei einem Fernseher, der eine Lebensdauer von mehreren Jahren haben dürfte, könnten bei einer 6-monatigen Nutzung durch einen Kunden kaum 10 % des Warenwertes als Nutzungsentgelt angesetzt werden.

### 5.1.3.2 Ungültige Klauseln

Der Katalog der stets ungültigen Klauseln umfasst zahlreiche Einzelverbote, die in § 309 geregelt sind. Die wichtigsten Klauseln werden im Folgenden kurz vorgestellt:

a) Ein Vorbehalt nachträglicher kurzfristiger **Preiserhöhungen** ist verboten (§ 309 Ziff. 1).

Beispiel

**Ein Möbelhaus verwendet in seinen AGB folgende Klausel: „Preisvereinbarungen verlieren bei Erscheinen einer neuen Preisliste ihre Gültigkeit."**

Preiserhöhungen nach Vertragsabschluss sind dann verboten und ungültig, wenn die Waren oder Dienstleistungen **innerhalb von vier Monaten** nach Vertragsabschluss geliefert oder erbracht werden müssen. Hierbei kommt es auf den tatsächlichen oder vereinbarten Liefertermin an. Auch wenn längere Lieferfristen vorgesehen sind, muss nicht jede Preiserhöhung hingenommen werden. Nur wenn sich für den Lieferanten tatsächliche und überprüfbare Preisänderungen ergeben haben, darf dieser sie, wenn dies vereinbart wurde, an seinen Kunden weitergeben. (Preiserhöhungen in **Dauerschuldverhältnissen**, beispielsweise bei Versicherungs- oder Dauerbezugsverträgen, sind dagegen erlaubt.)

b) Die Einschränkung von **Gegenrechten** ist verboten (§ 309 Ziff. 2).

Beispiel

**Die Copy KG vermietet Kopiergeräte längerfristig und wartet sie während der Mietdauer regelmäßig kostenlos. In den AGB ist festgelegt: „Der Mietpreis ist jeweils unaufgefordert zum 1. eines Monats zu entrichten. Eine ausbleibende vertragliche Leistung seitens der Copy KG berechtigt den Käufer nicht zur Zurückbehaltung von Mietzahlungen."**

Verträge beruhen im Regelfall auf Gegenseitigkeit. Dem Käufer oder Mieter darf daher durch die AGB nicht das Recht genommen werden, gemäß § 320 BGB eine **Gegenleistung zu verweigern** oder gemäß § 273 BGB eine Leistung zurückzubehalten, wenn der Verkäufer oder Vermieter seine Verpflichtungen nicht ordnungsgemäß erfüllt.

So darf der Käufer beispielsweise etwa das 3- bis 5-Fache der Mängelbeseitigungskosten zurückbehalten, wenn er die Ware noch nicht bezahlt hat und einen Fehler feststellt. Allerdings kann der Verkäufer in seinen AGB eine **Vorleistungspflicht des Käufers**, die diesen verpflichtet, den Kaufpreis vor Lieferung der Ware zu leisten, festlegen.

c) Überhöhte Pauschalen für **Schadensersatz- und Wertminderungsansprüche** sind verboten (§ 309 Ziff. 5).

Beispiel

**Ein Spezialgeschäft für Gartengeräte legt in seinen AGB fest: „Ab Zahlungsverzug werden Verzugszinsen in Höhe von mindestens 5 % des Warenwertes erhoben."**

Klauseln, durch die überhöhte Pauschalisierungen als Schadensersatz vorgesehen sind oder es dem Kunden verwehren, einen niedrigeren Schaden nachzuweisen, sind unzulässig. Die Höhe der zulässigen Schadenspauschale hängt von dem gewöhnlich zu erwartenden Schaden ab.

d) Der Ausschluss oder die unangemessene Einschränkung von **Käuferrechten** beim Kauf neuer Waren ist verboten.

*Die gesetzlichen Ansprüche auf Sachmangelhaftung dürfen dem Käufer nicht durch AGB genommen werden. (§ 309 Ziff. 8).*

Beispiel

**In den AGB eines Heimwerkerfachgeschäfts findet sich folgende Klausel: „Anstelle der gesetzlichen Gewährleistungsrechte kann der Verkäufer Nachbesserung verlangen."**

Eine Immobilienfirma verwendet in ihren AGB folgende Bestimmung: „Der Verkäufer haftet nicht für Sachmängel aller Art. Etwaige Ansprüche des Käufers werden gegen die betreffende Handwerksfirma abgetreten."

Die hier verwendeten Klauseln sind unwirksam. Dem Käufer steht wahlweise das Recht auf Nachbesserung oder Neulieferung zu. Zusätzlich hat er u. U. ein Schadensersatzrecht. Wird der Fehler durch die Nacherfüllung nicht beseitigt, so hat der Käufer die oben beschriebenen nachrangigen Rechte. Klauseln, die während der Garantiezeit einen Teil der Nachbesserungskosten, etwa Arbeits- oder Wegekosten, dem Käufer in Rechnung stellen, sind ebenfalls unwirksam.

*Eine Mängelbeseitigung darf nicht an* ***Vorbedingungen*** *geknüpft werden (§ 309 Ziff. 8b, dd).*

Beispiel

**Eine Teppichbodenfirma verweigert die Neuverlegung eines schlecht verlegten Teils des Teppichbodens mit dem Hinweis auf ihre AGB: „Die Inanspruchnahme von Gewährleistungsansprüchen ist erst nach vollständiger Bezahlung des Kaufpreises möglich."**

Es ist unzulässig, die Inanspruchnahme von Käuferansprüchen wegen Sachmängeln von der vorherigen Zahlung des Kaufpreises oder eines unter Berücksichtigung des Mangels unverhältnismäßig hohen Teils des Entgelts abhängig zu machen.

*Gesetzliche Garantiezeiten dürfen nicht verkürzt werden* (§ 309 Ziff. 8b ff.).

Beispiel

**Eine Büromaschinenfirma räumt ihren Kunden in ihren AGB ein jederzeitiges Umtauschrecht innerhalb der ersten acht Wochen nach dem Kauf an, schließt aber danach sämtliche Ansprüche der Käufer aus.**
**Ein Softwareunternehmen legt in seinen AGB unter dem Stichwort „Garantie" bei einem Produkt mit einem Ladenpreis von 50,00 EUR fest: „Technisch fehlerhafte Disketten können innerhalb von vier Wochen zum kostenlosen Umtausch an die Software AG gesandt werden. Ein Umtausch zu einem späteren Zeitpunkt erfolgt nur gegen einen Kostenbeitrag von 25,00 EUR."**

Die gesetzliche Garantiezeit von zwei Jahren kann zwar verlängert, jedoch nicht durch AGB verkürzt werden.

e) Eine Verschiebung der **Beweislast** zum Nachteil des Kunden ist unzulässig (§ 309 Ziff. 12).

Beispiel

**In den AGB eines Luftfahrtunternehmens findet sich folgender Passus: „Zum Schadensersatz bei der Beförderung von Personen sowie von aufgegebenem Gepäck ist der Luftfrachtführer nur dann verpflichtet, wenn ihm nachweislich Fahrlässigkeit zur Last fällt."**

AGB-Bestimmungen, die dem Vertragspartner die Beweislast für Umstände aufbürden, die im Verantwortungsbereich des Unternehmens liegen, sind unzulässig. So ist beispielsweise auch eine Bestimmung, dass der Mieter eines Leihwagens mit der Übernahme des Wagens anerkenne, dass das Fahrzeug keinerlei Mängel aufweise, nur dann zulässig, wenn der Mieter dies auf einer gesonderten Quittung beim Empfang anerkennt.

**Aufgabe**

(1) Überprüfen Sie, ob der folgende Hinweis richtig ist, zitieren Sie die entsprechenden Paragraphen!

„In den AGB werden für gewöhnlich alle BGB-Rechte auf Wandlung und Minderung zunächst ausgeschlossen, stattdessen wird dem Kunden kostenlose Nachbesserung während der ersten sechs Monate nach dem Kauf zugesagt. Das ist rechtens, vorausgesetzt der Händler hat in seinen AGB eines ausdrücklich vermerkt, nämlich: Sollte die Reparatur fehlschlagen, kann der Kunde wahlweise den Kauf rückgängig machen oder ein fehlerfreies Gerät verlangen. Fehlt dieser Passus, ist die gesamte Einschränkung der Kundenrechte auf die Reparatur zum Nulltarif hinfällig, der Käufer kann sofort auf die Lieferung eines fehlerfreien Gerätes bestehen oder vom Vertrag zurücktreten.
Als fehlgeschlagen gilt eine Reparatur in der Regel übrigens dann, wenn bei einem Fernsehgerät zwei Reparaturversuche nicht zum Erfolg geführt haben. Aber Vorsicht: Es kommt dabei sehr auf die Umstände des Einzelfalles an."

## 5.2 Die Produzentenhaftung und das Produkthaftungsgesetz

### Neue Waffe gegen Goliath

...

Ein Tierarzt hatte alle Tiere gerade geimpft, als drei Tage später die Hühnerpest ausbrach. Mehr als 4.000 Hühner verendeten. Im November 1968 bestimmte der Bundesgerichtshof in seiner berühmten „Hühnerpest-Entscheidung", dass der Hersteller des Impfstoffs den Schaden ersetzen musste. Das Medikament war durch Bakterien verunreinigt gewesen. Die Farmbesitzerin konnte nicht beweisen, dass dies im Betrieb des Impfstoffherstellers passiert war. Doch die Bundesrichter drehten die Beweislast um: Der Pharmafabrikant sei „näher dran" am Produktionsgeschehen. Er hatte zu beweisen, dass er nicht schuld war.
Einen besonderen Schrecken haben die BGH-Richter der Industrie auch mit dem so genannten „Erdal"-Urteil eingejagt: Vier Geschäftsführer der Mainzer Firma Werner & Mertz wurden im Juli 1990 wegen Körperverletzung zu Haft- und Geldstrafen verurteilt. Sie hatten Leder- und Imprägniersprays der Marken „Erdal-Rex" und „Solitär" nicht zurückgerufen, obwohl sie von den zum Teil lebensbedrohenden Gesundheitsgefahren für die Käufer wussten. Dem BGH genügt die Erkenntnis, dass die Ursache für die Schäden in den Sprays gelegen habe. Auf die genaue wissenschaftliche Suche nach der letztlich auslösenden Substanz verzichteten sie.
Oft führen beklagte Hersteller an, dass sie ihr Produkt schließlich mit Billigung einer staatlichen Institution auf den Markt gebracht haben. Damit, so meinen sie, sei ihnen die Haftung für Schäden abgenommen. Doch auch hier haben die BGH-Richter Eindeutiges gesagt. So legten sie zum Beispiel in dem berühmt gewordenen „Honda"-Urteil vom Dezember 1986 fest, dass eine Betriebserlaubnis des TÜV noch „keine Vermutung für die ordnungsgemäße Beschaffenheit des Produkts begründet". Trotz des quasi amtlichen TÜV-Segens machte eine nachträglich angebaute Lenkerverkleidung ein Motorrad so unsicher, dass der Sohn der Kläger ins Schleudern und an einer Leitplanke ums Leben kam. Hersteller Honda traf die Haftung, obwohl die Verkleidung von einer Fremdfirma stammte. ...

*Quelle: H. Stelz in: DIE ZEIT vom 11.09.1993, Auszug)*

Beispiel

**Jan Opitz kauft bei Fahrradhändler Gallmann ein Mountainbike einer erstklassigen Marke. Wegen eines Materialfehlers bricht schon nach wenigen Tagen während einer Bergtour die Gabel. Bei dem Sturz verletzt sich Jan schwer. Von wem kann er die Kosten für die Heilbehandlung sowie eine Entschädigung für seinen Verdienstausfall, er ist freiberuflicher Sportredakteur der Lokalzeitung, verlangen?**

Es muss nun geprüft werden, welche Ansprüche der Geschädigte gegen den Händler und gegen den Hersteller der Ware geltend machen kann.

a) Jan hat gegen den Fahrradhändler Gallmann einen Anspruch auf Nacherfüllung wegen des defekten Bikes gemäß § 439.1. In diesem Fall wird er Neulieferung fordern.

b) Schwieriger wird jedoch die Begründung eines Schadensersatzanspruchs wegen der Heilbehandlung und des Verdienstausfalls. Ein solcher Anspruch gemäß § 280.1 wäre nur dann durchsetzbar, wenn der Händler den Mangel verschuldet hat. Dies ist allerdings fraglich, da er als Warenverteiler i. d. R. keinen Produktfehler zu verantworten hat. Er hat insbesondere keine generelle Prüfungspflicht, die er hätte schuldhaft verletzen können. Eine solche wäre nur dann gegeben, wenn das Fahrrad von einem nicht zuverlässigen Produzenten stammte und es ähnliche Fälle schon zuvor gegeben hätte.

c) Gegen den Produzenten hat Gallmann keine Ansprüche aus dem Kaufvertrag, da mit diesem ja kein Vertrag geschlossen wurde. Auch kann der Händler nach Auffassung der Rechtsprechung zu Recht nicht als Erfüllungsgehilfe des Herstellers gesehen werden, sodass Jan auch aus § 278 keine Ansprüche ableiten kann.

d) Damit kämen nun mögliche Ansprüche aus unerlaubter Handlung gemäß § 823.1, die ja nicht an einen Vertrag gebunden sind, gegen den Händler oder den Produzenten infrage. § 823 setzt ein Verschulden des Schädigers voraus. Ein Verschulden des Händlers, das der Geschädigte zu beweisen hätte, etwa eine schuldhafte Verletzung der Prüfungspflicht, scheidet aus (siehe b).

e) Auch ein Schadensersatzanspruch gemäß § 823.1 gegen den Hersteller wegen eines Produktfehlers setzt das Verschulden des Produzenten voraus. Durch eine Entscheidung des BGH von 1968 wurde die Beweislast in diesem Fall jedoch umgekehrt: *Der Produzent muss beweisen,* dass ihn *kein Verschulden* trifft (Verschuldenshaftung mit Beweislastumkehr). Ihm obliegt also der Nachweis, dass er nicht vorsätzlich oder fahrlässig gehandelt hat, er hat damit auch die Möglichkeit, sich zu entlasten (zu exkulpieren). Auch wenn diese Beweislastumkehr eine deutliche Verbesserung des Verbraucherschutzes darstellt, fällt den Unternehmen ein Entlastungsbeweis meist nicht allzu schwer.

Das 1990 in Kraft getretene **Produkthaftungsgesetz** (ProdHaftG) gibt dem Geschädigten eine weitere außervertragliche Anspruchsgrundlage, die selbstständig und unabhängig neben die Haftung aus unerlaubter Handlung tritt. Es wurde aufgrund einer EG-Richtlinie von 1985 erlassen und soll dem Verbraucher umfassenden Rechtsschutz vor fehlerhaften Produkten gewähren. Nach dem Prinzip der *Gefährdungshaftung* haftet der Hersteller einer Ware, wenn diese fehlerhaft ist und damit die Sicherheit für das Leben, die Gesundheit oder Sachwerte des privaten Nutzers dieser Sache nicht gewährleistet ist.

Diejenigen, die durch ein fehlerhaftes (unsicheres) Produkt einen Gesundheits- oder Sachschaden (Mangelfolgeschaden) erleiden, können aufgrund § 1 ProdHaftG einen Schadensersatzanspruch gegenüber dem Hersteller geltend machen, **unabhängig davon, ob diesen ein Verschulden trifft** oder nicht. Der Geschädigte braucht lediglich den Produktfehler, den Schaden und die Tatsache, dass der geltend gemachte Schaden (ursächlich) durch diesen Fehler entstanden ist, zu beweisen. Die Regelung umfasst gemäß § 2 ProdHaftG auch Reparatur-, Handwerks- oder Bauleistungen.

Die verschuldensunabhängige Gefährdungshaftung gilt nur in bestimmten Ausnahmefällen und ist gesetzlich festgelegt: etwa die Haftung von Fahrzeughaltern, Arzneimittelherstellern oder Energieversorgungsunternehmen (s. a. Teil III Abschnitt 1.3.4).

Beispiele

**Vgl. das Eingangsbeispiel: Jan Opitz hat also nun die Möglichkeit, seine Ansprüche auf Ersatz der Heilbehandlung und des Verdienstausfalls aus dem Produkthaftungsgesetz abzuleiten und gegenüber dem Fahrradhersteller direkt geltend zu machen.**
**Zwei andere Beispiele: Karin T. kauft eine Flasche Limonade. Noch bevor sie die Flasche öffnet, explodiert diese in ihrer Hand. Glassplitter verletzen ihr linkes Auge. Einen Tag später stürzt ihr Freund Dago, als eine fehlerhafte Leiter unter ihm zusammenbricht. Dago zieht sich eine schwere Kopfverletzung zu.**
**Auch Karin T. und Dago können ihre Schadensersatzansprüche auf das ProdHaftG stützen.**

Als Fehler gelten gemäß § 3 ProdHaftG Konstruktions-, Fabrikations- und Instruktionsfehler. Für Entwicklungsfehler ist die Ersatzpflicht des Herstellers ausgeschlossen. Ein Entwicklungsfehler liegt dann vor, wenn dieser nach dem Stand von Wissenschaft und Technik zum Zeitpunkt des Verkaufs des Produkts nicht erkannt werden konnte.

Geschädigte können sich auch dann an den Hersteller wenden, wenn das Teil des Produktes, das Ursache für den Schaden war, von einem Zulieferer bezogen wurde. Ist der Hersteller nicht bekannt oder nicht feststellbar, kann der Verbraucher Schadensersatz direkt von dem Händler verlangen. Wurde der Schaden durch ein Produkt verursacht, das aus einem Nicht-EU-Land importiert wurde, so kann der Anspruch gegen den Importeur geltend gemacht werden. Von dieser Neuregelung sind insbesondere Quasi-Hersteller, also Anbieter eigener Handelsmarken betroffen. Diese Handelsfirmen, wie z. B. Edeka, Kaufhof oder Ikea, bieten Produkte unter eigenem Namen an, lassen sie aber im Ausland, häufig in Südostasien, von meist unterschiedlichen Produzenten herstellen. Diese Anbieter sind nach dem ProdHaftG nun voll für die genannten Schäden haftbar (vgl. hierzu § 4 ProdHaftG).

Die Haftung nach dem ProdHaftG sieht bei Sachschäden eine Selbstbeteiligung in Höhe von 575,20 EUR und einen Haftungshöchstbetrag von 81,8 Mio. EUR vor, vgl. §§ 10, 11 ProdHaftG. Ein Anspruch auf Schmerzensgeld ist nicht vorgesehen. Der Anspruch verjährt drei Jahre nach Kenntnis des Schadens und zehn Jahre, nachdem das Produkt in den Verkehr gebracht worden ist, vgl. §§ 12, 13 ProdHaftG.

Unter bestimmten Umständen ist es daher günstiger, wenn der Geschädigte seinen Anspruch weiterhin aus § 823.1 geltend macht, wenn ein Verschulden des Herstellers anzunehmen ist. Diese Umstände sind beispielsweise dann gegeben, wenn der Geschädigte die Selbstbeteiligung nicht leisten will, der Schaden größer als 81,8 Mio. EUR ist (dies kann dann durchaus der Fall sein, wenn eine größere Anzahl von Personen zu Schaden kommt), wenn er Schmerzensgeld beanspruchen will oder Ersatz für einen Schaden beansprucht, den ein älteres Produkt verursacht hat. Schließlich bleibt ein Anspruch nach § 823.1 auch die einzige Möglichkeit, Ersatz für Personen- oder Sachschäden zu erhalten, die sich aus der gewerblichen Nutzung von Produkten ergeben, da das ProdHaftG nur für privat genutzte Sachen gilt.

Da gemäß § 14 ProdHaftG die Haftung aus diesem Gesetz nicht im Voraus ausgeschlossen oder beschränkt werden kann, bezieht sich eine in den allgemeinen Geschäftsbedingungen enthaltene allgemeine Haftungsbeschränkung nicht auf Ansprüche aus dem ProdHaftG. Vielmehr kann eine solche Klausel ohne klärende Zusätze irreführend und damit nichtig sein.

Eine Ausnahme besteht im Übrigen für unbehandelte landwirtschaftliche Produkte. Führt beispielsweise der Verzehr von Nahrungsmitteln zu Vergiftungen, Allergien oder Seuchen, so muss ausnahmsweise dem betreffenden Landwirt ein Verschulden nachgewiesen werden.

**Übersicht: Produzentenhaftung**

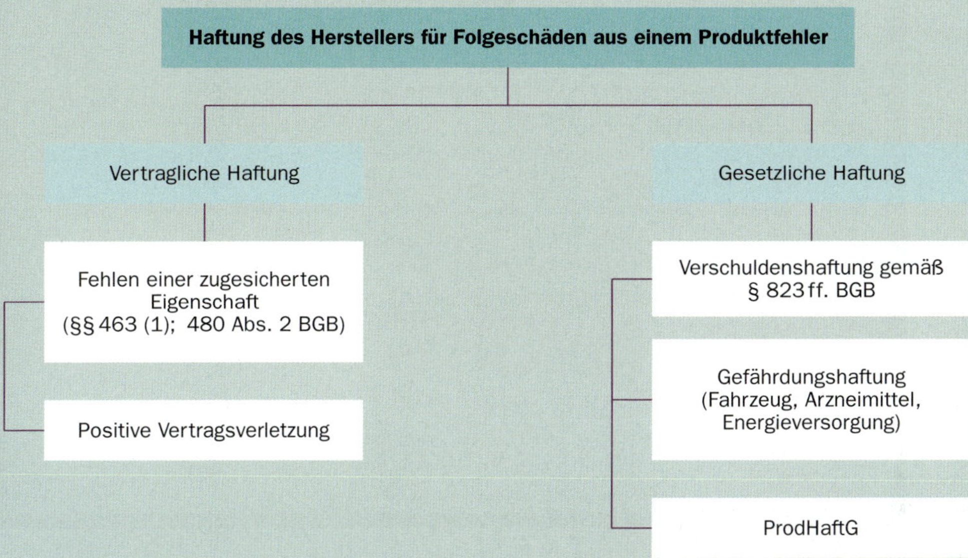


Beispiele

Nach einem **Urteil des OLG Köln vom 1. März 1990** haftet der Hersteller eines Produkts auch für Risiken und Gefahren, die sich daraus ergeben, dass ein Gerät nicht ordnungsgemäß benutzt wird, wenn ihm die besonderen Umstände, unter denen das Gerät eingesetzt wird, bekannt sind und er damit rechnen muss, dass dabei nicht immer die äußerste Sorgfalt angewendet wird.

Der Hersteller von Betonplatten zur Verkleidung der Außenfassade eines Gebäudes hatte zur Montage Hebeanker und Schraubhülsen in die Betonteile der Platten eingegossen. Er stellte auch die Hebeaufhänger zur Verfügung, die bei der Montage an vier Stellen mit der Betonplatte verschraubt werden mussten. Dadurch, dass bei einer Platte lediglich drei Sicherungsbolzen eingeschraubt wurden, der vierte aber – weil verbogen – nicht richtig saß, riss die Aufhängung und die herabstürzende Betonplatte beschädigte den Kran des Bauunternehmers erheblich. Obwohl das Gericht hier zu dem Ergebnis kam, dass bei ordnungsgemäßer Handhabung die Hebevorrichtung ausreichend dimensioniert gewesen wäre, musste der Hersteller für den Schaden einstehen. Man warf ihm vor, nicht durch eine Sicherheitsreserve die Risiken berücksichtigt zu haben, die sich aus einer unachtsamen Handhabung bei der konkreten Art der Verwendung auf einer Baustelle ergeben können.

Nach einem **Urteil des BGH vom 12. November 1991** müssen Hersteller von Kindertees mit einem hohen Zuckeranteil für die Schäden an den Zähnen aufkommen und Schmerzensgeld leisten, wenn sie nicht ausreichend auf die Gefahr ihrer Produkte hingewiesen haben. In den Warnhinweisen muss die Art der drohenden Gefahr deutlich herausgestellt werden. Jedenfalls dann, wenn erhebliche Körper- oder Gesundheitsschäden durch eine Fehlanwendung des Produkts entstehen können, muss der Produktverwender aus dem Warnhinweis auch erkennen können, warum das Produkt gefährlich

werden kann. Steht in einem Produkthaftungsprozess fest, dass ein Hersteller objektiv seine Instruktionspflichten verletzt hat, dann ist davon auszugehen, dass die Verletzung dieser Pflichten schuldhaft erfolgt ist, sofern der Hersteller nicht den Beweis führt, dass ihn kein Verschulden trifft.
Ein Hersteller von Babynahrung hatte einen gesüßten Kindertee auf den Markt gebracht. Der Tee hat allein in der Bundesrepublik Deutschland bei mindestens 100.000 Kindern die Milchzähne durch Kariesbefall stark geschädigt oder zerstört. Nach Veröffentlichungen in medizinischen Fachzeitschriften im Jahre 1981 gab der Hersteller eine Informationsbroschüre heraus, in der auf die Gefahren des Dauernuckelns hingewiesen wurde, weil dadurch die Zähne im Oberkiefer ständig mit dem zuckerhaltigen Getränk umspült würden. Gleichzeitig wurde der Banderolentext auf der Verpackung geändert.
Dennoch verurteilte das Gericht den Hersteller zur Leistung von Schadensersatz und Schmerzensgeld und begründet seine Entscheidung damit, dass die Hersteller es versäumt hätten, die Wirkung des Produkts zu beobachten und in entsprechender Form auf die Gefahren hinzuweisen. Die Richter vertraten die Ansicht, dass ein Hinweis in einem grafisch unübersichtlich gestalteten Fließtext in der Broschüre und auf der Banderole nicht den Anforderungen an die Deutlichkeit eines Warnhinweises entspricht. Für den Zeitraum von der Geburt des Klägers (im Jahre 1979) bis zu den Veröffentlichungen im Jahre 1981 nimmt das Gericht eine schuldhafte Verletzung der Instruktionspflicht an, weil bereits 1971 in einer schweizerischen Fachzeitschrift auf die Gefahren des Dauernuckelns hingewiesen wurde und dies die Beklagte bei der Instruktion der Verbraucher nicht berücksichtigt hat. Der BGH hat daher dem Hersteller die Beweislast dafür auferlegt, dass er nicht schuldhaft gehandelt hat. Diesen Beweis konnte er nicht erbringen.

*Quelle: Stiftung Warentest; VerbraucherRecht, Stuttgart 1992; verändert)*

## 5.3 Haustürgeschäfte

Beispiele

**(1) Während einer sogenannten „Kaffeefahrt" ersteht die Hausfrau Christa Hartnagel ein Rauchvernichtungsgerät zum Preis von „nur" 199,00 EUR. Wieder zu Hause angekommen, stellt sie fest, dass sie ein solches Gerät gar nicht benötigt, und möchte den Kauf rückgängig machen. Rechtslage?**

**(2) Der 20-jährige arbeitslose Frank Elser bestellt bei einem geschickten Zeitschriftenwerber an seiner Wohnungstür ein Abonnement für das Magazin „Spiegel" zum Preis von 150,00 EUR. Drei Wochen später, nach der Überprüfung seiner derzeitigen Finanzlage, möchte er den Kaufvertrag rückgängig machen. Unter welchen Voraussetzungen könnte ihm das gelingen?**

Häufig werden Privatleute an ihrer Haus- oder Wohnungstür, bei speziellen Verkaufsfahrten oder Freizeitveranstaltungen zu Käufen oder Bestellungen verleitet, die sie eigentlich gar nicht tätigen wollten. Vor den Rechtsfolgen solcher eher unüberlegt getätigter Geschäfte soll der Verbraucher geschützt werden, ihm steht daher bei sogenannten Haustürgeschäften ein erweitertes Widerrufs- und Rückgaberecht zu.

Unter Haustürgeschäften werden gem. § 312 Kauf-, Werk- oder Dienstleistungsverträge zusammengefasst, zu denen der Käufer in seiner Privatwohnung oder am Arbeitsplatz, bei speziellen Freizeitveranstaltungen oder Verkaufsfahrten bzw. durch überraschendes Ansprechen in öffentlichen Verkehrsmitteln oder auf der Straße veranlasst wurde, er also „überrumpelt" wurde.

Eine unter solchen Umständen abgegebene Willenserklärung kann ein Verbraucher schriftlich ohne Begründung innerhalb von 2 Wochen gem. §§ 312, 355 widerrufen. Anstelle des Widerrufs kann er auch einfach die Ware innerhalb der Zweiwochenfrist zurücksenden (§ 356). Die Frist beginnt, sobald der Verbraucher eine deutlich gestaltete, mit Namen und Anschrift des Unternehmers versehene Belehrung über sein Widerrufsrecht erhalten hat. Es erlischt nicht, wenn nachweislich eine solche Belehrung nicht erfolgt ist. Die Beweispflicht hat der Unternehmer. Erfolgt die Belehrung erst nach Vertragsabschluss, verlängert sich die Widerrufsfrist auf einen Monat. Bis zum Ende der Widerrufsfrist ist der Vertrag schwebend unwirksam.

Das Widerrufsrecht entfällt gem. § 312.3

- bei Versicherungsverträgen,
- bei „Bagatellgeschäften“ mit einem Wert von höchstens 40,00 EUR und wenn der Kaufpreis sofort gezahlt und die Ware sofort übergeben wurde,
- wenn die Willenserklärung des Kunden notariell beurkundet wurde oder
- der Kunde den Verkäufer einbestellt hat.

Eine solche Bestellung liegt i. d. R. im Übrigen nicht vor, wenn der Verkäufer seinen Hausbesuch lediglich telefonisch ankündigt oder wenn die Kundin ihre Telefonnummer auf einer Werbeantwort angegeben hat.

## Hausbesuch von Vertreter unverbindlich

Das Widerrufsrecht bei so genannten Haustürgeschäften geht nicht verloren, wenn der Kunde den Vertreter nur zur Präsentation der Waren zu sich gebeten hat. Wie das Frankfurter Oberlandesgericht (OLG) entschied, schließe das Gesetz zwar den Widerruf eines abgeschlossenen Geschäfts aus, wenn der Kunde den Anbieter zuvor zu Vertragsverhandlungen in seine Wohnung gebeten habe. Habe er sich aber nur Waren ansehen und sich informieren wollen, verliere er das Widerrufsrecht nicht (Az.: 9 U 5/00).

Das Gericht wies mit seinem Urteil die Zahlungsklage eines Fensterherstellers ab. Der beklagte Kunde hatte Fenster im Gesamtwert von rund 52.000,00 DM bestellt, nachdem er den Fensterhersteller in seine Wohnung gebeten hatte. Innerhalb einer Woche widerrief der Kunde den Vertrag. Das OLG ließ den Widerspruch zu. Der Kunde sei zunächst nur an einem unverbindlichen Angebot interessiert gewesen und habe den Anbieter auch nur zu diesem Zweck in seine Wohnung gebeten.

*Quelle: Handelsblatt vom 09.11.2000*

Beispiele

**Die „Haustürgeschäftsregelung“ kommt nach einschlägigen Gerichtsurteilen in folgenden Fällen zur Anwendung, wenn**

- **ein Mieter einen Vertrag des Vermieters in seinem oder dem Pkw eines anderen Mieters unterschreibt (LG Köln 12 S 256/98);**
- **ein selbstständiger Lkw-Unternehmer einen Vertrag in seinem Lkw unterschreibt (OLG Düsseldorf 6 U 127/98);**
- **ein Verbraucher einen Vertrag in einer fremden Privatwohnung unterschreibt (AG Strausberg 9 C 127/97).**

**Die „Haustürgeschäftsregelung“ kommt nach einschlägigen Gerichtsurteilen in folgenden Fällen *nicht* zur Anwendung, wenn**

- **ein Vertrag in der Wohnung des Verkäufers unterschrieben wurde (BGH VII, ZR 167/99);**
- **dem Treuhänder eines Immobilienfonds zu Hause die Vollmacht zur Abwicklung von Formalitäten mit der Bank erteilt wurde und dieser den Vertrag in der Bank unterschrieben hat (BGH XI ZR 108/99);**
- **ein Deutscher Ware im Ausland kauft, sich diese zusenden lässt und den Kaufpreis aus Deutschland überweist, da dann ausländisches Recht gilt (OLG Düsseldorf 21U/48/99);**

Da in unserem ersten Beispiel keiner der Ausschlussgründe vorliegt, kann Christa H. gem. §§ 312, 356 das Rauchvernichtungsgerät auf Kosten des Verkäufers zurückschicken, vgl. auch § 357.2.

Auch Frank E. (s. o.) kann seine Zustimmung zu dem Abo gem. §§ 312, 355.1 ohne Begründung schriftlich widerrufen, allerdings nur dann, wenn er keine entsprechende Belehrung erhalten hat und er die erhaltenen Ausgaben gem. § 357 zurückschickt.

**Aufgaben**

(2) Eva M. macht eine Kur und wohnt im Kurhotel „Schöne Aussicht“. In einer schriftlichen Einladung für Kur- und Feriengäste wird sie auf eine Verkaufsveranstaltung für Betten in der Hotelhalle hingewiesen, bei der auch kostenlos Kaffee und Kuchen serviert werden soll. Sie besucht diese Veranstaltung und erwirbt eine Steppdecke. Am nächsten Tag stellt sie fest, dass der örtliche Einzelhandel die gleiche Decke zu einem erheblich niedrigeren Preis anbietet. Musste die veranstaltende Firma die Teilnehmer über das Widerrufsrecht informieren? Kann Eva M. am nächsten Tag vom Kauf zurücktreten? Welche Schwierigkeit könnte sich evtl. ergeben?

(3) Auf einer Messe für Freizeitartikel bestellt Emma W. ein Service zum Preis von 799,00 EUR. Kann Emma ihre Bestellung am folgenden Tag widerrufen, wenn sie der Meinung ist, dass ihre Entscheidung falsch war?

(4) Tante Frieda nimmt an einer Busfahrt mit dem Busunternehmen Mayer teil. Auf dieser Fahrt werden Frieda Kochtöpfe zu einem Verkaufspreis in Höhe von 95,00 EUR angeboten. Sie kauft einen gesamten Satz Kochtöpfe für insgesamt 300,00 EUR. Nach 10 Tagen stellt sie fest, dass die Kochtöpfe im örtlichen Einzelhandel erheblich günstiger angeboten werden. Reicht es für einen Widerruf, wenn sie die Töpfe ohne eine Begründung an den Busunternehmer zurückschickt? Muss ihr Mayer gegebenenfalls den vollen Kaufpreis zurückerstatten?

(5) Die seit drei Jahren als Küchenhilfe beschäftigte Christina M. wird ins Büro ihres Chefs gebeten. Dieser legt ihr einen Auflösungsvertrag für ihren Arbeitsvertrag vor, den sie auch unterschreibt. Kann sie unter Bezug auf die Regelungen bei Haustürgeschäften ihre Unterschrift widerrufen, da sie „überrumpelt“ worden sei?

### Kauf auf Messe ist nicht widerrufbar

Verbrauchermessen sind grundsätzlich keine „Freizeitveranstaltungen", bei denen die Kunden in besonderem Maße vor der Verbindlichkeit unbedachter Bestellungen geschützt sind. Der Bundesgerichtshof (BGH) hat erneut bekräftigt, dass die Widerrufsmöglichkeit bei Messen nicht greift.
In dem Fall ging es um die Göttinger Verbrauchermesse SIVA. Ein Besucher hatte dort 1999 eine Einbauküche für rund 6.800,00 EUR bestellt, die er hinterher nicht abnehmen wollte. Er berief sich auf die Regelungen zu den so genannten Haustürgeschäften, die Kunden auch bei „Freizeitveranstaltungen" eine Widerrufsmöglichkeit einräumen. Ohne Erfolg: Lauf BGH greift dieser Schutz nur dann, wenn Freizeitangebot und Verkaufsveranstaltung derart organisatorisch miteinander verwoben sind, dass der Kunde in eine „freizeitlich unbeschwerte Stimmung versetzt wird" und sich den Angeboten nur schwer entziehen könne – sei es aus Gruppenzwang oder aus Dankbarkeit für das Unterhaltungsangebot. Das Gericht stellt also auf die Überrumpelungssituation zum Beispiel bei Kaffeefahrten ab – die bei Verbrauchermessen normalerweise nicht gegeben sei: Zwar wurde auch auf der SIVA in beträchtlichem Maß für die Unterhaltung der Besucher gesorgt. Dass der gewerbliche Charakter der Messe durch das Rahmenprogramm verschleiert oder verdrängt worden ist, war laut BGH jedoch nicht ersichtlich. Denn immerhin präsentierten rund 400 Aussteller in 20 Hallen ihr Angebot.
Diese Grundsätze hatte der BGH bereits vergangenes Jahr zur „Grünen Woche" aufgestellt. Nun stellte er klar, dass sich auch aus einer europäischen Richtlinie über Verträge, die außerhalb von Geschäftsräumen abgeschlossen werden, kein erhöhter Schutz der deutschen Verbraucher ergibt. Laut BGH erfasst die Richtlinie vor allem Einladungen der Verbraucher zu einem Ausflug – etwa zu einer Kaffeefahrt. (BGH: X ZR 178/02)

*Quelle: Handelsblatt vom 10.12.2003*

## 5.4 Fernabsatzgeschäfte

Verträge über Waren und Dienstleistungen zwischen Unternehmern und privaten Verbrauchern, die ausschließlich unter Verwendung sogenannter Fernkommunikationsmittel, also im Wesentlichen per Brief, Fax, Telefon, E-Mail oder online abgeschlossen werden, weisen einige Besonderheiten auf und sind daher gesondert im § 312 b–d geregelt. Hierbei geht es im Wesentlichen um erweiterte Informationspflichten des Verkäufers sowie um Widerrufs- und Rückgaberechte. Die Rechtsvorschriften betreffen auch den klassischen Versandhandel, nicht jedoch Finanz- oder Grundstücksgeschäfte sowie Fernunterrichtsverträge (vgl. § 312 b).

Gem. § 312 c werden dem Anbieter weitreichende Informationspflichten auferlegt. So muss er dem Verbraucher schon frühzeitig seine kommerzielle Absicht offen legen, er muss ihn eindeutig über die Anschrift des Lieferanten, die Eigenschaften der Ware oder Dienstleistung, den Vertragszeitpunkt, ggf. die Mindestlaufzeit, sämtliche Kosten und Liefermodalitäten und sein Widerrufsrecht informieren. Alle wichtigen Informationen müssen dem Kunden spätestens bis zur Vertragserfüllung schriftlich bestätigt werden.

Ebenso wie bei Haustürgeschäften kann der Verbraucher seine abgegebene Willenserklärung schriftlich ohne Begründung innerhalb von 2 Wochen gem. §§ 312 d, 355 widerrufen. Anstelle des Widerrufs kann ihm auch das Recht auf Rückgabe der Ware innerhalb der Zweiwochenfrist eingeräumt werden (vgl. §§ 312 d, 356). Die Frist beginnt, sobald der Verkäufer seine schriftlichen Informationspflichten gem. § 312 c Abs. 2 erfüllt hat, bei der Lieferung von Waren mit dem Tag ihres Eingangs beim Empfänger.

# 6 Das Beenden von Schuldverhältnissen

## 6.1 Das Erlöschen der Schuld

### 6.1.1 Erfüllung

Durch die Erfüllung wird die geschuldete Leistung an den Gläubiger bewirkt, die Ware wird geliefert bzw. die Rechnung gezahlt. Selbstverständlich muss der **richtige Schuldner** dem **richtigen Gläubiger** die **richtige Leistung** an dem **bestimmten Ort** zur **bestimmten Zeit** erbringen, vgl. § 362 ff.

***Ausnahmen:***

a) Gemäß § 267 kann im Allgemeinen auch ein **Dritter** die geschuldete Leistung erbringen. Dies gilt natürlich nicht, wenn es sich um bestimmte ganz persönlich zu erbringende Leistungen handelt, vgl. §§ 613, 664, 691.

b) Akzeptiert der Gläubiger eine andere als die geschuldete Leistung als Vertragserfüllung, so erlischt das Schuldverhältnis ebenfalls, vgl. § 364.

Beispiel

**Sabine schuldet Claudia 20,00 EUR. Zu Weihnachten erhält Sabine einen Armreif, der ihr nicht gefällt. Sie bietet ihn Claudia zur Tilgung ihrer Schuld an. Claudia greift erfreut zu und sagt, nun sind wir quitt.**

HINWEIS

Im Zweifel erfolgt eine solche „Andersleistung“ nicht an Erfüllungs statt, sondern nur **erfüllungshalber** (siehe § 364). Erfüllungshalber bedeutet, dass durch die Hingabe einer anderen als der geschuldeten Sache die eigentliche Leistung erst vorbereitet wird, das Schuldverhältnis dadurch noch nicht erlischt. Der Geldgläubiger, der einen Scheck, Wechsel oder auch Waren, wie Gold oder Diamanten, für seine Forderung annimmt, soll grundsätzlich erst durch deren Verwertung befriedigt werden. Das heißt, erst wenn Scheck und Wechsel eingelöst, Waren verkauft wurden, gilt das Schuldverhältnis als erloschen. Wer also mit einem ungedeckten Scheck (falschen Diamanten) bezahlt, bringt dadurch das bestehende Schuldverhältnis nicht zum Erlöschen.

Ob die „Andersleistung“ an Erfüllungs statt oder nur erfüllungshalber erfolgte, ergibt sich aus den Umständen des Einzelfalls.

Der Gläubiger muss die vom Schuldner angebotene, geschuldete Leistung annehmen und gegebenenfalls hierüber eine Quittung ausstellen, vgl. § 368.

### 6.1.2 Hinterlegung

Eine Hinterlegung der geschuldeten Sache ist in folgenden Fällen möglich:

- wenn sich der Gläubiger in Annahmeverzug befindet,
- wenn Ungewissheit über die Zahlungsfähigkeit besteht,
- wenn der Aufenthaltsort des Gläubigers unbekannt ist und
- wenn schließlich Ungewissheit über die Person des Gläubigers besteht, beispielsweise wenn unklar ist, wer Erbe eines verstorbenen Gläubigers ist.

Die Sache kann in solchen Fällen bei einer öffentlichen Hinterlegungsstelle hinterlegt werden, vgl. § 374. Hinterlegungsfähig sind gemäß § 372 nur Geld, Wertpapiere und sonstige Urkunden sowie Kostbarkeiten. Die Hinterlegung ist dem Gläubiger gemäß § 374.2 anzuzeigen.

Beispiel

**Heike schuldet Anna aus einem Darlehen 5.000,00 EUR. Anna ist verstorben. Da Ungewissheit darüber besteht, wer Erbe ist, kann sich Heike von ihrer Schuld durch Hinterlegung des Betrages beim Amtsgericht befreien.**

Liegt ein Handelsgeschäft vor, so können **alle** Waren an **geeigneten Stellen,** etwa in öffentlichen Lagerhäusern, hinterlegt werden, vgl. § 373 HGB.

### 6.1.3 Aufrechnung

Haben zwei Personen gleichartige Forderungen gegeneinander, so können diese miteinander verrechnet werden, wenn sie fällig und durchsetzbar sind, vgl. § 387 ff.

Beispiele

- **Schuldet Leon Jan 50,00 EUR und Jan Leon 50,00 EUR, so können sie ihre Schulden gegeneinander aufrechnen, die jeweilige Schuld erlischt dann.**
- **Schuldet Leon Jan 120,00 EUR, Jan Leon aber 20,00 EUR, so kann Leon mit der Zahlung von 100,00 EUR an Jan erklären, er würde die Forderungen gegeneinander aufrechnen, die jeweilige Schuld von 20,00 EUR ist dann erloschen.**

### 6.1.4 Erlass

Der Gläubiger kann dem Schuldner eine Schuld auch erlassen und so das bestehende Schuldverhältnis beenden. Dies ist im Gegensatz zur Aufrechnung ein zweiseitiges Rechtsgeschäft, bedarf also der Zustimmung des Schuldners, weil man niemandem eine Wohltat aufzwingen kann, vgl. § 397 ff.

Beispiel

**Ein Vater gewährt seiner Tochter ein Darlehen über 5.000,00 EUR zum Kauf eines Kleinwagens, rückzahlbar in einem Jahr. Die Tochter ist zur Rückzahlung ein Jahr später jedoch nicht in der Lage. Wenn der Vater ihr nun die Schuld erlässt und die Tochter damit einverstanden ist, beendet er das Schuldverhältnis.**

## 6.2 Das Auflösen von Schuldverhältnissen

Ein Schuldverhältnis kann einerseits durch das Erlöschen der Schuld aufgehoben werden, andererseits kann es aber auch durch bestimmte einseitige, empfangsbedürftige Willenserklärungen aufgelöst werden.

### 6.2.1 Kündigung

Die Kündigung ist eine einseitige, empfangsbedürftige Willenserklärung, die zur Auflösung eines Dauerschuldverhältnisses (z. B. Arbeitsvertrag, Mietvertrag, Pachtvertrag) führt und für die Zukunft wirkt. Sie findet also i. d. R. auf unbefristete Verträge Anwendung.

Eine rechtswirksame Kündigung ist an bestimmte Bedingungen und Fristen gebunden:

- Wurden Verträge auf unbestimmte Zeit abgeschlossen, so sind die gesetzlichen bzw. vertraglichen Kündigungsfristen (z. B. § 620 ff.) zu beachten.
- Wurden Verträge auf eine bestimmte Zeit abgeschlossen, so ist eine vorzeitige Kündigung nur aus wichtigem Grund möglich.
- Eine sofortige (fristlose) Kündigung ist bei Arbeitsverträgen i. d. R. ebenfalls nur aus wichtigem Grund möglich, z. B. bei Diebstahl, Verleumdung, Bruch des Vertrauensverhältnisses oder Verweigerung der Lohnzahlung.

Vgl. hierzu §§ 671, 675, 609.

### 6.2.2 Rücktritt

Der Rücktritt ist ebenfalls eine einseitige empfangsbedürftige Willenserklärung und wandelt das Vertragsverhältnis in ein „Rückabwicklungsverhältnis“ um.

- Das Recht zum Rücktritt ist entweder im Gesetz verankert (vgl. §§ 325, 326) oder vertraglich festgelegt, vgl. § 346 ff.
- Der Rücktritt ist ein Vertragsverhältnis eigener Art. Ist er erfolgt, so sind beide Parteien verpflichtet, die einander gewährten Leistungen Zug um Zug zurückzugewähren, vgl. §§ 346 (1), 348 (1).
- Der Rücktritt ist allerdings ausgeschlossen, wenn gemäß § 351 der zum Rücktritt Berechtigte die empfangene Sache nicht mehr zurückgeben kann und dies verschuldet hat oder gemäß § 352 die Sache durch Verarbeitung umgestaltet hat und sie deshalb nicht mehr herausgeben kann.

Während der Rücktritt den Vertrag als Ganzes aufhebt (Verpflichtungs- und Verfügungsgeschäft), wird bei der Anfechtung i. d. R. nur das Verpflichtungsgeschäft unwirksam. Die Rückabwicklung erfolgt deswegen beim Rücktritt nach § 346 ff., bei der Anfechtung gemäß § 812, 818.

### 6.3 Verwirkung

Die Verwirkung ist ein gesetzlich nicht geregelter Begriff und beruht auf der Unzulässigkeit widersprüchlichen Verhaltens.

***Voraussetzungen:***
Seit der Möglichkeit der Geltendmachung eines Rechtes (nicht lediglich einer Forderung) ist längere Zeit verstrichen **und** der Verpflichtete (z. B. Geldschuldner) durfte aufgrund eines bestimmten Verhaltens des Berechtigten (z. B. Geldgläubiger) davon ausgehen, dass dieser sein Recht nicht mehr geltend machen wird.

Liegen diese Voraussetzungen vor und hat der Geldschuldner auch wirklich darauf vertraut, dass der Gläubiger sein Recht nicht mehr geltend machen wird, so ist das Recht verwirkt (erloschen). Eine Verwirkung muss vom Richter im Prozess, im Gegensatz zur Verjährung (s. u.), von Amts wegen (also ohne besonderen Hinweis) beachtet werden.

Beispiel

**Ein Vermieter hat kein Recht mehr, von seinem Mieter eine Mietnachzahlung zu verlangen, wenn dieser Mieter jahrelang eine niedrigere als die vereinbarte Miete zahlte und der Vermieter diese gekürzte Miete widerspruchslos akzeptierte. Das gilt auch für den umgekehrten Fall, wenn der Mieter trotz bestehender Zweifel über mehrere Jahre eine überhöhte Miete zahlte.**

## 7 Verjährung

Beispiel

**Der Kaufmann K. bemerkt erst nach vier Jahren, dass Sabine ihm noch 100,00 EUR für einen Walkman schuldet. Auf die Zahlungsaufforderung hin reagiert Sabine nicht. K. verklagt Sabine. Wenn Sabine nunmehr im Prozess die Einrede der Verjährung vorträgt (siehe § 199), so wird die Klage abgewiesen, sie braucht nicht mehr zu zahlen. Weist sie jedoch nicht auf die Verjährung hin, so wird sie zur Zahlung der 100,00 EUR verurteilt.**

Ansprüche an andere, also das Recht, von einem anderen ein Tun oder Unterlassen verlangen zu können, verjähren gemäß § 194 ff. nach einer gewissen Zeit. Durch die Verjährung **erlischt** der Anspruch zwar **nicht**, der Schuldner hat jedoch gemäß § 214.1 das Recht, die Leistung mit dem Hinweis auf die Verjährung zu verweigern. Dies gilt ebenfalls für sämtliche Nebenleistungen. Hiervon nicht erfasst sind gesicherte Ansprüche, wie z. B. bei Hypotheken, Pfandrechten, wo der Anspruch grundsätzlich durch dingliche Sicherung gesichert ist (vgl. §§ 216, 217).

Wird in einem Prozess die **Einrede der Verjährung** erhoben, so muss die Klage abgewiesen werden und die geforderte Leistung sowie evtl. Nebenleistungen wie Zinsen und Zusatzkosten müssen nicht mehr erbracht werden. Nach dem Ablauf der Verjährung lässt sich der Anspruch also nicht mehr durchsetzen. Dies mag ungerecht erscheinen. Aber andererseits ist es auch dem Schuldner kaum zuzumuten, sich auf unbestimmte Zeit gegen möglicherweise ungerechtfertigte Ansprüche zur Wehr setzen zu müssen.

Da der verjährte Leistungsanspruch nicht erlischt, kann der Schuldner seine Leistung jedoch nicht zurückfordern, wenn er sie in **Unkenntnis der Verjährung** schon erbracht hat und erst hinterher bemerkt, dass er Verjährung hätte geltend machen können, vgl. § 214.2.

Der Schuldner kann sich nicht auf Verjährung berufen, wenn dies gegen **Treu und Glauben** verstoßen würde, vgl. § 242. Dies ist dann der Fall, wenn der Schuldner durch sein Verhalten den Gläubiger an der rechtzeitigen Geltendmachung gehindert hat, etwa durch einen plötzlichen Wohnungswechsel kurz vor Ablauf der Verjährungsfrist.

## 7.1 Verjährungsfristen

Die Verjährungsfrist richtet sich nach der Art des Schuldverhältnisses und der geschuldeten Leistung.

Die regelmäßige Verjährungsfrist beträgt gemäß § 195 **3 Jahre**. Sie **beginnt** gemäß § 199.1 mit dem Schluss des Jahres, in welchem der Anspruch entstanden ist und der Gläubiger davon Kenntnis erlangt hat oder hätte erlangen müssen, dass ihm ein Anspruch zusteht und wer der Schuldner ist. Wusste der Gläubiger jedoch nicht von diesem Anspruch, so verjährt der Anspruch gemäß § 199.3 Ziff. 1 erst nach 10 Jahren.

Für **Schadensersatzansprüche**, die auf einer Verletzung des Lebens, des Körpers, der Gesundheit oder der Freiheit beruhen, gilt gemäß § 199.2 eine Verjährungsfrist von 30 Jahren.

Sonstige Schadensersatzansprüche, etwa aus Gefährdungshaftung oder aus unerlaubten Handlungen, verjähren gemäß § 199.3 10 Jahre nach dem Entstehen des Anspruchs oder 30 Jahre, nachdem das schadenauslösende Ereignis stattgefunden hat. Es gilt hierbei die jeweils früher endende Frist.

Ebenfalls erst nach 30 Jahren verjähren gemäß § 197.1

- Ansprüche auf Herausgabe von Eigentum,
- familien- und erbrechtliche Ansprüche,
- rechtskräftig, etwa per Urteil, festgestellte Ansprüche sowie
- Ansprüche aus vollstreckbaren Vergleichen oder vollstreckbaren Urkunden (Vollstreckungsbescheid).

Handelt es sich hierbei um regelmäßig wiederkehrende Leistungen, so gilt wieder die regelmäßige Verjährungsfrist von drei Jahren (vgl. § 197.2).

Die Verjährungsfristen von Ansprüchen, die **nicht** der regelmäßigen Verjährungsfrist von drei Jahren unterliegen, beginnen gemäß § 200 mit der Entstehung des Anspruchs bzw. mit der Handlung, die den Anspruch ausgelöst hat (vgl. § 200). Bei gerichtlich festgestellten Ansprüchen beginnt die Verjährungsfrist gemäß § 201 mit der Rechtskraft der Entscheidung.

Beispiel

**Will der Käufer eines Grundstücks den Kaufvertrag anfechten, weil der Verkäufer giftige Schadstoffe im Boden verschwiegen hat, beginnt die Verjährungsfrist erst dann, wenn der Käufer von den Altlasten erfährt.**

Besonders wichtig für alle Käufer und Verkäufer ist die Tatsache, dass die **Garantiezeit** seit dem 1. Januar 2002 **zwei Jahre** (früher 6 Monate) beträgt und mit der Übergabe bzw. der Lieferung der Ware beginnt. In Ausnahmefällen, etwa dann, wenn der Verkäufer den Mangel arglistig verschwiegen hat, gilt die regelmäßige Verjährungsfrist von drei Jahren (vgl. § 438.1–3). Eine wichtige

Ausnahme: Mängelansprüche beim Bau oder Kauf eines Hauses verjähren nun einheitlich nach 5 Jahren (vgl. §§ 200, 634a).

Für einige Tatbestände gelten besondere Verjährungsfristen. So gilt etwa für Ersatzansprüche von Vermietern sowie bestimmte Ansprüche von Mietern (vgl. § 548) eine kurze Verjährungsfrist von nur sechs Monaten, während Eigentumsansprüche auf ein Grundstück erst nach 10 Jahren verjähren (vgl. §§ 196, 200).

| Verjährungsfrist | Ansprüche | Beginn |
|---|---|---|
| 6 Monate | Ersatzansprüche des Vermieters | Rückgabe der Mietsache, § 548.1 |
| | Ansprüche des Mieters auf Ersatz von Aufwendungen | Beendigung des Mietverhältnisses, § 548.2 |
| 2 Jahre | Wegen Sachmängeln bei Kauf- und Werkverträgen (Garantiezeit) | Übergabe der Sache, §§ 200, 438.1 Nr. 3, 479.1, 634a.1 Nr. 1 |
| 3 Jahre | Regelmäßige Verjährungsfrist | 31.12. 24:00 Uhr des Jahres, in dem der Anspruch entstanden ist, § 199.1 |
| | Wegen arglistigen Verschweigens bei Kauf- und Werkverträgen | §§ 438.3, 634a.3 |
| 5 Jahre | Bei Verträgen über Kauf und Bau von Häusern | Entstehung des Anspruchs, §§ 634a.1 Nr. 2, 200 |
| 10 Jahre | Ansprüche auf die Übertragung des Eigentums oder sonstiger Rechte an Grundstücken | Entstehung des, Anspruchs, §§ 196, 200 |
| | Sonstige Schadensersatzansprüche aus Gefährdungshaftung oder unerlaubten Handlungen | Entstehung des Anspruchs, § 199.3 |
| 30 Jahre | Schadensersatzansprüche aus der Verletzung eines absoluten Rechts; Herausgabe aus Eigentum und anderen dinglichen Rechten; familien- und erbrechtliche Ansprüche; rechtskräftig festgestellte Ansprüche | Entstehung des Anspruchs, §§ 199.3, 200 Entstehung des Anspruchs bzw. Rechtskraft des Urteils, §§ 197, 200 |

## 7.2 Die Hemmung der Verjährung

Eine Verjährung kann durch bestimmte Ereignisse aufgehalten, **gehemmt** werden. Solange der Hemmungsgrund vorliegt, steht die Verjährungsfrist still, liegt der Hemmungsgrund nicht mehr vor, läuft die restliche Verjährungsfrist weiter. Der Zeitraum, während dessen die Verjährung gehemmt ist, wird also gemäß § 209 nicht in die Verjährungsfrist eingerechnet, sondern an das Ende der regulären Verjährungsfrist angehängt. Eine Verjährung kann aus verschiedenen Gründen gehemmt sein.

### 7.2.1 Hemmung der Verjährung bei Verhandlungen

Sobald Schuldner und Gläubiger über den Anspruch oder die den Anspruch begründenden Umstände verhandeln, wird die Verjährung gemäß § 203 so lange gehemmt, bis einer der beiden Beteiligten die Fortsetzungen der Verhandlungen verweigert. Die Verjährung tritt dann frühestens drei Monate nach Ende der Hemmung der Verjährung ein.

### 7.2.2 Hemmung der Verjährung durch Rechtsverfolgung

Gemäß § 204 wird die Verjährung immer dann gehemmt, wenn rechtliche Maßnahmen zur Durchsetzung des Anspruchs eingeleitet wurden, wenn beispielsweise eine Klage erhoben oder ein Mahnbescheid zugestellt wurde, wenn ein Gutachter beauftragt oder ein schiedsrichterliches Verfahren begonnen wurde. In all diesen und einigen weiteren Fällen (vgl. § 204.1) endet die Hemmung erst sechs Monate nach der rechtskräftigen Entscheidung bzw. einer anderweitigen Beendigung des eingeleiteten Verfahrens.

HIN-WEIS

Durch eine mündliche oder schriftliche Mahnung wird eine laufende Verjährungsfrist nicht gehemmt.

Wird allerdings nur ein Teil des Anspruchs durch eine Klage geltend gemacht, wird die Verjährung auch nur für diesen Teil des Anspruchs gehemmt. Das folgende Beispiel zeigt die damit zusammenhängende Problematik.

**Verjährung trotz erhobener Klage**

Wer erst einmal – etwa, um Gerichtskosten zu sparen – 10.000,00 EUR einklagt, obwohl ihm eigentlich 50.000,00 EUR zustehen, muss aufpassen, dass er für seine Restforderung nicht die Frist verstreichen lässt. Entscheidend ist, welche Summe in der Klageschrift steht.
Im entschiedenen Fall forderte ein Immobilienkäufer von einer Gemeinde Schadensersatz für ein vermeintliches Baugrundstück, das entgegen der gemeindlichen Auskunft nur Ackerland war. Der Kaufpreis hatte mehr als 155.000,00 DM betragen, den Restwert bezifferte er auf gut 36.000,00 DM – weshalb er die Differenz von fast 119.000,00 DM vom Gericht zugesprochen bekam. Im Laufe des Verfahrens stellte ein Sachverständiger fest, dass der Acker sogar nur 23.000,00 DM wert war. Flugs schob der übervorteilte Käufer eine 13.000,00-DM-Klage nach – doch zu spät: Für diesen Betrag war die dreijährige Verjährung verstrichen.
Ausschlaggebend war nach den Worten des BGH, dass sich seit Erhebung der ersten Klage die „für die Wertermittlung maßgeblichen Faktoren" nicht geändert haben. Der Kläger hätte seine Klage von Anfang an korrekt beziffern können. Es gehe zu seinen Lasten, wenn „die Forderung insgesamt feststeht und er sie nur betragsmäßig nicht hinreichend überschaut".
(BGH: III ZR 135/01)

*Quelle: Handelsblatt vom 29.05.2000*

### 7.2.3 Hemmung der Verjährung bei berechtigter Leistungsverweigerung

Beispiel

**Friederike kauft am 01.11.2006 eine Fotoausrüstung zum Preis von 600,00 EUR bei dem mit ihr befreundeten Kaufmann Engel; sie vereinbaren Zahlung am 01.12.2006, nach Erhalt des Weihnachtsgeldes. Da Friederike jedoch am 15.11.2006 zum Jahresende gekündigt wird, verliert sie ihren Anspruch auf das zusätzliche Gehalt. Als Engel sie im März 2007 mahnt, erklärt sie ihm die Sachlage, worauf Engel ihr eine Stundung des Kaufpreises um sechs Monate gewährt.**

Gemäß § 205 ist die Verjährung nun so lange gehemmt, wie der Schuldner aufgrund einer Vereinbarung mit dem Gläubiger vorübergehend zur Verweigerung der Leistung berechtigt ist.

Da die dreijährige Verjährungsfrist in unserem Beispiel am 01.01.2007 begann, die Forderung jedoch für sechs Monate gestundet wurde, wird die Verjährung für diesen Zeitraum gehemmt, sie endet daher am 30. Juni 2010.

HIN-WEIS

Wird der Kaufpreis sofort beim Kauf gestundet, so handelt es sich nicht um eine Hemmung; die Verjährungsfrist beginnt erst mit Ablauf der Stundung.

**Aufgabe**

(1) Gleicher Fall wie Beispiel, aber Engel hat Friederike von vornherein ein Zahlungsziel von 3 Monaten eingeräumt. Wann endet die Verjährungsfrist?

### 7.2.4 Hemmung der Verjährung bei höherer Gewalt

Gemäß § 206 wird die Verjährung ebenfalls gehemmt, wenn der Gläubiger innerhalb der letzten sechs Monate der Verjährungsfrist durch höhere Gewalt an der Verfolgung seiner Ansprüche gehindert wurde.

**Aufgabe**

(2) Siehe obige Aufgabe: Infolge des Frühjahrshochwassers im April 2007 wird Engel drei Monate an der rechtlichen Verfolgung seiner Ansprüche gehindert. Wann endet die Verjährungsfrist?

### 7.2.5 Hemmung der Verjährung aus familiären oder ähnlichen Gründen

Bestehen Ansprüche zwischen Familienmitgliedern oder zwischen Personen, die sich in einer ähnlichen Beziehung zueinander befinden, so ist die Verjährung von Ansprüchen zwischen diesen gemäß § 207 so lange gehemmt, wie diese besondere Beziehung besteht. Dies gilt beispielsweise für die Ansprüche zwischen Ehegatten während einer bestehenden Ehe, zwischen Eltern und minderjährigen Kindern, zwischen dem Vormund und seinem Mündel, dem Betreuer und dem Betreuten sowie dem Pfleger und dem Pflegling während des Bestehens dieses besonderen Verhältnisses. Ferner gilt diese Regelung auch bei Ansprüchen zwischen Lebenspartnern, so lange dieses Lebenspartnerschaft besteht.

### 7.2.6 Ablaufhemmung

Bei Geschäftsunfähigen bzw. in der Geschäftsfähigkeit beschränkten Personen ohne gesetzliche Vertreter findet die sogenannte Ablaufhemmung gemäß § 210 Anwendung. Hier tritt die für oder gegen die betreffende Person laufende Verjährung erst sechs Monate nach dem Zeitpunkt ein, in welchem die Person unbeschränkt geschäftsfähig wird oder sie einen Vertreter erhalten hat.

Auch Ansprüche aus Erbschaften verjähren erst sechs Monate nach dem Zeitpunkt, zu dem die Erbschaft von dem Erben angenommen wurde.

## 7.3 Weitere Regelungen

### 7.3.1 Neubeginn

Wenn der Schuldner durch bestimmte Handlungen wie Abschlagszahlungen, Zinszahlungen oder Sicherheitsleistungen die Ansprüche des Gläubigers anerkennt, beginnt die Verjährung neu zu laufen. Die Verjährungsfrist beginnt ebenfalls von Neuem, wenn der Gläubiger eine gerichtliche Vollstreckungshandlung beantragt oder diese vorgenommen wird (vgl. § 212.1).

Beispiel

**Penka V. kauft bei TV-Kunze einen Fernsehapparat gegen Rechnung, der Kaufpreis in Höhe von 500,00 EUR ist am 15. Oktober 2003 fällig, Penka zahlt jedoch nicht. Die dreijährige Verjährungsfrist beginnt am 1. Januar 2004. Nach mehreren schriftlichen Mahnungen leistet Penka am 27. September 2004 eine Abschlagzahlung in Höhe von 100,00 EUR, sodass die Verjährungsfrist einen Tag später wieder neu beginnt. Vergisst Kunze nun aus irgendwelchen Gründen, seine restlichen Ansprüche an Penka geltend zu machen, so verjähren diese am 28. September 2007.**

### 7.3.2 Änderung der Verjährungsfristen

Vertraglich kann die Verjährung durch AGB (§ 305 ff.) und unter Berücksichtigung von § 475 gemäß § 202.1 verkürzt werden, wenn die Haftung nicht auf Vorsatz beruht. Eine Verkürzung der Verjährungsfrist auf jedoch mindestens ein Jahr ist insbesondere bei *gebrauchten Sachen* möglich.

Verjährungsverlängerungen sind gemäß § 202.2 möglich, jedoch höchstens bis zu 30 Jahren.

**Aufgaben**

(3) K kauft bei V am 20. Juni 2002 einen neuen Rasenmäher. Beim ersten Schnitt im Mai 2004 versagt der Motor. Kann V sich auf Verjährung berufen, wenn K Ansprüche wegen Sachmängel geltend macht?

(4) Hausbesitzerin Heinzelmann beauftragt die Baufirma M. Pohl die Garage seines Einfamilienhauses komplett zu sanieren und zu vergrößern. Die Arbeiten werden vom 15. bis zum 25. April 2002 ausgeführt. Im Sommer 2006 stellt Heinzelmann an der Garage erhebliche Feuchtigkeitsmängel fest, die offenbar auf eine fehlerhafte Bauausführung zurückzuführen sind. Sie fordert Pohl zur Nachbesserung auf. Kann dieser sich auf Verjährung berufen?

(5) (a) Linse kauft von Zimmermann ein Grundstück. Die Kaufpreiszahlung ist am 20. Januar 2002 fällig. Wann ist die Forderung verjährt?
(b) Nachdem nach 18 Monaten noch keine Zahlung erfolgt ist, reicht Zimmermann am 10. November 2004 die Klage ein, am 30. Mai 2005 wird Linse rechtskräftig verurteilt. Wann verjährt der Anspruch von Zimmermann?

(6) Verkäufer V und Käufer K schließen einen Vertrag über den Kauf einer Spezialfräsmaschine. Der Kaufpreis ist fällig am 5. Oktober 2002.
(a) Wann beginnt und endet die Verjährung?
(b) Da offensichtlich Unklarheit über die Zahlungsmodalitäten besteht, hat K am 1. Oktober 2005 immer noch nicht bezahlt. Daraufhin lässt sich V noch einmal auf Verhandlungen über Art und Form der Zahlung ein, die er jedoch verärgert am 1. Februar 2006 abbricht. Er verlangt sofortige Zahlung. K verweigert die Zahlung und beruft sich auf Verjährung. Wie ist die Rechtslage?

**Übungsaufgaben**

1. K. Hamp, Inhaber eines Elektrohauses, ist beauftragt, im Damenmodehaus Kirsch einen Kronleuchter zu installieren. Da gerade kein Elektriker frei ist, beauftragt Hamp seinen Personalsachbearbeiter Kropp mit dieser Arbeit.
   Der von Kropp unsachgemäß befestigte Kronleuchter fällt schon am nächsten Tag von der Decke, zerschlägt einen antiken französischen Spiegeltisch im Wert von 3 000,00 EUR und verletzt die bekannte Schauspielerin Melloni, eine Kundin des Kirsch, am Kopf. Nach zwei Schönheitsoperationen bleibt eine Stirnnarbe zurück, die sich nur schwer überschminken lässt.
   a) Kirsch will Schadensersatz für den zerstörten Spiegeltisch und den Kronleuchter. Prüfen Sie seinen **Ersatzanspruch aus dem Vertrag** mit Hamp, dem Inhaber des Elektrohauses!

b) Die Schauspielerin Melloni will Ersatz ihrer **Arzt- und Krankenhauskosten** sowie **Schmerzensgeld**. Wie wird sie ihre Ansprüche begründen:
   ba) gegen den Sachbearbeiter **Kropp**?
   bb) gegen **K. Hamp**, den Inhaber des Elektrohauses?

2. Antiquar Abs begeistert sich bei einem Wochenendbesuch vom 26. bis zum 27. März im Tiroler Ferienhaus seines Bekannten Betz für einen alten Zinnkrug. Betz ist jedoch zunächst nicht bereit, den Krug zu verkaufen. Zum Kaufabschluss kommt es erst wenige Tage darauf, am Mittwoch, dem 30. März, in Berlin. Abs zahlt 500,00 EUR in bar. Die Übergabe des Kruges soll am Wochenende, Samstag, dem 2. April, im Ferienhaus in Tirol erfolgen.
   In Tirol angekommen, erfahren Abs und Betz, dass bei einem Feuer am Tag zuvor das Ferienhaus ausgebrannt und die Inneneinrichtung zerstört worden ist. Brandursache war ein elektrisches Heizgerät, das Betz bei seinem letzten Aufenthalt vergessen hatte abzuschalten.
   a) Abs überlegt, ob Betz schadensersatzpflichtig sei und
   b) ob er die 500,00 EUR, die er im Voraus bezahlt hat, von Betz zurückverlangen kann. Wie beurteilen Sie die Rechtslage?
   c) Wie wäre die Rechtslage, wenn das Ferienhaus schon am Dienstag, dem 29. März, abgebrannt und der Krug dabei zerstört worden wäre?
3. Die kaufmännische Angestellte M. Völkl hält ihren Schäferhund Hasso in einem festen Zwinger. Eines Tages gelingt es Hasso, trotzdem auszubrechen. Er verletzt den 10-jährigen Oliver Schallbetter an der Hand und zerreißt dessen Kleidung. Haftet Völkl für den Schaden?
4. Anja erteilt dem Malermeister M den Auftrag, ihr Wohnzimmer zu streichen. M schickt den Gesellen G. In einem unbewachten Augenblick geht G in Anjas Schlafzimmer und stiehlt eine Halskette. Kann Anja, nachdem sie von G die Halskette nicht zurückbekommen hat, von M Schadensersatz verlangen?
5. Der angetrunkene Axel geht auf B los und will ihm einen Fußtritt versetzen. B verteidigt sich mit dem kostbaren Elfenbeinstock des C. Dabei wird Axel am Knie verletzt, und der Stock des C wird beschädigt.
   a) Kann Axel Ersatz der Krankheitskosten für sein verletztes Knie von B verlangen?
   b) Kann C Schadensersatz für den beschädigten Elfenbeinstock von B verlangen?
   c) Spielt es eine Rolle, ob B selbst angegriffen wurde oder nur dem angegriffenen D zu Hilfe kam?
   d) Wie wäre die Rechtslage zu beurteilen, wenn B Axel mit dem Stock mehrmals auf den Kopf geschlagen und ihn dadurch schwer verletzt hätte?
   e) Angesichts der schweren Verletzung von Axel flieht B. C, der fürchtet, für den beschädigten Stock keinen Ersatz zu bekommen, verfolgt den fliehenden B und verwechselt diesen in der Dunkelheit mit dem Passanten P. Beim Versuch, diesen festzuhalten, zerreißt C den Mantel des P. Kann P von C Schadensersatz verlangen?
6. Die Friseurgehilfin Penka Funk arbeitet seit drei Jahren zur Zufriedenheit der Friseursalon-Inhaberin Brigitte Neu. Am Donnerstag schüttet sie aber durch ein Versehen Tönungsessenz auf die Bluse der Kundin Claudia Kaiser. Die Bluse ist ruiniert. Prüfen Sie alle Ansprüche der Kundin gegen die Inhaberin des Friseursalons.
7. Fritz Natterer spielt mit seinen Kindern im Garten Fußball. Bei einem kräftigen Schuss trifft der Ball die Fensterscheibe des Nachbarn. Dabei zerbricht eine auf der Fensterbank stehende Porzellanfigur. Herunterfallende Glasscherben verletzen zudem den vorbeirasenden Dackel des Nachbarn. Der Nachbar verlangt Ersatz der Scheibe, Tierarztkosten und 300,00 EUR für die Figur, die er von seinem Großvater geerbt habe und an der er sehr hänge.
   Fritz hält die 300,00 EUR nicht für gerechtfertigt, da die Figur nach seiner Auffassung beim Trödler höchstens 50,00 EUR koste. Außerdem weigert er sich, die Tierarztkosten zu zahlen, weil es wohl nicht seine Schuld sei, dass der Hund gerade in dem bewussten Augenblick an dem Fenster vorbeigelaufen sei.
   Prüfen Sie, ob die Ansprüche des Nachbarn nach Art und Umfang gerechtfertigt sind.
8. Charly Burger sitzt in einem Gartencafé. Neben seinem Tisch spielt ein Kind. Plötzlich stürzt ein Schäferhund mit wütendem Gebell auf das Kind los. Charly versucht, den Hund mit einem Stuhl zu vertreiben. Nach mehreren Schlägen ist das Polster des Stuhles zerfetzt, und der Hund blutet aus

verschiedenen Wunden und zieht sich zurück. Der Eigentümer des Hundes verlangt von Charly Ersatz der Tierarztkosten, und der Wirt meint, Charly müsse ihm wohl den Stuhl ersetzen. Prüfen Sie die Berechtigung dieser Schadensersatzansprüche.

9. Renate H. sucht per Inserat einen sprachgewandten Papagei. Sie erhält fünf Angebote. Zwei davon entsprechen ihren Vorstellungen: Gogo, der 400,00 EUR, und Dingi, der 600,00 EUR kosten soll. Sie kauft schließlich Gogo und vereinbart mit seiner Eigentümerin, Ute L., den Papagei am nächsten Tag abzuholen. In der Nacht öffnet Kater Mohrle den unzureichend verschlossenen Käfig und frisst den Papagei. Daraufhin kauft Renate H. Dingi für 600,00 EUR von Brigitte T. und möchte wissen, ob sie von Ute L. Schadensersatz verlangen kann.
10. Werner Koch bestellt bei der Sanised GmbH drei Schreibtischstühle „Correcta“ nach Prospekt. Bald darauf erhält er ein Schreiben von Sanised: „Wir danken für Ihre Bestellung über drei „Correcta“-Schreibtischstühle. Wegen der großen Nachfrage können wir Ihre Bestellung leider erst frühestens Ende Mai ausführen.“ Nachdem Werner die Stühle Ende Juni noch nicht erhalten hat (da die Sanised GmbH erst einige größere Aufträge erledigte), kauft er kurzerhand drei Stühle eines anderen Herstellers und teilt der Sanised GmbH mit, er verzichte auf die Lieferung.
    Prüfen Sie, ob Werner die „Correcta“-Stühle abnehmen muss, wenn sie eine Woche später bei ihm eintreffen.
11. Jens Schranz bestellt bei der Firma Kroll KG einen Schreibtisch nach eigenem Entwurf und dazu einen Sessel aus dem Katalog. Nachdem die Ware geliefert worden ist, stellt er fest, dass der Schreibtisch leichte Kratzer hat und die Sesselrollen klemmen.
    Schranz fordert den Umtausch beider Möbelstücke, Kroll erklärt sich aber nur bereit, die Schäden zu beseitigen. Wie ist die Rechtslage?
12. a) Worin unterscheiden sich ein Anspruch aus unerlaubter Handlung und der Anspruch eines Verkäufers auf Bezahlung der Ware?
    b) Nennen Sie einige unerlaubte Handlungen.
    c) Worin unterscheiden sich im Wesentlichen: Haftung aus unerlaubter Handlung – Gefährdungshaftung – Haftung für einen Gehilfen?
13. Ein Vertrag auf Lieferung wurde am 25. Mai geschlossen.
    a) Nennen Sie Beispiele für die verschiedenen Arten der Unmöglichkeit.
    b) Welche Rechtsfolgen ziehen die verschiedenen Arten der Unmöglichkeit nach sich?
14. Welche Übereinstimmungen und Unterschiede bestehen bei der Kündigung und beim Rücktritt?
15. Wann kann der Gläubiger, wenn der Schuldner die Ware nicht liefert, Schadensersatz wegen Nichterfüllung verlangen?
16. a) Nicole Zimmermann aus Erfurt erhält von dem Einzelhändler Kammerer aus Weimar folgenden Brief.
    Weimar, den 25. März 2004
    Sehr geehrte Frau Zimmermann,
    der Frühling steht vor der Tür. Damit Sie den Frühling so richtig genießen können, haben wir extra für unsere Stammkunden wunderschöne Blumen zu supergünstigen Preisen eingekauft. Wir haben folgende Sonderangebote für Sie reserviert:
    - Tulpenzwiebeln, 50 Stück farbig sortiert, 9,90 EUR
    - Narzissen, gelbweiß, im Plastiktopf, 4,90 EUR

    Mit sonnigen Grüßen
    Klaus Kammerer
    Handelt es sich hierbei um ein rechtsgültiges Angebot?

16. b) Frau Zimmermann bestellt am 28. März 2004 schriftlich drei Packungen Tulpenzwiebeln und erhält die Lieferung am 2. April mit beiliegender, sofort zahlbarer Rechnung. Frau Zimmermann nimmt die Lieferung an und überweist den Rechnungsbetrag.
    ba) Erläutern Sie, wie der Kaufvertrag zustande gekommen ist.
    bb) Wo ist der Erfüllungsort für die Ware?
    bc) Frau Zimmermann wurden zusätzlich 4,50 EUR für Porto in Rechnung gestellt. Kann sie sich weigern, diese zu bezahlen?

# Sachenrecht

Das Sachenrecht behandelt die rechtlichen Beziehungen zwischen Personen und Sachen (vgl. hierzu Teil 1, 2 und 4). Es handelt sich hierbei um so genannte dingliche Rechte, die es Personen erlauben, über eine Sache (ein Ding) zu verfügen bzw. zu herrschen. Im Sachenrecht gibt es keine Vertragsfreiheit wie im Schuldrecht. Da dingliche Rechte absolute Rechte sind, muss sich jeder an die gesetzlichen Regelungen halten. So kann z. B. Eigentum an einer beweglichen Sache nur entsprechend den gesetzlichen Regelungen (vgl. § 929 ff.) übertragen werden. Auch vertraglich kann nichts anderes vereinbart werden.

## 1 Besitz und Eigentum

### 1.1 Definitionen

Beispiel

**Frauke leiht ihrer Freundin Maike ihr BGB für eine Nachschreibearbeit in Rechtskunde, da Maike ihr eigenes Exemplar vergessen hat. Am Tag nach der Klassenarbeit gibt Maike das BGB zurück. Wer war Besitzer und wer Eigentümer des BGB vor der Klassenarbeit, während dieser und nach der Rückgabe?**

Die beiden Begriffe **Besitz** und **Eigentum** werden im täglichen Leben häufig nicht unterschieden, obwohl sie zwei unterschiedliche Rechtsverhältnisse ausdrücken:

Gemäß §§ 854 bis 856 kann **Besitz** als **tatsächliche Herrschaft** einer Person über eine Sache definiert werden. Hierfür braucht zwischen Person und Sache kein rechtliches Band zu bestehen, es ist also unerheblich, ob die Person überhaupt berechtigt ist, Besitzer zu sein.

Beispiele

**Auch der Dieb wird durch die Wegnahme einer Sache deren Besitzer. Dies gilt ebenso für denjenigen, der eine Sache gefunden hat oder sie geliehen hat. Dagegen verliert der Bestohlene oder der Verleiher genauso den Besitz an der Sache wie der Verkäufer.**

**Eigentum** bedeutet dagegen gemäß § 903 die **rechtliche Herrschaft** über eine Sache. Grundsätzlich ist der Eigentümer berechtigt, mit der Sache nach Belieben zu verfahren.

Allerdings ist er in der Ausübung seines Eigentumsrechts Beschränkungen unterworfen, die sich aus dem Gesetz oder anderen Rechten ergeben. Diese Grenzen können sich ergeben aus **gesetzlichen Einschränkungen** wie z. B. dem Denkmalsschutzgesetz, den Naturschutzgesetzen, der Straßenverkehrsordnung oder umwelt- und baurechtlichen Vorschriften sowie den **Rechten Dritter** wie Hypothekenrechten, Vorkaufs- oder Nutzungsrechten. Darüber hinaus darf der Eigentümer nicht nur deswegen von seinem Eigentumsrecht Gebrauch machen, um anderen zu schaden (§ 226, Schikaneverbot).

**Aufgabe**

(1) Beantworten Sie nun die in dem einführenden Beispiel gestellten Fragen.

## 1.2 Besitz- und Eigentumsübertragung

### 1.2.1 Besitzübertragung

Jemand wird dadurch Besitzer einer **beweglichen** bzw. **unbeweglichen** Sache, dass ein Dritter sie ihm übergibt bzw. überlässt (§ 854) oder aber durch einseitige Besitzergreifung gegen den Willen des bisherigen Besitzers.

**Beispiele**

- **Übergabe einer beweglichen Sache: Kai gibt Petra ein Buch (Leihe).**
- **Überlassung einer unbeweglichen Sache: Kai überlässt Evelin sein Grundstück (Pacht).**
- **Wegnahme einer beweglichen Sache: Fred stiehlt Kathrins Buch.**
- **Besetzung einer unbeweglichen Sache: Eine alternative Gruppe besetzt ein Haus.**

Wir halten also fest: Die Besitzerlangung kann auch auf nicht rechtmäßigem Wege zustande kommen.

**Übersicht: Besitzübertragung**

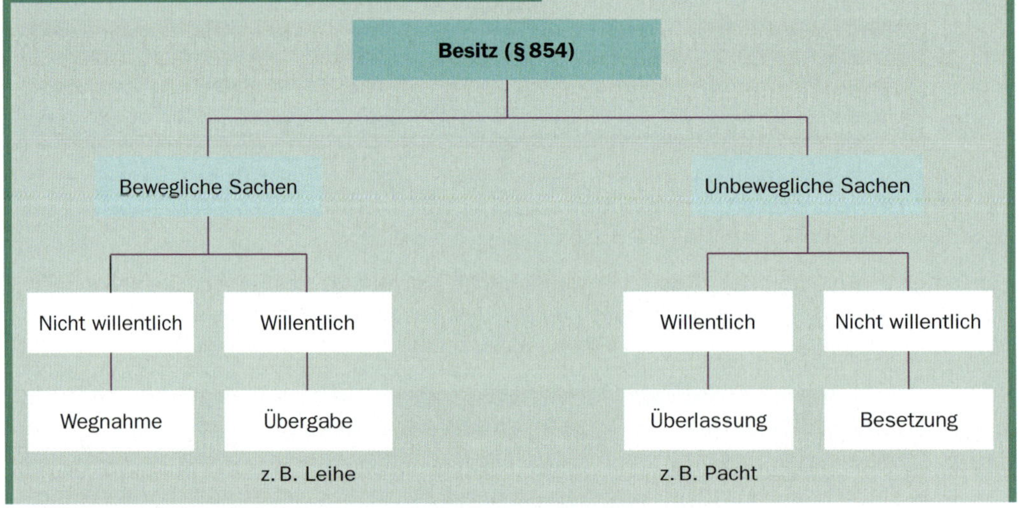


### 1.2.2 Eigentumsübertragung und Eigentumserwerb

Das Eigentum an beweglichen oder unbeweglichen Sachen kann durch **Rechtsgeschäft** oder **kraft Gesetz** übertragen werden.

a) **Eigentumsübertragung durch Rechtsgeschäft**
Das Eigentum an **beweglichen Sachen** wird gemäß § 929 durch die **Einigung** der Parteien und anschließende **Übergabe** der Sache übertragen. Besitzt der Erwerber die Sache bereits, genügt gemäß § 930 eine Einigung darüber, dass das Eigentum übergehen soll. Voraussetzung ist in beiden Fällen jedoch, dass die Sache dem Veräußerer gehört bzw. dieser mit Zustimmung des Eigentümers handelt (Ausnahme: gutgläubiger Eigentumserwerb!).

Das Eigentum an **unbeweglichen Sachen** (Immobilien) wird durch **Einigung** der Beteiligten und, da die Sache nicht übergeben werden kann, durch **Eintragung** in das Grundbuch übertragen (vgl. § 873.1). Die Einigung zwischen Veräußerer und Erwerber, die als **Auflassung** bezeichnet wird (vgl. § 925), findet bei gleichzeitiger Anwesenheit beider Teile vor einem Notar statt und muss gemäß § 313 notariell beurkundet werden. Bei der Übertragung von Wohnungseigentum gelten besondere Regelungen, da sich Wohnungseigentum aus dem Sondereigentum an der Wohnung und dem untrennbar damit verbundenen anteiligen Miteigentum an dem Grundstück und den gemeinschaftlich genutzten Gebäudeteilen zusammensetzt.

**Erläuterung:** Neben dem rechtsgeschäftlichen Erwerb kann Grundeigentum im Übrigen auch beispielsweise durch Zuschlag bei einer Zwangsversteigerung oder durch Erbschaft erlangt werden.

b) **Eigentumsübertragung durch Gesetz**

In einer Anzahl von Fällen wird der Eigentumsübergang vom **Gesetz** geregelt. Im Wirtschaftsleben sind hier Verbindung, Verarbeitung und Vermischung (vgl. § 946 ff.) von besonderer Bedeutung:

- Ist eine bewegliche Sache fest mit einem Grundstück **verbunden,** sodass sie wesentlicher Grundstücksbestandteil wird, erstreckt sich das Eigentum des Grundstückseigentümers auch hierauf, vgl. § 946. Bei einem Verkauf des Grundstücks wird also das Eigentum an dieser beweglichen Sache automatisch mitübertragen.

Beispiel

**Die Obstbäume, Büsche und Sträucher eines Grundstücks sind ebenso mit diesem verbunden wie etwa eine einzementierte Schaukel.**

- Wird durch **Verarbeitung** mehrerer Stoffe eine neue bewegliche Sache hergestellt, so ist der Eigentümer dieser neuen Sache auch Eigentümer der in der neuen Sache aufgegangenen Stoffe, die Rechte der früheren Eigentümer erlöschen, vgl. § 950 (siehe hierzu aber auch §§ 951, 812, 818 und 823.)

Beispiel

**Durch die Verarbeitung von Rohstoffen (z. B. Holz oder Metall) oder durch die Weiterverarbeitung von Halbfertigprodukten (z. B. elektronische Bauteile) entstehen neue Fertigprodukte wie Tische, Kraftfahrzeuge oder Datenverarbeitungsanlagen.**

- Werden bewegliche Teile so miteinander **verbunden,** dass sie wesentliche Bestandteile einer Sache werden oder untrennbar miteinander **vermischt** (vgl. § 974 f.), werden die bisherigen Eigentümer Miteigentümer an der neuen Sache. Die Eigentumsanteile bestimmen sich dabei nach dem Verhältnis der Werte, die die Sachen zum Zeitpunkt der Verbindung hatten, vgl. §§ 948, 947.

Beispiel

- **Hochwertige Spiegeltüren werden in Schlafzimmerschränke eingebaut.**
- **Zwei Wagenladungen Kies werden miteinander vermischt.**

Weitere Fälle, in denen der Eigentumserwerb durch Gesetz geregelt ist, sind die **Ersitzung** einer beweglichen Sache (vgl. § 937 ff.) oder eines Grundstücks (vgl. § 900); die **Aneignung** einer herrenlosen Sache (§ 958 ff.) oder eines Grundstücks durch den Fiskus (§ 929); der Eigentumserwerb bei einer **Fundsache** (§ 973 ff.), soweit die gesetzlichen Voraussetzungen gegeben sind; das **Aufgebotsverfahren** bei Grundstücken (§ 927); der Eigentumserwerb durch einen **hoheitlichen Akt**, etwa im Zwangsversteigerungsverfahren und der Eigentumserwerb durch **Erbfolge** (§ 1922). Schließlich erwerben Ehepartner im Falle einer vereinbarten **Gütergemeinschaft** automatisch Miteigentum am Vermögen des anderen Ehegatten (§ 1416).

**Übersicht: Eigentumsübertragung**

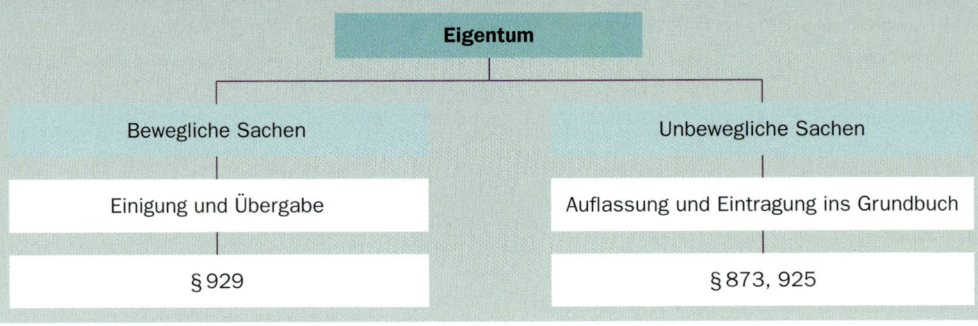


## 1.3 Der Eigentumsvorbehalt

Beispiel

**Michaela hat eine Stereoanlage im Kaufhaus bestellt. Als die Ware geliefert wird, entdeckt sie auf der Rechnung den Passus: „Die Ware bleibt bis zur vollständigen Bezahlung des Rechnungsbetrags unser Eigentum."**

Die Übereignung einer Sache kann auch unter einer Bedingung erfolgen. So kann sich der Verkäufer einer Ware das Eigentum an der Sache so lange vorbehalten (Eigentumsvorbehalt), bis der Kaufpreis vollständig bezahlt worden ist. Mit der Übergabe der Sache hat der Verkäufer seine Verpflichtung erfüllt. Es liegt nun am Käufer, ob er den Kaufpreis vereinbarungsgemäß bezahlt und damit auch Eigentümer der Ware wird. Der Käufer wird damit zunächst Besitzer der Ware, er kann sie benutzen und unter Umständen auch anderweitig verwerten, allerdings nur mit Genehmigung des Eigentümers. Gerät der Käufer mit der Zahlung des Kaufpreises in Verzug, so ist im Zweifel anzunehmen, dass der Verkäufer zum Rücktritt vom Vertrag berechtigt ist; vgl. hierzu § 449.

Der Eigentumsvorbehalt muss im Übrigen ausdrücklich vereinbart werden, er ist besonders häufig bei Abzahlungsgeschäften (Ratenkäufen).

**Erläuterung:** Bei dem Kauf unter Eigentumsvorbehalt erhält der Käufer allerdings ein Anwartschaftsrecht auf das Eigentum, das es ihm erlaubt, in gewissem Umfang über die Sache zu verfügen und sie beispielsweise für Kreditzwecke zu verpfänden. Dieses Anwartschaftsrecht kann als eine Art geringeres Eigentum angesehen werden und kann durch Rechtsgeschäft gemäß § 929 ff. übertragen werden, ohne dass der Verkäufer zustimmen muss.

Der Eigentumsvorbehalt **erlischt** bei Bezahlung des Kaufpreises, bei Verbrauch bzw. Vernichtung der Vorbehaltssache oder bei Veräußerung der Sache an einen gutgläubigen Erwerber (vgl. S. 56 ff.). Da eine Weiterveräußerung bei Handelsware üblich ist, wird hier meist ein verlängerter Eigentumsvorbehalt vereinbart.

In der Praxis unterscheidet man neben dem dargestellten **einfachen Eigentumsvorbehalt** noch den **erweiterten Eigentumsvorbehalt** und den **verlängerten Eigentumsvorbehalt**; beide Sonderformen tragen den besonderen Umständen und Bedürfnissen des Wirtschaftslebens Rechnung.

Der **erweiterte Eigentumsvorbehalt**, auch **Kontokorrentvorbehalt** genannt, erlischt erst dann, wenn sämtliche Forderungen des Verkäufers von dem Vorbehaltskäufer beglichen sind, wenn also das laufende Konto (Kontokorrentkonto) ausgeglichen ist.

Der **verlängerte Eigentumsvorbehalt** wird häufig in den allgemeinen Geschäftsbedingungen vereinbart. Der Vorbehaltskäufer darf dann die Vorbehaltsware veräußern oder verarbeiten, während sich der Verkäufer das Eigentum durch eine der folgenden Maßnahmen sichert:

- Die aus dem Weiterverkauf entstandenen Forderungen werden an den Eigentümer abgetreten (vgl. Globalzession).
- Der Vorbehaltskäufer tritt dem Eigentümer sicherungshalber das Eigentum an der neu hergestellten Sache ab.

**Aufgaben**

(2) Der Privatmann Schulze möchte seinen Garten verschönern und bestellt daher bei der Möbelfirma Möbag eine Gartenbank und bei einer Baumschule einige Obstbäume und Ziersträucher, die Angestellte der Firma gleich in seinen Garten einpflanzen. Alle Waren sind unter Eigentumsvorbehalt geliefert worden. Schulze zahlt beide Rechnungen auch nach mehrfacher Mahnung nicht. Die Möbag und die Baumschule möchten daher ihre gelieferten Waren wieder abholen. Wie ist die Rechtslage (vgl. auch § 946)?

(3) Die Baumschule Grünkraut kauft beim Großhändler Meier Zwergtannen. Meier liefert unter Eigentumsvorbehalt und Grünkraut pflanzt die Tannen ein. Als Grünkraut auch nach der dritten Mahnung nicht zahlt, schickt Meier einige Arbeiter zu Grünkraut, um die Tannen wieder abzuholen. Grünkraut weigert sich, die Tannen herauszugeben. Wie ist die Rechtslage (vgl. auch § 946)?

(4) a) Firma Wang liefert an die Firma Fellrock ein Jahr lang regelmäßig alle vier Wochen elektronische Bauteile im Wert von 5.000,00 EUR. Die Zahlungsfrist beträgt sechs Wochen. Im Februar hat Fellrock Bauteile im Einkaufswert von 45.000,00 EUR verkauft, jedoch noch nicht sämtliche Rechnungen Wangs bezahlt. Im März mahnt Wang die Bezahlung von zwei Rechnungen in Höhe von 10.000,00 EUR an und weist auf den bestehenden Eigentumsvorbehalt hin. Darauf erklärt Fellrock, gerade die letzten Lieferungen seien verkauft und auch fristgemäß bezahlt worden, sodass der Eigentumsvorbehalt erloschen sei.

b) An Firma Namibtextil liefert Wang Rohseide im Wert von 20.000,00 EUR, aus der Namibtextil Hemden schneidern lässt. Als Wang nach Ablauf des Zahlungsziels auf die noch offene Rechnung und die unter Eigentumsvorbehalt stehende Seide hinweist, erklärt Namibtextil, dass die Hemden inzwischen verkauft seien und der Eigentumsvorbehalt damit wohl erloschen sei.

Welche Formen des Eigentumsvorbehalts hätten jeweils vereinbart worden sein müssen, um Wang sein Eigentum an den gelieferten Waren zu sichern?

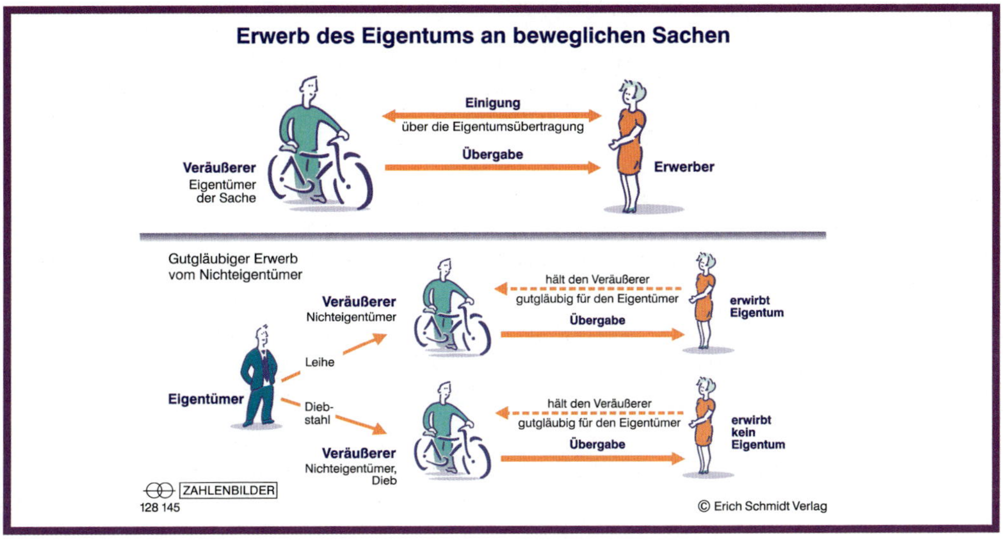

## 1.4 Gutgläubiger Eigentumserwerb

Beispiel

**Florian hat sich verpflichtet, die wertvolle Angorakatze seiner Freundin Anna während ihrer längeren beruflichen Abwesenheit zu pflegen. Da ihm das Tier aber bald lästig wird, verkauft er es an eine Studentin, die er kurz zuvor kennengelernt hat. Als Anna das Tier nach ihrer Rückkehr wieder abholen will, beichtet ihr Florian, dass er die Katze verkauft habe. Wer ist Eigentümer der Katze?**

Grundsätzlich muss die zu veräußernde Sache dem Veräußerer gehören oder dieser muss mit der Zustimmung des Eigentümers handeln, wenn er das Eigentum an der Sache einem anderen, etwa durch Verkauf oder Schenkung, übertragen will. Man kann also nur solche Rechte auf andere übertragen, die einem selbst gehören oder über die man verfügen darf. Das Wirtschaftsgeschehen würde jedoch erheblich erschwert, wenn bei allen geschäftlichen Transaktionen jeder Verkäufer sein Eigentumsrecht nachweisen müsste. Zur Erleichterung des Wirtschaftsverkehrs wird daher grundsätzlich angenommen, dass der Besitzer einer beweglichen Sache auch deren Eigentümer ist.

Dies gilt allerdings dann nicht, wenn der Käufer weiß oder annehmen muss, dass der Besitzer **nicht** Eigentümer ist, vgl. § 932.2. Hält der Käufer den Veräußerer einer Sache jedoch **gutgläubig** für den Eigentümer (oder für jemanden, der mit Zustimmung des Eigentümers handelt, vgl. § 366.1 HGB), so kann er gemäß § 932.1 auch Eigentum an der Sache erwerben. Dies wird als **gutgläubiger Erwerb** bezeichnet.

Bei gestohlenen oder abhandengekommenen, also verlorenen oder verlegten Sachen ist gemäß § 935 gutgläubiger Erwerb jedoch nicht möglich (vgl. aber auch § 935.2).

Beispiel

**Nach allgemeiner Rechtsprechung kann bei einem Autokauf immer dann kein gutgläubiger Erwerb stattfinden, wenn ein Kfz ohne die dazugehörigen Fahrzeugpapiere erworben wird.**

### Gutgläubiger Erwerb bei öffentlicher Versteigerung

Im Jahre 1986 erwarb die beklagte Kunsthändlerin bei einer großen Kunstauktion als einzige Bieterin einen Siegelstempel mit dem Stadtsiegel von Hamburg für 1.050,00 EUR. Das Stück war von einem Ehepaar zur Auktion gegeben worden, das es viele Jahre vorher auf einem Flohmarkt in Braunschweig erstanden hatte.

Die Auktion wurde von einem öffentlich bestellten und vereidigten Auktionator für Antiquitäten und Kunstgegenstände durchgeführt, nachdem sie in allen großen Tageszeitungen und in den Fachkreisen bekannt gemacht worden war. Im Auktionskatalog, der u. a. an alle großen Museen – auch in Hamburg – und an das Bundeskriminalamt verteilt worden war, war der Siegelstempel als Arbeit aus dem 18. Jahrhundert abgebildet und beschrieben worden.

1987 bot die Beklagte das von ihr Erworbene auf der Kunstmesse in Köln unter der gleichen Bezeichnung, unter der sie es erworben hatte, für 3.400,00 EUR an. Die klagende Hansestadt Hamburg wurde erst jetzt auf das Stück aufmerksam. Eine genaue Untersuchung ergab, dass es sich um das Original des Großen Hamburgischen Stadtsiegels IV handelt, das nachweisbar erstmals im Jahre 1306 zum Siegeln einer Urkunde benützt worden und bis 1810 in Gebrauch gewesen war. Nach diesem Zeitpunkt war es im Stadtarchiv verwahrt worden, das im Kriege ausgelagert war.

Beim Rücktransport des Stadtarchivs nach Hamburg Ende 1945 wurde festgestellt, dass einzelne Kisten erbrochen und beraubt waren.

Als die Identität des Siegelstempels geklärt war, bot die Beklagte der Klägerin das Stück für 3.000,00 EUR zum Kaufe an. Die Klägerin klagte jedoch als Eigentümerin auf Herausgabe, weil ihr der Siegelstempel abhanden gekommen sei und die Beklagte an ihm kein Eigentum erworben

habe; denn sie habe grob fahrlässig die Echtheit des Stückes nicht erkannt. Die Klage blieb in beiden Vorinstanzen erfolglos. Auch die Revision der Klägerin hatte keinen Erfolg. ...
In einer öffentlichen, von einem öffentlich dazu bestellten Auktionator durchgeführten Versteigerung könne ein Gutgläubiger Eigentum auch an gestohlenen, verloren gegangenen oder dem früheren Eigentümer sonst abhandengekommenen Gegenständen erwerben.
Die Beklagte sei hier gutgläubig gewesen; sie habe ebenso wenig wie die übrigen an der Auktion Beteiligten die Echtheit des Stückes erkennen können. Die Versteigerung sei öffentlich bekannt gemacht und für jedermann zugänglich gewesen. Auch der Auktionator sei für solche Auktionen öffentlich bestellt und vereidigt gewesen. ...

(Urteil vom 05.10.1989: IX ZR 265/88; verändert).

**Zusammenfassend** können wir also feststellen: Gutgläubiger Erwerb ist möglich, wenn eine Sache **willentlich** einem Dritten überlassen, ihm also beispielsweise vermietet oder verliehen wird. Kommt dagegen eine Sache **(unwillentlich)** abhanden, so ist kein gutgläubiger Erwerb möglich.

**Aufgaben**
(5) Wer ist Eigentümer der Angorakatze in unserem Einführungsbeispiel?
(6) Sylvia leiht Tom ihr BGB. Tom ist gerade in Geldnot und verkauft das BGB für 4,00 EUR an die gutgläubige Katharina. Ist Katharina Eigentümerin des Buches geworden?
(7) Ändert sich die Rechtslage, wenn Katharina weiß, dass es sich um Sylvias BGB handelt?
(8) Ändert sich die Rechtslage, wenn Tom Sylvia das Buch entwendet, um es zu verkaufen?

# 2 Das Pfandrecht an beweglichen Sachen

Unter Pfandrecht versteht man ein dingliches Recht an einer fremden beweglichen Sache, das zur Sicherung einer Forderung bestimmt ist. Es berechtigt den Gläubiger grundsätzlich, seine Forderung aus dem Pfand zu erfüllen. Pfandobjekt kann nur eine genau bestimmte Sache sein, nicht aber beispielsweise ein ganzes Unternehmen oder ein Warenlager. Das Pfandrecht muss nach außen erkennbar sein, so befindet sich das Pfand bei beweglichen Sachen daher auch im Besitz des Pfandgläubigers. Das Pfandrecht kann sich beziehen auf bewegliche Sachen (vgl. §§ 1204 bis 1259), auf Grundstücke (vgl. §§ 1113 bis 1203) sowie auf Rechte und Forderungen (vgl. §§ 1273 bis 1296), also auch beispielsweise auf Wertpapiere oder „Legitimationspapiere“, wie Sparbücher oder Fahrzeugbriefe.

## 2.1 Das vertragliche Pfandrecht

### 2.1.1 Überblick

Beispiel

**Eveline möchte eine HiFi-Anlage für 2.000,00 EUR kaufen. Da sie aber nur über 500,00 EUR verfügt, will sie bei ihrer Bank ein Darlehen über 1.500,00 EUR aufnehmen. Die Bank will ihr dieses jedoch nur dann gewähren, wenn sie dafür eine Sicherheit leisten kann. Eveline bietet der Bank einen geerbten wertvollen Brillantring, der auf 4.000,00 bis 5.000,00 EUR geschätzt wird, als Sicherheit an.**

Gemäß § 1204 ff. wird durch die Bestellung eines vertraglichen Pfandrechts einem Gläubiger das Recht eingeräumt, bei *Fälligkeit* und *Nichtzahlung* der ausstehenden Forderung eine ihm überlassene bewegliche Sache (sogenanntes **Faustpfand**) zu verkaufen und den Erlös für die Deckung der Außenstände zu verwenden. Der Gläubiger bedarf hierzu keines Vollstreckungstitels wie bei den Grundpfandrechten (s. u.), allerdings müssen beim Verkauf bestimmte Formalien beachtet werden.

Das Pfandrecht hängt von dem Bestehen der gesicherten Forderung ab, es ist streng **akzessorisch**, d. h. es entsteht nur, wenn eine zu sichernde Forderung vorhanden ist, und erlischt, wenn die Forderung wegfällt. Das Pfandrecht kann nur zusammen mit der Forderung, für die es besteht, auf einen anderen Gläubiger übertragen werden, vgl. § 1250. Es kann ferner nur an Einzelgegenständen bestellt werden, nicht etwa an einem ganzen Warenlager (Grundsatz der Spezialität).

**Erläuterung:** Banken bedienen sich üblicherweise zur Kreditsicherung des Pfandrechts an den Wertpapieren, an denen sie im Rahmen ihres Geschäftsverkehrs Besitz erlangen oder noch erlangen werden. Dabei ist gemäß den AGBs der Banken das Entstehen der Forderung nicht Voraussetzung für das Wirksamwerden des Pfandrechts.

### 2.1.2 Entstehung und Erlöschung des vertraglichen Pfandrechts

Liegt eine zu sichernde **Zahlungsforderung** vor, so kann ein vertragliches Pfandrecht an einer beweglichen Sache durch **Einigung** und **Übergabe** des Faustpfands bestellt werden.

a) Bei Fälligkeit und Nichtbezahlung (und nicht erst bei Verzug) der dem Pfand zugrunde liegenden Forderung (sogenannte **Pfandreife**) besitzt der Pfandgläubiger ein **Verwertungsrecht**: Er ist berechtigt, das Pfand zu verkaufen und sich aus dem Erlös zu befriedigen, vgl. § 1228.

b) Allerdings muss der Pfandgläubiger dem Eigentümer den Verkauf zunächst **androhen** (vgl. § 1234) und anschließend eine **einmonatige Wartefrist** vor dem Verkauf des Faustpfands einhalten.

c) Die Pfandverwertung, der Verkauf, erfolgt dann gemäß § 1235 durch eine **öffentliche Versteigerung**, nachdem Zeit und Ort **öffentlich bekannt gemacht** wurden. Gemäß § 1221 ist ein **freihändiger Verkauf** nur dann möglich, wenn die Sache einen Börsen- oder Marktpreis hat.

d) Der **Erlös** aus dem Pfandverkauf steht gemäß § 1247 dem Pfandgläubiger zu, ein eventueller Mehrerlös gehört dem Eigentümer.

e) Das Pfandrecht **endet** dadurch, dass
   - die gesicherte Forderung erlischt, z. B. durch Bezahlung (vgl. §§ 1252, 1250.2),
   - die Sache zurückgegeben wird, vgl. § 1253, selbst wenn die Forderung noch besteht,
   - der Pfandgläubiger erklärt, dass er das Pfandrecht aufgebe, vgl. § 1255.

An einer beweglichen Sache kann das Pfandrecht auch für **mehrere Gläubiger** bestellt werden. Reicht der Verkaufserlös jedoch nicht für die Befriedigung aller Gläubiger aus, so ist die Frage, wessen Forderungen durch den Pfandverkauf gedeckt werden, von dem **Rang** der jeweiligen Gläubiger abhängig. Der Rang wiederum ist von der Zeit der Bestellung des Pfandrechts abhängig: Derjenige, der zuerst ein Pfandrecht bestellt hat, hat bei der Begleichung seiner Forderung Vorrang.

Im Wirtschaftsleben hat die **Sicherungsübereignung** als Kreditsicherheit eine sehr viel größere Bedeutung als das Pfandrecht. Sie kann als „besitzloses Pfandrecht“ bezeichnet werden und hat sich in der Praxis bewährt, auch wenn sie nicht im BGB erwähnt wird. Während im Rahmen des *Pfandrechts* der Pfandgläubiger das Faustpfand gemäß §§ 1205, 1206 in seinen Besitz nimmt, bleibt der Schuldner Eigentümer der Pfandsache. Bei der *Sicherungsübereignung* dagegen wird das Eigentum auf den Gläubiger übertragen, während der Schuldner im Besitz der Sache bleibt und diese auch weiter, etwa in seinem Unternehmen, nutzen kann.

Die Sicherungsabrede erstreckt sich dabei auf bestimmte, genau bezeichnete Gegenstände, die auch gesondert aufbewahrt werden müssen. Tritt der Sicherungsfall ein, kann der Sicherungsnehmer das betreffende Gut verwerten. Damit weist die Sicherungsübereignung eine große Ähnlichkeit mit dem *Eigentumsvorbehalt* auf, der auch speziell vereinbart wird, sich aber auf gerade verkaufte und noch nicht vollständig bezahlte Gegenstände bezieht (vgl. Teil IV, 1.3)

Beispiel

**Im Rahmen von Kreditverhandlungen der Exikon GmbH mit einer Bank verlangt diese eine Sicherheit für den gewünschten Kredit in Höhe von 100.000,00 EUR. Bei der Überlegung, ob der Bank ein gerade neu erworbener Großrechner als Pfand übergeben oder im Rahmen einer Sicherungsübereignung übereignet werden soll, werden sich sowohl die Exikon als auch die Bank für die Sicherungsübereignung entscheiden. Die Exikon will den Rechner selbstverständlich nutzen, während die Bank kein Interesse daran hätte, einen Großrechner in speziellen Räumlichkeiten einzulagern.**

## 2.2 Das gesetzliche Pfandrecht

Beispiel

**Ingrid lässt ihren VW-Polo bei Auto-Kallinik reparieren. Dadurch hat Kallinik eine Forderung gegen Ingrid erworben. Mit Entstehung dieser Forderung ist ein *Unternehmerpfandrecht* an dem VW-Polo entstanden, das jedoch mit Bezahlung der Rechnung erlischt.**

Das gesetzliche Pfandrecht soll den Betroffenen eine automatische Sicherheit für ihre Geldforderungen bieten. Es entsteht ohne vertragliche Vereinbarung allein aufgrund gesetzlicher Vorschriften. Für das Erlöschen des Pfandrechts bzw. für die Verwertung der Sache gelten die gesetzlichen Vorschriften über das vertragliche Pfandrecht (s. o.).

Besonders häufig findet sich die Pfandklausel übrigens in den AGB der Autoreparaturwerkstätten. Da diese ihr gesetzliches Pfandrecht nicht im guten Glauben erhalten, vereinbaren sie i. d. R. ein *vertragliches Pfandrecht*, das sie auch gutgläubig erwerben können.

Neben dem gesetzlichen **Unternehmerpfandrecht** gemäß § 647 gibt es noch andere gesetzliche Pfandrechte:

- Gemäß § 559 hat der Vermieter einer Wohnung ein **Vermieterpfandrecht** für die Forderungen aus dem Mietverhältnis an den eingebrachten Sachen des Mieters. Solche Forderungen können sich beispielsweise beziehen auf die Miete selbst, auf Nebenkosten oder Ersatzansprüche. Das Pfandrecht bezieht sich auf die Einrichtungsgegenstände des Mieters und erlischt mit der Entfernung der Sachen vom Grundstück, es sei denn, dass dies ohne das Wissen oder sogar gegen den Widerspruch des Vermieters geschieht.
- Im Rahmen des **Verpächterpfandrechts** hat der Verpächter eines Grundstücks gemäß § 592 für den Pachtzins ebenfalls ein Pfandrecht an den eingebrachten Sachen des Pächters sowie an den Früchten der Pfandsache. Umgekehrt steht dem Pächter im Rahmen des **Pächterpfandrechts** gemäß § 583 für Forderungen gegen den Verpächter ein Pfandrecht an dem in seinen Besitz gelangten Inventar zu.

Auch ein **Gastwirt** hat gemäß § 704 ein Pfandrecht an den eingebrachten Sachen des Gastes, die er bei Nichtbezahlung der Rechnung einbehalten kann. Weitere gesetzliche Pfandrechte finden sich im HGB, vgl. §§ 397, 410, 440.

## 2.3 Das Pfändungspfandrecht

Beispiel

**Der Gerichtsvollzieher pfändet aufgrund eines vollstreckbaren Titels (Urteil, Vollstreckungsbescheid usw.) beim Schuldner einen Fernsehapparat durch Anbringung eines Pfandsiegels (Kuckuck).**

Das Pfändungspfandrecht entsteht, wenn im Rahmen einer **Zwangsvollstreckung** (vgl. Teil VII, Kapitel 6) Gegenstände gepfändet werden. Die Pfändung erfolgt i. d. R. durch den Gerichtsvollzieher im Auftrag des Gläubigers. Gemäß § 804.2 ZPO erwirbt der Gläubiger durch die Pfändung ein Pfandrecht an dem gepfändeten Gegenstand, das ihm dieselben Rechte wie ein vertragliches Pfandrecht gewährt.

**Aufgaben**

(1) Eveline hat mit ihrer Bank einen Darlehensvertrag über 4.000,00 EUR abgeschlossen.
   a) Wodurch entsteht das Pfandrecht an dem erwähnten Brillantring?
   b) Welches Recht hat die Bank, wenn Eveline das Darlehen bei Fälligkeit nicht zurückzahlen kann?
   c) Auf der Versteigerung wird ein Nettoerlös von 7.000,00 EUR erzielt. Wer erhält den Erlös?
   d) Unter welchen Voraussetzungen wäre die Bank berechtigt gewesen, den Ring (oder ein anderes Faustpfand) während der Zeit bis zur Versteigerung zu nutzen?

(2) Der Student Walter L. ist auf dem Rückweg in seinen Studienort Freiburg. Während eines umsteigebedingten längeren Aufenthalts speist er mit einer Bekannten in einem Bahnhofsrestaurant in Hamburg. Da ihm das Essen nicht schmeckt, lässt er den Besitzer des Restaurants kommen und erklärt ihm, dass er nicht gedenke, diesen „Fraß" zu bezahlen. Welches Recht steht dem Gastwirt zu, um seine Forderung zu sichern?

# 3 Die Grundpfandrechte

## 3.1 Überblick

Die Besicherung von Krediten ist ein zentrales Anliegen der kreditgewährenden Institution; in den meisten Fällen also der Bank. Während bei einem Personalkredit eine oder mehrere Personen die persönliche Haftung für die Kreditrückzahlung übernehmen, tritt bei einem **Realkredit** die dingliche Haftung neben die persönliche Kreditwürdigkeit des Schuldners. Eine besonders begehrte Sicherheit ist ein Pfandrecht an einem Grundstück, ein **Grundpfandrecht**.

Wer als Berechtigter eines Grundpfandrechts in das Grundbuch (Abteilung II) eingetragen ist (vgl. Abschnitt 4), hat das Recht, sich aus dem Grundstück zu befriedigen, wenn die Schuld (Forderung) bei Fälligkeit nicht bezahlt wird. Nebenforderungen wie Zinsen, Verfahrenskosten u. a. sind dabei automatisch mitgesichert, wenn der Schuldner nicht zahlt, kann ein Grundstück jedoch nur im Wege der **Zwangsvollstreckung** verwertet werden; hierfür benötigt der Berechtigte einen besonderen Vollstreckungstitel, vgl. § 1147 sowie Teil VII, Abschnitt 6.

In der Praxis ist die notarielle *Urkunde mit Unterwerfungsklausel, die der Gläubiger schon bei der notariellen Beurkundung der Grundpfandbestellung verlangt,* ein häufig anzutreffender Titel für die Zwangsvollstreckung, vgl. § 794.1 Nr. 5 ZPO.

Rechtlich werden Grundpfandrechte gemäß § 873 ebenso **begründet** wie das Eigentum am Grundstück selbst, nämlich durch eine notariell beurkundete Einigung zwischen Grundstückseigentümer und dem Grundpfandgläubiger darüber, dass ein Grundpfandrecht entstehen soll, und eine entsprechende Eintragung im Grundbuch.

Ist keine besondere Vereinbarung getroffen worden, so stellt das Grundbuchamt eine besondere Urkunde nach erfolgter Eintragung aus: den **Hypotheken- oder Grundschuldbrief** (vgl. §§ 1116, 56 ff. Grundbuchordnung). Gemäß § 1117 erwirbt der Grundpfandgläubiger die Grundschuld erst, wenn ihm der Brief (entweder direkt vom Grundbuchamt oder vom Eigentümer) übergeben wird.

## 3.2 Die Hypothek

Beispiel

**Janina möchte von ihrer Bank ein Darlehen über 200.000,00 EUR zur Restfinanzierung eines bebauten Grundstücks erhalten. Die Bank gewährt Janina das Darlehen, möchte aber als Sicherheit eine Hypothek eintragen lassen. Janina zahlt die vereinbarten Raten ab. Bis zur Zahlung der letzten Rate hatte die Bank einen schuldrechtlichen Anspruch aus der Hypothek auf Befriedigung aus dem Grundstück. Mit Zahlung der letzten Darlehensrate wandelt sich die Hypothek in eine sogenannte „Eigentümergrundschuld“ (s. u.) um.**

Die Hypothek ist ein Pfandrecht zur Sicherung von mittel- und langfristigen Krediten. Da sie **bestimmte Geldforderungen** sichert, besteht sie nur, solange die ihr zugrunde liegende Forderung besteht (Akzessorietät), vgl. § 1113. Damit kann eine Hypothek nie ohne die zugrunde liegende Forderung übertragen werden! Ist eine Forderung noch nicht entstanden und wird dafür im Voraus schon eine Hypothek bestellt, so steht diese so lange als **Eigentümergrundschuld** dem Grundstückseigentümer zu, bis die zu sichernde Forderung entsteht (s. u.). Umgekehrt verwandelt sich eine bestehende Hypothek beim Erlöschen (z. B. durch Zahlung) der ihr zugrunde liegenden Forderung automatisch in eine Eigentümergrundschuld.

Das Gesetz unterscheidet zwei Arten von Hypotheken: die Verkehrshypothek und die Sicherungshypothek.

- Bei der Bestellung einer **Verkehrshypothek** wird üblicherweise ein Hypothekenbrief ausgestellt **(Briefhypothek)**, vgl. § 1116. Sind sich die Beteiligten darüber einig, dass kein Hypothekenbrief ausgestellt werden soll, muss der Ausschluss im Grundbuch eingetragen werden, es handelt sich dann um eine **Buchhypothek**.
- Eine **Sicherungshypothek** entsteht gemäß § 1185 dagegen ausschließlich als **Buchhypothek** und muss gemäß § 1184.2 immer als solche im Grundbuch bezeichnet werden. Im Gegensatz zur Verkehrshypothek kann die Sicherungshypothek gemäß § 1184.1 nicht gutgläubig erworben werden. Im Übrigen kann gemäß § 1186 eine Sicherungshypothek jederzeit in eine Verkehrshypothek (und umgekehrt) umgewandelt werden.

**Erläuterung:** Die Sicherungshypothek ist vor allem für die Bauwirtschaft typisch. So kann gemäß § 648 ein Bauunternehmer die Einräumung einer Sicherungshypothek an dem betreffenden Grundstück verlangen. Ist der Bau noch nicht fertig gestellt, so kann er diese für einen seiner Leistung entsprechenden Teil des Grundstücks beantragen. Zur Vollstreckung von Forderungen kann gem. § 867 ZPO auch eine – mit einer Sicherungshypothek identische – **Zwangshypothek** im Grundbuch eingetragen werden.

Da die **Briefhypothek** leichter auf andere Gläubiger übertragen werden kann, kann sie leichter Gegenstand des Rechtsverkehrs sein. Der **Hypothekenbrief** ist eine öffentliche Urkunde, die vom Grundbuchamt ausgestellt wird. Die Hypothek entsteht nach der Einigung und Eintragung im Grundbuch **und** der Übergabe des Hypothekenbriefs.

Gemäß § 892 genießt das Grundbuch **öffentlichen Glauben**, d. h., jeder Erwerber eines Grundstücks kann sich auf die Eintragungen in das Grundbuch verlassen. Besteht ein Unterschied zwischen den Grundbucheintragungen und dem Inhalt des Hypothekenbriefs, gilt zunächst die Eintragung in das Grundbuch, insbesondere dann, wenn die Eintragung in den Hypothekenbrief falsch sein sollte. Ist jedoch die Grundbucheintragung falsch, etwa weil die Forderung noch nicht durch bisher getätigte und im Hypothekenbrief eingetragene Tilgungen verringert wurde, so gilt der Inhalt des Hypothekenbriefs.

**Übersicht: Hypothekenarten**

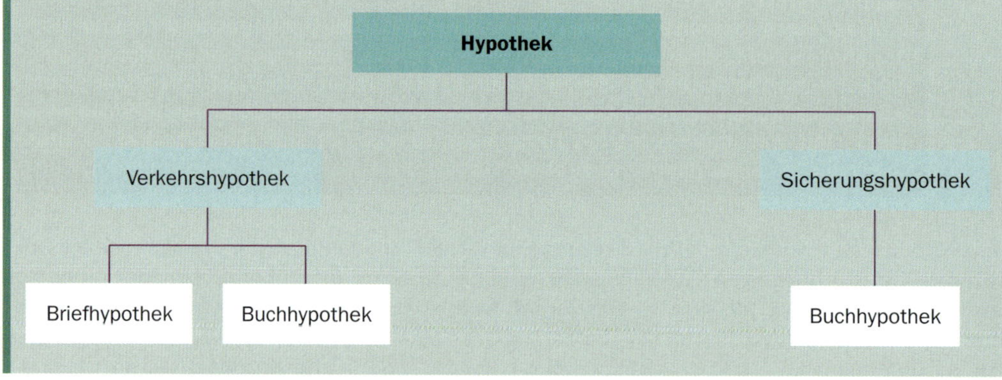


## 3.3 Die Grundschuld

**Beispiel**

**Wie oben beim Hypothekenfall benötigt Janina von ihrer Bank 200.000,00 EUR. Die Bank verlangt zur Sicherung eine Grundschuld. Wird die Grundschuld ordnungsgemäß bestellt, so spielt es keine Rolle, ob Janina den Kredit auch tatsächlich erhält. Die Grundschuld ist zugunsten der Bank entstanden. Andererseits wandelt sie sich nicht automatisch in eine Eigentümergrundschuld um, wenn die letzte Darlehensrate bezahlt wurde.**

Die **Grundschuld** gibt dem Grundschuldgläubiger das Recht, die Zahlung einer bestimmten Geldsumme aus einem Grundstück zu verlangen. Im Gegensatz zur Hypothek ist sie nicht von einer bestimmten zu sichernden Forderung abhängig, sie ist also nicht akzessorisch. Die Grundschuld **entsteht** mit der Einigung und Eintragung ins Grundbuch. Sie kann damit auch schon entstehen, wenn eine entsprechende Forderung (noch) nicht entstanden ist, und sie bleibt bestehen, wenn eine solche Forderung erloschen ist: Eine Grundschuld kann rechtlich also **ohne Schuld** bestehen. Aufgrund der günstigeren Rechtsposition des Grundschuldgläubigers hat die Grundschuld daher im Wirtschaftsleben eine wesentlich größere Bedeutung als die Hypothek.

In der Praxis wird die Verbindung zwischen Grundschuld und Forderung durch einen zusätzlichen Vertrag hergestellt, die sogenannte **Sicherungsabrede**. Der Grundschuldgläubiger, meist eine Bank, verpflichtet sich in diesem Vertrag, sein Recht aus der Grundschuld nur dann auszuüben, wenn der Grundschuld eine persönlich fällige Forderung gegenübersteht. Ebenso verpflichtet er sich, die Grundschuld auf den Eigentümer zurückzuübertragen, sobald die Forderung vollständig bezahlt ist.

Vergleichbar mit der Hypothek (vgl. § 1192) unterscheidet man die **Buchgrundschuld** und die **Briefgrundschuld**. Zusätzlich kann, anders als bei der Hypothek, eine **Eigentümergrundschuld** begründet werden, vgl. § 1196. Hier lässt der Eigentümer sein eigenes Grundstück für sich selbst mit einer Grundschuld belasten, um z. B. später einem Gläubiger eine gute Rangstelle für einen Kredit anbieten zu können. Die Eigentümergrundschuld entsteht automatisch, wenn eine Forderung, die einer Hypothek zugrunde liegt, nicht entsteht oder erlischt.

**Erläuterung:** Analog der Verkehrshypothek könnte man bei den Grundschuldarten von „Verkehrsgrundschuld" sprechen. Eine der Sicherungshypothek vergleichbare Grundschuldart gibt es nicht, da deren wesentliches Merkmal, die Akzessorität, bei der Grundschuld fehlt.

## 3.4 Die Rentenschuld

Beispiel

**Bauer Specht übergibt seinen Hof an seinen Sohn und lässt sich für eine mit diesem vereinbarte Leibrente eine Rentenschuld eintragen.**

Die Rentenschuld ist rechtlich eine Grundschuld! Abweichend von der Grundschuld muss bei einer Rentenschuld jedoch eine festgelegte Geldsumme an regelmäßig wiederkehrenden Terminen an den Rentenschuldgläubiger bezahlt werden. Die Höhe der Beträge muss nicht unbedingt gleich sein.

Gemäß § 1199.2 ist bei der Bestellung ein Geldbetrag festzulegen, durch dessen Zahlung die Rentenschuld abgelöst werden kann. Er muss im Grundbuch eingetragen werden. Die Höhe dieses Betrages kann entsprechend dem Zeitpunkt der Zahlung verschieden sein, darf jedoch nach der Bestellung der Rentenschuld nicht mehr geändert werden. Dem Grundstückseigentümer steht ein Ablöserecht zu, d. h., durch Zahlung der eingetragenen Ablösesumme wird er von der wiederkehrenden Zahlungspflicht frei.

Gemäß § 1203 kann eine Rentenschuld in eine gewöhnliche Grundschuld (und umgekehrt) umgewandelt werden.

**Übersicht: Grundpfandrechte**

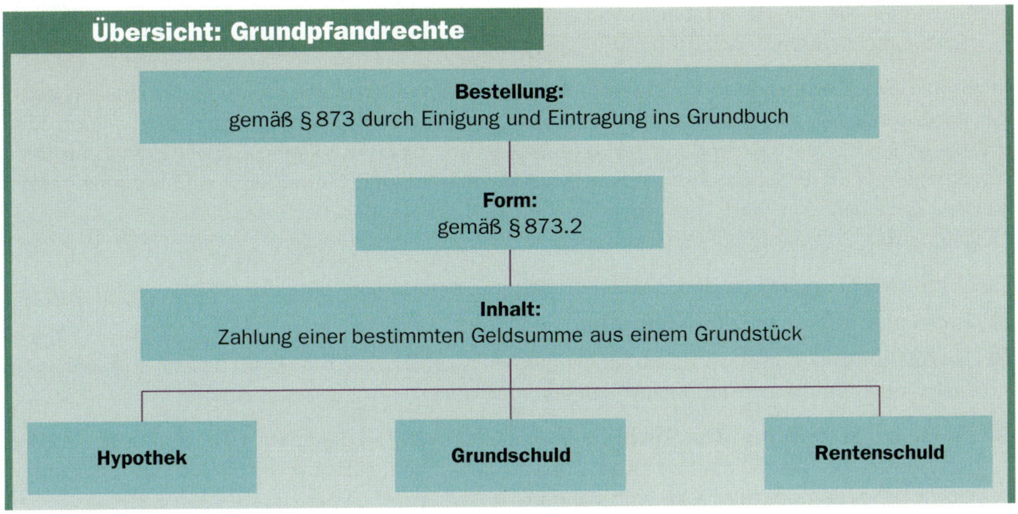

Zusammenfassung

Eine **Hypothek** ist ein Pfandrecht zur Sicherung einer bestimmten Geldforderung, sie kann Verkehrs- oder Sicherungshypothek sein.

Die **Grundschuld** entsteht unabhängig von einer Forderung entweder als Buch- oder Briefgrundschuld oder kraft Gesetzes als Eigentümergrundschuld. Der Grundstückseigentümer sichert sich vor einem Missbrauch dadurch, dass er mit dem Gläubiger eine Sicherungsabrede trifft, worin sich der Gläubiger verpflichtet, seine Rechte nur dann auszuüben, wenn eine Forderung entstanden ist.

Bei der **Rentenschuld** muss eine Geldsumme an regelmäßig wiederkehrenden Terminen an den Rentenschuldgläubiger bezahlt werden. Dem Grundstückseigentümer steht allerdings ein Ablöserecht zu.

## 3.5 Sonstige dingliche Rechte

Neben den Grundpfandrechten gibt es noch *weitere dingliche* Rechte an Grundstücken. Im Wesentlichen sind dies

- das **Erbbaurecht** (§ 1012 ff.), bei dem ein Grundstückseigentümer sein Nutzungsrecht an den Erbbauberechtigten abtritt,
- **Dienstbarkeiten** (§ 1018 ff.), vor allem Nutzungsrechte und Duldungspflichten bei Grundstücken, sowie
- das **Vorkaufsrecht** (§ 1094 ff.), mit dem sich der Berechtigte den Anspruch auf Übertragung des Eigentums an seinem Grundstück sichern kann.

### 3.5.1 Erbbaurecht

Grundsätzlich ist ein Gebäude gemäß § 93 f. wesentlicher Bestandteil eines Grundstücks und kann somit nicht Gegenstand besonderer Rechte sein. Diese Regelung wird durch das Erbbaurecht aufgehoben. Gemäß § 1012 kann ein Grundstück in der Weise belastet werden, dass dem Erbbauberechtigten ein Sondereigentum an einem Bauwerk zusteht, **ohne** dass er Eigentümer des Grundstücks ist. Damit kann das Gebäude auch ohne das Grundstück veräußert oder belastet werden.

Die diesbezüglichen Bestimmungen des BGB (§§ 1012 bis 1017) gelten allerdings nur noch für Erbbaurechte, die vor 1919 bestellt wurden, später begründete Erbbaurechte werden aufgrund der Erbbaurechtsverordnung (ErbbauVO) geregelt.

Inhalt des Erbbaurechts sind im Wesentlichen Regelungen über Vereinbarungen zwischen dem Grundstückseigentümer und dem Erbbauberechtigten über die Errichtung und Instandhaltung des Bauwerks sowie über die Tragung von öffentlichen und privaten Lasten. Für die Bestellung und Übertragung eines Erbbaurechts ist gemäß § 873 Einigung und Eintragung ins Grundbuch erforderlich. Zwischen den Vertragspartnern können ferner Veräußerungsbeschränkungen sowie die Belastung des Erbbaurechts mit Grundpfandrechten vereinbart werden.

Das Erbbaurecht zugunsten des Erbbauberechtigten endet entweder mit

- dem vertraglich vereinbarten **Zeitablauf**, häufig 99 Jahre,
- der **Aufhebung** durch den Erbbauberechtigten (vgl. § 875), allerdings bedarf er hierfür der Zustimmung durch den Grundstückseigentümer, oder
- der **Rückübertragung des Rechts** auf den Grundstückseigentümer („Heimfall"), bei Vorliegen bestimmter vertraglich vereinbarter Voraussetzungen, z. B. bei Verstößen des Erbbauberechtigten gegen getroffene Vereinbarungen.

### 3.5.2 Dienstbarkeiten

Unter Dienstbarkeiten versteht man Belastungen eines Grundstücks zugunsten des Eigentümers eines anderen Grundstücks, sie müssen im Grundbuch eingetragen werden. Je nachdem, ob diese Belastung zugunsten jedes Eigentümers eines anderen Grundstücks oder einer bestimmten Person bestehen, unterscheidet man (grundstücksbezogene) **Grunddienstbarkeiten** und (personenbezogene) **persönliche Dienstbarkeiten**.

#### 3.5.2.1 Grunddienstbarkeiten

Gemäß § 1018 werden folgende Grunddienstbarkeiten unterschieden:

- Der jeweilige Eigentümer eines anderen Grundstücks, des „herrschenden“ Grundstücks, kann das belastete Grundstück, das „dienende“ Grundstück, in einzelnen Beziehungen benutzen.

Beispiel: **Ausüben des Wegerechts, Dulden von Versorgungsleistungen, Weiderecht zugunsten des herrschenden Grundstücks.**

- Auf dem dienenden Grundstück dürfen bestimmte Handlungen, also vor allem Möglichkeiten, das Grundstück in einer bestimmten Weise zu nutzen, nicht vorgenommen werden.

Beispiel: **Auf dem dienenden Grundstück dürfen bestimmte Bauwerke nicht errichtet werden oder es darf ein Grundstück nicht gewerblich genutzt werden.**

- Die Ausübung bestimmter Rechte, die sich auf das herrschende Grundstück beziehen, dürfen auf dem dienenden Grundstück nicht vorgenommen werden. Hierbei geht es aktiv um den Ausschluss der Ausübung bestimmter Rechte und passiv um das Dulden von Einwirkungen auf das dienende Grundstück durch das herrschende Grundstück, obwohl hierzu üblicherweise keine Verpflichtung bestünde.

Beispiel: **Eine Grundstücksabsenkung darf nicht vorgenommen werden, die Nutzung des eigenen Garagendachs durch den Eigentümer des Nachbargrundstücks muss geduldet werden.**

#### 3.5.2.2 Persönliche Dienstbarkeiten

Unter persönlichen Dienstbarkeiten versteht man persönliche Nutzungsrechte an einem Grundstück. Hierunter fallen zum einen der Nießbrauch gemäß § 1030 ff. und beschränkte persönliche Dienstbarkeiten gemäß § 1090 ff.

- Ein umfassendes Nutzungsrecht **(Nießbrauch)** an einem Grundstück entsteht ebenfalls gemäß § 873 durch Einigung und Eintragung ins Grundbuch. Mit dem Nutzungsrecht sind auch bestimmte gesetzliche Pflichten (z. B. Versicherungspflicht, Erhaltungspflicht) verbunden. Der Nießbrauch endet mit einer Erklärung gegenüber dem Grundbuchamt und der Löschung des Rechts. Ein Nutzungsrecht ist auch für Sachen möglich, ein solches Recht entsteht mit der Einigung und Übergabe der Sache, vgl. §§ 1030 und 1032.

Beispiel: **Der reiche Landwirt Pentenrieder schenkt seinen drei Töchtern bei Eintritt der Volljährigkeit jeweils eine Eigentumswohnung, lässt aber einen Nießbrauch für sich in das Grundbuch eintragen.**

- **Beschränkte persönliche Dienstbarkeiten** können nur an Grundstücken bestehen und gewähren im Gegensatz zum Nießbrauch nur ein eingeschränktes Nutzungsrecht. Inhalt einer solchen beschränkten persönlichen Dienstbarkeit können sämtliche Belastungen werden, die Inhalt einer Grunddienstbarkeit sein können, nur dass diese Rechte nun einer bestimmten Person eingeräumt werden. Dies können also bestimmte Nutzungsrechte für den Begünstigten oder bestimmte Nutzungs- und Rechtseinschränkungen für den Eigentümer des belasteten Grundstücks sein.

  Persönliche Dienstbarkeiten sind nur mit Zustimmung des Eigentümers auf andere Personen übertragbar, vgl. § 1092.

### 3.5.3 Vorkaufsrecht

Durch ein **vertragliches Vorkaufsrecht** gemäß § 1094.1 sichert der Berechtigte einen Anspruch auf Übertragung des Eigentums an einem Grundstück. Das Vorkaufsrecht muss im Grundbuch eingetragen sein und hat Dritten gegenüber die Wirkung einer Sicherungsvormerkung, vgl. §1098.2.

Aufgrund dieses eingetragenen Rechts kann der Berechtigte das Eigentum an dem betreffenden Grundstück zu den gleichen Bedingungen erwerben, zu denen es der Grundstückseigentümer (Verpflichtete) an einen Dritten verkauft hat. Der Grundstückseigentümer ist durch das Vorkaufsrecht nicht verpflichtet, das Grundstück zu verkaufen. Schließt er jedoch einen Kaufvertrag mit einem Dritten ab, kann der Berechtigte sein Recht durch eine einseitige Erklärung gegenüber dem Verpflichteten ausüben.

Da das Vorkaufsrecht im Grundbuch eingetragen ist, kann der Dritte das Grundstück nicht in gutem Glauben erwerben. Übt der Berechtigte sein Vorkaufsrecht aus, so kann der Dritte seine Zustimmung zur Eintragung des Vorkaufsberechtigten als Eigentümer gemäß § 1100 so lange verweigern, bis ihm der zwischen ihm und dem Verpflichteten vereinbarte Kaufpreis erstattet wurde.

Neben dem vertraglichen Vorkaufsrecht steht den Gebietskörperschaften (Bund, Länder und Gemeinden) unter bestimmten Umständen ein **gesetzliches Vorkaufsrecht** zu, das in verschiedenen Gesetzen, u. a. dem Bundesbaugesetz, festgelegt ist. So haben Gemeinden beispielsweise ein Vorkaufsrecht für Grundstücke, die innerhalb eines Bebauungsplans liegen, und an bebauten Grundstücken, die besonders prägend für das Ortsbild oder von historischer Bedeutung sind.

**Aufgaben**

(1) Ein guter Freund von Ihnen steht vor der Entscheidung, eine Wohnung zu kaufen, für die er einen hohen Kredit bei seiner Tante aufnehmen will. Er fragt Sie um Rat, ob er der Tante als Kreditsicherheit eine Hypothek oder eine Grundschuld vorschlagen soll. Was raten Sie ihm?

(2) Grenzen Sie Sicherungsabrede, Sicherungshypothek und Sicherungsübereignung gegeneinander ab.

(3) Worin liegt der Vorteil eines Grundpfandrechts für den Gläubiger?

(4) Manfred und Ulrike Lohmann möchten ein Haus kaufen. Von mehreren Grundstücken, die ihnen angeboten werden, gefallen ihnen zwei besonders gut.

- a) Auf dem einen Grundstück ruht ein Erbbaurecht.
- b) Für das zweite Grundstück hat ein gewisser Rudolf Hauter ein Vorkaufsrecht, außerdem ist für diesen ein Wegerecht eingetragen.

Welche Vor- und Nachteile haben diese dinglichen Rechte für den Käufer?

# 4 Das Grundbuch

Beispiel

**Max und Susanne beabsichtigen, ein Grundstück zu erwerben, um ein Einfamilienhaus zu bauen. In der Lokalzeitung wird ein Grundstück angeboten, dessen Lage ihnen zusagt. Nach einer Unterredung mit dem Eigentümer und einer Besichtigung des Grundstücks möchten sie genauere Informationen, vor allem über die genaue Größe, über Belastungen und Baubeschränkungen einholen. Der Verkäufer rät ihnen zu einer Einsicht in das Grundbuch. Diese wird ihnen vom Grundbuchamt auch gewährt.**

## 4.1 Das Grundbuchrecht

Das Grundbuch ist ein staatliches Register, das Auskunft über die Rechtsverhältnisse von Grundstücken gibt. Ein **Grundstück** im Rechtssinne ist ein katastermäßig vermessener und bezeichneter Teil der Erdoberfläche (Flurstück). Im Grundbuch werden die Eigentümer der Grundstücke sowie alle an einem Grundstück bestehenden dinglichen Rechte, wie beispielsweise Hypotheken oder Nutzungsrechte, verzeichnet.

Die Notwendigkeit zur Führung des Grundbuches ergibt sich aus dem **materiellen Grundstücksrecht**, welches den Inhalt, die Entstehung, Übertragung, Änderung und Aufhebung der Rechte an Grundstücken regelt. Es ist als Sachenrecht im 3. Buch des BGB (§§ 873–1203) und in Nebengesetzen, wie z. B. der Erbbauverordnung, niedergelegt. Das **formelle Grundbuchrecht**, welches die Einrichtung der Grundbücher, Voraussetzungen der Eintragung und das Eintragungsverfahren umfasst, ist in der Grundbuchordnung (GBO) und ihren Nebenbestimmungen geregelt.

Das Grundbuch wird von den **Grundbuchämtern** geführt, die in fast allen Bundesländern dem Amtsgericht zugeordnet sind, nur in Baden-Württemberg werden die Grundbücher im Grundbuchamt der Gemeinden durch Notare geführt.

## 4.2 Aufbau des Grundbuchs

Das Grundbuch besteht aus dem **Bestandsverzeichnis**, welches Auskunft über Lage, Größe, Wirtschaftsart und Bebauung des Grundstücks gibt, und drei **Abteilungen**:

- In Abteilung I sind u. a. die Namen der Grundstückseigentümer sowie der Grund der Eintragung (z. B. Auflassung) aufgeführt;
- Abteilung II enthält die Lasten und Beschränkungen, denen das Grundstück unterworfen ist, wie beispielsweise Dienstbarkeiten, Dauerwohnrechte, Erbbaurechte oder Vorkaufsrechte;
- in Abteilung III sind Grundpfandrechte wie Hypotheken, Grund- und Rentenschulden eingetragen.

Einlegebogen

**Amtsgericht** Weimar **Grundbuch von** Weimar **Blatt** 145 **Bestandsverzeichnis** 1

| Lfd. Nr. der Grundstücke | Bisherige lfd. Nr. der Grundstücke | Bezeichnung der Grundstücke und der mit dem Eigentum verbundenen Rechte | | | | | Größe | | |
|---|---|---|---|---|---|---|---|---|---|
| | | Gemarkung (Vermessungsbezirk) | Karte Flur | Karte Flurstück | Liegenschaftsbuch | Wirtschaftsart und Lage | ha | a | m² |
| | | a | b | b | c/d | e | | | |
| 1 | 2 | 3 | | | | | 4 | | |
| 1 | – | Windenreute | 90 | 6 | | **Bauplatz**<br>Gebäude und Freifläche<br>Ahornweg 7 – | 7 | 10 | |

Einlegeblatt **Abt. I**

**Amtsgericht** Weimar **Grundbuch von** Weimar **Blatt** 145 **Erste Abteilung** 1

| Lfd. Nr. der Eintragungen | Eigentümer | Lfd. Nr. der Grundstücke im Bestandsverzeichnis | Grundlagen der Eintragung |
|---|---|---|---|
| 1 | 2 | 3 | 4 |
| 1 | Renate Hech in Emmendingen,<br>geb. am 21. August 1960 | 1 | Aufgelassen am 3. Januar 1998 und eingetragen am 9. März 1999. |

Einlegeblatt **Abt. II**

**Amtsgericht** Weimar **Grundbuch von** Weimar **Blatt** 145 **Zweite Abteilung** 1

| Lfd. Nr. der Grundstücke | Lfd. Nr. der betroffenen Grundstücke im Bestandsverzeichnis | Lasten und Beschränkungen |
|---|---|---|
| 1 | 2 | 3 |
| 1 | 1 | Wegerecht für den jeweiligen Eigentümer des im Grundbuch von Emmendingen Blatt 129 eingetragenen Grundstücks Windenreute, Flurstück 91.<br>Bewilligt am 31. Juli 1999, eingetragen am 2. November 1999. |

Einlegeblatt **Abt. III**

**Amtsgericht** Weimar **Grundbuch von** Weimar **Blatt** 145 **Dritte Abteilung** 1

| Lfd. Nr. der Eintragungen | Lfd. Nr. der belasteten Grundstücke im Bestandsverzeichnis | Betrag | Hypotheken, Grundschulden, Rentenschulden |
|---|---|---|---|
| 1 | 2 | 3 | 4 |
| 1 | 1 | 50 000,00 | Fünfzigtausend EUR zahlungsfällige Grundschuld mit 9 v.H. Jahreszinsen ab Eintragung für Volksbank Emmendingen e.G. in Emmendingen. Die Zinsen sind jährlich nachträglich am 31. Dezember zu entrichten.<br>Eingetragen am 9. Februar 2000 |

Grundsätzlich wird für jedes Grundstück ein **Grundbuchblatt** angelegt *(Realfolium)*, gehören einem Eigentümer mehrere Grundstücke, kann auch ein gemeinschaftliches Grundbuchblatt für mehrere Grundstücke desselben Eigentümers angelegt werden *(Personalfolium)*.

## 4.3 Grundsätze des Grundstücks- und Grundbuchrechts

Beispiel

**Max und Susanne beschließen, das Grundstück zu kaufen. Die Einsichtnahme in das Grundbuch ergab, dass das Grundstück mit keinen dinglichen Rechten belastet ist, eine alte Grundschuld in Höhe von 100.000,00 EUR ist gelöscht. Sie einigen sich mit dem Verkäufer und werden auf Antrag in das Grundbuch als neue Eigentümer eingetragen. Wenige Wochen später erhalten sie ein Schreiben von Willi Wittlich, der ihnen mit umfangreichen Unterlagen nachzuweisen versucht, dass die alte Grundschuld noch bestehe und wohl fälschlicherweise gelöscht worden sei. Können sich Max und Susanne auf die Grundbucheintragung berufen und die Forderung als gegenstandslos betrachten?**

Jeder, der ein berechtigtes Interesse nachweisen kann, kann in das Grundbuch Einsicht nehmen (Publizitätsprinzip). Gemäß § 891 f. gilt die gesetzliche Vermutung, dass ein im Grundbuch eingetragenes Recht dem dort bezeichneten Rechtsinhaber zusteht bzw. dass ein gelöschtes Recht nicht mehr besteht. Jeder, der ein Recht an einem Grundstück erwirbt, kann sich also auf die Grundbucheintragung verlassen. Das bedeutet auch, dass derjenige, der sich beim Rechtserwerb auf eine unrichtige Grundbucheintragung verlässt, in seinem **guten Glauben** geschützt wird (Öffentlichkeitsgrundsatz), es sei denn, dem Erwerber war die Unrichtigkeit bekannt. Die Führung des Grundbuchs unterliegt daher besonders strengen Formvorschriften.

Für die Wirksamkeit jeder Rechtsänderung durch Rechtsgeschäft (Erwerb, Veränderung, Aufhebung von Eigentum und anderen Rechten am Grundstück) ist grundsätzlich auch die **Eintragung** im Grundbuch erforderlich, vgl. § 873 BGB (Eintragungsgrundsatz). Für die Eintragung müssen das betroffene Grundstück, der Berechtigte und der Inhalt des eintragungsfähigen Rechts zweifelsfrei feststehen. Eintragungsfähig sind im Übrigen nur die vom Gesetz zugelassenen Grundstücksrechte (dingliche Rechte, Verfügungsbeschränkungen, Vormerkungen und Widersprüche).

Jede Eintragung erfordert den **Antrag** des Beteiligten (Antragsgrundsatz) und die **Zustimmung** (Eintragungsbewilligung) des von der Eintragung Betroffenen. Die zur Rechtsänderung nötigen Willenserklärungen werden vom Grundbuchamt nicht nachgeprüft, dies gilt jedoch nicht beim Grundstückserwerb. Hier darf die Eintragung erst erfolgen, wenn die notariell beurkundete Einigungserklärung (Auflassung) vorliegt (vgl. § 925 BGB; § 20 GBO).

Erst mit der Grundbucheintragung wird der Erwerber Eigentümer des Grundstücks. Um zu verhindern, dass der Verkäufer das Grundstück vor der endgültigen Übereignung noch belastet oder anderweitig veräußert, lässt sich der Käufer nach dem Abschluss des Grundstückskaufvertrags zur Sicherung seines Anspruchs üblicherweise eine **Auflassungsvormerkung** in das Grundbuch eintragen. Die Eintragung einer Vormerkung hat gemäß § 833 zur Folge, dass eine spätere Rechtsänderung unwirksam ist, wenn sie den durch die Vormerkung gesicherten Anspruch beeinträchtigt.

Grundsätzlich kann ein Grundstück mit mehreren dinglichen Rechten belastet werden. Im Konfliktfalle richtet sich der Rang der Grundstücksrechte gemäß § 879 nach der **Reihenfolge der Eintragung** (Vorrangsprinzip). Diese richtet sich wiederum, sofern nichts Abweichendes vereinbart wurde, nach dem Eingang der Anträge. Im Falle einer Zwangsversteigerung oder Zwangsverwaltung eines Grundstücks (vgl. Teil VII, Kapitel 6) beispielsweise hat die Rangordnung zwischen mehreren Grundstücksrechten an ein- und demselben Grundstück entscheidende Bedeutung für die Verteilung des Verkaufserlöses, wenn dieser nicht für alle eingetragenen Rechte ausreichen sollte.

**Aufgaben**

(1) Beantworten Sie bitte die im Eingangsbeispiel gestellte Frage.

(2) Beschreiben Sie den Inhalt der Verzeichnisse des Grundbuchs.

(3) Sie interessieren sich für den Kauf eines Grundstücks. Beschreiben Sie, wie Sie dabei vorgehen sollten.

(4) Florian und Eva Störrle sind gemeinsame Eigentümer eines Hauses in Schwerin. Versehentlich wurde bei der Grundbucheintragung jedoch nur Florian als Eigentümer eingetragen. Nach einem Streit mit seiner Ehefrau verkauft Florian das Grundstück an Markus Kammerlehner. Kann Kammerlehner Eigentümer des Hauses werden?

# Familienrecht

Das Familienrecht, das 4. Buch des BGB, regelt Rechtsverhältnisse, die mit der Gründung, dem Bestehen und der Scheidung einer Ehe zusammenhängen. Ferner werden Verwandtschaftsbeziehungen und deren rechtliche Formen festgelegt. Eine weitere wichtige Rechtsquelle stellte bislang das Ehegesetz (EheG) dar. Inzwischen wurde dieses jedoch mit Wirkung zum 1. Juli 1998 im Rahmen der Neuregelung des Eheschließungsrechts aufgehoben, sodass das Familienrecht nun wieder die wichtigste Rechtsquelle darstellt.

## 1 Verwandtschaft und Schwägerschaft

### 1.1 Verwandtschaft

Der Begriff der Verwandtschaft ist im § 1589 definiert. Verwandte sind danach Personen, die voneinander abstammen. Unter Verwandten versteht man danach rechtlich i. d. R. Blutsverwandte. Auch ein nichteheliches Kind gilt als mit dem Vater verwandt.

Man unterscheidet zwischen Verwandten in gerader Linie und Verwandten in Seitenlinie. Verwandte in gerade Linie sind Personen, die direkt voneinander abstammen, z. B. Großvater – Vater – Sohn. In Seitenlinie miteinander verwandt sind hingegen Personen, die gemeinsam von einer dritten Person abstammen, z. B. Schwester und Bruder, Onkel und Neffe.

Der Grad der Verwandtschaft bestimmt sich nach der Zahl der sie vermittelnden Geburten. So ist die Großmutter mit ihrer Tochter im ersten Grad verwandt (in gerader Linie), mit der Enkelin ist sie im zweiten Grad verwandt.

Vollbürtige Geschwister haben somit beide Eltern gemeinsam, halbbürtige Geschwister dagegen einen gemeinsamen Elternteil. Logisch ergibt sich hieraus auch, dass Ehegatten nicht miteinander verwandt sind.

### 1.2 Schwägerschaft

Unter Schwägerschaft versteht man gemäß § 1590 das Verhältnis eines Ehegatten zu den Verwandten des anderen Ehegatten.

Eine Person ist also verschwägert mit dem Ehegatten seiner Verwandten, also z. B. der Frau des Bruders, und mit den Verwandten seines Ehegatten, z. B. mit dem Bruder der Ehefrau.

Die Schwägerschaft besteht auch nach der Auflösung der Ehe weiter. Verwandte der Ehegatten sind mit den Verwandten des anderen Ehegatten nicht verschwägert. So ist der Vater der Ehefrau nicht mit der Mutter des Ehemannes verschwägert. Die Ehefrau ist dagegen sowohl mit den Eltern des Ehemanns, seinen Geschwistern, Onkeln und Tanten verschwägert.

**Aufgaben**

(1) Bestimmen Sie (anhand des Schaubildes auf der nächsten Seite)!

a) **Verwandte in gerader Linie**
1. Grad von Lauritz; 2. Grad von Lauritz; 3. Grad von Lauritz

b) **Verwandte in Seitenlinie**
1. Grad: entfällt; 2. Grad von Anneliese; 3. Grad von Anneliese; 4. Grad von Anneliese

c) **Schwägerschaft in gerader Linie**
1. Grad von Werner; 2. Grad von Dieter.

d) **Schwägerschaft in Seitenlinie**
1. Grad: entfällt; 2. Grad von Marianne; 3. Grad von Dieter

**Übersicht**

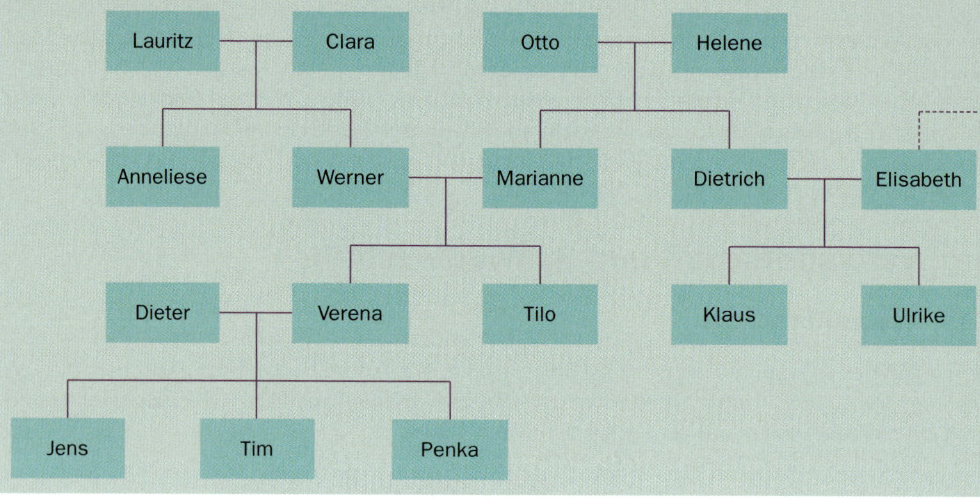


## 1.3 Die rechtliche Bedeutung von Verwandtschaft und Schwägerschaft

Verwandtschaftliche und schwägerschaftliche Verhältnisse haben verschiedene rechtliche Folgen:

Gem. § 1601 besteht zwischen Verwandten in gerader Linie **Unterhaltspflicht**. Sie sind also verpflichtet, sich in Notlagen zu unterstützen. Dies gilt für Verwandte in aufsteigender wie auch in absteigender Linie. So haben beispielsweise die Eltern den Kindern, aber gegebenenfalls auch die Enkel den Großeltern Unterhalt zu gewähren. Allerdings ist hierbei zu berücksichtigen, dass vor den Verwandten grundsätzlich der Ehegatte zum Unterhalt verpflichtet ist (vgl. § 1608). Leben die (erwachsenen) Kinder in gesicherten Einkommensverhältnissen, so müssen sie gegebenenfalls auch auf ihre Ersparnisse für die Zahlung von Pflegekosten für ihre Eltern zurückgreifen.

Beispiel

**Ein Landkreis als Träger der Sozialhilfe forderte von einer verheirateten Frau mit einem Einkommen von 1.200,00 EUR etwa 290,00 EUR monatlich für die Zahlung der Heimkosten ihrer betagten Mutter. Der BGH gab dem Kläger teilweise Recht. Er entschied 2003, dass angesichts einer Sparquote von 10 % des verfügbaren Einkommens unterhaltspflichtige Kinder unter Umständen auch Geld aus der eigenen Vermögensbildung zur Verfügung stellen müssen. Finanzierungskosten des Eigenheims sowie eine angemessene zusätzliche eigene Alterversorgung dürften allerdings nicht angetastet werden. Damit erweiterte der BGH die Zahlungspflichten von Verheirateten mit eigenem Einkommen, deren Partner gut verdienen (XII ZR 224/00).**

Zwischen Verwandten und Verschwägerten bestehen bestimmte **Eheverbote**. So dürfen gemäß § 1307 Verwandte in gerader Linie sowie Geschwister keine Ehe miteinander eingehen.

Verwandtschaft und Schwägerschaft begründen ein **Zeugnisverweigerungsrecht**. So können Zeugen gemäß § 383 Zivilprozessordnung (ZPO) und § 52 Strafprozessordnung (StPO) die Aussage verweigern, wenn sie mit einer Partei

- verlobt oder verheiratet,
- in gerade Linie verwandt, verschwägert oder durch Adoption verbunden,

- in Seitenlinie bis zum dritten Grad verwandt oder
- in Seitenlinie bis zum zweiten Grad verschwägert sind.

Bei Verschwägerten gilt dies auch dann, wenn die Ehe, die die Schwägerschaft begründete, nicht mehr besteht.

Schließlich haben Verwandte gemäß § 1924 ff. ein gesetzliches **Erbrecht**.

## 2 Das Verlöbnis

Das Familienrecht, das 4. Buch des BGB, regelt die Rechtsverhältnisse, die mit der Gründung, dem Bestehen und der Scheidung einer Ehe zusammenhängen.

Das Wesen des Verlöbnisses besteht darin, dass sich zwei Partner verpflichten, demnächst die Ehe miteinander einzugehen. Über den Abschluss einer Verlobung gibt es keine Formvorschriften, sie ist völlig formfrei; es kann eine große offizielle Verlobungsfeier veranstaltet werden, man kann sich heimlich oder auch stillschweigend verloben. Die Feier oder der Austausch von Ringen sind rechtlich ohne Bedeutung.

Bei der Verlobung handelt es sich um einen familienrechtlichen Vertrag, die Vertragschließenden müssen daher voll geschäftsfähig sein oder die Zustimmung ihrer gesetzlichen Vertreter besitzen (vgl. § 104 ff.). Der Minderjährige bedarf jedoch zum Rücktritt vom Verlöbnis nicht der Zustimmung der gesetzlichen Vertreter. Da es sich um ein persönliches Rechtsgeschäft handelt, kann ein Verlöbnis nicht durch Stellvertreter, etwa die Eltern, abgeschlossen werden.

Durch die rechtliche Verbindlichkeit unterscheidet sich die Verlobung von losen Freundschaften oder kurzfristig angelegten Liebesbeziehungen.

Das Verlöbnis endet mit der Eheschließung oder aber durch Aufhebung seitens der Verlobten, durch Tod eines Verlobten, nachträgliche Unmöglichkeit der Eheschließung oder durch den Rücktritt eines Verlobten. Entgegengesetzt zu anderen Verträgen kann verständlicherweise aus einem Verlöbnis nicht auf Eingehung der Ehe, also auf die Einhaltung des Vertrags, geklagt werden (vgl. § 1297.1) oder diese, etwa durch eine Vertragsstrafe, erzwungen werden.

Tritt ein Teil allerdings ohne wichtigen Grund zurück oder verschuldet er den Rücktritt des anderen (vgl. §§ 1298.1, 1298.3, 1299), so wird er diesem gemäß §§ 1298 bis 1301 schadensersatzpflichtig. Ein wichtiger Grund liegt beispielsweise dann vor, wenn der zurücktretende Teil das Verlöbnis nicht eingegangen wäre, hätte er diesen Grund, etwa eine schwere Krankheit, vorher gekannt.

Die Schadensersatzpflicht bezieht sich beispielsweise auf in angemessenem Rahmen getätigte Aufwendungen in Erwartung der Eheschließung oder auf Nachteile, die sich aus der Aufgabe einer beruflichen Stellung ergeben. Unterbleibt die Eheschließung, so kann jeder Verlobte vom anderen die Herausgabe der gegenseitigen Verlobungsgeschenke entsprechend den Vorschriften über die ungerechtfertigte Bereicherung fordern (vgl. §§ 1301, 812 ff.).

Zwar gelten Verlobte schon als Angehörige i. S. d. Strafgesetzbuches, d. h. sie besitzen, wie erwähnt, ein Zeugnisverweigerungsrecht. Sie sind jedoch nicht verwandt, und es besteht kein gesetzliches Erbrecht. Es können jedoch Unterhaltsansprüche bestehen, da das Gesetz vorsieht, dass Lebenspartner einander in gleicher Weise haften wie Ehegatten (§ 1608 (3)).

**Aufgaben**

(2) a) Fritz, der schon seit Längerem ein Verhältnis mit Renate hat, erklärt ihr, dass er niemals daran denke, „von ihr zu lassen".

b) Heiko erklärt Silke, dass er sie heiraten wolle.

Liegt jeweils ein Verlöbnis vor?

(3) Klaas ist mit Tanja verlobt. Er möchte jedoch Petra heiraten und sagt ihr dies auch. Petra weiß allerdings, dass Klaas bereits mit Tanja verlobt ist.

a) Ist hier eine rechtswirksame Verlobung zustande gekommen?

b) Welche Ansprüche hätte Tanja, wenn Klaas sie verlassen würde?

(4) Alf kommt dahinter, dass Sonja nicht sonderlich treu ist. Er erklärt daher ihr Verlöbnis für aufgelöst. Muss Alf Schadensersatz leisten und die Geschenke zurückgeben?

(5) Ferdinand hebt seine Verlobung mit Herma ohne wichtigen Grund auf. Wird Ferdinand schadensersatzpflichtig, wenn folgende Vorfälle während der Verlobung eingetreten sind:

- Herma hat ihre gut bezahlte Stellung aufgegeben, um sich auf ihre zukünftige Tätigkeit als Hausfrau vorzubereiten,
- Hermas Vater hat Ferdinand schon im Hinblick auf die zukünftige Ehe eine kleinere Herrenboutique eingerichtet,
- die Verlobungsfeier war recht kostspielig,
- für die bevorstehende Hochzeit sind schon einige Aufwendungen gemacht worden.

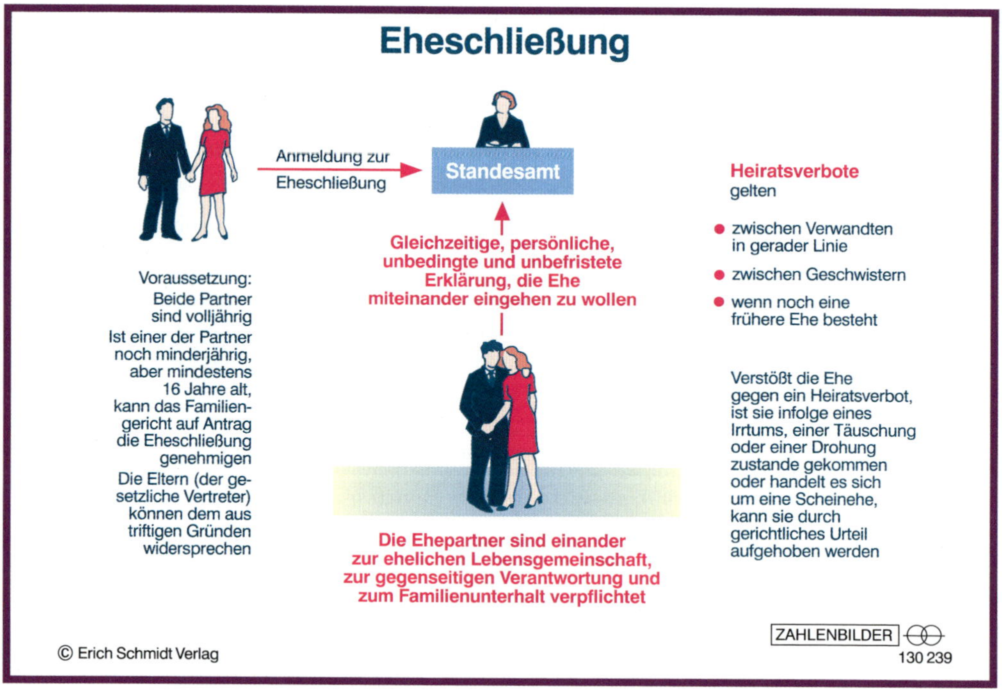


## 3 Die Eheschließung

Gemäß Artikel 6.1 Grundgesetz stehen Ehe und Familie unter dem besonderen Schutz der staatlichen Ordnung. Die Eheschließung ist durch das neu gefasste Familienrecht sowie durch das Personenstandsgesetz geregelt, auf das hier jedoch nicht im Detail eingegangen wird.

## 3.1 Voraussetzungen der Eheschließung

Eine Ehe kann eingegangen werden, wenn die Partner ehefähig sind und keine Ehehindernisse (Eheverbote) vorliegen.

Die **Ehefähigkeit** wird in § 1303 f. geregelt. Ehefähig (ehemündig) ist grundsätzlich jeder Volljährige, also jeder, der das 18. Lebensjahr vollendet hat.

Allerdings kann das Familiengericht auf Antrag auch Minderjährigen unter gewissen Voraussetzungen die Eheschließung genehmigen. So muss der Antragsteller bzw. die Antragstellerin das 16. Lebensjahr vollendet haben und der künftige Ehegatte muss volljährig sein. Widerspricht der gesetzliche Vertreter des Antragstellers dem Antrag, so kann das Familiengericht die Befreiung von der Volljährigkeitsvorschrift trotzdem erteilen, allerdings nur dann, wenn der Widerspruch nicht auf „triftigen" Gründen beruht.

Geschäftsunfähige können gemäß § 1304 keine Ehe eingehen.

**Eheverbote** und sonstige Ehevoraussetzungen sind in § 1306 ff. aufgeführt. So darf eine Ehe nicht eingegangen werden, wenn einer der Ehepartner noch verheiratet ist. Ferner dürfen, wie oben erwähnt, Verwandte in gerader Linie und Geschwister keine Ehe miteinander schließen.

Nichtdeutsche Staatsbürger sollen durch ein *Ehefähigkeitszeugnis,* das in ihrem Heimatland ausgestellt werden soll, nachweisen, dass der geplanten Eheschließung nach dem Recht ihres Landes kein Hindernis entgegensteht.

## 3.2 Form der Eheschließung

Die Ehe ist ein Vertrag, der bestimmten Formvorschriften unterliegt. Gemäß § 1310 wird die Ehe grundsätzlich durch eine *persönliche Eheschließungserklärung* der Eheschließenden vor einem *Standesbeamten* geschlossen.

Eine eventuelle *kirchliche Trauung* darf erst nach der standesamtlichen Eheschließung stattfinden. Nach dem Prinzip der obligatorischen Zivilehe käme sonst keine rechtlich wirksame Ehe zustande. Ein Geistlicher, der eine kirchliche Trauung ohne eine zuvor geschlossene standesamtliche Eheschließung vornähme, beginge eine Ordnungswidrigkeit.

Die Eheschließung muss beim Standesamt, in dessen Bezirk einer der Eheschließenden seinen Wohnsitz oder seinen gewöhnlichen Aufenthaltsort hat, *angemeldet* werden. Der Standesbeamte prüft dann, ob der Eheschließung ein Ehehindernis entgegensteht. Die früher vorgeschriebene öffentliche Bekanntmachung der Eheschließung, das *Aufgebot,* wurde mit der Neuregelung des Eheschließungsrechts abgeschafft. Die Anwesenheit von Zeugen ist ebenfalls nicht mehr erforderlich. Allerdings können ein oder zwei Zeugen anwesend sein, wenn die Eheschließenden dies wünschen.

Wurde die Ehe geschlossen, obwohl notwendige Voraussetzungen nicht erfüllt waren, so kann die Ehe gemäß § 1313 auf Antrag durch ein gerichtliches Urteil **aufgehoben** werden. Dies gilt insbesondere, wenn die Ehefähigkeit nicht gegeben war, Eheverbote bestanden oder sich einer der Ehegatten bei der Eheschließung nicht bewusst war, eine Ehe einzugehen. Die Folgen der Aufhebung der Ehe bestimmen sich grundsätzlich nach § 1318.

## 3.3 Rechtliche Wirkungen der Eheschließung

Beide Ehepartner sind gemäß *Gesetz über die Gleichberechtigung von Mann und Frau* von 1957 sowie Artikel 3 Grundgesetz gleichberechtigt. Durch die Eheschließung verpflichten sie sich gemäß § 1353 zu einer ehelichen Lebensgemeinschaft. Sie tragen füreinander Verantwortung, verpflichten sich zur Treue und gegenseitigen Rücksichtnahme und zur Einigung über eheliche Angelegenheiten. Darüber hinaus hat die Eheschließung weitere wichtige Wirkungen.

### 3.3.1 Namensrecht

Das Namensrecht wurde in der Vergangenheit mehrfach geändert. Bis zur Familienrechtsreform von 1976 wurde bei der Heirat automatisch der Name des Mannes zum Ehenamen (bzw. Familiennamen). Ab 1976 konnten die Ehepartner wählen, ob sie den Namen des Mannes oder der Frau als Ehenamen führen wollten; traf das Paar keine eigene Namenswahl, erhielt die Familie automatisch den Namen des Mannes. Diese Regelung war nicht mit der vom Grundgesetz geforderten Gleichbehandlung von Männern und Frauen zu vereinbaren.

Mit Wirkung von Oktober 1993 wurde das Namensrecht daher vollkommen liberalisiert (vgl. hierzu § 1355). Die Ehegatten sollen nun einen gemeinsamen Ehenamen bestimmen. Nach der augenblicklichen Gesetzeslage können die Ehepartner den Geburtsnamen der Frau oder des Mannes zum Ehenamen bestimmen. Der Ehepartner, dessen Geburtsname nicht zum Ehenamen bestimmt wird, kann seinen eigenen Geburtsnamen oder – wenn er verwitwet oder geschieden ist – den zurzeit der Eheschließung geführten Namen dem Ehenamen voranstellen oder anfügen.

***Ausnahmen:***

- Dies geht nicht, wenn sich der Ehename aus mehreren Namen zusammensetzt.
- Besteht der ursprüngliche Name des Ehegatten aus mehreren Namen, so kann nur einer dieser Namen dem Ehenamen hinzugefügt werden.

Beispiel

**Die noch nicht verheiratet gewesene Marianne von der Heyde heiratet Jochen Schulz-Vogelmann. Einigen sich die Ehegatten auf den Ehenamen von der Heyde, so hat der Ehemann die Möglichkeit, die Namen Schulz oder Vogelmann dem Ehenamen voranzustellen oder hinzuzufügen. Sein neuer Name könnte demnach wie folgt lauten: Schulz-von der Heyde, von der Heyde-Schulz, Vogelmann-von der Heyde oder von der Heyde-Vogelmann. Verzichtet der Ehemann auf diese Möglichkeit, so heißt er zukünftig Jochen von der Heyde.**

Die Regelung, dass nur der Geburtsname von einem der beiden Ehepartner neuer Ehename werden kann, wurde in einem im Februar 2004 ergangenen Urteil des Bundesverfassungsgerichts inzwischen für verfassungswidrig erklärt. Jetzt kann auch der Name aus einer früheren Ehe zum neuen Ehenamen erklärt werden. Eine Beschränkung auf den Geburtsnamen bedeute, so das Bundesverfassungsgericht, eine Einschränkung des Persönlichkeitsrechts.

Beispiel

**Die geborene Elisabeth Apstein war lange mit Friedrich von Waltershofen (Ehename: von Waltershofen) verheiratet, der vor drei Jahren verstarb. Sie möchte nun eine neue Ehe mit Günther Schulz eingehen. Als Ehenamen standen zuvor nur Apstein und Schulz zur Auswahl. Durch die Verfassungsgerichtsentscheidung können Elisabeth und Günther nun auch von Waltershofen zu ihrem gemeinsamen Ehenamen bestimmen.**

Einigen sich die Partner *nicht* auf einen gemeinsamen Namen, führen beide Partner auch nach der Eheschließung ihren vorherigen Namen weiter. Der verwitwete oder geschiedene Ehepartner behält grundsätzlich seinen alten Ehenamen, kann aber auch seinen Geburtsnamen oder den Namen, den er bis zur Führung des Ehenamens hatte, wieder annehmen. Die Ehepartner können jedoch noch bis zu fünf Jahre nach der Eheschließung gegenüber dem Standesamt einen gemeinsamen Ehenamen bestimmen.

Gem. § 1616.1 erhalten die Kinder den Ehenamen ihrer Eltern als Geburtsname. Führen die Eltern keinen (gemeinsamen) Ehenamen und steht ihnen die Sorge für das Kind gemeinsam zu, so bestimmen sie – durch Erklärung gegenüber dem Standesbeamten – den Namen, den der Vater oder die Mutter zurzeit führt, zum Geburtsnamen des Kindes, vgl. § 1617.1. In keinem Fall kann das Kind beide Familiennamen der Elternteile als Doppelnamen führen. Dies wurde vom Bundesverfassungsgericht in einem 2001 gefällten Urteil noch einmal bestätigt (Az.: 1 BvL 23/96), da sonst die individuelle Zuordnung des Einzelnen erschwert wäre und der Familienname als „identitätsstiftender Bezugspunkt" verloren ginge.

Beispiel

**Die aus dem obigen Beispiel bekannten Ehepartner konnten sich auf keinen gemeinsamen Ehenamen einigen. Sie können nun entscheiden, ob ihre Kinder den Geburtsnamen Schulz-Vogelmann oder von der Heyde erhalten sollen.**

Können sich die Eltern nicht innerhalb eines Monats nach der Geburt des Kindes einigen, überträgt das Familiengericht gem. § 1617.2 einem Elternteil das Recht, den Namen zu bestimmen.

Eine Namensänderung des Kindes nach einer Scheidung der Eltern ist nur dann gerechtfertigt, wenn dies „für das Wohl des Kindes erforderlich" ist und beide Elternteile zustimmen.

**Erläuterung:** Dies geht aus einer Entscheidung des Bundesverwaltungsgerichts vom Februar 2002 hervor (Az.: VerwG 6 C 18.01). Bei dem zu entscheidenden Fall hatte die allein sorgeberechtigte Mutter nach der Scheidung wieder ihren Geburtsnamen angenommen und diesen ohne Einwilligung des Vaters auch dem damals vierjährigen Sohn übertragen. Nach der bisherigen Rechtsprechung war eine Namensänderung möglich, wenn dies für das Kindeswohl „förderlich" war. Im Falle von Stiefkindern dagegen musste dies für das Kindeswohl „erforderlich" sein. Durch die Entscheidung des Bundesverwaltungsgerichts wurden nun diese beiden unterschiedlichen Regelungen einander angepasst.

### 3.3.2 Gegenseitige Rechte und Pflichten der Ehegatten

Aus dem Grundprinzip der Ehe als einer auf Dauer angelegten Lebensgemeinschaft, in der beide Partner gleichberechtigt sind, werden bestimmte Rechte und Pflichten für die Ehepartner abgeleitet, die für den täglichen Umgang der Ehepartner miteinander von besonderer Bedeutung sind. Neben dem schon erwähnten *Namensrecht* und dem noch später anzusprechenden Recht der *Sorge für die gemeinsamen Kinder* werden hierdurch insbesondere Fragen der *Haushaltsführung,* der *Erwerbstätigkeit,* der *Finanzgewalt* und der *Unterhaltspflichten* geregelt.

Die Arbeitsteilung im Haushalt, die **Haushaltsführung**, muss gemäß § 1356.1 in gegenseitigem Einvernehmen geregelt werden. Die noch in vielen Ehe bestehende *traditionelle Rollenteilung* wird damit vom Gesetz seit der Reform des Familienrechts von 1977 nicht mehr gestützt.

Beide Ehepartner haben gemäß § 1356.2 ein Recht auf **Erwerbstätigkeit**. Allerdings müssen sie bei der Wahl und Ausübung ihres Berufs auf die Belange des Ehepartners und der Familie Rücksicht nehmen.

Weiterhin sind beide Ehepartner gemäß § 1357.1 berechtigt und verpflichtet, **Geschäfte zur angemessenen Deckung des Lebensbedarfs** vorzunehmen. Dieser Sachverhalt wurde früher mit dem heute überholten Begriff der *Schlüsselgewalt* bezeichnet. Diese Regelung ermöglicht es den Ehepartnern allerdings **nicht**, sich gegenseitig ohne besondere Vollmacht in allen Bereichen zu vertreten, sondern beschränkt sich auf angemessene Geschäfte, die zur Deckung des üblichen Lebensbedarfs getätigt werden.

Ob ein Geschäft *angemessen* ist, kann nicht allgemein festgelegt werden, sondern hängt von den Lebensverhältnissen der Eheleute ab. Zum *Lebensbedarf* zählen Dinge wie Lebensmittel, angemessene Kleidung, kleinere Haushaltsgegenstände, laufende Ausgaben für die Kindererziehung und Arztrechnungen, über die sich Ehegatten nicht notwendigerweise im Einzelnen absprechen. Durch solche Geschäfte werden beide Ehepartner berechtigt und verpflichtet, insbesondere für die Bezahlung des Kaufpreises und die Entgegennahme der Ware.

Der Ehegatte braucht bei einem solchen Rechtsgeschäft im Übrigen nicht ausdrücklich als Stellvertreter (§ 164) aufzutreten und der Verkäufer braucht auch nicht zu wissen, dass es sich um einen verheirateten Kunden handelt, der andere Ehepartner wird automatisch berechtigt und verpflichtet. Dies gilt nur dann nicht, wenn ein Ehepartner diese allgemeine Berechtigung des anderen gemäß § 1357.2 eingeschränkt oder ausgeschlossen und diese Tatsache Dritten gegenüber bekannt gegeben hat. Allerdings muss hierfür ein triftiger Grund vorliegen.

Üblicherweise trägt jeder Ehepartner auf seine Weise seinen Teil zum **Familienunterhalt** bei, entweder durch Führung des Haushalts, vgl. §§ 1360 (2), 1360 a.2, oder durch Arbeitsentgelt bzw. Vermögen, vgl. § 1360 (1). Diese Unterhaltsverpflichtung gilt im Übrigen bei jedem *Güterstand.* Der angemessene Unterhalt der Familie umfasst die laufenden Haushaltskosten sowie die persönlichen Bedürfnisse der Ehegatten und der Kinder.

Leben die Ehegatten getrennt, so hat ein Ehegatte dem anderen gegenüber einen **Unterhaltsanspruch**, soweit er bedürftig ist, d. h. seinen Bedarf nicht durch eigenes Einkommen oder Vermögen decken kann. Die Höhe des angemessenen Unterhalts richtet sich nach den Lebensverhältnissen der beiden Ehepartner während der Ehe sowie nach Leistungsfähigkeit des Unterhaltsverpflichteten (vgl. § 1361.1).

Schließlich haben Ehegatten ein besonderes **Erbrecht** (vgl. Teil VI Abschnitt 1.5).

## 3.4 Die elterliche Sorge

### 3.4.1 Grundlagen der elterlichen Sorge

Die Pflege und Erziehung der Kinder gehört nach Artikel 6.2 des Grundgesetzes zu den natürlichen Rechten und Pflichten der Eltern. Bei der Ausübung dieses Rechts ist auch Artikel 2.1 Grundgesetz zu beachten, der jeder Person das Recht auf freie Entfaltung seiner Persönlichkeit garantiert, soweit hierdurch nicht Rechte anderer, die verfassungsmäßige Ordnung oder das Sittengesetz verletzt werden.

Im BGB ist das elterliche Sorgerecht in den §§ 1626 bis 1698 b geregelt. Hiernach haben die Eltern gleichberechtigt und einvernehmlich für die Person und das Vermögen ihrer minderjährigen Kinder zu sorgen, sie gesetzlich zu vertreten, ihnen einen angemessenen Unterhalt zu gewähren und eine geeignete Ausbildung zu ermöglichen, insbesondere bei der Berufswahl muss auf die Eignung und Neigung des Kindes Rücksicht genommen werden.

### 3.4.2 Personensorge

Gemäß § 1626.1 haben die Eltern die Pflicht und das Recht, für das minderjährige Kind zu sorgen, darunter wird vorwiegend die tatsächliche Fürsorge, die Pflege und Erziehung des Kindes, verstanden. Dabei soll gemäß § 1626.2 den wachsenden Fähigkeiten und dem wachsenden Bedürfnis der Kinder zum selbstständigen Handeln Rechnung getragen werden. Entsprechend dem Entwicklungsstand sollen alle diesbezüglichen Fragen mit dem Kind besprochen werden (Dialog-Gebot).

Neben der tatsächlichen Fürsorge vertreten die Eltern das Kind auch bei **Rechtsgeschäften**, etwa bei der Geltendmachung von Unterhaltsansprüchen. Allerdings erstreckt sich die Personensorge nicht auf höchstpersönliche Rechtsgeschäfte, wie die Errichtung eines Testaments oder den Abschluss eines Ehevertrags.

Zum Wohl des Kindes gehört auch das Recht zum **Umgang** mit beiden Elternteilen. Zusätzlich hat das Kind das Recht des Umgangs mit anderen Personen, zu denen es besondere Bindungen besitzt, also etwa mit seinen Großeltern oder Geschwistern (vgl. § 1685).

Die Eltern sind auch für die **religiöse Erziehung** ihrer Kinder zuständig. Schon mit 12 Jahren dürfen Kinder jedoch nicht mehr gegen ihren Willen in einem anderen Bekenntnis als bisher erzogen werden und mit 14 Jahren kann ein Kind seine Religionszugehörigkeit selbstständig bestimmen (vgl. § 5 Gesetz über religiöse Kindererziehung).

Eine Vernachlässigung der Personensorge kann schwerwiegende Folgen haben. So kann eine Vernachlässigung der Aufsichtspflicht gemäß § 832 zu Schadensersatzansprüchen gegen die Eltern führen. Eine Gefährdung des Wohls des Kindes kann gemäß § 1666.1 Maßnahmen des Familiengerichts veranlassen, gegebenenfalls kann den Eltern sogar das Sorgerecht entzogen werden.

Mit der **Volljährigkeit** des Kindes endet das elterliche Sorgerecht. Allerdings sind, wie oben erläutert, gemäß § 1601 Verwandte in gerader Linie einander zum **Unterhalt** verpflichtet. Dies gilt auch für die Eltern erwachsener Kinder. So können beispielsweise erwachsene Schüler von ihren Eltern Unterhaltsleistungen in Geld fordern, wenn sie noch zu Hause wohnen. Dies stellte der BGH im Januar 2002 fest (Az.: XII ZR 34/00). Auch müssen Eltern ihren volljährigen Kindern eine Ausbildung finanzieren. Dies gilt unter bestimmten Umständen sogar dann, wenn das Kind im Rahmen der Erstausbildung die Ausbildung wechselt. Allerdings hat diese Verpflichtung auch Grenzen, wie das folgende Beispiel zeigt.

Beispiel

**Das OLG Koblenz entschied im Dezember 2000, dass Studenten, wenn sie von ihren Eltern unterstützt werden, verpflichtet sind, ihre Ausbildung „mit Fleiß und Zielstrebigkeit" zu betreiben und sie ihren Unterhaltsanspruch verlieren, wenn sie die Regelstudienzeit überschritten. In dem betreffenden Fall hatte ein Vater beantragt, das Gericht möge feststellen, dass er seinen Sohn nach Ablauf der Regelstudienzeit nicht mehr mit Unterhaltszahlungen unterstützen müsse. Das Gericht gab dem Vater Recht (Az.: 9 WF 553/00).**

Für eine Weiter- oder Zweitausbildung müssen die Eltern i. d. R. keinen Unterhalt leisten. Eine Ausnahme gilt jedoch dann, wenn von vornherein im Anschluss an eine Lehre eine zusätzliche Ausbildung beabsichtigt gewesen ist. Mit dieser Begründung gab das OLG Koblenz im Dezember 2000 der Unterhaltsklage eines 24-jährigen gegen dessen Vater statt, der nach dem Abschluss einer Lehre als Kfz-Mechaniker ein Fachhochschulstudium aufnehmen wollte (Az.: 13 UF 566/99).

### 3.4.3 Vermögenssorge

Neben der Personensorge haben die Eltern gemäß § 1626.1 das Recht und die Pflicht, für das Vermögen des Kindes zu sorgen (Vermögenssorge). Hiermit ist das Vermögen gemeint, das das Kind durch eine Schenkung, eine Erbschaft, aber auch durch eigene berufliche Tätigkeit (Leistungssportler, Filmschauspieler) erwirbt. Vermögenssorge bedeutet Vermögensverwaltung, verbunden mit der notwendigen Vertretung des Kindes, um das Vermögen des Kindes zu erhalten, zu vermehren und zu verwerten. Die Vermögenssorge für ererbtes oder geschenktes Vermögen durch die Eltern entfällt, wenn dies vom Erblasser bzw. dem Schenkenden gemäß § 1638.1 ausdrücklich bestimmt wurde. In diesem Fall muss für die Vermögensverwaltung ein Pfleger bestellt werden.

Beträgt das Vermögen mehr als 15.000,00 EUR, so haben die Eltern gemäß § 1640.1 ein Vermögensverzeichnis zu erstellen, die Richtigkeit und Vollständigkeit dieses Verzeichnisses zu bestätigen und dem Familiengericht einzureichen.

**Aufgabe**
(1) Beschreiben Sie, wann gemäß § 1640.2 diese Bestimmung gegenstandslos wird.

Gemäß § 1642 haben die Eltern das Geld nach wirtschaftlichen Gesichtspunkten anzulegen, soweit es nicht für die Bestreitung bestimmter Ausgaben benötigt wird. Als Anhaltspunkt für eine wirtschaftliche Vermögensverwaltung dienen die §§ 1807 und 1808.

Grundsätzlich sind aber die Eltern nur verpflichtet, bei allen Geschäften, die sie für das Kind tätigen, mit der gleichen Sorgfalt zu handeln, die sie auch in eigenen Angelegenheiten walten lassen.

Beispiel

**Eltern, die ihr eigenes Geld nur in Sparbüchern oder Bundesschatzbriefen anlegen, müssen für den Schaden aufkommen, wenn sie das Vermögen des Kindes in riskanten Warentermingeschäften verspekulieren.**

Für **außergewöhnliche Rechtsgeschäfte** (§ 1643) im Rahmen der Vermögensverwaltung bedürfen die Eltern der Genehmigung des Familiengerichts. Werden solche Verträge ohne Genehmigung geschlossen, sind sie bis zur Genehmigung durch das Familiengericht **schwebend unwirksam**.

Beispiele

- **Grundstücksgeschäfte,**
- **Ausschlagung einer Erbschaft,**
- **Abschluss von Miet- oder Pachtverträgen, die das Kind über das 19. Lebensjahr hinaus zu wiederkehrenden Leistungen verpflichten,**
- **Aufnahme von Krediten.**

Die elterliche Sorge endet mit der Volljährigkeit, der Heirat des Kindes, der Adoption des Kindes durch Dritte oder dem Tod des Kindes.

Nach dem Gesetz haben aber nicht nur die Eltern Verpflichtungen ihren Kindern gegenüber. Gemäß § 1619 hat das Kind, solange es dem elterlichen Haushalt angehört und von den Eltern erzogen oder unterhalten wird, die Pflicht, im Haushalt und/oder Geschäft mitzuhelfen. Nach der Rechtsprechung gilt das auch für das volljährige Kind, dem Unterhalt gewährt wird. Vom minderjährigen Kind können die Eltern eine solche Mithilfe im Rahmen ihres Erziehungsrechts verlangen, u. U. auch mit Zwang, was dem volljährigen Kind gegenüber nicht möglich ist. I. d. R. ist die Mitarbeit nicht zu vergüten. Im Einzelfall – besonders bei Volljährigen – kann sich jedoch aus dem Umfang der geleisteten Mitarbeit etwas anderes ergeben.

## 3.5 Besonderheiten beim „nichtehelichen" Kind

Wichtige bislang noch bestehende Unterschiede in der Rechtsstellung von nichtehelichen Kindern wurden mit der Reform des Kindschaftsrechts von 1997, das zum 1. Juli 1998 in Kraft getreten ist, beseitigt. Grundsätzlich sind nun nichteheliche und eheliche Kinder gemäß § 1615 a rechtlich gleichgestellt. Mehrere Paragraphengruppen, die bislang rechtliche Besonderheiten von nichtehelichen Kindern regelten, wurden ersatzlos gestrichen. Tatsächlich spricht das Gesetz gar nicht mehr von nichtehelichen Kindern, sondern nur von Kindern und ihren nicht miteinander verheirateten Eltern.

Wie bei den „ehelichen“, muss auch bei „nichtehelichen Kindern“ eine Zuordnung der Elternschaft erfolgen. Grundsätzlich ist die Mutter eines Kindes die Frau, die es geboren hat (vgl. § 1591). Vater eines Kindes ist gemäß § 1592 der Mann, der zum Zeitpunkt der Geburt mit der Mutter des Kindes verheiratet ist, der die Vaterschaft anerkannt hat oder dessen Vaterschaft gerichtlich festgestellt ist.

Zusätzlich muss festgestellt werden, wer die elterliche Sorge hat. Für Kinder, deren Eltern nicht miteinander verheiratet sind, steht diese grundsätzlich allein der Mutter zu (§ 1626a.2). Das gemeinsame Sorgerecht steht beiden Eltern nur dann zu, wenn sie einander heiraten oder beide Eltern erklären, dass sie die Sorge für das Kind gemeinsam übernehmen wollen (Sorgerechtserklärung) (vgl. § 1626a.1). Eine solche Erklärung können beide Elternteile vor einem Notar oder dem Jugendamt abgeben, dies kann auch schon vor der Geburt des Kindes erfolgen.

Trennen sich die Eltern, ob verheiratet oder nicht, dann bleibt das gemeinsame Sorgerecht bestehen, solange kein Elternteil für sich die Alleinsorge beantragt. Das Gericht wird dem Antrag stattgeben, wenn der andere Elternteil zustimmt oder dies dem Wohl des Kindes am besten entspricht. Eine Übertragung des alleinigen Sorgerechts auf den Vater ist nur in bestimmten im Gesetz festgelegten Fällen durch eine familiengerichtliche Entscheidung möglich (vgl. §§ 1671 bis 1678).

Durch die §§ 1626a.3 und 1684 erhält das Kind ein grundsätzliches Recht auf den Umgang mit beiden Elternteilen, gleichzeitig sind auch beide Elternteile zum Umgang mit dem Kind berechtigt und verpflichtet. Auch Dritten, wie beispielsweise den Großeltern oder Geschwistern, wird nun durch § 1685 ein Umgangsrecht mit dem Kind eingeräumt, wenn dies dem Wohl des Kindes dient.

Hinsichtlich der **Unterhaltspflicht** gilt die Bestimmung des § 1601, dass Verwandte in gerader Linie einander unterhaltspflichtig sind. Dies bedeutet, dass beispielsweise die Großmutter väterlicherseits dem Kind gegenüber unterhaltspflichtig werden kann oder dass das Kind seinem bedürftigen leiblichen Vater, mit dem es eventuell gar keinen Umgang hat, Unterhalt gewähren muss.

Der **Unterhaltsanspruch** ehelicher und nichtehelicher Kinder für den Fall, dass die Eltern getrennt leben, unterscheidet sich nun nicht mehr. Die Höhe bemisst sich grundsätzlich nach der Lebensstellung beider Eltern und wird von den Familiengerichten auf der Grundlage der „Düsseldorfer Tabelle“ festgelegt (vgl. hierzu Teil V Abschnitt 4.2.3).

**Erläuterung:** Gemäß § 1615L hat der Vater auch der Mutter seines Kindes Unterhalt zu gewähren. Kann sie wegen der Betreuung des Kindes keiner Erwerbstätigkeit nachgehen, so gilt dies für einen Zeitraum, der frühestens vier Monate vor der Geburt beginnt und im Regelfall drei Jahre nach der Geburt endet. Betreut der Vater das Kind, so steht ihm allerdings ein Unterhaltsanspruch gegen die Mutter zu.

Auch im **Erbrecht** werden nichteheliche den ehelichen Kindern gleichgestellt, die früher vorhandene Möglichkeit, einen vorzeitigen Erbausgleich zu verlangen, wurde abgeschafft. Es besteht allerdings grundsätzlich die Möglichkeit, diese Regelung durch notarielle Vereinbarung wieder einzuführen.

Die Neuregelung des Erbrechts gilt allerdings wie bisher nur für nach dem 1. Juli 1949 geborene nichteheliche Kinder. Vor diesem Termin Geborene besitzen nach wie vor kein Erbrecht gegenüber dem Vater und dessen Verwandten.

## 3.6 Das eheliche Güterrecht

Das eheliche Güterrecht regelt einerseits die Frage, wem das Vermögen der Ehegatten während und nach der Ehe gehört, und wer andererseits über das Vermögen während der Ehe verfügen kann. Die Regelung dieser Fragen richtet sich nach dem von den Ehepartnern vereinbarten **„Güterstand"**. Das BGB kennt drei verschiedene Güterstände:

- den **gesetzlichen** Güterstand, die **Zugewinngemeinschaft,**
- den **vertraglichen** Güterstand der **Gütertrennung** und
- den **vertraglichen** Güterstand der **Gütergemeinschaft.**

### 3.6.1 Der gesetzliche Güterstand

Der gesetzliche Güterstand, die **Zugewinngemeinschaft**, besteht automatisch immer dann, wenn die Ehepartner **vertraglich nichts anderes vereinbart** haben, vgl. § 1363 ff. Zugewinngemeinschaft bedeutet, dass gemäß § 1363.2 das Vermögen der Ehepartner nicht gemeinschaftliches Vermögen wird, sondern auch während der Ehe vollständig getrennt bleibt. Wenn die Ehe endet, wird der von den Ehepartnern jeweils erzielte Zugewinn jedoch ausgeglichen. Damit würde die Bezeichnung: *Gütertrennung mit Zugewinnausgleich* den gesetzlichen Güterstand eigentlich besser charakterisieren. Aus der Trennung des Vermögens folgt, dass gemäß § 1364 jeder Ehegatte sein Vermögen selbst verwaltet.

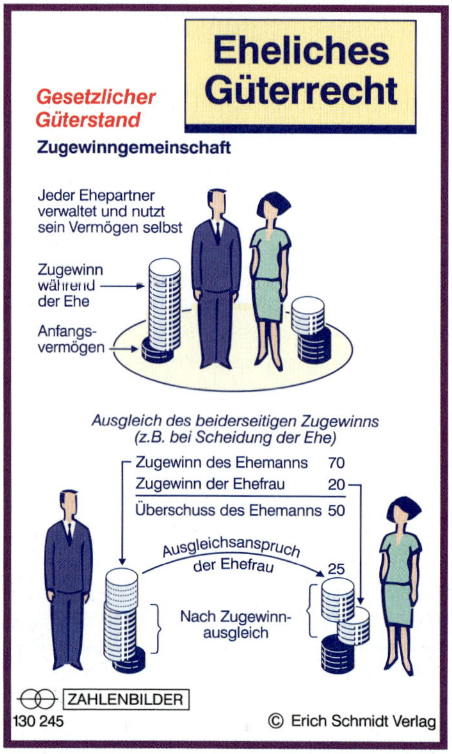


Trotzdem ist die Entscheidungs- und Verfügungsgewalt der einzelnen Ehepartner über das eigene Vermögen während der Ehe eingeschränkt, und zwar gemäß

§ 1365: Bei Verfügungen über das gesamte Vermögen ist die Einwilligung des Ehepartners erforderlich.

§ 1369: Bei Verfügungen über Haushaltsgegenstände ist ebenfalls die Einwilligung erforderlich.

Der Begriff des Zugewinns wird erst bei Tod, vorzeitiger Teilung oder Ehescheidung interessant. Stirbt ein Ehepartner, so kann auf eine Berechnung des Zugewinns verzichtet werden. Der andere Ehepartner erhält, neben seinem gesetzlichen Erbteil als Ehegatte, gemäß § 1931 ein Viertel der Erbschaft, daneben erhält er neben den Erben 1. Ordnung

**Aufgaben**

Das Ehepaar Rabe ist schon seit vielen Jahren miteinander verheiratet, ein Ehevertrag existiert nicht. Folgende Fragen kommen nun auf die beiden zu:

(2) Frau Rabe möchte einen Teil ihrer in die Ehe eingebrachten Grundstücke verpachten und den Pachtzins von den Pächtern an sich ausbezahlt bekommen. Wie ist die Rechtslage?

(3) Frau Rabe möchte sich einen Pelzmantel kaufen; da Herr Rabe dies aber bisher immer abgelehnt hat, möchte sie nun ihr in die Ehe mitgebrachtes Tafelsilber verkaufen, um sich mit dem Erlös den Mantel zu kaufen. Wie ist die Rechtslage?

gemäß § 1371 nochmals ein Viertel der Erbschaft als so genannten pauschalierten Zugewinnausgleich, einerlei, ob tatsächlich ein Zugewinn stattgefunden hat oder nicht. Diese erbrechtliche Lösung des Zugewinnausgleichs hat den Vorteil, dass im Todesfalle keine umständliche und langwierige Berechnung des beiderseitigen Vermögens stattfinden muss.

Sie führt zu einem „angemessenen" Ergebnis, wenn der ältere Ehemann, bei dem sich als Alleinverdiener der größere Teil des Vermögenszuwachses niedergeschlagen hat, vor seiner Frau stirbt. Zu einem „unangemessenen" Ergebnis führt die Regelung dann, wenn die Frau in diesem Fall eher stirbt, da dann das Erbrecht der Kinder geschmälert wird, denn es sollte doch der Vermögenszuwachs verteilt werden.

Das verringerte Erbrecht der Kinder wurde jedoch in Kauf genommen, da zu Lebzeiten der Eltern i. d. R. erheblich mehr für die Ausbildung aufgewandt wird und zudem die Kinderzahl kleiner und damit der Erbanteil des einzelnen Kindes größer geworden ist.

Die pauschale Berechnung des Zugewinnausgleichs gilt nur bei Tod. Wird die Zugewinngemeinschaft durch Scheidung beendet, wird der Zugewinnausgleich durch einen Vermögensvergleich beider Ehegatten festgestellt. Übersteigt der Zugewinn des einen Ehegatten den Zugewinn des anderen Ehegatten, so steht die Hälfte des Überschusses dem anderen Ehegatten als Ausgleichsforderung zu (§ 1378.1). Für die Berechnung des Zugewinns bei Scheidung ist der Zeitpunkt der Rechtshängigkeit des Scheidungsantrages erforderlich (§ 1384); bei Vorliegen von Sondergründen kann auch ein vorzeitiger Zugewinnausgleich (§ 1386) erfolgen.

Der **Zugewinn** ist gemäß § 1373 der Betrag, um den das Endvermögen eines Ehegatten das Anfangsvermögen übersteigt. Hierbei ist zu berücksichtigen, dass es sich hier um das Nettovermögen handelt, die Verbindlichkeiten sind also schon jeweils abgezogen worden.

Zusätzlich sind dem **Anfangsvermögen** gemäß § 1374.2 Erbschaften und Schenkungen hinzuzurechnen. Auch dem **Endvermögen** können gemäß § 1375.2 bestimmte Beträge zugerechnet werden, wie z. B. Beträge, die der Ehegatte verschwendet hat oder Schenkungen, die er vorgenommen hat, um dem anderen Ehegatten zu schaden.

Gemäß § 1377 sollten die Ehegatten ein Vermögensverzeichnis aufstellen, um Streit darüber zu vermeiden, welche Vermögensgegenstände bereits in die Ehe mitgebracht wurden. Liegt kein Vermögensverzeichnis vor, wird gemäß § 1377.3 angenommen, dass das gesamte Vermögen des

**Aufgaben**

(4) Wie hoch sind die Ausgleichsansprüche?

**Mann:** Anfangsvermögen: 20.000,00 EUR, Erbschaft: 10.000,00 EUR,
Endvermögen: 100.000,00 EUR

**Frau:** Anfangsvermögen: 30.000,00 EUR, erhaltene Schenkung: 40.000,00 EUR,
Endvermögen: 80.000,00 EUR.

Die Berechnung erfolgt gemäß §§ 1373–1375:

(Netto-)Endvermögen (§ 1375.1)
\+ Zurechnungen zum Endvermögen (§ 1375.2)
– (Netto-)Anfangsvermögen (§ 1374.1)
– Zurechnungen zum Anfangsvermögen (§ 1374.2)
= Zugewinn (§ 1373)

(5) Wie hoch sind die Ausgleichsansprüche?

**Mann:** Anfangsvermögen: 1.000,00 EUR, Erbschaft: 499.000,00 EUR,
Endvermögen: 510.000,00 EUR

**Frau:** Anfangsvermögen: 20.000,00 EUR,
Endvermögen: 40.000,00 EUR

Ehegatten der Zugewinn ist, dass also kein Anfangsvermögen bestand. Jeder Ehegatte kann dann hiergegen den Gegenbeweis führen.

Wenn die Zahlung des Zugewinnausgleichs nicht ohne Weiteres möglich ist, kann das Familiengericht gemäß § 1382 auch eine Stundung zulassen.

Die Zugewinngemeinschaft ist immer dann problematisch, wenn einer der beiden Ehepartner verschuldet ist und er mit einem Negativvermögen die Ehe eingeht, da es nach § 1374 *kein negatives Anfangsvermögen* gibt. Zahlt der Ehemann beispielsweise während der Ehezeit bis zur Scheidung einen bei der Eheschließung vorhandenen Kredit über 100.000,00 EUR ab, während die Ehefrau einen Zugewinn in gleicher Höhe erzielt, so hat sie einen Zugewinnausgleich in Höhe von 50.000,00 EUR an ihren Ex-Mann zu zahlen.

Häufig wird inzwischen auch das Modell einer **modifizierten Zugewinngemeinschaft** gewählt. Durch dieses Modell können einzelne Vermögenswerte, wie etwa Unternehmen oder Immobilien, vom Zugewinnausgleich ausgenommen werden. Gleichzeitig werden erbrechtliche Nachteile der Gütertrennung (s. u.) vermieden. So wird beispielsweise für den Todesfall die Zugewinngemeinschaft vereinbart, für den Scheidungsfall dagegen die Gütertrennung.

### 3.6.2 Der vertragliche Güterstand

Wünschen die Ehegatten keinen gesetzlichen Güterstand, so können sie ihre güterrechtlichen Verhältnisse auch durch einen **Ehevertrag** regeln, § 1408. Der Ehevertrag ist an eine bestimmte Form gemäß § 1410 gebunden: Er muss bei gleichzeitiger Anwesenheit der Ehegatten schriftlich vor einem Notar abgeschlossen werden.

Der von den Ehegatten festgelegte Güterstand kann auch für Dritte, z. B. Gläubiger, von Bedeutung sein. Dritten gegenüber ist ein Ehevertrag daher nur wirksam, wenn er gemäß § 1412 in das **Güterrechtsregister** eingetragen ist.

Die Eintragung in das Güterrechtsregister hat gemäß § 1558 bei dem Amtsgericht zu erfolgen, in dessen Bezirk mindestens einer der beiden Ehegatten seinen gewöhnlichen Aufenthaltsort hat. Die Eintragung erfolgt nur auf Antrag, sie wird vom Amtsgericht veröffentlicht. Zudem ist jedem die Einsicht in das Güterrechtsregister gestattet, vgl. §§ 1560–1563.

#### 3.6.2.1 Die Gütertrennung

Der vertragliche Güterstand der **Gütertrennung** tritt immer dann ein, wenn gemäß § 1414 der gesetzliche Güterstand, der Ausgleich des Zugewinns oder der Versorgungsausgleich ausgeschlossen wurde.

Bei der Gütertrennung werden die Ehegatten so behandelt, als ob sie nicht verheiratet wären. Jeder Ehegatte verwaltet sein Vermögen allein, ebenso verfügt er über es ohne Mitwirkung des Ehepartners. Jeder haftet nur für seine persönlichen Schulden. Unterhaltsverpflichtungen sowie die Geschäfte zur Deckung des angemessenen Lebensbedarfs, § 1357, bleiben von der vermögensrechtlichen Regelung unberührt.

### 3.6.2.2 Die Gütergemeinschaft

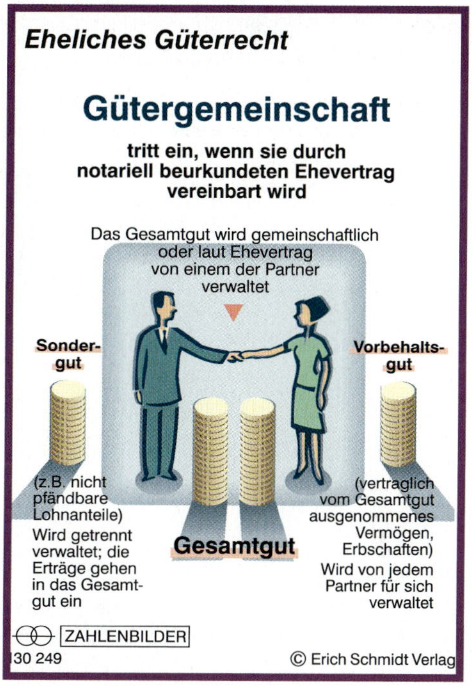


Neben der Gütertrennung kann vertraglich auch eine **Gütergemeinschaft** vereinbart werden. Dieses Modell war früher vorwiegend bei Landwirten üblich und wird heute nur noch selten gewählt.

Das Vermögen jedes Ehepartners, das dieser beim Eintritt des Güterstandes besitzt oder während der Gütergemeinschaft erwirbt, wird nun gemäß § 1416 zum gemeinsamen Vermögen, zum **Gesamtgut**. Dazu gehören auch Löhne und Gehälter aus einer unselbstständigen oder Einkünfte aus einer selbstständigen (z. B. Unternehmer) Arbeit. Nicht zum Gesamtgut gehören nur das Vorbehaltsgut und das Sondergut (siehe unten). Nach § 1421 steht beiden Ehegatten die Verwaltung des Gesamtgutes **gemeinsam** zu, es sei denn, dass sie hiervon abweichend vereinbart haben, dass das Vermögen durch die Frau oder den Mann verwaltet wird. Die Ehegatten können deshalb auch über das Gesamtgut i. d. R. nur gemeinschaftlich verfügen. Das Gesamtgut haftet gemäß § 1460 für Verbindlichkeiten, die ein Ehegatte mit Zustimmung des anderen eingegangen ist bzw. die ein Ehegatte nach §§ 1460–1456 ohne Zustimmung des anderen wirksam eingehen konnte.

Bestimmte Vermögensgegenstände fallen nicht in das Gesamtgut, so z. B. das **Sondergut** gemäß § 1417. Das sind Gegenstände, die gemäß § 1417.2 nicht durch Rechtsgeschäft übertragen werden können, wie z. B. Schmerzensgeld, Nießbrauchsrechte, Forderungen, soweit sie unpfändbar sind, auch Urheberrechte. Jeder Ehegatte verwaltet sein Sondergut selbstständig **für Rechnung** des Gesamtgutes gemäß § 1417. Das bedeutet, dass Nutzungserträge daraus grundsätzlich in das Gesamtgut fallen.

Beispiel

**Die Ehefrau hat lebenslanges Wohnrecht. Dieses Recht gehört zu ihrem Sondergut, die Miete, die sie durch die Vermietung eines Zimmers erhält, fällt jedoch als Ergebnis der Nutzung in das Gesamtgut.**

Neben dem Sondergut ist auch gemäß § 1418 das **Vorbehaltsgut** vom Gesamtgut ausgeschlossen. Darunter fallen Gegenstände, die

- durch Ehevertrag hierzu erklärt werden;
- die ein Ehegatte durch letztwillige Verfügung oder unentgeltliche Zuwendung mit der ausdrücklichen Bestimmung erwirbt, dass diese zum Vorbehaltsgut gehören sollen.

Das Vorbehaltsgut verwaltet der Ehegatte selbstständig für **eigene** Rechnung. Es bleibt sein persönliches Eigentum.

Beispiel

**Eine Wohnung gehört zum Vorbehaltsgut eines Ehegatten. Wird diese vermietet, so gehört die Miete dem Ehegatten und fällt nicht wie beim Sondergut in das Gesamtgut; wird sie verkauft, erhält dieser Ehegatte den Erlös.**

**Übersicht**

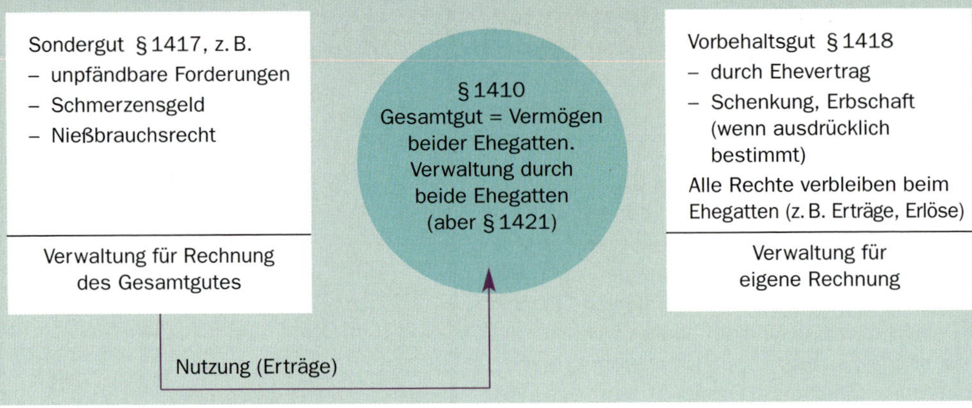


**Aufgaben**

(6) Ein Ehepaar lebt in Gütertrennung. Kann die sehr vermögende Frau von ihrem Ehemann nach der Scheidung Unterhalt verlangen?

(7) Ein Ehepaar lebt in Gütergemeinschaft. Der Ehemann hat einen unter Eigentumsvorbehalt gekauften, noch nicht voll bezahlten Sportwagen in die Ehe eingebracht. Haftet die Ehefrau für den Kaufpreis? Vergleiche §§ 1437–1441, 1418.

(8) A und B wollen bei der Heirat bewusst keinen Güterstand abschließen, da sie der Meinung sind, eine derartige Regelung widerspreche dem Sinn der Ehe. Wie ist die Rechtslage?

(9) Es besteht Zugewinngemeinschaft. Haftet der Ehemann für die vorehelichen Schulden seiner Frau?

(10) Eine im gesetzlichen Güterstand lebende Ehefrau hat einen echten Perserteppich mit in die Ehe gebracht. Nach 20 Jahren ist dieser so unansehnlich geworden, dass mit den Mitteln des Ehemanns ein neuer Teppich angeschafft wird. Wem gehört dieser Teppich?

(11) Ein im gesetzlichen Güterstand lebendes Ehepaar lässt sich scheiden. Beide können nicht mehr nachweisen, wie hoch ihr jeweiliges Anfangsvermögen war, wer also welche Gegenstände mit in die Ehe gebracht hat. Wie erfolgt eine Teilung des Zugewinns nach der Scheidung?

(12) Die Eheleute Johann und Martha vereinbaren Gütergemeinschaft. Martha bringt 5 Hektar Land, Johann 15 Hektar Land mit in die Ehe. Wem gehört das Land während der Ehe und wie wird es rechtlich bezeichnet?

(13) Franz und Rosi sind der Meinung, ihrer innigen Liebe würde eine Zugewinngemeinschaft nicht, eher eine Gütergemeinschaft entsprechen. Was müssen sie beachten?

(14) Die Azubi Meike Enderlein und ihr Freund Lars Richter verloben sich, ohne es jemandem mitzuteilen.
   a) Welche Rechtswirkung hat das Verlöbnis?
   b) Lars übergibt Meike einen Brillantring als Verlobungsgeschenk. Vier Wochen danach tritt Lars von der Verlobung zurück, da er sich in ein anderes Mädchen verliebt hat. Muss Meike den Ring zurückgeben?

(15) Zwei Jahre später möchte Meike den recht vermögenden Unternehmensberater Benny Mader heiraten. Benny möchte eine Zugewinngemeinschaft ausschließen.
   a) Warum wird er das wollen?
   b) Wie kann er das tun?

# 4 Die Ehescheidung

**Bundesgerichtshof will Scheidungen nicht erschweren**

Eine Frau aus Dortmund widersetzte sich der Scheidung von ihrem um acht Jahre älteren Mann: Sie verliere durch einen solchen Schnitt des Ehebandes die Sicherheit, auch nach der Scheidung ein Leben in den bisherigen gehobenen Verhältnissen führen zu können. Zwar werde ihr eine Rente bei der BfA übertragen, die jedoch nur einen geringen Teil der Altersversorgung ihres Mannes darstelle. An seiner hohen betrieblichen Altersrente werde sie nicht unmittelbar beteiligt. Vielmehr müsse ihr der Mann davon zu Lebzeiten eine angemessene Quote abgeben. Die Rente erlösche aber, wenn er sterbe. Dann entfalle insoweit jede Unterstützung.

Der Bundesgerichtshof sah jedoch darin keine außergewöhnliche Härte (IV b ZR 38/84), die eine Scheidung der Ehe auch nur zeitweise nach 3-jähriger Trennung der Gatten hindere. Versorgungsrücksichten dieser Art könnten nicht zu einer Unscheidbarkeit der Ehe führen, etwa um der Frau ihre Anwartschaft auf Teile der betrieblichen Rente zu erhalten. Diese Situation sei in einer Vielzahl von Fällen gegeben und könne deswegen nicht als außergewöhnlicher Umstand angesehen werden, der dem Scheidungsbegehren des Mannes entgegenstehe. Urteil des Bundesgerichtshofs vom 19. Juni 1985 (IV b ZR 38/84).

## 4.1 Die Voraussetzungen der Scheidung

Die Ehe wird grundsätzlich auf Lebenszeit geschlossen. Sie kann also nicht von vornherein, etwa durch Ehevertrag, zeitlich begrenzt werden. Allerdings kann sie auf Antrag eines oder beider Ehegatten unter bestimmten Voraussetzungen geschieden werden. Nach Angaben des Statistischen Bundesamtes gab es in Deutschland in den Jahren 2000 bis 2004 bei rund 390.000 Eheschließungen im Durchschnitt 200.000 Ehescheidungen pro Jahr. Das bedeutet, dass etwa jede zweite Ehe wieder geschieden wird. Von Scheidungen waren in diesem Zeitraum pro Jahr zwischen 150.000 und 170.000 Kinder betroffen.

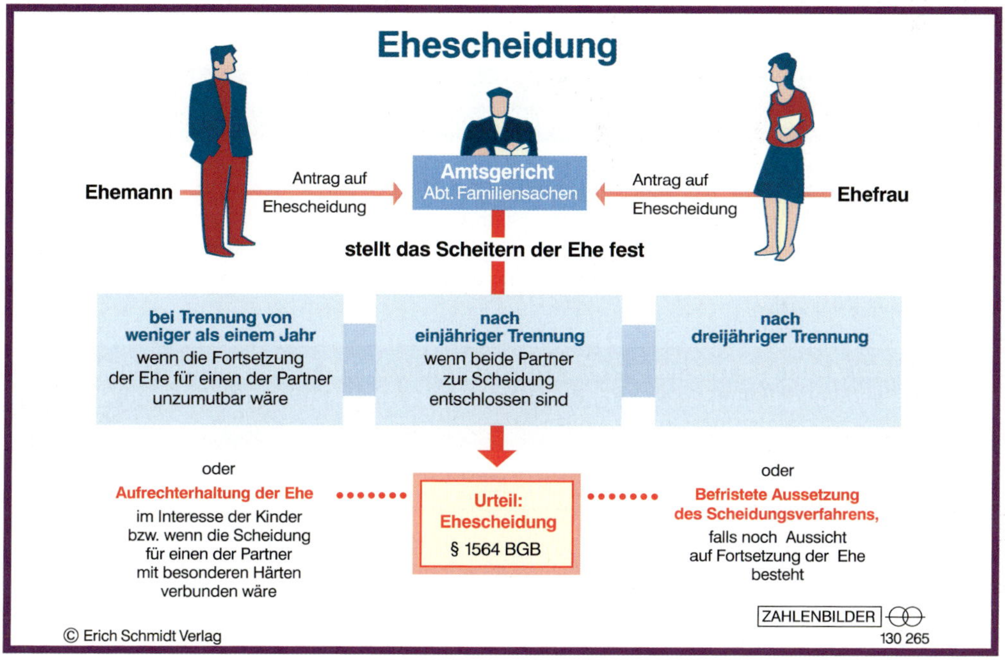

Eine Ehe kann geschieden werden, wenn sie **gescheitert** ist. Sie gilt dann als gescheitert, wenn die Lebensgemeinschaft der Ehepartner nicht mehr besteht und auch nicht erwartet werden kann, dass sie wiederhergestellt wird. Für die Scheidung, die durch ein gerichtliches Urteil ausgesprochen wird, ist damit die Zerrüttung der Ehe **(Zerrüttungsprinzip)** maßgebend, nicht jedoch das „Verschulden" eines Ehepartners.

Ein wichtiger Indikator für die Zerrüttung ist das Getrenntleben der Eheleute. Als Trennung gilt hier gemäß § 1567 auch ein Getrenntleben innerhalb der ehelichen Wohnung, also wenn kein gemeinsamer Haushalt mehr geführt wird.

Für die Annahme, dass eine Ehe zerrüttet sei, gelten folgende **Trennungsfristen**:

a) Die Ehepartner leben noch kein Jahr getrennt. In diesem Fall wird die Ehe nur dann geschieden, wenn die Fortsetzung der Ehe für den Antragsteller eine unzumutbare Härte bedeuten würde. Das heißt im konkreten Fall, dass jede Aussicht auf Wiederherstellung der ehelichen Lebensgemeinschaft fehlt und es daher sinnlos wäre, einen Ehegatten zur Aufrechterhaltung der Ehe zu zwingen.

Beispiel **Alkoholismus verbunden mit Tätlichkeiten, Aussperren aus der Wohnung, dauernde Verweigerung des Geschlechtsverkehrs.**

b) Wenn die Ehepartner **mindestens ein Jahr** getrennt leben, wird die Ehe gemäß § 1566.1 geschieden, wenn beide Ehegatten die Scheidung beantragen oder der Antragsgegner der Scheidung zustimmt.

c) Leben die Ehepartner seit **mindestens drei Jahren** getrennt, wird gemäß § 1566.2 unwiderlegbar vermutet, dass die Ehe gescheitert sei.

Eine gescheiterte Ehe im Sinne des § 1566.2 darf ausnahmsweise gemäß § 1568 dennoch nicht geschieden werden, wenn dies im Interesse der Kinder liegt oder wenn die Scheidung für den Antragsgegner eine schwere Härte darstellen würde.

Beispiel **Beispiele für eine schwere Härte: Der Ehegatte ist todkrank; es besteht eine akute Selbstmordgefahr des Ehegatten.**

Bei der ein- bzw. dreijährigen Trennungsfrist muss der Richter den konkreten Einzelfall nicht prüfen, die Ehe gilt als gescheitert. Ausnahmsweise kann eine Ehe jedoch auch vor Ablauf der Dreijahresfrist auf Antrag geschieden werden, wenn das Gericht bei der konkreten Prüfung des Falls zu dem Ergebnis kommt, dass die Ehe gescheitert ist, auch wenn ein Ehepartner in die Scheidung nicht einwilligt.

Beispiel **Nach 2-jähriger Trennung erklärt die Ehefrau in einem Scheidungsverfahren, dass es ihr völlig unmöglich sei, mit ihrem Ehemann wieder zusammenzuleben, während sich dieser hierzu nicht äußert.**

**Anschwärzen kostet Unterhalt**

Wegen Anschwärzens ihres Noch-Ehemanns beim Arbeitgeber hat das Oberlandesgericht (OLG) Hamm einer in Scheidung lebenden Frau den Trennungsunterhalt um ein Drittel gekürzt (Az.: 3 UF 360/96)

Wie das Gericht am Montag mitteilte, hatte die Frau einem ehemaligen Kollegen ihres Mannes erzählt, er habe bei seinem früheren Arbeitgeber Material gestohlen. Beim Arbeitsamt habe sie sich nach Nebeneinkünften ihres Noch-Ehemanns erkundigt und ihn damit prompt in erhebliche Schwierigkeiten gebracht.

Der 3. Familiensenat des Oberlandesgerichts Hamm sah im Verhalten der Frau eine grobe Unbill gegen den Mann. Beide Vorfälle stellten eine vorsätzliche Missachtung besonderes der wirtschaftlichen Interessen des Mannes dar. Das Verhalten der ehemaligen Gattin wiege so schwer, dass eine Kürzung des Ehegattenunterhalts um ein Drittel berechtigt sei.

*Quelle: Handelsblatt vom 28.03.2000*

## 4.2 Die Rechtsfolgen der Ehescheidung

### 4.2.1 Die Unterhaltsregelung

Ist zwischen den Ehepartnern über die Unterhaltsregelung keine Vereinbarung getroffen worden, so tritt – bei Vorliegen der Voraussetzungen – die gesetzliche Unterhaltspflicht ein. Diese ist von der Frage des Verschuldens an der Zerrüttung der Ehe losgelöst. Vielmehr steht die wirtschaftliche Sicherung des weniger vermögenden, also schwächeren Ehepartners im Vordergrund. Jedoch gilt (siehe § 1577 und 1569) der **Grundsatz, dass jeder Ehegatte soweit möglich und zumutbar, für seinen Unterhalt selbst zu sorgen hat**. Ist dies nicht möglich, so ist primäres Ziel der Unterhaltsverpflichtung, wenn man von den **besonderen Fällen der §§ 1570–1572** absieht, die Wiedereingliederung des sozial schwächeren Ehepartners in das Erwerbsleben durch Aus-, Um-, Weiter-, Fortbildung usw. Damit ist die **wirtschaftliche Bedürftigkeit** Maßstab für eine eventuelle Unterhaltsberechtigung.

Der Unterhaltsanspruch kann entfallen, ist herabzusetzen oder zeitlich zu begrenzen, etwa bei sehr kurzer Ehedauer, wenn die Voraussetzungen des § 1579 Nr. 1 bis 7 vorliegen.

Beispiel

**Nach einer Entscheidung des OLG Zweibrücken aus dem Jahr 2001 verliert der unterhaltsberechtigte Ehepartner nach der Scheidung seinen Unterhaltsanspruch, wenn er eine nichteheliche Lebensgemeinschaft mit einem neuen Partner eingeht. Allerdings muss diese Lebensgemeinschaft „an Stelle der Ehe“ getreten sein und seit mindestens zwei Jahren bestehen (Az.: 5 UF 28/00).**

**In einem anderen Fall lehnte das OLG Nürnberg 2000 den Antrag auf Prozesskostenhilfe einer Ehefrau ab, die mit einem anderen Partner, mit dem sie ein langjähriges Verhältnis unterhielt, zusammenziehen wollte und den von ihr getrennt lebenden Ehemann auf die Zahlung von Trennungsunterhalt verklagen wollte. Die Richter gingen davon aus, dass sie einen Unterhaltsprozess nicht gewinnen würde, da es grob unbillig sei, wenn der Ehemann ein eheähnliches Verhältnis seiner Noch-Ehefrau mitfinanzieren solle (Az.: 11 WF 1903/00).**

Die Höhe des Unterhalts richtet sich nach den ehelichen Lebensverhältnissen, dabei ist natürlich die Leistungsfähigkeit des unterhaltsverpflichteten Ehepartners zu berücksichtigen (vgl. § 1581). Bei der Berechnung des Unterhalts wird zunächst der Kindesunterhalt vom Nettoeinkommen abgezogen. Anschließend erhält der Unterhaltsberechtigte, wenn er über kein eigenes Einkommen verfügt, i. d. R. $^3/_7$ des Erwerbseinkommes und die Hälfte der sonstigen Einkünfte. Hat der Unterhaltsberechtigte eigenes Einkommen, erhält er $^3/_7$ der Differenz zwischen den anrechenbaren Erwerbseinkommen und die Hälfte der sonstigen Einkünfte.

Nach oben wird der Unterhalt durch die zu berücksichtigenden ehelichen Verhältnisse begrenzt, nach unten ist der notwendige Eigenbedarf des Unterhaltspflichtigen in Höhe von 890,00 EUR, wenn er erwerbstätig ist, bzw. 770,00 EUR, wenn er nicht erwerbstätig ist, zu berücksichtigen. Der Unterhaltsverpflichtete darf seine Leistungsfähigkeit übrigens nicht absichtlich einschränken. Tut er dies, so kann ihm zugemutet werden, weiterhin Unterhalt in der festgelegten Höhe zu zahlen.

Der Unterhalt ist durch Zahlung einer Geldrente monatlich im Voraus zu zahlen Die Verpflichtung erlischt mit der erneuten Heirat des Unterhaltsberechtigten bzw. mit dessen Tod. Stirbt dagegen der Unterhaltsverpflichtete, so geht die Zahlungsverpflichtung auf dessen Erben über, vgl. §§ 1576, 1585, 1586, 1586b.

Beispiele

**In einem im Februar 2002 verkündeten Urteil entschied der BGH, dass ein Ex-Ehemann, der in seiner neuen Lebensgemeinschaft ausschließlich die Rolle als Hausmann und die Betreuung der Kinder übernommen hatte, auch weiterhin seinen Unterhaltsverpflichtungen gegenüber seiner früheren Familie nachkommen müsse, da es ihm durchaus zuzumuten sei, sich um eine Vollzeitstelle oder wenigstens um eine Nebentätigkeit zu bemühen (Az.: XII ZR 308/98).**
**Das Oberlandesgericht (OLG) Karlsruhe hatte in einer 1989 veröffentlichten Berufungsentscheidung den Fall einer bulgarischen Staatsangehörigen zu entscheiden. Nach einer knapp dreijährigen Ehedauer war ihr vom Amtsgericht Freiburg ein Unterhalt in Höhe von 435,00 EUR pro Monat für die Dauer von zwei Jahren zugesprochen worden. Das OLG bestätigte die Entscheidung. Zwar könne wegen der „noch“ kurzen Ehedauer gem. § 1579 grundsätzlich auch ein Unterhaltsanspruch ausgeschlossen werden. Bei Gesamtabwägung des vorliegenden Falles müsse jedoch berücksichtigt werde, dass sich die Klägerin wegen eines Verbots der Arbeitsaufnahme durch die Ausländerbehörde zurzeit nicht selbst unterhalten könne und auch bei Rückkehr in ihr Heimatland müsse sie befürchten, dort keine Arbeit zu erhalten.**

Im Einzelnen werden folgende besonderen Fälle von Unterhaltsansprüchen unterschieden.

Es kann Unterhalt beansprucht werden, wenn

a) gemäß § 1570 eine Erwerbstätigkeit wegen der Erziehung und Pflege von Kindern nicht erwartet werden kann.

b) gemäß § 1571 wegen des Alters eine Erwerbstätigkeit nicht mehr erwartet werden kann.

c) gemäß § 1572 wegen Krankheit eine Erwerbstätigkeit nicht erwartet werden kann.

d) gemäß § 1573.1 der betroffene Ehepartner noch keine angemessene Erwerbstätigkeit gefunden hat. (Zeitliche Begrenzung hier aber lt. UÄndG bei Vorliegen bestimmter Fälle.)
Wird durch die Erwerbstätigkeit, die angemessen sein muss, der Unterhalt nicht voll gedeckt, so kann die Differenz als Anspruch geltend gemacht werden, vgl. § 1573 f.

e) gemäß §§ 1574.3, 1575.1, 1575.2 eine Ausbildung oder Umschulung begonnen oder fortgesetzt wird.

f) gemäß § 1576 andere schwerwiegende Gründe vorliegen und eine Unterhaltsversagung grob unbillig wäre.

Vertraglich kann der Unterhalt für den Ehepartner grundsätzlich ausgeschlossen werden. Ist ein solcher Ausschluss allerdings offenkundig einseitig, kann diese Regelung sittenwidrig und damit unwirksam sein. Wird also der wirtschaftsschwächere Partner eindeutig benachteiligt, kann er eine gerichtliche Korrektur des Ehevertrages durchsetzen. Dies entschied der BGH-Familiensenat in einem viel beachteten Urteil Anfang 2004 (Az: XII ZR 265/02). Die generelle Unwirksamkeit eine

Ehevertrages, der ja notariell beurkundet werden muss, ist allerdings wohl nur ausnahmsweise durchsetzbar.

### 4.2.2 Der Versorgungsausgleich

Bei der früheren Regelung nahm nach der Scheidung jeder Ehepartner seine bisher erworbenen Renten- und Pensionsanwartschaften mit. Dies benachteiligte somit i. d. R. die geschiedene Ehefrau, die aufgrund ihrer Hausfrauentätigkeit keine Versorgungsansprüche erwerben konnte und damit keine ausreichende eigene Altersversorgung besaß. Nur wenn sie „nicht schuldig" geschieden war, konnte sie von ihrem geschiedenen Mann Unterhalt verlangen, der aber von seiner Leistungsfähigkeit abhing.

Nach dem jetzigen Scheidungsrecht werden dagegen (entsprechend der Zugewinngemeinschaft) die Anwartschaften auf eine Altersversorgung, die während der Ehe erworben werden, grundsätzlich geteilt. Lesen Sie nun den folgenden Artikel. Anschließend sollen Sie in der Lage sein, die Regelung des Versorgungsausgleichs in eigenen Worten anhand von Beispielen zu erläutern.

#### „Die Altersrenten werden geteilt"

Die vom Mann in der Ehezeit erworbenen Anwartschaften auf Altersversorgung werden geteilt, ähnlich wie der Zugewinn. Das gilt übrigens auch für die Invaliditätsrenten.
Der Gesetzgeber geht im Grundsatz davon aus, dass die Altersversorgung auf der gleichen Leistung beider Ehegatten in der Ehe beruht. Wenn allerdings während der Ehe nicht vorgesorgt wurde, dann müssen beide, Mann und Frau, ihre Altersversorgung getrennt nach der Scheidung erst aufbauen.

**Was ausgeglichen wird**
Sobald während der Ehe Anwartschaften erworben wurden, kommt der Versorgungsausgleich zum Zug, und zwar bei folgenden Anwartschaften:

- Renten aus der Sozialversicherung (Renten-, Angestelltenversicherung),
- Beamtenpensionen,
- betriebliche Ruhegeldleistungen,
- Renten der Berufsgenossenschaften aus der Zusatzversorgung, der Versorgungsanstalt des Bundes und der Länder,
- Renten aus privaten Versicherungen (Lebensversicherungen).

Die Frauen erwerben bei der Scheidung einen eigenen direkten Rentenanspruch. Ihre Hausfrauenzeit wird also bei ihren Gesamtrenten im Alter nicht mehr unberücksichtigt bleiben. Die Altersversorgung der Frau errechnet sich also:

- aus Erwerbstätigkeit vor der Ehe,
- aus Erwerbstätigkeit während der Ehe,
- aus dem Versorgungsausgleich,
- aus Sozialversicherungsbeiträgen, die der Mann als Unterhalt zur Verfügung zu stellen hatte,
- aus Erwerbstätigkeit der Frau nach der Scheidung.

Die Rente des Mannes setzt sich zusammen:

- aus seinen Anwartschaften, die vor der Ehe erworben wurden,
- aus einer Erwerbstätigkeit während der Ehe, abzüglich der Anwartschaften, die er nach dem neuen Versorgungsausgleich an die Frau abgeben muss,
- aus möglicherweise freiwilligen Leistungen, mit denen er nach der Scheidung seine Renten-Anwartschaft wieder auf die alte Höhe bringt,
- aus Erwerbstätigkeit des Mann nach der Ehe.

**Wie ausgeglichen wird**
Im Prinzip wird alles, was in der Ehe erworben wurde, zusammengelegt und geteilt. Wenn der Mann eine Rente von 800,00 EUR, die Frau aber nur eine von 200,00 EUR im Monat erwarb, geht jeder mit einer Rente von 500,00 EUR aus der Scheidung hervor.

Praktisch geht der Ausgleich so vor sich:

1. Rentenanwartschaften werden geteilt und übertragen; von dem einen Rentenkonto wird der betreffende Teil abgebucht, der andere Partner eröffnet oder hat seinerseits ein Rentenkonto, diesem wird der Teil der Anwartschaft gutgeschrieben.
2. Der Ehepartner von einem Beamten wird bei Scheidung in die gesetzliche Rentenversiche-

rung aufgenommen. Das Pensionskonto des Beamten wird entsprechend gekürzt.

3. Wenn ein Ausgleich nach 1. und 2. nicht möglich ist, muss der besser gestellte Ehegatte, der vielleicht eine Lebensversicherung oder eine betriebliche Altersversorgung hat, die sich nicht teilen lassen, Beiträge an die Rentenversicherung zahlen und dem geschiedenen Partner dadurch eine Rente zum Ausgleich aufbauen.

Der Versorgungsausgleich muss mit ins Scheidungsurteil, und zwar in seiner endgültigen Form. Rente gibt es natürlich erst, wenn das Rentenalter erreicht ist. Beim Versorgungsausgleich werden „Wartezeiten" nach einem besonderen System „aufgefüllt", wenn etwa die Frau diese vorgeschriebenen Wartezeiten nicht erreicht.

**Kein Versorgungsausgleich**

Der Versorgungsausgleich kann in seltenen Fällen wegfallen, wenn der berechtigte Partner schwerwiegend gegen die Gesamtinteressen verstoßen hat: wenn er während der Ehe längere Zeit nicht zum Familienunterhalt beitrug oder wenn er in Erwartung der Scheidung eigene Anwartschaften und Rechte fallen ließ, um einen höheren Versorgungsausgleich zu bekommen, oder, allgemein ausgedrückt, wenn „grobe Unbilligkeit" vorliegt. Was die im Einzelnen ist, müssen die Gerichte herausfinden.

**Abweichende Vereinbarungen möglich**

Wenn zwischen Ehegatten Verträge über die Alterssicherung geschlossen werden, was möglich ist, kann es sein, dass der sozial schwächere Partner oder der weniger erfahrene von dem anderen überfahren wird. Daher sind in die Möglichkeit eigener Vereinbarungen folgende Vorsichtsmaßnahmen eingebaut:

1. Solche Verträge müssen notariell beurkundet werden,
2. sie müssen vom Familienrichter genehmigt werden,
3. sie müssen zu einer geeigneten und angemessenen Alterssicherung führen (sonst werden sie auch nicht genehmigt).

Die Eheleute können durch Ehevertrag den Versorgungsausgleich ausschließen. Ein solcher Vertrag ist bei der Heirat und in der Ehe möglich, muss aber vom Notar beurkundet werden. Von solchen Verträgen, die im Grunde genommen nur Liebe oder Unerfahrenheit ausnützen oder zu sehr ungleichen Verbindungen führen, ist dringend abzuraten.

Lesen Sie anschließend die §§ 1587.1, 1587 a.1, 1587 b.1, 1587 c, 1587 g.1, 1587 g, 1587 o.

## BGH: Kein Versorgungsausgleich, wenn Ehemann Studium finanziert

Bei einer Eheschließung braucht nach höchstrichterlicher Rechtsprechung ein Versorgungsausgleich in der Regel dann nicht stattzufinden, wenn der Ehemann seiner Frau, die schon eine abgeschlossene Berufsausbildung hatte, während der Ehezeit ein Studium finanziert hat. Nach einem vom IVb-Familiensenat des Bundesgerichtshofs (BGH) veröffentlichten Beschluss wäre in einem solchen Falle die Heranziehung des ausgleichspflichtigen Ehepartners zur Abgabe der Hälfte seiner Versorgungsanwartschaften „grob unbillig".

*Quelle: Süddeutsche Zeitung vom 12.11.1983*

Beim Versorgungsausgleich gelten folgende Regelungen:

- Der sogenannte schuldrechtliche Versorgungsausgleich wurde zugunsten geschiedener Frauen verbessert. Frauen, die etwa beim Ausgleich von Betriebsrenten bisher auch im Alter nur auf Zahlungen ihres geschiedenen Ehemannes angewiesen und bei dessen Tod unversorgt waren, erhalten nun nach dem Tod des Mannes auch bei den Betriebsrenten einen eigenständigen Altersversorgungsanspruch gegen den Versicherungsträger.
- Entscheidungen von Familiengerichten über den Versorgungsausgleich können nun in Härtefällen abgeändert werden. Dies ist etwa dann der Fall, wenn sich diese Entscheidungen wegen einer späteren Veränderung der Rechtslage im Nachhinein als ungerecht erwiesen haben.
- Erleichtert wird auch der Versorgungsausgleich von Kleinrenten bis etwa 20,00 EUR monatlich. Statt eines umständlichen Rentensplittings kann in diesen Fällen das Familiengericht künftig einen anderen Ausgleich anordnen, etwa in Form einer Kapitalabfindung.

### 4.2.3 Die elterliche Sorge

Mit der Neugestaltung des Kindheitsrechts gilt seit Juli 1998 der Grundsatz, dass die Eltern auch nach der Scheidung das gemeinsame Sorgerecht behalten. Auf Antrag hat das Familiengericht einem Elternteil das Alleinsorgerecht zu übertragen, falls sich beide Elternteile darüber einig sind und das mindestens 14 Jahre alte Kind nicht widerspricht, vgl. § 1671.2 Nr. 1. Beansprucht ein Elternteil das alleinige Sorgerecht ohne Zustimmung des anderen Elternteils, so muss das Gericht dem Antrag stattgeben, wenn zu erwarten ist, dass diese Regelung dem Wohl des Kindes am besten entspricht, vgl. § 1671.2 Nr. 2.

### 4.2.4 Der Kindesunterhalt

Nach der Scheidung gilt die Regel: *Einer sorgt, der andere zahlt.* Die Höhe des Unterhalts für die Kinder richtet sich nach dem Bedarf des Kindes und der Leistungsfähigkeit der Eltern. Verlangt ein Kind, das im Haushalt eines Elternteils lebt, vom anderen Elternteil Unterhalt, so steht ihm gemäß § 1610.3 mindestens ein seiner Altersstufe gemäßer und dem Einkommen des Unterhaltszahlers entsprechender Regelunterhalt zu.

Bei der Berechnung des Unterhalts orientieren sich die Familiengerichte an der vom Oberlandesgericht Düsseldorf herausgegebenen **Düsseldorfer Tabelle**, die sich im Grundsatz wiederum auf die vom Bundesjustizministerium alle zwei Jahre aktualisierte Regelbetragverordnung stützt. Die Tabelle hat keine Gesetzeskraft, sondern stellt lediglich eine Richtlinie dar. Hiernach steht beispielsweise einem 16-jährigen Schüler, dessen unterhaltsverpflichteter Vater über ein Nettoeinkommen von 2.700,00 EUR verfügt, mindestens ein Unterhalt in Höhe von 437,00 EUR pro Monat zu.

18 bis 20 Jahre alte Schüler, die noch bei ihren Eltern wohnen, erhalten Unterhalt nach der 4. Altersstufe. Bei studierenden Kindern, die nicht mehr zu Hause wohnen, beträgt der Regelunterhalt 600,00 EUR.

Seit Juli 1999 gelten für alle Bundesländer die gleichen Sätze. Für die neuen Bundesländer wurden lediglich zwei niedrigere Einkommensgruppen, bis zu 1.000,00 EUR und bis zu 1.150,00 EUR, vorgeschaltet (*Berliner Tabelle* als Vortabelle).

Die monatlichen „Unterhaltsrichtsätze" gehen von insgesamt drei Unterhaltsberechtigten aus: dem unterhaltsberechtigten Ehegatten sowie zwei unterhaltsberechtigten Kindern. Bei einer geringeren oder größeren Zahl von Unterhaltsberechtigten können Zuschläge oder Abschläge auf die Unterhaltssätze vorgenommen werden. So können beispielsweise, um den notwendigen Mindestbedarf aller Beteiligten zu decken, gegebenenfalls auch Herabstufungen bis zur untersten Tabellengruppe vorgenommen werden. Notfalls müssen sogar sog. *Mangelberechnungen* vorgenommen werden, bei der das zur Verfügung stehende Einkommen auf alle Unterhaltsberechtigten angemessen verteilt wird.

Unterhalt muss nur dann geleistet werden, wenn das Nettoeinkommen den Selbstbehalt bzw. *notwendigen Eigenbedarf* überschreitet. Dieser beträgt bei erwerbstätigen Unterhaltsverpflichteten gegenüber minderjährigen Kindern 890,00 EUR, ist der Unterhaltsverpflichtete nicht erwerbstätig, beträgt der Eigenbedarf mindestens 770,00 EUR. Gegenüber volljährigen Kindern, die sich nicht mehr in der Schulausbildung befinden, beträgt der *angemessene Eigenbedarf* mindestens 1.100,00 EUR pro Monat. Einen Hinweis gibt der in der Tabelle angegebene *Bedarfskontrollbetrag*, der zwar nicht mit dem Eigenbedarf identisch ist, aber eine ausgewogene Verteilung der Zahlungen gewährleisten soll. Wird er durch die Unterhaltszahlungen unterschritten, ist der Tabellenbetrag der nächstniedrigeren Gruppe anzusetzen.

**Kindergeld** wird im Prinzip gemäß § 1612b Abs. 1 zur Hälfte auf den Unterhalt angerechnet, das heißt, der zum Barunterhalt Verpflichtete kann die Hälfte des Kindergeldes, also 50 % von derzeit 154,00 EUR, von seiner Unterhaltszahlung abziehen. Die Anrechnung unterbleibt jedoch dann, wenn durch die Unterhaltszahlung nicht mindestens das Existenzminimum des Kindes gesichert ist.

Das Existenzminimum beträgt 135 % des Regelbetrags. Seit dem 01.07.2005 liegt diese 135-%-Grenze für Kinder der ersten Altersstufe bei 275,00 EUR bzw. bei 308,00 und 364,00 EUR in der zweiten und dritten Altersstufe. Der Unterhaltsverpflichtete muss also mit seinen Unterhaltszahlungen das Existenzminimum des Kindes sichern, erst dann kann er die Hälfte des Kindergeldes bzw. einen geringeren Anteil von seiner Unterhaltszahlung abziehen.

Beispiel

**Der für eine 17-Jährige Schülerin unterhaltsverpflichtete Vater verdient 2.000,00 EUR netto, hätte also nach der Düsseldorfer Tabelle 373,00 EUR monatlich zu zahlen. Da das Existenzminimum für sie jedoch 393,00 EUR beträgt, ist er verpflichtet, den Regelunterhalt aus dem ihm zufließenden Kindergeldanteil um 20,00 EUR zu erhöhen, den restlichen Anteil am Kindergeld (50 % von 154,00 EUR = 77,00 EUR abzüglich 20,00 EUR, also 57,00 EUR) kann er von der Unterhaltszahlung in Höhe von 393,00 EUR abziehen. Betrüge sein Einkommen 2.200,00 EUR, konnte er die Hälfte des Kindergeldes in voller Höhe von der Unterhaltszahlung abziehen.**

Zahlt der Unterhaltsverpflichtete einen Betrag, der sich aus einer Höherstufung der Einkommensgruppe ergibt, nicht freiwillig, so muss durch eine Abänderungsklage der Betrag erneut vor dem Familiengericht erstritten werden. Da der monatliche Unterhalt nicht als konkreter Betrag, sondern als prozentualer Anspruch im Verhältnis zum Regelunterhalt festgelegt wird, muss dagegen eine Erhöhung, die sich aus einer Änderung der Altergruppe des Kindes ergibt, nicht eigens gerichtlich durchgesetzt werden, sondern wird automatisch gewährt.

Beispiel

**Die oben erwähnte Schülerin hat – wie berechnet – einen monatlichen Unterhaltsanspruch auf 393,00 EUR. Mit 18 Jahren erhöht sich dieser automatisch auf 429,00 EUR. Steigt das Nettoeinkommen des Vaters im folgenden Jahr von 2.000,00 EUR auf 2.200,00 EUR, muss der nun gestiegene Unterhaltsanspruch auf 453,00 EUR notfalls gerichtlich durchgesetzt werden.**

**Düsseldorfer Tabelle**[1] Stand Juli 2005

| | Nettoeinkommen des Barunterhaltspflichtigen (EUR) | Kindesunterhalt Altersstufen in Jahren (§ 1612a Abs. 3 BGB) | | | | Prozentsatz | Bedarfskontrollbetrag |
|---|---|---|---|---|---|---|---|
| | | 0–5 | 6–11 | 12–17 | Ab 18 | | |
| 1. | Bis 1.300,00 | 204,00 | 247,00 | 291,00 | 335,00 | 100 | 770,00/890,00 |
| 2. | 1.300,00–1.500,00 | 219,00 | 265,00 | 312,00 | 359,00 | 107 | 950,00 |
| 3. | 1.500,00–1.700,00 | 233,00 | 282,00 | 332,00 | 382,00 | 114 | 1.000,00 |
| 4. | 1.700,00–1.900,00 | 247,00 | 299,00 | 353,00 | 406,00 | 121 | 1.050,00 |
| 5. | 1.900,00–2.100,00 | 262,00 | 317,00 | 373,00 | 429,00 | 128 | 1.100,00 |
| 6. | 2.100,00–2.300,00 | 276,00 | 334,00 | 393,00 | 453,00 | 135 | 1.150,00 |
| 7. | 2.300,00–2.500,00 | 290,00 | 351,00 | 414,00 | 476,00 | 142 | 1.200,00 |
| 8. | 2.500,00–2.800,00 | 306,00 | 371,00 | 437,00 | 503,00 | 150 | 1.250,00 |
| 9. | 2.800,00–3.200,00 | 327,00 | 396,00 | 466,00 | 536,00 | 160 | 1.350,00 |
| 10. | 3.200,00–3.600,00 | 347,00 | 420,00 | 495,00 | 570,00 | 170 | 1.450,00 |
| 11. | 3.600,00–4.000,00 | 368,00 | 445,00 | 524,00 | 603,00 | 180 | 1.550,00 |
| 12. | 4.000,00–4.400,00 | 388,00 | 470,00 | 553,00 | 637,00 | 190 | 1.650,00 |
| 13. | 4.400,00–4.800,00 | 408,00 | 494,00 | 582,00 | 670,00 | 200 | 1.750,00 |
| | Über 4.800,00 | Nach den Umständen des Falles | | | | | |

1 *Die neue Tabelle nebst Anmerkungen beruht auf Koordinierungsgesprächen, die zwischen Richtern der Familiensenate der Oberlandesgerichte Düsseldorf, Köln und Hamm sowie der Unterhaltskommission des Deutschen Familiengerichtstages e.V. unter Berücksichtigung des Ergebnisses einer Umfrage bei allen Oberlandesgerichten stattgefunden haben.*

**Erste Frau geht bei Unterhalt vor**

Unterhalt muss zuerst an die geschiedene Ehefrau und die ehelichen und unehelichen Kinder gezahlt werden. Eine Frau aus einer zweiten Beziehung erhält nur dann Geld, wenn vom Verdienst des geschiedenen Ehemannes noch etwas übrig bleibt. Das geht aus einer Entscheidung des Oberlandesgerichts (OLG) Schleswig hervor (Az.: 13 UF 207/99).
Im Urteilsfall war ein Busfahrer nach der Scheidung mit seiner Freundin zusammengezogen. Die beiden bekamen zwei Töchter. Nach der Trennung auch von ihr fordert die Lebensgefährtin Unterhalt.
Wie das OLG feststellte, sei der Vater eines Kindes zwar verpflichtet, der Mutter, mit der er nicht verheiratet ist, bis drei Jahre nach der Geburt Unterhalt zu gewähren. Bei der Rangfolge der Zahlungen gehe jedoch die geschiedene Ehefrau vor. Erst dann könne geprüft werden, welcher Betrag noch für die zweite Frau zur Verfügung stehe.

*Quelle: Handelsblatt vom 11.12.2000*

## 4.3 Das Scheidungsverfahren

Für alle mit der Scheidung zusammenhängenden Probleme ist das **Familiengericht** (Einzelrichter) beim Amtsgericht zuständig. Es entscheidet über den Scheidungsantrag selbst sowie über mit der Scheidung verbundene Familiensachen, wie die Regelung der elterlichen Sorge, das Umgangsrecht des Elternteils, der nicht sorgeberechtigt ist, Unterhaltsverpflichtungen gegenüber dem Ehegatten und den Kindern sowie gegebenenfalls Zugewinn- und Versorgungsausgleich. Für Berufungen gegen Familiengerichtsentscheidungen ist das Oberlandesgericht (OLG) zuständig.

In einem Ehescheidungsprozess muss sich nur der Antragsteller, also der Ehegatte, der die Scheidung beantragt, von einem Rechtsanwalt beraten und vor Gericht vertreten lassen. Für den Antragsgegner gilt dies nur dann, wenn er vor Gericht Sachanträge stellen will. Allerdings ist die Vertretung durch einen Anwalt im Allgemeinen ratsam. Insgesamt erleichtert diese Regelung den Rechtsschutz, führt allerdings auch zu höheren Kosten, die beide Ehegatten i. d. R. jeweils zur Hälfte tragen.

Grundsätzlich kann ein bedürftiger Ehegatte, der gegen seinen Ehepartner Klage erheben möchte, einen Prozesskostenvorschuss erhalten (vgl. § 1360a), mit dem die Gerichts- und Anwaltskosten bezahlt werden können.

## 4.4 Die nichteheliche Lebensgemeinschaft

Unsere Rechtsordnung geht als selbstverständlich davon aus, dass auf Dauer angelegte Lebensgemeinschaften nur in der rechtlich normierten Form einer Ehe bestehen. Art. 6 GG stellt deswegen auch die Ehe und Familie unter den besonderen Schutz der staatlichen Ordnung. Die gesellschaftlichen Verhältnisse haben sich jedoch geändert. Die **nichteheliche Lebensgemeinschaft** ist in unserer Gesellschaft akzeptiert und zu einem Massenphänomen mit bislang steigender Tendenz geworden. Während Schätzungen zufolge im Jahre 1972 im alten Bundesgebiet erst knapp 140.000 Paare ohne Trauschein zusammenlebten, hatte sich deren Anzahl im Jahre 2003 in der ganzen Bundesrepublik auf 2,3 Millionen erhöht. Gleichzeitig gab es 19,3 Millionen verheiratete Ehepaare.

Unter einer nichtehelichen Lebensgemeinschaft versteht man ein auf Dauer angelegtes Zusammenleben zweier Personen ohne Eheschließung in einer Wohn- und Wirtschaftsgemeinschaft.

Der gesellschaftliche Wandel hat auch zu einer Änderung der Auffassung im politisch-rechtlichen Bereich geführt. So wurde vom Bundesminister der Justiz und der Bundesministerin für Jugend,

Familie, Frauen und Gesundheit eine Broschüre mit dem Titel: „Gemeinsam leben ohne Trauschein" publiziert, die rechtliche Ratschläge für unverheiratete Paare enthält. Es ist deshalb folgerichtig, wenn die Rechtsprechung diesem neuen gesellschaftlichen Phänomen immer mehr Rechnung trägt.

### *Mietrecht*

Der Vermieter ist verpflichtet, die Aufnahme des Lebensgefährten in die von dem Partner gemietete Wohnung zu dulden, sofern nicht andere wichtige Gründe diesem entgegenstehen (vgl. § 549). Andererseits kann ein Vermieter die Kündigung wegen Eigenbedarfs damit begründen, dass sein unverheiratetes Kind mit seinem Lebensgefährten in die vermietete Wohnung einziehen möchte.

Haben beide Partner den Mietvertrag unterschrieben, so haften beide Partner dem Vermieter gegenüber, auch wenn eine Partei auszieht.

Ebenso wie Ehegatten oder Familienangehörige hat der Lebensgefährte nach dem Tod seines Partners das Recht, in ein bestehendes Mietverhältnis einzutreten (vgl. § 569a).

### *Unterhalt, Versorgung, Sorgerecht*

Leben zwei unverheiratete Partner wenigstens ein Jahr in eheähnlicher Gemeinschaft zusammen, besteht die sittliche Verpflichtung zur gegenseitigen *Unterhaltsgewährung.* Dies hat beispielsweise zur Folge, dass einem unterhaltsverpflichteten Beamten ein Anspruch auf Zahlung eines Ortszuschlags zusteht, andererseits richtet sich im *Sozialrecht* die Höhe der Arbeitslosenhilfe für den arbeitslosen Partner auch nach dem Einkommen des Lebensgefährten, sodass Leistungen gestrichen werden, wenn der andere Teil gut verdient.

Bei bestimmten staatlichen Versorgungsleistungen nach dem Bundessozialhilfegesetz, dem Arbeitsförderungsgesetz oder dem Wohngeldgesetz werden die Lebensgefährten behandelt, als wären sie verheiratet.

Haben zwei Unverheiratete ein gemeinsames Kind, werden steuerlich auch Mehraufwendungen für doppelte Haushaltsführung anerkannt.

Schließlich wird dem Lebensgefährten in einem gewissen Umfang auch ein Personensorgerecht zugestanden, z. B. Anmeldung zur Schule, solange er in häuslicher Gemeinschaft mit seiner Partnerin und ihrem gemeinsamen nichtehelichen Kind lebt.

Trotz dieser Tendenz der Rechtsprechung, die nichteheliche Lebensgemeinschaft in einzelnen Bereichen mit der ehelichen Gemeinschaft gleichzustellen, darf nicht übersehen werden, dass die meisten Rechtsfolgen der Eheschließung (s. Abschnitt 3.3) bei der nichtehelichen Lebensgemeinschaft keine Anwendung finden. Probleme ergeben sich dann bei einer Trennung häufig in Bezug auf Unterhaltszahlungen, bei der Ausübung der elterlichen Sorge, der Vermögensaufteilung, die keinen Zugewinnausgleich vorsieht, der Altersversorgung, bei der der Versorgungsausgleich entfällt, und dem Erbrecht, das das Erbe des nichtehelichen Lebensgefährten mit einer sehr viel höheren Erbschaftssteuer belegt.

Aus rechtlicher Sicht steht also bei einer Trennung der verheiratete Ehepartner nach wie vor besser da als der nicht verheiratete Ehepartner. Eine mögliche Lösung kann daher vorläufig nur in dem Abschluss eines privaten Vertrages zwischen den nicht verheirateten Partnern gesehen werden.

### Gemeinsames Sorgerecht ist zu beantragen

Der Bundesgerichtshof (BGH) hat den Vorrang der Mutter gegenüber dem Vater bei Betreuung und Erziehung nicht ehelicher Kinder als verfassungsgemäß bestätigt. Die mit der Kindschaftsrechtsreform von 1997 eingeführte Regelung zum Sorgerecht unverheirateter Paare verstoße nicht gegen das im Grundgesetz festgeschriebene Elternrecht. Seit der Reform können Eltern zwar auch ohne Ehe das gemeinsame Sorgerecht für ihre Kinder bekommen – aber nur, wenn sie dies gemeinsam beantragen. Einigen sie sich nicht, so behält die Mutter das alleinige Sorgerecht (Az.: XII ZB 3/00).

Nach den Worten des XII. Zivilsenats ist die stärkere Stellung der Frau gerechtfertigt. Auch der Einigungszwang sei nicht zu beanstanden, da gegen den Willen eines Elternteils geführte Prozesse über das Sorgerecht häufig zu Konflikten führten, so dass die für ein gemeinsames Sorgerecht notwendige Harmonie nicht mehr vorausgesetzt werden könne.

*Quelle: Handelsblatt vom 15.05.2001*

### Kein Lohn für ledigen Vater bei Geburt

Ein unverheirateter Arbeitnehmer hat keinen Anspruch auf bezahlte Freistellung zur Geburt seines Kindes. Das Bundesarbeitsgericht (BAG) wies am Donnerstag die Revision eines Mannes ab, der nicht mit seiner Lebensgefährtin verheiratet war, als diese die gemeinsame Tochter zur Welt brachte (Az.: 6 AZR 492/99). Der Mann wurde zur Geburt zwar von der Arbeit frei gestellt, nicht aber unter Fortzahlung der Vergütung, wie seine verheirateten Kollegen.

Laut Tarifvertrag bestehe Anspruch auf bezahlten Sonderurlaub nur bei der Niederkunft der Ehefrau eines Angestellten, argumentierten die Richter am Sechsten Senat des BAG. Diese Regelung verstoße nicht gegen das Grundgesetz. Der Anwalt des Klägers sagte, auch ein unverheiratetes Paar mit Kind falle unter den verfassungsrechtlichen Schutz für eine Familie. Das BAG urteilte aber, dass der nicht bezahlte Sonderurlaub weder die Rechte des Angestellten noch die seines Kindes verletzt habe. Das BAG hatte 1997 schon einmal einen ähnlichen Fall abgewiesen.

*Quelle: Handelsblatt vom 22.01.2001*

### Unterhalt für unverheiratete Mutter

Der Vater eines unehelichen Kindes muss auch der Mutter Unterhalt zahlen. Das geht aus einer am Mittwoch veröffentlichten Entscheidung des Schleswig-Holsteinischen Oberlandesgerichts hervor (Az.: 13 UF 88/89).

Für den nichtehelichen Vater sei bis zur Vollendung des dritten Lebensjahres des Kindes grundsätzlich eine erhöhte Solidarität gefordert, die der Unterhaltsverpflichtung eines ehelichen Vaters angenähert ist, erklärte das Gericht. Der Vater solle mit dieser Unterhaltszahlung in die Verantwortung einbezogen werden, dass sein nichteheliches Kind während der ersten Lebensjahre in den Genuss der persönlichen Betreuung durch die Mutter komme.

*Quelle: Handelsblatt vom 07.09.2000*

## 4.5 Die eingetragene Lebenspartnerschaft

Seit August 2001 können auch gleichgeschlechtliche Paare eine eheähnliche „eingetragene Lebenspartnerschaft" eingehen. Beide Partner müssen, je nach Bundesland, im Standesamt oder der Gemeinde- bzw. Kreisverwaltung persönlich erscheinen und erklären, dass sie miteinander eine Partnerschaft auf Lebenszeit führen wollen. Ähnlich wie bei Ehepartnern sind sie gemäß Lebenspartnerschaftsgesetz (LPartG) einander zu Fürsorge und gemeinsamer Lebensgestaltung verpflichtet und sie tragen füreinander Verantwortung.

Auf Wunsch können beide einen gemeinsamen Namen führen und sie gelten wechselseitig als Familienangehörige. Bringt ein Partner ein Kind mit in die Partnerschaft, so kann der andere in Angelegenheiten des täglichen Lebens im Rahmen des sog. „kleinen Sorgerechts“ für das Kind mitentscheiden. Ein Adoptionsrecht gibt es jedoch nicht. Nicht selbst versicherte Partner sind in der Kranken- und Pflegeversicherung des anderen mitversichert.

Beide Partner müssen einander angemessenen Unterhalt gewähren. Sie müssen sich vorab über ihren künftigen Vermögensstand einigen. So können sie ihre vermögensrechtlichen Verhältnisse notariell regeln oder eine „Ausgleichsgemeinschaft“ vereinbaren. Hierbei verwaltet jeder Partner sein Vermögen selbst. Sollte die Partnerschaft jedoch auseinandergehen, wird der während der gemeinsamen Jahre erzielte Vermögenszuwachs ausgeglichen. Beim Tod eines Partners hat der andere ein gesetzliches Erbrecht.

Auf Antrag eines Partners kann die Lebenspartnerschaft durch gerichtliches Urteil aufgehoben werden.

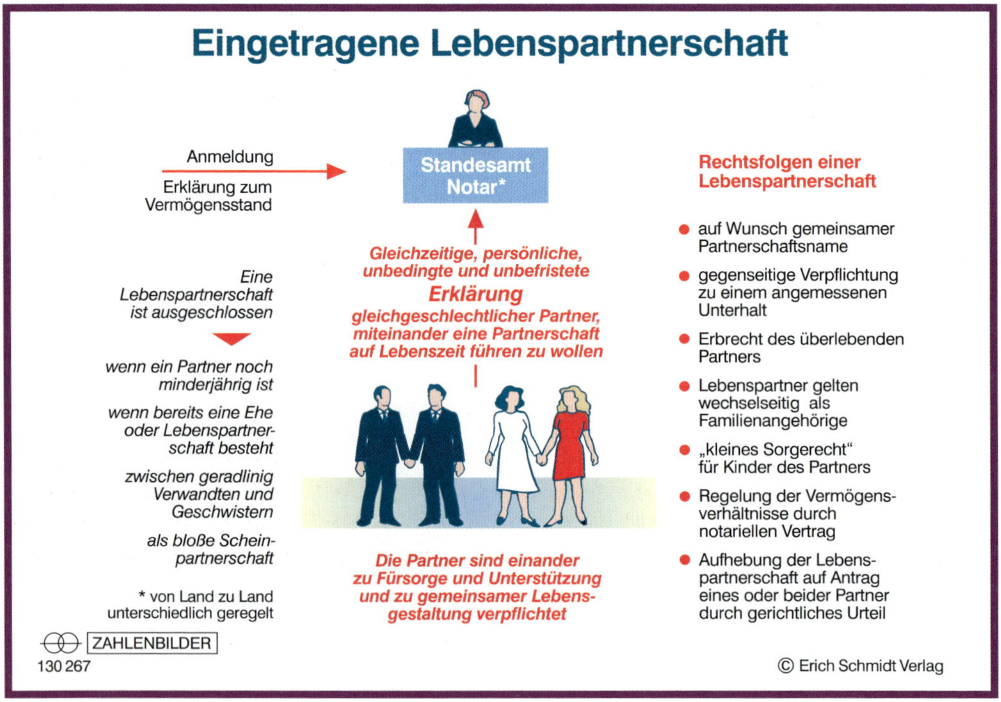

# Erbrecht

## 1 Die gesetzliche Erbfolge

Das Erbrecht regelt die Rechtsnachfolge in das Vermögen nach dem Tode eines Menschen.

Beispiel

**Der vermögende Alfons Franke wird bei einem Reitunfall getötet. Er hinterlässt eine Frau, zwei Töchter (unverheiratet) und zwei Enkelkinder (Kinder seines ebenfalls bei einem Reitunfall getöteten Sohnes Franke jun.). Außerdem leben noch seine Eltern und ein Bruder. Wer erbt das Vermögen?**

Um diese Frage beantworten zu können, muss zunächst geklärt werden, ob der Verstorbene (Erblasser) eine letztwillige Verfügung hinterlassen hat, ob er also ein Testament aufgesetzt hat. Ist dies nicht der Fall, tritt die gesetzliche Erbfolge ein.

Grundsätzlich sind die Abkömmlinge des Erblassers vor allen anderen Personen erbberechtigt. Unter Abkömmlingen versteht man alle Personen, die in gerader Linie vom Erblasser abstammen, also Kinder, Enkel und Urenkel. Im Extremfall kann dies bedeuten, dass ein Urenkel des Erblassers die Eltern und Geschwister des Verstorbenen von der gesetzlichen Erbfolge ausschließt: Gemäß § 1930 schließt ein Verwandter vorgehender (niedrigerer) Ordnung (Kinder sind Erben erster Ordnung und gehören damit einer niedrigeren Ordnung an als die Eltern, die Erben zweiter Ordnung sind) alle Verwandten einer nachfolgenden bzw. höheren Ordnung von der Erbfolge aus.

Gemäß § 1923 kann allerdings nur der Erbe werden, der zum Zeitpunkt des Erbfalles lebt. Eine Ausnahme ist das sogenannte „nasciturus“, das noch nicht geborene Kind, dieses gilt als vor dem Erbfall geboren. Diese gesetzliche Erbfolge regelt sich nach § 1922 ff., siehe dazu auch das Schema „Die gesetzliche Erbfolge“.

### 1.1 Erben 1. Ordnung

Dies sind gemäß § 1924.1 die Abkömmlinge des Erblassers. Gemäß § 1931.1 erben die Kinder $^3/_4$ des Nachlasses. Das restliche $^1/_4$ erhält der Ehegatte. Besteht zwischen den Ehegatten Zugewinngemeinschaft, so erbt der Ehegatte gemäß §§ 1371, 1931.1 die Hälfte des Nachlasses, wenn Erben 1. Ordnung noch leben. Leben die direkten Abkömmlinge nicht mehr, so treten an deren Stelle deren Abkömmlinge (§ 1924.3).

### 1.2 Erben 2. Ordnung

Dies sind gemäß § 1925.1 die Eltern des Erblassers und deren Abkömmlinge, also die Geschwister des Erblassers. Lebt kein Erbe 1. Ordnung, so erben die Eltern jeweils $^1/_2$. Ist der Vater oder die Mutter gestorben, so erben die Geschwister **gemeinsam die dem verstorbenen Elternteil zustehende Hälfte**. Sind keine Abkömmlinge vorhanden, so erbt gemäß § 1925.3 der überlebende Teil allein.

### 1.3 Erben 3. Ordnung

Hinterlässt der Erblasser keine Abkömmlinge und sind seine Eltern und deren Abkömmlinge verstorben, so erben gemäß § 1926 die Großeltern bzw. deren Abkömmlinge, das sind z. B. Onkel und Tante des Erblassers. Leben alle Großeltern, so erben sie jeweils $^1/_4$, ist ein Teil verstorben, so geht dessen Erbanspruch auf seine Abkömmlinge über. Sind Großvater und Großmutter der einen Linie verstorben und keine Abkömmlinge da, so geht ihr Anteil auf die andere Linie über.

## 1.4 Erben 4. und weiterer Ordnungen

Diese werden gemäß der §§ 1928, 1929 dann erbberechtigt, wenn keine Erben niedrigerer Ordnungen mehr leben.

## 1.5 Das Erbrecht des Ehegatten

a) **Bei gesetzlichem Güterstand**

- Der überlebende Ehegatte erbt neben Erben **erster Ordnung** gemäß § 1931.1 zu einem Viertel.
- Neben Erben **zweiter Ordnung** oder neben Großeltern erbt der Ehegatte gemäß § 1931.1 zu gleichen Teilen.
  Sind zusätzlich noch Abkömmlinge der Großeltern vorhanden, die dann ebenfalls Erben dritter Ordnung wären, sind diese neben dem Ehegatten nicht erbberechtigt. Ihr Anteil fällt dem Ehegatten zu.
- Sind gemäß § 1931.2 **weder Verwandte** erster oder zweiter Ordnung noch Großeltern vorhanden, erhält der Ehegatte die ganze Erbschaft.
- Der Zugewinnausgleich wird dadurch verwirklicht, dass sich der gesetzliche Erbteil des Ehegatten gemäß § 1371.1 um **ein Viertel** erhöht.

b) **Bei vertraglichem Güterstand**

Grundsätzlich gelten hier die gleichen Regelungen wie bei dem gesetzlichen Güterstand, allerdings sind einige Sonderbestimmungen zu beachten:

- Bestand **Gütertrennung** und sind neben dem Ehegatten ein oder zwei Kinder erbberechtigt (Erben erster Ordnung), erben Ehegatte und Kinder gemäß § 1931.4 zu gleichen Teilen. Bei mehr als zwei Kindern gilt wieder die allgemeine Regel des § 1931.1.
- Bestand **Gütergemeinschaft**, so fällt der Anteil des Verstorbenen am Gesamtgut, sein Vorbehaltsgut, sowie (falls möglich) sein Sondergut in den Nachlass. Die Verteilung des Nachlasses ist nach den Regeln des § 1931 vorzunehmen.

Die Höhe des Anteils des erbberechtigten Ehegatten wird also von zwei Faktoren bestimmt: Von dem bestehenden Güterstand sowie von dem Verwandtschaftsgrad der Miterben. Dabei wird sein Erbteil zuerst berechnet, nur der Rest wird auf die Abkömmlinge verteilt.

Zusätzlich erhält der Ehegatte noch den „Voraus" (§ 1932), hierunter versteht man die zum Haushalt gehörenden Gegenstände.

Neben den Erben 1. Ordnung besteht dieser Anspruch allerdings nur dann, wenn sie zur Führung eines angemessenen Haushalts benötigt werden.

Daneben hat der überlebende Ehegatte (dies gilt aber auch für andere Familienangehörige des Erblassers) gegen den Erben gemäß § 1969.1 einen Anspruch auf Unterhaltsgewährung während der ersten 30 Tage, den „Dreißigsten", nach dem Tod des Erblassers.

## 1.6 Das Erbrecht des Staates

Hinterlässt der Erblasser weder Ehegatten noch Verwandte, so ist nach § 1936 der Bundesstaat Erbe, in dem der Erblasser zurzeit seines Todes seinen Wohnsitz hatte.

**Aufgabe**

(1) Bitte lösen Sie nun den Erbfall des Alfons Franke.
Wie viel Anteile erhalten die folgenden Personen?

a) Ehefrau in Zugewinngemeinschaft
b) Tochter
c) Tochter
d) Enkelkind
e) Enkelkind
f) Bruder
g) Vater
h) Mutter

**Übersicht: die gesetzliche Erbfolge (1)**

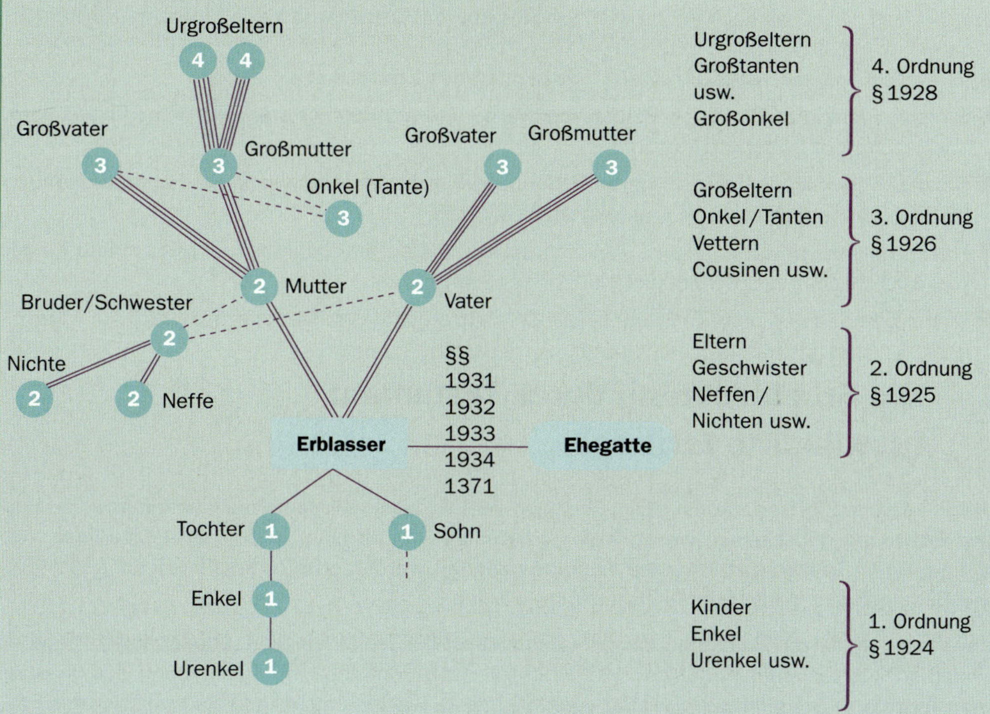


**HINWEIS**

Verwechseln Sie die verschiedenen Ordnungen der gesetzlichen Erbfolge nicht mit den Verwandtschaftsgraden. Beide habe nichts miteinander zu tun!

**Übersicht: die gesetzliche Erbfolge (2)**

| | | | |
|---|---|---|---|
| 1. Ordnung → | Kinder des Ehegatten → | Enkel des Ehegatten → | |
| 2. Ordnung → | Eltern des Ehegatten → | Geschwister des Ehegatten → | Neffen/Nichten des Ehegatten → |
| 3. Ordnung → | Großeltern des Ehegatten → | Onkel/Tanten des Ehegatten → | Vettern/Cousinen des Ehegatten → |
| 4. Ordnung → | Urgroßeltern des Ehegatten → | Großonkel/Großtanten des Ehegatten → | |

**HINWEIS** Das Erbrecht des Ehegatten muss stets gesondert geprüft werden (§§ 1371, 1931).

Zum Schluss wollen wir noch einige wichtige **Regeln** und **Grundsätze** des Erbrechts zusammenfassen.

- Vererblich sind alle vermögenswerten Positionen des Erblassers.
- Erbfähig ist jede rechtsfähige Person (natürliche und juristische Personen) und der gezeugte, aber noch nicht geborene Mensch.
- Solange Verwandte einer niedrigeren Ordnung vorhanden sind, sind jene der höheren Ordnung vom Erbe ausgeschlossen (Parentelsystem), § 1930.
- Haben gesetzliche Erben eigene Abkömmlinge, so schließen die (lebenden) Eltern ihre Kinder von der Erbschaft aus (Repräsentationsprinzip), § 1924.2.
- Kinder übernehmen beim Tod ihrer Eltern deren Erbrecht (Eintrittsrecht), § 1924.3.

## 2 Die Erbeinsetzung durch Testament (gewillkürte Erbfolge)

Die gesetzliche Erbfolge tritt nur dann ein, wenn der Erblasser kein Testament hinterlassen hat und kein Erbvertrag geschlossen wurde (vgl. §§ 1937, 1941). Mit einer einseitigen letztwilligen Verfügung, einem **Testament**, kann die Erbfolge geändert werden oder es können Beschränkungen und Bedingungen für die Erbschaft bestimmt werden.

Voraussetzung für die Errichtung eines Testaments ist die Testierfähigkeit. Grundsätzlich ist jeder gemäß § 2229 testierfähig, der das 16. Lebensjahr vollendet hat, eine Zustimmung des gesetzlichen Vertreters ist nicht nötig (vgl. aber auch § 2229.4). Ein Testament kann bis zum Tode des Erblassers jederzeit widerrufen werden, entweder durch die Errichtung eines neuen Testaments oder durch Veränderung, Vernichtung oder Rücknahme des alten Testaments (vgl. §§ 2253–2256).

### 2.1 Das öffentliche Testament

Gemäß § 2232 kann der Erblasser sein Testament in einer offenen oder verschlossenen Schrift einem Notar übergeben oder diesem seinen letzten Willen zur Niederschrift mündlich erklären. Für die amtliche Verwahrung des Testaments ist gemäß § 2258a das Amtsgericht zuständig. Minderjährige können von der Übergabe einer geschlossenen Schrift keinen Gebrauch machen, da dann eine Beratung durch den Notar nicht möglich ist.

## 2.2 Das eigenhändige (private) Testament

Das eigenhändige (private) Testament wird vom Erblasser gemäß § 2247 f. eigenhändig geschrieben, unterschrieben und verwahrt. Für Minderjährige ist diese Form der Testamentserrichtung nicht möglich.

**„Letzter Wille" trotz Formfehlers**

Ein Testament kann auch bei formalen Mängeln gültig sein. Das hat das Oberlandesgericht Frankfurt am Main in einem unlängst veröffentlichten Beschluss entschieden. Im Rechtsstreit um das Testament einer Witwe ging es um einen handschriftlichen Zusatz, der unterhalb ihrer Unterschrift stand. „Wer zuletzt mich pflegt, bekommt das Haus, Schmuck und alles", hieß es wörtlich in dem Zusatz. Formal war dieser Zusatz durch die Unterschrift nicht gedeckt. Einem Lebensgefährten der Verstorbenen, der sie bis zu ihrem Tod betreut hatte, wurde daher vom Landgericht Fulda die Erbschaft verweigert. Das Oberlandesgericht hob das Urteil mit der Begründung auf, das unterschriebene Testament sei ohne den Zusatz „nur ein Fragment eines Testaments". Das Landgericht Fulda muss in einer erneuten Verhandlung prüfen, ob der handschriftliche Zusatz mit dem Inhalt des Testaments übereinstimmt. Daraus könne sich ergeben, dass das Testament erst unter Berücksichtigung des handschriftlichen Zusatzes den tatsächlichen Willen der Verstorbenen darstelle und deshalb in diesem Sinne zu erfüllen sei (Az.: 20 W 394/94).

*Quelle: Badische Zeitung vom 27.03.1995*

## 2.3 Das Nottestament

Das Nottestament wird vom Erblasser in solchen Fällen errichtet, in denen er nicht mehr in der Lage ist, ein öffentliches oder privates Testament zu errichten. In solchen Fällen kann das Testament durch mündliche Erklärung vor dem Bürgermeister (gemäß § 2249) und zwei neutralen Zeugen errichtet werden. Hierüber muss eine Niederschrift angefertigt werden, die auch von den Zeugen unterschrieben werden muss.

Ein Nottestament verliert gemäß § 2252 seine Gültigkeit, wenn seit der Errichtung drei Monate vergangen sind und der Erblasser noch lebt.

Man unterscheidet zusätzlich noch andere Nottestamente: das Drei-Zeugen-Testament und das Seetestament (vgl. § 2250 f.).

## 2.4 Das gemeinschaftliche Testament

> Unser letzter Wille
>
> Wir, die Eheleute Thees und Tilka Schülz, setzen uns gegenseitig zum Alleinerben ein. Nach dem Tod des Letztversterbenden soll der ganze beiderseitige Nachlass an unsere Töchter Gesa und Ilsa fallen. Wer von unseren Töchtern nach dem Tod des zuerst versterbenden Elternteils erbrechtliche Ansprüche geltend macht, soll auf den Pflichtteil gesetzt werden.
>
> Konstanz, den 25. August 2006
> Thees Schülz
>
> Das ist auch mein letzter Wille
> Tilka Schülz

Sehr häufig ist der Abschluss eines gemeinschaftlichen Testaments durch die Ehegatten (vgl. § 2265). Zur Errichtung eines gemeinschaftlichen Testaments genügt es lt. § 2267, wenn einer das Testament errichtet und der Ehepartner das Testament mitunterzeichnet.

Damit liegen zwei Testamente in einer Urkunde vor. Sehr häufig ist das **Berliner Testament** (§ 2269): Hier setzen sich die Ehegatten gegenseitig als Erben ein und bestimmen, dass nach dem Tode des später Versterbenden ihr gemeinsamer Nachlass an eine bestimmte Person (oder mehrere Personen) fallen soll.

## 2.5 Vermächtnis und Auflage

### 2.5.1 Vermächtnis

Neben dem Erben besteht für den Erblasser auch die Möglichkeit, einen oder mehrere Vermächtnisnehmer einzusetzen. Ein Vermächtnis ist damit eine Zuwendung aus der Erbschaft, ohne dass der Empfänger Erbe wird. Er hat gegen den Erben lediglich eine diesbezügliche Forderung auf Herausgabe der vermachten Zuwendung und wird erst Eigentümer, wenn ihm diese vom Erben übergeben wird (vgl. §§ 1939, 2147 ff.). Vermächtnisse werden durch Erbvertrag oder Testament angeordnet, hierbei ist es unwichtig, ob der Erblasser eventuell falsche Ausdrücke verwendet, entscheidend ist, ob der Wille klar zu erkennen ist.

Beispiel: **Ich vermache meiner Frau Gloria mein gesamtes Vermögen, mein Freund Albert erbt meine Briefmarkensammlung.**

**Aufgabe**
(1) Wurden hier die richtigen Ausdrücke gewählt? Begründen Sie Ihre Meinung!

### 2.5.2 Auflage

> Mein letzter Wille
>
> Zu meinem alleinigen Erben setze ich meinen Sohn Eike ein. Meiner Tochter Antje vermache ich mein Wochenendhaus in Gaienhofen und mein Guthaben bei der Sparkasse Konstanz (Sparkonto Nr.: 45763 23). Ich mache meiner Tochter zur Auflage, mein Grab zu pflegen. Meine von mir getrennt lebende Frau Herta soll den Pflichtteil erhalten.
>
> Konstanz, den 21. August 2006
>
> Karl-Friedrich Maibohm

Unter einer Auflage versteht man eine durch Testament oder Erbvertrag getroffene Anordnung, durch die der Erbe oder Vermächtnisnehmer zu einer bestimmten Leistung (oder Unterlassung) verpflichtet werden kann (vgl. §§ 1940, 2192 ff.).

Beispiele

- **Der Erbe soll 20 Jahre das Grab des Erblassers pflegen und darf die alte Linde vor dem Haus nicht fällen.**
- **Der Schmuck wird der langjährigen Freundin vermacht mit der Auflage, gleichzeitig die gewissenhafte Pflege des Wellensittichs Hansi zu übernehmen.**

Der Vollzug der Auflage kann gemäß §§ 2194 oder 2197 von bestimmten Personen, wie z. B. den Miterben oder dem Testamentsvollstrecker, kontrolliert werden.

## 2.6 Das Pflichtteilsrecht

Beispiel

**Der reiche Franziskus Bormann heiratet die raffinierte Erbschleicherin Alexa. Diese versteht es, sich in kurzer Zeit bei ihm so einzuschmeicheln, dass Franziskus ein Testament allein zu ihren Gunsten errichtet, sie also als Alleinerbin einsetzt. Wie ist die Rechtslage beim Ableben von Franziskus, wenn er noch drei Kinder aus erster Ehe besitzt?**

Nach dem Gesetz sind die Kinder als Erben erster Ordnung neben dem Ehegatten erbberechtigt. Gemäß § 1937 kann der Erblasser die gesetzliche Erbfolge jedoch durch ein Testament aufheben. Der Gesetzgeber hat allerdings die Testierfreiheit des Erblassers mehrfach eingeschränkt. Schließt der Erblasser seine **Kinder**, also Erben erster Ordnung, seine **Eltern**, soweit sie erbberechtigt wären, oder seinen **Ehegatten** von der Erbfolge aus, so steht diesen gemäß § 2303 ein **Pflichtteilsrecht** zu, um unzumutbare Härten für nahe Verwandte und Ehepartner zu vermeiden. Dieses Pflichtteilsrecht kann den Berechtigten nur unter ganz bestimmten und im Gesetz festgelegten Voraussetzungen (siehe unter § 2333 ff.) entzogen werden.

Der Pflichtteil besteht in der Hälfte des Wertes des gesetzlichen Erbteils. Eltern des Erblassers haben nur dann ein Pflichtteilsrecht, wenn keine Kinder des Erblassers (Erben erster Ordnung) mehr leben. Ähnlich wie bei dem Ersatzanspruch des nichtehelichen Kindes oder beim Vermächtnisnehmer haben die gesetzlichen Erben lediglich eine Geldforderung an den Alleinerben.

Beispiel

**Die verwitwete Maria U. setzt ihre Tochter Barbara als Alleinerbin ein, ihre anderen vier Kinder sollen nichts bekommen. Gemäß §§ 1924, 1931.1 wären die Kinder zu gleichen Teilen erbberechtigt gewesen. Ihr Pflichtteil beträgt nun die Hälfte ihres Erbanspruchs. Damit haben die vier nicht erbberechtigten Geschwister an Barbara einen Anspruch von jeweils 10 % des gesamten Erbes.**

### *Berechnung der Erbanteile*

Schließt der Erblasser pflichtteilsberechtigte Erben durch Testament aus, empfiehlt es sich, folgendermaßen vorzugehen:

- Berechnung der Erbteile entsprechend der gesetzlichen Erbfolge, als ob kein Testament vorhanden wäre.
- Die Anteile der ausgeschlossenen pflichtteilsberechtigten Erben werden halbiert (Pflichtteil).
- Die halbierten Teile werden addiert. Der Testamentserbe erhält den Rest.

**Aufgaben**

(2) Welchen Anspruch (Pflichtteil) haben die drei Kinder in unserem obigen Beispiel, wenn zwischen Franziskus und Alexa eine Zugewinngemeinschaft bestand?

(3) Der verstorbene Ehemann setzte seine Ehefrau als Alleinerbin ein. Der einzige Sohn wird nicht bedacht.
   a) Wie hoch wäre der gesetzliche Erbanspruch der Frau bei gesetzlichem Güterstand?
   b) Wie hoch ist der Pflichtteil des Sohnes im vorliegenden Fall?

## 2.7 Ausschluss von der Erbfolge

In besonders begründeten Fällen kann der Erblasser dem Pflichtteilsberechtigten den Pflichtteil durch letztwillige Verfügung gemäß § 2336 entziehen (Enterbung), wenn die Bedingungen der §§ 2333–2335 vorliegen. Von **Erbunwürdigkeit** spricht man, wenn sich nach dem Tode des Erblassers herausstellt, dass Gründe gemäß § 2339 vorliegen. Bei Vorliegen dieser Gründe kann die Stellung des Erben angefochten werden (vgl. § 2341).

**Aufgabe**

(4) Nennen Sie
   a) begründete Fälle der Enterbung,
   b) Gründe für Erbunwürdigkeit.

**Sohn nach Tötung des Vaters erbunwürdig**

Ein Mann, der seinen Vater vorsätzlich tötet, ist nicht würdig, das Erbe anzutreten. Mit dieser Entscheidung hat der 10. Zivilsenat des Oberlandesgerichts Celle die Revision eines zu fünf Jahren Freiheitsstrafe verurteilten Mannes zurückgewiesen. Das Urteil ist rechtskräftig, weil er auch beim Bundesgerichtshof erfolglos blieb.

Bei einem Streit hatte der Sohn stark angetrunken dem Vater eine Flasche fünfmal auf den Kopf geschlagen. Als die Flasche zerbrach, stach er ihm mindestens achtmal mit einem Küchenmesser in den Hals. Eine Strafkammer verurteilte ihn wegen der im fahrlässig herbeigeführten Vollrausch begangenen Tat. Als der Sohn das Erbe des Vaters, der kein Testament hinterließ, antreten wollte, erhob die Schwester des Toten Anfechtungsklage mit der Begründung, der Neffe sei wegen der vorsätzlichen Tat erbunwürdig. Dieser verteidigte sich damit, er habe den Vater allenfalls fahrlässig getötet, da er 2,1 bis 2,5 Promille Alkohol im Blut gehabt habe und unzurechnungsfähig gewesen sei. Außerdem hat er eine ererbte krankhafte, die freie Willensbildung ausschließende Störung der Geistestätigkeit gehabt. Das OLG Celle meinte, diesen Nachweis habe der Mann nicht erbringen können, und übernahm auch nicht die Beweisführung der Strafkammer, die ihn wegen fahrlässigen Vollrausches verurteilt hatte. (Aktenzeichen: 10 U 60/88)

*Quelle: Süddeutsche Zeitung vom 20.01.1988*

## 2.8 Annahme und Ausschlagung der Erbschaft

Da eine Erbschaft neben dem Vermögen des Erblassers auch dessen Schulden umfasst, kann eine Erbschaft auch gemäß § 1942 ff. ausgeschlagen werden. Dies muss jedoch innerhalb von sechs Wochen geschehen, ab Kenntnisnahme von der Erbschaft. Wird sie innerhalb dieser Zeitspanne nicht ausgeschlagen, gilt sie als angenommen. Während die Annahme formlos ist, gilt für die Ausschlagung die Vorschrift des § 1945: Erklärung und Niederschrift vor dem Nachlassgericht.

Da Annahme und Ausschlagung rechtsgeschäftliche Willenserklärungen sind, können diese gemäß § 119 ff. angefochten werden, z. B. wegen Irrtums über eine verkehrswesentliche Eigenschaft wie die Höhe der vorhandenen Schulden.

# 3 Der Erbvertrag

Statt eines Testaments kann ein Erblasser auch einen **Erbvertrag** abschließen. Hierdurch verpflichtet sich der Erblasser zu einer bestimmten Erbfolge. Da es sich um einen Vertrag mit einer oder mehreren Person(en) handelt, kann der Vertrag nicht widerrufen werden, es besteht jedoch beispielsweise die Möglichkeit, den Vertrag anzufechten oder vom Vertrag zurückzutreten (§ 2294 f.). Durch einen Erbvertrag werden alle früheren Testamente des Erblassers aufgehoben.

**Aufgabe**

(1) Nennen Sie die Formvorschriften für den Erbvertrag gemäß § 2274 ff.

Der durch Testament eingesetzte Erbe hat keine Sicherheit, da das Testament ja jederzeit widerrufen werden kann, ein Erbvertrag kann dagegen nur mit Einwilligung des Erben abgeändert werden. Ein Erbvertrag ist daher immer dann wichtig, wenn der Erbe beispielsweise schon zu Lebzeiten des Erblassers etwa wertsteigernde bauliche Veränderungen an der späteren Erbschaft vornehmen möchte.

Ein Erbvertrag wird daher auch häufig zwischen dem Hofeigentümer und dem späteren Hoferben abgeschlossen.

Allerdings ist der Erblasser durch den Erbvertrag nicht daran gehindert, über sein Vermögen unter Lebenden zu verfügen (vgl. §§ 137, 2286) und somit den Erbvertrag „auszuhöhlen".

Beispiel

**Der betagte Erblasser verkauft einen Teil seines Vermögens, um endlich mal eine Weltreise machen zu können.**

Nur wenige Einschränkungen sind möglich, wie z. B. Schenkungen des Erblassers an Dritte, um den Vertragserben zu schädigen (§ 2287).

**Aufgaben**

(2) A ist gestorben und hat kein Testament hinterlassen. Der einzige Sohn lebt unbekannt irgendwo in Afrika. Vater und Sohn waren so verfeindet, dass der Sohn auf keinen Fall etwas vom Vater erben wollte. Die Ehefrau des Verstorbenen ist daher der Meinung, der Sohn sei nicht erbberechtigt. Rechtslage?

(3) Der Erblasser Rudolf S. hat sein handschriftliches Testament unterschrieben mit: „Dein Liebster". Ist das Testament gültig?

(4) In demselben Testament hat Rudolf S. der Haushälterin ein Vermächtnis in Höhe von 30.000,00 EUR vermacht, wenige Tage vor seinem Tode strich er jedoch in Anbetracht der treuen Dienste Annas die 30.000,00 EUR durch und ersetzte sie durch 50.000,00 EUR. Ist die Änderung gültig?

(5) Der Erblasser Schenkfix verschenkt zu Lebzeiten sein Vermögen in der Absicht, den vertraglichen Erben (mit dem er einen Erbvertrag abgeschlossen hat) zu schädigen. Was kann der Erbe tun (vgl. § 2286 f.)?
(6) Der kinderlose B hat sein ganzes Vermögen seiner Ehefrau hinterlassen. Hat seine noch lebende Mutter trotzdem ein Erbrecht?
(7) A hat seinen Sohn enterbt, da dessen Ehe geschieden wurde. Verliert der Sohn damit auch seinen Pflichtteil?

## 4 Der Erbschein

Für jeden Erben kann es zur Abwicklung des Nachlasses erforderlich werden, seine Erbberechtigung durch einen amtlichen Nachweis, einen **Erbschein** zu belegen. So wird eine Grundbuchänderung nur auf einer Grundlage eines Erbscheins vorgenommen und der Zugang zu einem Bankkonto oder die Auszahlung einer Lebensversicherung wird häufig ebenfalls von der Vorlage eines Erbscheins abhängig gemacht.

Erbscheine werden durch das zuständige Amtsgericht (Nachlassgericht), in Baden-Württemberg durch das Notariat, ausgestellt. Die örtliche Zuständigkeit richtet sich nach dem Wohnsitz des Erblassers zum Zeitpunkt seines Todes.

Der Erbschein muss von dem Erben beantragt werden, wobei in dem Antrag das Erbrecht genau bezeichnet werden muss. Es muss also beispielsweise angegeben werden, ob ein Allein- oder ein Teilerbschein beantragt wird und sich das Erbrecht aus gesetzlicher Erbfolge oder aus einem Testament herleitet, weiter müssen gegebenenfalls Rechtsstreitigkeiten oder Auflagen angegeben werden.

Das Gericht prüft dann die Richtigkeit der Angaben. Bestehen keine Zweifel, erteilt es den Erbschein, ist die Erbrechtslage zweifelhaft, erlässt es einen Vorbescheid, der es dem Antragsteller ermöglicht, etwa zusätzlich benötigte Unterlagen vorzulegen. Besteht das Erbrecht nach Auffassung des Gerichts nicht, wird der Antrag zurückgewiesen. Gegen eine solche Entscheidung kann der Erbe Rechtsmittel einlegen.

**Übersicht: Erbfolge**

**Erbfolge**

| Gesetzliche Erbfolge | Gewillkürte Erbfolge | | |
|---|---|---|---|
| | **Privattestament** | **Öffentliches Testament** | **Erbvertrag** |
| – Erbrecht der Verwandten<br>– Erbrecht des Ehegatten<br>– Erbrecht des Staates | **– Wer:** Geschäftsfähige<br>**– Wie:** handschriftlich, eigenhändige Unterschrift, Ort und Datum<br>**Formen:**<br>Einzel- und gemeinschaftliches Testament (Berliner Testament) | ab 16 Jahre[1]<br>durch Übergabe einer offenen oder geschlossenen Schrift oder zur Niederschrift durch einen Notar. Amtliche Verwahrung durch das Amtsgericht. | Geschäftsfähige<br>vor einem Notar bei gleichzeitiger Anwesenheit beider Teile |
| | **– Änderungen:** jederzeit möglich | jederzeit möglich | nur mit Zustimmung des anderen Teils |

[1] *Nicht für geschlossene Schrift.*

# Gerichtsorganisation und Prozessrecht

## 1 Recht und Gerechtigkeit

Die Frage, was gerecht sei, ist so alt wie die Geschichte der Menschheit. Wenn zwei sich streiten, sind diese subjektiv über das Streitobjekt verschiedener Meinung. Wahrscheinlich ist jedoch nur einer im Recht, vielleicht haben aber auch beide Recht oder keiner.

In vielen Fällen ist es gar nicht möglich, beiden Seiten gerecht zu werden. Auch wenn Gerechtigkeit die **Leitidee** des Rechts ist, aus der Rechtssätze und geschriebenes Recht entwickelt werden sollen, so kann **Gerechtigkeit** dennoch **nicht unmittelbar als Rechtsquelle** dienen. Als Idee ist sie zu unpräzise, zu vieldeutig und zu wandelbar und darüber hinaus subjektiven Einflüssen unterworfen, als dass auf geschriebenes Recht verzichtet werden könnte. Recht könnte somit als **ständiger Versuch, Gerechtigkeit herbeizuführen**, angesehen werden.

### 1.1 Rechtssicherheit

Es ist nicht möglich, in jedem einzelnen Konfliktfall neu darüber zu diskutieren, was Recht und was Unrecht ist. Dies würde vielmehr Unsicherheit und Unklarheit schaffen.

Der Staat muss daher Recht durch Gesetze schaffen und dabei auch in Kauf nehmen, dass es von einer Minderheit als unbefriedigend oder sogar als ungerecht empfunden wird. Der Staat muss also bemüht sein, **Rechtssicherheit** zu schaffen.

So wird beispielsweise der reiche Unternehmer ebenso wie der mittellose Student für eine Verkehrsübertretung mit 20,00 EUR verwarnt. Jeder der beiden hat also den gleichen finanziellen Nachteil zu tragen. Der Staat handelt hier also nach dem Grundsatz: gleiches Recht für alle, **„Jedem das Gleiche“**, d. h., vorhandene Rechtsnormen werden in gleichem Umfang auf alle gleich gelagerten Fälle angewendet.

Auch die Mutter, die die Tafel Schokolade in zwei gleich große Teile bricht und an ihre 5- und 7-jährigen Kinder verteilt, handelt nach diesem Grundsatz. Die Justitia mit Augenbinde und Waagschale symbolisiert diese Form der ausgleichenden Gerechtigkeit: Ohne Ansehen der Person wird Recht gesprochen.

Die Tatsache, dass jeder gleich behandelt wird, schafft Rechtssicherheit. Die Rechtsprechung wird für den Bürger voraussehbar, er erhält Orientierungssicherheit. Die damit verbundene Generalisierung (Verallgemeinerung) geht allerdings auf Kosten der individuellen Umstände, d. h., es kann nicht jeder Einzeltatbestand berücksichtigt werden. Dieser Gleichheitsgedanke führt damit zu einer gewissen Schematisierung: Das Typische einer jeden Rechtssituation wird betrachtet und bewertet.

**Aufgaben**
(1) Überlegen Sie, ob der Grundsatz „Jedem das Gleiche“ in jedem Falle Gerechtigkeit schafft!
(2) Kann eine absolute Gleichbehandlung von den Gerichten verwirklicht werden?

### 1.2 Einzelfallgerechtigkeit (Billigkeit)

Das schematische Anwenden von allgemein gültigen Rechtsregeln, ohne Ansehen der Person und genauer Würdigung der individuellen Begleitumstände, kann allerdings auch zu Ungerechtigkeit führen. So handelt eine Mutter nach unserem Rechtsgefühl wohl kaum gerecht, wenn sie zwei sehr unterschiedlich alte Kinder mit gleichen Arbeiten im Haushalt betraut, da sie die generelle Regel befolgt, man müsse alle Kinder gleich behandeln.

Eine Rechtsnorm, die etwa lauten würde: Wer einen anderen tötet, wird mit lebenslanger Haft bestraft, wäre in hohem Maße ungerecht, da die Tatumstände für die Strafzumessung (oder den Freispruch) berücksichtigt werden müssen. So ist es durchaus möglich, dass der Täter in Notwehr gehandelt hat oder dass das Opfer eine Mitschuld an seinem Tod trägt, etwa, wenn es unmotiviert bei „Rot" über den Fußgängerüberweg gelaufen ist.

Es ist also zusätzlich erforderlich, jeden Einzelfall genau zu untersuchen, die individuellen Unterschiede und Motive müssen berücksichtigt werden. Eine solche Beurteilung kann dann in bestimmten Fällen dazu führen, dass eine Verurteilung nicht erfolgt.

So ist zwar ein 18-Jähriger voll geschäftsfähig und hat für jeden geschlossenen Vertrag in vollem Umfang einzustehen. Der gleiche 18-Jährige kann jedoch als Heranwachsender bei einer Straftat wie ein Jugendlicher behandelt werden, wenn er zum Zeitpunkt der Tat das nötige Maß an Einsicht in die Folgen seines Handelns noch nicht besaß.

Ein anderer 18-Jähriger kann dagegen durchaus als Erwachsener bestraft werden. Die Gerechtigkeitsvorstellung, die dieser Beurteilung zugrunde liegt, lautet: **„Jedem das Seine"**.

Das Recht wird hier den individuellen Umständen entsprechend, allerdings auf der Basis allgemeiner, Rechtssicherheit schaffender Gesetze angewandt.

Stiehlt jemand in einer öffentlichen Anlage eine Blume, so hat er zwar einen Diebstahl begangen, es wäre jedoch den Umständen nach nicht angebracht, ihn mit dem Dieb von wertvollem Schmuck aus einem Juweliergeschäft gleichzustellen. Die Bestrafung hat hier also unterschiedlich auszufallen.

Auch eine formale Gleichbehandlung vor Gericht, ohne die Berücksichtigung sozialer Unterschiede, etwa vorhandener Bildungsunterschiede etc., wird eher als ungerecht angesehen, da die Unterschiede so eher noch verstärkt werden. Die Chance des sozial Unterlegenen, Recht zu bekommt, verringert sich so.

Es kann daher Situationen geben, in denen der Richter das Gleichgewicht, das zwar von der Zivilprozessordnung vorausgesetzt, aber in der Praxis häufig nicht gegeben ist, durch „ungleiche Behandlung" erst herstellen muss. So wird etwa auch den Personen, die nicht in der Lage sind, die Prozesskosten vorzustrecken, unter bestimmten Voraussetzungen Prozesskostenhilfe gewährt.

Diese Überlegungen sind auch Grundlage von Ermessensentscheidungen, wie man sie beispielsweise im Verwaltungs- oder im Strafrecht findet. So hat der Richter vielfach bei der Strafzumessung einen Ermessensspielraum. Damit wird er etwa das Strafmaß im Falle eines Totschlags von den Einzelfallumständen abhängig machen, das Gesetz legt lediglich fest, dass die Strafe **mindestens** fünf Jahre betragen muss. Liegt beispielsweise ein minder schwerer Fall von Kindestötung vor, so hat die Täterin mit einer Strafe **zwischen** sechs Monaten und fünf Jahren zu rechnen.

Die Herstellung von Gerechtigkeit kann also als ein Suchprozess angesehen werden, bei dem die Komponenten **Rechtssicherheit** und **Einzelfallgerechtigkeit** (Billigkeit) berücksichtigt werden müssen. Ein alter Grundsatz lautet daher auch, dass ein Urteil **recht und billig** sein müsse.

## 2 Die Justiz

Eine funktionierende unabhängige Justiz ist ein wichtiger Pfeiler eines Rechtsstaates. In einem Rechtsstaat unterliegt die staatliche Gewalt gesetzlichen Regelungen, alle staatlichen Entscheidungen müssen rechtlich begründet werden und können von unabhängigen Organen rechtlich kontrolliert werden. Die staatliche Macht ist aufgeteilt in verschiedene, voneinander unabhängige und sich gegenseitig kontrollierende Träger der Gewalt, in Legislative, Exekutive und Judikative (Gewaltenteilung).

**Erläuterung:** Tatsächlich sind die drei Gewalten nicht vollständig getrennt. So wirken beispielsweise die Exekutive durch Verordnungen und die Judikative durch sogenanntes Richterrecht bei der Rechtsetzung mit. Die Regierung wird nicht durch die Legislative kontrolliert, sondern eher durch „ihre“ Parlamentsfraktion gestützt. Legislative und Exekutive wirken wiederum bei der Ernennung von Richtern mit. Realistischerweise kann somit eher von einer durch gesetzliche und grundgesetzliche Regelungen abgesicherten „Gewaltenverschränkung“ gesprochen werden. Rechtsstaatlichkeit wird daher in der Realität sowohl durch ein gleichmäßiges Ausbalancieren der verschiedenen Gewalten wie auch durch die sogenannte vierte Gewalt, die Massenmedien, gesichert.

Die Justiz sichert den Rechtsfrieden, gewährleistet Rechtsschutz für den Einzelnen und Rechtssicherheit für alle Bürger. Sie umfasst die Rechtspflege und die Justizverwaltung, wobei sich die Rechtspflege wiederum unterteilt in die Rechtsprechung und die sonstige Rechtspflege. Die sonstige Rechtspflege umfasst die freiwillige Gerichtsbarkeit, die Staatsanwaltschaft, die Rechtsanwälte und die Zwangsvollstreckung.

**Übersicht**

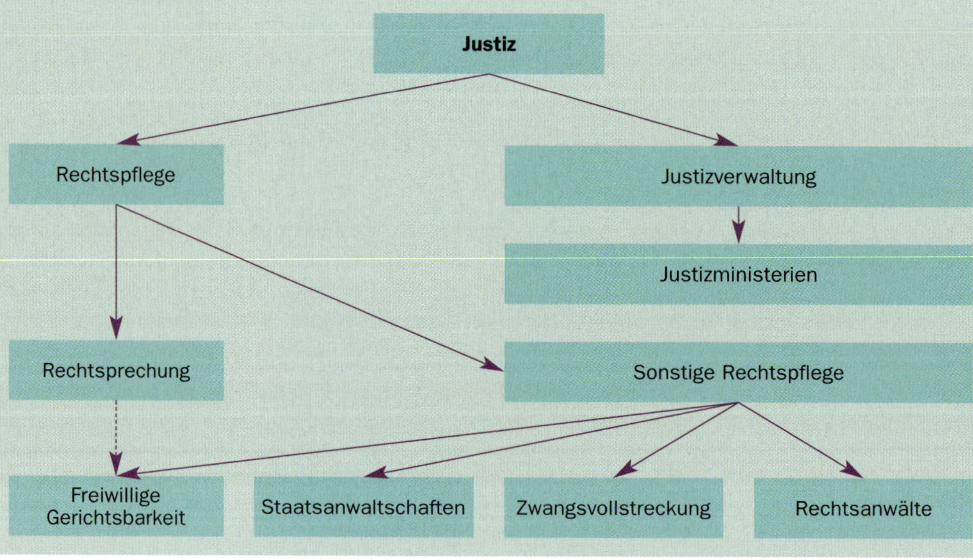


Unter freiwilliger Gerichtsbarkeit werden die Tätigkeiten der Vormundschafts- und Nachlassgerichte sowie der Registergerichte und Notariate zusammengefasst. Vorwiegend handelt es sich bei diesen Tätigkeiten um eine vorbeugende Gerichtsbarkeit, d. h., durch die Registrierung, Festlegung und Beurkundung von rechtserheblichen Tatbeständen soll einem möglichen Konflikt vorgebeugt werden. Zum Teil wird im Rahmen der freiwilligen Gerichtsbarkeit jedoch auch Recht gesprochen, etwa bei Entscheidungen des Vormundschaftsgerichts.

Tätigkeiten der Zwangsvollstreckung wie beispielsweise des Gerichtsvollziehers und der Staatsanwaltschaft gehören ebenfalls zur sonstigen Rechtspflege. Rechtsanwälte nehmen in diesem Zusammenhang einen Sonderstatus ein, da sie freiberuflich tätig sind. Sie sind jedoch Teil der staatlichen Rechtspflege und können vom Staat auch zu bestimmten Tätigkeiten verpflichtet werden.

Bei-spiel **Pflichtverteidiger**

### Das Bundesverwaltungsgericht nimmt im ehemaligen Reichsgerichtsgebäude in Leipzig seine Arbeit auf

Zur „Aufnahme in die Familie" hatte der Leipziger Oberbürgermeister Wolfgang Tiefensee die Bundesverwaltungsrichter am Abend zuvor eingeladen. Am Mittwoch stand im Festsaal des Alten Rathauses die offizielle Begrüßung an – mit Ansprachen und einer Lesung mit symbolischem Bezug. Der Schriftsteller Erich Loest trug aus seinem Roman „Reichsgericht" vor, der gut hundert Jahre Geschichte rund um das Reichsgericht in Leipzig reflektiert, in dem unter anderem 1933 der Prozess nach dem Brand des Berliner Reichstags stattfand. Eine literarische Erkundung für die Neu-Leipziger: Denn in eben das frühere Reichsgerichtsgebäude ist das Bundesverwaltungsgericht eingezogen.

Ihren ersten Arbeitstag hatten die 65 Richter und mehr als hundert Mitarbeiter in Leipzig bereits am 26. August. Zuvor war das ehemalige Reichsgericht am Simsonsplatz seit 1998 saniert worden. Mit dem Umzug kehrt die wertvolle rechtshistorische Sammlung der alten Leipziger Reichsgerichtsbibliothek aus Karlsruhe an ihren alten Standort zurück. Der Monumentalbau war 1895 entstanden.

Der Umzug des obersten Verwaltungsgerichts aus Berlin markiert eine der letzten Etappen im Projekt der Verlagerung von Bundesbehörden und -institutionen in die neuen Länder. 1992 hatte die Föderalismuskommission von Bundesrat und Bundestag beschlossen, dass namhafte Behörden in den neuen Ländern angesiedelt werden sollten. 1999 zog das Bundesarbeitsgericht von Kassel in einen Neubau in Erfurt. 140 Arbeitsplätze wurden verlagert. Eine Dienststelle des Deutschen Patent- und Markenamtes kam nach Jena. Im April dieses Jahres begann in Dessau der Bau des neuen Umweltbundesamtes. Rund 800 Mitarbeiter sollen frühestens Ende 2004 einziehen. In Leipzig hat bereits der 5. Strafsenat des Bundesgerichtshofes seinen Sitz.

*Quelle: Süddeutsche Zeitung vom 12.09.2002*

## 2.1 Justiz- und Gerichtshoheit

Die **Justizhoheit** (Justizmonopol) liegt beim Staat, d. h. bei den Ländern und beim Bund. Da Selbstjustiz grundsätzlich verboten ist, hat der Staat die Pflicht, dem Einzelnen zu seinem Recht zu verhelfen. Dieser Pflicht kommt er durch die Bereitstellung von Rechtspflegeorganen, Gerichten, Rechtsanwälten, Staatsanwaltschaften, Gerichtsvollziehern usw. nach.

Während früher Kirche, Stände, Städte oder Adlige als Gerichtsherren fungierten, betrachtet sich heute der Staat als deren legitimer Nachfolger, als die einzige Institution, die den Zugang zum Recht für alle garantieren kann.

| Bundesgerichte (Zentralinstanz) | Ländergerichte |
|---|---|
| Bundesverfassungsgericht (Karlsruhe) | Verfassungsgerichte der Länder (Staatsgerichtshöfe) |
| Bundesgerichtshof (Karlsruhe, Leipzig) | Oberlandesgerichte (OLG), Landgerichte (LG), Amtsgerichte (AG) |
| Bundesarbeitsgericht (Erfurt) | Landesarbeitsgerichte, Arbeitsgerichte |
| Bundesverwaltungsgericht (Leipzig) | Oberverwaltungsgerichte (Verwaltungsgerichtshöfe) Verwaltungsgerichte |
| Bundessozialgericht (Kassel) | Landessozialgerichte, Sozialgerichte |
| Bundesfinanzhof (München) | Finanzgerichte |

**Aufgaben**

(1) Überlegen Sie. Unter welchen Voraussetzungen gilt die folgende These: Nur eine Justizhoheit, die in den Händen des Staates liegt, kann Gerechtigkeit garantieren. Was folgt aus dieser Überlegung?

(2) Viele Betriebe üben durch ihren Werkschutz eine eigene Betriebsjustiz aus. Informieren Sie sich hierüber und überlegen Sie, ob dies im Widerspruch zu der Justizhoheit des Staates steht.

Unter **Gerichtshoheit** versteht man das Recht, Gerichtsbarkeit auszuüben. Ebenso wie die Justizhoheit besitzt der Staat bei uns auch die Gerichtshoheit: Der Bund besitzt die Gerichtshoheit für die Bundesgerichte, während die Länder die Gerichtshoheit für alle übrigen Gerichte besitzen.

## 2.2 Überblick über die Gerichtsbarkeiten

Herr Setz ist leidenschaftlicher Autofahrer. An einer Straßenkreuzung achtet er jedoch nicht auf die Vorfahrt und stößt mit dem Wagen der Frau Hase zusammen. Dabei werden beide Autos beschädigt und die Fahrer verletzt.
Es kommt zu einem Strafverfahren und Setz wird wegen fahrlässiger Körperverletzung zu 250,00 EUR Geldstrafe verurteilt. In dem Strafverfahren hat Setz, der schon über 60 Jahre alt ist, behauptet, er habe Frau Hase nicht kommen sehen. Daraufhin bestellt ihn das Straßenverkehrsamt zu einer medizinischen Untersuchung. Dabei ergibt sich, dass er sehr schlecht sieht. Als er sich weigert, beim Autofahren eine Brille zu tragen, entzieht das Straßenverkehrsamt ihm die Fahrerlaubnis. – Setz ist Bauarbeiter: Er kann infolge seiner Verletzungen den rechten Arm nicht mehr richtig bewegen und wird deshalb von seiner Firma entlassen. Er bekommt Arbeitslosenunterstützung.

Dieser Sachverhalt kann zu der Zuständigkeit der verschiedensten Gerichte führen. Die Bestrafung des Herrn Setz erfolgt durch den Strafrichter beim Amtsgericht (ordentliche Gerichtsbarkeit). Die Kosten des Krankenhausaufenthaltes von Frau Hase betragen 6.000,00 EUR. Wenn Setz diese nicht freiwillig bezahlt, kann Frau Hase ihn vor einer Zivilkammer des Landgerichts (ordentliche Gerichtsbarkeit) auf Zahlung verklagen. Will sich Setz dagegen wehren, dass ihm das Straßenverkehrsamt die Fahrerlaubnis entzogen hat, dann muss er Anfechtungsklage beim Verwaltungsgericht erheben. Meint er, von seinem Arbeitgeber zu Unrecht entlassen worden zu sein, entscheidet das Arbeitsgericht. Ist er mit der Höhe der Arbeitslosenunterstützung nicht einverstanden, dann ist das Sozialgericht zuständig.

*Quelle: W. Heyde: Die Rechtspflege der Bundesrepublik Deutschland*

Die **Gerichtsbarkeit** umfasst jede richterliche Tätigkeit im Rahmen unserer Rechtsordnung und wird ausschließlich durch vom Staat eingesetzte Gerichte, die *dritte Gewalt*, ausgeübt. Sie umfasst neben der Rechtsprechung selbst auch die sonstige Rechtspflege.

Wir unterscheiden hier zunächst die Verfassungsgerichtsbarkeit sowie die ordentliche und die besondere Gerichtsbarkeit.

Das Gerichtsverfassungsgesetz (GVG) vom 2. September 1950 regelt den Aufbau und die Zuständigkeit der **ordentlichen Gerichtsbarkeit**. Gemäß § 13 GVG unterteilt sich die ordentliche Gerichtsbarkeit in die Zivilgerichtsbarkeit und die Strafgerichtsbarkeit. Während *Zivilgerichtsbarkeit* für die Durchsetzung bürgerlich-rechtlicher Ansprüche sowie die Feststellung von Rechten und Rechtsverhältnissen zwischen zwei oder mehreren Personen zuständig ist und zum Privatrecht gehört, ist die *Strafgerichtsbarkeit* als Teil des öffentlichen Rechts für gerichtliche Entscheidungen über Straftaten und deren Ahndung zuständig.

Der Begriff **„ordentliche Gerichtsbarkeit"** entstand mit dem Gerichtsverfassungsgesetz von 1877. Damals waren nur diese beiden Zweige unabhängige Gerichte im rechtsstaatlichen Sinne. Heute gilt dies für alle Gerichtszweige. Trotzdem ist die Bezeichnung „ordentlich" beibehalten worden.

Die ordentliche Gerichtsbarkeit umfasst Amtsgerichte, Landgerichte, Oberlandesgerichte und den Bundesgerichtshof. Das Oberlandesgericht Berlin trägt die Bezeichnung Kammergericht, Bayern verfügt zusätzlich über ein Bayerisches Oberstes Landesgericht. Das Verfahren vor den Zivilgerichten ist in der Zivilprozessordnung (ZPO), das von Strafprozessen in der Strafprozessordnung (StPO) geregelt.

Zur **besonderen Gerichtsbarkeit** gehören spezielle Gerichte wie Arbeits-, Verwaltungs-, Sozial- oder Finanzgerichte, denen eine beschränkte Gerichtsbarkeit über bestimmte Rechtsstreitigkeiten übertragen wurde.

Über der ordentlichen und der besonderen Gerichtsbarkeit steht die **Verfassungsgerichtsbarkeit**.

## Übersicht: Gerichtsbarkeiten

**Verfassungsgerichtsbarkeit**
- **Bundesverfassungsgericht** zuständig für Klagen wegen Verstoßes gegen das Grundgesetz
- **Verfassungsgerichte der Länder** (Staatsgerichtshöfe) zuständig für Klagen wegen Verstoßes gegen eine Länderverfassung

**Ordentliche Gerichtsbarkeit**
- **Zivilgerichtsbarkeit** zuständig für Streitigkeiten zwischen Bürgern
- **Strafgerichtsbarkeit** zuständig für Anklagen des Staates (Staatsanwalt) gegen Bürger

**Besondere Gerichtsbarkeit**
- **Arbeitsgerichtsbarkeit** zuständig für Streitigkeiten zwischen Arbeitgeber und Arbeitnehmer
- **Allgemeine Verwaltungsgerichtsbarkeit** zuständig für Klagen der Bürger gegen die Exekutive
- **Besondere Verwaltungsgerichtsbarkeit**
  - **Sozialgerichtsbarkeit** zuständig für Streitigkeiten aus dem Sozialrecht
  - **Finanzgerichtsbarkeit** zuständig für Klagen gegen Finanzbehörden

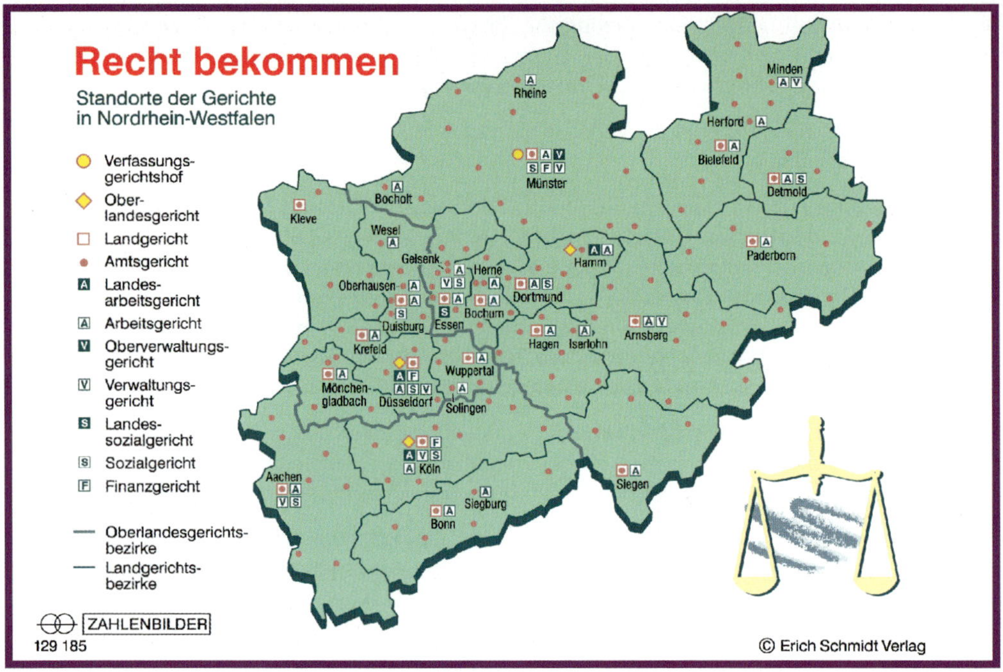


## 2.3 Die Verfassungsgerichtsbarkeit

**Auch Rheinland-Pfalz klagt**

Nach 215 Bundestagsabgeordneten der Unionsparteien sowie der bayrischen Staatsregierung hat jetzt auch die Landesregierung von Rheinland-Pfalz beim Bundesverfassungsgericht (BVG) beantragt, das Gesetz zur Änderung des Wehrpflichtgesetzes und des Zivildienstgesetzes vom 13. Juli 1977 als mit dem Grundgesetz nicht vereinbar und damit für nichtig zu erklären. Das BVG wird diese Verfassungsbeschwerden gemeinsam am 30. November und 1. Dezember in Karlsruhe verhandeln. Die Unions-Abgeordneten, Bayern und Rheinland-Pfalz halten die Wehrdienstnovelle, mit der das Prüfungsverfahren für Wehrdienstverweigerer praktisch abgeschafft wird, für verfassungswidrig.

*Quelle: Südkurier*

Das Bundesverfassungsgericht ist ein gegenüber allen anderen staatlichen Organen selbstständiger und unabhängiger Gerichtshof des Bundes mit Sitz in Karlsruhe. Es besteht aus zwei Senaten mit jeweils acht Richtern.

Verfassungsrichter werden für eine Amtszeit von zwölf Jahren, längstens bis zur Erreichung der Altersgrenze von 68 Jahren gewählt, eine Wiederwahl ist nicht möglich. Die Richter werden jeweils zur Hälfte vom Bundesrat und einem 12-köpfigen Wahlmännerausschuss des Bundestages gewählt. In beiden Gremien ist eine Zweidrittelmehrheit erforderlich. Die Richter werden vom Bundespräsidenten ernannt. Sie sind unabhängig, können ihr Amt jederzeit niederlegen, aber nur auf Beschluss des Bundestages durch den Bundespräsidenten wegen Dienstunfähigkeit oder -unwürdigkeit entlassen werden.

Verfassungsrichter müssen Volljuristen und mindestens 40 Jahre alt sein. Drei der Richter in jedem Senat müssen vor ihrer Wahl als Richter an einem Obersten Gerichtshof des Bundes tätig gewesen sein. Kein Verfassungsrichter darf legislativen oder exekutiven Organen des Bundes oder der Länder angehören, da nur so das Verfassungsgericht im Rahmen der Gewaltenteilung seine Kontrollfunktion gegenüber diesen anderen beiden Gewalten wahrnehmen kann.

### *Zuständigkeit*

Das Bundesverfassungsgericht entscheidet nicht nur über rein rechtliche Fragen, sondern hat auch politische Entscheidungen rechtlich zu würdigen. Die Entscheidungen binden die Verfassungsorgane des Bundes und der Länder sowie alle Gerichte und Behörden. In bestimmten Fällen haben die Entscheidungen auch Gesetzeskraft.

Die Zuständigkeit des Bundesverfassungsgerichts ergibt sich aus Art. 93 Grundgesetz. Danach entscheidet das höchste Gericht im Wesentlichen über folgende Fragen:

- die Verwirkung von Grundrechten (Art. 18 GG)
- die Verfassungswidrigkeit von Parteien (Art. 21.2 GG)
- Beschwerden in Wahlprüfungsangelegenheiten (Art. 41.2 GG)
- die Auslegung des Grundgesetzes bei Streitigkeiten über die Rechte und Pflichten der obersten Bundesorgane (Art. 93.1 GG)
- die Vereinbarkeit von Bundes- oder Landesrecht mit dem Grundgesetz (Art. 93.1 GG), z. B. die Entscheidung über die Wehrdienstnovelle oder den § 218 StGB
- Verfassungsbeschwerden, die von jedem Bürger erhoben werden können, wegen Verletzung der Grundrechte durch eine der drei Gewalten (Art. 93.1 GG)
- Verfassungsbeschwerden von Gemeinden und Gemeindeverbänden wegen Verletzung des Rechts auf Selbstverwaltung (Art. 93.1 GG)

Die **Verfassungsgerichte der Länder** entscheiden über Verfassungsstreitigkeiten, die sich auf die Verfassungen der einzelnen Bundesländer beziehen; in einigen Bundesländern (Baden-Württemberg, Bremen, Hessen und Niedersachsen) führen die Verfassungsgerichte die Bezeichnung Staatsgerichtshof.

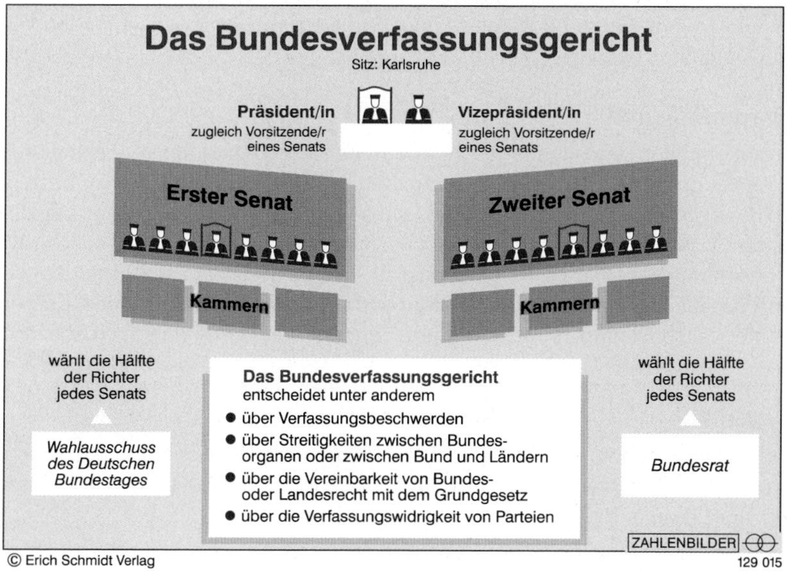

## 2.4 Die ordentliche Gerichtsbarkeit

Die ordentliche Gerichtsbarkeit zerfällt, wie oben gezeigt, in die Zivilgerichtsbarkeit und die Strafgerichtsbarkeit; zudem lässt sie sich unterteilen in **streitige** und **freiwillige** Gerichtsbarkeit.

Im Rahmen der streitigen Gerichtsbarkeit werden Konflikte grundsätzlich durch Urteile geregelt, während die freiwillige Gerichtsbarkeit eher versucht, im Vorfeld Konflikte gar nicht erst entstehen zu lassen. Zusätzlich unterscheiden sich beide Gerichtsbarkeiten durch verfahrensrechtliche Unterschiede.

Die streitige Gerichtsbarkeit umfasst die (streitige) Zivilgerichtsbarkeit und die Strafgerichtsbarkeit, während die freiwillige Gerichtsbarkeit keine eigenständige Gerichtsbarkeit ist, sondern eine spezielle Verfahrensart der Zivilgerichtsbarkeit, bei der besondere Verfahrensgrundsätze gelten.

### 2.4.1 Die freiwillige Gerichtsbarkeit

#### 2.4.1.1 Aufgaben

Die Bezeichnung „freiwillige Gerichtsbarkeit" ist etwas irreführend. Auch hier werden Gerichte tätig so wie in Angelegenheiten der streitigen Gerichtsbarkeit. Allerdings sind die Aufgaben entsprechend dem *Gesetz über Angelegenheiten der freiwilligen Gerichtsbarkeit* vom 17. Mai 1898 (FGG) etwas anders gelagert. In Verfahren der freiwilligen Gerichtsbarkeit werden weniger Ansprüche von Parteien durchgesetzt, sondern Rechtsverhältnisse geordnet und geregelt, um Konflikte gar nicht erst entstehen zu lassen. Da sie somit eher darauf abzielt, Konfliktquellen gar nicht erst entstehen zu lassen, wäre die Bezeichnung „vorbeugende Gerichtsbarkeit" wahrscheinlich angebrachter.

Die freiwillige Gerichtsbarkeit umfasst sowohl *Rechtsprechung,* wie beispielsweise die Entscheidung des Nachlassgerichts, einen Erbschein zu erteilen, wie auch sonstige *Rechtspflegeangelegenheiten,* wie etwa notarielle Beurkundungen oder Registereintragungen.

Die wesentlichen Aufgaben werden von den Vormundschafts-, Nachlass- und Registergerichten wahrgenommen, die den Amtsgerichten zugeordnet sind. Ein Teil dieser sowie anderer Aufgaben wird von Standesämtern, Grundbuchämtern und Gemeindeverwaltungen, in Baden-Württemberg auch von den Notariaten, wahrgenommen.

a) **Vormundschaftsgericht**

Zwar wurden dem Vormundschaftsgericht durch die Neuordnung des Kindschaftsrechts einige Aufgaben entzogen, die wesentlichen Aufgaben bleiben jedoch weiterhin bestehen. So ist es weiterhin zuständig für die Bestellung eines Vormunds oder Pflegers, allerdings ist mit Wirkung vom 1. Juli 1998 eine obligatorische Amtspflegschaft für nichteheliche Kinder nicht mehr vorgesehen. Weiterhin ist es zuständig für Betreuungs- und Unterbringungsangelegenheiten und für die Durchführung von Adoptionsverfahren. Im Bereich des Eherechts erteilt es Ehemündigkeitserklärungen und kann gegebenenfalls eine Befreiung von Eheverboten erteilen.

b) **Nachlassgericht**

Wesentliche Aufgaben des Nachlassgerichts sind die Nachlasssicherung und -pflegschaft, die Eröffnung von Testamenten, die Erteilung von Zeugnissen für Testamentsvollstrecker, die Ermittlung von Erben und die Erteilung von Erbscheinen.

Ferner gehören auch Aufgebotsverfahren für bislang unbekannte Nachlassgläubiger oder für als tot zu erklärende Verschollene zu den Aufgaben der Nachlassgerichte.

Das *Aufgebotsverfahren* wird auf Antrag vom Amtsgericht durchgeführt. Es führt zunächst zum Aufgebot, der gerichtlichen Aufforderung zur Anmeldung von Ansprüchen und Rechten, und endet mit einem Ausschlussurteil. Unterlässt es ein Anspruchsberechtigter innerhalb der Aufgebotsfrist, seine Rechte anzumelden, so erlöschen diese in der Regel.

c) **Registergericht**

Wie aus der Bezeichnung hervorgeht, ist das Registergericht für das Führen verschiedener Register zuständig. Indem es Eintragungen vornimmt oder diese löscht, entstehen oder ändern sich Rechtsverhältnisse.

Üblicherweise führt das Registergericht folgende Register: Handels- und Genossenschaftsregister, Vereinsregister, Güterrechtsregister und Geschmacksmusterregister.

In einigen Bundesländern wird erwogen, das Führen des Handels- und Genossenschaftsregisters probeweise den Industrie- und Handelskammern zu übertragen.

d) **Notariate**

Notare sind unabhängige Träger eines öffentlichen Amtes. Ihre Aufgaben bestehen vor allem in der **Beurkundung** von Rechtsgeschäften (vgl. auch § 128 BGB). Sie haben dabei die Rechtsgeschäfte zu prüfen und die Parteien zu beraten und zu belehren. Da sie neben den vertragschließenden Parteien die öffentliche Urkunde unterschreiben, tragen sie ebenfalls Verantwortung. Diese Vertragsform ist u. a. für Grundstücksverträge, Erbverträge und Eheverträge vorgesehen.

Daneben haben sie die Aufgabe, Unterschriften unter Urkunden zu beglaubigen, sie also als richtig zu bestätigen (vgl. § 129 BGB).

e) **Aufgabe der Gemeinden**

Auch den Gemeinden sind bestimmte Aufgaben im Rahmen der freiwilligen Gerichtsbarkeit übertragen. So obliegt den Gemeinden in Baden-Württemberg beispielsweise die Führung des Grundbuchs durch das Grundbuchamt, das Auskunft gibt über die Eigentumsverhältnisse und Belastungen von Grundstücken. Ein weiterer Aufgabenbereich ist das Führen der Personenstandsbücher (Personenregister), also die Führung von:

- Heiratsbüchern (Beurkundung von Eheschließungen)
- Familienbüchern (Dokumentation des Familienstandes)
- Geburtenbüchern (Beurkundung von Geburten)
- Sterbebüchern (Beurkundung der Sterbefälle)

### 2.4.1.2 Instanzen und Rechtsmittel

Die erste Instanz in einem Verfahren der freiwilligen Gerichtsbarkeit sind die Amtsgerichte, sie erlassen Verfügungen und Beschlüsse, jedoch keine Urteile. Werden diese vom Rechtspfleger erlassen, ist hiergegen der Rechtsbehelf der **Erinnerung** zulässig. Ansonsten kann gegen Verfügungen und Beschlüsse das Rechtsmittel der **Beschwerde** (§§ 19–30 FGG) eingelegt werden, wenn diese von einem Richter stammen. Eine Berufung oder Revision kennt das FGG nicht.

Die Beschwerdefrist beträgt bei der sofortigen Beschwerde zwei Wochen ab Bekanntmachung der Verfügung, ansonsten gelten die gleichen Voraussetzungen wie für eine Berufung im Zivilprozess. Über die Beschwerde entscheidet die Zivilkammer, gegebenenfalls die Kammer für Handelssachen.

Gegen eine Beschwerdeentscheidung der Zivilkammer kann **weitere Beschwerde** eingelegt werden, für die die gleichen Voraussetzungen wie für eine Revision (Rechtsverletzung) gelten. Über die weitere Beschwerde entscheidet der Zivilsenat des Oberlandesgerichts.

#### 2.4.1.3 Grundsätze des Verfahrens

Verfahren der freiwilligen Gerichtsbarkeit werden von folgenden Grundsätzen bestimmt:

a) **Amtsbetrieb** (Offizialbetrieb). Ermittelt das Gericht von Amts wegen – dies geschieht in den meisten Fällen –, so liegt das Betreiben des Prozesses in den Händen des Gerichts.

b) Ermittelt das Gericht von Amts wegen, so besteht auch **Untersuchungsgrundsatz**. Im Gegensatz zum Verhandlungsgrundsatz ermittelt das Gericht unabhängig von den Anträgen der Beteiligten alle rechtserheblichen Tatsachen, allerdings kann über die gestellten Anträge der Parteien nicht hinausgegangen werden.

Beispiel

**Verlangt eine Mutter den Regelunterhalt vom (getrennt lebenden) Vater für ihr Kind, kann der Richter, auch wenn er feststellt, dass der Vater über ein sehr hohes Einkommen verfügt und deshalb auch mehr zahlen könnte (und müsste), nur den Regelunterhalt in seiner Entscheidung berücksichtigen.**

c) Während ein Verfahren im Zivilprozess (streitige Gerichtsbarkeit) durch ein Urteil beendet wird, ergeht hier ein **Beschluss** oder eine **Verfügung**.

d) Die Antragsgegner werden als **Beteiligte** bezeichnet.

e) Eine mündliche Verhandlung ist nicht notwendig, sie ist in das Ermessen des Gerichts gestellt, in jedem Fall ist sie jedoch nicht öffentlich.

### 2.4.2 Die Zivilgerichtsbarkeit

Zivilgerichte sind zuständig für **Streitigkeiten zwischen Bürgern** und für Streitigkeiten zwischen Bürgern und dem Staat, wenn dieser fiskalisch (nicht hoheitlich), also praktisch wie ein Privatmann, handelt.

#### 2.4.2.1 Schiedsgerichtsverfahren

Einem Zivilgerichtsverfahren wird in einigen Bundesländern ein **Schiedsgerichtsverfahren** vorgeschaltet werden, in dem der Streit ohne ein gerichtliches Verfahren geschlichtet werden soll. Es ist obligatorisch

- in vermögensrechtlichen Streitigkeiten über Ansprüche bis 750,00 EUR,
- bei nachbarrechtlichen Streitigkeiten sowie bei
- Ansprüchen wegen Verletzung der persönlichen Ehre (mit Ausnahme von Verletzungen durch Rundfunk oder Presse).

Durch ein Schiedsgerichtsverfahren soll erreicht werden, dass der Rechtsfrieden bei gütlicher Einigung der Parteien aufrechterhalten wird, gleichzeitig soll ein Prozess vermieden werden, um die Gerichte zu entlasten. Daher ist bei jedem Amtsgericht eine *Gütestelle* eingerichtet. Zuständig ist die Gütestelle, die beim Wohnsitz der Partei liegt, die den Antrag stellt. Als Schlichter werden Rechtsanwälte oder Richter ausgewählt.

Jede Partei kann ein solches Verfahren beantragen. Der Antrag kann schriftlich oder zu Protokoll der Gütestelle abgegeben werden und muss Namen und Anschrift der Partei, eine Darstellung der Streitsache, den Gegenstand des Streites und das Begehren enthalten und unterschrieben sein.

Zu dem Termin, der vom Schlichter festgelegt wird, werden die Parteien persönlich geladen. Erscheint die antragstellende Partei im Streitschlichtungstermin nicht, gilt der Antrag als zurückgenommen. Erscheint die antragsgegnerische Partei nicht, wird der antragstellenden Partei die Bescheinigung über die Erfolglosigkeit des Einigungsversuchs ausgestellt. Erst wenn die Erfolglosigkeitsbescheinigung vorliegt, kann in das streitige Verfahren eingetreten werden.

**Übersicht: Instanzen im Zivilprozess**

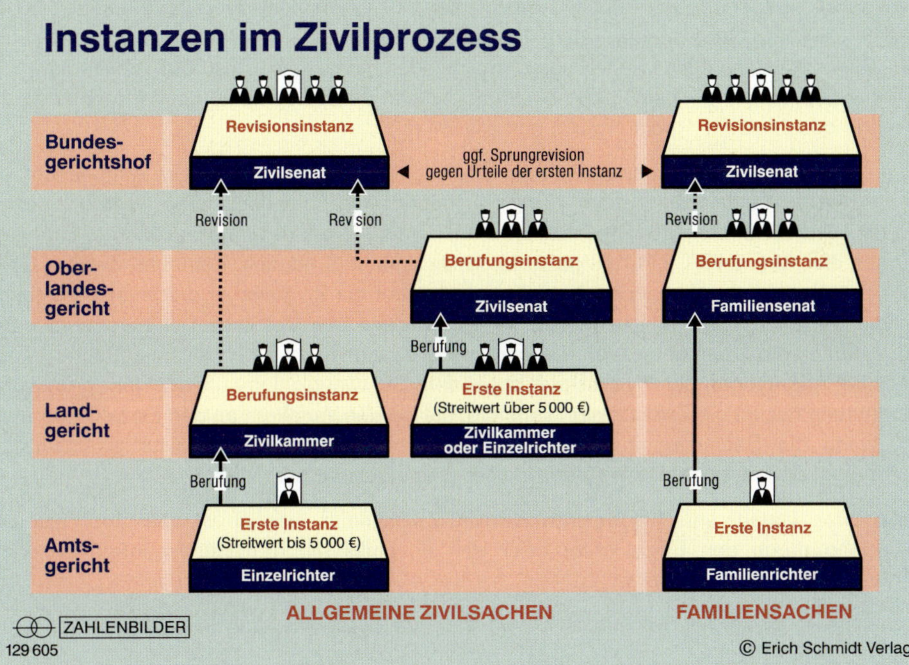


### 2.4.2.2 Die Instanzen

**Erste Instanz**, also das Gericht, bei dem der Bürger die Klage einreicht, ist entweder das **Amtsgericht** am Wohnort des Beklagten oder, wenn der Streitwert über 5.000,00 EUR liegt, das jeweils zuständige **Landgericht**. Unabhängig vom Streitwert ist das Amtsgericht zuständig für alle Mietstreitigkeiten, Mahnverfahren (mit Ausnahme einiger Bundesländer), Zwangsvollstreckungs- und Konkursverfahren, Familien-, Ehe- und Lebenspartnerschaftssachen (Familiengericht), Vormundschaftssachen (Vormundschaftsgericht), Nachlasssachen (Nachlassgericht) und andere mehr (vgl. § 23 ff. Gerichtsverfassungsgesetz).

Ist der Bürger mit dem in erster Instanz erlassenen Urteil nicht zufrieden, kann er unter Umständen gegen das Urteil **Berufung** einlegen. Eine Berufung gegen ein Urteil des Amtsgerichts wird vor der Zivilkammer des **Landgerichts** (im Gegensatz zur Strafkammer im Rahmen der Strafgerichtsbarkeit) verhandelt. Ein weiteres Rechtsmittel hiergegen gibt es nicht. Es ist also **keine Revision** möglich.

Die Berufung gegen erstinstanzliche Urteile der Land- und Familiengerichte wird vor dem **Oberlandesgericht** verhandelt, hiergegen kann unter Umständen das Rechtsmittel der **Revision** eingelegt werden. Über eine Revision entscheidet der **Bundesgerichtshof** (BGH), im Zivilprozess ein Zivilsenat.

Statt einer Berufung gegen ein Urteil des Landgerichts kann bei Einwilligung des Gegners *Sprungrevision* beim BGH eingelegt werden.

Während das Bundesverfassungsgericht oberste Instanz in Verfassungsstreitigkeiten ist, ist der **Bundesgerichtshof** (BGH) neben dem Bundesarbeitsgericht, dem Bundessozialgericht, dem Bundesverwaltungsgericht und dem Bundesfinanzhof eines der fünf obersten Gerichte und zuständig für Zivil- und Strafsachen. Seit 1988 umfasst der BGH zwölf Zivilsenate und fünf Strafsenate. Die insgesamt etwa 120 Richter entscheiden jährlich in etwa 800 Zivilrechts- und 300 Strafrechtssachen. Mit seinen Entscheidungen setzt der BGH häufig neues Recht, das das bestehende geschriebene Recht ergänzt und präzisiert.

In der *ersten Instanz* urteilt grundsätzlich ein Einzelrichter – in jedem Fall beim Amtsgericht und üblicherweise auch beim Landgericht. Nur unter bestimmten Voraussetzungen wird beim Landgericht die mit drei Berufsrichtern besetzte Zivilkammer tätig. Dies ist vor allem dann der Fall, wenn es sich um eine in § 348.1 ZPO aufgeführte „Spezialmaterie" handelt. Bestehen Zweifel, ob es sich um eine Spezialmaterie handelt, entscheidet hierüber die Zivilkammer durch unanfechtbaren Beschluss. Ist der Einzelrichter zuständig, so legt er dann das Verfahren der Kammer zur Entscheidung über die Übernahme vor, wenn beide Parteien das beantragen, die Sache infolge wesentlicher Änderungen der Prozesslage besondere Schwierigkeiten aufweist oder grundsätzliche Bedeutung hat. Ist die Zivilkammer zuständig, hat sie das Verfahren an den Einzelrichter abzugeben, wenn die Sache keine besonderen Schwierigkeiten aufweist, keine grundsätzliche Bedeutung hat und nicht bereits vor der Kammer verhandelt wurde.

In der *zweiten Instanz* entscheidet entweder die Zivilkammer, möglich ist aber auch hier eine Entscheidung durch den Einzelrichter oder den ebenfalls mit drei Berufsrichtern besetzten Zivilsenat des Oberlandesgerichts.

*Revisionsinstanz* ist der mit fünf Berufsrichtern besetzte Zivilsenat des BGH.

## Nicht immer ein Schmerzensgeld

Wenn Eltern von Kleinkindern im Garten auf Zäune verzichten, müssen sie auf Gefahren für ihre Kinder achten und können bei einem Unfall keinen Schadensersatz von den Nachbarn verlangen.
Dies entschied der Bundesgerichtshof (BGH). Der VI. Zivilsenat hob damit eine Entscheidung des Oberlandesgerichts Düsseldorf auf.
Dieses hatte den Anspruch auf Schmerzensgeld und Schadensersatz von Eltern bejaht, deren eineinhalbjähriges Kind vor vier Jahren in den Zierteich eines Nachbarn gefallen war und durch längeres Koma seitdem in der Entwicklung deutlich zurückblieb. Die Richter betonten, zwar müsse jeder Grundstückseigentümer wirksame Maßnahmen ergreifen, um Kinder, auch wenn sie unbefugt sein Grundstück zum Spielen benutzen, zu schützen.
Im vorliegenden Fall hatten die Reihenhausnachbarn aber ausdrücklich auf Umzäunung ihrer Grundstücke verzichtet. Die Beklagten hätten sich darauf verlassen können, dass die Eltern auf den kleinen Jungen schon wegen der fehlenden Zäune besonders aufpassen würden (Aktenzeichen: VI ZR 162/93, Urteil vom 20. September 1994).

*Quelle: Handelsblatt vom 12.11.1994*

### *Kammer für Handelssachen*

Bei den Landgerichten können **Kammern für Handelssachen** gebildet werden. Besteht eine solche Kammer, so ist sie zuständig für **Streitigkeiten zwischen Kaufleuten**, jedoch nur dann, wenn

- der Streitwert höher als 5.000,00 EUR ist und
- es sich für beide Teile um ein Handelsgeschäft (zweiseitiger Handelskauf) oder
- um Streitigkeiten aufgrund des Wechsel- und Scheckgesetzes handelt.

Die Kammer für Handelssachen ist besetzt mit einem Berufsrichter und zwei Handelsrichtern (Laienrichtern), die Kaufleute sein müssen. Weniger schwierige und/oder weniger umfangreiche Streitsachen sollen von der Zivilkammer auf einen Einzelrichter übertragen werden (vgl. §§ 253, 248 ZPO).

## 2.4.3 Die Strafgerichtsbarkeit

Die Strafgerichtsbarkeit gehört ebenfalls zur ordentlichen Gerichtsbarkeit. Ein Strafgericht entscheidet auf Antrag der Staatsanwaltschaft über das Vorliegen einer Straftat und über die strafrechtlichen Konsequenzen in einem Urteil.

**Hundeleine gegen Schraubenzieher**

Mit einer Rauschtat, die als versuchter Totschlag angeklagt war und auch so beurteilt wurde, hatte sich das Schöffengericht zu befassen. Das Werkzeug der Tat war ein Schraubenzieher, mit dem der angegriffene Zeuge, der körperbehindert ist, eine erhebliche Handverletzung erlitt. Der Angeklagte, der sich zugleich im Rückfall für mehrere Verkehrsdelikte zu verantworten hatte, wurde zu einer Gesamtfreiheitsstrafe von zwei Jahren und acht Monaten verurteilt.

**Freiheitsstrafe als Quittung für versuchten Raub**

Freiburg (os). Ein junger Mann hatte im April dieses Jahres in einer Bankfiliale einer Kreisgemeinde versucht, Geld zu erpressen. Mit einer Kinderpistole erschreckte er die Angestellte, die hinter dem Schalter allein war. Nach dem Erscheinen einer Kundin ergriff der Mann die Flucht, wurde jedoch noch am gleichen Tag festgenommen. Die Erste Große Strafkammer des Landgerichts Freiburg verurteilte ihn jetzt wegen des Versuchs einer schweren räuberischen Erpressung und wegen mehrerer Betrügereien zu einer Freiheitsstrafe von zwei Jahren.

*Quelle: Badische Zeitung*

a) **Erste Instanz**

In erster Instanz können folgende Gerichte entscheiden:

### *Amtsgericht*

- Der **Einzelrichter** am Amtsgericht urteilt über Straftaten (Vergehen), die mit maximal zwei Jahren Freiheitsstrafe bedroht sind, z. B. leichtere Fälle von Trunkenheit am Steuer, Diebstahl oder Sachbeschädigung.
- Das **Schöffengericht**, das sich zusammensetzt aus zwei Laienrichtern (Schöffen) und einem Berufsrichter, ist zuständig für Straftaten mit einer Maximalstrafe von vier Jahren, z. B. schwere Körperverletzung, besonders schwerer Diebstahl.

  Das **erweiterte Schöffengericht** besitzt die gleiche Zuständigkeit wie das Schöffengericht. Der zusätzliche Berufsrichter wird eingesetzt in Fällen, die mit einem besonders hohen Arbeitsaufwand verbunden sind.

### *Landgericht*

Die **große Strafkammer**, besetzt mit drei Berufsrichtern und zwei Laienrichtern, wird bei allen Verbrechen tätig, die mit einer Freiheitsstrafe von über vier Jahren bedroht sind.

Das **Schwurgericht**, in gleicher Besetzung wie die große Strafkammer, ist zuständig für Kapitalverbrechen, also für Mord, Totschlag, Kindestötung und für bestimmte Delikte mit Todesfolge.

### *Oberlandesgericht (OLG)*

Der **Strafsenat** beim Oberlandesgericht ist mit fünf Berufsrichtern besetzt und entscheidet in erster Instanz nur in bestimmten politischen Strafsachen wie Völkermord, Bildung terroristischer Vereinigungen oder bei Hoch- und Landesverrat. Im Bundesgebiet gibt es insgesamt 24 Oberlandesgerichte, in Bayern sind einzelne Zuständigkeiten des OLG auf das Oberste Landesgericht übertragen. Das Berliner OLG trägt die historische Bezeichnung „Kammergericht".

b) **Berufungsinstanz**

Nur gegen Urteile des Amtsgerichts kann Berufung eingelegt werden. Die Berufungsfrist beträgt eine Woche ab Verkündung des Urteils.

Berufungsinstanz für alle Urteile des Amtsgerichts ist die **kleine Strafkammer** beim Landgericht, besetzt mit zwei Laienrichtern und einem Berufsrichter. Die kleine Strafkammer wird nie in erster Instanz tätig.

c) **Revisionsinstanz**

Die Revision ist im Strafprozess gegen erstinstanzliche und Berufungsurteile des Landgerichts und gegen erstinstanzliche Urteile des Oberlandesgerichts uneingeschränkt zulässig. Sie muss innerhalb einer Woche ab Urteilsverkündung erfolgen. Voraussetzung für die Revision ist ein Revisionsantrag und eine Revisionsbegründung, die den Revisionsgrund, die verletzte Rechtsnorm, enthalten muss.

Der kleine Strafsenat des **Oberlandesgerichts** ist Revisionsinstanz für Berufungsurteile des Landgerichts und der **Bundesgerichtshof** ist Revisionsinstanz für erstinstanzliche Urteile der großen Strafkammer, des Schwurgerichts und des Oberlandesgerichts.

**Schlecker-Revision verworfen**

Die Justiz kann die Akte um die spektakuläre Erpressung des Drogerie-Unternehmers Anton Schlecker im Jahr 1987 endgültig schließen: Der Bundesgerichtshof in Karlsruhe verwarf die Revision von Dieter Hudelmaier gegen die Verurteilung durch das Landgericht Ulm zu siebeneinhalb Jahren Haft. Damit sind die Urteile gegen alle drei Schlecker-Erpresser rechtskräftig. Die Entscheidung des BGH war bereits einstimmig gefallen.

*Quelle: Stuttgarter Zeitung vom 24.09.1999*

### *Jugendstrafsachen*

Die strafrechtliche Verantwortung von Jugendlichen und das Jugendstrafverfahren sind im Jugendgerichtsgesetz (JGG) geregelt. Das Gesetz findet Anwendung, wenn ein Jugendlicher oder Heranwachsender eine Verfehlung begeht, die nach den allgemeinen Rechtsvorschriften mit einer Strafe bedroht ist.

- Als Jugendlicher wird behandelt, wer zur Zeit der Tat mindestens 14, aber noch keine 18 Jahre alt war. Jugendliche gelten als bedingt strafmündig.
- Personen, die zum Tatzeitpunkt 18, aber noch keine 21 Jahre alt waren, gelten als **Heranwachsende**. Für Heranwachsende gilt das Jugendstrafrecht, wenn sie zum Tatzeitpunkt erst die Reife eines Jugendlichen besaßen und wenn es sich bei der Tat um eine typische Jugendverfehlung handelte.

Als Sanktionen sieht das **Jugendstrafrecht Erziehungsmaßregeln** wie Weisungen oder Fürsorgeerziehung, **Zuchtmittel** wie Verwarnung oder Jugendarrest und als **Jugendstrafe** Freiheitsentzug bis zu 10 Jahren vor. Als Jugendgericht ist in den meisten Fällen der **Jugendrichter** (Einzelrichter) tätig. Ist angesichts der Schwere der Tat eine Jugendstrafe zu erwarten, kann der Staatsanwalt Anklage vor dem **Jugendschöffengericht** erheben. Bei Kapitalverbrechen entscheidet die **Große Jugendkammer**.

**Übersicht: Instanzen im Strafprozess**

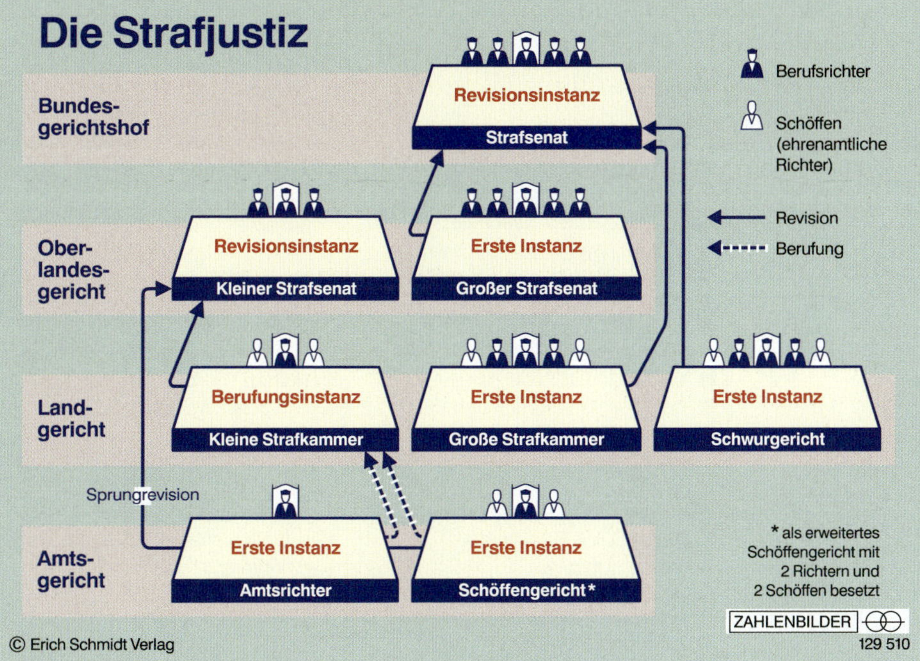

***Übersicht: Besetzung und Zuständigkeit der ordentlichen Gerichte (streitige Gerichtsbarkeit)***

| Gericht | Zivilgerichtsbarkeit | Strafgerichtsbarkeit |
|---|---|---|
| **Amtsgericht (AG)**<br>B = Berufsrichter<br>S = Schöffe<br>H = Handelsrichter (ehrenamtlich) | §§ 23–23 b GVG<br>**Einzelrichter** (1 B) u. a.:<br>■ Streitigkeiten über Ansprüche bis 5.000,00 EUR<br>■ Mietstreitigkeiten<br>■ Mahnverfahren<br>■ Zwangsvollstreckungs- und Konkursverfahren<br><br>Als **Familiengericht**:<br>■ Ehesachen<br>■ Kindschaftssachen<br>■ Unterhalts- und Versorgungsausgleichsangelegenheiten<br>■ Lebenspartnerschaftssachen<br>■ güterrechtliche Streitigkeiten | §§ 24–30 GVG<br>**Einzelrichter** (1 B)<br>Freiheitsstrafen bis zu maximal 2 Jahren<br>**Schöffengericht** (1 B, 2 S)<br>Strafen bis zu maximal 4 Jahren<br>**Erweitertes Schöffengericht** (2 B, 2 S)<br>wie Schöffengericht, jedoch wegen des Umfangs der Sache Hinzuziehung eines zweiten Berufsrichters |
| **Landgericht (LG)** | §§ 71–72 GVG<br>**Einzelrichter** (1 B) oder<br>**Zivilkammer** (3 B)<br><br>**1. Instanz**<br>Alle nicht dem Amtsgericht zugewiesenen Streitigkeiten.<br>*Kammer für Handelssachen* (1 B, 2 H) auf Antrag des Klägers oder des Beklagten, zuständig für Handelsstreitigkeiten, z. B.<br>■ bei zweiseitigen Handelsgeschäften<br>■ Wechsel- und Schecksachen<br>■ Gebrauchsmustersachen usw.<br>■ Zwangsvollstreckungs- und Konkursverfahren<br><br>**Zivilkammer** (3 B)<br>**2. Instanz** (Berufungsinstanz)<br>Berufungen gegen Amtsgerichtsentscheidungen (Ausnahme: Familiengerichtsentscheidungen). | §§ 73–76 GVG<br><br>**1. Instanz**<br>*Große Strafkammer* (3 B, 2 S)<br>zuständig für alle übrigen Vergehen und Verbrechen (Ausnahmen siehe OLG)<br>*Schwurgericht* (3 B, 2 S)<br>zuständig für bestimmte schwere (Kapital-)Verbrechen<br>*Wirtschaftsstrafkammer*<br>*Jugendkammer*<br><br>**2. Instanz** (Berufungsinstanz)<br>*Kleine Strafkammer* (1 B, 2 S)<br>(nur Berufungsinstanz)<br>Berufungen gegen Entscheidungen des Amtsgerichts<br>*Jugendkammer*<br>Berufungen gegen Urteile des Jugendrichters und des Jugendschöffengerichts |
| **Oberlandesgericht (OLG)** | § 119 GVG<br>**Zivilsenat** (3 B)<br>(nur Berufungsinstanz)<br>■ Entscheidungen über Berufungen gegen Familiengerichtsurteile<br>■ Entscheidungen über LG-Urteile | §§ 120–122 GVG<br>**Strafsenat** (5 B)<br>Urteilt in **1. Instanz** u. a. bei:<br>■ Friedens-, Hoch- und Landesverrat<br>■ Straftaten gegen Verfassungsorgane und Organe ausländischer Staaten<br>■ Völkermord<br>■ Bildung terroristischer Vereinigungen |

| Gericht | Zivilgerichtsbarkeit | Strafgerichtsbarkeit |
|---|---|---|
| **Oberlandesgericht (OLG)** | | **Revisionsinstanz** (3 B)<br>Entscheidungen über<br>■ Revisionen gegen Berufungsurteile des Landsgerichts<br>■ Sprungrevisionen gegen (erstinstanzliche) Entscheidungen des Strafrichters, Jugendrichters und des Jugendschöffengerichts (gegen Berufungsurteile der Jugendkammer gibt es keine Revision, also wahlweise Berufungen oder Sprungrevisionen) |
| **Bundesgerichtshof (BGH)** | §§ 133 GVG<br>**Zivilsenat** (5 B)<br>(nur Revisionsinstanz)<br>■ Revisionen gegen Urteile des OLG<br>■ Sprungrevisionen gegen erstinstanzliche LG-Urteile zur Klärung besonderer Rechtsfragen | §§ 135 GVG<br>**Strafsenat** (5 B)<br>(nur Revisionsinstanz)<br>Entscheidungen über Revisionen gegen OLG- und LG-Urteile in 1. Instanz. |

## Dekoration am Richtertisch

... Warum überhaupt Schöffen? Es steht nun einmal so im Gerichtsverfassungsgesetz von 1877 und Sinn und Nutzen ist allenthalben selbstverständlich.

Es gilt nach wie vor, was der Tübinger Strafrechtsprofessor Eduard Kern vor 40 Jahren vor dem Konstanzer Juristentag gesagt hat, als es um die Neuordnung des Gerichtswesens ging: „In der Demokratie darf das Volk nicht bloß Objekt der Rechtsprechung sein, sondern muss ihr Subjekt sein; es muss, wie an allen anderen Teilen der staatlichen Willensbildung, so auch an der Rechtsprechung mitwirken. Dadurch weitet sich die Rechtskenntnis des Volkes; es gewinnt stärkeres Interesse und größeres Verständnis für das Recht und mehr Vertrauen in die Rechtspflege. Die Öffentlichkeit, die dieses Vertrauen fördern soll, wird bis ins Beratungszimmer hineingetragen ... die Rechtspflege wird besser."

Die beschworenen Ideale knüpfen an den revolutionären Hymnus des Vormärz, als die Forderung nach dem Laienrichter noch politische Kampfansage an den Obrigkeitsstaat war. Und also lobt man das Schöffenwesen bis zum heutigen Tag: als Garant der Gerechtigkeit und Hort unverbildeten Rechtsgefühls.

Die großen Worte stehen in seltsamem Gegensatz zu der Art und Weise, mit der seit Jahrzehnten die Schöffeneinsetzung durch die politisch strukturierten Auswahlgremien betrieben wird: als schale Pflichtübung und läppische Nebensache. Bei dieser Nebensache geht es um 40.500 Laienrichter, die in den deutschen Strafgerichten mit gleichem Stimmrecht wie die Berufsrichter über Schuld und Strafe von Angeklagten entscheiden. Es geht um Positionen, die jede Verurteilung und jede höhere Strafe gegen das Votum der Berufsrichter verhindern können. Gleichwohl werden diese 40.500 Richterstellen ohne große politische Diskussion zugeteilt, ohne Proporzstreit, ohne das gewohnte Gezänk, das jeder Besetzung eines auch nur halbwegs wichtigen Postens vorauszugehen pflegt. Die Gleichgültigkeit, welche die politische Öffentlichkeit dem Laienrichter im Strafprozess zeigt, erlaubt die Aussage: Das Schöffensystem hat sich überlebt, es spielt im Rechtsbewusstsein keine Rolle mehr.

Die vom Bundesgerichtshof wiederholt gerügten Mängel bei der Wahl der Schöffen beschreiben nicht nur oberflächliche Organisationsschwierigkeiten, sondern eine Krise des Laienrichtertums. Denkbare Begründungen für das Laienrichtertum im Strafprozess haben keine praktische Umsetzung erfahren. Die immer wieder reklamierte Steigerung der Qualität der Rechtsprechung durch Beteiligung von Laien ist Utopie, solange besondere

Sachkunde der Schöffen gerade kein Ausleseprinzip ist. Während sich Staatsanwaltschaften, Rechtsanwälte und Gerichte immer mehr spezialisieren, setzt die Idee des Laienrichters noch auf den gesunden Menschenverstand. Fachwissen ist nicht gefragt, es gibt keine Spezialschöffen. Geradezu mit Vorbedacht wird der Laie vor zu viel Wissen geschützt. Ein Akteneinsichtsrecht mag man ihm nicht geben. Der Einblick in schriftliche Unterlagen macht ihn, so heißt es, befangen, weil er zwischen dem Akteninhalt und dem Ergebnis der Hauptverhandlung nicht zu unterscheiden vermöge. Und so sitzt er in einer Hauptverhandlung, in der alle anderen Prozessbeteiligten längst mit der Materie vertraut sind, belächelt als neben den Berufsrichtern „überflüssiger Beischläfer". Sein Rechtsgefühl ist in komplexen Tatbeständen so hilflos wie sein gesunder Menschenverstand in der Steuerbilanz. Da, wo mit den Erfahrungen des Alltags noch Überblick zu behalten wäre, bei der kleinen Kriminalität, bei den Verkehrsdelikten, hat der Amtsrichter allein zu entscheiden, ohne den Laien, als Einzelrichter …

Das Schöffengericht als gemischt-besetztes Gericht ist neben dem Schwurgericht die einzige Form der Laienbeteiligung, die sich bis heute erhalten hat. Der Streit um die Schöffenwahl könnte auch den Anfang vom Ende des Schöffengerichtswesens signalisieren – wenn sich für den Laienrichter im Strafprozess kein neues Selbstverständnis findet. Als bloßes Dekor sollte er sich zu schade sein.

*Quelle: Süddeutsche Zeitung vom 22.01.1988*

## 2.5 Die besondere Gerichtsbarkeit

### 2.5.1 Arbeitsgerichtsbarkeit

Arbeitsgerichte entscheiden über Rechtsstreitigkeiten zwischen Arbeitgebern und Arbeitnehmern in Bezug auf das Arbeitsverhältnis, bei Kündigungsproblemen, Abfindungsfragen etc. sowie zwischen den Tarifvertragsparteien, also Arbeitgeberverbänden und Gewerkschaften.

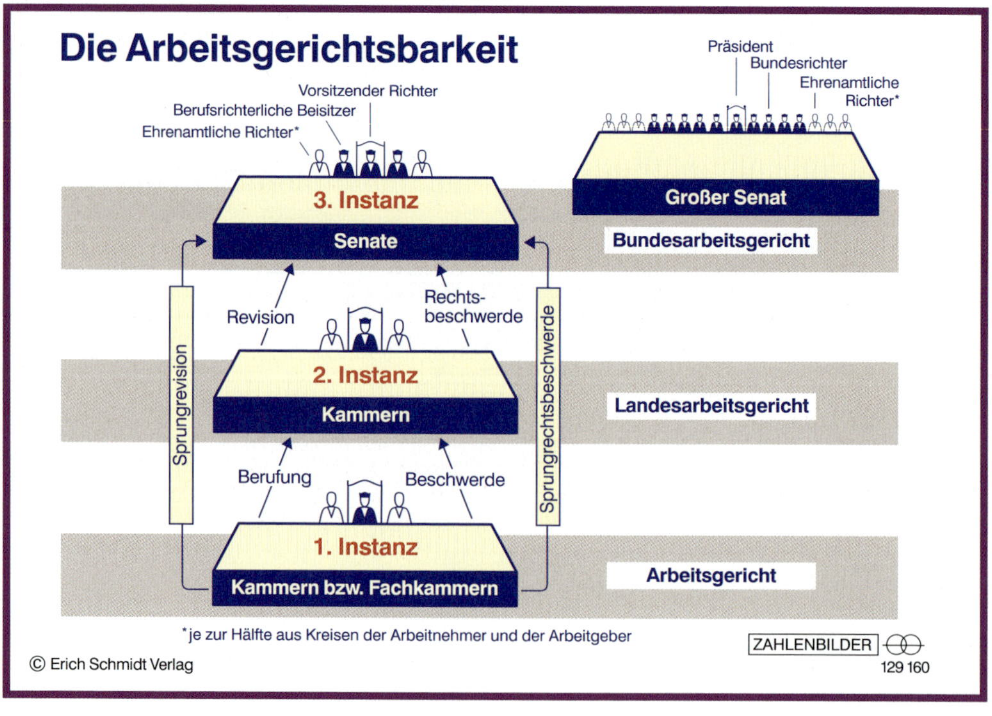

Nach der Einreichung der Klage stellt das Gericht beiden Parteien die Klageschrift zu und lädt sie zu einem ersten Verhandlungstermin, dem **Gütetermin**, ein. Hierbei versucht der Vorsitzende einer Kammer des Arbeitsgerichts als Einzelrichter, beide Seiten zu einer gütlichen Einigung, etwa durch einen Vergleich, zu bewegen.

Kommt keine Einigung zustande, so wird der Rechtsstreit an die **Kammer** des **Arbeitsgerichts** verwiesen, die in *erster Instanz* unabhängig von der Höhe des Streitwerts verhandelt. Die Kammern sind mit einem Berufsrichter und je einem ehrenamtlichen Richter aus dem Kreis der Arbeitnehmer bzw. Arbeitgeber besetzt. Das Verfahren wird i. d. R. mit einem *Urteil* beendet.

Gegen Urteile der ersten Instanz kann unter bestimmten Voraussetzungen Berufung beim **Landesarbeitsgericht**, der *zweiten Instanz*, eingelegt werden. Eine Berufung ist möglich, wenn es sich um ein Kündigungsschutzverfahren handelt, der Beschwerdewert größer als 600,00 EUR ist oder wenn das Gericht in seinem Urteil die Berufung ausdrücklich zugelassen hat.

**Erläuterung:** Bei Streitigkeiten, die sich auf das Betriebsverfassungsgesetz beziehen, wird das Verfahren mit einem *Beschluss* beendet. Hiergegen kann das Rechtsmittel der *Beschwerde* eingelegt werden.

*Dritte* und höchste *Instanz* ist das **Bundesarbeitsgericht** mit Sitz in Erfurt. Die Senate des Bundesarbeitsgerichts setzen sich aus drei Berufs- und zwei Laienrichtern zusammen und entscheiden über Revisionen gegen Urteile und Rechtsbeschwerden gegen Beschlüsse der Landesarbeitsgerichte. Der *Große Senat* tritt zusammen, wenn ein Senat von der Entscheidung eines anderen abweichen will.

Das **Arbeitsgerichtsverfahren** wurde bewusst einfach und kostengünstig gestaltet, damit niemand aus Furcht vor den Prozesskosten auf die Durchsetzung seiner Ansprüche verzichten muss. So können sich beide Seiten selbst vertreten oder durch Anwälte, Vertreter der Gewerkschaft bzw. des Arbeitgeberverbandes oder sonstige sachkundige Bevollmächtigte vertreten lassen. In der ersten Instanz trägt die Partei ihre Kosten selbst. Dadurch wird das Prozessrisiko für den Arbeitnehmer gemindert. Auch hier kann Prozesskostenhilfe beantragt werden. In der zweiten und dritten Instanz trägt der Verlierer die Kosten des gesamten Verfahrens.

## Kündigung auch während Trauerzeit

Die Kündigung eines trauernden Mitarbeiters ist nicht sittenwidrig, wenn sie schon vor dem Todesfall geplant war. Mit dieser Entscheidung wies das Bundesarbeitsgericht (BAG) in Erfurt am Donnerstag die Klage einer Baumarkt-Kassiererin ab (Az.: 2 AZR 185/00). Eine Woche nach dem Krebstod ihres Lebensgefährten war ihr gekündigt worden.

Der Fall sei zwar für die Klägerin „bedauerlich und tragisch", sagte Senatsvorsitzender Friedhelm Rost. Die Kündigung könne aber nur dann wegen Sittenwidrigkeit unwirksam sein, wenn der Arbeitgeber den Zeitpunkt absichtlich gewählt hätte, um die Frau „besonders zu beeinträchtigen". Der Baumarktleiter habe „aus Anstandsgefühl" den Kündigungstermin so weit wie möglich verschoben, sagte dessen Anwalt vor dem BAG. Um die Kündigung zum Ende des nächsten Monats wirksam werden zu lassen, habe er ihr aber zehn Tage nach dem Todesfall kündigen müssen.

*Quelle: Handelsblatt vom 06.04.2001*

## Schriftform für Urlaubswunsch

Ein Tarifvertrag kann vorsehen, dass Arbeitnehmer den aus dem Vorjahr übertragenen Urlaub bis zum 31. März des folgenden Jahres schriftlich geltend machen müssen. Wer dies versäumt, verliert seinen Urlaubsanspruch. Das **Bundesarbeitsgericht**: Der Arbeitgeber muss seine Mitarbeiter nicht über die Schriftformklausel des Tarifvertrages belehren. Arbeitnehmer könnten sich nur dann auf Rechtsmissbrauch berufen und ihren Urlaub verlangen, wenn sie der Arbeitgeber von der schriftlichen Geltendmachung abgehalten hat, indem er zum Beispiel zusicherte, dass der Arbeitnehmer auch ohne schriftlichen Wunsch seinen Urlaub nehmen dürfe (Urteil vom 14. Juni 1994, 9 AZR 284/93).

*Quelle: Süddeutsche Zeitung vom 15.04.1995*

## Rauswurf bei vorzeitigem Urlaubsantritt

Ein eigenmächtiges „Vorziehen" des Urlaubsantritts kann bereits eine fristlose Kündigung rechtfertigen. Darauf hat das Arbeitsgericht Frankfurt im Prozess zwischen einem Arbeitnehmer-Ehepaar und einem Reinigungsunternehmen hingewiesen. Dem Ehepaar war ein dreiwöchiger Urlaub genehmigt worden, der am Dienstag nach Pfingsten beginnen sollte. Die Eheleute kamen jedoch bereits am Freitag vorher nicht mehr zur Arbeit. Sie waren schon nach Portugal gereist, wo die Tochter plötzlich krank geworden sein soll. Nach den Worten des Richters erging die daraufhin ausgesprochene fristlose Kündigung zu Recht. Selbst wenn es sich wirklich um eine dringende familiäre Angelegenheit gehandelt hätte, wäre dem Ehepaar eine umgehende Benachrichtigung des Arbeitgebers zumutbar gewesen. Es habe aber nach der Abreise keinerlei Nachricht hinterlassen und damit auch organisatorische Schwierigkeiten in der Firma verursacht.

*Quelle: Handelsblatt vom 12.02.2002*

## Arbeitsbereich ist klar zu definieren

Arbeitgeber dürfen Bewerbern keine wichtigen Informationen über ihre künftige Tätigkeit im Unternehmen verschweigen. Darauf hat das hessische Landesarbeitsgericht in Frankfurt im Prozess zwischen einer Erzieherin und der Stadt Bad Soden hingewiesen.

Der Pädagogin war bei ihrer Bewerbung um die Stellung der Leiterin einer Kindertagesstätte nicht mitgeteilt worden, dass die Mehrzahl der Eltern eine bestimmte Erziehungsmethode wünscht, die die Erzieherin nicht anwenden konnte. Sie hatte die dafür erforderliche Ausbildung nicht absolviert. Die beklagte Kommune erklärte sich in einem Vergleich bereit, 2.500,00 EUR an die Arbeitnehmerin zu zahlen.

Nachdem die Erzieherin für die so genannte Montessori-Methode keine Qualifikation aufzuweisen hatte, kam es gleich nach ihrem Arbeitsantritt zu erheblichen Spannungen mit den Eltern und der übrigen Belegschaft. Noch innerhalb der sechsmonatigen Probezeit wurde das Arbeitsverhältnis deshalb von der Stadt gekündigt.

*Quelle: Handelsblatt vom 29.05.2000*

### 2.5.2 Allgemeine Verwaltungsgerichtsbarkeit

Die allgemeine Verwaltungsgerichtsbarkeit ist zuständig für alle öffentlich-rechtlichen Streitigkeiten, die nicht verfassungsrechtlicher Art sind. Hierzu gehören vor allem Streitigkeiten zwischen Bürgern und Behörden (öffentliche Verwaltung) und Streitigkeiten einer Körperschaft öffentlichen Rechts gegen eine andere.

**Verwaltungsgerichte** urteilen i. d. R. in *erster Instanz.* Sie sind mit drei Berufs- und zwei Laienrichtern, die auf Vorschlag der Städte und Kreise für vier Jahre gewählt werden, besetzt. Das

**Oberverwaltungsgericht**, in Bayern, Hessen und Baden-Württemberg: Verwaltungsgerichtshof, ist mit drei Berufsrichtern besetzt. Es urteilt nur in ausgewählten Fällen in erster Instanz, sonst in *zweiter Instanz* über Berufungen gegen Verwaltungsgerichtsentscheidungen. Das **Bundesverwaltungsgericht**, mit Sitz in Leipzig, entscheidet in *zweiter* oder *dritter* Instanz über Revisionen gegen Urteile der Oberverwaltungsgerichte. Eine Revision ist nur dann möglich, wenn das angefochtene Urteil auf einer Verletzung von Bundesrecht beruht. In allen anderen Fällen entscheidet das Oberverwaltungsgericht in letzter Instanz. Unter bestimmten Voraussetzungen kann das Bundesverwaltungsgericht unter Umgehung der Berufungsinstanz direkt als Revisionsinstanz angerufen werden. In Ausnahmefällen ist es erste und letzte Instanz. Die Senate des Bundesverwaltungsgerichts sind mit fünf Berufsrichtern besetzt.

Einem **Verwaltungsgerichtsverfahren** ist ein außergerichtliches Vorverfahren (Widerspruchsverfahren) im Regelfall zwingend vorgeschaltet. Glaubt der Bürger, durch die Maßnahme einer Behörde in seinen Rechten verletzt worden zu sein, so muss er zunächst innerhalb eines Monats schriftlich gegen diese Maßnahme bei der betreffenden Behörde Widerspruch einlegen. Die Behörde prüft den Widerspruch und gibt ihm gegebenenfalls statt. Eine Ablehnung kann im Regelfall nur durch die jeweils übergeordnete Behörde erfolgen. Gegen einen ablehnenden Widerspruchsbescheid kann der betroffene Bürger innerhalb eines Monats Klage vor dem zuständigen Verwaltungsgericht erheben.

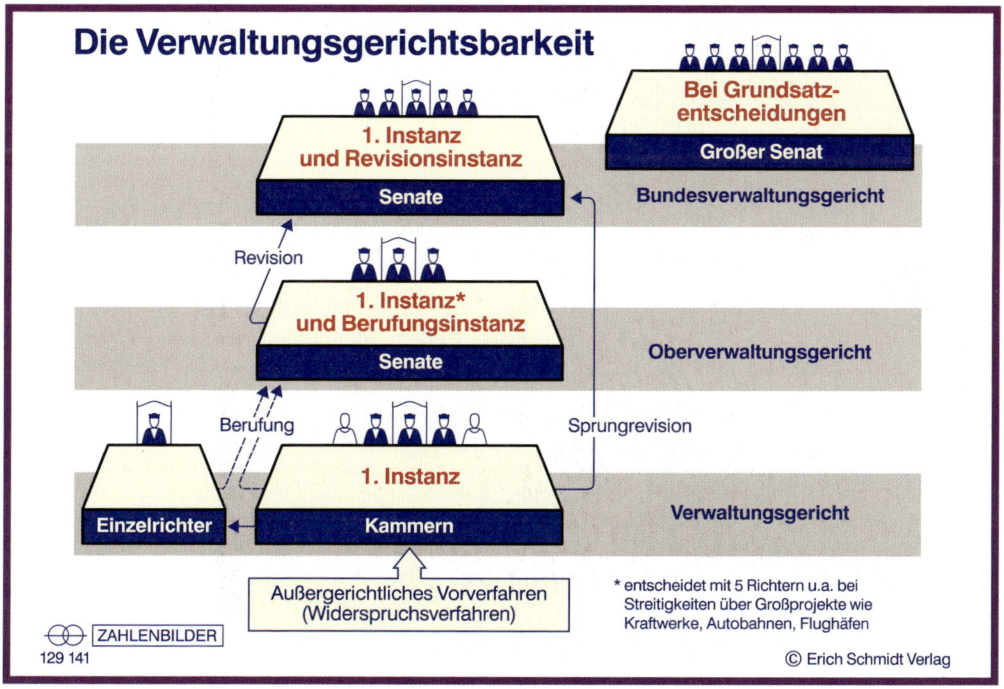


### 2.5.3 Sozialgerichtsbarkeit

Beispiel

**Der Schüler Werner K. trägt nach einem Motorradunfall bleibende körperliche Schäden davon. Er beantragt daher bei der Sozialbehörde der Stadt Dresden eine Anerkennung als Schwerbehinderter mit einem Behinderungsgrad von 100 %. Die Sozialbehörde erkennt jedoch nur auf einen Behinderungsgrad von 40 %. Gegen diese Entscheidung erhebt er Klage vor dem zuständigen Sozialgericht.**

Die Sozialgerichtsbarkeit ist Teil der **besonderen Verwaltungsgerichtsbarkeit**. Sie gewährt vor allem dem einzelnen Bürger Rechtsschutz gegenüber der Verwaltung, insbesondere gegenüber den Sozialversicherungsträgern, wie der Bundesanstalt für Arbeit oder der Bundesversicherungsanstalt für Angestellte. Dabei geht es um Ansprüche aus der gesetzlichen Sozialversicherung, also beispielsweise um Leistungen der gesetzlichen Unfallversicherung oder der Arbeitslosenversicherung, um Kindergeld, BAföG-Leistungen oder um sonstige aus dem Sozialrecht zustehende Ansprüche. Streitigkeiten über Ansprüche auf Sozialhilfe werden dagegen vor den allgemeinen Verwaltungsgerichten ausgetragen.

## Einheitliche Sozialhilfe für Flüchtlinge

ap BERLIN. Flüchtlinge haben nach einem Urteil des Bundesverwaltungsgerichts das Recht auf uneingeschränkte Sozialhilfe unabhängig von ihrem Aufenthaltsort in Deutschland. Anders lautende Regelungen im Bundessozialhilfegesetz widersprächen der Genfer Flüchtlingskonvention und dem Europäischen Fürsorgeabkommen (Az.: 5 C 29.98 und 5 C 2.00).
Nach dem Sozialhilfegesetz steht Flüchtlingen nur in dem Bundesland, in dem ihnen die Aufenthaltsbefugnis erteilt wurde, die volle Sozialhilfe zu. Bei Umzug in ein anderes Land erhalten sie dort nur einen gekürzten Satz. Nach Auffassung des Bundesverwaltungsgerichts weicht eine solche Beschränkung von Fürsorgeleistungen auf ein bestimmtes Gebiet von völkerrechtlichen Verpflichtungen der Bundesrepublik ab. Nach der Genfer Flüchtlingskonvention und dem Europäischen Fürsorgeabkommen stünden Flüchtlingen und eigenen Staatsangehörigen die gleichen öffentlichen Sozialleistungen zu. Die Vertragsstaaten dürften den Flüchtlingen nicht über Bestimmungen zur Fürsorge eine „Residenzverpflichtung" auferlegen.

*Quelle: Handelsblatt vom 22.05.2000*

Durch eine Klage vor dem Sozialgericht kann der Bürger die gerichtliche Nachprüfung von Verwaltungshandeln betreiben. Dabei geht es i. d. R. um die Aufhebung, Änderung oder die Herbeiführung eines bestimmten „Verwaltungsaktes".

Das **Sozialgerichtsverfahren** beginnt im Allgemeinen mit einem *außergerichtlichen Vorverfahren*. Zunächst muss der Bürger, der beispielsweise einen Rentenbescheid anfechten möchte, innerhalb eines Monats schriftlich *Widerspruch* gegen den Bescheid einlegen. Die betreffende

## Streiten um die nackte Existenz

Hans-Jürgen Kern steht heute viel zu früh vor dem Münchner Sozialgericht. Er will endlich sein Recht. Schon lange währt sein Martyrium: Kern war gerade einmal 19 Jahre alt, da trennte ihm vor 33 Jahren eine losgerissene Ankertrosse den Unterschenkel bis auf ein paar Muskelfasern vom Körper ab. Nach etlichen Operationen fuhr Kern wieder zur See, aber sein Bein gab keine Ruhe mehr: Behandlungen, Aufenthalte in Rehakliniken. 1997 verlor er mit 49 Jahren seinen letzten Job. Zu viele Fehlzeiten. Seither ist der Oberpfaffenhofener arbeitslos. Vor 42 Monaten beantragte Kern seine Rente. Nach zweimaliger Ablehnung des Antrags ging er vor Gericht – 53 Jahre alt und erwerbsunfähig wegen chronischer Schmerzen.
Kern ist kein Einzelfall. Insgesamt 39 790 Klagen wurden im Jahr 2002 bei den sieben bayerischen Sozialgerichten eingereicht, Anträge auf Rentenzahlung, Pflegeversicherung, Anerkennung des Schwerbehindertenstatus oder Kindergeld. Das Sozialministerium spricht von einer „Klageflut", auch wenn es im ersten Halbjahr 2002 bei den Sozialgerichten zum ersten Mal seit zehn Jahren mehr Erledigungen als Neuzugänge gab. Immerhin konnten zu Beginn dieses Jahres sechs zusätzliche Richterstellen geschaffen werden, was sowohl die Arbeitsbelastung der Sozialrichter als auch die langen Laufzeiten der Fälle von durchschnittlich 15 bis 17 Monaten etwas senken dürfte.

*Quelle: Süddeutsche Zeitung vom 02.05.2003*

Behörde prüft den Bescheid und ändert ihn gegebenenfalls. Weist sie den Widerspruch mit einem Widerspruchsbescheid zurück, kann der Bürger hiergegen beim zuständigen **Sozialgericht** innerhalb eines Monats schriftlich die Klage einreichen oder diese bei der Geschäftsstelle zu Protokoll geben. Hierbei handelt es sich meist um zwei miteinander verbundene Klagen: eine *Anfechtungsklage*, durch die die Aufhebung oder Abänderung der Entscheidung verlangt wird, und eine *Verpflichtungsklage*, mit der die Behörde dazu verpflichtet werden soll, beispielsweise längere Versicherungszeiten anzuerkennen oder höhere Zahlungen zu leisten.

In *erster Instanz* urteilen die **Kammern** der **Sozialgerichte**, die unterschiedliche Fachzuständigkeiten, etwa für Angelegenheiten der Kranken- oder der Arbeitslosenversicherung, besitzen. Die Kammern sind mit einem Berufs- und zwei Laienrichtern besetzt. Anders als in einem gewöhnlichen Zivilprozess muss das Sozialgericht den Sachverhalt von Amts wegen erforschen und ist dabei nicht an die Anträge der Beteiligten gebunden. Die **Senate** der **Landessozialgerichte** sind als *zweite Instanz* zuständig für Entscheidungen über Berufungen gegen Urteile der Sozialgerichte. Sie sind mit drei Berufs- und zwei Laienrichtern besetzt. Die **Senate** des **Bundessozialgerichts**, das seinen Sitz in Kassel hat, entscheiden schließlich in *dritter Instanz* über Revisionen, auch sie sind mit drei Berufs- und zwei Laienrichtern besetzt, lediglich bei Grundsatzentscheidungen tritt der Große Senat mit sieben Berufsrichtern und vier Laienrichtern zusammen.

Das Verfahren ist für den Bürger in allen drei Instanzen kostenfrei. Er kann sich durch Bevollmächtigte, im Allgemeinen durch einen Anwalt, vertreten lassen, zwingend notwendig ist dies aber nur in der dritten Instanz. Die Gebühren für den Vertreter muss er nur dann tragen, wenn er den Prozess verliert.

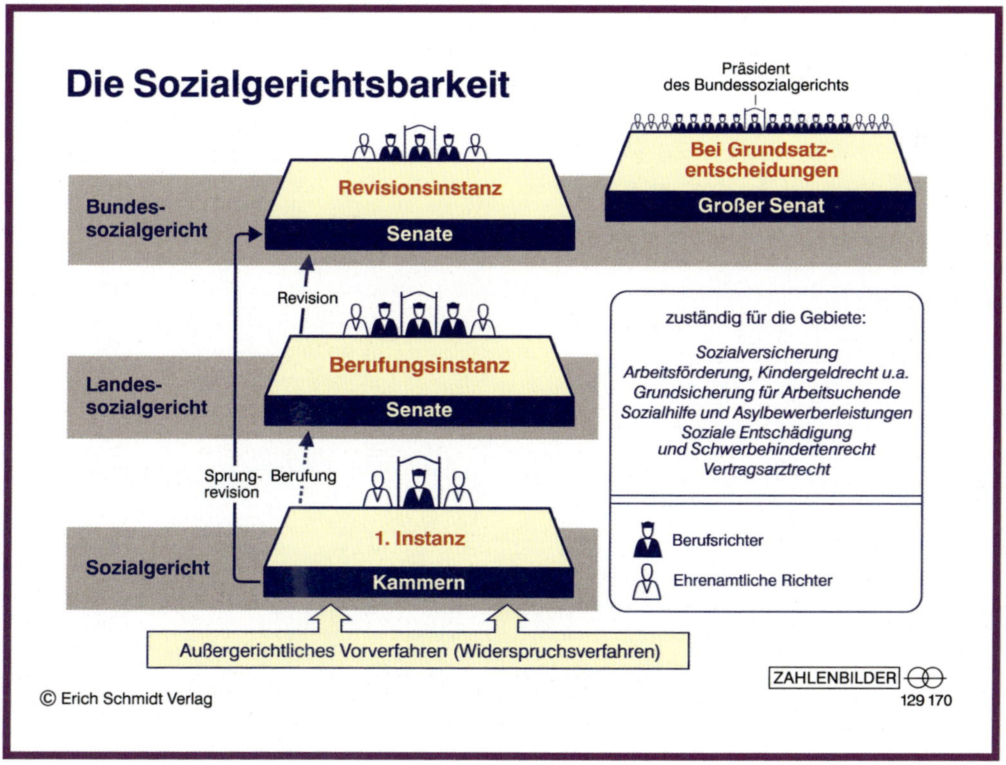

Dipl.-Ing. A ist 65 Jahre alt. Die Bundesversicherungsanstalt für Angestellte (BfA) schickt ihm den Rentenbescheid. Am Schluss des Bescheides ist die Rechtsbehelfsbelehrung: Gegen diesen Bescheid können Sie innerhalb eines Monats Widerspruch bei der BfA oder Klage bei dem Sozialgericht in Bremen erheben. A. ist der Ansicht, dass die Rente nicht richtig berechnet ist. Er entscheidet sich für den Widerspruch und schreibt an die Widerspruchsstelle der BfA:
Die BfA hat meine Praktikantenzeit nicht auf die Versicherungsdauer angerechnet (siehe beiliegendes Zeugnis des Arbeitgebers). Es fehlt auch die Zeit von 1930 bis 1935. Ich war damals in Amerika und habe bei Ford in Detroit gearbeitet. Ich verlange, dass die BfA meine Rente neu berechnet.
Die Widerspruchsstelle des BfA weist den Widerspruch zurück, weil die rechtlichen Voraussetzungen für die Anrechnung der Praktikantenzeit und der Zeit von 1930 bis 1935 nicht vorliegen. A. erhält einen Widerspruchsbescheid. Am Schluss des Bescheides heißt es: Gegen diesen Bescheid können Sie innerhalb eines Monats bei dem Sozialgericht in Bremen Klage erheben.
A. überzeugen die Gründe der Widerspruchsstelle nicht, er ist nach wie vor der Ansicht, dass seine Rente nicht richtig berechnet ist. Er schreibt deshalb an das Sozialgericht Bremen: Die Auffassung der Widerspruchsstelle der BfA kann ich nicht teilen. Meine Praktikantenzeit und die Zeit meiner Tätigkeit in Amerika von 1930 bis 1935 müssen auf meine Versicherungsdauer angerechnet werden. Ich beantrage, die BfA zur Neuberechnung zu veranlassen.
Das Sozialgericht schickt der BfA die Klage zur Stellungnahme. Diese schreibt: Wir beantragen, die Klage abzuweisen, denn der Kläger hat auf die Erhöhungen keinen Anspruch. Es folgen rechtliche Ausführungen.
Das Sozialgericht (Kammer für Angestelltenversicherung) setzt den Termin zur mündlichen Verhandlung fest. Der Kläger geht selbst zum Gericht. Für die BfA kommt ein Verwaltungsmitarbeiter. Den Vorsitz hat ein Berufsrichter, neben ihm sitzen als ehrenamtliche Richter ein Arbeitnehmer- und ein Arbeitgebervertreter. Der Kläger und der Beklagte tragen dem Gericht ihre Ansichten vor. Nach der Beratung verkündet der Richter das Urteil. Die Klage wird abgewiesen. Er erläutert kurz, warum. Der Kläger erhält später das schriftliche Urteil. Am Schluss des Urteils heißt es: Gegen dieses Urteil können Sie innerhalb eines Monats bei dem Landessozialgericht in Bremen Berufung einlegen.
A. überzeugen die Gründe des Gerichts nur zum Teil. Er schreibt deshalb an das Landessozialgericht in Bremen: Ich sehe jetzt ein, dass meine Zeit bei Ford nicht angerechnet werden kann. Ich nehme insoweit meine Klage zurück. Meine Praktikantenzeit muss aber angerechnet werden. Sie war notwendig für das nachfolgende Hochschulstudium.
Das Landessozialgericht schickt der BfA die Berufung zur Stellungnahme. Diese schreibt: Wir beantragen, die Berufung zurückzuweisen. Der Kläger hat keinen Anspruch auf Anrechnung der Praktikantenzeit. Das Gesetz sieht nur die Anrechnung von Zeiten der Hochschulausbildung vor. Praktikantenzeiten sind keine Hochschulausbildung.
Das Landessozialgericht (Senat für Angestelltenversicherung) setzt den Termin zur mündlichen Verhandlung fest. Der Kläger geht selbst zum Gericht. Für die BfA kommt ein Verwaltungsangestellter. Den Vorsitz haben ein Berufsrichter, ein Arbeitnehmer- und ein Arbeitgebervertreter als ehrenamtliche Richter.
Kläger und Beklagte tragen dem Gericht ihre Ansichten vor. Nach der Beratung verkündet der Vorsitzende Richter das Urteil: Die Berufung wird zurückgewiesen. Er erläutert kurz, warum. Der Kläger erhält später das schriftliche Urteil. Am Schluss des Urteils heißt es: Die Revision wird zugelassen, weil über eine Rechtsfrage von grundsätzlicher Bedeutung zu entscheiden ist: Sind Praktikantenzeiten als Zeiten der Hochschulausbildung anzusehen?
A. will Revision einlegen. Er geht deshalb zu seinem Rechtsanwalt. Dieser schreibt an das Bundessozialgericht in Kassel: Ich beantrage, das Urteil des Sozialgerichts und Landessozialgerichts aufzuheben und die Beklagte zu verurteilen, die Praktikantenzeiten des Klägers anzurechnen. Das Landessozialgericht hat § 36 Abs. 1 Nr. 4 des Angestelltenversicherungsgesetzes nicht richtig angewendet. Es folgen rechtliche Ausführungen.
Das Bundessozialgericht schickt die Revisionsschrift der BfA zur Stellungnahme. Diese schreibt: Wir beantragen, die Revision als unbegründet zurückzuweisen, denn das Urteil des Landessozialgerichts ist richtig. Es folgen Rechtsausführungen.
Das Bundessozialgericht (Senat für Angestelltenversicherung) setzt den Termin zur mündlichen Verhandlung fest. Für den Kläger erscheint ein

Rechtsanwalt. Die Beklagte wird durch einen Verwaltungsbeamten vertreten. Den Vorsitz im Senat hat ein Berufsrichter. Zum Gericht gehören noch: zwei weitere Berufsrichter, ein Arbeitnehmer- und ein Arbeitgebervertreter als ehrenamtliche Richter. Die Beteiligten tragen dem Gericht ihre Rechtsauffassung vor. Nach der Beratung verkündet der Vorsitzende Richter das Urteil: Die Revision wird zurückgewiesen. Der Kläger hat keinen Anspruch auf Anrechnung der Zeiten. Der Wortlaut des Gesetzes ist maßgebend und dieser sieht nur die Anrechnung von Zeiten der Hochschulausbildung vor.
Der Rechtsstreit ist beendet.

*Quelle: Informationen zur politischen Bildung Nr. 145. Hrsg.: Bundeszentrale für politische Bildung, Bonn*

### 2.5.4 Finanzgerichtsbarkeit

Beispiel

**Nach einer Betriebsprüfung erhält die Besitzerin einer Großwäscherei, die Einzelunternehmerin Gesine E., von ihrem Finanzamt einen neuen Steuerbescheid, gegen den sie bei der Finanzbehörde Einspruch erhebt. Nach der Ablehnung ihres Einspruchs klagt sie gegen den Steuerbescheid bei dem für sie zuständigen Finanzgericht.**

Ebenso wie die Sozialgerichtsbarkeit gehört auch die Finanzgerichtsbarkeit zur **besonderen Verwaltungsgerichtsbarkeit**. Finanzgerichte sind in erster Linie zuständig für Klagen gegen Finanzbehörden bei Steuer- und Zollstreitigkeiten. Steuerstrafsachen und Bußgeldangelegenheiten fallen dagegen in die Zuständigkeit der ordentlichen Gerichtsbarkeit!

Im Gegensatz zu den anderen Gerichtsbarkeiten ist die Finanzgerichtsbarkeit nur zweistufig, es gibt nur zwei Instanzen. Die **Finanzgerichte**, deren **Senate** mit drei Berufsrichtern und zwei Laienrichtern besetzt sind, entscheiden in *erster Instanz.* Da sie quasi die Stellung von Landgerichten haben, ist gegen ihre erstinstanzlichen Entscheidungen nur das Rechtsmittel der Revision möglich. Über die Revision entscheidet der **Bundesfinanzhof** in München, dessen **Senate** mit fünf Berufsrichtern besetzt sind, in *zweiter* und letzter *Instanz.* In Sonderfällen ist der Bundesfinanzhof in erster und letzter Instanz zuständig.

Auch einem **Finanzgerichtsverfahren** ist ein außergerichtliches *Vorverfahren* zwingend vorgeschaltet: Der betroffene Bürger legt zunächst bei seinem Finanzamt *Einspruch,* etwa gegen einen Steuerbescheid, oder eine *Beschwerde* gegen sonstige Verfügungen ein. Wird ein Einspruch abgewiesen, kann er hiergegen vor dem Finanzgericht Klage erheben. Wird eine Beschwerde abgewiesen, so muss sie zunächst der nächsthöheren Dienststelle, der Oberfinanzdirektion, zur Entscheidung vorgelegt werden, weist diese sie ebenfalls ab, so kann auch gegen diese Entscheidung geklagt werden.

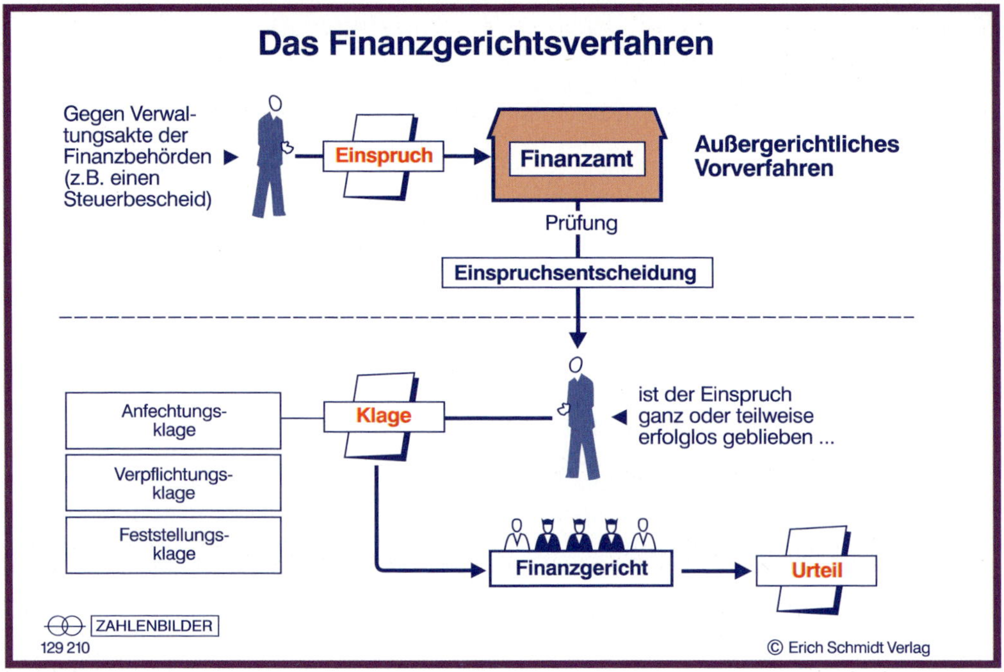


**Erläuterung:** Mit einer *Anfechtungsklage* wird im Allgemeinen die Aufhebung eines Verwaltungsakts angestrebt, mit einer *Verpflichtungsklage* will der Kläger erreichen, dass die Finanzbehörde zum Erlass eines zunächst abgelehnten Verwaltungsakts verurteilt wird, durch eine *Leistungsklage* soll die Behörde zu einem bestimmten Verhalten, Tun oder Unterlassen, gezwungen werden und mit einer *Feststellungsklage* wird schließlich das Bestehen oder Nichtbestehen eines Rechtsverhältnisses oder die Nichtigkeit eines Verwaltungsakts beantragt.

## Lehrer kann Auslandsreise absetzen

ke DÜSSELDORF. Lehrer können Aufwendungen für eine Auslandsreise zur Vorbereitung einer späteren Klassenfahrt als Werbungskosten von der Steuer absetzen. Das hat das Finanzgericht Köln in einem kürzlich veröffentlichten Urteil entschieden (Az.: 14 K 2889/99). Danach sind die Kosten selbst dann berufsbedingt, wenn die Fahrt zu einer Vielzahl touristisch attraktiver Stätten führt.

Die Richter gaben der Klage einer Gymnasiallehrerin statt, die eine Lehrinformationsfahrt an den Gardasee unternommen hatte. Nach dem Tagesprogramm fanden neben der Besichtigung von Schülerunterkünften auch Tagesausflüge in die Dolomiten, nach Venedig sowie eine Gardaseerundfahrt statt.

In der Urteilsbegründung wertete das Gericht die Fahrt dennoch als beruflich veranlasst. Die Lehrerin sei als Organisatorin der Reise für das Wohlergehen der Schüler verantwortlich gewesen. Zur Vermeidung von Gefahren seien persönliche Eindrücke notwendig gewesen.

*Quelle: Handelsblatt vom 05.07.2000*

**Aufgaben**

Rechtsanwalt Schaiker hat in den nächsten Wochen folgende Parteien zu vertreten. Bitte geben Sie an, vor welchen Gerichten die Verhandlungen stattfinden!

(1) Pohlmann gegen S. Schulze wegen einer Zahlungsklage über 1.100,00 EUR.

(2) F. Kappel gegen die Kotter GmbH wegen einer fristlosen Entlassung.
(3) Reeder gegen Reeder wegen einer Scheidungsklage.
(4) L. Heck wegen eines schweren Diebstahls.
(5) M. Dreher gegen die Nordversicherungs AG in einer Berufungssache. Streitwert 7.000,00 EUR.
(6) Landwirt Fuchs gegen das Land Baden-Württemberg wegen einer Teilerrichtungsgenehmigung für ein Chemiewerk.
(7) Poschmann in einer Berufungssache gegen Tumm wegen einer Mietstreitigkeit von 3.500,00 EUR.
(8) Schneider gegen das Finanzamt Rostock wegen eines fehlerhaften Einkommensteuerbescheides.
(9) Fringer gegen das Arbeitsamt Frankfurt/Oder wegen einer vierwöchigen Sperre des Arbeitslosengeldes.

# 3 Die Gerichtsverfahren

## 3.1 Der Zivilprozess: allgemeine Voraussetzungen

### „Luxus-Miete" für abgenütztes Zimmer

Insgesamt drei schwere Verstöße gegen das geltende Mietrecht sind im Mietvertrag eines türkischen Arbeitnehmers festgestellt worden. Den Mietvertrag für ein Appartement im Haus Goethestraße 8 hatte der Mann am 16. Januar 1987 abgeschlossen. Im Einzelnen wurde durch den Vertrag die ortsübliche Vergleichsmiete fast um das Doppelte überschritten, keine Verzinsung der Kaution vorgesehen und zu Unrecht eine Provision an die Hausverwaltung festgelegt.

Der Mieterverein München hat Einzelheiten dieses „spektakulären Falls" bekannt gegeben. Danach beträgt der Kaltmietzins pro Quadratmeter 13,50 EUR. Für eine Wohnung in einem in den 60er Jahren erbauten Haus könne aber nach dem Mietspiegel der Landeshauptstadt höchstens ein Mietzins von 8,00 EUR pro Quadratmeter für ein Appartement infrage kommen, erklärte der Vorsitzender des Mietervereins, Heinz Beck.

„Bei dem gemieteten Appartement handelt es sich um eine Wohnung ohne jeden Komfort mit starken Abnutzungserscheinungen." Die verlangte Miete überschreite die ortsübliche Vergleichsmiete nahezu um das Doppelte. Es sei von einer „massiven Mietpreisüberhöhung" im Sinne des Paragraphen 5 des Wirtschaftsstrafgesetzes zu Lasten des betroffenen Mieters auszugehen. In ähnlichen Fällen wird empfohlen, unbedingt bei der Kreisverwaltungsbehörde einen Antrag auf Einleitung eines preisrechtlichen Überprüfungsverfahrens zu stellen.

Liege nämlich eine Mietpreiserhöhung nach dem Wirtschaftsstrafgesetz vor, „so ist die Mietzinsvereinbarung insoweit nichtig, als der Mietzins die ortsübliche Vergleichsmiete mehr als nur unwesentlich übersteigt". Der Mieterverein verweist auf eine entsprechende höchstrichterliche Entscheidung des Bundesgerichtshofs. Wenn eine Mietpreiserhöhung um mehr als 20 Prozent feststehe, könne der betroffene Mieter den zu viel bezahlten Betrag zurückverlangen.

Die weitere Vereinbarung, die Kaution zinslos zu bezahlen, verstoße gegen die geltende gesetzliche Regelung. Danach ist die Verzinsung von Kautionen in einem Wohnraumverhältnis zwingend vorgeschrieben. Nach dieser Vorschrift ist eine Kaution außerdem höchstens auf den dreifachen Monatsbetrag einer Miete zu begrenzen. Die Kaution müsse im Übrigen getrennt vom Vermögen des Vermieters bei einer Sparkasse oder einer Bank konkurssicher angelegt werden. Den Mitgliedern empfiehlt der Mieterverein, vom Vermieter eine Bestätigung über die gesetzmäßige Anlage der Kaution zu verlangen.

Im kritisierten Mietvertrag kassierte die Hausverwaltung schließlich vom Mieter eine Provision in Höhe von rund 400,00 EUR. Nach dem Wohnungsvermittlungsgesetz sei es einer Hausverwaltung aber verboten, eine Maklerprovision zu verlangen. „Ein derartiger Provisionsanspruch ist ausgeschlossen, wenn der Mietvertrag über Wohnräume abgeschlossen wird, deren Eigentümer, Verwalter oder Vermieter der Makler ist."

*Quelle: Süddeutsche Zeitung vom 13.07.1987*

Beispiel

**Der Immobilienhändler Dunkel aus Konstanz vermietet eine Wohnung in Radolfzell am Bodensee, bestehend aus einem Zimmer ohne Heizung und einem kleinen WC, an eine 5-köpfige türkische Familie für 1.000,00 EUR monatlich und verlangt eine Mietvorauszahlung für sechs Monate. Nach vier Wochen wird dem türkischen Familienvater A. Korntürk eine 3-Zimmerwohnung für 400,00 EUR angeboten, gleichzeitig erfährt er, dass er bei Dunkel einen Wucherpreis zahle.**

Gemäß § 138 BGB handele es sich hier um einen Verstoß gegen die guten Sitten, ein solches Rechtsgeschäft sei deshalb nichtig.

**Erläuterung:** Korntürk zieht in die neue Wohnung ein und verlangt die angezahlten 6.000,00 EUR zurück. Da sich Dunkel jedoch weigert, das Geld zurückzuzahlen, reicht Korntürk Klage beim **zuständigen Gericht** ein.

Voraussetzung und Ablauf eines Zivilprozesses sind im Wesentlichen in der Zivilprozessordnung (ZPO) geregelt.

### 3.1.1 Die Zuständigkeit der Gerichte

Jeder Rechtsstreit muss von dem für die Sache und die Personen zuständigen Gericht entschieden werden. Dabei geht es zunächst um die Frage, welcher Rechtsweg zuständig ist, ob also beispielsweise ein ordentliches Gericht oder ein besonderes Gericht, etwa ein Verwaltungsgericht, zuständig ist. Ferner muss das sachlich und örtlich zuständige Gericht bestimmt werden. Im Allgemeinen entscheidet die Höhe des Streitwerts und zum Teil auch die Art der Streitsache darüber, ob das Amtsgericht oder das Landgericht sachlich zuständig und welches Gericht später als Berufungs- oder Revisionsinstanz anzurufen ist (vgl. Abschnitt 4.4.2 – Die Zivilgerichtsbarkeit).

#### 3.1.1.1 Die sachliche Zuständigkeit

Für den Anspruch Korntürks ist ein Zivilgericht, also ein Gericht der ordentlichen Gerichtsbarkeit zuständig. Da der Streitwert größer als 5.000,00 EUR ist, könnte man meinen, dass das Landgericht sachlich zuständig sei. Der Gesetzgeber hat jedoch von der grundsätzlichen, streitwertorientierten Regelung zahlreiche Ausnahmen festgelegt. So ist ungeachtet des Streitwerts für bestimmte Ansprüche immer die Zuständigkeit des Amtsgerichts vorgesehen: Dies gilt u. a. für Mietangelegenheiten, aber auch für Familienangelegenheiten, für die das Familiengericht zuständig ist. Für Korntürks Anspruch in einer Mietsache ist damit das Amtsgericht sachlich zuständig. Ist ein Gericht immer für bestimmte Streitigkeiten zuständig, so sprechen wir von einer **ausschließlichen sachlichen Zuständigkeit** in diesen Angelegenheiten.

#### 3.1.1.2 Die örtliche Zuständigkeit

Die Antwort auf die Frage, bei **welchem** Amtsgericht Korntürk seine Klage einreichen muss, ergibt sich aus der **örtlichen Zuständigkeit** der Gerichte. Die Umstände des Falls entscheiden darüber, ob hier der allgemeine oder ein besonderer Gerichtsstand gilt.

a) **Der allgemeine Gerichtsstand**

Der **allgemeine** Gerichtsstand bezeichnet das Gericht, bei dem eine Person in einem Zivilverfahren normalerweise verklagt werden kann. Gilt ein **besonderer** Gerichtsstand, so kann die betreffende Person entweder an diesem oder ihrem allgemeinen Gerichtsstand verklagt werden. Besteht ein ausschließlicher Gerichtsstand, so kann die Klage nur vor diesem Gericht erhoben werden.

Der **allgemeine** Gerichtsstand **natürlicher** Personen ist deren **Wohnsitz**, der allgemeine Gerichtsstand **juristischer** Personen ist der **Sitz der Verwaltung** (vgl. §§ 12, 13, 17 ZPO).

**Aufgaben**

(1) Die in Potsdam wohnende Eva S. verklagt
a) ihren in Dresden wohnenden Ex-Verlobten auf Zahlung von 6.500,00 EUR,
b) die Küchengeräte AG mit Sitz in Karlsruhe auf Schadensersatz in Höhe von 200,00 EUR
Welche Gerichte sind sachlich und örtlich zuständig?

b) **Besondere Gerichtsstände**

Beispiel

**Korntürk hat während einer Urlaubsreise einen Autounfall in Hamburg. Der Unfallgegner, der seinen Wohnsitz in Freiburg hat, hat seiner Auffassung nach den Unfall verschuldet. In diesem Fall sieht § 32 ZPO als *besonderen*, jedoch nicht ausschließlichen Gerichtsstand den Ort vor, an dem die unerlaubte Handlung begangen wurde (Tatort). Korntürk kann den Unfallgegner also in Hamburg oder an dessen allgemeinen Gerichtsstand Freiburg verklagen. Er wird vermutlich den allgemeinem Gerichtsstand wählen, da dies für ihn wegen der Nähe zu seinem eigenen Wohnort einfacher ist.**

Neben dem allgemeinen Gerichtsstand kennt das Gesetz **besondere Gerichtsstände**. Diese werden unterteilt in **ausschließliche Gerichtsstände** und solche, bei denen der Kläger die Wahl zwischen dem allgemeinen und dem besonderen Gerichtsstand hat. Ist ein ausschließlicher Gerichtsstand bestimmt, so kann die Klage nur an diesem Gericht, unabhängig vom Wohnort des Beklagten, erhoben werden.

Die folgende Übersicht stellt die wichtigsten besonderen Gerichtsstände dar.

| Bezeichnung | Beschreibung | Paragraph | Wahlweiser oder ausschließlicher Gerichtsstand |
|---|---|---|---|
| Gerichtsstand des Beschäftigungsortes | Hält sich jemand aus beruflichen oder schulischen Gründen längere Zeit an einem Ort auf (z. B. Schüler, Studenten, Montagearbeiter), können vermögensrechtliche Ansprüche bei dem Gericht des Aufenthaltsortes geltend gemacht werden. | § 20 ZPO | Wahlweise |
| Gerichtsstand der Filiale | Klagen gegen Zweigstellen (Niederlassungen) können bei dem Gericht erhoben werden, in dessen Bezirk sich die Filiale befindet. | § 21 ZPO | Wahlweise |
| Gerichtsstand der Erbschaft | Klagen, die sich auf eine Erbschaft beziehen, können an dem allgemeinen Gerichtsstand des Erblassers erhoben werden. | § 27 ZPO | Wahlweise |
| Gerichtsstand des Erfüllungsortes | Für Klagen wegen des Bestehens oder Nichterfüllens eines Vertrages und entsprechender Schadensersatzforderungen kann die Klage bei dem Gericht des Erfüllungsortes erhoben werden.<br>(Eine Abweichung von diesem Grundsatz durch Vereinbarung ist nur Kaufleuten und juristischen Personen des öffentlichen Rechts möglich.) | § 29 ZPO | Wahlweise |

| Bezeichnung | Beschreibung | Paragraph | Wahlweiser oder ausschließlicher Gerichtsstand |
|---|---|---|---|
| Gerichtsstand der Tatortes | Klagen wegen unerlaubter Handlungen gemäß § 823 ff. können bei dem Gericht des Tatortes erhoben werden. | § 32 ZPO | Wahlweise |
| Gerichtsstand bei Immobilien | Für Klagen, die Grundstückssachen betreffen, ist das Gericht am Ort der Sache zuständig (Amts- bzw. Landgericht, je nach Streitwert). | § 24 ZPO | Ausschließlich |
| Gerichtsstand bei Miet- und Pachtangelegenheiten | Für Klagen, die Miet- und Pachtverhältnisse betreffen, ist ebenfalls das Amtsgericht an dem Ort, an dem sich die Räume befinden, zuständig. | § 29 a ZPO | Ausschließlich |
| Zuständigkeit bei Mahnverfahren | Für Mahnverfahren ist das Amtsgericht am allgemeinen Gerichtsstand des Antragsteller zuständig.[1] | § 689 ZPO | Ausschließlich |
| **Sind mehrere Gerichte zuständig, so hat der Kläger gemäß § 35 ZPO die Wahl.** | | | |

c) **Vereinbarte Gerichtsstände**

Unter bestimmten Umständen können die Parteien vereinbaren, dass ein an sich unzuständiges Gericht zuständig sein soll. Ein solcher gemeinsamer Gerichtsstand kann allerdings grundsätzlich nur zwischen Kaufleuten oder Personen des öffentlichen Rechts stillschweigend oder ausdrücklich vereinbart werden, vgl. § 38.1 ZPO.

Unter bestimmten Voraussetzungen können solche Vereinbarungen auch schriftlich mit bzw. zwischen Privatpersonen getroffen werden, etwa dann, wenn die Streitigkeit, wegen der ein Gericht angerufen werden soll, bereits entstanden ist, vgl. § 38 Absatz 1 und 2 ZPO. Allerdings kann ein ausschließlich zuständiges Gericht durch eine solche Vereinbarung nie ausgeschlossen werden.

Wenn solch ein gemeinsamer Gerichtsstand in einem Vertrag zwischen einem Kaufmann und einer Privatperson festgelegt wurde, so ist diese Vereinbarung allerdings nur dann wirksam, wenn sie die Privatperson, den Nicht-Kaufmann, nicht schlechter stellt als die gesetzliche Regelung.

**Aufgaben**

(2) a) Welches Gericht ist für die Streitsache Korntürk – Dunkel aus unserem einführenden Beispiel zuständig?

b) Ein Freund Korntürks ist der Auffassung, dass Korntürk seine Klage vor dem Landgericht in Konstanz erheben müsse. Warum ist diese Auffassung falsch?

(3) A, wohnhaft in Augsburg, verklagt B aus Magdeburg auf Schadensersatz in Höhe von 1.500,00 EUR. B hat A mit einem Fahrrad in ihrem gemeinsamen Urlaubsort Radolfzell a. B. angefahren.

(4) Die erst seit wenigen Wochen in Freiburg lebende Studentin Flora Seitz aus Berlin verklagt den in München lebenden Alex Musselgruber auf Schadensersatz, da Musselgruber sich weigert, die Heizung der an Flora Seitz vermieteten Wohnung im Dezember in Betrieb zu nehmen.

(5) Fuhrmann aus Konstanz verklagt Bauer aus Kassel wegen Nichterfüllung eines Vertrages. Bauer hatte es versäumt, eine dringende Lieferung Baustoffe von seiner Ulmer Niederlassung trotz mehrfacher Mahnung termingerecht abzusenden. Streitwert 160.000,00 EUR.

(6) Firma F. Götz aus Wismar möchte gegen Luise Fleischer aus Eberswalde einen Mahnbescheid über 7.200,00 EUR erlassen.

[1] *Ausnahmeregelungen sind gemäß § 689.3 möglich: In Baden-Württemberg ist immer das AG Stuttgart zuständig.*

**Übersicht: Zuständigkeit der Gerichte**

| Rechtsweg | Sachliche Zuständigkeit | Örtliche Zuständigkeit |
|---|---|---|
| Verfassungsgerichtsbarkeit<br>Ordentliche Gerichtsbarkeit<br>Besondere Gerichtsbarkeit | Amtsgericht<br>Landgericht<br>Ausschließlicher Gerichtsstand<br>Besonderer Gerichtsstand mit Wahlmöglichkeit | Allgemeiner Gerichtsstand<br>Besonderer Gerichtsstand |

## 3.1.2 Partei- und Prozessfähigkeit

Parteien sind die Personen, die sich in einem zivilen Rechtsstreit vor Gericht gegenüberstehen. In der ersten Instanz bezeichnet man sie als Kläger und Beklagte.

### 3.1.2.1 Parteifähigkeit

Partei in einem Prozess kann nur derjenige sein, der auch parteifähig ist; er kann damit klagen und auch beklagt werden.

Gemäß § 50 ZPO ist derjenige parteifähig, der rechtsfähig ist. Damit sind alle natürlichen Personen ab Geburt und alle juristischen Personen parteifähig.

### 3.1.2.2 Prozessfähigkeit

Unter Prozessfähigkeit versteht man die Fähigkeit, Prozesshandlungen selbst oder durch bestellte Vertreter, also etwa durch Anwälte, wirksam vornehmen zu lassen.

Prozessfähig ist gemäß § 51 f. ZPO jeder voll Geschäftsfähige. Dies sind i. d. R. alle Personen ab dem 18. Lebensjahr (vgl. §§ 2, 104–108 BGB). Wer gemäß § 112 f. BGB für Erwerbsgeschäfte oder ein Dienstverhältnis die volle Geschäftsfähigkeit erhalten hat, ist für diese Bereiche auch voll prozessfähig.

Prozessunfähige werden durch ihre gesetzlichen Vertreter vertreten. In Landgerichts- und teilweise in Familiengerichtsprozessen, vor dem OLG und dem BGH muss sich auch der voll Prozessfähige durch einen Anwalt vertreten lassen (Anwaltszwang).

Juristische Personen sind nicht prozessfähig, sie werden also durch ihre gesetzlichen Vertreter, etwa durch Vorstandsmitglieder oder Geschäftsführer, vertreten.

**Aufgabe**

(7) Die 16-jährige Dorothea hat mit Zustimmung ihrer Eltern ein Damen-Rennrad zum Preis von 580,00 EUR gekauft. Der Händler liefert ihr das Rad gegen Rechnung aus, die sie jedoch auch nach mehreren Mahnungen nicht bezahlt. Ihrer Freundin erzählt sie, der Händler könne ihr gar nichts anhaben, da sie ja nicht prozessfähig sei. Wie beurteilen Sie ihre Auffassung?

### 3.1.2.3 Postulationsfähigkeit

Postulationsfähigkeit ist die Fähigkeit, in eigener Person wirksam mit dem Gericht zu verhandeln. Bei Verfahren vor dem Amtsgericht oder vor dem Arbeitsgericht ist die Partei selbst postulationsfähig, das heißt, sie kann sich selbst vertreten. Die Postulationsfähigkeit richtet sich grundsätzlich nach der Prozessfähigkeit, ist aber vor Landgerichten, OLGs und dem Familiengericht eingeschränkt, hier besitzt nur ein zugelassener Rechtsanwalt die Postulationsfähigkeit (sog. Anwaltsprozess).

### 3.1.3 Die Prozesskosten

Beispiel

**Heinzelmann ärgert sich über die häufigen lauten Gartenfeste seines Nachbarn Falk. Luise Ackermann möchte das ihrer früheren Freundin Gabi Braun geliehene Trekkingrad (Wert 250,00 EUR) endlich zurückerhalten. Beide Fälle werden zunächst obligatorisch im Rahmen eines Schiedsverfahrens von einem Schlichter verhandelt (vgl. Abschnitt 2.4.2). Damit werden Bagatellfälle kostengünstig entschieden und die Gerichte entlastet. In vielen Fällen sind Prozesse dennoch nicht vermeidbar.**

Viele Bürger verzichten auf ihr Recht, weil sie hohe Prozesskosten befürchten. Besonders teuer wird es dann, wenn Schadensersatz für schwere Personenschäden gerichtlich durchgesetzt werden muss. Das Risiko lässt sich allerdings durch den Abschluss einer Rechtsschutzversicherung begrenzen. Wurde dies versäumt, kann es sich lohnen, die Leistungen von sogenannten Prozesskostenfinanzierern in Anspruch zu nehmen. Diese übernehmen den Fall, nach sorgfältiger Abwägung der Risiken, auf eigene Rechnung gegen eine Erlösbeteiligung.

Die Prozesskosten in einem Zivilprozess hat die jeweils unterlegene Partei zu tragen (Ausnahmen: Arbeitsprozess in der ersten Instanz und bei Ehescheidungsprozessen). Es handelt sich dabei um folgende Kosten:

a) **Gerichtskosten**

Dies sind die **Gerichtsgebühren**, die Entschädigung für die Inanspruchnahme des Gerichts und die **Auslagen**, wie beispielsweise Zeugen- und Sachverständigenentschädigung.

b) **Kosten der Gegenpartei**

Hierunter fallen die **Rechtsanwaltsgebühren**, **Auslagen** und der **Verdienstausfall** des Gegners.

c) **Eigene Kosten**

Zusätzlich fallen selbstverständlich noch die eigenen Kosten für Rechtsanwalt, Auslagen usw. an.

Die Gerichts- und Anwaltskosten richten sich nach dem Streitwert, der jeweils vom Gericht festgelegt wird.

a) **Gerichtsgebühren**

*Erste Instanz:* Bei Zivilprozessen erhebt das Gericht im Normalfall eine **dreifache Gebühr**. Hierdurch ist die gesamte Tätigkeit des Gerichts einschließlich der Ausfertigung des Urteils abgegolten.

**Erläuterung:** Wird das Verhalten durch Zurücknahme der Klage vor dem Schluss der mündlichen Verhandlung, durch ein Anerkenntnis- oder Verzichtsurteil oder durch einen Vergleich beendet, wird nur eine *einfache Gebühr* erhoben.

Bei familienrechtlichen Angelegenheiten wird eine *zweifache* Gebühr erhoben.

*Berufungsinstanz:* Hier fällt im Normalfall eine *vierfache* Gebühr an. Wird das Verfahren durch Zurücknahme der Klage vor dem Schluss der mündlichen Verhandlung, durch ein Anerkenntnis- oder Verzichtsurteil oder durch einen Vergleich beendet, wird eine *einfache Gebühr* erhoben.

*Revisionsinstanz:* Hier fällt üblicherweise eine *fünffache* Gebühr an.

b) **Rechtsanwaltsgebühren**

Durch das 2004 erlassene Rechtsanwaltsvergütungsgesetz (RVG) wurden Struktur und Höhe der Anwaltsgebühren erheblich geändert. Bei Zivilprozessverfahren und Verfahren der freiwilligen Gerichtsbarkeit, einschließlich familienrechtlicher Streitigkeiten, gelten nun folgende Regelgebühren:

- die **Verfahrensgebühr** (üblicherweise das 1,3-Fache einer einfachen Gebühr) für das Betreiben des Verfahrens,
- die **Termingebühr** (üblicherweise das 1,2-Fache einer einfachen Gebühr) für die Wahrnehmung eines Termins.

Gelingt es dem Rechtsanwalt, den Rechtsstreit außergerichtlich durch einen Vergleich oder eine Einigung zu beenden, so erhält er eine **Einigungsgebühr** (üblicherweise das 1,5-Fache einer einfachen Gebühr). In Berufungs- und Revisionsverfahren erhöhen sich jeweils die Verfahrensgebühren um 0,3 Gebühren.

Wird der Rechtsanwalt nur beratend tätig, so ist die bisher festgelegte Beratungsgebühr zum 01.07.2006 fortgefallen, das Honorar wird nun zwischen Anwalt und Mandant **frei ausgehandelt**. Anderweitige außergerichtliche Tätigkeit wird über eine **Geschäftsgebühr** (üblicherweise das 1,3-Fache einer einfachen Gebühr) abgegolten.

**Auszug aus den Gebührentabellen für Rechtsanwälte, Notare und Gerichte**

Gebühren jeweils in EUR (Stand 01.07.2004)

| Streitwert | Einfache Gerichtsgebühr | Einfache Anwaltsgebühr |
|---|---|---|
| 1.500,00 | 65,00 | 105,00 |
| 5.000,00 | 121,00 | 301,00 |
| 10.000,00 | 196,00 | 486,00 |
| 25.000,00 | 311,00 | 686,00 |
| 50.000,00 | 456,00 | 1.046,00 |
| 200.000,00 | 1.456,00 | 1.816,00 |
| 500.000,00 | 2.956,00 | 2.996,00 |
| 1.000.000,00 | 4.456,00 | 4.496,00 |

Beispiel

**A verklagt B auf Zahlung von 5.000,00 EUR. B wird hierzu in erster Instanz verurteilt, er legt gegen das Urteil Berufung ein und verliert auch in zweiter Instanz. B hat nun folgende Kosten zu tragen.**

| | | | |
|---|---|---|---|
| **Gerichtsgebühren** | **3 x 21,00 EUR** | **=** | **363,00 EUR** |
| **Rechtsanwaltsgebühren von A** | **2,5 x 301,00 EUR** | **=** | **752,50 EUR** |
| **Rechtsanwaltsgebühren von B** | **2,5 x 301,00 EUR** | **=** | **752,50 EUR** |
| | | **=** | **1.841,00 EUR** |
| **Gerichtsgebühren** | **4 x 121,00 EUR** | **=** | **484,00 EUR** |
| **Rechtsanwaltsgebühren von A** | **2,8 x 301,00 EUR** | **=** | **842,80 EUR** |
| **Rechtsanwaltsgebühren von B** | **2,8 x 301,00 EUR** | **=** | **842,80 EUR** |
| | | **=** | **2.169,60 EUR** |

**+ Auslagen**
**+ MwSt.**
**+ evtl. Zeugen- und Sachverständigengebühren**

**Aufgabe**

(8) C verklagt D auf Zahlung von 25.000,00 EUR. C verliert den erstinstanzlichen Prozess, und geht in die Berufung und verliert wieder.
Berechnen Sie die gesamten Gerichts- und Anwaltsgebühren, die C zu zahlen hat.

Hinzu kommen gegebenenfalls Zeugen- und Sachverständigengebühren sowie die Mehrwertsteuer. Siegt eine Partei in einem Prozess nur zur Hälfte, so werden die Kosten **gegeneinander aufgehoben**, obliegt sie nur zu einem Teil, muss sie auch einen Teil der Kosten tragen.

Beispiele

**a) A verklagt B auf Zahlung von 2.000,00 EUR und erhält 1.000,00 EUR zugesprochen. In diesem Fall werden die Kosten gegeneinander aufgehoben; d. h., jeder hat seine Auslagen inkl. der Rechtsanwaltsgebühren zu tragen, die Gerichtskosten werden geteilt.**

**b) Wie a), nur erhält A 1.500,00 EUR zugesprochen. Nun muss A $^{1}/_{4}$ und B $^{3}/_{4}$ der Kosten tragen.**

**c) Bei einem Vergleich werden die Kosten gegeneinander aufgehoben, wenn keine andere Kostenregelung getroffen wurde.**

**Prozessrisiko: Kosten eines Rechtsstreits** (alle Angaben in EUR)

| Streitwert | Gerichtskosten 3 x Gebühren | Kosten eigener Anwalt 2,5 x Gebühren | Kosten gegnerischer Anwalt 2,5 x Gebühren | Prozessrisiko erste Instanz | Prozessrisiko zweite Instanz | Gesamtes Prozessrisiko zwei Instanzen |
|---|---|---|---|---|---|---|
| 1.500,00 | 195,00 | 262,50 | 262,50 | 720,00 | 848,00 | 1.568,00 |
| 5.000,00 | 363,00 | 752,50 | 752,50 | 1.868,00 | 2.169,60 | 4.037,60 |
| 10.000,00 | 588,00 | 1.215,00 | 1.215,00 | 3.018,00 | 3.505,60 | 6.523,60 |
| 25.000,00 | 933,00 | 1.715,00 | 1.715,00 | 4.363,00 | 5.085,60 | 9.448,60 |
| 50.000,00 | 1.368,00 | 2.615,00 | 2.615,00 | 6.598,00 | 7.681,60 | 14.279,60 |
| 200.000,00 | 4.368,00 | 4.540,00 | 4.540,00 | 13.448,00 | 15.993,60 | 29.441,60 |
| 500.000,00 | 8.868,00 | 7.490,00 | 7.490,00 | 23.848,00 | 28.601,60 | 52.449,60 |
| 1.000.000,00 | 13.368,00 | 11.240,00 | 11.240,00 | 35.848,00 | 43.001,60 | 78.849,60 |
| Jeweils zuzüglich Auslagen und Mehrwertsteuer | | | | | | |

### 3.1.4 Beratungs- und Prozesskostenhilfe

Jeder, der einen Prozess führen möchte, muss einen Teil der entstehenden Kosten an das Gericht und den Anwalt im Voraus bezahlen. Da dies aus finanziellen Gründen nicht immer möglich ist, besteht für diese Personen unter gewissen Voraussetzungen die Möglichkeit, Beratungshilfe sowie eine teilweise oder völlige Befreiung von den Prozesskosten zu erlangen.

Rechtliche Grundlagen sind das 1981 erlassene Beratungshilfegesetz und das Gesetz über Prozesskostenhilfe. Danach hat derjenige einen Anspruch auf Beratungs- und Prozesskostenhilfe, dessen Einkommen unterhalb einer bestimmten Schwelle liegt. Diese Einkommensgrenzen wurden 1995 zum ersten Mal seit Inkrafttreten der Regelung 1981 angehoben und sollen jährlich angepasst werden. 2006 betrug der Grundfreibetrag pro Person und Monat 380,00 EUR, hinzuzurechnen ist ein Betrag von 173,00 EUR für Erwerbstätige sowie tatsächlich anfallende Kosten für Miete, Nebenkosten, Werbungskosten und weitere Beträge, „wenn dies mit Rücksicht auf besondere Belastungen angemessen ist“. Der Grundfreibetrag für den Ehepartner beträgt ebenfalls 380,00 EUR und der Kinderfreibetrag wurde auf 266,00 EUR festgelegt.

Stempel des Rechtsanwalts

Geschäftsnummer des Amtsgerichts

Eingangsstempel des Amtsgerichts

An das
Amtsgericht ..............................

..............................
Postleitzahl, Ort

| Die Beratungshilfe wird beantragt von (Name, Vorname, ggf. Geburtsname) | Beruf, Erwerbstätigkeit | Geburtsjahr | Familienstand |
|---|---|---|---|
| Anschrift (Straße, Hausnummer, Postleitzahl, Wohnort) | Tagsüber telefonisch erreichbar unter Nr. | | |

Ⓐ Es wird Beratungshilfe in folgender Angelegenheit beantragt:

Ⓑ Eine Rechtsschutzversicherung tritt für den vorliegenden Fall nicht ein.
Eine andere Möglichkeit, kostenlose Beratung und Vertretung in Anspruch zu nehmen (z. B. als Mitglied eines Mietervereins, einer Gewerkschaft oder einer anderen Organisation) besteht in dieser Angelegenheit nicht.

**Wenn Sie laufende Leistungen zum Lebensunterhalt nach dem Bundessozialhilfegesetz beziehen und den letzten Bescheid des Sozialamtes beifügen, sind Angaben zu © bis ⓖ entbehrlich, sofern das Gericht nicht etwas anderes anordnet.**

Ⓒ Meine monatlichen Einkünfte belaufen sich auf brutto: ............ EUR, netto: ............ EUR.
Mein Ehegatte oder Lebenspartner hat monatliche Einkünfte von netto: ............ EUR.

Ⓓ Die Wohnkosten für die von mir gemeinsam mit ............ Personen bewohnte Wohnung in Größe von ............ m²
betragen monatlich insgesamt ............ EUR.

Ⓔ

| **Angehörige,** denen Sie Unterhalt gewähren<br>Name, Vorname (Anschrift nur, wenn sie von Ihrer Anschrift abweicht) | Geburtsdatum | Familienverhältnis (z. B. Ehegatte, Lebenspartner, Kind, Schwiegermutter) | Wenn Sie den Unterhalt ausschließlich durch Zahlung gewähren: Monatsbetrag in EUR | Haben die Angehörigen eigene Einnahmen? (z. B. Ausbildungsvergütung, Unterhaltszahlungen vom anderen Elternteil) |
|---|---|---|---|---|
| 1 | | | | Nein ☐ Ja, EUR mtl. netto |
| 2 | | | | Nein ☐ Ja, EUR mtl. netto |
| 3 | | | | Nein ☐ Ja, EUR mtl. netto |
| 4 | | | | Nein ☐ Ja, EUR mtl. netto |
| 5 | | | | Nein ☐ Ja, EUR mtl. netto |

Dreske & Krüger · Hannover Vordruck Nr. 3137800

Antrag auf Gewährung von Beratungshilfe (Form P 329 · 1216-I/02)

Soldan Best.-Nr. 31378-00

Ⓕ Ist **Vermögen** vorhanden? ☐ Nein ☐ Ja, in diesem Fall bitte nachstehende weitere Angaben:

| | | Verkehrswert oder Guthabenbetrag |
|---|---|---|
| Grundvermögen<br>☐ Nein ☐ Ja | Bezeichnung nach Lage, Größe, Nutzungsart | |
| Bank-, Spar-, Bausparguthaben, Wertpapiere<br>☐ Nein ☐ Ja | Bezeichnung der Bank, Sparkasse oder des sonstigen Kreditinstituts<br>Bei Bausparguthaben bitte Auszahlungstermin und Verwendungszweck angeben. | |
| Sonstige Vermögenswerte (einschließlich Bargeld); Haushalt, Kleidung, Berufsgegenstände, soweit nicht Luxus, bleiben außer Betracht | Bezeichnung des Gegenstandes | |
| Verbindlichkeiten (bitte nur ausfüllen, wenn Vermögenswerte angegeben) | | Restbetrag in EUR |
| Art der Verbindlichkeit, Bezeichnung des Gläubigers, Verwendungszweck | | |

Ⓖ Als besondere Belastung mache ich geltend: Besondere Belastung (z. B. Mehrausgaben für körperbehinderten Angehörigen) bitte begründen. Die Angaben sind zu belegen.

In der Angelegenheit, für die ich Beratungshilfe beantrage, ist mir bisher Beratungshilfe weder gewährt noch durch das Amtsgericht versagt worden.
Ein gerichtliches Verfahren war oder ist nicht anhängig.
Ich versichere, dass meine Angaben vollständig und wahr sind.
Das Hinweisblatt zu diesem Vordruck habe ich erhalten.

Belege zu folgenden Angaben haben vorgelegen:
☐ Bewilligungsbescheid für laufende Hilfe zum Lebensunterhalt
☐ Einkünfte
☐ Sonstiges:

Ort, Datum

(Unterschrift des Antragstellers)

Ort, Datum

(Unterschrift des Rechtspflegers/Rechtsanwalts)

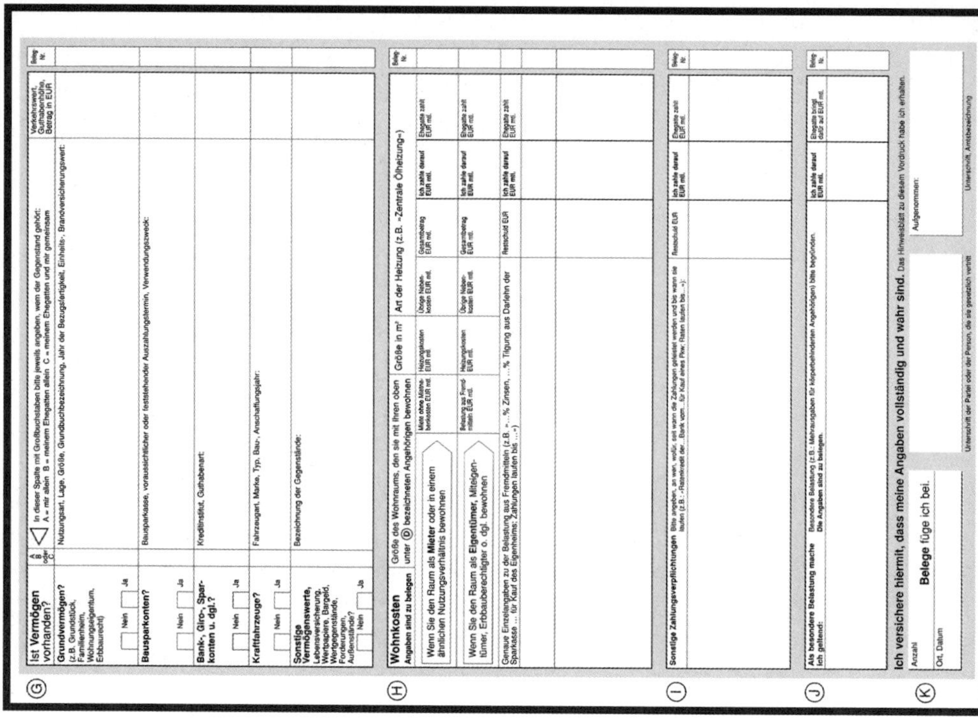

(G) Ist Vermögen vorhanden? – In dieser Spalte mit Großbuchstaben bitte jeweils angeben, wem der Gegenstand gehört: A = mir allein, B = meinem Ehegatten allein, C = meinem Ehegatten und mir gemeinsam – Verkehrswert, Guthabenhöhe, Betrag in EUR – Beleg Nr.

Grundvermögen? (z.B. Grundstück, Familienheim, Wohnungseigentum, Erbbaurecht) – Nein / Ja – Nutzungsart, Lage, Größe, Grundbuchbezeichnung, Jahr der Bezugsfertigkeit, Einheits-, Brandversicherungswert:

Bausparkonten? – Nein / Ja – Bausparkasse, voraussichtlicher oder feststehender Auszahlungstermin, Verwendungszweck:

Bank-, Giro-, Sparkonten u. dgl.? – Nein / Ja – Kreditinstitut, Guthabenart:

Kraftfahrzeuge? – Nein / Ja – Fahrzeugart, Marke, Typ, Bau-, Anschaffungsjahr:

Sonstige Vermögenswerte, Lebensversicherung, Wertpapiere, Bargeld, Wertgegenstände, Forderungen, Außenstände? – Nein / Ja – Bezeichnung der Gegenstände:

(H) Wohnkosten – Angaben sind zu belegen – Größe des Wohnraums, den sie mit Ihren oben unter (D) bezeichneten Angehörigen bewohnen – Größe in m² – Art der Heizung (z.B. „Zentrale Ölheizung")

Wenn Sie den Raum als Mieter oder in einem ähnlichen Nutzungsverhältnis bewohnen – Miete ohne Mietnebenkosten EUR mtl. – Heizungskosten EUR mtl. – Übrige Nebenkosten EUR mtl. – Gesamtbetrag EUR mtl. – Ich zahle darauf EUR mtl. – Ehegatte zahlt EUR mtl.

Wenn Sie den Raum als Eigentümer, Miteigentümer, Erbbauberechtigter o. dgl. bewohnen – Belastung aus Fremdmitteln EUR mtl. – Heizungskosten EUR mtl. – Übrige Nebenkosten EUR mtl. – Gesamtbetrag EUR mtl. – Ich zahle darauf EUR mtl. – Ehegatte zahlt EUR mtl.

Genaue Einzelangaben zu der Belastung aus Fremdmitteln (z.B. „... % Zinsen, ... % Tilgung aus Darlehn der Sparkasse ... für Kauf des Eigenheims; Zahlungen laufen bis ...") – Restschuld EUR – Ich zahle darauf EUR mtl. – Ehegatte zahlt EUR mtl.

(I) Sonstige Zahlungsverpflichtungen – Bitte angeben, an wen, wofür, seit wann die Zahlungen geleistet werden und bis wann sie laufen (z.B.: „Ratenkredit der ... Bank vom ... für Kauf eines Pkw; Raten laufen bis ...") – Restschuld EUR – Ich zahle darauf EUR mtl. – Ehegatte zahlt EUR mtl.

(J) Als besondere Belastung mache ich geltend: – Besondere Belastung (z.B.: Mehrausgaben für körperbehinderte Angehörige) bitte begründen. Die Angaben sind zu belegen. – Ich zahle darauf EUR mtl. – Ehegatte bringt dafür auf EUR mtl.

(K) Ich versichere hiermit, dass meine Angaben vollständig und wahr sind. Das Hinweisblatt zu diesem Vordruck habe ich erhalten.

Anzahl – Belege füge ich bei. – Aufgenommen:

Ort, Datum – Unterschrift der Partei oder der Person, die sie gesetzlich vertritt – Unterschrift, Amtsbezeichnung

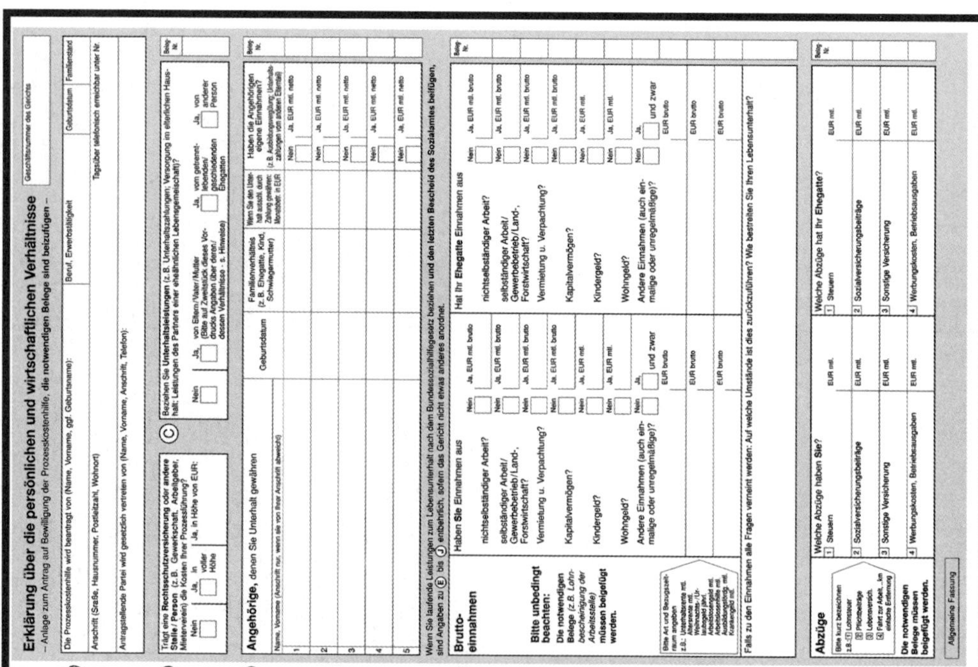

Erklärung über die persönlichen und wirtschaftlichen Verhältnisse – Anlage zum Antrag auf Bewilligung der Prozesskostenhilfe, die notwendigen Belege sind beizufügen – Geschäftsnummer des Gerichts

(A) Die Prozesskostenhilfe wird beantragt von (Name, Vorname, ggf. Geburtsname): – Beruf, Erwerbstätigkeit – Geburtsdatum – Familienstand

Anschrift (Straße, Hausnummer, Postleitzahl, Wohnort) – Tagsüber telefonisch erreichbar unter Nr.

Antragstellende Partei wird gesetzlich vertreten von (Name, Vorname, Anschrift, Telefon):

(B) Trägt eine Rechtsschutzversicherung oder andere Stelle / Person (z.B. Gewerkschaft, Arbeitgeber, Mieterverein) die Kosten Ihrer Prozessführung? – Nein / Ja, in voller Höhe / Ja, in Höhe von EUR:

(C) Beziehen Sie Unterhaltsleistungen (z.B. Unterhaltszahlungen; Versorgung im elterlichen Haushalt; Leistungen des Partners einer eheähnlichen Lebensgemeinschaft)? – Nein / Ja, von Eltern/Vater/Mutter (Bitte auf Zweitstück dieses Vordrucks Angaben über deren/dessen Verhältnisse – s. Hinweise) / Ja, vom getrenntlebenden/geschiedenen Ehegatten / Ja, von anderer Person – Beleg Nr.

(D) Angehörige, denen Sie Unterhalt gewähren – Name, Vorname (Anschrift nur, wenn sie von Ihrer Anschrift abweicht) – Geburtsdatum – Familienverhältnis (z.B. Ehegatte, Kind, Schwiegermutter) – Wenn Sie den Unterhalt ausschl. durch Zahlung gewähren: Monatsbetrag in EUR – Haben die Angehörigen eigene Einnahmen? (z.B. Ausbildungsvergütung; Unterhaltszahlungen vom anderen Elternteil) – Nein / Ja, EUR mtl. netto – Beleg Nr.

1 – 2 – 3 – 4 – 5

Wenn Sie laufende Leistungen zum Lebensunterhalt nach dem Bundessozialhilfegesetz beziehen und den letzten Bescheid des Sozialamtes beifügen, sind Angaben zu (E) bis (J) entbehrlich, sofern das Gericht nicht etwas anderes anordnet.

(E) Bruttoeinnahmen – Haben Sie Einnahmen aus / Hat Ihr Ehegatte Einnahmen aus: nichtselbständiger Arbeit? – selbständiger Arbeit/Gewerbebetrieb/Land-, Forstwirtschaft? – Vermietung u. Verpachtung? – Kapitalvermögen? – Kindergeld? – Wohngeld? – Andere Einnahmen (auch einmalige oder unregelmäßige)? – Nein / Ja, EUR mtl. brutto – und zwar EUR brutto

Bitte unbedingt beachten: Die notwendigen Belege (z.B. Lohnbescheinigung der Arbeitsstelle) müssen beigefügt werden.

Bitte Art und Bezugszeitraum angeben

Falls zu den Einnahmen alle Fragen verneint werden: Auf welche Umstände ist dies zurückzuführen? Wie bestreiten Sie Ihren Lebensunterhalt?

(F) Abzüge – Bitte kurz bezeichnen: 1 Lohnsteuer, 2 Pflichtbeiträge, 3 Lebensversich., 4 Fahrt zur Arbeit ... Die notwendigen Belege müssen beigefügt werden. – Welche Abzüge haben Sie? / Welche Abzüge hat Ihr Ehegatte? – 1 Steuern – 2 Sozialversicherungsbeiträge – 3 Sonstige Versicherung – 4 Werbungskosten, Betriebsausgaben – EUR mtl.

Allgemeine Fassung

Nachdruck, Nachahmung, kopieren und elektronische Speicherung verboten! – Dreske & Krüger · Hannover – Vordruck Nr. 3137800 – Erklärung Prozesskostenhilfe (Form K 430 · 1217-1/02) – Soldan Best.-Nr. 31378-00

Beispiel

**Eine erwerbstätige ledige Frau mit einem Netto-Monatseinkommen von 1.100,00 EUR, die für ihre Wohnung einschließlich Nebenkosten 400,00 EUR und für Versicherungs- und Werbungskosten nochmals 200,00 EUR monatlich bezahlt, hat ebenso Anspruch auf Prozesskostenhilfe wie ein erwerbstätiger Familienvater mit zwei Kindern, Brutto-Mietkosten in Höhe von 900,00 EUR, Versicherungs- und sonstigen Werbungskosten in Höhe von 350,00 EUR, der ein monatliches Nettoeinkommen in Höhe von 2.700,00 EUR bezieht.**

Derjenige, dessen Einkommen oberhalb der Freigrenze liegt, muss sich, unabhängig davon, durch wie viele Instanzen der Prozess geht, mit maximal 48 Monatsraten an den Prozesskosten beteiligen. Die Höhe der Raten steigt progressiv an, je mehr das Einkommen die Freigrenze übersteigt. Liegt das Einkommen beispielsweise um mehr als 750,00 EUR über der Freigrenze, so beträgt die monatliche Rate 300,00 EUR zuzüglich des Einkommens, das 750,00 EUR übersteigt.

Der Anspruch auf Beihilfe muss i. d. R. durch eine eidesstattliche Versicherung bzw. durch einen Lohnstreifen und entsprechende Belege nachgewiesen werden.

**Beratungshilfe** erhält der Antragsteller, wenn er sich bei einem Anwalt oder einem Amtsgericht fachlichen Rat holen möchte und die Einkommensvoraussetzungen erfüllt. Er hat dann lediglich eine Schutzgebühr in Höhe von 10,00 EUR selbst zu tragen. Der Antragsteller muss einen mündlichen oder besser schriftlichen Antrag beim Amtsgericht oder direkt bei seinem Rechtsanwalt stellen, der diesen Antrag dann weiterleitet. Wird der Antrag genehmigt, erhält der Antragsteller einen entsprechenden Berechtigungsschein.

Die **Prozesskostenhilfe** erhält ein Anspruchsberechtigter auf Antrag, wenn er nach Einschätzung des Gerichts nicht nur geringe Aussichten hat, den Prozess auch zu gewinnen. Sie wird dann nicht gewährt, wenn der Ehepartner oder die Eltern aufgrund der gesetzlichen Unterhaltspflicht für die Kosten aufkommen müssen. Die Hilfe umfasst die Gerichtskosten und die Kosten des eigenen Anwalts, sofern Anwaltszwang besteht oder das Gericht einen Anwalt *beiordnet*. Diese Kosten werden entweder vollständig oder zum Teil übernommen. Ein gewisses Kostenrisiko bleibt jedoch: Verliert der Antragsteller den Prozess, muss er die Kosten des Gegners tragen. Auch die Prozesskostenhilfe muss beim Amtsgericht beantragt werden. Dem Antrag muss eine Erklärung zu den persönlichen und wirtschaftlichen Verhältnissen nebst Belegen hierfür beigefügt werden.

Beispiel

**Einem Mann, der seit zehn Jahren „Freistudien im therapeutischen Bereich" betreibt und Seminare und Kurse in „humanistischer Psychologie" besucht, um hier einmal Fuß zu fassen, war Prozesskostenhilfe vom Familiengericht versagt worden. Bei der gegenwärtigen Arbeitsmarktlage führe diese Ausbildung zu keinem Beruf, so meinte der Familienrichter. Der Mann tue besser daran, sich einem vernünftigen Job zuzuwenden. Solange dies nicht geschehen sei, könne er keine Hilfe für das beabsichtigte Scheidungsverfahren erwarten.**
**Das Oberlandesgericht Karlsruhe hat das missbilligt: Wer im Alltagsleben versage, könne auch verlangen, dass er von den Gerichtskosten befreit und dass ihm ein Anwalt für einen nicht aussichtslosen Prozess auf Kosten der Staatskasse zur Verfügung gestellt werde. Anders sei es nur bei den Bürgern, die zu faul zu jeder Arbeit seien oder einen gut dotierten Posten nur deshalb aufgäben, um ihre Hilfsbedürftigkeit für den Prozess erst herbeizuführen. (OLG Karlsruhe, 26.03.1985)**

## 3.2 Das Zivilprozessverfahren

Nach erfolglosen Versuchen, etwa durch ein außergerichtliches Verfahren (vgl. Abschnitt 5.1), einen Streit beizulegen, wird eine Partei durch ein Zivilprozessverfahren eine endgültige Klärung zu erreichen suchen und Klage erheben.

Die Erhebung der Klage erfolgt durch die Einreichung der **Klageschrift**. Dies geschieht üblicherweise durch einen bei diesem Gericht zugelassenen Rechtsanwalt, kann aber beim Amtsgericht, von einigen Ausnahmen abgesehen, auch durch den Kläger selbst erfolgen. Die Klageschrift muss im Wesentlichen folgende Angaben enthalten: Name und Anschrift der Parteien, den Streitgegenstand, den Grund des erhobenen Anspruchs sowie den Antrag, über den das Gericht entscheiden soll (vgl. §§ 253, 271 ZPO).

### 3.2.1 Die Einleitung des Verfahrens

Beispiel

**Korntürk wird in seiner Klageschrift beantragen, Dunkel wegen einer zu Unrecht erhaltenen Mietvorauszahlung zur Rückzahlung von 6.000,00 EUR zu verurteilen. Die Klageschrift wird Dunkel anschließend zugestellt.**

Man unterscheidet folgende **Klagearten**:

- Durch eine **Leistungsklage** soll der Antragsgegner zu einer Leistung, Unterlassung oder Duldung verurteilt werden.
- Durch eine **Gestaltungsklage** soll ein Rechtsverhältnis begründet, geändert oder aufgelöst werden.
- Durch eine **Feststellungsklage** soll das Bestehen eines Rechtsverhältnisses gerichtlich festgestellt werden.

Beispiele

| | |
|---|---|
| **Leistungsklage:** | **Zahlung des vereinbarten Kaufpreises, Unterlassen geschäftsschädigenden Verhaltens, Duldung eines Wegerechts** |
| **Gestaltungsklage:** | **Eine Ehe soll geschieden werden, eine OHG soll aufgelöst werden, eine Vaterschaft wird angefochten** |
| **Feststellungsklage:** | **das Eigentum an einer Sache, das Bestehen eines Vertragsverhältnisses, die Echtheit einer Urkunde** |

Das **Gericht**

- prüft nun die Zulässigkeit der Klage, indem es u. a. die eigene Zuständigkeit, die Partei- und Prozessfähigkeit der Parteien überprüft,
- erhebt einen Kostenvorschuss von i. d. R. einer Gerichtsgebühr,
- setzt eventuell einen Termin für die mündliche Verhandlung fest und
- stellt dem Beklagten eine Abschrift der Klageschrift zu.

Der **Beklagte** kann den Anspruch nun innerhalb der Einlassungsfrist (die Zeit zwischen Klagezustellung und mündlicher Verhandlung) anerkennen, bestreiten oder auch nichts tun.

Der **Kläger** kann seine Klage solange zurücknehmen, bis das Urteil rechtskräftig ist. Will er dies allerdings erst nach der mündlichen Verhandlung tun, benötigt er hierzu jedoch die Einwilligung des Beklagten.

Zur vorbereitenden Klärung der sachlichen und rechtlichen Verhältnisse kann der Richter entweder einen **frühen ersten Termin** zur mündlichen Verhandlung ansetzen oder ein **schriftliches Vorverfahren** veranlassen (vgl. §§ 275, 276 ZPO).

Schon in einem frühen Prozessstadium soll eine **Güteverhandlung** anberaumt werden, um Möglichkeiten einer außerprozesslichen Einigung, etwa durch einen **Vergleich**, auszuloten, es sei denn, eine außergerichtliche Einigung vor einer Gütestelle ist bereits gescheitert oder eine solche Güteverhandlung wird von vornherein als aussichtslos eingestuft. Für die Güteverhandlung soll das persönliche Erscheinen angeordnet werden, erscheinen beide Parteien nicht, ruht das Verfahren. Ein gerichtlicher Vergleich kann durch schriftliche Annahme eines Vergleichsvorschlags des Gerichts angenommen werden. Das Gericht stellt dann das Zustandekommen und den Inhalt des Vergleichs durch Beschluss fest. Erst wenn der Güteversuch erfolglos bleibt, findet eine *mündliche Verhandlung* statt. Allerdings kann das Gericht auch in jeder anderen Phase des Verfahrens auf eine gütliche Beilegung des Konflikts hinwirken und den Parteien eine außergerichtliche Streitschlichtung vorschlagen.

**Streiten ohne Richter**

Schnell, unbürokratisch, kostengünstig: So kann und soll das Schlichtungsverfahren für den Bürger sein. Und damit nicht zuletzt ausreichend attraktiv, um die Amtsgerichte zu entlasten. Der Bund hatte noch zu Zeiten der Regierung Kohl den Ländern die Möglichkeit eines Schlichtungsgesetzes eingeräumt. Baden-Württemberg gehörte zu den Vorreitern: Seit Herbst 2000 muss hier zu Lande der Klage vor dem Amtsgericht in bestimmten zivilrechtlichen Streitigkeiten ein Schlichtungsversuch vorgeschaltet werden, der die Parteien insgesamt nur bis zu 130,00 EUR kostet. ...
Obligatorisch ist die Anrufung des Schlichters, der in der Regel Rechtsanwalt ist, bei Nachbarschaftsstreitigkeiten oder wenn es um Ehrverletzungen (außerhalb von Presse und Rundfunk) geht. Zudem kann versucht werden, vermögensrechtliche Streitigkeiten bis zu einem Streitwert von 750,00 EUR auf diese Weise beizulegen. Diese Fälle machen in der ersten Bilanz des Justizministeriums mit etwa 45 Prozent den Hauptanteil aus, gefolgt von Nachbarschaftsstreitigkeiten mit knapp 40 Prozent.
Insgesamt hat es in den vergangenen zwei Jahren jeweils knapp 2900 Schlichtungsverfahren gegeben. Mit einer Einigung endete aber nur ein Fünftel. Jeweils etwa 600 Fälle führten zu einer Klageerhebung, und der große Rest dieser Streitigkeiten wurde nach dem Scheitern des Schlichters anders befriedet. Angesichts der Tatsache, dass die Einführung der Schlichtung mit einer zu erwartenden Entlastung der Amtsgerichte begündet wurde, fällt die Bilanz daher nicht so positiv aus: 600 erfolgreich abgeschlossene Schiedsverfahren im Jahr fallen bei den 108 Amtsgerichten im Land nicht wirklich ins Gewicht. Zumal justizintern angenommen wird, dass es bis zu 25.000 Fälle für Schiedsverfahren geben könnte – ganz überwiegend Mahnsachen.

*Quelle: Badische Zeitung vom 10.04.2002*

### 3.2.2 Die mündliche Verhandlung

Beispiel

**In der mündlichen Verhandlung wird Korntürk bzw. sein Anwalt einen Antrag auf Verurteilung Dunkels stellen. Dunkel bzw. sein Anwalt wird einen Antrag auf Abweisung der Klage stellen.**

Die **mündliche Verhandlung** sollte durch die genannten vorbereitenden Handlungen so vorbereitet sein, dass die Streitsache möglichst in einem **Haupttermin** erledigt werden kann (vgl. § 272 f. ZPO). Der Haupttermin wird von dem Vorsitzenden eröffnet. Anschließend stellen die Parteien ihre Anträge, die sie aus vorbereiteten Schriftsätzen verlesen. Die Verlesung wird in der

Praxis meist dadurch ersetzt, dass die Parteien auf die vorher eingereichten Schriftsätze Bezug nehmen.

Der Zivilprozess wird durch die folgenden **Grundsätze** bestimmt:

a) **Grundsatz der Öffentlichkeit.** Dies bedeutet: Die Öffentlichkeit ist zum Prozess zugelassen. Ausnahmen: Ehesachen, Gefährdung der Sittlichkeit, Geschäftsgeheimnisse.

b) **Parteibetrieb und Verhandlungsgrundsatz:** Im Zivilprozess bestimmen die **Parteien** darüber, ob ein Prozess geführt wird, wie er verläuft und ob er beendet werden soll (durch Vergleich, Klagerücknahme, Anerkenntnis usw.).

   Das Betreiben des Prozesses liegt also in den Händen der Parteien **(Parteibetrieb)**. Ferner bestimmen die Parteien, welche Tatsachen sie dem Gericht vortragen, welche Beweise zu erheben sind usw. **(Verhandlungsgrundsatz)**. Allerdings soll der Richter durch Fragen auf eine umfassende Aufklärung hinwirken und darf von sich aus, außer dem Zeugnisbeweis, alle übrigen Beweismittel von Amts wegen zur Klärung des Falls heranziehen.

c) **Grundsatz der Unmittelbarkeit:** Dieser Grundsatz ist eng mit den beiden Prinzipien verknüpft. Nur das, was vor dem Prozessgericht direkt (unmittelbar) vorgebracht worden ist, darf für die Urteilsfindung berücksichtigt werden. Dies bedeutet auch, dass nur der Richter bei der Urteilsfällung mitwirken darf, der an der letzten Verhandlung teilgenommen hat.

d) **Der Grundsatz der Mündlichkeit:** Dieser besagt, dass alle Ausführungen, die von den Parteien zum Streitgegenstand gemacht werden, mündlich dem Gericht vorgetragen werden müssen. Davon gibt es aber viele Ausnahmen (z. B. das schriftliche Verfahren). Vor allem beziehen sich die Anwälte im Prozess gerne auf den Inhalt ihrer Schriftsätze, weshalb in solchen Prozessen von einer mündlichen Verhandlung (Rede und Gegenrede) kaum mehr gesprochen werden kann. Der Grundsatz kommt jedoch voll zur Anwendung bei einer Beweisaufnahme mit Zeugenvernehmung.

e) **Der Grundsatz des rechtlichen Gehörs:** Er besagt, dass jede Partei einen Anspruch darauf hat, gehört zu werden, bevor das Gericht eine für sie nachteilige Entscheidung trifft (vgl. auch Art. 103.1 Grundgesetz).

f) **Grundsatz der freien Beweiswürdigung:** Dieser Grundsatz bezieht sich nur auf die Bewertung der Beweismittel. Der Richter entscheidet nach freier Überzeugung, ob er eine tatsächliche Behauptung für wahr oder für unwahr hält. (Allerdings muss er sich dabei natürlich an die Gesetze der Logik halten.)

Aus all dem ergibt sich, dass es im Zivilprozess kein Unter- oder Überordnungsverhältnis gibt, beide **Parteien sind gleichgestellt**.

### 3.2.3 Das Beweisverfahren

Beispiel

**Korntürk wird seine Ansprüche nun vermutlich durch Vorlage des Mietvertrags, durch Aufstellung von Vergleichsmieten oder gegebenenfalls durch Zeugen zu beweisen versuchen.**

Jede Partei hat für ihre Behauptung den Beweis anzutreten und darf zu den Beweismitteln der Gegenpartei Stellung nahmen. Grundsätzlich muss alles bewiesen werden, was nicht unstreitig, anerkannt, offenkundig, gesetzlich zu vermuten ist oder als wahr unterstellt werden kann.

Die Beweisaufnahme soll im Anschluss an die Erörterung der Streitsache erfolgen. In einem Zivilprozess wird der Beweis von einer Partei durch **Beweisantritt** geführt. Den Kläger trifft die

**Beweislast** für alle Ansprüche, aus denen er seine Forderungen ableitet. Andererseits muss der Beklagte seine dagegen erhobenen Einwände beweisen können.

Das Gericht entscheidet durch Beweisbeschluss darüber, ob und in welchem Umfang die nachstehenden Beweise erhoben werden. Folgende **Beweismittel** sind gemäß § 371 ff. ZPO möglich:

- Beweis durch **Augenschein**: Dies bedeutet, dass das Gericht durch unmittelbare sinnliche Wahrnehmung, etwa durch eine Ortsbegehung, Beweis über Tatsachen erhebt.
- Der Beweis durch **Zeugen**: Zeuge kann jede Person, auch ein Kind, sein. Ein Zeuge muss vor Gericht erscheinen und wahrheitsgemäß aussagen.
  Ein *Zeugnisverweigerungsrecht* steht gemäß §§ 383 ZPO und 52 StPO nur den Personen zu, die mit einer Partei verlobt, verheiratet oder verwandt sind, sowie bestimmten Berufsgruppen in Bezug auf ihre berufliche Tätigkeit, wie Geistlichen, Anwälten, Steuerberatern oder Journalisten für ihre Gewährsleute.
  Erscheint ein Zeuge nicht vor Gericht oder sagt er unbegründet nicht aus, werden ihm die dadurch verursachten Kosten auferlegt und zugleich ein Ordnungsgeld gegen ihn festgesetzt.
- Beweis durch **Sachverständige**: Sachverständige können vom Gericht oder von den Parteien benannt werden und nehmen üblicherweise in einem Gutachten zu dem streitigen Sachverhalt Stellung.
- Beweis durch **Urkunden**: Private und öffentliche Urkunden, wie Verträge, Rechnungen, Grundbucheintragungen oder Baugenehmigungen, sind häufige Beweismittel.
- Beweis durch **Parteivernehmung**: Kläger und Beklagte können zum Streitgegenstand Stellung nehmen, sie sind hierzu, im Gegensatz zur Zeugenaussage, jedoch nicht verpflichtet. Entschließt sich eine Partei zur Aussage, muss sie die Wahrheit sagen, wobei die Aussage üblicherweise unbeeidigt bleibt.
  Allerdings wird das Gericht nur dann, wenn die bislang vorliegenden Beweismittel nicht ausreichen, eine Beeidigung der Aussagen anordnen und sie als Beweismittel nutzen. Der Beweis durch Parteivernehmung ist wohl das schwächste Beweismittel und wird deshalb nur selten herangezogen.

Nach der Beweisaufnahme bildet das Gericht frei eine Meinung von der Wahrheit (bzw. Unwahrheit) der vorgetragenen Tatsachen. Über jede mündliche Verhandlung ist eine Sitzungsniederschrift anzufertigen, die die wesentlichen Vorgänge der Verhandlung, und damit auch Ergebnisse der Beweisaufnahme, enthält.

### 3.2.4 Die Beendigung des Verfahrens

Beispiel

**Wenn das Gericht die Ansprüche Korntürks anerkennt, wird das Zivilprozessverfahren um Korntürks Anspruch auf Rückzahlung der Mietvorauszahlung mit einem Endurteil abgeschlossen. Dunkel wird dann zur Rückzahlung der 6.000,00 EUR und zur Zahlung sämtlicher Kosten verurteilt.**

Im Allgemeinen wird das Verfahren durch ein **richterliches Urteil beendet**. Daneben kann aber auch eine **Klagerücknahme**, ein **Vergleich** oder eine **beiderseitige Erledigungserklärung**, etwa weil die Sache, um die gestritten wird, durch Zufall zerstört wurde, das Verfahren beenden.

Das **Urteil** ist eine gerichtliche Entscheidung über eine Klage. Es wird von Richtern gefällt und mündlich oder schriftlich bekannt gegeben. Die schriftliche Fassung des Urteils ergeht im Namen des Volkes und enthält im Wesentlichen den Urteilsspruch, den Tatbestand und die Urteilsbegründung, vgl. § 300 ZPO.

# U R T E I L

**Das Amtsgericht in Seestadt**
9 C 1011/...

**Verkündet am** 15. April 2007
gez. Jansen, Justizangest.
als Urkundsbeamter der Geschäftsstelle

## Im Namen des Volkes!

**In dem Rechtsstreit**

des Einzelhandelskaufmanns Aiko Kunzelmann in Seestadt, Bohlenweg 15, Kläger,

**gegen**

den Elektriker Bastian Menzel, in Seestadt, Hasenweg 9, Beklagter,

**wegen Zahlung**

**hat das Amtsgericht in Seestadt**

auf die mündliche Verhandlung vom 12. Januar 2007 durch den Amtsgerichtsrat Tommsen für Recht erkannt:

Der Beklagte wird verurteilt, an den Kläger 1.400,00 EUR nebst 4 % Zinsen seit dem 20. Oktober 2006 zu zahlen.

Die Kosten des Rechtsstreits werden dem Beklagten auferlegt.

Das Urteil ist vorläufig vollstreckbar.

Je nach Voraussetzungen und Inhalt unterscheidet man unter anderem folgende **Arten** von Urteilen:

- Durch **Endurteile** wird in der jeweiligen Instanz ein Verfahren beendet.
- **Zwischenurteile** werden über einzelne strittige Prozessfragen, wie z. B. die Partei- und Prozessfähigkeit, gefällt, sie beenden einen Prozess jedoch noch nicht.
  Das *Grundurteil* ist ein besonderes Zwischenurteil, durch das eine Vorabentscheidung über den Rechtsgrund getroffen werden kann. Hier kann das Gericht zunächst über den Rechtsgrund entscheiden und erst im Endurteil wird dann über den Klagebetrag entschieden.
- **Verzichtsurteile** werden auf Antrag des Beklagten gefällt, wenn der Kläger auf seinen Anspruch verzichtet.
- **Anerkenntnisurteile** ergehen gegen den Beklagten, wenn er den Anspruch des Gegners anerkennt und den Forderungen nachkommen will.

- Ein **Versäumnisurteil** ergeht i. d. R. auf Antrag des Klägers gegen den Beklagten (der umgekehrte Fall ist möglich, kommt in der Praxis jedoch selten vor), wenn die andere Partei nicht zur mündlichen Verhandlung erscheint.
  Entsprechend den Grundsätzen der Unmittelbarkeit und des Parteibetriebs berücksichtigt der Richter hier nur den Vortrag der erschienenen Partei. Er darf nichts von dem berücksichtigen, was der nicht Erschienene bereits vorgetragen hat, auch wenn es sich um stichhaltige Einwände handelt.

### 3.2.5 Die Rechtsmittel

Beispiel

**Dunkel ist mit dem Urteil nicht einverstanden. Er legt beim Amtsgericht Radolfzell drei Wochen nach der Zustellung des Urteils gegen das Urteil Berufung ein. Er begründet die Berufung damit, dass die vorgelegten Vergleichsmieten nicht aktuell und erheblich zu niedrig waren und er somit berechtigt war, eine höhere Miete zu fordern.**

Ist eine der Parteien mit dem Endurteil (u. U. auch mit einem Zwischenurteil) nicht einverstanden, kann sie unter bestimmten Voraussetzungen Rechtsmittel einlegen.

#### 3.2.5.1 Die Berufung

Die **Berufung** ist ein Rechtsmittel gegen Endurteile, also das Verfahren abschließende Urteile der ersten Instanz, also Amts- bzw. Landgerichtsurteile. Sie muss begründet werden und führt dann gegebenenfalls zur Aufhebung oder Abänderung des ersten Urteils. Allerdings wird sie nur zugelassen, wenn die Beschwerdesumme 600,00 EUR übersteigt oder das Gericht die Berufung ausdrücklich im Urteil zugelassen hat. Sie ist dann zuzulassen, wenn die Rechtssache von grundsätzlicher Bedeutung ist, das Recht durch die Entscheidung weiterentwickelt wird oder eine einheitliche Rechtsprechung gesichert werden soll. Sie kann allerdings von der zweiten Instanz, der Berufungsinstanz, verworfen werden, wenn sie keine Aussicht auf Erfolg oder die Rechtssache ihrer Einschätzung zufolge keine grundsätzliche Bedeutung hat. Damit sind die Anforderungen an die Berufungsbegründung gestiegen. Eine Berufung kann nur einmal eingelegt werden.

Durch eine Reform der Zivilrechtsordnung wurde die erste Instanz, die Amts- und Landgerichte, gestärkt. Sie ist nun grundsätzlich die alleinige Tatsacheninstanz. Die **Berufungsinstanz** überprüft die erstinstanzlichen Urteile im Wesentlichen nur noch auf *Rechtsfehler* und beseitigt diese dann. Nur dann, wenn aufgrund konkreter Anhaltspunkte ernstliche Zweifel an der Richtigkeit und Vollständigkeit der Tatsachenfeststellung der ersten Instanz bestehen, kann das Berufungsgericht noch einmal die Tatsachen überprüfen. Das Berufungsgericht ist damit grundsätzlich an die im ersten Verfahren festgestellten Tatsachen gebunden, neue Tatsachen können nur noch ausnahmsweise vorgebracht werden. Ebenfalls können neue Ansprüche nur noch in eingeschränktem Umfang geltend gemacht werden.

Die **Berufungsfrist** beträgt einen Monat ab Zustellung des erstinstanzlichen Urteils, beginnt aber spätestens fünf Monate nach der Urteilsverkündung, die **Begründungsfrist** beträgt zwei Monate ab Zustellung des Urteils. In der schriftlichen **Berufungsbegründung** muss angegeben werden, inwieweit und warum das Urteil angefochten wird und welche Abänderung aus welchen Gründen angestrebt wird. Insbesondere muss die Rechtsverletzung begründet werden und gegebenenfalls müssen neue Angriffs- und Verteidigungsmittel genannt und ihre Zulässigkeit begründet werden.

Die **Berufungsinstanz** ist die jeweils höhere Instanz, also das Land- bzw. das Oberlandesgericht. Für Entscheidungen des Familiengerichts und in Kindschaftssachen ist jedoch das Oberlandesgericht Berufungsinstanz.

## Übersicht: Zivilprozessverfahren

**Einreichung der Klage**
- Feststellungsklage
- Gestaltungsklage
- Leistungsklage

↓

**Prüfung der Zulässigkeit der Klage**
- Zuständigkeit
- Partei- und Prozessfähigkeit

↓

**Anberaumung eines Termins**

↓

**Zustellung der Klageschrift** — Evtl.
- Beklagter erkennt die Klage an
- Kläger nimmt die Klage zurück

↓

Evtl.:
- früher erster Termin oder
- schriftliches Vorverfahren,
- Güteverhandlung

↓

**Hauptverhandlung**

**Verfahrensgrundsätze:**
Grundsatz der Öffentlichkeit
Parteibetrieb und Verhandlungsgrundsatz
Grundsatz der Unmittelbarkeit
Grundsatz der Mündlichkeit
Grundsatz des rechtlichen Gehörs
Grundsatz der freien Beweiswürdigung

↓

Haupttermin
Mündliche Verhandlung

↓

Beweisverfahren

**Beweis** durch
- Augenschein
- Zeugen (Zeugnisverweigerungsrecht!)
- Sachverständige
- Urkunden
- Parteivermehrung

↓

**Beendigung** des Verfahrens — Durch:

**Antrag der Parteien**

**Vergleich**

**Urteil**
- Endurteil
- Teilurteil
- Zwischenurteil
- Vorbehaltsurteil
- Verzichtsurteil
- Anerkennungsurteil
- Versäumnisurteil

↓

Eventuelle **Rechtsmittel**
- Berufung gegen Endurteile der ersten Instanz
- Revision gegen Berufungsurteil des OLG
- Sprungrevision
- Beschwerde gegen Beschlüsse und Verfügungen

(– Einspruch gegen Versäumnisurteile = Rechtsbehelf)

Mit Einwilligung des Gegners kann gegen erstinstanzliche Landgerichtsurteile u. U. auch die Sprungrevision beim BGH eingelegt werden, wenn die Voraussetzungen hierfür gegeben sind.

Über die Berufung entscheidet entweder die mit drei Berufsrichtern besetzte Zivilkammer beim Landgericht oder der ebenfalls mit drei Berufsrichtern besetzte Zivilsenat beim Oberlandesgericht. Es kann aber auf Landgerichtsebene auch ein Einzelrichter zuständig sein, wenn die erstinstanzliche Entscheidung von einem Einzelrichter stammt, die Sache keine besonderen Schwierigkeiten aufweist und nicht bereits ein Haupttermin stattgefunden hat. Ansonsten ist regelmäßig ein vorbereitender Einzelrichter vorgesehen.

#### 3.2.5.2 Die Revision

Die **Revision** ist ein Rechtsmittel gegen alle Endurteile, also gegen Berufungsurteile der Land- und Oberlandesgerichte, das jedoch zulassungsbedürftig ist. Die Zulassungskompetenz liegt grundsätzlich beim Berufungsgericht, das die Revision zulassen muss, wenn die Rechtssache grundsätzliche Bedeutung hat, das Recht durch die Entscheidung fortgebildet wird oder eine einheitliche Rechtsprechung gesichert werden soll. Damit hängt die Revision nun nicht mehr von der Höhe des Streitwertes ab: Jede Revision ist jetzt zulassungsbedürftige Grundsatzrevision.

Gegen die Nichtzulassung der Revision durch das Berufungsgericht kann die unterlegene Partei eine *Nichtzulassungsbeschwerde* beim Revisionsgericht erheben, jedoch bis zum 31.12.2006 nur, wenn der Streitwert höher als 20.000,00 EUR ist. In Familiensachen ist die Nichtzulassungsbeschwerde erst ab dem 01.01.2007 überhaupt zulässig.

Die Revision kann nur auf eine Rechtsverletzung gestützt werden, die beispielsweise durch die falsche Anwendung von Rechtsnormen (materielle Rechtsverletzung) oder durch Verfahrensfehler zustande kommt. **Revisionsinstanz** ist der BGH.

Durch die **Sprungrevision** zum BGH wird die Berufungsinstanz übersprungen, um vorwiegend zur Klärung grundsätzlicher Rechtsfragen eine Entscheidung des Revisionsgerichts herbeizuführen. Die Voraussetzung für das Einlegen einer Sprungrevision ist neben den allgemeinen Revisionsvoraussetzungen in jedem Fall die Einwilligung des Gegners, da ihm hierdurch eine Rechtsmittelinstanz verloren geht.

**Übersicht: Berufung – Revision**

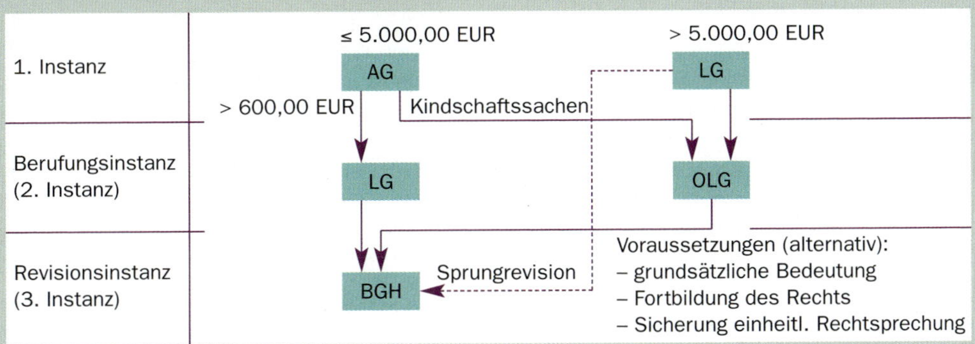


#### 3.2.5.3 Beschwerde und Einspruch

Weiter sind noch folgende Rechtsmittel und Rechtsbehelfe von Bedeutung.

Die **Beschwerde** ist ein Rechtsmittel gegen Beschlüsse und Verfügungen (also nicht gegen Urteile) eines Gerichts, mit denen eine Partei nicht einverstanden ist. In Zivilrechtsverfahren ist nur die fristgebundene, sofortige Beschwerde zulässig.

Soweit keine andere Beschwerdefrist bestimmt ist, muss sie innerhalb von zwei Wochen eingelegt werden. Sie soll auch begründet werden, neue Angriffs- und Verteidigungsmittel können aufgeführt werden. Für die Prozesskostenhilfebeschwerde ist in § 127.2 ZPO festgelegt, dass die sofortige Beschwerde binnen einer Notfrist von einem Monat eingelegt werden muss. Wenn die Fristsetzung nicht beachtet wird, treten sog. Präklusionswirkungen ein.

Zuständig ist grundsätzlich der Einzelrichter, wenn in erster Instanz der Einzelrichter oder der Rechtspfleger entschieden hat. Dieser hat das Verfahren wiederum nur dann an die Zivilkammer abzugeben, wenn besondere Schwierigkeiten bestehen oder die Sache eine grundsätzliche Bedeutung hat.

Beispiel

**Beschwerde gegen eine Kostenentscheidung oder gegen die Zurückweisung eines Gesuchs oder Antrags einer Partei.**

Gegen Entscheidungen über eine Beschwerde kann nun die sog. *Rechtsbeschwerde* eingelegt werden. Sie ist vergleichbar mit der Revision, beschränkt sich auf eine Rechtsprüfung und bewirkt, dass in Fragen grundsätzlicher Bedeutung eine Klärung durch den BGH auch in Nebenentscheidungen möglich wird. Allerdings wird die praktische Relevanz wohl gering sein, da die Nichtzulassung unanfechtbar ist. Die Rechtsbeschwerde ist in den im Gesetz ausdrücklich bestimmten Fällen oder dann gegeben, wenn sie das Beschwerde-, Berufungs- oder das Oberlandesgericht in der ersten Instanz zugelassen hat.

Der **Einspruch** ist ein *Rechtsbehelf* gegen ein Versäumnisurteil oder einen Vollstreckungsbescheid (vgl. Abschnitt 5). Es muss innerhalb von zwei Wochen bei dem Gericht eingelegt werden, welches das entsprechende Urteil bzw. den Bescheid erlassen hat.

Wird innerhalb der vorgeschriebenen Fristen kein Rechtsmittel eingelegt, wird das Urteil **rechtskräftig**.

### 3.2.5.4 Arrest und einstweilige Verfügung

Die Zivilprozessordnung sieht zwei verschiedene Eilverfahren vor, durch die ein Gläubiger rasch seine Forderung vollstrecken kann, den Arrest und die einstweilige Verfügung. Während durch den Arrest eine Geldforderung gesichert werden soll, können durch eine einstweilige Verfügung anderweitige Ansprüche gesichert werden.

Beim **Arrest** unterscheidet man zwei Formen: Durch einen dinglichen Arrest, gem. § 928 ZPO, wird die Zwangsvollstreckung in das Vermögen des Schuldners vollzogen. Sie kann gerichtlich angeordnet werden, wenn die Vollstreckung des Anspruchs nur schwer möglich ist oder die Gefahr besteht, dass sie vereitelt werden würde (Arrestgrund). Wie bei der Zwangsvollstreckung üblich, erfolgt sie in bewegliches Vermögen oder Forderungen durch Pfändung und bei Grundstücken durch die Eintragung einer Sicherheitshypothek. Wenn der dingliche Arrest nicht zum Erfolg führt, kann das Gericht gem. § 933 ZPO einen *persönlichen Arrest,* die Haft oder eine sonstige Beschränkung der persönlichen Freiheit des Schuldners, anordnen.

Der Arrestbefehl ist ein Vollstreckungstitel und muss vom Gläubiger durch ein Arrestgesuch beim Arrestgericht beantragt werden. Arrestgericht ist wahlweise das Gericht, das über die Hauptsache zu entscheiden hat, oder das Gericht, in dessen Bezirk sich der vom Arrest betroffene Gegenstand bzw. – beim persönlichen Arrest – der Schuldner befindet. Gegen den entsprechenden Beschluss kann der Schuldner Widerspruch einlegen, über den mündlich verhandelt wird. Die Entscheidung über den Widerspruch ergeht durch Endurteil.

Aus dem Arrestbefehl muss innerhalb eines Monats ab Verkündung oder Zustellung des Beschlusses an den Antragsteller vollstreckt werden. Allerdings kann die Vollstreckung aus dem Arrestbefehl auch schon vor der Zustellung des Arrestbefehles an den Schuldner erfolgen. Die

Zustellung muss dann jedoch innerhalb einer Woche nach der Vollziehung erfolgen. Da der Arrestbefehl nur zur Sicherung der Forderung erwirkt wird, darf die Sache jedoch noch nicht versteigert werden. Wird nicht innerhalb der Monatsfrist vollstreckt, verliert der Arrestbefehl seine Wirkung.

Das Verfahren zur Erlangung einer **einstweiligen Verfügung**, gem. §§ 935, 940, ZPO entspricht dem Arrestverfahren, jedoch geht es hier nicht um eine Geldforderung, sondern etwa um die Herausgabe einer Sache oder die Unterlassung einer bestimmten Handlung, wie etwa die Verbreitung unzutreffender Behauptungen über den Antragsteller. Auch hier handelt es sich also um die Verfügung eines Gerichts zur Sicherung eines Anspruchs, die i. d. R. in einem Verbot oder Gebot bestimmter Handlungen besteht.

Zuständig ist das Gericht, das ebenfalls für die Hauptsache zuständig wäre, in dringenden Fällen auch das Amtsgericht, in dessen Bezirk sich der Streitgegenstand befindet. Das Verfahren entspricht weitestgehend dem Arrestverfahren.

### 3.2.5.5 Verfahren bei Urkundenprozessen

Bei rechtlichen Problemen in Urkunden-, Scheck- und Wechselangelegenheiten führt ein beschleunigtes Verfahren der ZPO, der Urkundenprozess gem. § 592 ff., zu einem schnellen Vollstreckungstitel. Voraussetzungen sind hierfür

- eine Erklärung, dass im Urkunden-, Wechsel-, Scheckprozess geklagt wird,
- ein durch eine Urkunde bewiesener Anspruch,
- glaubhaft gemachte Nebenforderungen, wie etwa Zinsen, Spesenkosten, Provisionen sowie
- die im Original oder als beglaubigte Abschrift vorgelegte Urkunde.

Sollten im Urkundenprozess keine Erfolgsaussichten bestehen, so kann der Kläger den Prozess durch Antrag in ein ordentliches Zivilprozessverfahren überleiten.

Widerspricht der Beklagte dem Anspruch, ergeht ein Vorbehaltsurteil, das jedoch als Endurteil anzusehen ist. Es sei denn, der Beklagte stellt einen Antrag auf ein *Nachverfahren* und bringt hier neue Beweismittel vor. Das Nachverfahren stellt die Fortsetzung des Verfahrens dar und wird daher gem. § 600 ZPO in der gleichen Instanz verhandelt. Je nachdem, zugunsten welcher Partei entschieden wird, wird das Vorbehaltsurteil entweder aufrechterhalten oder aufgehoben.

**Aufgaben**

(9) Geben Sie an, welches Gericht **sachlich** und **örtlich** in den folgenden Fällen zuständig ist:

a) Hella Baum, München, erhebt Klage gegen Friedrich Baum auf Zahlung von 900,00 EUR. Baum ist wohnhaft in Radolfzell.

b) Firma W. Schulze GmbH mit Sitz in Hamburg beantragt einen Mahnbescheid gegen den Maurermeister Pfeifenkorn in Münster über 4.000,00 EUR.

c) Frau Reetmann legt gegen ein Urteil des Familiengerichts in Bremen Berufung ein.

d) Der in Cottbus lebende Hauseigentümer Ralf G. möchte den arbeitslosen Hans S. aus Freiburg auf Zahlung von restlichen ausstehenden Mieten und Zinsen in einer Gesamthöhe von 1.600,00 EUR verklagen. Das von Hans S. gemietete Haus befindet sich in Ulm.

e) Die Eheleute Gerda und Friedhelm Munsing möchten sich scheiden lassen. Während Gerda noch in der gemeinsamen Wohnung in Stuttgart wohnt, lebt Friedhelm derzeit in Hoyerswerda. Der vermutete Streitwert beträgt ca. 30.000,00 EUR.

f) Der Versicherungsagent Maus, wohnhaft in Zwickau, vertritt die Columbia Versicherung in Bremen. Als sich der Kunde Großmann wegen eines Versicherungsfalls an Maus wendet, verweigert der die Zahlung. Großmann, der in Konstanz wohnt, möchte daraufhin seine Forderung in Höhe von 150.000,00 EUR (tödlicher Unfall der Ehefrau) gerichtlich einklagen.

g) Der Freiburger Student Klaus-Peter Unsinn überfährt auf einer Spazierfahrt die wertvolle Angorakatze des Ehepaars Frilling aus Rostock, die diese mit an ihren Urlaubsort Lindau genommen haben. Das Ehepaar möchte Unsinn nun auf Zahlung von 700,00 EUR verklagen.

(10) Die Rehbräu-Brauerei AG bestellt bei der Kupferschmiede Weining & Co. einen Kupferkessel im Wert von 60.000,00 EUR. Nach der Lieferung bezahlt die Rehbräu nicht. Sie wendet ein, der Kessel sei nicht ordnungsgemäß geliefert worden, die Maße stimmten nicht und das Kupfer hätte einen unüblichen Farbton.

a) Welche möglichen Beweismittel hat die Rehbräu?
b) Welche Beweismittel kommen hier in Betracht? Begründen und erläutern Sie!
c) Als Zeuge für Weining tritt dessen Schwager Lauber auf. Muss Lauber aussagen? (Genaue Begründung!) Die Rehbräu ist der Auffassung, das Gericht dürfe die Aussage Laubers nicht verwerten. Wie beurteilen Sie diese Auffassung?

## 3.3 Der Strafprozess

Wenige Wochen nach dem Urteil des Zivilgerichts erhält Dunkel die Nachricht, dass ein Strafverfahren gegen ihn eingeleitet worden sei, da er gegen § 291 StGB verstoßen habe.

§ 291. Wucher. (1) Wer die Zwangslage, die Unerfahrenheit, den Mangel an Urteilsvermögen oder die erhebliche Willensschwäche eines anderen dadurch ausbeutet, dass er sich oder einem Dritten

1. für die Vermietung von Räumen zum Wohnen oder damit verbundene Nebenleistungen

2., 3., 4.,

Vermögensvorteile versprechen oder gewähren lässt, die in einem auffälligen Missverhältnis zu der Leistung oder deren Vermittlung stehen, wird mit Freiheitsstrafe bis zu drei Jahren oder mit Geldstrafe bestraft. Wirken mehrere Personen …

(2) In besonders schweren Fällen ist die Strafe Freiheitsstrafe von sechs Monaten bis zu zehn Jahren. Ein besonders schwerer Fall liegt in der Regel vor, wenn der Täter

1. durch die Tat den anderen in wirtschaftliche Not bringt,
2. die Tat gewerbsmäßig begeht,
3. sich durch den Wechsel wucherische Vermögensvorteile versprechen lässt.

Der Strafprozess ist ein gesetzlich geregeltes Verfahren, in dem über das Vorliegen einer Straftat entschieden wird und gegebenenfalls durch ein richterliches Urteil strafrechtliche Folgen ausgesprochen werden. Wie er abzulaufen hat, ist in der Strafprozessordnung (StPO) geregelt.

Im Gegensatz zum Zivilprozess sind hier nicht beide Parteien gleichgeordnet, vielmehr setzt die Strafverfolgung von Amts wegen ein, sobald der Verdacht einer strafbaren Handlung besteht.

„Nur in bestimmten Ausnahmefällen ist es erforderlich, dass der Verletzte selbst einen Strafantrag stellt (z. B. bei Beleidigung oder Körperverletzung) oder Privatklage erhebt. Gewöhnlich wird die Strafverfolgung durch eine Strafanzeige eingeleitet, die jedermann bei der Polizei, beim Amtsgericht oder bei der Staatsanwaltschaft erstatten kann. In dem nun einsetzenden Ermittlungsverfahren hat die Staatsanwaltschaft den Sachverhalt zu erforschen, d. h. Spuren zu sichern, Zeugen zu befragen, den Beschuldigten zu vernehmen und auf diese Weise Belastungs- und Entlastungsmaterial zusammenzutragen. Dabei bedient sie sich meist der Hilfe der Polizei. Falls sich aus den Ermittlungen ein hinreichender Tatverdacht gegen den Beschuldigten ergibt, erhebt die Staatsanwaltschaft öffentliche Klage durch Einreichung einer Anklageschrift beim zuständigen Gericht.

In dem nun folgenden zweiten Abschnitt des Verfahrens prüft das Gericht, ob die Verdachtsmomente ausreichen, um das Hauptverfahren zu eröffnen. Es teilt dem Angeschuldigten die Anklageschrift mit und gibt ihm Gelegenheit, dazu Stellung zu nehmen. Nur wenn das Gericht zu der Ansicht kommt, dass

dem Angeschuldigten die Tat wahrscheinlich nachzuweisen und mit einer Verurteilung zu rechnen ist, beschließt es die Eröffnung des Hauptverfahrens.
Mit dem Eröffnungsbeschluss wird die Anklage zur Hauptverhandlung zugelassen. Damit beginnt die wichtigste Phase des Strafverfahrens, in der über die gegen den Angeklagten erhobenen Vorwürfe in ständiger Abwesenheit des Gerichts und des Staatsanwalts öffentlich und mündlich verhandelt wird. Der Angeklagte kann sich dabei durch einen Rechtsanwalt vertreten lassen, der auch das Recht zur Akteneinsicht hat. Vom Gericht wird verlangt, dass es sich nicht einfach auf die Stellungnahmen der Staatsanwaltschaft oder des Angeklagten verlässt. Vielmehr hat es das tatsächliche Geschehen von sich aus zu erforschen und sich einen unmittelbaren Eindruck vom Angeklagten, von den Zeugen und den übrigen Beweismitteln zu verschaffen. Ist die Beweisaufnahme beendet, halten Staatsanwalt und Verteidiger ihre Schlussvorträge. Das letzte Wort hat der Angeklagte. Nach geheimer Beratung verkündet der Vorsitzende des Gerichts schließlich den Urteilsspruch, der auf Verurteilung oder Freispruch lauten kann. Unter bestimmten Voraussetzungen ist auch die Einstellung des Verfahrens möglich."

*Quelle: Erich Schmidt Verlag*

Da ein Über-Unterordnungsverhältnis vorliegt, gehört das Strafrecht zum öffentlichen Recht.

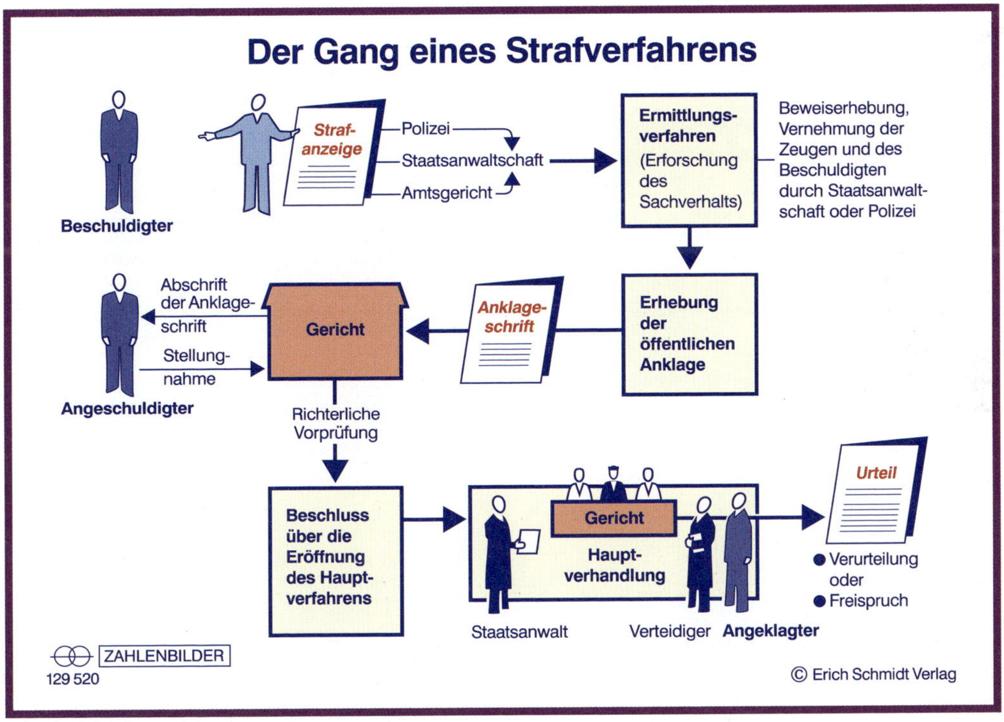


Für das Strafverfahren gelten neben den schon beim Zivilprozess behandelten Grundsätzen (siehe S. ■) des rechtlichen Gehörs, der Öffentlichkeit und Unmittelbarkeit folgende besondere **Verfahrensgrundsätze**, die sich aus dem oben beschriebenen Gang des Strafverfahrens ableiten lassen.

a) **Legalitätsprinzip**

Das Legalitätsprinzip bedeutet, dass der Staat durch die Strafverfolgungsbehörden (Staatsanwaltschaft, Polizei, Finanzamt(!)) von Amts wegen verpflichtet ist, bei Verdacht einer Straftat einzuschreiten.

b) **Amtsbetrieb und Untersuchungsgrundsatz**

Im Gegensatz zum Zivilprozess liegt hier das Betreiben des Prozesses in den Händen der Staatsanwaltschaft und des Gerichts (Amtsbetrieb).

Nur dem Staat steht der Strafanspruch für eine begangene Straftat zu. Ob das Opfer der Tat die strafrechtliche Verfolgung will, spielt außer bei Antrags- und Privatklagedelikten keine Rolle.

Der Grundsatz des Amtsbetriebs ist eng verknüpft mit dem **Untersuchungsgrundsatz**. Während es im Zivilprozess Sache der Parteien ist, was sie als Beweis für das Bestehen einer Anspruchsgrundlage bzw. zur Entlastung vortragen, haben im Strafprozess Staatsanwaltschaft und Gericht alles zu tun, um die Wahrheit zu ermitteln.

c) **Anklagegrundsatz**

Dieser bedeutet, dass kein gerichtliches Strafverfahren ohne Anklage durch die Staatsanwaltschaft (Ausnahme: Privatklagedelikte), die das Anklagemonopol besitzt, durchgeführt werden darf.

Unter bestimmten in der Strafprozessordnung (StPO) festgelegten Bedingungen kann sich der Geschädigte bzw. das Opfer als *Nebenkläger* an dem Strafverfahren beteiligen. Hierdurch hat er die Möglichkeit, gegenüber dem Täter zivilrechtliche Ansprüche wie Schadenswiedergutmachung (Schmerzensgeld) geltend zu machen.

**Vergleich: Zivil- und Strafprozess**

| Zivilprozess | Strafprozess |
| --- | --- |
| Jemand meint, durch eine Handlung (oder Unterlassung) in einem seiner Rechte verletzt worden zu sein. | Die **Staatsanwaltschaft** (StA) erhält **Kenntnis einer Straftat** (z. B. durch eine Anzeige). Sie leitet ein **Ermittlungsverfahren** ein. |
| ↓ | ↓ |
| Der **Kläger** erhebt **Klage** vor dem zuständigen Zivilgericht (AG oder LG). | Bei hinreichendem Tatverdacht erhebt die **StA Anklage** beim zuständigen Strafgericht (AG, LG, eventuell OLG) |
| ↓ | ↓ |
| Das Gericht stellt dem **Beklagten** ein Doppel der Klageschrift zu, setzt eine Frist zur Klageerwiderung und bestimmt den Termin zur mündlichen Verhandlung bzw. zum Haupttermin. | Das Gericht entscheidet anhand der Anklageschrift, **ob** es ein Strafverfahren **eröffnet**. Es fasst einen Eröffnungsbeschluss. |
| ↓ | ↓ |
| Durchführung der Gerichtsverhandlung **(Parteibetrieb, Verhandlungsgrundsatz)** | Durchführung des Hauptverfahrens **(Amtsbetrieb, Untersuchungsgrundsatz)** |
| ↓ | ↓ |
| **Beendigung** des Verfahrens durch **Urteil**, **Vergleich** oder **Klagerücknahme** | **Beendigung** des Hauptverfahrens i. d. R. durch **Urteil** oder **Freispruch** |

### 3.4 Der Rechtsanwalt im Straf- und Zivilprozess

Um seine Rechte durchzusetzen oder sich zu verteidigen, ist es immer möglich, einen Anwalt zu nehmen. In bestimmten Verfahren besteht sogar Anwaltspflicht. So kann im Zivilprozess nur ein Anwalt wirksam eine Klage vor dem LG erheben und Berufung oder Revision einlegen. Seit Anfang des Jahres 2000 kann im Übrigen jeder Rechtsanwalt in Deutschland vor jedem Amts- oder Landgericht auftreten, nur für die Vertretung vor dem Oberlandesgericht wird eine spezielle Bezirkszulassung benötigt.

Im Strafprozess gibt es nur in den vom Gesetz vorgeschriebenen Fällen Anwaltspflicht. Einem Angeklagten, der sich dann keinen Anwalt nehmen will, wird ein **Pflichtverteidiger** von Amts wegen bestellt. Die Mitwirkung eines Verteidigers ist aber immer dann vorgeschrieben, wenn die Hauptverhandlung in erster Instanz vor dem OLG oder LG stattfindet, also wenn dem Beschuldigten ein Verbrechen, also eine Straftat, die mit einer Freiheitsstrafe von mehr als einem Jahr bedroht ist, vorgeworfen wird.

## 4 Mahnverfahren und Zwangsvollstreckung

Zahlt ein Schuldner nicht, so wird er üblicherweise ein bis mehrere Male vom Gläubiger gemahnt. Führt dieses außergerichtliche Mahnverfahren nicht zum Erfolg, so kann der Gläubiger sofort ein Zivilprozessverfahren einleiten (s. o.) oder im Rahmen eines **gerichtlichen Mahnverfahrens** einen Mahnbescheid gegen den Schuldner beantragen.

### 4.1 Das gerichtliche Mahnverfahren

Das gerichtliche Mahnverfahren ist in der Zivilprozessordnung (ZPO), §§ 688–703 d geregelt. Dieses Verfahren, das ohne mündliche Verhandlung ausschließlich schriftlich durchgeführt wird, soll dem Gläubiger schnell zur Erfüllung seines Zahlungsanspruchs verhelfen oder ihm kurzfristig einen rechtskräftigen Vollstreckungstitel, die Voraussetzung für eine Zwangsvollstreckung, verschaffen.

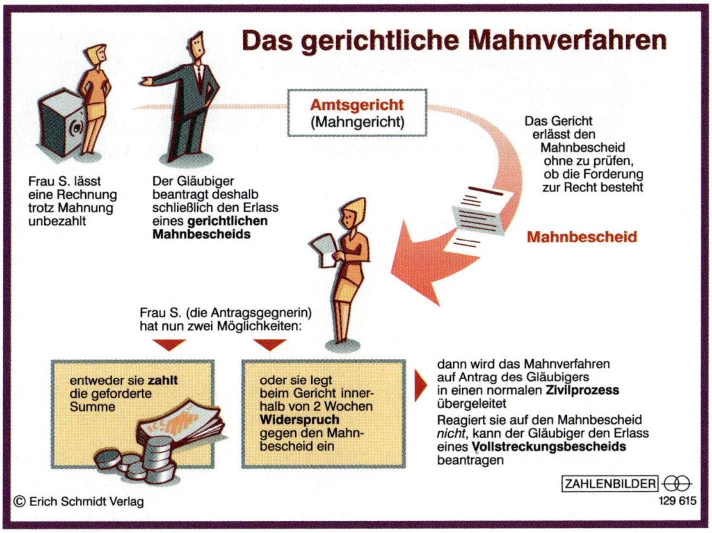


Im Allgemeinen beantragt der Gläubiger (Antragsteller) den Erlass eines **Mahnbescheids** bei dem Amtsgericht seines Wohnsitzes. Allerdings wickeln die meisten Bundesländer Mahnverfahren jedoch inzwischen nur noch über ein zentrales Amtsgericht ab, das dann sachlich und örtlich zuständig ist. Der Antrag muss im Wesentlichen die Namen der Parteien, den Forderungsbetrag und den Grund des Anspruchs enthalten sowie die Erklärung, dass der Anspruch nicht von einer Gegenleistung abhängt.

Sämtliche Anordnungen und Entscheidungen trifft ein Rechtspfleger des Amtsgerichts. Dieser prüft zunächst die formale Richtigkeit des Antrags, untersucht jedoch nicht, ob dem Antragsteller der Anspruch auch zusteht. Anschließend erlässt er den Mahnbescheid aufgrund der Angaben des Antragstellers und stellt ihn dem Schuldner zu. In dem Mahnbescheid wird der Schuldner aufgefordert, die Forderung und die Gerichtskosten innerhalb von zwei Wochen zu begleichen.

Legt der Schuldner innerhalb von zwei Wochen *Widerspruch* bei dem Amtsgericht, das den Bescheid erlassen hat, ein, wird der Mahnbescheid unwirksam. Aufgrund des Widerspruchs kann der Gläubiger einen Antrag auf mündliche Verhandlung stellen. Damit geht das gerichtliche Mahnverfahren in ein Zivilprozessverfahren über.

Falls der Schuldner innerhalb dieser Frist den Anspruch weder erfüllt noch ihm fristgerecht widerspricht, kann der Antragsteller sofort nach Ablauf der Frist einen **Vollstreckungsbescheid** beantragen. Der Vollstreckungsbescheid ist ein Vollstreckungstitel. Der Gläubiger kann daher sofort nach der Zustellung des Bescheids durch das Amtsgericht die *Zwangsvollstreckung* gegen den Schuldner betreiben. Eine Wartefrist muss gem. § 750.3 ZPO nicht eingehalten werden.

## 4.2 Die Zwangsvollstreckung

Ein gewonnener Zivilprozess garantiert dem Gläubiger noch nicht, dass der Schuldner seinen Verpflichtungen nun auch freiwillig nachkommt. Zahlt der Schuldner beispielsweise nach einem Endurteil über eine Leistungsklage nicht, so kann er durch das Zwangsvollstreckungsverfahren hierzu gezwungen werden.

Die Zwangsvollstreckung gibt dem Gläubiger nun aber nicht das Recht, die ausstehende Summe persönlich unter Gewaltanwendung einzutreiben, vielmehr ist diese Aufgabe bestimmten staatlichen Organen, vor allem den Gerichtsvollziehern, übertragen worden. Zwangsvollstreckung ist somit die Anwendung staatlicher Gewalt zur zwangsweisen Durchsetzung des festgestellten Anspruchs einer Partei.

### 4.2.1 Die Voraussetzungen

Beispiel

**Der Schuldner Dirk Engel ist verurteilt worden, an den Gläubiger Franz Axtmann 250,00 EUR zu zahlen. Da die Berufungssumme von 600,00 EUR nicht erreicht ist, ist das Urteil rechtskräftig. Zahlt Dirk nicht, so kann Franz versuchen, die Summe durch eine Zwangsvollstreckung zu erhalten.**

Voraussetzung für eine Zwangsvollstreckung ist zunächst ein Antrag auf Zwangsvollstreckung, ferner ein **Vollstreckungstitel**. Dies kann der oben erwähnte **Vollstreckungsbescheid** sein oder gemäß § 704 ZPO ein **Endurteil**, das entweder rechtskräftig ist oder für vorläufig vollstreckbar erklärt worden ist. Auf Antrag des Gläubigers wird eine Ausfertigung des Urteils mit einer **Vollstreckungsklausel**, dem amtlichen Vermerk, dass das Urteil nun vollstreckt (durchgesetzt) werden kann, versehen.

Gemäß §§ 724, 725 ZPO lautet die Vollstreckungsklausel für das einleitende Beispiel: „Vorstehende Ausfertigung wird Herrn Franz Axtmann zum Zwecke der Zwangsvollstreckung erteilt."

Nachdem der Vollstreckungstitel dem Schuldner vom Gericht **zugestellt** wurde, kann der Gläubiger die Zwangsvollstreckung einleiten.

*Wichtig:* Voraussetzungen für eine Zwangsvollstreckung sind also ein entsprechender *Antrag* auf Zwangsvollstreckung, ein *Titel,* der mit einer *Vollstreckungsklausel* versehen ist, und die *Zustellung* des Titels.

Raum für Vermerke des Gerichts

# Antrag auf Erlass eines Mahnbescheids

– Nur für Gerichte, die die Mahnverfahren maschinell bearbeiten. –

Zeilen-Nummer

1 Datum des Antrags

**Bitte beachten Sie die Ausfüllhinweise!**

## Antragsteller

2 **Bei mehreren Antragstellern: Es wird versichert, dass der in Spalte 1 Bezeichnete bevollmächtigt ist, die weiteren zu vertreten.**

**Spalte 1**

3 1 = Herr 2 = Frau
Vorname

4 Nachname

5 Straße, Hausnummer – bitte kein Postfach! –

6 Postleitzahl | Ort | Ausl. Kz.

**Spalte 2** **Weiterer Antragsteller**

3 1 = Herr 2 = Frau
Vorname

4 Nachname

5 Straße, Hausnummer – bitte kein Postfach! –

6 Postleitzahl | Ort | Ausl. Kz.

7 **Spalte 3** **Nur Firma, juristische Person u. dgl. als Antragsteller** — Rechtsform, z. B. GmbH, AG, OHG, KG

8 3 = nur Einzelfirma 4 = nur GmbH u. Co KG **sonst Rechtsform:**
Vollständige Bezeichnung

9 Fortsetzung von Zeile 9

10 Straße, Hausnummer – bitte kein Postfach! – | Postleitzahl | Ort | Ausl. Kz.

11 **Gesetzlicher Vertreter**

12 *Nr. der Spalte, in der der Vertretene bezeichnet ist*
Stellung (z. B. Geschäftsführer, Vater, Mutter, Vormund)

13 Vor- und Nachname

14 Straße, Hausnummer – bitte kein Postfach! –

15 Postleitzahl | Ort | Ausl. Kz.

11 **Gesetzlicher Vertreter** (auch weiterer)

12 *Nr. der Spalte, in der der Vertretene bezeichnet ist*
Stellung

13 Vor- und Nachname

14 Straße, Hausnummer – bitte kein Postfach! –

15 Postleitzahl | Ort | Ausl. Kz.

16

## Antragsgegner

17 **Antragsgegner sind Gesamtschuldner**

**Spalte 1**

18 1 = Herr 2 = Frau
Vorname

19 Nachname

20 Straße, Hausnummer – bitte kein Postfach! –

21 Postleitzahl | Ort | Ausl. Kz.

**Spalte 2** **Weiterer Antragsgegner**

18 1 = Herr 2 = Frau
Vorname

19 Nachname

20 Straße, Hausnummer – bitte kein Postfach! –

21 Postleitzahl | Ort | Ausl. Kz.

22 **Spalte 3** **Nur Firma, juristische Person u. dgl. als Antragsgegner** — Rechtsform, z. B. GmbH, AG, OHG, KG

23 3 = nur Einzelfirma 4 = nur GmbH u. Co KG **sonst Rechtsform:**
Vollständige Bezeichnung

24 Fortsetzung von Zeile 24

25 Straße, Hausnummer – bitte kein Postfach! – | Postleitzahl | Ort | Ausl. Kz.

26 **Gesetzlicher Vertreter**

27 *Nr. der Spalte, in der der Vertretene bezeichnet ist*
Stellung (z. B. Geschäftsführer, Vater, Mutter, Vormund)

28 Vor- und Nachname

29 Straße, Hausnummer – bitte kein Postfach! –

30 Postleitzahl | Ort | Ausl. Kz.

26 **Gesetzlicher Vertreter** (auch weiterer)

27 *Nr. der Spalte, in der der Vertretene bezeichnet ist*
Stellung

28 Vor- und Nachname

29 Straße, Hausnummer – bitte kein Postfach! –

30 Postleitzahl | Ort | Ausl. Kz.

31

DRESKE &KRÜGER

Mahnbescheid für Laser- u. Tintenstrahldrucker, 1. Blatt (1451-VI/04)
**Bestell-Nr. 33078-00**

**Soldan** Dienste für Anwälte

**Fassung 1. 1. 02**

Bitte die nächste Vordruckseite beachten!

## Bezeichnung des Anspruchs

**I. Hauptforderung – siehe Katalog in den Hinweisen –**

| Katalog-Nr. | Rechnung/Aufstellung/Vertrag oder ähnliche Bezeichnung | Nr. der Rechng./des Kontos u. dgl. | Datum bzw. Zeitraum vom | bis | Betrag EUR |
|---|---|---|---|---|---|
| | | | | | |
| | | | | | |

Postleitzahl | Ort als Zusatz bei Katalog-Nr. 19, 20, 90 | Ausl. Kz. | Vertragsart als Zusatz bei Katalog-Nr. 28 | -Vertrag

**Sonstiger Anspruch – nur ausfüllen, wenn im Katalog nicht vorhanden –** mit Vertrags-/Lieferdatum/Zeitraum vom ... bis ...

Fortsetzung von Zeile 36 | vom | bis | Betrag EUR

**Nur bei Abtretung oder Forderungsübergang:**
Früherer Gläubiger – Vor- und Nachname, Firma (Kurzbezeichnung)
Datum | Seit diesem Datum ist die Forderung an den Antragsteller abgetreten/auf ihn übergegangen.
Postleitzahl | Ort | Ausl. Kz.

**IIa. Laufende Zinsen**

| Zeilen-Nr. der Hauptforderung | Zinssatz % | oder % über Basiszinssatz | 1 = jährl. 2 = mtl. 3 = tägl. | Betrag EUR nur angeben, wenn **abweichend** vom Hauptforderungsbetrag. | Ab Zustellung des Mahnbescheids, wenn kein Datum angegeben. **ab oder vom** | **bis** |
|---|---|---|---|---|---|---|
| | | | | | | |
| | | | | | | |
| | | | | | | |

**IIb. Ausgerechnete Zinsen**
Gemäß dem Antragsgegner mitgeteilter Berechnung für die Zeit
vom | bis | Betrag EUR

**III. Auslagen des Antragstellers für dieses Verfahren**
Vordruck/Porto Betrag EUR | Sonstige Auslagen Betrag EUR | Bezeichnung

**IV. Andere Nebenforderungen**
Mahnkosten Betrag EUR | Auskünfte Betrag EUR | Bankrücklastkosten Betrag EUR | Inkassokosten Betrag EUR | Sonstige Nebenforderung Betrag EUR | Bezeichnung

**Ein streitiges Verfahren wäre durchzuführen vor dem**
1 = Amtsgericht
2 = Landgericht
3 = Landgericht – KfH
6 = Amtsgericht – Familiengericht
8 = Sozialgericht
in Postleitzahl | Ort

Im Falle eines Widerspruchs beantrage ich die Durchführung des streitigen Verfahrens.

## Prozessbevollmächtigter des Antragstellers

1 = Rechtsanwalt, 2 = Rechtsanwälte, 3 = Rechtsbeistand, 4 = Herr, Frau, 5 = Rechtsanwältin, 6 = Rechtsanwältinnen

Betrag EUR

**Ordnungsgemäße Bevollmächtigung versichere ich.**
Bei Rechtsanwalt oder Rechtsbeistand:
**Anstelle** der Auslagenpauschale des § 26 BRAGO werden die nebenstehenden Auslagen verlangt, deren Richtigkeit versichert wird.

Der Antragsteller ist nicht zum Vorsteuerabzug berechtigt.

Vor- und Nachname
Straße, Hausnummer – **bitte kein Postfach!** – | Postleitzahl | Ort | Ausl. Kz.
Bankleitzahl | Konto-Nr. | bei der/dem

**Von Kreditgebern (auch Zessionar) zusätzlich zu machende Angaben bei Anspruch aus Vertrag, für den das Verbraucherkreditgesetz oder die §§ 491 bis 504 BGB gelten:**

| Zeilen-Nr. der Hauptforderung | Vertragsdatum | Effektiver Jahreszins | Zeilen-Nr. der Hauptforderung | Vertragsdatum | Effektiver Jahreszins | Zeilen-Nr. der Hauptforderung | Vertragsdatum | Effektiver Jahreszins |
|---|---|---|---|---|---|---|---|---|
| | | | | | | | | |

Geschäftszeichen des Antragstellers/Prozessbevollmächtigten

**An das Amtsgericht – Mahnabteilung –**

Postleitzahl, Ort

Ich beantrage, einen Mahnbescheid zu erlassen und in diesen die Kosten des Verfahrens aufzunehmen.
Ich erkläre, dass der Anspruch von einer Gegenleistung
- abhängt, diese aber bereits erbracht ist.
- nicht abhängt.

Unterschrift des Antragstellers/Vertreters/Prozessbevollmächtigten

Fassung 1.1.02 | Soldan Dienste für Anwälte | Mahnbescheid für Laser- u. Tintenstrahldrucker, 2. Blatt (1451-V/04) Bestell-Nr. 33078-00 | DRESKE & KRÜGER

### 4.2.2 Die Zwangsvollstreckung in das bewegliche Vermögen

In den folgenden Unterabschnitten wird fast ausschließlich die Zwangsvollstreckung wegen ausstehender Geldforderungen behandelt, vgl. hierzu § 803 ff. ZPO.

## Der Gerichtsvollzieher

Der Gerichtsvollzieher – jener schwarze Mann der Erwachsenenwelt, der mit grimmiger Miene durch die Zimmer streift und die letzte Habe mitnimmt, während der Vater gebrochen in der Ecke steht, die Mutter mit den fünf Kleinkindern am Rockzipfel um Erbarmen fleht? Ich bin mit einem dieser Gerichtsvollzieher, denen der „Kuckucks"-Ruf vorauseilt, durch die Dörfer gefahren, irgendwo im Badischen …

Bei unserer Rundfahrt steht kein „Neuer" auf der Liste. Wie immer fährt er in zwei wohlbekannte Neubausiedlungen, „wo praktisch jeder einer meiner Kunden ist". Es sind Leute, vermutet der Gerichtsvollzieher, die sich bei Versandkäufen und Ratenzahlungen ausweglos in Schulden verstrickt haben. Nur bei einer Adresse haben wir Glück, öffnet sich eine Tür.

Eine Wohnung aus dem Versandhauskatalog. Warum pfändet der Mann nichts bei der schweigsamen jungen Witwe, füllt nur ein Formular aus? „Alles, was Sie gesehen haben", erzählt er mir hinterher, „gehört ihr nicht." Die Frau hat erst kürzlich den „Offenbarungseid" geleistet (der heutzutage als eidesstattliche Versicherung abgegeben wird). Möbel und andere pfändbare Einrichtungsgegenstände stehen häufig unter Eigentumsvorbehalt der Verkäufer und dürfen deshalb nicht zugunsten anderer Gläubiger versteigert werden. Bei der Pfändung müsste sich der Gerichtsvollzieher um solche Eigentumsverhältnisse allerdings nicht kümmern. „Aber", sagt er, „ich erkundige mich natürlich. Sonst heißt es bloß: Was ist das für ein Dubel? Der pfändet Sachen, die man dann wieder herausgeben muss."

Weil die klassische Tätigkeit des Gerichtsvollziehers, das Aufkleben des berüchtigten „Kuckucks", häufig nichts einbringt, sind viele Gläubiger auf Lohnpfändungen scharf. Auch an diesem Morgen sind bei mehreren Firmen solche „Pfändungs- und Überweisungsbeschlüsse" zu verteilen, eine unproblematische Arbeit. Chefs und Lohnbuchhalter kennen den Vorgang, sind freilich wenig erbaut: Das gibt Verwaltungsarbeit und Ärger mit dem Betroffenen, der nur einen Teil seines Lohnes bekommt. Der Betrieb muss anhand von Tabellen selbst ausrechnen, wie viel Geld monatlich abgezogen und weiterüberwiesen werden muss … Zum Schluss der Rundreise erlebe ich endlich einen Gerichtsvollzieher in Aktion, wie ich mir das ungefähr vorgestellt habe. „Wenn die da ist", bereitet er mich beim Einparken vor, „schlage ich unerbittlich zu. Der Farbfernseher steht hier links in der Ecke." Die Frau ist da, und sie ist erschrocken: „Schon wieder? Was ist denn jetzt?" Der Farbfernseher ist auch da, und weil die Forderung „so a Hüffe" ist, kann die Frau nicht zahlen. So wird denn der „Kuckuck" herausgeholt, das Pfandsiegel, auf dem früher der Reichsadler (daher der Vogelname) abgebildet war. Die kleine Plakette klebt dezent an der Rückseite des Gerätes. Die Frau wird auf die strafrechtlichen Folgen aufmerksam gemacht: dass sie den Fernseher jetzt nicht mehr verkaufen darf, weil sie sonst „Pfandentstrickung, Siegelbruch und was weiß ich noch alles" begehen würde. Aber der Gerichtsvollzieher ist sicher: „Die zahlt jetzt, da passiert nichts mehr." Er hat ihr schließlich eine dreimalige Ratenzahlung ermöglicht; der bereits angesetzte Versteigerungstermin wird bei Zahlung jeweils verlegt.

Heulen und Zähneknirschen wegen einer Pfändung ist erst dann angebracht, wenn ein Gegenstand zur Versteigerung kommt. Bis dahin kann beispielsweise der Fernseher noch benutzt werden. Trotzdem gibt es gerade bei der Pfändung von Farbfernsehern immer wieder Szenen: „Den wollen sie partout nicht pfänden lassen." Aber Fernsehgeräte, sagt er, sind pfändbar, notfalls durch Austauschpfändung. Dem Schuldner muss dann wenigstens ein Schwarzweißgerät oder ein Radio bleiben.

*Quelle: Badische Zeitung*

#### 4.2.2.1 Die Pfändung

Beispiel

**Bei seinem dritten Besuch trifft Gerichtsvollzieher Friedhelm S. Frau Lütkehus an. Da sie eine Forderung über 800,00 EUR bisher nicht bezahlt hat und dies auch jetzt nicht sofort kann, klebt der Gerichtsvollzieher das Pfandsiegel, den Kuckuck (auf dem früher der Reichsadler abgebildet war), auf die Rückseite ihrer High-End-Anlage. Friedhelm S. macht Frau Lütkehus auf die strafrechtlichen Folgen aufmerksam: Sie darf die Anlage jetzt nicht mehr verkaufen, weil sie sich sonst mehrerer Delikte wie „Pfandentstrickung" und „Siegelbruch" schuldig machen würde. Zum Schluss bietet Friedhelm S. dreimalige Ratenzahlung der Forderung an.**

Die Zwangsvollstreckung in das bewegliche Vermögen des Schuldners wird durch den Gerichtsvollzieher im Auftag des Gläubigers durchgeführt (vgl. § 753 ZPO). Sie erfolgt i. d. R. durch Pfändung und anschließende Verwertung der Pfandsache. Pfändet der Gerichtsvollzieher Geld, so ist dies direkt an den Gläubiger abzuführen, pfändet er bewegliche Gegenstände, so werden diese zu einem späteren Termin versteigert.

Die Pfändung ist ein staatlicher Hoheitsakt, durch den die Sache der Verfügungsmacht des Schuldners entzogen wird. Bei beweglichen Sachen erfolgt die Pfändung entweder durch Inbesitznahme (Beschlagnahme), Geld, Schmuck oder Wertpapiere (auch Wechsel und Schecks) wird der Gerichtsvollzieher gleich mitnehmen oder durch das Anbringen eines *Pfandsiegels* (Kuckuck) bei größeren Gegenständen wie z. B. einer teuren Hi-Fi-Anlage oder echten Orientteppichen (vgl. § 808 ZPO). Über beim Schuldner verbleibende gepfändete Gegenstände darf dieser nicht mehr verfügen, tut er dies trotzdem, macht er sich gemäß § 136 StGB strafbar und kann mit einer Freiheitsstrafe bis zu einem Jahr bestraft werden.

Für die Pfändung gelten folgende **Regeln**:

- Vor der Pfändung sollen die Gegenstände durch den Gerichtsvollzieher geschätzt werden.
- Es dürfen nicht mehr Sachen gepfändet werden, als zur Begleichung der Schulden und Nebenkosten notwendig sind (Verbot der Überpfändung).
- Wenn die Versteigerung der Gegenstände lediglich die Deckung der Kosten der Zwangsvollstreckung erwarten lässt, hat eine Pfändung zu unterbleiben, vgl. § 803 ZPO (Verbot der zwecklosen Pfändung).
- Ebenso sollen Haushaltsgegenstände, deren voraussichtlicher Versteigerungserlös in keinem Verhältnis zu ihrem Gebrauchswert steht, nicht gepfändet werden (z. B. eine alte Küchenmaschine: hoher Gebrauchswert, voraussichtlicher Versteigerungserlös jedoch höchstens 30,00 EUR).

#### 4.2.2.2 Unpfändbare Sachen

Beispiel

**Ihr Arbeitskollege hat sich ein genauso schnelles wie teures Auto gekauft. Bald muss er jedoch erfahren, dass die Raten sich nicht mit seinem Gehalt vertragen. So entschließt er sich schweren Herzens, sein Traumstück wieder zurückzugeben. Zuvor will er jedoch noch einmal den Rausch der Geschwindigkeit genießen. Das tut er leider zu gründlich und fährt den Wagen zu Schrott. Der Autoverkäufer zeigt zwar viel Mitgefühl, aber auch Fürsorge für die eigene Bilanz: Als der verhinderte Rennfahrer die noch offenen Raten nicht zahlt, verklagt er ihn mit vollem Erfolg und schickt den Gerichtsvollzieher auf den Weg. Dieser steht nun vor dem Problem, aus dem kleinen Haushalt unseres Pechvogels nahezu 20.000,00 EUR herauszuholen. Die 200-Watt-Stereoanlage, die Modelleisenbahn, der Farbfernseher, die von der Großmutter geerbte Standuhr, sie alle machen Bekanntschaft mit dem Kuckuck. Aber auch zusammen sind sie längst noch keine 20.000,00 EUR wert. Darf der Gerichtsvollzieher nun alles pfänden, was er in der Wohnung vorfindet? Auch die**

Beispiel

**Betten, die Teller und die Tassen? Zwar haben wir alle ein Interesse daran, dass übernommene Verpflichtungen auch erfüllt werden. Doch ist unser Staat ein Sozialstaat. Folglich hat er seine Zwangsvollstreckungsvorschriften so gestaltet, dass der Schuldner auch nach der Pfändung menschenwürdig weiterleben kann, also weder auf Leistungen der Sozialhilfe noch auf die Almosen barmherziger Menschen angewiesen ist.**

Bestimmte Gegenstände dürfen also nicht gepfändet werden!

**Aufgabe**
(1) Lesen Sie den § 811 ZPO und nennen Sie anschließend mindestens zehn unpfändbare Gegenstände!

**§ 811 ZPO**

Unpfändbare Sachen
Folgende Sachen sind der Pfändung nicht unterworfen:

1. die dem persönlichen Gebrauch oder dem Haushalt dienenden Sachen, insbesondere Kleidungsstücke, Wäsche, Betten, Haus- und Küchengeräte, sowie der Schuldner ihrer zu einer seiner Berufstätigkeit und seiner Verschuldung angemessenen, bescheidenen Lebens- und Haushaltsführung bedarf; ferner Gartenhäuser, Wohnlauben und ähnliche Wohnzwecken dienende Einrichtungen, die der Zwangsvollstreckung in das bewegliche Vermögen unterliegen und deren der Schuldner oder seine Familie zur ständigen Unterkunft bedarf;
2. die für den Schuldner, seine Familie und seine Hausangehörigen, die ihm im Haushalt helfen, auf vier Wochen erforderlichen Nahrungs-, Feuerungs- und Beleuchtungsmittel oder, soweit für diesen Zeitraum solche Vorräte nicht vorhanden und ihre Beschaffung auf anderem Wege nicht gesichert ist, der zur Beschaffung erforderliche Geldbetrag;
3. Kleintiere in beschränkter Zahl sowie eine Milchkuh oder nach Wahl des Schuldners statt einer solchen insgesamt zwei Schweine, Ziegen oder Schafe, wenn diese Tiere für die Ernährung des Schuldners, seiner Familie oder Hausangehörigen, die ihm im Haushalt, in der Landwirtschaft oder im Gewerbe helfen, erforderlich sind; ferner die zur Fütterung und zur Streu auf vier Wochen erforderlichen Vorräte oder, soweit solche Vorräte nicht vorhanden sind und ihre Beschaffung für diesen Zeitraum auf anderem Wege nicht gesichert ist, der zu ihrer Beschaffung erforderliche Geldbetrag;
4. ...
5. bei Personen, die aus ihrer körperlichen oder geistigen Arbeit oder sonstigen persönlichen Leistungen ihren Erwerb ziehen, die zur Fortsetzung dieser Erwerbstätigkeit erforderlichen Gegenstände;
6. Dienstkleidungsstücke sowie Dienstausrüstungsgegenstände, soweit sie zum Gebrauch des Schuldners bestimmt sind, soweit bei Beamten, Geistlichen, Rechtsanwälten, Notaren, Ärzten und Hebammen die zur Ausübung des Berufes erforderlichen Gegenstände einschließlich angemessener Kleidung;
7. bei Personen, die wiederkehrende Einkünfte der in den §§ 850–850 b bezeichneten Art beziehen, ein Geldbetrag, der dem der Pfändung nicht unterworfenen Teil der Einkünfte für die Zeit von der Pfändung bis zu dem nächsten Zahlungstermin entspricht;
8. die Bücher, die zum Gebrauch des Schuldners und seiner Familie in der Kirche oder Schule oder einer sonstigen Unterrichtsanstalt oder bei der häuslichen Andacht bestimmt sind;
9. die in Gebrauch genommenen Haushaltungs- und Geschäftsbücher, die Familienpapiere sowie die Trauringe, Orden und Ehrenzeichen;
10. künstliche Gliedmaßen, Brillen und andere wegen körperlicher Gebrechen notwendige Hilfsmittel, soweit diese Gegenstände zum Gebrauch des Schuldners und seiner Familie bestimmt sind;
11. die zur unmittelbaren Verwendung für die Bestattung bestimmten Gegenstände;
12. nicht zur Veräußerung bestimmte Hunde, deren Wert 100,00 EUR nicht übersteigt.

### Kuckuck stört die Totenruhe

Der Streit um den Grabstein dauert nun schon fast zehn Jahre. 1993 hatte ein Münchener Steinmetz im Auftrag einer Witwe den Gedenkblock aus Edelgelb-Granit angefertigt. Doch auf seine 6.000 Mark Arbeitslohn wartet er bis heute. Er erwirkte 1995 zwar einen rechtskräftigen Vollstreckungsbescheid. Doch der nutzte ihm wenig: Seine Auftraggeberin bewies durch den „Offenbarungseid" ihre Zahlungsunfähigkeit. Ende 2001 kam der Steinmetz auf die Idee, dass er sich den Grabstein und damit den Materialwert zurückholen könnte. Also beauftragte er den Gerichtsvollzieher erneut mit der Vollstreckung.

Der Gerichtsvollzieher lehnte ab: „Aufgestellte Grabsteine sind unpfändbar." Der Gläubiger beantragte beim Vollstreckungsrichter, den Gerichtsvollzieher förmlich zur Pfändung anzuweisen. Er meinte: „Grabsteine sind bewegliche Sachen und können als solche auch gepfändet werden." Der Richter lehnte jedoch ab: „Der Grabstein wäre selbst dann nicht pfändbar, wenn er ausdrücklich unter Eigentumsvorbehalt geliefert worden wäre" (Az.: 1534 M 10142/02).

Der Steinmetz legte Beschwerde beim Landgericht München I ein – ebenfalls ohne Erfolg. Die Richter hielten sich an den Wortlaut der Zivilprozessordnung (§ 811), dass „die zur unmittelbaren Verwendung für die Bestattung bestimmten Gegenstände" nicht gepfändet werden dürfen. Das diene dem Schutz des Pietätsempfindens von Schuldnern ebenso wie dem Schutz der Totenruhe. (Az.: 20 T 4693/02).

Nach über 12 Jahren entschied im November 2005 der BGH diesen Fall nun abschließend: Danach ist ein Grabstein für dessen Hersteller, der diesen unter Eigentumsvorbehalt geliefert und eine offene Forderung aus dieser Lieferung hat, nun doch pfändbar. Er fällt damit nicht unter § 811 Nr. 13 ZPO.

*Quelle: Süddeutsche Zeitung vom 30.07.2002; verändert*

#### 4.2.2.3 Austauschpfändung

**Beispiel**

**Der Gerichtsvollzieher Friedhelm S. fragt Frau Lütkehus (siehe Beispiel oben), ob sie noch ein zweites Fernsehgerät besitze. Frau Lütkehus verneint die Frage wahrheitsgemäß. Da Gegenstände, die für eine bescheidene Lebensführung benötigt werden, nicht gepfändet werden dürfen, stellt sich für Friedhelm S. nun die Frage, ob er das Gerät tatsächlich pfänden dürfe.**

**Übersicht: Zwangsvollstreckung**

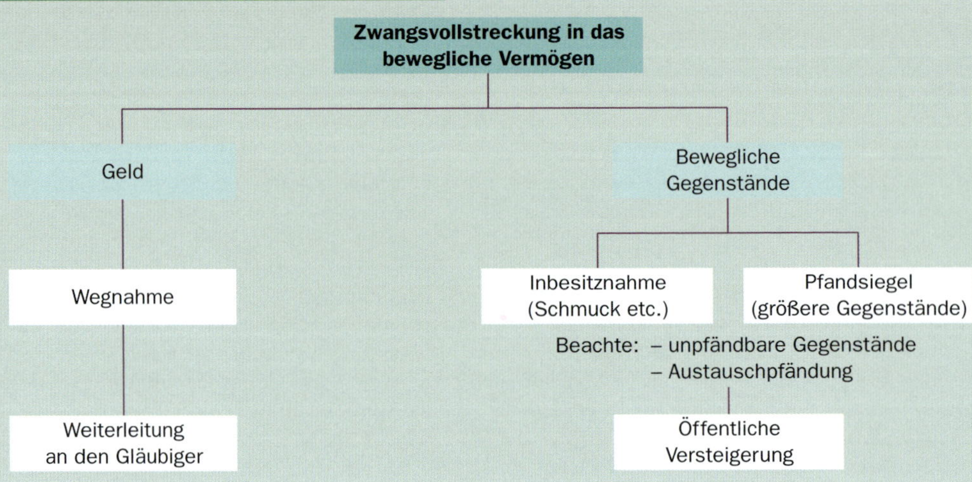

Gemäß § 811 Ziff. 1 ZPO wäre ein Pelzmantel, wenn er der einzige Wintermantel des Schuldners wäre, nicht pfändbar, andererseits gehört er jedoch auch nicht zu einer bescheidenen Lebensführung. Gemäß § 811 a ZPO kann der Gläubiger in solchen Fällen beim Vollstreckungsgericht einen Antrag auf Austauschpfändung stellen.

Im Rahmen einer Austauschpfändung würde der Gläubiger dem Schuldner einen einfachen Wintermantel zur Verfügung stellen bzw. ihm den hierzu erforderlichen Geldbetrag überlassen und könnte nun den Pelzmantel pfänden lassen.

Beispiel

**Eine High-End-Anlage könnte gegen ein Standardmodell ausgetauscht werden, ein hochwertiges gegen ein einfaches Farbfernsehgerät und die Luxuslimousine eines Vertreters gegen ein bescheideneres Auto.**

### 4.2.2.4 Die Versteigerung

Die Verwertung der gepfändeten Sachen erfolgt i. d. R. durch eine öffentliche Versteigerung, die an bestimmte Voraussetzungen geknüpft ist.

Die Versteigerung darf nicht vor Ablauf einer Woche ab Pfändungsdatum erfolgen, um dem Schuldner noch eine Möglichkeit zu bieten, seine Verbindlichkeiten zu bezahlen. Ausgenommen von dieser Regelung sind solche Pfandsachen, bei denen in der Zwischenzeit eine beträchtliche Wertminderung zu erwarten ist, also beispielsweise verderbliche Sachen.

Die Versteigerung erfolgt in der Gemeinde, in der gepfändet wurde. Zeit, Ort und Gegenstand der Versteigerung sind öffentlich bekannt zu machen (vgl. § 814 ff. ZPO).

Für die Durchführung der Versteigerung gelten folgende Grundsätze:

- Das Mindestgebot muss mindestens 50 % des gewöhnliches Verkaufswertes der Pfandsache betragen.
- Gläubiger und Schuldner dürfen mitbieten.
- Der Zuschlag erfolgt an den Meistbietenden, und zwar nach vorangegangenem dreimaligem Aufruf (zum Ersten, zum Zweiten …).
- Bei Gold- und Silbersachen muss mindestens der Gold- bzw. Silberwert als Mindestangebot oder Verkaufspreis erreicht werden.
- Die ersteigerten Sachen müssen bar bezahlt werden.
- Die Versteigerung muss beendet werden, wenn der Versteigerungserlös zur Befriedigung des Gläubigers und zur Deckung der Nebenkosten ausreicht.

Unter Umständen kann die zu versteigernde Sache auch freihändig verkauft oder direkt an den Gläubiger veräußert werden.

**Aufgaben**

(2) Der Gerichtsvollzieher pfändet am 10. September bei der Schuldnerin S in Greifswald folgende Sachen wegen einer Forderung von insgesamt 1.000,00 EUR inkl. Nebenkosten:
- den einzigen Radioapparat, Wert 100,00 EUR,
- ein gebrauchtes Mountainbike, Wert 400,00 EUR,
- einen Fotoapparat, Wert 300,00 EUR,
- eine antike Kommode, Wert 1.500,00 EUR,
- 500,00 EUR in bar.

a) In welcher Form erfolgt die Pfändung jeweils?
b) Ist die Pfändung zulässig?

(3) Vgl. Fall 1. Der Gerichtsvollzieher lässt das Fahrrad, den Fotoapparat und die Kommode versteigern. Überprüfen Sie, ob er sich im Folgenden richtig verhält:
   a) Der Versteigerungstermin wird auf den 14. September gelegt, Ort: Neubrandenburg.
   b) Den Zuschlag für die Kommode erhält P zum Preis von 500,00 EUR, über den sie sich eine Rechnung ausstellen lässt.
   c) Das Mountainbike wird für 300,00 EUR und der Fotoapparat für 280,00 EUR versteigert.

### 4.2.3 Die Zwangsvollstreckung in das unbewegliche Vermögen

**Zwangsversteigerung**

Im Wege der Zwangsvollstreckung versteigert das Amtsgericht Freiburg i. Br. am

**Montag, dem 2. Juli 20.., 20:00 Uhr**
im Amtsgerichtsgebäude in Freiburg i. Br., Holzmarkt 2, I. OG, Zimmer 241 (Saal III), das im Wohnungsgrundbuch von Freiburg i. Br. Blatt 6166 eingetragene Wohnungseigentumsrecht, nämlich

220,713/10.000 Miteigentumsanteil an dem Grundstück: Flurstück Nr. 13 306, Hof- und Gebäudefläche, Sundgauallee 55, mit 33,41 Ar,

verbunden mit dem Sondereigentum an der im Aufteilungsplan mit Nr. 66 bezeichneten Wohnung im IX. Obergeschoss (4-Zimmer-Wohnung mit 176 qm).
Der Verkehrswert ist gemäß § 74a Abs. 5 ZVG auf 340.000,00 EUR festgesetzt.
Zur Zeit der Eintragung des Versteigerungsvermerks (19. April 20..) war im Grundbuch als Eigentümer eingetragen:

Kurt Pfleiderer, Geschäftsführer in Winnenden, Mitberechtigter zu 9/20, Alfred Schäfer, Kaufmann in Winnenden, Mitberechtigter zu 5/20, Dachziegelwerke Kurt Pfleiderer KG, Winnenden, Mitberechtigter zu 6/20.
Rechte, die bei Eintragung des Versteigerungsvermerks aus dem Grundbuch nicht ersichtlich waren, sind spätestens im Versteigerungstermin vor der Aufforderung zur Abgabe von Geboten anzumelden und bei Widerspruch des Gläubigers glaubhaft zu machen, da sie sonst bei der Feststellung des geringsten Gebots nicht berücksichtigt und bei der Verteilung des Erlöses dem Anspruch des Gläubigers und den übrigen Rechten nachgesetzt werden.
Es ist zweckmäßig, schon zwei Wochen vor dem Termin eine genaue Berechnung der Ansprüche – getrennt nach Hauptbetrag, Zinsen und Kosten der Kündigung und der die Befriedigung aus dem Grundbesitz bezweckenden Rechtsverfolgung – mit Angabe des beanspruchtes Ranges einzureichen.
Wer ein Recht hat, das der Versteigerung des Grundbesitzes oder des nach § 55 ZVG mithaftenden Zubehörs entgegensteht, wird aufgefordert, vor der Erteilung des Zuschlags die Aufhebung oder einstweilige Einstellung des Verfahrens herbeizuführen, widrigenfalls für das Recht der Versteigerungserlös an die Stelle des versteigerten Gegenstandes tritt.
Es wird darauf hingewiesen, dass im Termin für Gebote Sicherheitsleistung in Höhe von regelmäßig 10 v. H. des Bargebots verlangt werden kann, welche in der Regel in Bargeld zu leisten sind.

Bietvollmachten müssen öffentlich beglaubigt sein.

79098 Freiburg, den 30. April 20..

Amtsgericht Freiburg i. Br.
– Vollstreckungsgericht –

In Tageszeitungen kann man gelegentlich gerichtliche Bekanntmachungen über Versteigerungstermine für bebaute oder unbebaute Grundstücke lesen. Daraus ist ersichtlich, wann und wo der Termin stattfindet, um welches Grundstück es sich handelt und wer im Grundbuch als Eigentümer desselben eingetragen ist; die Bekanntmachung erhält weiter die Aufforderung, etwaige der Versteigerung entgegenstehende Rechte geltend zu machen und im Grundbuch nicht eingetragene Rechte anzumelden. Schon hieraus wird deutlich, dass das Zwangsversteigerungsverfahren teilweise recht kompliziert ist.

Neben der Versteigerung besteht auch noch die Möglichkeit, eine **Zwangshypothek** eintragen zu lassen oder eine **Zwangsverwaltung** zu beantragen (vgl. § 864 ff. ZPO). Das hierfür zuständige Vollstreckungsgericht ist ausschließlich das Amtsgericht, in dessen Bezirk die Vollstreckungshandlung vorgenommen werden soll.

**Übersicht**

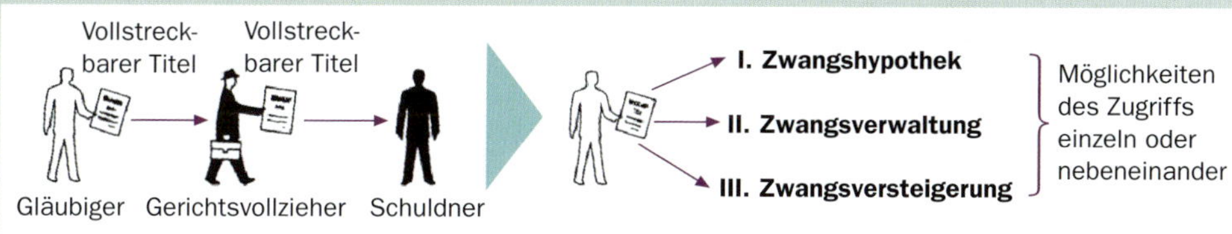


### 4.2.3.1 Zwangsversteigerung

Die Zwangsversteigerung stellt die wichtigste Art der Immobilienzwangsvollstreckung dar. Der Gläubiger stellt hierfür einen entsprechenden Antrag bei dem Amtsgericht, in dessen Bezirk das Grundstück liegt, wobei er den Anspruch aus einem Grundpfandrecht (Hypothek oder Grundschuld), einem Urteil oder einem Vollstreckungsbescheid ableitet. Das Gericht ordnet die Zwangsversteigerung an und setzt einen Versteigerungstermin fest, der öffentlich bekannt gemacht wird. Im Versteigerungstermin werden die Versteigerungsbedingungen, vor allem das Mindestgebot, bekannt gegeben. Die Versteigerung wird mit dem Zuschlag, den i. d. R. der Meistbietende erhält, abgeschlossen. Anschließend wird in einem besonderen Verteilungstermin der Versteigerungserlös an die Berechtigten verteilt.

**Übersicht**

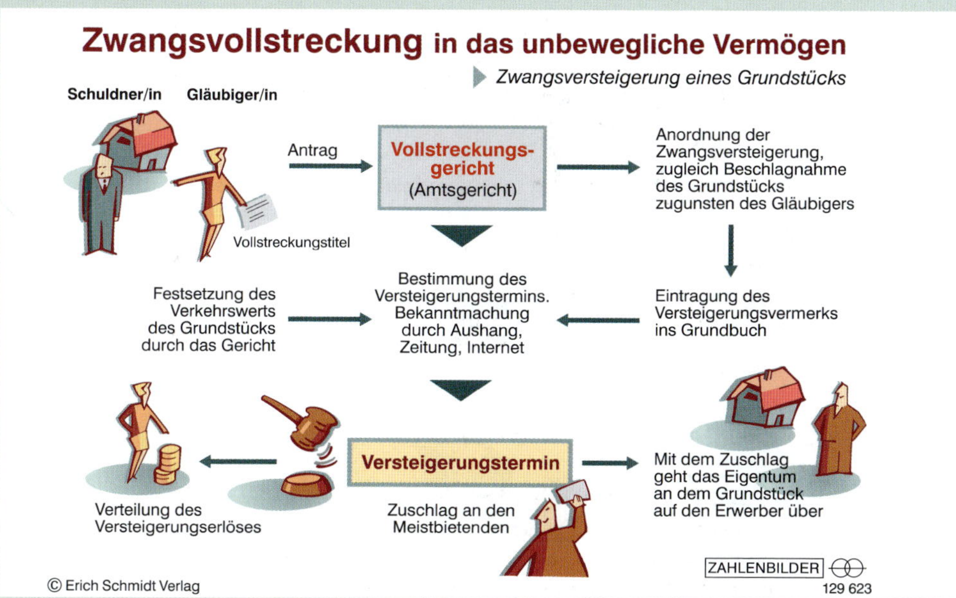

### 4.2.3.2 Zwangshypothek und Zwangsverwaltung

**Übersicht**

Die Eintragung einer Zwangs- oder Sicherungshypothek verschafft dem Gläubiger keine unmittelbare Befriedigung, sondern lediglich eine Sicherung seiner Forderung. Sie ist nur möglich für einen Betrag über 750,00 EUR und wird beim Grundbuchamt beantragt, vgl. § 866.2 ZPO.

Bei der Zwangsverwaltung soll die Forderung des Gläubigers durch die Einnahmen aus dem Grundstück beglichen werden. Hierzu wird ein Zwangsverwalter bestellt, der den Nettoertrag an den Gläubiger abführen muss. Die Zwangsverwaltung endet nach der Befriedigung des Gläubigers auf Beschluss des Gerichts. Während dieser Zeit bleibt der Schuldner Eigentümer des Grundstücks, jedoch wird die Zwangsverwaltung in das Grundbuch eingetragen. Eine Zwangsverwaltung ist vor allem dann sinnvoll, wenn der Gläubiger ständig wiederkehrende Zahlungen, etwa Unterhaltszahlungen, sichern will.

**Übersicht**

### 4.2.4 Die Zwangsvollstreckung in Forderungen und Rechte

#### 4.2.4.1 Die Pfändung von Forderungen

Beispiel

**Der Gläubiger E. Ganter bewirkt beim Vollstreckungsgericht den Erlass eines Pfändungs- und Überweisungsbeschlusses. Mit der Zustellung wird Schumann (Schuldner II) untersagt, an seinen Gläubiger, F. Seifert, zu zahlen, und den geschuldeten Betrag direkt dem Gläubiger I, E. Ganter, zukommen zu lassen.**

**Übersicht**

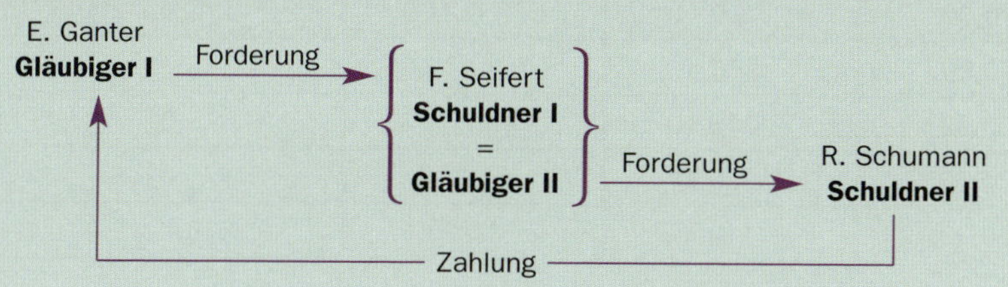


Ist der Schuldner gleichzeitig Gläubiger eines Dritten, hat er also selbst noch eine Forderung, so kann sein Gläubiger versuchen, diese Forderung zu pfänden und an sich überweisen zu lassen (vgl. § 829 ZPO). Auf ähnliche Art und Weise können auch Guthaben des Schuldners bei einer Bank oder Sparkasse bzw. Postgiroguthaben gepfändet werden, selbst Ansprüche auf einen Lohnsteuerjahresausgleich beim Finanzamt.

#### 4.2.4.2 Die Pfändung des Gehalts

Auch Gehalts- oder Lohnzahlungen stellen Forderungen dar, und zwar gegenüber dem Arbeitgeber (vgl. §§ 832, 850 ff. ZPO). Insofern unterscheidet sich das Verfahren zur Pfändung des Gehalts des Schuldners nicht wesentlich von der Forderungspfändung. Allerdings ist die Gehaltspfändung bestimmten Beschränkungen unterworfen:

a) Sonderzuwendungen, wie beispielsweise Urlaubsgeld, Weihnachtsgeld oder sonstige Zahlungen, dürfen nur dann gepfändet werden, wenn sie einen bestimmten Betrag überschreiten. So ist beim Weihnachtsgeld beispielsweise erst der Betrag ab 500,00 EUR pfändbar.

b) Nur die Hälfte der Überstundenvergütung darf gepfändet werden.

c) Bedingt pfändbar sind z. B. Unterhalts-, Verletztenrenten, Bezüge von Witwen- und Waisenrenten und Leistungen von Krankenkassen.

Das Gehalt selbst ist nicht in voller Höhe pfändbar. Der vom Gehalt pfändbare Betrag ist abhängig vom Nettolohn des Schuldners sowie von der Anzahl der im Haushalt des Schuldners lebenden Personen, für die der Schuldner unterhaltsverpflichtet ist. Dies sind gemäß § 1601 BGB vor allem dessen Kinder, seine Ehefrau und gegebenenfalls auch seine Eltern.

Der absolute Freibetrag beträgt zurzeit 980,00 EUR netto pro Monat. Er erhöht sich aber entsprechend der Zahl der unterhaltsberechtigten Personen um einen bestimmten Betrag. So liegt er beispielsweise bei einer unterhaltsberechtigten Person bei 1.250,00 EUR, hat der Schuldner drei Personen zu versorgen, so liegt der Betrag bei 2.000,00 EUR. Von dem zusätzlichen Einkommen ist bis zu einer Obergrenze nur ein Teil pfändbar. Überschreitet das monatliche Nettoeinkommen diese Obergrenze von zurzeit 3.020,60 EUR, ist der gesamte darüber hinausgehende Betrag in voller Höhe pfändbar.

**Auszug aus der Lohnpfändungstabelle** (Stand: 01.07.2005)

| Nettolohn pro Monat in EUR | Pfändbarer Betrag im Haushalt lebende unterhaltsberechtigte Personen | | | |
|---|---|---|---|---|
| | 0 | 1 | 2 | 3 |
| 980,00 | – | – | – | – |
| 1.250,00 | 185,40 | – | – | – |
| 1.500,00 | 360,40 | 72,05 | – | – |
| 1.750,00 | 535,40 | 197,05 | 75,01 | – |
| 2.000,00 | 710,40 | 322,05 | 175,01 | 69,29 |
| 2.250,00 | 885,40 | 447,05 | 275,01 | 144,29 |
| 2.500,00 | 1.060,40 | 572,05 | 375,01 | 219,29 |
| 2.750,00 | 1.235,40 | 697,05 | 475,01 | 294,29 |
| 3.000,00 | 1.410,40 | 822,05 | 575,01 | 369,29 |
| Ab 3.020,60 ist der Mehrbetrag voll pfändbar | | | | |

**Aufgaben**

(4) Wie viel verbleibt einem Schuldner mit einer Frau und zwei Kindern nach einer Gehaltspfändung, wenn er über ein Nettoeinkommen von 1.500,00 EUR verfügt?

(5) Wie viel kann einem geschiedenen, für seine Ex-Ehefrau nicht unterhaltspflichtigen Schuldner, der seine beiden Kinder zu versorgen hat, bei einer Gehaltspfändung höchstens gepfändet werden, wenn er über ein Nettoeinkommen von 2.000,00 EUR verfügt?

(6) Ein Gläubiger möchte im Wege der Zwangsvollstreckung von einem kinderlos verheirateten Schuldner, der pro Monat 4.000,00 EUR verdient, durch eine einmalige Gehaltspfändung seine offene Forderung in Höhe von 2.000,00 EUR eintreiben. Gelingt ihm das?

**Titel ohne Mittel**

Der Alleingesellschafter einer GmbH wurde, nachdem die Gesellschaft in Konkurs gefallen war, als Angestellter in einer anderen Firma tätig. Ein Gläubiger pfändete sein Gehalt und bekam vom Arbeitgeber die Mitteilung, der pfändbare Teil dieser Bezüge müsse auf lange Zeit an die Ehefrau des Schuldners abgeführt werden. Diese habe nämlich dem Arbeitnehmer vor seinem Zusammenbruch 30.000,00 EUR geliehen und habe sich dann die pfändbaren Lohnansprüche abtreten lassen.
Die Bemühungen des Gläubigers, diese Abtretung zu Fall zu bringen, blieben ohne Erfolg.
Die Richter meinten, zwar spreche einiges für die These des Gläubigers, bei der Lohnabtretung sei manipuliert worden. Jedoch fehle ein eindeutiger Beweis für ein solches Scheingeschäft. Diesen Beweis müsse aber der Gläubiger führen. Wenn er ihm nicht gelinge, habe die Ehefrau als Abtretungsempfängerin Vorrang vor der Pfändung.

*Quelle: Landesarbeitsgericht Köln, 06.02.1985*

### 4.2.5 Zwangsvollstreckung zwecks Herausgabe einer Sache

Beispiel

**Die Witwe Amalia Färber weigert sich, die in Pflege genommene Hauskatze Susi an den Eigentümer zurückzugeben, da sie sich in der Zwischenzeit so sehr an sie gewöhnt hat.**

Eine Zwangsvollstreckung braucht nicht unbedingt wegen einer ausstehenden Forderung betrieben zu werden. Verfügt der Eigentümer der Katze Susi in unserem obigen Beispiel über einen Titel auf Herausgabe, so kann der Gerichtsvollzieher damit beauftragt werden, die Sache an sich zu nehmen und dem Gläubiger zu übergeben (vgl. § 883 ZPO).

### 4.2.6 Rechtsbehelfe in der Zwangsvollstreckung

Während des Vollstreckungsverfahrens sind verschiedene Rechtsbehelfe gegen Entscheidungen und Maßnahmen vorgesehen, die je nach Sachlage vom Schuldner oder Gläubiger eingelegt werden können.

#### 4.2.6.1 Die Drittwiderspruchsklage

Stellen Sie sich vor, Sie haben einem Freund Ihr Farbfernsehgerät geliehen, weil Ihnen das gebotene Programm zu blass erschien.
Beim Freund klingelt eines Tages der Gerichtsvollzieher, der die Beteuerung, das Gerät gehöre nicht dem Schuldner, in anderen Fällen schon so oft zu hören bekam, dass er ihr keine weitere Beachtung schenkt. Stattdessen versieht er Ihr Eigentum mit einem Kuckuck. Jetzt sind Sie – wohl oder übel – am Zuge und müssen gegen den Gläubiger Ihres Freundes auf Freigabe des Gerätes klagen. Sollte Ihr Freund zu allem Ärger jetzt auf einmal behaupten, der Fernseher gehöre ihm doch, so müssen Sie – sozusagen auf einen Streich – auch noch gegen ihn klagen. Der Gerichtsvollzieher braucht sich nicht auf lange Diskussionen und Nachforschungen einzulassen.

*Quelle: „Wie ist das mit der Zwangsvollstreckung?“ Tipps vom Justizministerium Baden-Württemberg.*

Grundsätzlich kann der Gläubiger die Zwangsvollstreckung veranlassen, wenn die Voraussetzungen vorhanden sind. Allerdings zeigt unser obiges Beispiel, dass Schwierigkeiten auftreten können, wenn ein Gegenstand gepfändet wurde, bei dem der Schuldner zwar Besitzer, jedoch nicht Eigentümer ist. In diesem Fall kann der Eigentümer der gepfändeten Sache eine (Dritt-)Widerspruchsklage beim zuständigen Gericht, dem Amts- bzw. Landgericht, in dessen Bezirk die Zwangsvollstreckung erfolgte, einreichen (vgl. § 771 ZPO).

Ist dieser Dritte also beispielsweise Eigentümer des Farbfernsehgerätes, weil er es dem Schuldner entweder *geliehen* oder *vermietet* hat oder es ihm *verkauft* hat und sich bis zur vollständigen Bezahlung das Eigentum vorbehalten hat (Eigentumsvorbehalt), so kann er durch eine Widerspruchsklage erreichen, dass er sein Eigentum wiedererlangt.

**Erläuterung:** Im letzten Fall (Eigentumsvorbehalt) hat der Gläubiger jedoch das Recht, dem rechtmäßigen Eigentümer die noch ausstehenden Raten zu zahlen. Er wird dann selbst Eigentümer, während der ehemalige Verkäufer sein Klagerecht verliert.

Vergleichen Sie auch die Klage auf vorzugsweise Befriedigung gemäß § 805 ZPO!

#### 4.2.6.2 Die Erinnerung

Die Erinnerung gemäß § 766 ZPO ist ein Rechtsbehelf gegen Fehler des Gerichtsvollziehers bei der Pfändung, der sowohl vom Schuldner wie vom Gläubiger eingelegt werden kann. So wird der Schuldner beispielsweise eine Erinnerung einlegen, wenn der Gerichtsvollzieher unpfändbare Sachen pfändet, gegen das Prinzip der Überpfändung verstößt oder zur „Unzeit“, etwa nach 24:00 Uhr, pfändet. Der Gläubiger könnte dann zu diesem Rechtsbehelf greifen, wenn der Gerichtsvollzieher einen Pfändungsauftrag ablehnt oder falsche Kostenansätze zugrunde legt.

Die Erinnerung wird bei dem zuständigen Amtsgericht eingelegt, eine besondere Form ist nicht vorgeschrieben. Das Gericht wird dann über die Erinnerung durch Beschluss entscheiden.

#### 4.2.6.3 Die Vollstreckungsabwehrklage

Durch eine Vollstreckungsabwehrklage gem. § 767 ZPO kann der Schuldner versuchen, den Anspruch des Gläubigers auf Zwangsvollstreckung abzuwehren. Sie richtet sich also gegen den Gläubiger und ist möglich, wenn

- die Forderung bereits beglichen wurde,
- die Schuld erlassen wurde,
- Stundung gewährt wurde oder
- die Forderung mit einer Gegenforderung aufgerechnet werden kann.

### 4.2.7 Die eidesstattliche Versicherung

Beispiel

**Rechtsanwältin Kurz hat für ihren Mandanten die Verurteilung der Beklagten Brunner zur Zahlung einer Kaufpreisforderung von 11.500,00 EUR erstritten. Kurz beauftragt nun den Gerichtsvollzieher Wagner mit der Zwangsvollstreckung in das bewegliche Vermögen von Brunner und, falls diese nicht zum Erfolg führt, mit der Abnahme einer eidesstattlichen Versicherung.**

War die Pfändung nicht erfolgreich, so kann der Schuldner auf Antrag verpflichtet werden, eine eidesstattliche Versicherung abzugeben, um seine Vermögensverhältnisse offenzulegen. Gem. § 807 ZPO muss er ein Vermögensverzeichnis anfertigen, das sämtliche Vermögensgegenstände enthält, sowie entgeltliche und unentgeltliche Verfügungen der letzten Zeit an Ehegatten, Verwandte und andere Personen. Weigert sich der Schuldner, eine solche eidesstattliche Versicherung sofort abzugeben, bestimmt der Gerichtsvollzieher einen Termin.

**Erläuterung:** Hält der Schuldner den Termin nicht ein, kann die Abgabe der Versicherung durch maximal 6 Monate Haft erzwungen werden, allerdings muss der Gläubiger hierfür einen Haftkostenvorschuss zahlen.

Das Vollstreckungsgericht führt ein Schuldnerverzeichnis, in dem jene Personen aufgeführt sind, die eine eidesstattliche Versicherung abgegeben haben und in das jedermann Einsicht nehmen kann. Die Eintragung wird von Amts wegen nach drei Jahren gelöscht, wobei das Jahr der Abgabe nicht mitzählt.

**Übungsaufgaben**

1. Dettling, Großhändler aus Pfullingen, hat am 14. März bei Großhans, Autohaus in Reutlingen, einen gebrauchten Lkw für seinen Betrieb gekauft, Preis 32.000,00 EUR. Schon nach 100 km stellt sich bei dem Wagen ein Schaden an Bremsen und Motor heraus. Dettling verlangt eine Kaufpreisreduzierung von 8.000,00 EUR. Diesen Betrag zieht er von der Rechnung ab und stellt eine Überweisung von 24.000,00 EUR aus. In einem Schreiben an Großhans begründet er sein Vorgehen. Großhans ist mit dem Abzug nicht einverstanden und versucht auf dem Klageweg zu seinem Geld zu kommen.
   Beantworten Sie die nachfolgenden Fragen und begründen Sie Ihre Antworten.
   a) Welches Gericht ist örtlich und sachlich zuständig, wenn im Kaufvertrag vereinbart wurde: „Erfüllungsort für beide Teile ist Reutlingen, Gerichtsstand für beide Teile ist Stuttgart“?
   b) Um welche Art der Klage handelt es sich hier?

c) Sind die Parteien partei- und prozessfähig?
d) Nennen Sie vier Grundsätze der mündlichen Verhandlung?
e) Bei der mündlichen Verhandlung ist Dettling mit folgenden Tatsachen beim Gericht nicht einverstanden: Im Gerichtssaal sitzen mehrere Bekannte. Es ist ihm nicht angenehm, dass diese den Prozess verfolgen, und er verlangt deshalb die Räumung des Gerichtssaals. Während der Verhandlung stellt der Richter an jede Partei Fragen, unternimmt aber sonst nichts, was zur Klärung der Angelegenheit beiträgt. Dies ist Kleinert zu wenig.
f) Beschreiben Sie den Ablauf des Gerichtsverfahrens.
g) Durch welche Beweise kann sich der Richter im vorliegenden Fall sinnvoll ein genaues Bild machen?
h) Wen trifft die Beweislast und womit kann in diesem Fall der Beweis angetreten werden?
i) Nennen Sie die Möglichkeiten der Beendigung des Verfahrens.
j) Erläutern Sie die Rechtsmittel, die Großhans einlegen wird, wenn er mit dem Urteil nicht einverstanden ist.

2. Das Möbelhaus Geiger in Halle verkauft dem Oberlehrer Fritz Sand aus Merseburg einen Mahagoni-Schreibtisch zum Preis von 2.200,00 EUR. Es wird vereinbart, dass Sand zunächst eine Anzahlung von 500,00 EUR leistet und den Restbetrag vier Wochen später zahlt. Der Schreibtisch wird geliefert, der Restbetrag mehrfach angemahnt, Sand zahlt jedoch nicht. Er behauptet, der Schreibtisch sei schlecht verarbeitet und niemals seinen Preis wert. Daraufhin entschließt sich Geiger, Sand auf Zahlung zu verklagen.
   Bitte beantworten Sie nun die folgenden Fragen und begründen Sie Ihre Antwort.
   a) Welches Gericht war für das gerichtliche Mahnverfahren zuständig?
   b) Bei welchem Gericht muss Geiger die Klage einreichen?
   c) Welche rechtlichen Konsequenzen hätte es, wenn als Erfüllungsort und Gerichtsstand für beide Teile Halle vertraglich festgelegt worden wäre?
   d) Welche Gerichtsbarkeit ist für die Klage zuständig?
   e) Um welche Art der Klage handelt es sich hier?
   f) Sand möchte sich in dieser Sache durch einen Anwalt vertreten lassen, ein Kollege von ihm behauptet, dies müsse er sogar tun. Hat er Recht?
   g) Welche Beweismittel werden in diesem Prozess eine Rolle spielen?
   h) Sand möchte seine Frau als Zeugin auftreten lassen. Ist hiergegen etwas einzuwenden?
   i) Wie wird das Verfahren voraussichtlich beendet werden?
   j) Welches Rechtsmittel könnte Sand einlegen?
   k) Ist gegebenenfalls eine Zwangsvollstreckung sinnvoll, wenn Sand nicht zahlt? Wenn ja, welche Art?
3. Erklären Sie die Begriffe Zivilgerichtsbarkeit und Strafgerichtsbarkeit!
4. Rechtsanwältin Franz hat folgende Fälle zu bearbeiten. Nennen Sie die jeweils zuständigen Gerichte:

| Parteien | Streitgegenstand |
|---|---|
| a) Bosse gegen Meier | Zahlungsklage über 550,00 EUR |
| b) Müller gegen Lorenz GmbH | Sozial ungerechtfertigte Kündigung |
| c) Eher gegen Deutsche Versicherungs AG | Schadensersatz über 10.500,00 EUR |
| d) Staat gegen F. Müller | Schwere Körperverletzung |

5. Warum ist der Staat Träger der Justizhoheit und der Gerichtsbarkeit?
6. Was verstehen Sie unter einem Schöffen?
7. Wofür sind die folgenden Gerichte zuständig? (In 1. Instanz)
   a) Amtsgericht (Zivilgericht)
   b) Oberlandesgericht (Strafgericht)
   c) Große Strafkammer
   d) Schöffengericht
8. Das positive Recht umfasst Gesetze, Rechtsverordnungen, Satzungen und das Gewohnheitsrecht.
   a) Von wem werden jeweils Gesetze, Rechtsverordnungen und Satzungen beschlossen?
   b) Worin liegt der grundsätzliche Unterschied zwischen dem Gewohnheitsrecht und dem geschriebenen Recht?

# Sachwortverzeichnis

## A



## B



## D



## E

## V



## W



## Z